Weichsel
Wolga
Dnjepr
Don
Dnjestr
Wien
Gran
G.v.Bouillon
Theiß
Save
Belgrad
Sirmium
Friedrich I. Barbarossa
Donau
Schwarzes Meer
Trapezunt
v. Toulouse
Nisch
Adrianopel
Konstantinopel
Philippopel
Nikomedia
Nicäa
Halys
Tigris
Thessalonike
Durazzo
Gallipoli
Otranto
Gottfr. v. Bouillon
Caesarea
Edessa
Heraclea
Maras
Philomenion
Barbarossa
Smyrna
Sardes
Ikonion
Tarsus
Aleppo
Euphrat
Ephesos
Attalia
Antiochia
Ludwig VII.
Konrad III.
Friedrich II.
Famagusta
Rhodos
Zypern
Homs
Limassol
Tripolis
Rich. Löwenherz
Beirut
Kreta
Damaskus
Kandia
Akko
Philipp II. August
MEER
Ludwig IX.
Jerusalem
Askalon
Damietta
Alexandria
Pelusium
Mansurah
Cairo
Rotes Meer
Nil

W0066556

PETER MILGER

DIE KREUZZÜGE

KRIEG
IM NAMEN
GOTTES

C. BERTELSMANN

Der Evangelist Matthäus beschreibt wie Jesus Christus friedlich in Jerusalem einzieht:

„Dies aber geschah, damit das Wort des Propheten erfüllet werde, der da spricht: Jerusalem, siehe dein König kommt zu dir sanftmütig geritten, auf einer Eselin..."

Ungefähr tausend Jahre später: In den Visionen bewaffneter Pilger führt Jesus Christus christliche Heerscharen an, die sich den Weg nach Jerusalem mit dem Schwert freikämpfen. Die Christenheit führt Krieg, im Namen des Friedensfürsten. Papst Urban II. hatte im November 1095 in Clermont zum Kreuzzug gegen den Islam aufgerufen.

Miniatur um 1000. Christus zieht in Jerusalem ein.

BLUT IN STRÖMENDEN TRÄNEN

Im Sommer 1099 kommen einige Reisende aus Jerusalem in Bagdad an. Sie hatten eines der größten Massaker der Geschichte überlebt und waren sicher, ihre Nachrichten würden die muslimische Welt erschüttern.

Die Muslims aus der Heiligen Stadt sprechen am 19. August beim Kalifen vor. Sie haben die Eroberung Jerusalems durch christliche Kreuzritter beobachtet und berichten von einem Blutbad unter der Bevölkerung. Der junge, kunstsinnige Abassidenkalif ist berührt, aber machtlos. Der arabische Chronist Ibn al-Atir notiert:

„In der Kanzlei des Kalifen gaben sie einen Bericht, der alle zum Weinen brachte und die Herzen bewegte. Am Freitag erflehten sie in der großen Moschee das göttliche Erbarmen. Sie waren in Tränen, und die Zuhörer waren in Tränen, als sie das Unglück der Muslims schilderten. Die Männer getötet, die Frauen und Kinder gefangen, aller Habe beraubt...“

Und der Chronist zitiert einen arabischen Dichter:

„Wir haben Blut in die strömenden Tränen gemischt...“

Jerusalem, 1099: Kreuzfahrer erobern die heilige Stadt dreier Religionen, metzeln die Einwohner nieder und bringen die Stadt in ihren Besitz. Miniatur um 1450.

DIE WICHTIGSTEN CHRONISTEN

Drei Chroniken sind überliefert, die von Teilnehmern am Kreuzzug der Feudalherren in Palästina verfaßt wurden.

Der Autor der GESTA FRANCORUM

Er beschreibt seine Teilnahme an Kämpfen, nennt aber seinen Namen nicht. Latein hat er sicher als Kleriker gelernt, wechselte dann aber offensichtlich zum Kriegshandwerk über. Er steht dem normannischen Anführer Bohemund nahe. Der Anonymus beendete die Niederschrift der Chronik um 1100.

RAIMUND VON AGUILERS

Kleriker aus Frankreich, steht dem Anführer der Südfranzosen, Raimund von Toulouse, nahe. Er hat die Niederschrift um 1100 beendet.

FULCHER VON CHARTRES

Ebenfalls Kleriker aus Frankreich, politisch weit besser informiert als seine Kollegen, steht der Reformpolitik von Papst Urban II. nahe. Beginnt mit der Niederschrift um 1101.

Die folgenden zeitgenössischen Chronisten haben an keiner Kreuzfahrt teilgenommen, aber Berichte von Augenzeugen benutzt.

ALBERT VON AACHEN

Der Kleriker bedauert, an der Teilnahme verhindert worden zu sein. Er stammt aus der Umgebung von Aachen, also dem deutsch-römischen Reich. Er benutzt die Gesta Francorum, mündliche Berichte von Teilnehmern und verschollene schriftliche Augenzeugenberichte. Dazu gehört auch eine Chronik, die ein Begleiter des Herzogs Gottfried von Bouillon geschrieben haben dürfte. Der Herzog war Gefolgsmann des deutschen Kaisers und Albert hebt seine Rolle hervor. Über den Vorkreuzzug der Armen macht allein Albert von Aachen detaillierte Mitteilungen. Er beginnt mit der Arbeit an seiner Kompilation um 1101.

ROBERT DER MÖNCH

Der Kleriker aus der Gegend um Reims in Frankreich erhält um 1106 von seinem Abt den Auftrag, die Gesta zu ergänzen, weil der Aufruf in Clermont zu kurz gekommen sei. Die Chronisten, die sich wie Robert erst um 1106 ans Werk machen, unterstreichen die Rolle der Kirche.

Aus byzantinischer Sicht liegt der Bericht einer sehr gebildeten Frau vor, die in ihrer Jugend den Durchzug der Kreuzheere in Konstantinopel erlebte.

ANNA COMNENA

Tochter des byzantinischen Kaisers Alexios, zuletzt genannt, weil sie erst nach den Herren, um 1118, mit der Niederschrift ihrer Chronik beginnt.

Über den ersten Kreuzzug ist kein Augenzeugenbericht aus muslimischer Sicht überliefert. Hier liegen nur Kompilationen vor.

NACHRICHTEN ZUR AUSGANGSLAGE

LATEINISCHE OFFENSIVEN

1061 n. Chr. Sizilien.

Italienische Normannen, inzwischen Vasallen des Papstes, greifen die arabischen Muslims auf Sizilien an. Sechs Jahre später sind sie im Besitz der Insel. Razzien der Araber hatten in Italien erhebliche Schäden verursacht. Sogar Rom war 846 gebrandschatzt worden, und Papst Leo hatte den Verteidigern der Kirche himmlische Belohnung zugesagt.

1064 n. Chr. Nordspanien.

Truppen der christlichen spanischen Königreiche, unterstützt von französischen Rittern, erobern die Stadt Barbastro, die seit mehr als zweihundert Jahren von Muslims regiert wird. Papst Alexander II. sagt Rittern, die sich zum Kampf in Spanien entschlossen haben, den Erlaß der Bußstrafen zu. Das christlich-westgotische Spanien war Anfang des 8. Jahrhunderts unter muslimische Herrschaft geraten. Die Päpste betrachten Spanien inzwischen als ein Lehen des römischen Stuhls. Sie berufen sich auf die konstantinische Schenkung: Kaiser Konstantin soll im 4. Jahrhundert eine Urkunde ausgefertigt haben, nach der das römische Westreich fortan dem römischen Stuhl unterstellt war. Die größte Schenkung aller Zeiten wurde allerdings im 8. Jahrhundert in einer Fälscherwerkstatt vollzogen. Diese dubiose Urkunde begründete auch den päpstlichen Anspruch auf das vormals römische Spanien. Die von dem südfranzösischen Kloster Cluny ausgehende kirchliche Reformbewegung unterstützt folgerichtig die christlichen Königreiche bei ihrer Offensive gegen die spanischen Muslims. Der Kampf gegen »Ungläubige« findet zunehmend den Beifall der Kirche. Die Umrisse eines »heiligen« Krieges und eines »christlichen« Kriegertums zeichnen sich ab. Ritterweihe und kirchliche Waffensegnung ersetzen allmählich die germanischen Rituale.

1087 n. Chr. Mahdia, Tunesien.

Seestreitkräfte der italienischen Städte Pisa und Genua landen in Nordafrika und plündern die muslimische Stadt Mahdia. Ein Teil der Seefahrer verbindet die Unternehmung mit einer Wallfahrt nach Jerusalem.

BYZANZ IN DER KRISE

1071 n. Chr. Konstantinopel.

Byzanz (Ostrom) hat Süditalien an die Normannen verloren und Armenien an die Türken. Die Staatskasse ist leer und Konstantinopel wird von politischen Krisen geschüttelt. Trotzdem entschließt sich Kaiser Romanos zur Rückeroberung Armeniens.

August 1071 n. Chr. Manzikert, Kleinasien.

Romanos führt das Heer des byzantinischen Reichs gegen die Türken unter dem Seldschukensultan Alp Arslan. Die Truppen des Kaisers sind schlecht ausgebildet und unzuverlässig. Die Türken in byzantinischem Sold laufen über, bevor es zur Schlacht kommt. Während der Kämpfe ziehen sich die fränkischen und normannischen Söldner des Kaisers zurück. Die übrigen byzantinischen Kontingente werden von den Türken aufgerieben und Kaiser Romanos gerät in Gefangenschaft. Fortgesetzte Wirren in Konstantinopel verhindern eine ausreichende militärische Präsenz der Byzantiner in Kleinasien. Nomadische Turkmenen vertreiben allmählich die christlichen Bauern, die auf dem Land leben. Die Garnisonen der meisten byzantinischen Städte bestehen aus türkischen Söldnern. Diese quittieren den Byzantinern den Dienst und überlassen die Städte seldschukischen Sultanen. So kann Suleiman 1078 Nikaia zur Hauptstadt seines Sultanats machen – rund hundert Kilometer von Konstantinopel entfernt. Die Christen in Kleinasien werden Untertanen der Türken, zahlen eine Sondersteuer und können ihre Religion ausüben. Die türkische Landnahme vollzieht sich ohne Plan und war spätestens 1085 mit der Besetzung Antiochias abgeschlossen, also rund zehn Jahre vor dem Konzil in Clermont. Die in der Kreuzzugspropaganda geschilderten Greueltaten sind nicht belegt. Die christliche Wallfahrt nach Jerusalem durch Kleinasien war aber zweifellos erschwert.

1071 n. Chr. Bari, Süditalien.

Die letzte Bastion des byzantinischen Reichs in Italien fällt an die Normannen. Die Eroberer sind Christen und seit etwa zwanzig Jahren Vasallen des römischen Papstes. Der byzantinische Kaiser Romanos erfährt während seines Feldzuges gegen die Türken, daß Byzanz nun auch Bari verloren hat.

MUSLIMS GEGEN MUSLIMS

1071 n. Chr. Jerusalem.

Der türkische Truppenführer Atsiz besetzt kampflos Jerusalem. Die Stadt befand sich seit rund hundert Jahren im Besitz der schiitischen Kalifen in Kairo.

1071 n. Chr. Bagdad.

Der sunnitische Kalif residiert in Bagdad, aber die Türken sehen in ihm nur ihren geistigen Oberherren. Die Sultane haben die arabische Oberschicht aus der Macht gedrängt. Die seldschukischen Türken und die fatimidischen Herren Ägyptens rivalisieren um die Macht in Palästina und betrachten sich gegenseitig als Ketzer.

1076 n. Chr. Jerusalem.

Es kommt zu heftigen Kämpfen um den Besitz der Stadt. Die Türken behalten die Oberhand und richten unter den schiitischen Muslims ein Blutbad an. Im christlichen Viertel Jerusalems bleibt es offenbar ruhig. Die Grabeskirche ist den Pilgern auch unter türkischer Herrschaft weiter zugänglich. Die Wirren behindern aber die christliche Wallfahrt.

Papst Urban reist nach Clermont und predigt den Kreuzzug. Miniatur um 1350.

„...verjagt dieses verbrecherische Volk rechtzeitig von unseren Ländern und steht den Christen bei...“

(Papst Urban II., Aufruf zur christlichen Heerfahrt gegen die Türken, nach Fulcher von Chartres)

„Dieses Land ist von Gott den Söhnen Israels zum Eigentum gegeben worden, wo Milch und Honig fließen, wie die Schrift sagt. Jerusalem ist der Nabel der Welt, das Land ist fruchtbarer als andere, ein zweites Paradies der Lustbarkeiten.“

(Papstrede, nach Robert dem Mönch)

DIE KRIEGSERKLÄRUNG

Clermont, Frankreich, 18.–27. November 1095. In der Hauptkirche von Clermont tagt ein Konzil, von dem noch niemand weiß, daß es berühmt werden wird. Unter Vorsitz von Papst Urban II. werden finanzielle und organisatorische Angelegenheiten der französischen Kirche erledigt. Dann spricht der Papst vor dreihundert Bischöfen und Äbten. Er erläutert die Beschlüsse des letzten Konzils, wettert gegen den Kaiser und den Gegenpapst, fordert die Befreiung der Kirche von aller weltlichen Gewalt und die Einhaltung des Gottesfriedens. Am Ende ruft der Papst die Anwesenden auf, einen Kriegszug zur Vertreibung der Türken aus Kleinasien zu predigen.

So beschreibt der Chronist Fulcher von Chartres kurz darauf das historische Ereignis. Zehn Jahre später beginnen Chronisten wie Robert der Mönch bewegendere Darstellungen in Umlauf zu bringen. Danach hätte sich das historische Ereignis so abgespielt:

Clermont. 27. November. Auf freiem Feld hält Papst Urban II. vor Rittern und Klerikern aus ganz Frankreich eine mit Spannung erwartete Rede. Die Menge ruft am Ende: Deus le volt, Gott will es und der Papst bestimmt: Dies soll der Schlachtruf sein. Er wurde es. Spontan heften sich viele ein Stoffkreuz an und geloben ihre bewaffnete Pilgerschaft.

Von der Rede sind mehrere stark voneinander abweichende Versionen überliefert. Robert, ein Mönch aus Reims, behauptet, dabei gewesen zu sein. Der Chronist Fulcher von Chartres läßt diese Frage offen. Er stand der Reformpolitik des Papstes sehr nahe und seine Version der Papstrede ist politisch die kenntnisreichste.

Der wichtigste Anlaß des Aufrufs ist, laut Fulcher, die Besetzung Kleinasiens durch seldschukische Türken. Der Verlust Kleinasiens hatte das oströmisch-byzantinische Kaiserreich schwer getroffen.

DIE BEGRÜNDUNG

Laut Fulcher schildert der Papst die türkische Landnahme so:

„... sie haben die Länder der Christen mehr und mehr besetzt und diese siebenfältig besiegt, wobei viele getötet oder gefangengenommen wurden, Kirchen zerstört worden sind und das Reich Gottes verwüstet wurde. Wenn Ihr sie weiter gewähren laßt, werden sie noch viel weiter die Oberhand über die Getreuen Gottes gewinnen."

Robert der Mönch läßt den Papst wesentlich härter an die Sache herangehen. Der Chronist unterstellt in seiner Wiedergabe der Rede den Muslims Greueltaten, die das Blut der Gläubigen in Wallung bringen mußten:

„Sie beschneiden die Christen und das Blut der Beschneidung gießen sie auf den Altar oder in die Taufbecken. Es gefällt ihnen, andere zu töten, indem sie ihnen die Bäuche aufschneiden, ein Ende der Därme herausziehen und an einen Pfahl binden. Unter Hieben jagen sie sie um den Pfahl, bis die Eingeweide hervordringen und sie tot auf den Boden fallen... Ihr solltet von dem Umstand berührt sein, daß das Heilige Grab unseres Erlösers in der Hand eines unreinen Volkes ist, das die heiligen Stätten schamlos und gotteslästerlich mit seinem Schmutz besudelt."

Robert schreibt rund zehn Jahre nach dem Konzil. Selbst wenn er die Rede gehört hat, konnte er sie nicht mehr genau wiedergeben. Gegenwärtiger waren ihm sicher die Predigten für die Kreuzfahrt, die nach dem Konzil einsetzten. Spätere Propagandazirkulare sind in diesem Stil verfaßt und lagen ihm vor.

DER LOHN IM HIMMEL...

Ein Dekret des Konzils von Clermont verspricht himmlischen Lohn gemäß der herrschenden Bußpraxis:

„Wer nur aus Frömmigkeit, und nicht zur Erlangung von Ehre oder Geld zur Befreiung der Kirche Gottes nach Jerusalem aufgebrochen ist, dem soll die Reise auf jede Buße angerechnet werden."

In den überlieferten Papstreden und der späteren Werbung für die Kreuzfahrt wird ohne Einschränkung wesentlich mehr versprochen. Fulcher läßt den Papst sagen:

„Allen jedoch, die dorthin gehen, wird die sofortige Vergebung der Sünden zuteil, wenn sie auf dem Marsch, bei der Überfahrt oder im Kampf gegen die Heiden die Fesseln des Erdenlebens ablegen."

Viele Gläubige litten unter dem Bewußtsein eines sündhaften Lebenswandels und waren von Endzeitvorstellungen beherrscht. Die Einhaltung der kanonischen Vorschriften der Kirche war im Alltag nicht eben leicht, die Vermeidung von Handlungen, die als sündhaft galten, erforderte die Willensstärke von Heiligen. Die verhängten Bußstrafen waren lästig und kostspielig. Darüber hinaus wurden die Gläubigen mit zeitlichen Sündenstrafen bedroht, zu denen auch das Fegefeuer gehörte – mit Qualen, die durchaus auch körperlich vorgestellt wurden. Die Pilgerfahrt im Dienste der Kirche bedeutete nun den Erlaß der Bußstrafen. Zusätzlich versprachen die Prediger die Vergebung der Sünden, also die sichere Anrechnung der Kreuzfahrt vor Gottes Gericht.

... UND AUF ERDEN

In der Redeversion Roberts schildert der Papst eindringlich das Elend der Armen:

„Das Land, das ihr bewohnt, vom Meer und Gebirgen eingeschlossen, ist durch eure große Zahl zu eng geworden. Es enthält keinen Überfluß an Reichtum und die Nahrung reicht kaum für ihre Erzeuger aus."

Die meisten Bauern konnten kaum vom Ertrag ihrer Arbeit leben und mußten trotzdem Abgaben leisten. Feudalkriege führten immer wieder zum Verlust der mühsam erworbenen Habe. Hungersnöte und Krankheiten waren an der Tagesordnung. Nach Robert verspricht der Papst Abhilfe:

„Macht euch auf den Weg zum Heiligen Grab, entreißt dieses Land dem frevelnden Volk, unterwerft es euch. Dieses Land ist von Gott den Söhnen Israels zum Eigentum gegeben worden, wo Milch und Honig fließen, wie die Schrift sagt. Jerusalem ist der Nabel der Welt, das Land ist fruchtbarer als andere, ein zweites Paradies der Lustbarkeiten."

Die irdischen und himmlischen Versprechungen, die einige Chronisten in ihre Version der Papstrede aufgenommen haben, lassen auf die Rhetorik der Kreuzzugspropaganda schließen. Urban II. hatte zur allgemeinen Predigt aufgerufen, sie erfolgt nun auch ohne Aufsicht der Kirche. Vor allem Wanderprediger nehmen sich der Sache an. Sie sprechen vermutlich im Stil Roberts von den Greueltaten der Türken, von der Entweihung der heiligen Stätten und den Verlockungen des Orients. Jerusalem bedeutete für die Gläubigen die Pforte zum Paradies. In den Predigten wurde es nun in greifbare Nähe gerückt, und das irdische Jammertal erschien plötzlich überwindbar. Wallfahrten, besonders nach Jerusalem, waren schon vorher populär und standen im Ruf, das Sündenkonto zu entlasten. Aber nur wenige hatten sich die kostspielige Reise erlauben können. Die Teilnehmer der ersten Heerfahrten werden zunächst auch meistens »Pilger«, »Krieger Christi« oder »Pilgerkrieger Christi« genannt. Das Anheften des Kreuzes diente zunächst offenbar nur zur Kennzeichnung. Erst in der Praxis der bewaffneten Pilgerfahrten erhält die Kreuznahme den Charakter eines Gelübdes. Auch die Bezeichnung »Kreuzzug« ist eigentlich eine spätere Prägung, doch es ist nicht abwegig, sie auch für die ersten Unternehmungen zu verwenden.

DER AUFBRUCH

Zehntausende nahmen das Kreuz, vor allem in Frankreich und im Rheinland: Die Predigt hatte die Phantasie der Armen entzündet. Viele verkauften ihre geringe Habe, um die Reise nicht völlig ohne Barschaft antreten zu müssen. Die Preise für einige Güter fielen wegen des plötzlichen Überangebots dramatisch, so daß sich der Verkauf kaum noch lohnte. So kam es, daß andere alles stehen und liegen ließen und sich einem Pilgerzug anschlossen. Der Chronist Wilhelm von Tyrus beschreibt die Aufbruchsstimmung:

„Da trennte sich der Mann vom Weib und das Weib vom Mann, der Vater vom Sohn und der Sohn vom Vater, da war kein Band der Liebe, das diesen Eifer behindert hätte. Sogar Mönche kamen aus ihren Klöstern... Doch waren nicht alle durch die Liebe zu Gott zu ihrem Entschluß gekommen... viele schlossen sich an, um ihre Freunde nicht zu verlassen, oder um nicht als träge zu gelten, oder aus Leichtsinn, oder damit die Gläubiger, bei denen sie schwer verschuldet waren, das Nachsehen hätten... Verschieden waren also die Beweggründe, aber alles eilte herbei."

Auch der zeitgenössische Chronist Ekkehard von Aura glaubt nicht, daß alle Pilger durch fromme Ziele bewegt worden sind und sieht den Teufel am Werk:

„Er zögerte nicht, unter die gute Saat Unkraut zu säen, falsche Propheten zu erwecken und unter die Heere des Herrn falsche Brüder und ehrlose Weiber zu mischen, unter dem Schein der Frömmigkeit."

Peter der Einsiedler führt den Kreuzzug an. Miniatur um 1350.

HAT DER PAPST DAS GEWOLLT?

Papst Urban II. hat die Entwicklung zu einem Massenaufbruch wohl mit einiger Sorge beobachtet. In einem Brief an die Bürger von Bologna begrüßt er das Vorhaben, die Fahrt nach Jerusalem anzutreten, macht aber deutliche Einschränkungen:

„Ihr mögt aber wissen, daß wir all denen, die sich nicht aus Habgier nach irdischem Vorteil, sondern nur für das Heil ihrer Seele und zur Befreiung der Kirche auf den Weg machen, die gesamten Bußstrafen der Sünden, über die sie aufrichtig und vollständig gebeichtet haben, erlassen... Wir räumen aber weder Klerikern noch Mönchen die Möglichkeit ein, dorthin zu gehen, ohne die Erlaubnis ihres Bischofs oder Abts. Weiterhin mögen die Bischöfe dafür sorgen, ihre Pfarrkinder nicht ohne Rat und Fürsorge ihrer Geistlichen ziehen zu lassen. Bei verheirateten jungen Männern ist dafür Sorge zu tragen, daß sie eine solche Reise nicht leichtfertig ohne die Nachsicht ihrer Ehefrauen antreten."

Gegen die populäre Ausweitung des Bußerlasses und die Zusage irdischen Zugewinns hat Urban augenscheinlich sonst nichts unternommen. Es hätte vermutlich auch nichts genützt. Die weiteren Handlungen des Papstes lassen erkennen, daß er Berufskrieger zur Kreuzfahrt bewegen wollte, die um der Sache willen kämpfen sollten. Er legt den Aufbruch des Pilgerheeres auf August 1096 fest. Die Kreuzfahrer sollten vorher ihre Angelegenheiten regeln und Geld für die Reise besorgen. Der Bischof Adhémar von Le Puy wird zum Anführer des Kreuzheeres ernannt: Die Unternehmung sollte unter der Leitung der Kirche stehen. Papst Urban begibt sich nach dem Konzil auf eine Reise durch Frankreich, um unter anderem mit Adel und Klerus über die Vorbereitung der Kreuzfahrt zu verhandeln. Seine Kanzlei versendet einige Aufrufe an Fürsten und Städte. Die Genueser fordert er zur Entsendung einer Flotte auf. Das alles läßt darauf schließen, daß Urban II. eine gründlich vorbereitete Heerfahrt geplant hatte. Daß es anders kam, hat er wohl nicht gewollt, aber nach Fulcher mit verursacht. Der Chronist läßt Urban die Teilnehmer des Konzils auffordern, auch den Armen das Kreuz zu predigen:

„Ich bitte euch demütig, nein, nicht ich, sondern Gott, daß ihr als Herolde Christi Leute jedes Standes, Reiter wie Fußsoldaten, Reiche wie Arme ständig auffordert, dieses verbrecherische Volk rechtzeitig aus unseren Ländern zu verjagen und den Christen beizustehen. Das sage ich den Anwesenden, den Abwesenden trage ich es auf, Christus aber befiehlt es."

Der Papst hatte gerufen, und es kamen andere als erwartet: Das ist die verbreitete Lesart über den Ursprung der bewaffneten Kreuzfahrt. Es gibt noch eine zweite Lesart, nach der das Fieber schon ausgebrochen war, bevor die Kirche sich der Sache annahm.

Bauern bei der Feldarbeit. Miniatur um 1350.

RIEF JESUS SELBST? DIE VISIONEN EINES EINSIEDLERS

Unbestritten war der erfolgreichste Prediger Peter der Einsiedler aus dem französischen Amiens. Er neigte nicht zur Reinlichkeit, war ärmlich gekleidet, aß weder Fisch noch Fleisch, ging barfuß, wenn er nicht auf seinem Esel ritt und trank gern Wein. In den überlieferten Kreuzzugschroniken seiner Zeitgenossen wird Peters Auftreten nur beiläufig erwähnt. Wenige Jahre später stellte Albert von Aachen bekannte und unbekannte Quellen und Augenzeugenberichte zu einer eigenen Chronik zusammen. Nach Albert von Aachen hat nicht die Kirche, sondern der Einsiedler den Kreuzzug in die Wege geleitet.

„Ein Priester und früherer Einsiedler mit dem Namen Peter... hat zuerst zu diesem Zuge aufgerufen..."

Nach Albert von Aachen handelte Peter der Einsiedler in höherem Auftrag: Bei einer Pilgerfahrt nach Jerusalem sei ihm in der Grabeskirche Christus im Schlaf erschienen und habe zu ihm gesprochen:

„Eile so rasch du kannst in deine Heimat und erzähle dort, was mein Volk und die heiligen Stätten an Schmach und Elend zu erleiden haben und entflamme die Herzen der Gläubigen, Jerusalem und die heiligen Stätten zu säubern..."

Nach Albert läßt sich Peter die Erscheinung vom Patriarchen von Jerusalem bestätigen und überbringt das Hilfeersuchen dem Papst, der daraufhin nach Frankreich reist und dort bei Klerus und Adel für die Kreuzfahrt wirbt. Vorher hat aber, laut Albert, der Einsiedler selbst dort dem Volk gepredigt:

„Ein Priester und früherer Einsiedler, der Peter hieß und aus Amiens stammte, das drüben im Westen, in Frankreich liegt, hat zuerst mit aller Leidenschaft, die er besaß, zu diesem Zug aufgerufen und zu Berry im genannten Königreich als Prediger mit allen Redekünsten das Volk dafür gewonnen. Seinem nimmermüden Rufe folgten Bischöfe, Äbte, Kleriker und Mönche, die vornehmsten Weltleute, die Fürsten verschiedener Reiche und endlich die ganze Menge des Volkes, Keusche und Unkeusche, Ehebrecher, Mörder, Diebe, Meineidige, Räuber; die ganze Christenheit, ja selbst das weibliche Geschlecht, eilte froh, vom Geist der Buße getrieben, zur Teilnahme an diesem Zug..."

Es gibt eine Reihe von Hinweisen auf eine religiöse Endzeitstimmung. Der Chronist Ekkehard von Aura schreibt:

„Zur Zeit des römischen Kaisers Heinrich IV. und des Kaisers von Konstantinopel, Alexios, erhoben sich nach der Weissagung des Evangeliums überall Volk gegen Volk und Reich gegen Reich, große Erdbeben ereigneten sich an verschiedenen Orten, auch Seuchen, Hunger und Schrecken vom Himmel und große Zeichen; und da bereits bei allen Völkern die Posaunen aus dem Evangelium die Ankunft des gerechten Richters verkündeten, da warf auch die allgemeine Kirche einen Blick auf die gesamte Welt im Umkreis, die die prophezeiten Zeichen aufwies."

Demnach herrschte also eine Art religiöser Erregung, welche die Kirche erst aufmerksam werden ließ. Hat Urban II. also eine schon vorhandene Bereitschaft zur Wallfahrt nach Jerusalem in kirchliche Bahnen zu lenken versucht? Vieles spricht dafür und widerlegbar ist es nicht. Vor allem Robert der Mönch und Fulcher von Chartres haben aber nach dem Triumph der Kreuzfahrer die Urheberschaft des Papstes und die planende Rolle der Kirche betont. Obwohl ihre Zeugenschaft eine eindeutige Parteinahme für die Kirche und die Kreuzfahrt darstellt, ist die Geschichtsschreibung den beiden Chronisten weitgegend gefolgt.

Peter der Einsiedler. Miniatur um 1350.

DIE PREDIGER WERDEN ANFÜHRER

Wenn Peter erst nach dem Konzil mit der Predigt begonnen haben sollte, war er in den vier Wintermonaten jedenfalls sehr erfolgreich. Die Chronisten berichten, Peter der Einsiedler habe schon im März 1096 zwischen fünfzehn- und zwanzigtausend Pilger um sich versammelt. Weitere zwölftausend folgten einem Priester namens Folkmar. Sie waren aufgebracht durch die Predigt von den Greueltaten der Muslims, erfüllt von den Versprechungen himmlischer Freuden und irdischer Beute, mittellos, schlecht oder gar nicht bewaffnet und für Kämpfe gegen reguläre Truppen nicht ausgebildet.

Das Konzil von Clermont hatte erneut den Gottesfrieden geboten, der die kriegerischen Aktivitäten der Feudalherren und Kirchenfürsten einschränkte. Der Papst hoffte offensichtlich, mit der Kreuzfahrt inneren Frieden zu stiften. Fulcher läßt Urban sagen:

„Gegen die Ungläubigen, sagt er (der Herr), sollen jetzt diejenigen in den Kampf ziehen..., die gewöhnlich ihre Privatfehden verbrecherisch gegen Christen ausdehnten."

Der Frieden hält nicht lange. Kurz darauf bedrohen Kreuzfahrer die jüdischen Gemeinden.

ERPRESSUNG DER JUDEN

Der Pilgerzug des Einsiedlers erreicht Anfang April 1096 die Stadt Trier. Peter der Einsiedler garantiert den Schutz der jüdischen Gemeinde, verlangt dafür aber die Versorgung der Kreuzfahrer. Der jüdische Chronist Solomon bar Simson kommentiert die Erpressung:

„Als er hierher kam, verloschen unsere Seelen, brachen unsere Herzen, wir begannen zu zittern und unser Fest verwandelte sich in Trauer...wir versorgten den Priester Peter und er zog weiter."

Die jüdischen Gemeinden in Frankreich waren durch die aufkommende Kreuzzugsstimmung beunruhigt und hatten den Juden in Deutschland nahegelegt, die Kreuzfahrer zu versorgen. Kaiser Heinrich IV. hatte seine kirchlichen und weltlichen Gefolgsleute beauftragt, die Juden zu schützen. Herzog Gottfried von Bouillon, selbst mit den Vorbereitungen zum Kreuzzug beschäftigt, sichert den Gemeinden von Köln und Mainz gegen Zahlung von tausend Silbermark zu, Verfolgungen zu verhindern. Die Juden von Trier können sich loskaufen. Aber ihre düsteren Ahnungen sollten sich kurz darauf bestätigen. Peter der Einsiedler zieht mit seinen Anhängern weiter nach Köln, wahrscheinlich wegen der reichen Märkte.

ERSTE ZWISCHENFÄLLE

Als Reiseweg kam nur die Landroute über Ungarn, durch den Balkan und durch Kleinasien in Frage. Von Belgrad bis Konstantinopel hofften die Pilger auf die Unterstützung der byzantinischen Behörden. Der König von Ungarn stand dem Unternehmen wohlwollend gegenüber.

Ein Vortrupp unter einem Ritter namens Walter Sans-Avoir (Habenichts) durchquert Ungarn ohne Schwierigkeiten und erreicht Ende Mai 1096 die Grenze zum byzantinischen Reichsgebiet bei Belgrad. In der ungarischen Grenzstadt Semlin kommt es zu Händeln mit den Einheimischen auf dem Markt. Sechzehn Kreuzfahrer der Nachhut werden dabei vollständig ausgeraubt. Splitternackt kommen sie im Lager der Kreuzfahrer vor der byzantinischen Stadt Belgrad an. Der Statthalter weiß nichts von einem Kreuzzug. Wenn Kaiser Alexios in Konstantinopel überhaupt mit einem Kreuzheer rechnete, dann erst Monate später. Der byzantinische Beamte ist also ohne Anweisungen und weigert sich, den unbekannten Trupp mit Lebensmitteln zu beliefern. Darauf beginnen die Kreuzfahrer mit der Selbstversorgung. Albert von Aachen notiert:

„Walter und seine Begleiter wurden zornig und raubten mit Gewalt das Vieh, das vor der Stadt weidete. Es kam zu Feindseligkeiten zwischen den Griechen, die ihre Herden zurückgewinnen wollten und den Pilgern, und man hob an, die Klingen zu kreuzen."

Die lateinischen Chronisten bezichtigen in der Regel die Byzantiner des Verrats, der Heimtücke und der Feigheit. So auch Albert von Aachen, der berichtet, einhundertvierzig Pilger seien in einer Kirche verbrannt worden. Tatsächlich haben die Kreuzfahrer Verluste, die meisten kommen aber davon und werden in der nächsten byzantinischen Stadt freundlich empfangen und versorgt.

Peter der Einsiedler erreicht mit dem Hauptzug die Donau Anfang Mai. Nach Albert von Aachen bestand er aus vierzigtausend Kreuzfahrern. Bei solchen Angaben pflegten die Chronisten zu übertreiben. Selbst wenn es nur zwanzigtausend gewesen sind, war der Heerzug für die damaligen Verhältnisse ungewöhnlich groß und warf erhebliche Versorgungsprobleme auf. Ein Teil der Kreuzfahrer setzt die Reise zu Schiff auf der Donau fort. Diese angenehmste Art der Fortbewegung konnten sich allerdings nur Bessergestellte leisten. Die wenigen Ritter im Zug gehörten dem niederen Adel an und führten neben dem Schlachtroß je nach Kassenlage mehrere Reit- und Saumpferde mit, die allerdings in der Not oft am Bratspieß endeten. Die Rüstung eines Ritters war ein Vermögen wert. Die Unbemittelten zogen vorwiegend mit hölzernem Kriegsgerät ins Feld.

Das Hauptheer zog entlang der Donau. Wo die alten römischen Straßen noch erhalten waren, konnten auch größere Haufen um die zwanzig Kilometer an einem Tag bewältigen. Guibert von Nogent notiert:

„Die Armen beschlugen ihre Ochsen mit Eisen, spannten sie vor zweirädrige Karren, luden darauf ihre winzigen Vorräte und kleinen Kinder und zogen sie so hinter sich her. Sobald die Kleinen eine Burg oder eine Stadt sahen, fragten sie, ob das Jerusalem sei..."

Reittiere waren für die einfachen Pilger unerschwinglich. Die Mehrzahl hatte sich vorgenommen, den Weg nach Jerusalem zu Fuß zurückzulegen. Kaum jemand konnte sich vorstellen, wie weit das war. Daher war die Stimmung am Anfang noch gehoben. Albert von Aachen:

„Und als all diese Gruppen aus den verschiedenen Reichen und Städten sich zusammengefunden hatten, begannen sie ein ganz maßloses Schmausen, denn sie hatten sich nicht von Unberufenen freigehalten, von Sündern und Unzüchtigen. Und mit den Weibern und Mädchen, die zu gleichem leichtfertigen Tun ausgezogen waren, war ein beständiges Ergötzen. Und im höchsten Übermut war überall ein Rühmen und Prahlen über die Aussichten dieses Zuges."

Die Hochstimmung hielt nicht lange an. Die Pilger mußten ihre Lebensmittel auf den Märkten kaufen. Die Preise zogen wegen der plötzlichen Nachfrage an und kleine Barschaften waren schnell verbraucht. Bei einigen wich die fromme Sehnsucht wohl der Ernüchterung, als sie gewahr wurden, daß Jerusalem nicht gleich hinter Regensburg lag. Sie ziehen die sichere Armut in der Heimat den Unwägbarkeiten der Reise vor und kehren um.

preschier des le mois de Novembre.
Mil. iiii.xx et xv. Toutesfois pour
les gens appareilz que pour par
fournir tant dangereuse et grant
besongne convenoit le general par
tement retarda grant temps et
aussi pour la predication delle.
Mais cestui Gaultier sans sca
voir. et ses gens qui furent les
premiers Comme jay dit. se dep
tirent du lieu ou ilz avoient en
treprins eulx assembler le viii.
jour du mois de mars avant
pasques. Lan mil iiii.xx xv.
A commencer lan apres la bene
diction du Saint Cierge benist
Ainsi quil se fait ou parlement
de paris. Lesquelz passerent

ERSTE MASSAKER

Ende Mai überqueren die Kreuzfahrer unter Peter die ungarische Grenze bei Ödenburg. Der ungarische König gewährt freien Durchzug, verbietet aber ausdrücklich das Beutemachen. Nach Albert von Aachen verläuft der Marsch friedlich, nach Guibert von Nogent kommt es zu Morden, Plünderungen und Vergewaltigungen:

„Während die Ungarn als Christen ihren Brüdern alles anboten, was sie zu verkaufen hatten, konnten die Fremden ihre Leidenschaften nicht zügeln, dachten nicht an die wohltätige Gastfreundschaft der Ungarn und führten ohne Grund Krieg gegen sie... Angetrieben von abscheulicher Wut setzten sie die öffentlichen Getreidespeicher in Brand, entführten junge Mädchen und vergewaltigten sie, schändeten die Ehen, indem sie den Männern die Frauen raubten und rissen ihren Wirten den Bart aus oder versengten ihn. Jeder lebte nach Möglichkeit von Mord und Plünderung und alle brüsteten sich mit unvorstellbarer Frechheit, sie würden mit den Türken ebenso verfahren."

In der zweiten Junihälfte kommt das Pilgerheer in Semlin an. Hier sieht Peter der Einsiedler die Kleider und Waffen der sechzehn beraubten Kreuzfahrer an den Mauern hängen. Albert von Aachen berichtet:

„Jetzt, da er selbst die Waffen und Beutestücke sah, erfuhr Peter von dem Unrecht, das seinen Brüdern angetan wurde und rief zur Rache auf. Sofort erschallen laut und kräftig die Signale der Bläser, mit flatternden Fahnen stürmt das Heer gegen die Stadt... Das ganze Heer, Fußvolk wie Reiter, erzwang den Eingang in die Stadt.. Die meisten Bewohner konnten nicht fliehen und mußten noch vor der Pforte den Pilgern über die Klinge springen... doch gelang es mehreren, zu Schiff zu entkommen. Es fielen dort von den Ungarn ungefähr viertausend Mann, von den Pilgern waren... nur hundert erschlagen worden."

Miniatur um 1490. Bulgaren überfallen vor Belgrad wehrlose Pilger und zünden eine Kirche an.

Nach diesem Sieg über ihre lateinischen Brüder plündern die Pilger die Stadt vollständig aus. Als die Leichen der erschlagenen Ungarn die Donau hinab an der Stadt Belgrad vorbeitreiben, entschließt sich der byzantinische Statthalter zum Rückzug. Die Bewohner beordert er mit allem, was sie forttragen können, in die umliegenden Wälder. Die Kreuzfahrer plündern nun auch Belgrad und zünden die Stadt an. Als Peter von Amiens erfährt, daß sich ein ungarisches Heer nähert, um die Toten von Semlin zu rächen, zieht er weiter und erreicht Anfang Juli die Stadt Nisch (Jugoslawien). Der byzantinische Statthalter verhandelt mit Peter dem Einsiedler. Um die Bürger zu schützen, verlangt der Beamte Sicherheiten. Die Kreuzfahrer stellen daraufhin zwei Unterführer als Geiseln. Die Atmosphäre ist freundlich. Albert von Aachen:

„Nun wurde den Pilgern erlaubt, alles was sie brauchten zu kaufen, soviel und wo sie wollten. Ja, die Bürger schenkten jenen, die kein Geld hatten, eine Menge von Almosen."

Nach dem friedlichen Abzug der Kreuzfahrer kehren allerdings hundert Schwaben zur Stadt zurück. Albert von Aachen:

„Wegen eines erbärmlichen Streites mit einem Händler warfen sie Feuer in sieben Mühlen, die an der Brücke am Fluß standen und äscherten sie völlig ein."

Die Zerstörung von Mühlen stellte eine schwere Rechtsverletzung dar. Als lebensnotwendige Einrichtungen standen sie unter besonderem Rechtsschutz, auch in Kriegszeiten. Albert von Aachen drückt seine Empörung aus, indem er die Bürger von Nisch sagen läßt:

„Peter und seine Gefährten sind falsche Christen, es sind Räuber und keine friedlichen Menschen... Sie haben jetzt diesen Brand gelegt und danken so für die genossene Wohltat."

Die Bauern in den unbefestigten Dörfern hatten am meisten unter durchziehenden Kriegshaufen zu leiden. Lagen eine Stadt oder eine Fluchtburg in der Nähe, zogen sie sich dorthin zurück. Sonst blieben ihnen nur die Wälder. Die Bauern zahlten an ihren Lehnsherrn oder den Staat hohe Abgaben. Dafür versprachen die Oberen, die Bauern zu schützen. Das war beim Durchzug größerer Heere aber selten möglich. Nach der Plünderung besaßen die Bauern nur das, was sie versteckt hatten. Bei der Befragung nach verborgenen Nahrungsmitteln wurde die Folter angewandt. Wenn die Bauern in ihrer Not das Saatgetreide verzehrten, brach im Jahr darauf eine schwere Hungersnot aus.

PILGER IN NOT

Peter der Einsiedler besänftigt die Stadtoberen und sichert die Vermeidung weiterer Gewaltakte zu. Aber die Pilger folgen den Anweisungen nicht. So kommt es zu weiteren Gefechten, und schließlich versucht ein größerer Trupp, die Stadt Nisch zu stürmen. Die byzantinische Garnison und die Bewohner reagieren mit einem Ausfall. Albert von Aachen:

„Zwei Meilen weiter wurde das Heer überfallen und viele wurden erschlagen oder gefangengenommen. Und auch der Wagen Peters, mit unermeßlichen Mengen von Gold und Silber, wurde erbeutet und sogleich mit den Gefangenen nach Nisch zurückgeschickt. Viele Männer waren getötet worden. Kinder wurden ihren Müttern entrissen und dazu unzählige Frauen und unverheiratete Mädchen weggeschleppt."

Nach Albert wurde ein Viertel der Kreuzfahrer niedergehauen. Die Überlebenden konnten sich wieder sammeln und lebten von unreifem Korn, das sie von den Feldern stahlen.Hier war nicht das Land, wo Milch und Honig flossen. Ab Sofia verhinderten Polizeitruppen aus Konstantinopel weitere Zwischenfälle und stellten die Versorgung der Kreuzfahrer sicher. Mitte Juli erreichten sie Philippopel (Plovdiv, Bulgarien). Gesandte aus Konstantinopel hatten ausgerichtet, der Kaiser habe Peter verziehen. Die Bevölkerung von Philippopel schenkte den Kreuzfahrern Geld, Pferde und Maultiere. Peter soll vor Freude geweint haben. Im August 1096 hatten die Kreuzfahrer mehr als zweitausend Kilometer hinter sich. Sie erblickten Konstantinopel.

DU REICHE STADT, SO SCHÖN UND EDEL

Byzanz, von Kaiser Konstantin zur Hauptstadt Ostroms erhoben, und nach ihm Konstantinopel genannt, war unter seinen Nachfolgern mit mächtigen Mauern umgeben worden. Germanen, Slawen und Araber waren an ihnen gescheitert. So überlebte hier die hellenistisch-römische Zivilisation. Konstantinopel war die größte und reichste Stadt der Welt. Das byzantinische Reich wurde zwar ständig von inneren Krisen geschüttelt und hatte Kleinasien an die Türken verloren. Es war aber militärisch und ökonomisch noch immer eine Weltmacht.

Peter der Einsiedler wurde von Kaiser Alexios empfangen und erhielt ein Vermögen in Goldstücken als Geschenk. Der Kaiser schlug vor, die Weiterreise durch türkisches Gebiet zu verschieben, bis weitere Truppenteile in Konstantinopel eintreffen würden. Die Tochter des Kaisers und spätere Chronistin Anna Comnena war von Peters Auftreten und der Frömmigkeit der Pilger beeindruckt:

„Diese wie von einer Glut entflammten Menschen um Peter... strömten scharenweise herbei. Alle Straßen wimmelten von Menschen, deren Antlitz den Ausdruck froher Stimmung trug, und den Eifer, den Weg des Himmels einzuschlagen..."

Den Kreuzfahrern dürften in Konstantinopel die Augen übergegangen sein. Es gab handwerkliche Großbetriebe, Wasserleitungen, Straßenbeleuchtung und überquellende Märkte. Der ganze Reichtum der Stadt spiegelte sich in der berühmten Hagia Sophia. Dem Himmel näher fühlten sich die Pilger, wenn sie in den Kirchen die heilspendenden Gebeine der Heiligen, die Dornenkrone oder Teile des Wahren Kreuzes besichtigten. Auch der irdische Wert der Ausstellungsstücke war beträchtlich. Eine Stadt mit einer bedeutenden Reliquie wurde zu einem Wallfahrtsort. Als Kreuzritter hundert Jahre später Konstantinopel eroberten, wanderten die meisten Reliquien in die Kirchenschätze Europas. Die Pilger des Jahres 1096 begnügten sich mit der Besichtigung der heiligen Gegenstände.

Konstantinopel. Um 1420.

JUDENPOGROM IM RHEINLAND

Wenig heiligmäßig war die Entwicklung im Rheinland nach dem Aufbruch Peters. Die Prediger hatten dazu aufgefordert, gegen die »Feinde Gottes« vorzugehen. Nun fallen Kreuzfahrer und Einheimische über die jüdischen Gemeinden her. Sie übertreten dabei sowohl kirchliches als auch weltliches Recht. Albert von Aachen äußert sich mit Empörung über die Angriffe auf die jüdischen Gemeinden:

„Ich weiß nicht, ob es nach Gottes Ratschluß oder aus der Verirrung des Geistes geschah: Sie erhoben sich in einem Anfall von Grausamkeit gegen das jüdische Volk, das zerstreut in verschiedenen Städten wohnt und richteten ein höchst grausames Blutbad an."

In den aufblühenden rheinischen Städten hatten es viele Juden zu Wohlstand gebracht, was natürlich die Mißgunst christlicher Mitbürger erregte. Die Kreuzfahrer erneuerten den Vorwurf, die Juden hätten den Heiland ans Kreuz geschlagen. Die Mischung aus Habgier und Wahn wurde für die Juden zur tödlichen Bedrohung – für Jahrhunderte. Judenverfolgungen werden eine Begleiterscheinung von Kreuzzügen. Am 3. Mai 1096 rückt Graf Emich von Leiningen mit Kreuzfahrern in Speyer ein, um die jüdische Gemeinde anzugreifen. Wie in anderen Städten stellt auch der Bischof von Speyer die Juden gegen Bezahlung unter seinen Schutz. Die Kreuzfahrer ergreifen trotzdem elf Mitglieder der Gemeinde und bringen sie um, weil sie die Taufe ablehnen. Die übrigen können sich retten, wahrscheinlich in den Palast des Bischofs. Ein paar Tage später dringt der Trupp unter Graf Emich von Leiningen in Worms ein. Auch hier versucht der Bischof die Juden in seinem Palast zu schützen. Doch weder die Autorität noch die Waffenknechte der Kirche können die fanatische Menge zurückhalten. Der jüdische Chronist Solomon bar Simson:

„Der Feind behandelte sie mit der gleichen Grausamkeit wie die anderen vorher und überlieferte sie dem Schwert... andere nahmen sich selbst das Leben und erfüllten das Wort: »Die Mutter wurde in Stücke gehauen mit ihren Kindern«... Der Feind riß ihnen die Kleider vom Leibe, trieb sie zusammen und brachte sie um. Nur wenige, die sich mit profanem Wasser taufen ließen, wurden geschont... Sie nahmen die Thora-Rolle, traten sie in den Schmutz und verbrannten sie. Wer im Hause blieb, wurde von diesen Wölfen umgebracht, Männer, Frauen, Kinder und Alte. Sie rissen die Treppen ab, zerstörten die Häuser, raubten und plünderten. Der Feind verschlang die Kinder Israels mit offenem Maul... In zwei Tagen wurden ungefähr achthundert erschlagen und nackt verscharrt."

Der Trupp von Graf Emich steht am 25. Mai vor Mainz. Die Tore sind zunächst verschlossen. Kaiser Heinrich der IV. hatte ja angeordnet, die Juden seien zu schützen. Aber sein Vasall, Gottfried von Bouillon, greift nicht ein, obwohl er von den Juden dafür bezahlt worden war und es dem Kaiser zugesagt hatte. Mainzer Bürger öffnen schließlich die Tore und lassen die Kreuzfahrer in die Stadt. Der Bischof nimmt die Juden gegen Bezahlung in seinem Palast auf. Graf Emich erhält sieben Goldpfund mit der Bitte um Schonung. Vergeblich. Der Bischofspalast wird angegriffen, nach heftiger Gegenwehr müssen die Juden der Übermacht weichen. Bischof Ruthard fühlt sich nun selbst bedroht und flieht mit seinem Gefolge. Albert von Aachen berichtet, was dann geschah:

„Die Juden aber, als sie sahen, wie die Christen sich gegen ihre Kinder erhoben, und kein Alter verschonten, ergriffen nun gegen sich selbst und die eigenen Glaubensbrüder die Waffen, gegen die eigenen Kinder und Frauen, Mütter und Schwestern, und töteten sich gegenseitig. Es ist schon Sünde, es zu erzählen, wie Mütter mit dem Messer ihren Säuglingen die Kehle durchschnitten oder sie durchbohrten... so grausam wurden die Juden hingemordet."

In Mainz starben über tausend Juden, aber dabei blieb es nicht. Einzelne Haufen griffen die jüdischen Gemeinden in fast allen rheinischen Städten an. Mehr als zehntausend Juden wurden beraubt und umgebracht. Einige lateinische Chronisten sind menschlich berührt und bedauern, daß die Kreuzzugsidee auf diese Weise beschädigt wurde. Aber es gibt auch andere Stimmen. Der zeitgenössische Chronist Frutolf merkt an:

„In den Städten, die sie durchzogen, vernichteten sie die verruchten Überreste der Juden als die eigentlichen Feinde der Kirche oder zwangen sie zur Taufe. Die meisten kehrten jedoch später zu ihrem Glauben zurück, wie die Hunde zum Erbrochenen."

Albert von Aachen bedauert die Pogrome:

„So grausam also wurden die Juden hingemordet.. und nun setzten, beladen mit der jüdischen Beute, Emich... und diese ganze unerträgliche Gesellschaft von Männern und Weibern ihre Fahrt nach Jerusalem fort..."

Andere verschieben ihre Abreise. Ein Trupp macht noch einen Abstecher nach Trier. Der Bischof predigt in St. Simeon, die Juden sollten geschont werden und versucht, sie in seinem Palast zu schützen. Als die Kreuzfahrer dem Bischof mit dem Tode drohen, gibt er nach und fordert die Juden auf, sich taufen zu lassen. Wer sich weigert, wird von den Kreuzfahrern umgebracht. Bedienstete des Bischofs schleppen jüdische Frauen und Kinder gewaltsam zur Taufe. Wieder kommt es zu Selbstmorden, viele stürzen sich in die Mosel. Der Trupp zieht mordend und plündernd rheinabwärts bis Xanten.

Ein Teil der Kreuzfahrer verzichtet auf die Weiterreise, nachdem in den rheinischen Städten nichts mehr zu holen ist. Die anderen ziehen nach Osten weiter. Als sich die Trupps Regensburg nähern, werden auch hier die Juden zwangsgetauft, um sie vor den Kreuzfahrern zu schützen. Solomon bar Simson:

„Die Bürger der Stadt trieben sie zum Fluß. Dann machten die Feinde ein schlimmes Zeichen über dem Wasser, waagrecht und senkrecht und befleckten sie alle gleichzeitig im Fluß, denn es waren sehr viele. Sie kehrten zum Herrn zurück, sobald der Feind weitergezogen war."

Nach seiner Rückkunft aus Italien erlaubt Heinrich IV., den unter Zwang getauften Juden zu ihrem Glauben zurückzukehren und bestraft einige Schuldige.

DIE UNGARN SCHLAGEN ZURÜCK

Vor Emich bricht ein weiterer Kreuzfahrertrupp auf. Albert von Aachen:

„Nicht lange, nachdem Peter ausgezogen war, begeisterte ein gewisser Priester namens Gottschalk, ein Deutscher aus der Rheingegend, der sich durch Peter zu diesem selben Zug nach Jerusalem hatte hinreißen lassen, durch seine Predigt eine große Anzahl von Leuten aus aller Herren Länder zu einem gleichen Pilgerzuge. Aus verschiedenen Gegenden Lothringens, des östlichen Frankreich, Bayerns und Schwabens brachte er mehr als fünfzehntausend Pilger zusammen, Ritter und gewöhnliches Fußvolk."

In Ungarn wurden die Kreuzfahrer freundlich empfangen und erhielten Zugang zu den Märkten. Albert von Aachen schreibt:

„Und auf Befehl des Königs Kolman wurde überall Friede angesagt, damit nicht, bei einem so großen Heer, Zwistigkeiten irgendwelcher Art entstehen könnten. Aber während sie nun dort einige Tage blieben und anfingen, sich in der Gegend umherzutreiben, da ließen sich Bayern und Schwaben, lauter hitzige Leute, und andere nicht minder törichte Pilger, zu großer Trunkenheit hinreißen, verletzten den angesagten Frieden und raubten den Ungarn Wein, Gerste und andere Lebensmittel. Und schließlich raubten und erschlugen sie auf den Feldern Rinder und Schafe, töteten die Ungarn, die Widerstand leisten und das Vieh retten wollten und begingen noch eine Menge anderer Frevel, die wir nicht alle wiedergeben können, und benahmen sich eben ganz wie ungehobeltes und ungebildetes Landvolk, frech und schamlos. So stießen sie, wie von Augenzeugen berichtet wird, einer ganz geringfügigen Streitsache wegen auf offenem Marktplatze einem jungen Ungarn mit einem Pfahl durch gewisse geheime Körperteile."

Der ungarische König läßt die Kreuzfahrer daraufhin bei Stuhlweißenburg entwaffnen und und sichert ihnen freien Abzug zu. Er bricht sein Wort und läßt die wehrlosen Deutschen niedermetzeln. Ähnlich ergeht es einem Trupp, der vorher die jüdische Gemeinde in Prag überfallen hatte. Die Geduld der Ungarn ist offenbar zu Ende. Als Graf Emich mit seiner Gefolgschaft kurz darauf im ungarischen Wieselburg ankommt, läßt der König die Brücke über den Donauarm sperren. Wochenlang versuchen die Kreuzfahrer die Brücke zu stürmen. Schließlich überwinden sie die ersten Mauern, der Sieg scheint ihnen sicher. Albert von Aachen:

„Da überfiel das ganze Pilgerheer plötzlich... eine so große Furcht, daß sie sich alle zur Flucht wandten... die Ungarn sahen, daß diese tapferen Helden plötzlich den Mut verloren. Sie brachen aus den Toren heraus, folgten den Fliehenden, machten die meisten von ihnen nieder und nahmen viele gefangen. Unter dem Fußvolk der Pilger, unter Männern wie Frauen, wurde ein fürchterliches Morden angerichtet."

Nur einige Berittene können entweichen. Graf Emich von Leiningen reitet nach Hause. Über das Ableben des verhinderten Kreuzritters liegt eine Nachricht vor. Die Kölner Königschronik vermerkt:

„1117. Friedrich, Herzog von Schwaben, hat einen schweren Kampf mit den Mainzern zu bestehen. Dabei wird Graf Emich erschlagen."

Frieden bricht also in Europa nicht aus, nachdem so viele Kriegswillige nach Osten aufgebrochen waren. Das listige Vorhaben des Papstes, das Gewaltpotential ins Ausland zu exportieren, scheiterte an dessen Umfang.

AUCH KAISER ALEXIOS WIRD UNWILLIG

Der byzantinische Kaiser hatte den Kreuzfahrern mit einiger Sorge entgegengesehen. Seine Tochter Anna Comnena nennt die Kreuzfahrer »Kelten«. Sie berichtet:

„Er fürchtete ihre Ankunft, weil er ihre unkontrollierten Leidenschaften kannte, ihren unsteten Charakter, ihren Wankelmut. Zu erwähnen sind auch die anderen Eigenschaften der Kelten und ihre unvermeidlichen Folgen: Ihre Geldgier zum Beispiel, die sie dazu brachte, die von ihnen getroffenen Vereinbarungen bei jeder Gelegenheit bedenkenlos zu brechen."

Anfang August 1096 haben sich die Kreuzfahrertrupps vor Konstantinopel vereinigt. Kaiser Alexios übernimmt ihre Versorgung und rät ihnen ab, sich vor dem Eintreffen weiterer Verstärkungen nach Kleinasien zu begeben. Ein Teil der Kreuzfahrer begann nun auch hier, den Kriegszustand herzustellen. Der Autor der Gesta Francorum:

„Diese Christen benahmen sich niederträchtig, plünderten die Stadtpaläste und zündeten sie an, stahlen das Blei von den Kirchendächern und verkauften es... Schließlich wurde es dem Kaiser zuviel und er befahl die Überquerung des Bosporus."

Am 6. August 1096 befördert die byzantinische Flotte die Kreuzfahrer nach Kleinasien. Der Küstenstreifen gegenüber von Konstantinopel war in byzantinischer Hand. Der Autor der Gesta:

„Nachdem sie übergesetzt hatten, ließen sie von ihren Missetaten nicht ab. Sie brandschatzten Häuser und sogar Kirchen."

Kleinasien wurde hauptsächlich von griechisch-orthodoxen Christen bewohnt, auch in den von den Türken besetzten Gebieten. Der Ritus der Ostchristen war anders, ihre Kirchen sahen anders aus, sie trugen andere Kleider, und sie sprachen anders. Der Papst hatte die Türken zu Todfeinden der Christenheit erklärt. Muslims waren zu barbarischen Heiden abgestempelt worden, für die christliche Rechtsnormen nicht mehr galten. Damit waren alle gefährdet, die anders waren, als die Kreuzfahrer selbst. Die ersten Opfer waren die Juden. Jetzt beraubten Kreuzfahrer fremdartige Kirchen und töteten Christen. Und zwar jene, zu deren Beistand sie der Papst entsandt hatte.

Alexios weist den Kreuzfahrern ein befestigtes Feldlager zu und läßt sie mit Nahrungsmitteln versorgen. Entgegen der kaiserlichen Anweisung im Lager zu bleiben, unternehmen einzelne Trupps Beutezüge in Richtung der türkisch beherrschten Stadt Nikaia. Die Opfer sind christliche Bauern, sowohl auf byzantinischem Gebiet als auch auf türkischem. Franzosen, Deutsche und Italiener operieren eifersüchtig auf eigene Faust. Bei den Vorstößen nähern sich die Trupps der Stadt Nikaia. Die byzantinische Chronistin:

„Sie begannen in der Umgebung von Nikaia zu plündern und gingen mit äußerster Grausamkeit vor. Sie pfählten Kinder und rösteten sie auf dem Feuer. Erwachsene wurden auf alle mögliche Weisen gefoltert."

Anna Comnena mag im Detail übertrieben haben: Schließlich waren die Opfer ihre Landsleute. Den Beutezug selbst bestätigt auch Albert von Aachen:

„Sie raubten dort Vieh, Schafe und Ziegen, die den Griechen gehörten, die türkische Untertanen waren und schleppten sie zu ihren Gefährten zurück. Als Peter dies sah und hörte, wurde es ihm traurig ums Herz, denn er wußte, daß die Strafe folgen würde."

DIE TÜRKEN SCHLAGEN ZURÜCK

Offensichtlich war Peter nicht in der Lage, die Angriffe auf die Griechen zu unterbinden. Den meisten Kreuzfahrern war offenbar nicht bewußt, daß sie offiziell hier waren, um ihren christlichen Brüdern zu helfen. Vor Nikaia waren die Türken die einzigen, die den Christen noch gegen plündernde Kreuzfahrer beistehen konnten. Nikaia war die Hauptstadt des jungen Seldschukenfürsten Kilidsch Arslan ibn Suleiman, der weite Gebiete Kleinasiens beherrschte. Die türkische Garnison und die Griechen in Nikaia konnten das Gemetzel vor den Toren beobachten. Anna Comnena:

„Als die Bewohner die Vorgänge bemerkten, öffneten sie die Tore und machten einen heftigen Ausfall."

Die Kreuzfahrer behalten die Oberhand und können in ihr Lager abziehen. Die erbeuteten Wertsachen machen dort Eindruck. Ein deutsches Kontingent bricht auf und besetzt eine Burg an der Straße nach Nikaia. Dort werden sie von einem türkischen Aufgebot eingeschlossen. Der Autor der Gesta berichtet, die Belagerten hätten vor Durst ihren Urin getrunken, weil die Quelle außerhalb der Burg lag. Er fährt fort:

„Der deutsche Anführer einigte sich mit den Türken und ..floh mit vielen Männern. Wer blieb, und Christus nicht abschwören wollte, wurde getötet. Die Gefangenen wurden wie Schafe unter den Türken aufgeteilt. Einige wurden als Zielscheibe aufgestellt und mit Pfeilen erschossen, andere wurden verkauft wie wilde Tiere..."

Nikaia (Iznik). Ein Teil der byzantinischen Befestigungen ist noch erhalten.

DAS ENDE

Daraufhin fällt im Lager der Kreuzfahrer trotz des Widerstands einiger Besonnener die Entscheidung, die Türken anzugreifen. Ein türkisches Heer kommt entgegen, schlägt die bewaffneten Kreuzfahrer und greift das Lager an. Übereinstimmend berichten die Chronisten, daß im Lager der Christen alle getötet wurden, die als Sklaven nicht in Betracht kamen. Albert von Aachen beschreibt das Gemetzel:

„Sie töteten mit dem Schwert, was sie an Mühseligen und Schwachen jeden Alters fanden, Priester und schwangere Frauen, Mönche und Säuglinge. Nur zarte Mädchen und Nonnen..und bartlose junge Männer, schön und anmutig von Gesicht, verschonten sie und führten sie weg in Gefangenschaft."

Über dieses Massaker berichten ausführlich Anna Comnena, der Autor der Gesta und Albert von Aachen. Sie waren keine Augenzeugen und ihre Berichte mögen übertrieben sein. Daß ein Massaker stattgefunden hat, kann als sicher gelten. Die Niedermetzelung wehrloser Christen widerspricht islamischen Geboten – auch wenn manche der Opfer vorher nicht gerade in der Nachfolge Christi gehandelt hatten. Zumindest die Breitschaft, zum Islam überzutreten, hätte zur Schonung der Gefangenen führen müssen. Der Autor der Gesta macht eine entsprechende Mitteilung über die Behandlung von Kreuzfahrern, die in der Burg in Gefangenschaft gerieten. (...und wer Christus nicht abschwören wollte...) Beim Angriff auf das Pilgerlager wurden nach den Angaben der christlichen Chronisten nur junge Frauen und Männer verschont. Von muslimischer Seite liegt kein Augenzeugenbericht vor.

Kaiser Alexios hatte den Kreuzfahrern geraten, im Lager die Ankunft des Hauptheeres abzuwarten. Wären sie dieser rationalen Erwägung zugänglich gewesen, hätten sie die Niederlage vermeiden können. Nach den Vorstößen auf türkisches Gebiet war der Gegenangriff unvermeidlich. Sie waren schlecht bewaffnet, schlecht geführt und von ihrer Habgier schlecht beraten. Gegen das disziplinierte Aufgebot der Türken hatten sie keine Chance. Der Kaiser gibt der Flotte die Anweisung, die wenigen Überlebenden abzuholen, dreitausend von vielleicht dreißigtausend Kreuzfahrern. Die Geretteten werden vorsichtshalber entwaffnet. Nach den lateinischen Chronisten war Peter von Amiens in Konstantinopel, als die von ihm Geführten abgeschlachtet wurden. Anna Comnena gibt an, er sei dabei gewesen. Jedenfalls erwartet der Einsiedler die nachrückenden Ritterarmeen in Konstantinopel. Der Kreuzzug der Armen ist beendet.

Die Chronisten sind in der Regel Kleriker und nutzen häufig den schlechten Ausgang einer christlichen Unternehmung zu ermahnenden Analysen. Nach der Vernichtung der Kreuzzugshaufen in Ungarn sieht Albert von Aachen hinter dem Debakel göttliches Walten:

„Dies alles war wohl Gottes Hand gegen die Pilger, die vor seinem Angesicht durch Unkeuschheit und allzugroße Schändlichkeit gesündigt und die heimatlosen Juden, wenn schon sie Feinde Christi sind, mehr aus Habsucht als aus Gottesfurcht in blutigem Morden hingeschlachtet hatten."

„Wie durch Dummheit die Unseren geschlagen wurden." Miniatur um 1350.

DIE PRÄLATEN DER KIRCHE UND DAS BLÖDE VIEH

Die Pilgerscharen hatten sich unterwegs nach Jerusalem von den Ordnungsvorstellungen der Kirche entfernt. Albert ist über das Abweichen mancher Pilger vom rechten Weg entsetzt:

„Auch ein anderes abscheuliches Verbrechen beging das törichte, leichtsinnige und verblendete Fußvolk... Von einer Gans behaupteten sie, sie sei vom göttlichen Geiste durchdrungen, und ebenso sollte auch eine Ziege davon erfüllt sein. Diese beiden Tiere machten sie zu ihren Führern auf dieser heiligen Fahrt nach Jerusalem, und sie erwiesen ihnen über die Maßen fromme Verehrung. Ein sehr großer Teil der Pilger richtete sich in tierischer Weise ganz nach ihnen und glaubte aus vollem Herzen an ihre göttliche Sendung. Das aber sei fern vom Herzen der Christen zu glauben, daß es der Wille des Herrn Jesus sei, daß das Grab des allerheiligsten Leibes von blödem oder vernunftlosem Vieh besucht werde und daß dies Vieh der Führer jener christlichen Seelen sei, die er selbst mit seinem wertvollen Blut vom Unflat der Abgötterei gnädig erlöst hat... Jesus bestimmte den Christen... als Lenker, Führer und Lehrer höchst heiligmäßige, ehrwürdige Prälaten und Äbte und nicht blödes, unvernünftiges Vieh."

Die Kirche war schon öfter in Bedrängnis geraten, weil sich religiöse Bewegungen verselbständigt hatten, und sie wird in den nächsten Jahrhunderten die Urheber schwärmerischer Strömungen als Ketzer unerbittlich verfolgen. Wer aber hatte die Leute 1095 in diesen Zustand versetzt, in dem sie der Kirche abtrünnig wurden, Heim und Familie verließen, Juden niedermetzelten, Bauern bestahlen, Kirchen ausraubten und gegen reguläre Truppen anrannten? Etwa Papst Urban, der zur Kreuzfahrt aufgerufen hatte? Scharfsinnig erkennt Albert von Aachen das Problem und macht allein die Wanderprediger für die Pilgerzüge der Armen verantwortlich. Die spätere Eroberung Jerusalems aber kann nur von der Kirche veranlaßt worden sein. Daher fordert bei Albert der Papst nur »Bischöfe und große Herren jeden Standes und Ranges« zur Fahrt nach Jerusalem auf, also jene, die das Werk dann vollbrachten.

Nach Fulcher von Chartres ist der Papst der Urheber der Pilgerzüge. Der Chronist betont, daß auch den Armen das Kreuz gepredigt wurde. Aber er bewahrt das Ansehen der Kirche, indem er die Verirrungen und Greueltaten der Pilger auf dem Weg nach Konstantinopel nicht mitteilt.

Wer auch verantwortlich war: Die Werbung für die Kreuzfahrt enthielt besondere Angebote für jene, die sich mit Schuld beladen fühlten, sonst aber Mangel litten und für einen Kriegszug nicht ausgebildet waren. Die vom himmlischen und irdischen Lohnversprechen Verführten lagen noch immer auf dem Schlachtfeld, als einige Monate später französische Kreuzfahrer vorbeikamen. Der Augenzeuge Fulcher von Chartres, der es unterläßt, ihre Taten zu schildern, gedenkt ihrer nur als Opfer der Türken.

„Wie viele gespaltene Schädel und wieviele Knochen der Abgeschlachteten sahen wir auf den Feldern in der Nähe des Sees bei Nicomedia. In diesem Jahr (1096) hatten die Türken unsere Leute vernichtet, welche Pfeil und Bogen nicht kannten und ihren Gebrauch. Bei diesem Anblick befiel uns Mitleid, und wir vergossen viele Tränen."

FÜHRER UND VERFÜHRTE

WER WAR DER URHEBER?

JESUS CHRISTUS
ODER PAPST URBAN II.
ODER
PETER DER EINSIEDLER

Folgt man der Kompilation, die Albert von Aachen ab 1101 aus mündlichen und schriftlichen Berichten zusammengestellt hat, war der Urheber des Kreuzzuges Peter der Einsiedler:

ALBERT VON AACHEN

Ein Priester und früherer Einsiedler, der Peter hieß und aus Amiens stammte, das in Frankreich liegt, hat zuerst mit aller Leidenschaft zu diesem Zug aufgerufen und im genannten Königreich mit allen Redekünsten das Volk dafür gewonnen... Dieser Priester nämlich war einige Jahre vor dem Beginn dieses Zuges nach Jerusalem gewallfahrt, um dort zu beten. Da mußte er in der Kirche des Heiligen Grabes, ach, Dinge sehen, so sündhaft und böse, daß sein Herz voll Trauer aufseufzte und er Gott zur Rache für die geschauten Greuel aufrief.

Nach Albert von Aachen verrichtet der Einsiedler in der Grabeskirche seine Andacht und schläft ermüdet ein. Im Schlaf erscheint ihm Christus und fordert ihn auf:

Eile so rasch du kannst in deine Heimat und erzähle dort, was mein Volk und die heiligen Stätten an Schmach und Elend zu erleiden haben und entflamme die Herzen der Gläubigen, Jerusalem und die heiligen Stätten zu säubern...

Die Urheberschaft des Wanderpredigers wird auch von der byzantinischen Chronistin Anna Comnena behauptet. Sie war ein junges Mädchen, als sie Peter in Konstantinopel begegnete.

ANNA COMNENA

Ein gewisser Kelte, mit dem Beinamen Koukoupetros, pilgerte zur Grabeskirche. Er wurde von den Türken und Sarazenen mißhandelt, die ganz Kleinasien ausplünderten und kehrte mit großen Schwierigkeiten in seine Heimat zurück...

Er beschloß, in den lateinischen Ländern zu predigen... Eine göttliche Stimme, so sagte er, habe ihm befohlen, alle Grafen in Frankreich aufzurufen, sie sollten ihre Heimat verlassen..., um Jerusalem von den Türken zu befreien.

Nach Anna Comnena hat Peter selbst erfolgreich den Kreuzzug gepredigt. Papst Urban und das Konzil erwähnt sie nicht. Der Autor der Gesta Francorum beschreibt eine Wallfahrtsstimmung in Frankreich, aber er drückt nicht klar aus, ob sie schon vor dem Eintreffen des Papstes herrschte, oder erst die Folge seiner Predigten war. Frutolf von Michelsberg beendete seine Chronik um 1101. Er schildert den Kreuzzug der Armen, erwähnt aber weder Papst Urban noch das Konzil in Clermont. Als Ursache des Aufbruchs nennt der Chronist nur die Botschaften über die Verwüstung der heiligen Stätten.

Frutolf von Michelsberg

Die ersten, ungefähr fünfzehntausend, folgten einem gewissen Mönch Peter, den später viele als Heuchler bezeichneten.

Der Streit zwischen Kaiser Heinrich und Papst Urban spaltete den Klerus. Viele Gläubige im deutsch-römischen Reich befanden sich in einem Loyalitätskonflikt. Albert von Aachen und Frutolf von Michelsberg bekunden keine Nähe zur Partei des Papstes. Anders der Chronist Bernold von Konstanz. Er nennt um 1101 so ausdrücklich Papst Urban den Urheber der Unternehmung, als gäbe es daran Zweifel. (Cuius expeditionis domnus papa maximus auctor fuit – der Urheber der Expedition war der große Herr Papst.) Bernold war wie Fulcher von Chartres ein Verfechter der päpstlichen Reformpolitik. Fulcher schreibt in den Jahren nach der Eroberung Jerusalems. Er erwähnt Peter den Einsiedler erst nach seinem Bericht über Urbans Aufruf in Clermont:

Fulcher von Chartres

Ein gewisser Peter der Einsiedler, hatte um sich eine Menge Fußvolk versammelt, aber nur wenige Ritter, und er war der erste, der durch Ungarn zog.

Raimund von Aguilers sagt nichts über die Entstehung des Kreuzzuges. Die Ausführungen der Chronisten zu dieser Frage sind also widersprüchlich. Wer der Urheber war, kann daher an Hand der Belege nicht eindeutig bestimmt werden. Es ist denkbar, daß es schon vor der Papstreise in Frankreich eine religiöse Bewegung gab, die von einfachen Predigern gefördert wurde und auf eine Wallfahrt nach Jerusalem orientiert war. Es ist ebenso denkbar, daß erst der Papst eine diffuse Stimmung auf einen Kreuzzug ausrichtete. Nach dem zeitgenössischen Chronisten Ekkehard von Aura hat die Kirche jedenfalls auf eine vorhandene Stimmung reagiert.

Ekkehard von Aura

Zur Zeit des römischen Kaisers Heinrich IV. und des Kaisers von Konstantinopel, Alexios erhoben sich nach der Weissagung des Evangeliums überall Volk gegen Volk und Reich gegen Reich, große Erdbeben ereigneten sich an verschiedenen Orten, auch Seuchen, Hunger und Schrecken vom Himmel und große Zeichen; und da bereits bei allen Völkern die Posaunen aus dem Evangelium die Ankunft des gerechten Richters verkündeten, siehe da warf auch die allgemeine Kirche einen Blick auf die gesamte Welt im Umkreis, die die prophezeiten Zeichen aufwies.

Wanderprediger griffen im Sinn der Reformpäpste die Weltlichkeit der Kirche an. Die schwärmerischen Volksbewegungen, die ihre Predigten hervorriefen, wurden dann häufig als Ketzerei bekämpft. Miniatur um 1490.

Miniaturen um 1350. Bauern bei der Feldarbeit. Die Erträge nährten kaum die Erzeuger.

Endzeitvorstellungen, Sündenbewußtsein und materielle Not werden von den Chronisten im Zusammenhang mit dem Kreuzzug geschildert.

ROBERT DER MÖNCH

Das Land, das ihr bewohnt, vom Meer und Gebirgen eingeschlossen, ist durch eure große Zahl zu eng geworden. Es enthält keinen Überfluß an Reichtum und die Nahrung reicht kaum für ihre Erzeuger aus. Daher kommt es, daß ihr euch bekämpft und ermordet, Krieg führt und viele durch gegenseitige Wunden tötet.

EKKEHARD VON AURA

Die Westfranken ließen sich leicht gewinnen, ihr Land zu verlassen; denn seit Jahren suchten Bürgerkrieg, Hungersnot und Sterblichkeit Frankreich schwer heim...

Den Notleidenden wurde Abhilfe in Aussicht gestellt.

Ungefähr ein Zehntel der Bevölkerung bestand aus Adligen und Klerikern.

ROBERT DER MÖNCH

Macht euch auf den Weg zum Heiligen Grab, entreißt dieses Land dem frevelnden Volk und unterwerft es euch. Dieses Land ist von Gott den Söhnen Israels zum Eigentum gegeben worden, wo Milch und Honig fließen, wie die Schrift sagt. Jerusalem ist der Nabel der Welt, das Land ist fruchtbarer als andere, ein zweites Paradies der Lustbarkeiten.

BALDRICH VON DOL

Auch die Reichtümer der Feinde werden euch gehören...

GESTA FRANCORUM

Wer seine Seele zu retten wünscht, sollte nicht zögern, den Weg des Herren einzuschlagen, und wem es an Geld mangelt, dem wird durch göttliche Gnade genug zuteil...

Die Prediger haben den Teilnehmern an der Kreuzfahrt reiche Beute versprochen. Materieller Zugewinn hätte nach einem Dekret von Clermont allerdings den Verzicht auf kirchlichen Lohn bedeutet.

DER HIMMLISCHE LOHN:

Lambert von Arras hat am Konzil in Clermont teilgenommen. Das Dekret zum Erlaß der Buße lautet nach seiner Aufzeichnung:

Dekret von Clermont

Wer nur aus Frömmigkeit, und nicht zur Erlangung von Ehre oder Geld zur Befreiung der Kirche Gottes nach Jerusalem aufgebrochen ist, dem soll die Reise auf jede Buße (poenitentia) angerechnet werden.

Eindeutig ist hier der Erlaß der kanonischen Kirchenstrafen gemeint. Solche Bußen bestanden etwa im Ausschluß von den Sakramenten oder in geldlichen Leistungen. Sie waren bei Übertretungen kirchenrechtlicher Bestimmungen fällig und konnten schwere Einschnitte in das Leben der Betroffenen bedeuten. Die Strafen der Kirche trafen auch Unfromme und höher Gestellte, etwa Adlige, die das Fehdeverbot der Kirche übertreten hatten. Das Dekret von Clermont blieb im Rahmen der bis dahin üblichen Bußpraxis. Im Brief des Papstes an die Bürger von Bologna ist ebenfalls nur von Bußstrafen die Rede:

Brief von Urban II.

All denen, die sich nicht aus Habgier nach irdischem Vorteil, sondern nur für das Heil ihrer Seele und zur Befreiung der Kirche auf den Weg machen, erlassen wir die gesamten Bußstrafen der Sünden, über die sie aufrichtig und vollständig gebeichtet haben.

DIE ÜBERWINDUNG DES FEGEFEUERS

Der versprochene Straferlaß wäre für viele ein verlockendes Angebot gewesen. Aber er war an Bedingungen geknüpft, die einer bewaffneten Pilgerreise nicht angemessen waren. Wer gedachte, in der Ferne ein neues Leben zu beginnen, brauchte die heimatliche Kirchenbehörde nicht mehr zu fürchten. Für den wahrscheinlichen Fall des Ablebens enthielt das Dekret kein Angebot. Nutznießer der Straffreiheit konnte nur werden, wer auf Beute verzichtete und in die Heimat zurückkehren wollte. Diese Einschränkungen minderten den Wert des Angebots. Daher versprachen die Prediger auch den Erlaß der zeitlichen irdischen und jenseitigen Sündenstrafen (Fegefeuer).

Mann zwischen Himmel und Hölle. Die Qualen der Hölle wurden auch körperlich vorempfunden. Miniatur 11. Jahrhundert.

Das war vor allem für jene »Armen Sünder« verlockend, die tief gläubig waren und daher besonders viel Angst hatten. Eigentlich fehlte zum Erlaß der Sündenstrafen oder zur Vergebung der Sünden noch das theologische Gerüst. Eine begrifflich genaue Regelung des Ablaßwesens wurde erst in der Praxis der Kreuzzüge entwickelt. Zur Begriffsverwirrung hat auch der Papst beigetragen, wenn er das folgende Schreiben nach Flandern selbst diktiert haben sollte.

BRIEF URBAN II. AN DIE GLÄUBIGEN IN FLANDERN

Wir erlegten ihnen (den Franzosen) feierlich im Konzil zu Clermont eine Heerfahrt auf..., für die Vergebung all ihrer Sünden (pro remissione omnium peccatorum suorum).

In den übermittelten Papstreden, die Rückschlüsse auf die Kreuzzugswerbung zulassen, ist durchweg von Sündenvergebung die Rede.

FULCHER VON CHARTRES

Allen jedoch, die dorthin gehen, wird die sofortige Vergebung der Sünden zuteil, wenn sie auf dem Marsch, bei der Überfahrt oder im Kampf gegen die Heiden die Fesseln des Erdenlebens ablegen.

ROBERT DER MÖNCH:

Begebt euch auf diese Fahrt zur Vergebung eurer Sünden in der Gewißheit des unvergänglichen Ruhms des Himmelreichs.

In der Werbung für den Kreuzzug wurden also nicht nur die Einschränkungen für den Erlaß der Bußstrafen unterschlagen, sondern auch mehr versprochen, als die Kirche theologisch begründet anbieten konnte: Den vollständigen Erlaß der Sündenstrafen, gar die Vergebung der Sünden überhaupt. Die Prediger haben offensichtlich den Eindruck vermittelt, die Teilnahme an der Kreuzfahrt würde unmittelbar vor dem göttlichen Strafgericht angerechnet. Diese Auslegung stellte eine Neuerung dar und dürfte zum Erfolg der Werbung erheblich beigetragen haben. Die Hoffnungen, die sie erzeugte, hat die Kirche nicht gedämpft. Sie hat unter dem Druck der geweckten Erwartungen den Nachlaß von zeitlichen Sündenstrafen später theologisch begründet. Das entwickelte Ablaßwesen schöpfte dann aus dem »Kirchenschatz« der Verdienste Jesu und der unverbrauchten guten Taten der Heiligen.

Miniaturen 15. Jahrhundert. Das Ablaßwesen entwickelte sich vor allem aus der geldlichen Ablösung von Kreuzzugsgelübden. Die Abbildungen wurden immer deutlicher.

omine ne in furo
re tuo arguas me
neq; in ira tua cor
ripias me.

PROPAGANDA

DER TÜRKISCHE UND SLAWISCHE UNTERMENSCH

Die folgenden Berichte über Greueltaten der islamischen Türken wurden kurz nach dem Aufruf zum Kreuzzug verfaßt. Die türkische Landnahme in Kleinasien hatte fünfundzwanzig Jahre vorher begonnen und die Kriegshandlungen mit ihren üblichen Scheußlichkeiten waren mehrere Jahre vor dem Aufruf zum Stillstand gekommen. In den großen Städten Kleinasiens lebten Christen als Untertanen der türkischen Regenten. Die Grabeskirche in Jerusalem stand christlichen Pilgern weiter offen. Die den Türken in den folgenden Texten angelasteten Handlungen waren Muslims untersagt. Die Greueltaten werden nur in lateinischen Quellen beschrieben.

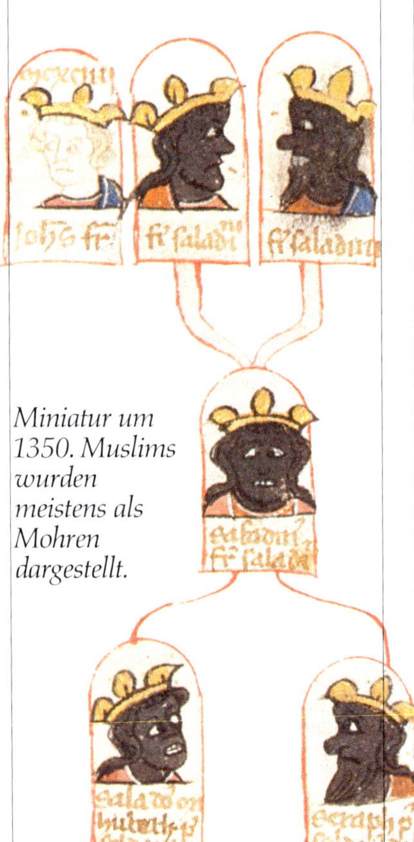

Miniatur um 1350. Muslims wurden meistens als Mohren dargestellt.

Frutolf von Michelsberg

Am 3. März 1096, einem Montag, zur Fastenzeit, erschien ein Zeichen in der Sonne. Überall wurde auch erzählt, die Welt habe verschiedene Ungeheuer geboren. Bald zogen aus allen Teilen der Erde, vor allem aber der westlichen Königreiche, zahllose bewaffnete Scharen von Königen, Adligen und niedrigem Volk beiderlei Geschlechts in Richtung Jerusalem, leidenschaftlich aufgewühlt durch zahlreiche Nachrichten über die Bedrängung des Heiligen Grabes und die Verwüstung aller Kirchen, die das wilde Volk der Türken vor einigen Jahren seiner Herrschaft unterworfen und durch unerhörte Beschwernisse allmählich zerstört hatte.

Leidenschaftlich aufgewühlt waren die Menschen durch Kreuzzugspredigten. Sollten die Urheber Gerüchten aufgesessen sein, haben sie wider besseres Wissen gehandelt. Gebildeten Klerikern war durchaus bekannt, daß Christen in islamischen Ländern in Rechtssicherheit lebten und ihren Kult ausüben konnten. Die Chronisten des ersten Kreuzzuges haben die Verhältnisse auch nicht angetroffen, die die Propagandisten beschrieben haben. Diese Predigten sollten aufwühlen – und sei es auch um den Preis der Wahrheit. Es handelt sich offensichtlich um Propaganda.

Ekkehard von Aura

Sie legten Truppen unter einem der ihren, unter dem Tyrannen Suleiman, dorthin und verwüsteten ringsum gründlich alle Gebiete bis an den Sumpf oder den Meerbusen, der Arm des Heiligen Georg heißt, und verschonten keinen Christen, keine Kirche, kein Kloster, ja nicht einmal die Bilder der Heiligen... Bethlehem, die Wohnung des Brotes der Engel, war zu einem Viehstall geworden, und alle Kirchen ringsum waren seit einer Reihe von Jahren völlig den Gelüsten der Heiden unterworfen.

Diese christliche Miniatur aus dem 12. Jahrhundert zeigt, wie ein Muslim Christen mit seinem Schwert bedroht.

Kreuzzugs-chronik aus dem 14. Jh. Ein wehrloser Christ wird geköpft. Ein „heidnisches Idol" schaut zu.

Papst Urban II.

(Papst Urban zugeschriebener Brief an die Gläubigen in Flandern)

Eine barbarische Raserei hat die Kirchen Gottes im Orient durch eine elende Anfeindung verwüstet und darüber hinaus auch die heilige Stadt Christi, verherrlicht durch seine Leiden und seine Auferstehung, mit ihren Kirchen, was unaussprechlich ist, ihrer unerträglichen Barbarei anheimgegeben...

Robert der Mönch

(Papstrede)

Aus Jerusalem und Konstantinopel haben wir betrübliche Nachrichten erhalten. Das verfluchte Volk der Perser, eine Rasse, die Gott nicht kennt und mit falschen Absichten, habe die Länder der Christen angegriffen und sie mit Raub, Feuer und Schwert verheert. Die Perser haben einen Teil der Christen als Gefangene verschleppt, einen anderen Teil zu Tode gequält. Einige Kirchen haben sie ganz zerstört und andere für ihren Kult eingerichtet. Sie beschmutzen die Altäre mit Unrat. Sie beschneiden die Christen und das Blut der Beschneidung gießen sie auf den Altar oder in die Taufbekken. Es gefällt ihnen, andere zu töten, indem sie ihnen die Bäuche aufschneiden, ein Ende der Därme herausziehen und an einen Pfahl binden. Unter Hieben jagen sie sie um den Pfahl, bis die Eingeweide hervordringen und sie tot auf den Boden fallen. Andere fesseln sie an Pfähle und schießen mit Pfeilen auf sie. Vielen strecken sie den Hals und versuchen mit dem blanken Schwert, ob sie ihnen mit einem Schlag den Kopf abhauen können oder nicht. Was soll ich noch von der sündigen Notzüchtigung der Frauen sagen? Es ist besser, darüber zu schweigen, statt darüber zu berichten.

Aufrufe nach diesem Muster wurden zur Mobilisierung von Kriegsfreiwilligen benutzt. Im Jahr 1108 rufen geistliche und weltliche Fürsten zur Christianisierung des Slawenlandes auf.

Aufruf Geistlicher und weltlicher Fürsten zum Heidenkrieg gegen die Wenden

Erhoben haben sich wider uns grausame Feinde, Männer ohne Barmherzigkeit, und sie bedrücken uns hart. In ihrer Bosheit sich rühmend, entweihen sie die Kirchen Christi mit ihrem Götzendienst, zerstören die Altäre und schrecken nicht davor zurück, das gegen uns zu vollführen, was zu hören das Herz des Menschen erschauern läßt. In unser Gebiet werden sie oft geführt, schonen keinen, rauben, morden und vernichten und bringen mit ausgesuchten Martern um, enthaupten viele und opfern die Köpfe ihren Götzen. Einigen holten sie die Eingeweide aus dem Leib, schnitten ihnen die Hände ab, banden die Füße zusammen und sagten, indem sie unseren Christus beschimpften: »Wo ist nun ihr Gott?«

Verbreitet waren Kopien eines Schreibens, das Kaiser Alexios 1088 an den Grafen von Flandern geschrieben haben soll. Der Text wurde auch bei der Formulierung einiger Versionen der Papstreden benutzt. In diesem Schreiben ersucht Alexios um Beistand gegen die Türken und bietet als Lockmittel die Schätze und Reliquien in Konstantinopel an. Wegen derartiger Unstimmigkeiten ist die Autorenschaft des byzantinischen Kaisers bezweifelt worden. Es handelt sich um ein Meisterwerk der Propaganda.

Miniatur um 1325. Muslims schlachten Christen ab, in der Kirche verrichten sie vor dem Altar ihre Notdurft.

Muslims greifen christliche Pilger an. Handschriften mit Miniaturen waren teuer und lagerten in den Schatzkammern der Fürsten. Sie waren nicht zur Erleuchtung der Massen gedacht. Vermutlich zirkulierten aber einfach gehaltene Flugblätter mit ähnlichen Motiven. Muslims brandschatzen und versklaven Christen. Um 1250

Angeblicher Brief des Kaisers an den Grafen von Flandern

Sie (die Türken) beschneiden die Knaben und jungen Männer der Christen über den christlichen Taufbecken, gießen das Blut der Beschneidung zur Verhöhnung von Christus in diese Taufbecken und zwingen sie, in diese zu urinieren, führen sie dann mit Gewalt in den Kreuzgang der Kirchen und zwingen sie, den Namen und Glauben der Heiligen Dreifaltigkeit zu schmähen. Wenn sie das aber nicht wollen, drohen sie mit verschiedenen Strafen und töten sie zuletzt. Edle Frauen und ihre Töchter rauben sie aus und verhöhnen sie dann, indem sie mit ihnen Unzucht treiben und sich dabei gegenseitig ablösen wie Tiere. Während sie schamlos Jungfrauen schänden, stellen andere deren Mütter dazu und zwingen sie, unanständige, ruchlose Lieder zu singen... Bischöfe verhöhnen sie durch die Sünde der Sodomie und einen Bischof zerrissen sie sogar durch diese Sünde...

Wie dieser Text auch immer entstanden ist: Er wurde sicher für Werbung zur Kreuzfahrt benutzt. Allein aus dem 12. Jahrhundert hat der Historiker Heinrich Hagenmeyer noch elf Kopien registriert. Die Propagandisten verlassen sich aber nicht auf die Wirkung ihrer Feindbilder. Sie versprechen auch neuen Siedlungsraum.

Robert der Mönch

Jerusalem ist der Nabel der Welt, das Land ist fruchtbarer als andere, ein zweites Paradies der Lustbarkeiten.

Aufruf zum Heidenkrieg gegen die Wenden

Die Heiden sind schlimm, aber ihr Land ist sehr gut an Fleisch, Honig, Mehl und Vögeln. Wenn es bebaut wird, ist es voller Reichtum der Ernten vom Lande, so daß ihm keines gleich ist.

Was aber geschieht mit den Menschen, die in den zur Eroberung erkorenen Ländern leben? 1096 wird im südfranzösischen Kloster Moissac ein Zirkular geschrieben, in dem die Vernichtung der Betroffenen ins Auge gefaßt wird. Um die Wirkung des Aufrufs zu erhöhen, wird als Urheber fälschlich Papst Sergius IV. (1009–1012) angegeben.

Aufruf von Moissac

Das Heilige Grab ist von ruchloser Heidenhand ganz und gar zerstört worden... die Christenheit möge zur Kenntnis nehmen ..., daß ich selbst mit anderen Christen... vom Meeresstrand aufbrechen will, um mit Gottes Hilfe das Volk der Araber vollständig zu vernichten und das Heilige Grab des Erlösers wieder unversehrt aufzurichten.

Polemische Traktate gegen vermeintliche Ungläubige und Häretiker waren bei Juden, Muslims und Christen gleichermaßen üblich. Die theologischen Angriffe zielten aber in der Regel auf die religiösen Auffassungen des anderen, und nicht auf ihn selbst. Die Werbung für die Kreuzfahrt empfiehlt nun, den vermeintlichen Unglauben durch die Beseitigung des Ungläubigen aus der Welt zu schaffen. Diese Methode hat den Vorteil, daß das freiwerdende Gebiet von Rechtgläubigen besiedelt werden kann. Da die Gläubigen an das Tötungsverbot gebunden waren, mußte das Menschliche vorher aus dem Bild des Andersgläubigen entfernt werden. Diese Technik der Propaganda mußte später nur noch unwesentlich verfeinert werden. Sie stempelt den Feind zum Unmenschen, nimmt ihm den Schutz des Rechts, und macht seine umstandslose Enteignung und Tötung möglich. Im Entwurf des barbarischen Heiden der Kreuzzugsära werden die Konturen des späteren rechtlosen Wilden und jüdisch-slawischen Untermenschen sichtbar. Und am anderen Ende dieser Menschheitsskala bereitet sich der Auftritt des christlichen weißen Herrenmenschen vor.

Miniatur um 1500. Muslims greifen christliche Pilger an.

Miniatur 14. Jahrhundert. Juden werden geschlagen.

Gelehrte Juden und Christen haben sich von Anfang an gegenseitig in ihren Schriften mit heftigen Schmähungen bedacht. Doch die Polemik blieb folgenlos, solange sie nicht mit staatlicher Macht verknüpft war. Als das Christentum Staatsreligion geworden war, verschlechterte sich die Lage der Juden. Die Dekrete der Konzilien schränkten ihre Rechte immer weiter ein: Jüdinnen durften keine Christen heiraten, Juden durften keine Christen zu Mahlzeiten einladen, Juden durften nach Gründonnerstag vier Tage lang nicht unter Christen erscheinen usw. Auf dem Konzil von Toledo im Jahr 638 wird ein Dekret begrüßt, das die Juden zwingt, Spanien zu verlassen. Aber die Juden waren nicht vollkommen rechtlos, weder nach kirchlichem noch nach weltlichem Recht. Niemand durfte ungestraft Juden töten oder bestehlen. Das Konzil von Toledo verbot im Jahr 633 die Zwangstaufe. Zwischen 1061 und 1073 begründete Papst Alexander II. in mehreren Briefen, warum die Juden vor Gewalttätigkeit und Zwangstaufe zu schützen seien. Die kirchliche Polemik aber blieb bei dem Vorwurf, die Juden seien Feinde der Kirche. In der Kreuzzugspropaganda wurden nun die Muslims wegen der angeblichen Besudelung der Grabeskirche als »Feinde Gottes« abgestempelt. Das heißt, sie wurden zu Feinden an sich, zu Rechtlosen. Das führte zu einer Aktivierung der Vorstellung, die Juden seien die »Feinde Gottes«. Die ohnehin dünne Schutzschicht rechtlicher Normen hielt der Kreuzzugsstimmung nicht stand. Den Juden wird die Behandlung zuteil, welche die Prediger den Muslims zugedacht hatten. Der Chronist Albert von Aachen beurteilt die Pogrome vom Standpunkt der herrschenden Rechtslage und hat Mitleid mit den Opfern:

Albert von Aachen

Von dem Judenmorden zu Köln: Darauf, ich weiß nicht ob nach Gottes Ratschluß oder aus irgendeiner Verirrung des Geistes, erhoben sie sich in einem Anfall von Grausamkeit gegen das jüdische Volk, das zerstreut in verschiedenen Städten wohnte. Sie richteten unter ihm ein höchst grausames Blutbad an, und zwar vor allem im lothringischen Reich, und versicherten, dies sei der Anfang ihres Zuges und ihres Gelöbnisses gegen die Feinde des christlichen Glaubens. Dieses Judenmorden wurde zuerst in Köln von den Bürgern verübt: unvermutet fielen sie über eine kleine Zahl von Juden her und machten die meisten von diesen mit schweren Verwundungen nieder, zerstörten ihre Häuser und Synagogen und verteilten unter sich das meiste von dem erbeuteten Geld. Als die andern Juden solche Grausamkeit sahen, machten sie sich, ungefähr zweihundert, in der Stille der Nacht auf die Flucht und suchten zu Schiff nach Neuß zu entkommen. Als aber die Pilger und die mit dem Kreuz gezeichneten davon erfuhren, ließen sie auch nicht einen von den Fliehenden am Leben, sondern richteten unter ihnen das gleiche Morden an und raubten ihnen all ihre Habe.

Albert von Aachen:

Sie... kamen in großer Menge nach der Stadt Mainz, wo Graf Emich, ein vornehmer und in diesen Gegenden reich begüterter und angesehener Herr, mit einer großen Schar Deutscher auf die Ankunft des Pilgerheeres wartete...

Die Juden dieser Stadt aber, die von dem Mord ihrer Glaubensbrüder gehört hatten und wohl merkten, daß sie den Händen dieser großen Menge nicht entrinnen könnten, flohen in der Hoffnung auf Rettung zum Bischof Ruthard und gaben ungezählte Schätze vertrauensvoll in seine Obhut und hofften alles von seinem Schutze, da er ja der Bischof dieser Stadt war.

Der Bischof nahm eine ganz unerhörte Menge Geldes aus den Händen der Juden entgegen und legte es in sorgsame Verwahrung. Die Juden selbst versammelte er, zum Schutze vor dem Grafen Emich und seinem Gefolge, im geräumigsten Saale seines Hauses und dort blieben sie auch in sicherer und wohlbefestigter Unterkunft heil und unverletzt.

Aber Emich und seine ganze Schar hielten Rat, und bei Sonnenaufgang griffen sie mit Pfeilen und Lanzen die Juden im bischöflichen Saale an, brachen Riegel und Türen auf, überfielen die Juden, ungefähr siebenhundert an der Zahl, die vergebens dem Ansturm von so vielen Tausenden Widerstand zu leisten suchten, trieben sie heraus und machten sie alle nieder. Auf gleiche Weise schlachteten sie auch die Weiber ab. Und auch die zarten Kinder beiderlei Geschlechts ließen sie über die Klinge springen. Die Juden aber, da sie nun sahen, wie die Christen sich gegen sie und ihre Kinder erhoben und kein Alter verschonten, ergriffen nun gegen sich selbst und gegen die eigenen Glaubensbrüder die Waffen, gegen die eigenen Kinder und Weiber, Mütter und Schwestern und töteten sich in gegenseitigem Morden. Mütter schnitten, was zu erzählen schon Sünde ist, mit dem Messer ihren saugenden Kindern die Gurgel ab, andere durchbohrten sie. Denn sie wollten alle lieber von eigenen Händen als durch die Waffen der Unbeschnittenen fallen.

Miniatur um 1450. Der französische König läßt im 12. Jahrhundert eine Synagoge zerstören.

Die Chronik des Juden Solomon bar Simson über die Pogrome im Rheinland ist eine einzige Klage, in der das Schreien der gequälten Opfer widerhallt.

Solomon Bar Simson

Als der Bösewicht (Emich) auf seinem Weg nach Jerusalem in Mainz ankam, gingen die Älteren der Gemeinde zu ihrem Bischof, Ruthard, und bestachen ihn mit dreihundert Silberstücken... Der Bischof und der Stadtobere stimmten dem Ansinnen der Juden zu und sagten: »Wir werden mit euch sterben oder mit euch am Leben bleiben...« Die Juden bewaffneten sich im inneren Hof des Bischofs und drangen zum Tor vor, um gegen die Irrgläubigen und Bürger zu kämpfen. Beide Seiten kämpften am Tor, aber infolge seiner Sündhaftigkeit überwältigte sie der Feind und eroberte das Tor... die Leute des Bischofs, die versprochen hatten, zu helfen, flohen als erste... der Bischof selbst floh in die Kirche, weil sie ihn töten wollten, da er zugunsten der Juden gesprochen hatte... Die Frauen gürteten ihre Lenden mit Stärke und schlachteten ihre Söhne und Töchter und dann sich selbst. Viele Männer nahmen ihre Kraft zusammen und schlachteten ihre Frauen und Kinder und Säuglinge. Die sanfteste und zarteste Frau schlachtete das Kind ihrer Freude. Sie alle erhoben sich, Männer wie Frauen, und schlachteten sich gegenseitig.

Daß in den rheinischen Städten ein großer Teil der Juden umgebracht wurde, ist unstrittig. Uneinig waren sich Historiker gelegentlich über die Motive der Kreuzfahrer. War es religiöser Eifer oder war es Habgier? Die Berichte der Zeitgenossen zeigen, daß beides im Spiel war.

Ekkehard von Aura

Auch machte sich damals der kriegerische Emich auf, ein Graf im Rheinland, der seit langem wegen seines gewalttätigen Lebenswandels in Verruf war. Einem zweiten Saul ähnlich, durch die Offenbarung Gottes zur Frömmigkeit bewogen, wie er selbst sagte, riß er nun die Führung über fast zwölftausend Bekreuzte an sich. Sie wurden durch die Städte an Rhein, Main und Donau geführt, und wo sie das verdammenswerte Volk der Juden antrafen, da diente ihnen der christliche Eifer dazu, es entweder völlig zu vernichten oder es in den Schoß der Kirche zu treiben.

Solomon Bar Simson:

Es geschah, daß sie durch Städte zogen, in denen Juden wohnten. Sie sprachen zueinander: »Seht an, wir sind auf einer langen Reise zum Grab (von Christus) und um uns an den Anhängern des Islam zu rächen, obwohl doch mitten unter uns die Juden sind, deren Vorväter ihn ermordeten und kreuzigten, ohne einen Grund zu haben. Laßt uns zuerst an ihnen Rache nehmen und sie unter den Völkern ausrotten, so daß der Name Israels aus der Erinnerung schwindet. Oder laßt sie unseren Glauben annehmen.«

In seiner Schrift »De vita sua« beschreibt der Chronist Guibert von Nogent den Mechanismus der Feindbildübertragung ganz ähnlich:

Guibert von Nogent

In Rouen hoben die Kreuzfahrer eines Tages an untereinander zu klagen: »Wir wollen die Feinde Gottes im Orient angreifen, wofür weite Landstriche zu durchmessen sind, wo hier vor unseren Augen doch die Juden sind, das gottesfeindlichste Volk unter allen. Das ist die verkehrte Reihenfolge der Arbeit.« Auf diese Worte hin ergreifen sie die Waffen und treiben sie, ich weiß nicht ob mit List oder Gewalt, in eine Kirche und überantworten sie ohne Ansehen von Geschlecht oder Alter ihren Schwertern. Nur wer sich der Taufe unterwirft, entgeht dem drohenden Schwertstreich.

Nach Albert von Aachen lag eine Mischung von Glaubenswahn und Habgier vor. Er notiert nach der schweren Niederlage der Kreuzfahrer in Ungarn:

Albert von Aachen

Dies alles war wohl Gottes Hand gegen die Pilger, die vor seinem Angesicht durch Unkeuschheit und allzugroße Schändlichkeit gesündigt und die heimatlosen Juden, wenn schon sie Feinde Christi sind, mehr aus Habsucht als aus Gottesfurcht in blutigem Morden hingeschlachtet hatten. Denn Gott ist ein gerechter Richter und er will nicht, daß einer wider seinen Willen und im Zwang unter das Joch des christlichen Glaubens komme.

Die Bischöfe im Reich waren als Gefolgsleute des Kaisers verpflichtet, die Juden zu schützen, und sie haben dies ja auch versucht. Die Vernichtung der jüdischen Gemeinden war auch ein Schlag gegen die Finanzquellen des Kaisers Heinrich IV. Die Kreuzfahrer waren also auf der Seite Urbans aktiv geworden und hatten dem Hauptfeind des Reformpapsttums Schaden zugefügt. Von einer kirchlichen Anweisung, die Juden anzugreifen, haben wir keine Kenntnis. Von einer Anweisung, sie zu schonen, ebenfalls nicht. Das Ausmaß der Judenpogrome am Vorabend der Kreuzzüge war ein Novum. Sie werden von mehreren zeitgenössischen Chronisten geschildert. Sicher hat man in höheren kirchlichen Kreisen davon gewußt. Eine Stellungnahme des Papstes liegt aber nicht vor. Heinrich IV. hat nach seiner Rückkunft aus Italien die Übertretung seiner Erlasse verfolgt und den zwangsgetauften Juden erlaubt, zu ihrem Glauben zurückzukehren.

Frutof von Michelsberg

Im Jahr des Herrn 1098. In Mainz ließ der Kaiser eine gerichtliche Untersuchung über das Vermögen der getöteten Juden durchführen, unter denen, die es geraubt hatten, wurden auch einige aus der Verwandtschaft des Erzbischofs (Ruthard) beschuldigt. Als der Kaiser nach ihnen forschte... verließ der Bischof... voller Erbitterung die Stadt... Es gab allerdings auch einige, die sagten, auch der Bischof selbst habe sich einen großen Teil des geraubten Geldes angeeignet...

Die Erzeugung von Feindbildern und die Entrechtung Andersgläubiger bleiben Bestandteile der Kreuzzugsidee und ihrer Propagierung. So kommt es auch bei späteren Kreuzzügen zu Judenpogromen.

Jüdische Miniaturen: Pogrome im 15. Jahrhundert.

VERSUCHUNG IN BYZANZ

Mögen die Räuber Christi Streiter werden....

Fulcher von Chartres:

„Konstantinopel. Welch große, vornehme und schmuckvolle Stadt. Wieviele Kirchen und Paläste es in ihr gibt, so wundervoll gefertigt. Wieviele großartige Bauwerke es zu sehen gibt, in den Straßen und auch in den Gassen. Es ist sehr widerwärtig, zu berichten, wie groß der Reichtum an allen Gütern ist, an Gold, Silber, mannigfaltigen Gewändern und Heiligenreliquien. Ständig bringen die Kaufleute mit häufig verkehrenden Schiffen alles für die Menschen Notwendige dorthin."

NACHRICHTEN ZUR AUSGANGSLAGE

GESPALTENE CHRISTENHEIT

1054 n. Chr. Konstantinopel.

Legaten des römischen Stuhls hinterlegen auf dem Altar der Sophienkirche (Hagia Sophia) eine Bulle, in der der Patriarch von Konstantinopel exkommuniziert wird. Der aktuelle Konflikt war durch die Schließung einiger lateinischer Kirchen auf byzantinischem Gebiet entstanden. Im Gegenzug verurteilt der Patriarch Einfügungen des römischen Stuhls in das Glaubensbekenntnis und die Verfolgung verheirateter Kleriker in der Westkirche. Ein weiterer Streitpunkt ist die Frage, ob beim Abendmahl gesäuertes oder ungesäuertes Brot verwendet werden müsse. Die liturgischen und theologischen Differenzen sind nicht unüberbrückbar, aber sie sind Ausdruck eines tiefer gehenden Konflikts. Die ersten christlich-römischen Kaiser hatten sich als geistige und weltliche Oberherren einer einigen Christenheit verstanden. Inzwischen erheben drei Anwärter den Anspruch auf die Nachfolge: Der Kaiser in Konstantinopel, der deutsch-römische Kaiser und der Papst in Rom. Im byzantinischen Reich war der Kaiser noch immer Oberhaupt von Kirche und Staat. Im Westen ist die Frage des Primats ungeklärt und wird bald zu einem regelrechten Krieg zwischen Papst und Kaiser führen.

1073 n. Chr. Rom.

Kardinal Hildebrand, eifriger Verfechter der Kirchenreform, wird zum Papst gewählt und heißt nun Gregor VII. Er sieht den römischen Papst über Völker und Reiche gesetzt, als oberster Hirte und Herr der Christenheit. Gregor verbessert die Beziehungen zu Kaiser Michael in Konstantinopel und entwirft den Plan für einen Feldzug gegen die Türken in Kleinasien unter seiner Führung. Nachdem er so seine Rolle als Hüter der Christenheit demonstriert hat, soll auf einem Konzil in Konstantinopel der Streit zwischen griechischen und lateinischen Christen beigelegt werden. Diese Einigung würde natürlich das Primat des römischen Stuhls festschreiben. Daß Kaiser Michael diesen Plan gebilligt hätte, ist wenig wahrscheinlich. Ob er überhaupt zu seiner Kenntnis kam, ist unbekannt. Gregor muß ohnehin wegen Verwicklungen im Westen von seinem Vorhaben absehen. Seine Politik führt folgerichtig zur Kollision mit dem anderen Mitbewerber: Dem deutschen König.

LATEINER GEGEN LATEINER

1075 n. Chr. Oberitalien.

König Heinrich IV. setzt in oberitalienischen Städten Bischöfe ein. Papst Gregor protestiert, exkommuniziert einige Gefolgsleute des Königs und bedroht Heinrich mit dem Kirchenbann.

Januar 1076 n. Chr. Worms.

Eine von Heinrich IV. einberufene Reichsversammlung setzt Papst Gregor VII. ab. Die deutschen Könige sehen sich von Gott selbst eingesetzt und leiten daraus ihr Recht zur Investitur ab. Wenn sie die Bischöfe in Deutschland und Oberitalien nicht mehr bestimmen können, verlieren sie ihren Einfluß auf große Teile des Reiches. Allerdings verliert der Papst dadurch seinen Einfluß auf weite Teile der Kirche. Der Investiturstreit wird für beide Parteien zur Existenzfrage.

Januar 1076 n. Chr. Rom.

Der Papst setzt den König ab, löst alle Christen von dem ihm geleisteten Eid und verbannt ihn aus der Kirche.

Januar 1077 n. Chr. Canossa.

Der zum ersten Mal gegen einen König verhängte Kirchenbann wirkt. Deutsche Fürsten zwingen Heinrich zum Nachgeben. Nach einer dreitägigen Buße in Canossa löst der Papst den Bann. Der Konflikt ist damit nicht ausgetragen. Drei Jahre später wird Heinrich erneut gebannt. Der König kontert mit der Erhebung Wiberts von Ravenna zum Papst (Clemens III.)

April 1081. n. Chr. Konstantinopel.

Alexios Comnenos erhebt sich zum byzantinischen Kaiser. Auch er hat ehrgeizige Pläne, zu denen die Rückeroberung Kleinasiens gehört. Papst Gregor exkommuniziert Alexios, weil er ihn für einen Usurpator hält.

Sommer 1081 n. Chr. Dyrrhachium. (Durazzo, Albanien).

Die süditalienischen Normannen, geführt von Robert Guiskard und seinem Sohn Bohemund überqueren die Adria und greifen das byzantinische Reich an. Alexios versucht Kaiser Heinrich IV. und Venedig als Bundesgenossen zu gewinnen. Die Garnison der Stadt Dyrrhachium leistet Widerstand und eine venezianische Flotte greift erfolgreich auf der Seite der Byzantiner ein und erringt die Seeherrschaft. Im Oktober führt Kaiser Alexios ein Entsatzheer heran. Aber seine Elitetruppe, angelsächsische Söldner (Waräger), unterliegt den Normannen. Papst Gregor gratuliert Robert zu seinem Sieg und erinnert ihn an seine Verpflichtung, ihm gegen König Heinrich beizustehen. Der Krieg in Albanien und Griechenland zieht sich bis zum Jahr 1085 hin. Mehrfach steht das Schicksal des byzantinischen Reiches auf des Messers Schneide. Erst als Guiskard stirbt, ziehen sich die Normannen zurück. Sie sind Vasallen des römischen Stuhls, der Angriff auf Byzanz war mit der Billigung Papst Gregors erfolgt. Die Türken in Kleinasien sind die Nutznießer der christlichen Angriffe auf Byzanz.

KRIEG ZWISCHEN KÖNIG UND PAPST

1084 n. Chr. Rom.

Ein Heer unter König Heinrich IV. rückt in die Stadt ein. Papst Gregor VII. ist in der Engelsburg eingeschlossen. In dieser Situation ruft der Papst die mit ihm verbündeten Normannen zu Hilfe, die gerade gegen Byzanz Krieg führen. Robert Guiskard eilt mit seinen Vasallen und arabischen Söldnern nach Rom und befreit den Papst. Die Truppen Guiskards morden und plündern in der Stadt, schänden Frauen und zünden Kirchen an. Dadurch ist der Papst bei den Bürgern Roms so diskreditiert, daß er die Stadt verlassen muß. Gregor VII. stirbt ein Jahr später im Exil in Salerno.

März 1088 n. Chr. Terracina (Italien).

Odo von Lagery, vormals Prior im Kloster Cluny, nun Kardinal-Bischof von Ostia, langjähriger Legat und Wegbegleiter Gregors, wird Papst. Er hat die gleichen Ziele wie sein Mentor, wird sie aber geschmeidiger verfolgen. Er tritt als Urban II. ein schwieriges Erbe an. In Rom kann er nicht residieren, dort hat im Moment der andere Papst die Oberhand. Vier Jahre vorher hatte sich Heinrich von Clemens III. zum Kaiser krönen lassen. Vorerst kann sich Urban II. nur auf normannischen Territorien bewegen. Urban hebt den Bann gegen Heinrich nicht auf und beginnt eine diplomatische und propagandistische Gegenoffensive. Seine Anhänger versenden Zirkulare, in denen Heinrich und seine Partei als Häretiker und Schismatiker bezeichnet werden, der ärgste Vorwurf, den die Kirche zu vergeben hat. Urban unterstützt behutsam die deutsche Opposition gegen den Kaiser.

1089 n. Chr. Konzil in Melfi. (Italien).

Papst Urban II. hebt den Bann gegen den byzantinischen Kaiser Alexios auf, der folgerichtig die Partei Heinrich IV. ergriffen hatte. Die Beziehungen zwischen Papst und Byzanz verbessern sich auf der diplomatischen Ebene. Kirchenpolitisch bleiben die Standpunkte unversöhnlich.

1094 n. Chr. Rom.

Papst Urban kann in den Lateran einziehen. Eine Revolte, angeführt von Heinrichs Sohn Konrad und von Urban gefördert, hatte die Position des Kaisers geschwächt. Aber noch sind Kaiser Heinrich und Papst Clemens nicht besiegt.

März 1095 n. Chr. Piacenza. (Oberitalien)

Urban II. leitet das erste überregionale Konzil seines Pontifikats. Die brennenden Fragen der Kirche stehen auf der Tagesordnung: Die Geldgier und Unkeuschheit vieler Kleriker, der An- und Verkauf von Kirchenämtern, die Aktivitäten des Gegenpapstes und der Krieg mit dem Kaiser. Angesichts so großer Sorgen und Bedrohungen fehlt es augenscheinlich an einer großen Idee. In Piacenza könnte er gereift sein: Der Plan für einen Feldzug unter Führung der Kirche.

GERECHTER KRIEG?

Im Frühjahr 1095, auf dem Konzil in Piacenza, sollen Boten des byzantinischen Kaisers ein Hilfeersuchen vorgelegt haben. Die christliche Geschichtsschreibung der Kreuzzüge ist über weite Strecken apologetisch, sie versucht das Unternehmen zu rechtfertigen. Dabei wird in erster Linie das Hilfeersuchen von Piacenza ins Feld geführt. Einige Kritiker der Kreuzzüge haben mit ähnlichem Eifer die Existenz eines solchen Hilfeersuchens bestritten. Tatsächlich hat nur ein Chronist über dieses Hilfeersuchen berichtet: Bernold von Konstanz, der auch die Erlasse des Konzils überliefert. Dazwischen notiert Bernold:

„Ebenso kam eine Gesandtschaft des Kaisers von Konstantinopel zu dieser Synode, der den Papst und alle gläubigen Christen demütig anflehte, ihm gegen die Heiden irgendeine Hilfe zur Verteidigung der heiligen Kirche zu bringen..."

Nach Ekkehard von Aura haben sich von Anfang an kritische Stimmen gegen die bewaffnete Pilgerschaft erhoben. Die Wandlung Jesu vom Friedensfürsten zum visionären Anführer bewaffneter Kriegsscharen hatte offenbar innerkirchlichen Widerspruch ausgelöst. Wollte der papsttreue Bernold nun die Kreuzfahrt rechtfertigen und damit jenen frühen Kritikern des Unternehmens entgegentreten, die Ekkehard erwähnt? Hat Bernold also gelogen? Denkbar, aber nicht beweisbar.

Übrigens ist der Text Bernolds nicht geeignet, die Entsendung von Massenaufgeboten zu rechtfertigen. Entspricht er der Wahrheit, hat der Kaiser die Form der Hilfeleistung offen gelassen. Was er brauchte, war aber klar: Professionelle Krieger. Nach der Abwehr der normannischen Invasion kann Alexios die Vertreibung der Türken aus Kleinasien ins Auge fassen. Dazu muß er die Kampfkraft seiner Truppen erhöhen. In vergleichbaren Situationen pflegte Byzanz Söldner im Westen anzuwerben. Es ist also durchaus möglich, daß Beauftragte des Kaisers Alexios den Papst gebeten haben, bei der Anwerbung von Söldnern behilflich zu sein. Eine Heerschar aus religiös motivierten, aber schlecht bewaffneten Pilgern widerspricht völlig dem Konzept der byzantinischen Kriegsführung.

Nach dem Selbstverständnis der römischen Kirche bedurfte ein Krieg zur Vertreibung der Türken aus vormals christlichen Gebieten übrigens keiner Rechtfertigung. Nach der Lehre des Augustinus fiel das Vorhaben unter die Kategorie der »gerechten Kriege«. Und weil der Papst als Stellvertreter Gottes dazu aufgerufen hatte, war es auch ein heiliger Krieg.

AUFRUF SCHON IN PIACENZA ?

Die erste Hälfte der Nachricht Bernolds wird in der Literatur über die Kreuzzüge überwiegend für wahr gehalten. Dem zweiten Teil der Nachricht wird weniger Beachtung zuteil – sehr zum Leidwesen der Bürger von Piacenza. Sie sind nämlich der Ansicht, zur Kreuzfahrt sei in ihrer Stadt aufgerufen worden. Nicht allein Lokalpatriotismus verleitet sie zu dieser Annahme. Sie können auf Bernold verweisen, der ja, was den Hilferuf betrifft, als glaubwürdig gilt. Bernold beendet nämlich seinen Bericht über die Anfrage des byzantinischen Kaisers:

„Zu dieser Hilfeleistung spornte der Papst viele Leute an, so daß sie ihm sogar eidlich versprachen, mit Gottes Zustimmung dorthin zu ziehen und dem Kaiser nach ihren Möglichkeiten gegen die Heiden getreulich Beistand zu gewähren".

Demnach hätte der Papst schon in Piacenza zur Kreuzfahrt aufgerufen, und viele hätten ihre Bereitschaft zur Kreuzfahrt erklärt. Der zweite Teil der Nachricht ist deutlich die Konsequenz des ersten, und es ist schwer vorstellbar, daß Bernold in einer so kurzen Nachricht einmal die Wahrheit sagt und einmal lügt. Trotzdem will ihm außerhalb der Region beim zweiten Teil der Nachricht niemand so recht folgen. Die Nachwelt hält überwiegend am Hilfeersuchen fest, siedelt aber das historische Ereignis des Aufrufs in Frankreich an: In Clermont, das ja auch dafür berühmt ist.

DIE SORGEN DER KIRCHE

An dem Konzil in Piacenza nahmen laut Bernold Bischöfe aus Italien, Burgund, Frankreich und Deutschland teil. Viertausend Kleriker und dreißigtausend Laien seien zusammengekommen. Das Konzil war eine neue Kampfansage an Kaiser Heinrich. Der Gegenpapst Clemens wird mit seiner Gefolgschaft erneut der Häresie beschuldigt und exkommuniziert. Wieder wird die Laieninvestitur verboten. Eine andere Sorge der Reformer war der blühende Handel mit einträglichen Kirchen und Kirchenämtern, in den Laien und Kleriker verwickelt waren. Sorgen bereiteten der Kirche auch die fleischlichen Verstrickungen mancher Kleriker. Viele Priester waren verheiratet oder hielten sich Beischläferinnen: Das Konzil untersagt es. Viele Priester vollzogen Taufe und Beerdigung nur gegen Entlohnung: Auch das wird verboten. Priester dürfen nur freiwillig dargebotene Geschenke entgegennehmen.

Die Beschlüsse des Konzils von Piacenza bleiben Papier, solange sie nur von Teilen der italienischen Kirche getragen werden. Im Herrschaftsgebiet Heinrichs sind die Dekrete nicht durchsetzbar. Folgerichtig begibt sich der Papst nach Frankreich, um die Beschlüsse des Konzils vorzulegen und bestätigen zu lassen. Er braucht die Unterstützung der französischen Kirche, um das Primat des römischen Stuhls durchzusetzten.

DAS KONZIL IN CLERMONT: KLEINER, ABER BERÜHMTER

Der Papst bleibt mehrere Monate lang in Frankreich. Von Le Puy aus beruft er im August 1095 die französischen Bischöfe und Äbte zu einem Konzil nach Clermont ein. Dann besucht er noch mehrere Städte und Klöster. Das Konzil in Clermont beginnt am 18. November 1095. Fulcher von Chartres und Lambert von Arras haben die detailliertesten Berichte über das Konzil verfaßt. Folgt man ihnen, so hatten sich um dreihundert französische Bischöfe und Äbte versammelt, denen Urban die Verordnungen von Piacenza vorlegt. Der Chronist Bernold bestätigt diesen Sachverhalt und fügt hinzu, auf beiden Konzilien habe der Papst zur Kreuzfahrt aufgefordert. Lambert von Arras überliefert mehr als dreißig Dekrete des Papstes. Nur das Dekret über den Erlaß der Bußstrafen steht im unmittelbaren Zusammenhang mit der Kreuzfahrt. Einen Aufruf erwähnt er nicht. Nach Fulcher und Lambert kann als sicher gelten:

Auf dem Konzil wurde ein Dekret über den Erlaß der Bußstrafen für Kreuzfahrer beschlossen.

Papst Urban II. hat die versammelten Äbte und Bischöfe aufgefordert, den Kreuzzug in Frankreich zu predigen.

Feudalkriege
Miniatur
14. Jahrhundert

Daß Urban auf dem Konzil eine bereits vorhandene Kreuzzugsstimmung aufgeriffen und mit dem Segen der Kirche versehen hat, ist nicht auszuschließen. Die Chronisten, die ab 1106 mit der Niederschrift beginnen, erweitern den Teilnehmerkreis und lassen den Papst im Freien reden.

KRIEG UND FRIEDEN

Über die Sorgen des Papstes informiert nur Fulcher von Chartres ausführlich:

„Er sah, wie alle, Klerus und Laien, auf dem Glauben der Christenheit ungeheuerlich herumtraten. Wie der Frieden mißachtet wurde, denn die Fürsten der Ländern führten ständig Krieg gegeneinander. Er sah, wie sich die Menschen gegenseitig bestahlen. Er sah, wie viele Gefangene zu Unrecht gehalten wurden und auf barbarische Weise in finstere Verliese geworfen wurden und nur gegen hohes Lösegeld freikamen oder durch drei Übel gemartert wurden, nämlich Hunger, Durst und Kälte und heimlich getötet wurden. Er sah, wie heilige Stätten entweiht wurden, wie Klöster und Landhäuser in Flammen aufgingen und nichts Sterbliches geschont wurde..."

Fulcher liefert als einziger Chronist mit dem Bericht von dem Konzil in Clermont auch einen Überblick über das Programm des Papstes. Der Verurteilung von Kaiser Heinrich und dessen Papst Clemens ist ein ganzes Kapitel gewidmet. Fulchers Ausführungen machen deutlich: Der Papst strebt wie sein Vorgänger Gregor auch die weltliche Oberherrschaft im römischen Reich an. Mit dem Aufruf zur Kreuzfahrt beweist Urban, daß er für die gesamte Christenheit handelt. Die weltlichen Herren ziehen im Auftrag der Kirche in den Krieg, der Papst ist ihr oberster Befehlshaber. Den zurückbleibenden Feudalherren wurde geboten, von ihren Kriegen abzulassen. Nach Lambert von Arras lautet der Erlaß zum Gottesfrieden von Clermont:

„Mönche, Kleriker und Frauen und deren Begleiter genießen an jedem Tag den Schutz des Gottesfriedens. Für andere Personen gilt es nur als Bruch des Gottesfriedens, wenn sie von Donnerstag bis Sonntag angegriffen werden."

Nach Fulcher ruft Urban II. zugleich zum Krieg und zum Frieden auf. Er betont, daß der Kampf gegen die Barbaren nach dem bestehenden Recht erfolge.

„Gegen die Ungläubigen, sagt er (der Herr), sollen jetzt diejenigen in den Kampf ziehen..., die gewöhnlich ihre Privatfehden verbrecherisch gegen Christen ausdehnten. Wer eben noch ein Räuber war, möge jetzt ein Krieger Christi werden; wer früher gegen Brüder und Verwandte kämpfte, soll nun rechtmäßig gegen Barbaren kämpfen. Wer eben noch für ein paar Münzen Söldner war, soll jetzt den ewigen Lohn gewinnen.... Ja, hier werden die Unglücklichen und Armen sein, dort aber die Glücklichen und Reichen; hier die Feinde Gottes, dort aber seine Freunde."

Frieden also im Abendland, rechtmäßiger Krieg im Namen Gottes zur Vertreibung der Türken aus Kleinasien. In der Propaganda rückt dann die Befreiung Jerusalems immer mehr in den Vordergrund. Der Feldzug sollte eine Unternehmung der Kirche sein. Daher wird Adhémar von Le Puy zum Anführer des Kreuzheeres ernannt. Der Bischof war wahrscheinlich im Gebrauch der Waffen geübt, durfte aber keine tragen. Kanon vier von Clermont besagt:

„Kein Kleriker darf Waffen tragen."

WEM GEHÖRT DIE WELT?

Die zur Befreiung ins Auge gefaßten Gebiete gehörten bis zur Eroberung durch Araber und Türken zum oströmisch-byzantinischen Reich. War aber der Papst nicht der eigentliche Nachfolger der römischen Kaiser?. Gehörten die Gebiete also nicht dem römischen Stuhl? Fulcher war dieser Ansicht, und wahrscheinlich war es auch Urban. Jedenfalls läßt Fulcher Urban sagen:

„Vertreibt... die Türken... von unseren Ländern."

Fulcher zitiert ein Dekret von Clermont, das in Lamberts Aufstellung allerdings nicht vorkommt:

„Jede Stadt jenseits des Meeres, die dem Joch der Heiden entrissen wird, soll für immer in Besitz genommen werden."

Diese Vorstellung mußte auf Vorbehalte stoßen. Meinungsverschiedenheiten über derartige Besitztitel werden die Expedition stark belasten. Besonders Kaiser Alexios in Konstantinopel kann den Vollzug der geistlichen Annexion seiner Länder nicht hinnehmen.

HUGO VON VERMANDOIS – BRUDER DES FRANZÖSISCHEN KÖNIGS

Der Kreuzzug, der später als der erste gezählt werden sollte, war vom Konzept her eine überwiegend französische Angelegenheit. Der König selbst kam als Teilnehmer nicht in Frage, da er noch auf dem Konzil in Clermont wegen Ehebruchs exkommuniziert worden war. Der Bruder, Hugo von Vermandois, nimmt dagegen das Kreuz und bricht auch bald mit wenigen Begleitern auf. Bei der Überquerung der Adria erleidet Hugo Schiffbruch, wird von byzantinischen Behörden aufgefunden und nach Konstantinopel geleitet. Hier beschenkt ihn Kaiser Alexios und läßt ihn den Vasalleneid leisten. Durch eigene Taten ist des Königs Bruder nicht auffällig geworden. Allerdings werden Gerüchte über seine Kerkerhaft beinahe das Ende des byzantinischen Reiches herbeiführen.

GRAF RAIMUND VON TOULOUSE

Raimund IV. von Toulouse und Saint Gilles hatte den Plan für die Kreuzfahrt mit Papst Urban ausführlich besprochen. Dem Grafen gehören weite Teile Okzitaniens und der Provence im Süden Frankreichs. Er verkauft einige Güter, um den Kreuzzug zu finanzieren und schwört, den Rest seines Lebens im Heiligen Land verbringen zu wollen. Die Grafschaft mit der Stadt Toulouse übergibt Raimund an seinen Sohn Bertrand. Nach der Abreise des Grafen erobert der Herzog von Aquitanien die Stadt. Der Papst, der den Besitz der Kreuzfahrer für unantastbar erklärt hatte, erzwingt die Rückgabe der Grafschaft.

Raimund IV. führt durch Lehnseide an ihn gebundene Adlige Südfrankreichs an. Kleriker, Söldner, Bauern, Händler und Dirnen reisen auf eigene Rechnung und meist zu Fuß. Der päpstliche Legat, Bischof Adhémar von Le Puy begleitet die Südfranzosen. Sie benutzen den Landweg durch Oberitalien und das heutige Jugoslawien. Ohne größere Verluste erreichen sie byzantinisches Territorium. Von hier aus führte eine römische Straße, die Via Egnatia, nach Konstantinopel. Sie war kurz vorher schon von mehreren Kreuzfahrertrupps benutzt worden.

GRAF ROBERT VON DER NORMANDIE, GRAF STEPHAN VON BLOIS UND ANDERE

Fulcher von Chartres beschreibt seine eigene Reisegruppe:

„Im Oktober begab sich Robert, Graf der Normannen, ein Sohn des englischen Königs William (des Eroberers) mit einer großen Armee von Normannen, Engländern und Bretonen auf die Reise. Mit ihm zogen sein Schwager Stephan, der edle Graf von Blois und Robert, Graf von Flandern und viele weitere Edle..."

Fulcher von Chartres ist nicht der einzige Kleriker unter den Pilgern: Vom Mönch bis zum Bischof ist alles vertreten. Ob sie neben Pilgerstab und Tasche auch Waffen trugen, wird von den Chronisten nicht vermerkt. Von Stephan von Blois wissen wir, daß er auf Drängen seiner Gattin Adela das Kreuz nahm. Er war ein sehr wohlhabender Mann und sah offenbar den Sinn solcher Strapazen nicht ein. Als es dann ernst wurde, kehrte er prompt an den heimischen Herd zurück. Doch Adela blieb streng: Stephan mußte zurück an die Front. Fulcher setzt den Bericht fort:

„Oh wieviel Kummer es gab, welch Seufzen und Weinen, welch Klagen, unter Freunden, wenn der Ehemann seine geliebte Frau verließ, seine Kinder, seine Habe, wie groß sie auch war, seinen Vater, seine Mutter, Brüder und andere Verwandten... Traurigkeit war das Los der Zurückbleibenden, Begeisterung das der Abreisenden... Wir Westfranken zogen durch Frankreich, reisten durch Italien und kamen in die berühmte Stadt Lucca. In der Nähe trafen wir Papst Urban. Robert der Normanne und Stephan von Blois und andere sprachen mit ihm. Nachdem er uns gesegnet hatte, zogen wir voller Freude nach Rom. Als wir die St.-Peter-Basilika betraten, trafen wir dort die Leute von Guibert (Clemens), diesem falschen Papst, vor dem Altar an. Mit Schwertern in der Hand schnappten sie bösartig nach den Opfergaben auf dem Altar. Andere... warfen mit Steinen nach uns, als wir zum Gebet niederknieten... Viele, die mit uns so weit gekommen waren, zögerten nun nicht länger und machten sich auf den Weg in die Heimat, von Feigheit geschwächt."

Warum die Kreuzfahrer nicht zugunsten der Partei Urbans eingriffen, erklärt uns Fulcher nicht. Die Angelegenheit bleibe der Rache Gottes überlassen, bemerkt er lapidar. Da schon winterliche Stürme drohen, verschieben die meisten Kreuzfahrer die Fahrt über die Adria. Vielen geht das Geld aus. Fulcher von Chartres:

„Viele einfachere Leute, die auf ihre eigenen Mittel angewiesen waren und zukünftigen Mangel fürchteten, verkauften ihre Waffen, nahmen wieder ihren Pilgerstab und kehrten als Feiglinge heim... Als im April die Flotte bereit war... gingen wir in Brindisi an Bord... Aber wie unerklärlich sind die Wege des Herren.. wir sahen ein Schiff nahe am Strand, das ohne jeden ersichtlichen Grund in der Mitte zerbrach. So kamen vierhundert Männer und Frauen durch Ertrinken um... doch sie fanden sogleich Eingang bei Gott, denn als die Herumstehenden so viele Körper wie möglich eingesammelt hatten, fanden sie bei einigen zwischen den Schultern das Kreuzzeichen eingeprägt..."

Fulchers Reisegruppe hat auf dem Weg nach Konstantinopel keine Schwierigkeiten mit den Byzantinern. Der Chronist ist über den Reichtum und die Schönheit der Stadt entzückt. Weniger erfreut ist er über die Vorsichtsmaßnahmen des Kaiser Alexios:

„Pro Stunde durften nur fünf oder sechs von uns die Stadt betreten"

EIN WEHRHAFTER PRIESTER

Durch ein Mißverständnis kommt es auf dem Adriatischen Meer zu einem Seegefecht zwischen Lateinern und Byzantinern. Anna Comnena berichtet mit einer Mischung von Hochachtung und Abscheu von den militärischen Leistungen eines geweihten Lateiners:

„Ein gewisser Priester befand sich am Heck mit zwölf weiteren Kämpfern. Er schoß mehrfach auf Marianus (Sohn des Admirals). Marianus gab nicht auf, sondern kämpfte tapfer weiter und ermutigte seine Männer, es ihm gleich zu tun. So mußten die Kameraden des Priesters wegen Müdigkeit und Verletzungen dreimal ausgetauscht werden. Doch der Priester blieb unerschütterlich, obwohl er wieder und wieder getroffen wurde und mit Blut aus seinen Wunden überströmt war... Auch nach einem Waffenstillstand kämpfte der Priester weiter. Als sein Köcher leer war, nahm er einen Schleuderstein und warf ihn auf Marianus, der seinen Kopf mit einem Schild schützte, welcher allerdings zerbarst... der Priester nahm alles, womit man werfen konnte und als er einen Sack mit Gerstenbroten fand, warf er sie wie Steine. Es war, als würde er bei einer Zeremonie amtieren und den Krieg dabei in einen Gottesdienst verwandeln."

Die byzantinische Gesellschaft sah Krieg und Militär als notwendige Übel an. Die Verknüpfung von Waffentaten und Dienst an Gott war den Byzantinern fremd. Anna kommentiert das Verhalten des kriegerischen Priesters:

„Der lateinische Barbar wird gleichzeitig geweihte Gegenstände handhaben, mit der Linken zum Schild greifen und mit der Rechten zum Speer. Er wird den Leib und das Blut des Herrn empfangen, dabei das Blutvergießen anschauen, und ein Mann des Blutes werden. So ist dieses Geschlecht der Religion nicht weniger ergeben als dem Krieg."

BOHEMUND VON TARENT – DIE NORMANNEN

Der begabteste Anführer war Bohemund von Tarent. Er stammte aus der normannischen Adelssippe der Hautevilles. Daß irdischer Zugewinn nicht als Geschenk des Himmels einherkommt, war in Bohemunds Familie Stand der Erkenntnis. Sein Großvater, Tankred von Hauteville, besaß in der Normandie ein kleines Lehen. Zwei Frauen setzten mit seiner Hilfe zwölf Söhne in die Welt, darunter Robert Guiskard, den Vater Bohemunds. Das Lehen warf nicht viel ab, die Knaben erlernten folgerichtig das Kriegshandwerk. In der Normandie gab es nichts mehr zu erobern. Als Robert alt genug ist, um für sich selbst zu sorgen, bricht er in den Süden auf. Er besitzt nichts als seine Rüstung...

... UND EROBERT EIN REICH.

In Süditalien macht Robert mit ein paar normannischen Söldnern einige Eroberungen. Seine Erfolge lassen seine Gefolgschaft anwachsen, einige Brüder reisen ihm nach. Die Normannen bemächtigen sich weiter Teile der byzantinischen Territorien in Süditalien. Papst Leo IX. und Kaiser Heinrich III. hatten die Angelegenheit zunächst mit einem gewissen Wohlwollen betrachtet. Als sie gewahr werden, daß die Normannen höchst eigennützig tätig sind, ergreifen sie Gegenmaßnahmen. Papst Leo erklärt den heiligen Krieg gegen die christlichen Normannen und führt eine Armee mit deutschen und italienischen Kontingenten gegen sie ins Feld. Die höheren Weihen und die päpstliche Feldherrenkunst gleichen mangelnde Kampfkraft nicht aus. Im Sommer 1053 verliert die deutsch-italienische Allianz bei Civitate und der Papst gerät in normannische Gefangenschaft. Allmählich reift die Einsicht, daß den Normannen mit Gewalt nicht beizukommen sei: Sie ist ihr Metier. Sechs Jahre später wird Robert Guiskard von Papst Nikolaus II. als Herzog von Apulien und Calabrien anerkannt. Die Normannen sind nun Vasallen des Papstes. Sie übernehmen die byzantinische Kultur, die byzantinische Verwaltung, die byzantinischen Beamten. Ihre Haltung gegenüber dem byzantinischen Reich selbst bleibt feindselig. Nach der Vertreibung der Araber aus Sizilien läßt der Papst keine weiteren Eroberungen in Italien mehr zu. Auf der anderen Seite der Adria aber lockt, was vom byzantinischen Reich noch übriggeblieben war.

Ein Überfall ohne jeden Rechtsgrund hätte den Herzog und dessen Lehnsherren, den Papst, in die Nähe von Raubrittern gerückt. Der Vorwand wird geliefert, als 1078 ein Usurpator Kaiser Michael vom Thron jagt. Dadurch wird die Ehe zwischen einer Tochter Roberts und einem Sohn Michaels hinfällig, und die normannische Jungfrau landet in einem Konvent. Die Unbill, die seiner Tochter zugefügt wird, hätte nach herrschender Rechtsvorstellung als Kriegsgrund getaugt. Aber interne Probleme verhindern die sofortige Wahrnehmung. Zwei Jahre später scheint Robert die familiäre Kränkung nicht mehr ausreichend, um ein Weltreich anzugreifen. Er präsentiert einen Griechen, der vorgibt, der gestürzte Kaiser Michael zu sein, und der um Beistand bei der Rückgewinnung seines Thrones bittet. Die zeitgenössischen Chronisten durchschauen das Manöver, Papst Gregor macht es mit.

Die Türken stehen kurz vor der Hauptstadt Konstantinopel, als die Normannen von Westen aus angreifen. Mit Zustimmung von Papst Gregor beginnt die Operation gegen Byzanz im Jahr 1081. Kurz vorher war bekannt geworden, das Alexios den Usurpator gestürzt hatte. Damit waren alle Rechtsgründe eigentlich hinfällig, aber das stört jetzt nicht mehr. Robert Guiskard und sein Sohn Bohemund erobern mit ihren Normannen Korfu und setzen auf das Festland über. Die byzantinischen Truppen unter Kaiser Alexios verlieren mehrere Schlachten. Der Krieg zieht sich hin, Alexios kann nur hinhaltenden Widerstand leisten. 1084 ruft Papst Gregor die Normannen gegen Heinrich IV. zur Hilfe. Robert eilt mit einem Teil der Truppen nach Rom. Alexios ist der Nutznießer der normannischen Vasallentreue.

Bohemund führt nun die verbliebenen Normannen an, hat zunächst auch Erfolge, muß aber dann doch den Rückzug befehlen. Als Vater Robert von seinem Einsatz in Rom zurückkehrt, sind von den Eroberungen nur noch Gebiete auf Korfu in der Hand der Normannen. Bei der Vorbereitung eines neuen Angriffs auf das byzantinische Festland stirbt Robert Guiskard in Kassiopi auf Korfu. Als Erben hatte er Roger, den ältesten Sohn aus seiner zweiten Ehe eingesetzt. Bohemund fühlt sich übergangen, wirbt Truppen an und macht sich an die Korrektur des letzten väterlichen Willens. Nachdem er seinem Halbbruder mehrere Städte abgenommen hat, wird Frieden geschlossen. Bohemund erhält Teile Apuliens als Lehen. Er ist nun ein mächtiger Mann in Süditalien – aber nicht der mächtigste.

Die guten Beziehungen zwischen Papst Gregor und Robert Guiskard werden von ihren Nachfolgern ausgebaut. In päpstlichen Schreiben steigert sich Urban bei der Nennung von Roger und Bohemund von »Unsere Söhne« auf »Unsere allerliebsten Söhne der römischen Kirche«. Mehrfach begegnen sich Urban II. und seine Vasallen Roger und Bohemund. Ob sie über langfristige Pläne gesprochen haben, wissen wir nicht. Der Chronist Wilhelm von Malmesbury behauptet Jahrzehnte später, Bohemund habe dem Papst zum Kreuzzug geraten. Allerdings nennt der englische Chronist seine Quelle nicht.

BOHEMUND WIRD ES ZU ENG

Im August 1096 belagern Truppen unter Bohemund und Roger die Stadt Amalfi. Die Normannen waren als Vasallen des Papstes eigentlich die ersten Adressaten des Aufrufs zur Kreuzfahrt. Der vom Papst genannte Termin zum Aufbruch ist aber schon abgelaufen. Warum Bohemund solange zögerte, das Kreuz zu nehmen, ist ungeklärt. Vielleicht war alles mit dem Papst abgesprochen, vielleicht war Bohemund es leid, die Macht mit seinem Halbbruder teilen zu müssen, vielleicht überkam ihn der Geist seines Vaters. Der Autor der Gesta Francorum nennt folgende Gründe für die Kreuznahme:

„Bohemund, der große Kriegsheld, belagerte Amalfi, als er von der Ankunft einer Armee französischer Kreuzfahrer hörte, die sich zum Heiligen Grab begeben wollten und zur Bekämpfung der Heiden bereit waren... Man erzählte ihm: »Sie sind gut bewaffnet, sie tragen das Zeichen des Kreuzes auf ihrem rechten Arm oder zwischen den Schultern und als Schlachtruf schreien sie gemeinsam „Gott will es, Gott will es"«. Daraufhin wurde Bohemund vom Heiligen Geist inspiriert, ließ das wertvollste Tuch holen und daraus Kreuze schneiden. Die meisten Ritter des Belagerungsheeres folgten ihm und Herzog Roger blieb fast allein zurück..."

Wir können annehmen, daß Bohemunds Entscheidung nicht ganz so spontan zustandekam, wie der Chronist es darstellt. Der Autor der Gesta hatte keinen Zugang zu den Beratungen höheren Ränge. Die späteren Handlungen weisen Bohemund als kühl kalkulierenden Anführer aus. Die byzantinische Chronistin Anna Comnena unterstellt ihm einen genauen Plan:

„Das einfache Volk war von dem Wunsch ergriffen..., die heiligen Stätten zu besuchen, aber bösartige Charaktere (besonders Bohemund und seinesgleichen) hatten weitergehende Absichten. Sie hofften, auf der Reise die Hauptstadt Konstantinopel einnehmen zu können und betrachteten diese Vereinnahmung als natürliche Folge der Expedition. Bohemund irritierte viele Gutgesonnene wegen seines alten Hasses auf den Kaiser Alexios."

Bohemund hatte vier Jahre lang Krieg gegen Alexios geführt. Er weiß, daß er allein mit den Normannen Byzanz nicht bezwingen kann. Wie die anderen Anführer sich verhalten würden, kann er nicht einschätzen. Der Papst hatte die Beziehungen zu Alexios verbessert. Also setzt Bohemund von Anfang an auf Kooperation mit den byzantinischen Behörden und kündigt seine Ankunft an. Der Statthalter von Bari erhält den Auftrag, Bohemunds Besitzungen zu verwalten. Tankred, wahrscheinlich ein Neffe Bohemunds, ist der jüngste Unterführer der Normannen. Und der geschickteste: Vier Jahre später wird er die Berge der Bergpredigt zu seinem Landbesitz zählen können. Onkel Bohemunds Zugewinn wird bedeutender sein, wenn auch weniger heilig. Ende Oktober 1096 überqueren die Normannen in einzelnen Abteilungen die Adria. Die zweite Generation der süditalienischen Normannen ist unterwegs zu neuen Eroberungen.

DIE DEUTSCHEN – ZUNÄCHST RESERVIERT

Ekkehard von Aura schildert die kühle Reaktion der Deutschen. Die Predigt dürfte in den kaisertreuen Regionen unterblieben sein:

„Den Ostfranken dagegen, den Sachsen, Thüringern, Bayern und Alemannen drang diese Posaune kaum ins Ohr; es lag vor allem an dem Schisma zwischen der königlichen und der geistlichen Gewalt, das seit der Zeit Papst Alexanders II. bis heute uns die Römer und ebenso die Römer uns verhaßt und zu Feinden gemacht hat. Daher hat fast das gesamte deutsche Volk zu Beginn dieses Zuges in Unkenntnis über dessen Ursache alle die, die durch sein Land zogen, die Reiterscharen, das Fußvolk, die Bauern, Frauen und Kinder als in einem unerhört törichten Wahn befangen verhöhnt, weil sie Ungewisses an Stelle der Gewißheit auf sich nahmen, in leerem Wahn das Land ihrer Geburt verließen, ein ungewisses Land der Verheißung mit eindeutigem Risiko erstrebten, sich von ihrem Eigentum lossagten und fremdem nachjagten. Aber wenn unser Volk auch viel überheblicher ist als die übrigen, so beugte sich dennoch das deutsche Ungestüm, da Gottes Erbarmen verheißen war, dem Wort dieser Botschaft, von den vorbeiziehenden Scharen über den Sachverhalt völlig belehrt."

HERZOG GOTTFRIED VON BOUILLON HAUDEGEN ODER EDLER RITTER ?

In der Legende überragt Gottfried von Bouillon als untadeliger christlicher Ritter alle anderen Anführer des ersten Kreuzzuges. In den Berichten der Augenzeugen wird er überwiegend als fromm und kriegstüchtig geschildert, doch seine Handlungen bleiben im Muster der Feudalherren des 11. Jahrhunderts. Sein Vater war der Graf von Boulogne, seine Mutter eine Tochter des Herzogs von Niederlothringen. Als Sohn eines Adligen wurde er zum Ritter ausgebildet, indem er einem fremden Herren diente. Aber Gottfried wurde kein landloser Ritter, wie so viele zu seiner Zeit. Er erbte die Grafschaft Antwerpen und die Burg Bouillon in den Ardennen. Besitztitel waren häufig umstritten, der junge Burgherr mußte die Neuerwerbung gleich gegen Mitbewerber verteidigen. Als Vasall des Königs nahm Gottfried an mehreren Feldzügen in Deutschland und Italien teil. Heinrich IV. setzt ihn dafür als Herzog von Niederlothringen ein.

Warum Herzog Gottfried das Kreuz genommen hat, wissen wir nicht. Es ist auch nicht bekannt, warum Heinrich IV. die Teilnahme eines hochrangigen Gefolgsmanns an einem Feldzug des Papstes erlaubt hat.

Um die Reise zu finanzieren, verpfändet und verkauft Gottfried einen Teil seines Besitzes. Im August 1096 bricht Gottfried von Bouillon an der Spitze nordfranzösischer, rheinischer und lothringischer Kreuzfahrer auf. Von den Unterführern wird vor allen der Bruder Gottfrieds, Balduin von Boulogne, von sich reden machen. Der Anteil von Rittern mit Knappen und mehreren Pferden ist wesentlich höher als beim Kreuzzug der Armen. Anläßlich einer Flußüberquerung notiert Albert von Aachen:

„Es fanden sich nicht mehr als drei Schiffe, auf denen tausend gepanzerte Ritter vorausgeschickt wurden. Die übrige Menge der Pilger überfuhr das Flußbett auf Flößen aus Holzstämmen und Weidenruten."

Die Heimat Gottfrieds: Burg Bouillon mit Denkmal

Tausend gepanzerte Reiter waren eine bedeutende Streitmacht. Wie sich die restliche Pilgerschar zusammensetzte, wissen wir nicht. Neben Fußsoldaten, Klerikern, Handlangern, frommen Schwärmern und beutegierigen Abenteurern waren sicher auch Frauen dabei. Allerdings nennt Albert nur eine: Die Gattin Balduins. Dirnen erwähnt der Chronist diesmal nicht: er läßt keinen Makel auf Gottfrieds Unternehmung kommen. Ausführlich berichtet nur Albert von Aachen über Gottfrieds Heerfahrt nach Konstantinopel.

In Ungarn stellt Gottfried König Koloman wegen der Abschlachtung von Pilgern zur Rede. Koloman läßt antworten:

„Jene haben uns Gutes mit Bösem vergolten, haben nicht nur weggeschleppt, was sie an Gold und Silber, Pferden, Maultieren und Vieh in unserem Land auftreiben konnten, sondern haben uns auch Städte und Burgen zerstört und haben von unseren Leuten bis zu viertausend ermordet und ihnen Geld und Kleider weggenommen..."

Gottfried hält nach Albert die Angelegenheit für geklärt. Zwischen König und Herzog entwickeln sich herzliche Beziehungen. Doch den Durchzug durch Ungarn genehmigt der König nur gegen die Stellung von Geiseln. Gottfried droht Plünderern mit der Todesstrafe, Koloman garantiert freie Märkte. Das Heer erreicht ohne Zwischenfälle die Grenze des byzantinischen Reichs bei Belgrad. Hier warten byzantinische Dolmetscher auf die Kreuzfahrer. Sie übergeben dem Herzog ein Schreiben ihres Kaisers:

„...ich bitte dich, allerchristlichster Herzog, daß du deine Leute, mein Reich und mein Land nicht plündern läßt, sondern die Erlaubnis annimmst, überall das Notwendige zu kaufen..."

Herzog Gottfried verbietet erneut jede gewaltsame Aneignung. Albert von Aachen:

„So zogen sie, wie der Kaiser gebeten hatte, friedlich durchs Land und kamen nach seiner Festung Nisch (Jugoslawien). Dort fanden sie eine erstaunliche Menge von Lebensmitteln, Getreide, Gerste, Wein, und Öl und sehr viel Wild als Geschenk des Kaisers an den Herzog. Allen anderen wurde die Erlaubnis zu freiem Kauf und Verkauf gegeben. Und so erholten sich die Pilger vier Tage lang in Üppigkeit und Überfluß..."

Ähnlich freundlich ist der Empfang in den nächsten byzantinischen Städten. Alexios ist an einem schnellen Durchmarsch interessiert.

Die Byzantiner machen einen Ausfall. Miniatur um 1350.

DIE HERSTELLUNG DES KRIEGSZUSTANDS

In Philippopel (Plovdiv, Bulgarien)) erhält Gottfried nach Albert von Aachen eine Nachricht:

„Hier wurde ihm die Botschaft überbracht, daß der Kaiser den Bruder des Königs von Frankreich, Hugo, ferner den Drogo und den Clarebold gefangen genommen habe und in Ketten im Kerker halte."

Warum Alexios auf diese Weise sein Verhältnis zu den Kreuzfahrern hätte komplizieren sollen, ist nicht einsichtig. Nach Anna Comnena war Hugos Freiheit nur zeitweilig eingeschränkt, bevor er Kaiser Alexios den Lehnseid geleistet hatte. Laut Albert schickt Gottfried Boten nach Konstantinopel, um den Sachverhalt zu erkunden und befiehlt den Weitermarsch. Mitte Dezember 1096 erreicht der Heerzug das Marmarameer bei Selymbria (Silivri, Türkei). Hier melden laut Albert die ausgesandten Boten, der Kaiser wolle die gefangenen Fürsten nicht freigeben. Gottfried stellt den Kriegszustand her und befiehlt die Plünderung der Umgebung. So jedenfalls Albert, der dann fortfährt:

„Und diese haben dann auch acht Tage lang jene ganze Gegend verwüstet."

Anna Comnena erklärt die Mißverständnisse so:

„Einige Grafen wurden vom Kaiser eingeladen... Die Lateiner verschwendeten viel Zeit mit ihrer üblichen Weitschweifigkeit und ihrer Neigung zu langen Reden. So erreichte das Gerücht die Franken, die Grafen seien von Alexios verhaftet worden."

Nachdem französische Unterhändler im Auftrag des Kaisers um Einstellung der Plünderungen gebeten hatten, gibt Gottfried den Befehl zum Weitermarsch nach Konstantinopel. Am 23. Dezember 1096 schlägt das Heer vor den Mauern der Stadt das Lager auf. Obwohl nun nach Albert alle Gefangenen freigelassen sind, weigert sich Gottfried weiter, mit Alexios zu verhandeln. Der Kaiser sieht seine Vermutung bestätigt, die Kreuzfahrer wollten sich der Hauptstadt bemächtigen. Er läßt die Stadttore schließen und den Verkauf von Lebensmitteln einstellen. Nun plündern die Kreuzfahrer bis unter die Mauern von Konstantinopel.

Das nahende Weihnachtsfest bringt die Parteien einander wieder näher und man schließt Frieden. Der Kaiser öffnet den Markt, der Herzog verbietet das Plündern. Da die winterliche Kälte droht, zieht das Heer in feste Gebäude am Goldenen Horn um. Kaiser Alexios weiß, daß sich die Stadt nicht gegen die vereinten Heere der Kreuzfahrer verteidigen läßt. Die Normannen unter Bohemund und die Franzosen unter Raimund von Toulouse kommen immer näher. Vor ihrer Ankunft muß Alexios Gottfrieds Heer nach Kleinasien komplimentieren. Also lädt er den Herzog erneut zu Verhandlungen in seinen Palast ein. Albert berichtet:

„Aber der Herzog weigert sich, durch französische Ansiedler vor des Kaisers Tücke gewarnt."

WAS HAT GOTTFRIED IM SINN?

Dem Chronisten Albert leuchten die Gründe wohl selbst nicht mehr ein. Er läßt den Herzog an Alexios schreiben:

„...verschiedene Gerüchte über dich haben meine Ohren erreicht und mich erschreckt. Ich weiß freilich nicht, ob sie nur aus Haß und Neid gegen dich erfunden und verbreitet wurden."

Erneut versucht Alexios, die Bedenken des Herzogs zu zerstreuen. Nach Albert eilen weitere fünfzehn Tage lang Boten vergeblich hin und her. Das übliche Verfahren in Situationen gegenseitigen Mißtrauens ist ein Treffen, das durch hochrangige Geiseln abgesichert ist. Gottfried verweigert jedes Entgegenkommen. Alexios ist nun überzeugt, daß Gottfried das Eintreffen der anderen Kreuzheere abwarten will. Sofern der Herzog sich überhaupt vom Verstand leiten ließ, ist dies auch die einzige Erklärung. Ende März nähern sich die Normannen der Stadt. Laut Albert sperrt der Kaiser nun erneut die Märkte, um den Herzog zu Verhandlungen zu zwingen:

„Aber auch durch solches Vorgehen erweichte er den Trotz des Herzogs nicht. Da beschossen eines Tages auf Befehl des Kaisers fünfhundert Turkopolen... die Soldaten des Herzogs mit Pfeilen, töteten die einen und verwundeten die anderen. Sofort wurde die böse Nachricht vor den Thron des Herzogs gebracht, der sofort den Befehl gab, die Hörner zu blasen, das ganze Volk zu den

Waffen zu rufen und wieder vor die Stadt Konstantinopel zu ziehen... Alles eilte zu den Waffen. Die Paläste und Türme, in denen die Pilger wohnten, wurden in Brand gesteckt oder niedergerissen. Den Byzantinern wurde so unersetzlicher Schaden zugefügt."

Anna Comnena erwähnt die Sperrung des Marktes nicht. Nach ihrem Bericht greifen die Kreuzfahrer an, weil sie noch immer Gefangene Kreuzfahrer in der Stadt vermuten. Der Angriff erfolgt am Gründonnerstag. Die Byzantiner sind schockiert. Anna Comnena:

„Wir schickten mehrfach Boten zu den Lateinern und forderten sie auf, von ihrem Vorhaben abzulassen. »Habt Ehrfurcht« ließ der Kaiser ausrichten »denn Gott wurde an diesem Tag für uns geopfert... Wenn ihr kämpfen wollt, werden wir bereit sein, nach dem Tag der Wiederauferstehung«. Sie hörten nicht auf diese Worte, sondern verstärkten noch ihre Reihen und schossen ganze Wolken von Pfeilen ab..."

Nach Anna läßt der Kaiser nur Warnschüsse abgeben, weil er kein christliches Bruderblut vergießen will. Dies scheint die Kreuzfahrer nicht zu beeindrucken. Albert von Aachen schildert den Kampf um eine Brücke:

„Die Turkopolen, Soldaten des Kaisers,... griffen die herüberziehenden Ritter mutig mit Pfeilen an... Daher zog Balduin mit seinen Rittern schnell über die Brücke, faßte auf der anderen Seite festen Fuß, hielt die Brücke besetzt und deckte sie gegen die Mauern..., bis das ganze Heer über die Brücke gezogen war."

Das ganze Heer liegt also vor den Toren und Mauern der Stadt. Das kann der Kaiser nicht mehr als Drohgebärde interpretieren, und wahrscheinlich ist es auch keine. Gottfried und seine Unterführer planen offenbar, in die Stadt einzudringen. Die ständigen Friedensangebote der Byzantiner scheinen Schwäche zu signalisieren. Hinter den Mauern Konstantinopels lockt unermeßliche Beute. Die Helden der Legenden mögen solchen Versuchungen widerstehen. Der wirkliche Gottfried hatte mehrere Friedensangebote abgelehnt und läßt nun die Kreuzfahrer angreifen. Wenn überhaupt planvolles Handeln im Spiel ist, kann die Eroberung der Stadt das einzige Ziel sein. Kaiser Alexios ist vom Ernst der Lage überzeugt und befiehlt einen Ausfall. Anna Comnena schreibt:

„Er befahl, die Tore von St. Romanos zu öffnen, um mit einem heftigen Angriff Stärke zu demonstrieren... die Offiziere sollten die Bogenschützen anweisen, dichte Pfeilhagel auf die Pferde abzuschießen, und nicht auf die Reiter... Die Tore öffneten sich weit, den Pferden ließ man die Zügel... viele Kelten wurden erschlagen, aber nur wenige Römer wurden an diesem Tag verwundet... ihre Kavallerie und unsere Männer auf den Mauern schlugen sich mit großem Mut. Der Kampf wurde auf beiden Seiten verbissen und hartnäckig geführt. Als der Kaiser seine Garde einsetzte, wandten sich die Reihen der Lateiner zur Flucht."

Die Frontberichte der kriegführenden Parteien klaffen auseinander, seit es sie gibt. Albert von Aachen:

„Es kam zum offenen Kampf und auf beiden Seiten fielen zahlreiche Streiter, namentlich viele Pferde der Franzosen wurden durch die Pfeile getötet. Aber schließlich blieb doch Balduin siegreich und warf die kaiserlichen Soldaten, die nach schweren Verlusten flohen, hinter die Mauern zurück und behauptete Feld und Sieg."

Nach Anna Comnena gibt der Herzog nach einer weiteren Schlacht nach:

„Bei der heftigen Schlacht gab es auf beiden Seiten viele Tote. Weil die kaiserlichen Truppen mit großem Eifer kämpften, suchten die Lateiner ihr Heil in der Flucht. So war Gottfried gezwungen, sich dem Willen des Kaisers zu beugen."

Albert erklärt dagegen den Herzog zum Sieger, allerdings nicht ruhmreich auf dem Schlachtfeld, sondern durch fortgesetztes Plündern:

„Als am anderen Morgen der Tag aufstieg, erhob sich auf Befehl des Herzogs das ganze Volk, durchstreifte Land und Reich des Kaisers und plünderte sechs Tage lang, um wenigstens auf diese Weise den Stolz des Kaisers und seiner Leute zu beugen."

Laut Albert lenkt der Kaiser nun ein, verspricht Entschädigungen und stellt hochrangige Geiseln. Laut Anna sagt der Herzog am Ende sein Erscheinen bei Hofe zu, weil er die Schlacht verloren hat. Ist die Stadt schon gerettet? Für Albert nicht: Er läßt die gefährlichste Bedrohung erst jetzt entstehen und einen Tag lang andauern.

KOALITION GEGEN BYZANZ?

Albert von Aachen:

„Kaum waren die Gesandten mit der Botschaft des Herzogs in die Stadt zurückgekehrt, da kamen andere Gesandte zum Herzog, die Bohemund geschickt hatte. Sie grüßten und sagten:

»Bohemund, der allermächtigste Fürst von Sizilien und Kalabrien bittet dich, du mögest dich doch nicht mit dem Kaiser auf einen Friedensvertrag einlassen, sondern dich nach Adrianopel und Philippopel zurückziehen und dort ohne Angst die Winterszeit verbringen, denn Anfang März wird Bohemund dir mit allen seinen Truppen zu Hilfe eilen um diesen Kaiser zu bekämpfen und sein Reich zu überfallen.«

Der Herzog vernahm diese Botschaft des Bohemund, verschob aber zunächst jede Antwort. Am nächsten Morgen hörte er den Rat der anderen und gab dann zur Antwort, er habe nicht des Gewinns wegen oder um Christen zu verfolgen sein Land verlassen, sondern er habe in Christi Namen die Fahrt nach Jerusalem angetreten."

Nach Albert kehren die Boten Bohemunds nach Apulien zurück. Diese Episode ist von einiger Brisanz. Daher lohnt es sich, ihrem Wahrheitsgehalt nachzugehen. Drei Fälle sind denkbar:

I. Albert schildert die Angriffe auf Konstantinopel an Hand seiner Quellen. Er fürchtet, der Leser könne von Zweifeln an der Lauterkeit des Herzogs befallen werden. Also erfindet er diese Botschaft und rehabilitiert den Herzog auf Kosten von Bohemund.

II. Es hat einen Vorschlag Bohemunds zum gemeinsamen Vorgehen gegen Byzanz gegeben und Gottfried hat abgelehnt. Dann hat Albert die Botschaft zwar dramaturgisch richtig, zeitlich aber falsch plaziert. Es ist bereits Anfang April, der Winter ist vorbei und Bohemund ist längst nicht mehr in Apulien. Diese Fehler sprechen dafür, daß Albert eine Quelle für die Botschaft hatte und nur die Zeitangaben nicht korrigiert hat. Die Botschaft müßte Gottfried spätestens Mitte Dezember in Selymbria erreicht haben.

III. Es hat einen Vorschlag von Bohemund gegeben, und Gottfried hat ihn nicht abgelehnt. Dann wäre erklärt, warum Herzog Gottfried sich dreieinhalb Monate geweigert hat, mit Alexios zu verhandeln und dabei sogar einen Krieg riskierte.

DIE BEGEGNUNG

Byzantinische Diplomatie (Albert) oder byzantinische Waffen (Anna) bewegen den Herzog also zum Verhandeln, bevor Bohemund in Konstantinopel eintrifft. Die Begegnung zwischen Alexios und Gottfried verläuft in herzlicher Atmosphäre. Nach Albert hält der Kaiser eine Lobrede auf den Herzog:

„Durch diese friedlichen und frommen Worte des Kaisers ließ sich der Herzog versöhnen und verführen, und er unterwarf sich dem Kaiser nicht nur als Sohn, wie es dort der Brauch ist, sondern auch als Vasall mit gebundenen Händen, mit all den Fürsten, die zugegen waren."

Anna Comnena gibt den Wortlaut des Lehnseids wieder:

„Alle Städte, Gebiete und Burgen, die Gottfried erobern würde und vorher zum römischen Reich gehörten, sind an einen kaiserlichen Offizier zu übergeben."

Albert von Aachen:

„Sofort wurden aus der kaiserlichen Schatzkammer dem Herzog und seinen Begleitern unschätzbare Geschenke gebracht, Gold, Silber und Purpur aller Art, Maultiere und Pferde und was der Kaiser sonst an Kostbarkeiten besaß."

Auch Anna bestätigt, daß der Kaiser nun Herz und Schatzkammer öffnet. Gottfried willigt ein, den Bosporus zu überqueren. Anfang April betreten die Kreuzfahrer Kleinasien. Der eigentliche Feind, zu dessen Bekämpfung sie ausgezogen waren, ist nur noch wenige Tagesreisen von ihrem Lager entfernt. Hier warten sie wohlversorgt auf die Normannen und Südfranzosen. Der Kaiser schickt regelmäßig Geld und läßt die Märkte mit Lebensmitteln beliefern. Byzanz kann aufatmen: Alexios hat die Vereinigung der Kreuzfahrerheere vor Konstantinopel verhindert. Aber noch ist der alte Erzfeind Bohemund unterwegs.

BOHEMUND, DIPLOMATISCH

Die Normannen hatten von verschiedenen Häfen Süditaliens aus die Adria überquert. Die versammelten Kontingente erreichen um Weihnachten 1096 die byzantinische Stadt Kastoria (Griechenland). Die byzantinischen Behörden haben die Anweisung, mit den Kreuzfahrern zu kooperieren. Auch Bohemund hat seinen Unterführern eingeschärft, jede Form des Plünderns zu unterbinden. Aber die alte Feindschaft ist nicht vergessen. Ein Begleiter Bohemunds, der Autor der Gesta Francorum:

„Wir blieben einige Tage, um Proviant zu kaufen. Aber die Einwohner wollten uns nichts verkaufen, weil sie Angst vor uns hatten und weil sie uns nicht für Pilger, sondern für Plünderer hielten, die ihr Land verwüsten und sie töten wollten. So ergriffen wir Ochsen, Pferde, Esel und alles, was wir finden konnten."

Der Weitermarsch erfolgt auf der Via Egnatia, der alten Römerstraße von Albanien nach Konstantinopel. Bohemunds Aufgebot war kleiner als die anderen Kreuzheere, dafür aber gut bewaffnet und diszipliniert. So verläuft die Reise recht harmonisch, und es bleibt Zeit für fromme Werke. Der Autor der Gesta:

„Wir zogen weiter nach Palagonia, wo es eine Ketzerburg gab. Wir griffen von allen Seiten an und eroberten den Platz. Wir legten Feuer und verbrannten die Burg mit ihren Einwohnern."

Besonders eilig scheint es Bohemund nicht zu haben. Im Januar legt das Heer pro Tag nur fünf Kilometer zurück. Bohemunds Reitertruppe ist nur einige hundert Mann stark. Wie groß der Troß war, ist nicht bekannt. Proviant und Kranke wurden auf Karren mitgeführt. Kleriker, Frauen und Bewaffnete aus den niederen Ständen gingen zu Fuß. Mehr als fünf Kilometer am Tag waren auf der Via Egnatia aber auf jeden Fall zu schaffen. Vielleicht verzögert Bohemund den Marsch, weil er nicht als erster in Konstantinopel eintreffen will. Die Normannen waren ohne die anderen Kreuzarmeen den byzantinischen Truppen nicht gewachsen, und Alexios hätte ja die Gelegenheit wahrnehmen können, mit seinen alten Feinden abzurechnen. Daß Gottfried mit seinen Mannen schon vor Konstantinopel steht, weiß Bohemund noch nicht. Also läßt er sich auch weiterhin Zeit. Am Fluß Vardar bei Thessaloniki kommt es zum einzigen Zusammenstoß zwischen Normannen und byzantinischen Truppen - darunter auch türkische Söldner. Der Autor der Gesta:

„Die Armee des Kaisers tauchte auf und griff den Grafen und seine Männer an...weil sie sehr kriegserfahren waren, besiegten sie den Feind und nahmen viele Gefangene. Sie wurden gebunden und vor Bohemund geführt."

Bohemund bleibt bei seiner Politik, als Verbündeter des Kaisers aufzutreten und läßt die Gefangenen frei. Der Weitermarsch Bohemunds auf der Via Egnatia nach Konstantinopel verläuft diszipliniert. Der ehemalige Feind des Kaisers Alexios erweist sich als nüchtern abwägender Diplomat. Er hat offensichtlich mehr im Sinn, als sich mit byzantinischen Polizeitruppen herumzuschlagen. In Mazedonien kommt sogar brüderliche Herzlichkeit auf: So weit war Bohemund allerdings auf seinem Feldzug gegen Byzanz nicht vorgedrungen. Der Autor der Gesta:

„Bohemund traf ein Abkommen mit den beiden byzantinischen Kommandanten. Wegen seiner Freundschaft zu ihnen und seinem Wunsch, das Land gerecht zu behandeln, gab er die Anweisung, alles Vieh zurückzugeben, das von unseren Leuten gestohlen worden war... Die griechischen Einwohner näherten sich meinem Herrn Bohemund voller Freude und brachten Nahrungsmittel. So schlugen wir unsere Zelte auf... Bohemund brach mit wenigen Rittern nach Konstantinopel auf, um mit dem Kaiser Rat zu halten."

Bohemund trifft um den 9. April 1097 in Konstantinopel ein. Wenn er den Plan hatte, mit den vereinten Aufgeboten Konstantinopel einzunehmen, kommt er einige Tage zu spät. Gottfrieds Truppen befinden sich bereits in Kleinasien, und nur die kaiserliche Flotte könnte sie zurückbringen. Anna beschreibt die Verhandlungen zwischen Bohemund und Kaiser Alexios:

„Als sich Bohemund dem Kaiser näherte, lächelte Alexios ihn an und fragte nach dem Verlauf der Reise... der Kaiser erinnerte ihn höflich... an die frühere Feindschaft. »Ich war ein Feind und Gegner« sagte Bohemund, »aber jetzt komme ich aus freiem Willen, als Freund ihrer Majestät.«"

Die Atmosphäre bleibt mißtrauisch-höflich. Nach Anna lehnt Bohemund die gereichten Speisen ab und läßt sich von seinem eigenen Koch verköstigen. Auch die Geschenke will er zunächst nicht annehmen, bedenkt aber rechtzeitig, wie teuer ihn die Geste zu stehen kommen würde. Anna ist vom Auftreten und Aussehen des Normannen beeindruckt, charakterlich hält sie ihn für einen Finsterling:

„Er ist ein geborener Lügner und Rohling... er übertraf als Schurke, aber auch an Tapferkeit alle, die durch Konstantinopel kamen, nicht aber an Reichtum. Er war der oberste aller Störenfriede. Nach außen hin war er zum Heiligen Grab aufgebrochen, in Wahrheit wollte er Macht für sich selbst gewinnen oder, wenn möglich, das römische Reich an sich bringen, wie schon sein Vater..."

Auch Bohemund legt den Lehnseid ab und sagt damit die Rückgabe aller eroberter Gebiete an Byzanz zu. Nach Anna verlangt Bohemund das Oberkommando über Kleinasien, wird aber von Alexios mit einer diplomatischen Antwort vertröstet. Der Autor der Gesta behauptet, Alexios habe Bohemund die Herrschaft über Antiochia versprochen. Diese Bemerkung dient aber offenbar der Rechtfertigung späterer Landnahmen Bohemunds. Mit Geld und Proviant versehen, werden nun auch die Normannen nach Kleinasien transportiert.

Jetzt nähern sich nur noch die Südfranzosen unter Raimund von Toulouse und dem Legaten des Papstes. Von ihnen hat Byzanz nichts zu befürchten. Oder doch?

DIE FRANZOSEN – EHER UNGESTÜM

Das Aufgebot unter Graf Raimund von Toulouse und Bischof Adhémar von Le Puy hatte den Weg entlang der Adria durch das heutige Jugoslawien genommen. Die Route war beschwerlich, es gab Ärger mit den Einheimischen. Anfang Februar 1097 erreichen sie byzantinisches Gebiet und werden freundlich empfangen. Von Dyrrhachium (Durazzo, Albanien) aus werden sie auf der Via Egnatia von byzantinischen Polizeitruppen begleitet. Kurz vorher sind die Normannen hier entlanggezogen, die Märkte sind erschöpft. Raimund von Aguilers, der Chronist dieser Reise, sieht allerdings nicht die Franzosen plündern, sondern die Einheimischen:

„Diese griechischen Räuber bestahlen uns in der Nacht und machten unsere Leute weit vom Lager entfernt nieder... während die Griechen dies ohne Hemmungen taten, versprach ihr Anführer, den Frieden einzuhalten... aber es waren leere Worte..."

Es kommt zu Reibereien mit den Polizeitruppen. Bei einem Gefecht wird Adhémar von Le Puy verletzt, die Stimmung ist gereizt. Raimund von Aguilers:

„Wir wurden von verräterischen byzantinischen Soldaten umgeben. Graf Raimund erfuhr von einem Hinterhalt in den nahen Bergen. Der Graf griff sie mit seinen Rittern überraschend an, tötete viele und raubte sie aus."

Nach Anna Comnena hatten Polizeitruppen und Dolmetscher den Auftrag, die Kreuzfahrer zu schützen. Wahrscheinlich hat der Chronist der Franzosen die Vorfälle einseitig dargestellt. Der Weitermarsch entlang der Via Egnatia wäre vielleicht friedlicher verlaufen, wenn der päpstliche Legat dabei gewesen wäre. Der aber läßt seine Blessuren in einem byzantinischen Krankenhaus kurieren. Der Chronist Raimund schildert das Schicksal der Bewohner von Roussa, das kurz vor Konstantinopel lag:

„Wir erreichen Roussa (Keshan, Türkei), wo die Feindseligkeit der Bewohner unsere übliche Geduld so strapazierte, daß wir zu den Waffen griffen und die äußeren Wälle zerstörten. Die Stadt ergab sich, und wir machten große Beute. Mit dem Schlachtruf des Grafen »Toulouse, Toulouse« hißten wir unsere Fahnen."

Graf Raimund und der Legat Adhémar geraten in einen Hinterhalt.

Raimund huldigt Kaiser Alexios.

Überquerung des Bosporus. Miniatur um 1490.

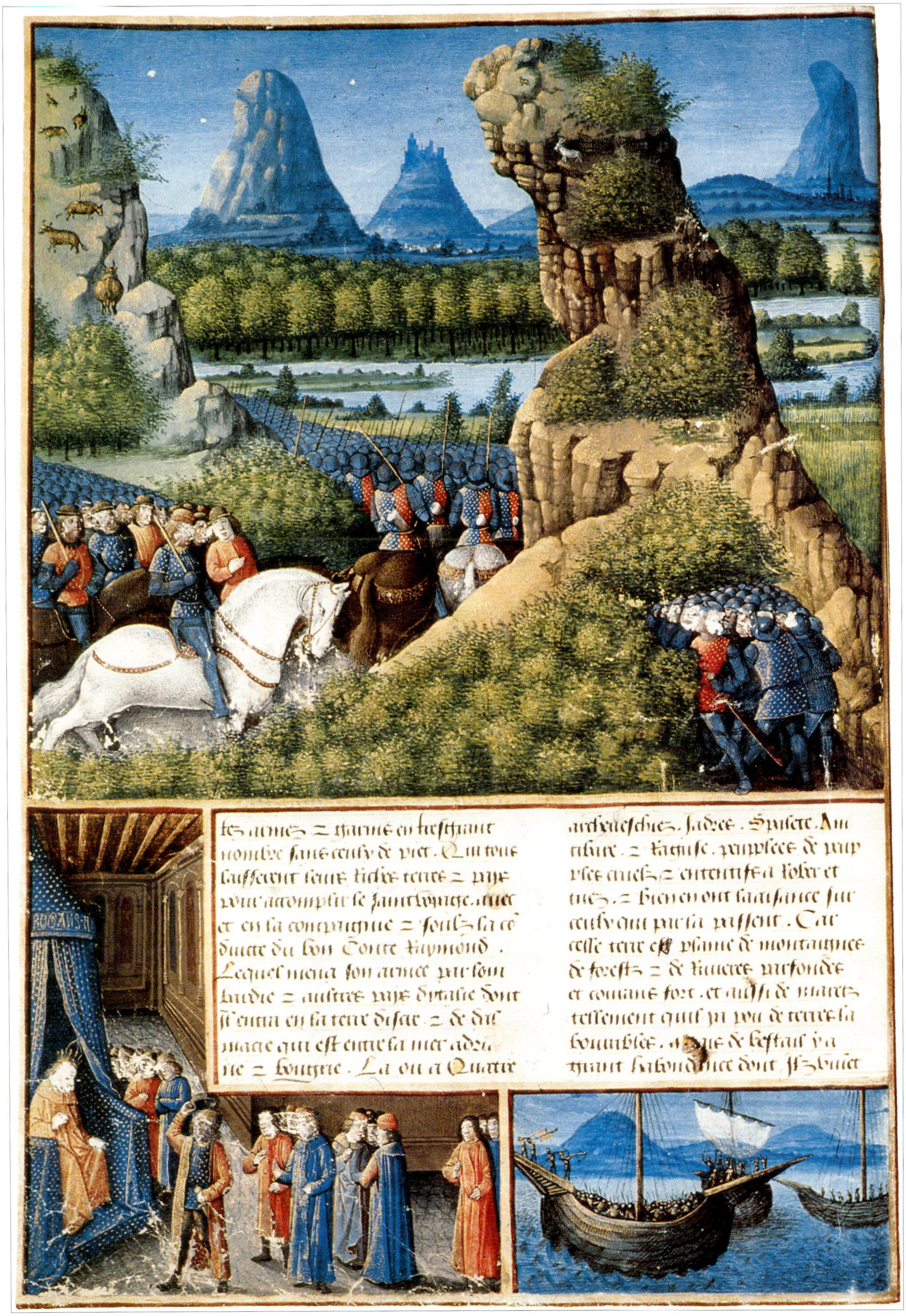

les armez ⁊ harnois en tresgrant
nombre sans ceulx de piet. Qui tous
laisserent leurs riches terres ⁊ pays
pour acomplir le saint voyage. avec
et en la compaignie ⁊ soubz la co
duite du bon Conte Raymond .
Lequel mena son armee par lom
bardie ⁊ aultres pays dytalie dont
il entra en la terre disar ⁊ de dal
macie qui est entre la mer adri
ne ⁊ hongrie . La ou a Quatre
archeveschiez . Jadres . Spalete . An
tibare . ⁊ Raguse . peupleez de peup
les cruelz ⁊ ententifz a rober et
tuez . ⁊ bien en ont laaisance sur
ceulx qui par la passent . Car
celle terre est plaine de montaignes
de forestz ⁊ de rivieres parfondes
et courans fort . et aussi de maretz
tellement quil y a peu de terres la
bourables . [illegible] de bestail y a
grant habondance dont ilz vivent

Raimund von Toulouse erfährt von den Verhandlungen in Konstantinopel und eilt mit wenigen Begleitern dem Heer voraus. Er trifft als letzter am 16. April in der Hauptstadt ein. Kaum hatte Raimund sein Aufgebot verlassen, kommt es wieder zu Plünderungen. Byzantinische Einheiten greifen ein und schlagen die Südfranzosen in die Flucht. Es gibt Tote, und die kaiserlichen Truppen machen nun ihrerseits Beute. Raimunds Chronist klagt:

„Soll ich vom... abscheulichen Verrat des Kaisers berichten? Oder von der schmählichen Flucht unserer Armee und ihrer unvorstellbaren Hilflosigkeit? Wenn ich von dem Tod so großer Fürsten berichte, hinterlasse ich die Erinnerung ewigen Schmerzes."

Nach Auskunft seines Chronisten weigert sich Raimund von Toulouse, den Lehnseid abzulegen. Vielleicht stand eine solche Unterwerfung im Gegensatz zu den Absprachen, die der Graf mit Papst Urban getroffen hatte. Der päpstliche Legat wird im Zusammenhang mit den Verhandlungen in Konstantinopel nicht erwähnt. Die anderen Anführer drängen den Grafen, den Eid abzulegen. Raimund von Aguilers:

„Nachdem sich der Graf mit den Provencalen beraten hatte, schwor er, er würde nicht selbst, und auch nicht durch andere, nach des Kaisers Leben oder Eigentum trachten. Als man von ihm die Huldigung verlangte, lehnte er ab, weil er seine Rechte gefährdet sehe. Wir könnten hinzufügen, daß ihm Alexios wegen seiner Unnachgiebigkeit nur wenige irdische Güter zukommen ließ."

Der Chronist beklagt letzteren Umstand zu Unrecht. Der Graf von Toulouse hatte sich geweigert, in den Dienst des Kaisers zu treten. Also wird er auch nicht bezahlt. Anna Comnena erwähnt weder eine Ablehnung des Lehnseids noch andere Meinungsverschiedenheiten. Sie äußert sich lobend über die Intelligenz und Wahrheitsliebe des Grafen und fährt fort:

„(Raimund von) Saint-Gilles überstrahlte alle Lateiner, so wie die Sonne heller ist als die Sterne."

Nach Anna empfing der Kaiser Raimund noch mehrere Male, schilderte ihm die Gefahren der Reise und warnte ihn vor Bohemund. Darauf sagte, laut Anna, der Graf:

„»Es wäre ein Wunder, wenn er seinen Schwur halten würde. Was mich betrifft, ich werde mein Bestes tun, um mich an deine Anweisungen zu halten.« Mit diesen Worten nahm er Abschied von dem Kaiser und kehrte zu den Kelten zurück."

Einige Anführer der Kreuzfahrer hatten sich schwer getan, die Unantastbarkeit des byzantinischen Eigentums zu beschwören. Das Hilfeersuchen, das Alexios an den Papst gerichtet haben soll, hat offenbar niemand erwähnt. Formal stehen die meisten Kreuzfahrer jetzt im Dienste des Kaisers und sind dafür auch reichlich belohnt worden.

Ende April sind alle Kreuzfahrerheere in Kleinasien versammelt. Alexios hatte mit Waffengewalt und Diplomatie die Oberhand behalten. Für Anna hat er damit die Stadt und seinen Thron gerettet. Alexios hatte erwogen, den Feldzug selbst anzuführen. Laut Anna fürchtete er aber, der großen Anzahl der Kreuzfahrer nicht Herr werden zu können. Zwischen fünfzig- und hunderttausend Kreuzfahrer setzten sich nun in Richtung der türkisch beherrschten Stadt Nikaia in Bewegung. Eine kleine byzantinische Abteilung mit Belagerungsmaschinen begleitet sie.

Die Kreuzfahrer hatten Byzanz beträchtlichen Schaden zugefügt. Von nun an, im Kampf gegen die seldschukischen Türken, werden sie zeitweilig auch zum Nutzen der Byzantiner tätig. Für Papst Urban II. und die Kirche hat sich die Unternehmung bisher nicht ausgezahlt.

Die Landmauern von Konstantinopel

DIE SORGEN DER KIRCHE

DIE DEKRETE DES KONZILS VON CLERMONT

Die Sorgen und finanziellen Nöte der Kirche spiegeln sich am besten in den Dekreten der Konzilien. An den Verboten läßt sich ermessen, welche Zustände wirklich herrschten. Die Dekrete geben das Reformprogramm des Papstes wieder. Nach den Bestimmungen über den Gottesfrieden und den Bußerlaß übermittelt der Chronist folgende Dekrete von Clermont:

LAMBERT VON ARRAS

Kein Kleriker darf Waffen tragen.

Kein Laie oder niederer Kleriker oder Subdiakon darf zum Bischof gewählt werden.

Niemand darf sich eine Kirchenstelle kaufen.

Ist der Altar (Kirche oder Kirchenzehnt) einer bestimmten Person in einem Kanonikat oder Kloster verliehen worden, so fällt er nach dem Tode dieser Person an den Bischof zurück.

Niemand darf für das Begräbnis etwas verlangen.

Kein Priester, Diakon oder Subdiakon, und auch kein Kanonikus darf unenthaltsam leben, bei Strafe der Absetzung.

In den Häusern der Kleriker dürfen keine Frauenspersonen sein als die durch die Kanones erlaubten.

Uneheliche Kinder dürfen nicht zu den Weihen und kirchlichen Würden zugelassen werden, außer wenn sie Mönche oder Kanoniker geworden sind.

Kein Kleriker darf fortan in zwei Städten zwei Präbenden (Pfründen) erhalten.

Ein Kleriker muß bei der Kirche, für die er anfangs ordiniert wurde, bleiben, auch wenn er höhere Weihen erlangt.

Niemand darf an einer Kirche zwei Ämter haben.

Niemand darf ein geistliches Amt von einem Laien empfangen.

Könige und Fürsten dürfen keine Investitur erteilen.

Kein Bischof oder Priester darf dem König oder sonst einem Laien das ligium fidelitatis (strenger Vasalleneid zum unbedingten Beistand gegen jeden) schwören.

Kein Priester darf ohne Zustimmung des Bischofs Kaplan eines Laien werden.

Die Laien dürfen den Zehnten nicht vorenthalten und nicht selbst Zehnten beziehen.

Sie dürfen keine Altäre oder Kirchen (d.h. deren Einkünfte) für sich behalten.

Kein Laie darf das einem anderen gehörige Erbe sich anmaßen; hat er es getan, so darf ihn kein Priester zur Buße annehmen, bis er Genüge getan hat;

Ebenso niemanden, der eine unvollständige Beichte abgelegt hat.

Kein Christ darf vom Aschermittwoch bis Ostern Fleisch essen.

Die Söhne von Priestern, Diakonen, Subdiakonen und Kanonikern dürfen nicht zu den Weihen und Kirchenämtern zugelassen werden, außer wenn sie Mönche oder regulierte Chorherren geworden sind.

Am Karsamstag muß das Fasten bis in die Nacht fortgesetzt werden.

Niemand darf kommunizieren, ohne Leib und Blut gesondert zu genießen, außer wenn Not oder Vorsicht es anders verlangen.

Auch die Kreuze am Wege gewähren Asyl, wie die Kirchen.

Wer sich dahin geflüchtet hat, darf der Gerechtigkeit nur überliefert werden, wenn ihm zuvor Sicherheit für Leben und Glieder gewährt ist.

Kein Kleriker darf das Eigentum des Bischofs oder eines anderen Klerikers bei dessen Lebzeiten oder nach seinem Tode sich aneignen.

Wer einen Bischof gefangen nimmt und einkerkert, verfällt ewiger Infamie und darf keine Waffen mehr tragen.

(Nach C.H. von Hefele, Conziliengeschichte)

Papst Urban II. auf dem Konzil in Clermont. Miniatur 1490.

et aultres sains lieux la enuiron.
Et les xpiens habitans & demou
rans. & que les aultres par eulx
tyrannicquement & inhumaine
ment tuez. Ilz auoient reseruez
en infelicieuse vie afin que sur
eulx en lopprobre du saint nom
xpien peussent continuer plus
longuement leurs insatiables
cruaultez. Et comment ilz
les tenoient en trop opprobrieuse
captiuite & seruitute. ou tresgrant
deshonneur & opprobre de tous
les xpiens. Concluant & mon
strant par diuerses raisons tres
euidentes que le saint peuple
xpien ne debuoit plus souffrir
ne endurer que les sains lieux et

DIE ANNÄHERUNG UNTERBLEIBT

Papst Urban II. hat die Reformpolitik seines Vorgängers und Lehrers, Papst Gregor VII., weiterentwickelt. Dazu gehörte auch der Plan, die Christenheit zu einen und dem römischen Stuhl zu unterstellen. Papst Gregor hatte unmittelbar nach der türkischen Landnahme einen Feldzug unter seiner Führung zur Rückeroberung Kleinasiens geplant. In einem Brief an den deutschen König Heinrich IV. teilt er seine weiteren Absichten mit:

Papst Gregor an Heinrich IV.

Ich bin besonders geneigt zu dieser Unternehmung, weil die Kirche von Konstantinopel, die von uns in der Frage des Heiligen Geistes abweicht, auf eine Verständigung mit dem apostolischen Stuhl hofft. Die Armenier... und alle Ostkirchen warten auf eine Entscheidung des Glaubens des Apostels Peter über ihre verschiedenen Ansichten.

Wegen des Investiturstreits kam der Plan nicht zur Ausführung. Urban II. hatte schon mit der Aufhebung des Kirchenbanns über Alexios gezeigt, daß er das große Ziel auf dem Weg der Versöhnung erreichen wollte. Der päpstliche Legat, Adhémar von Le Puy, sollte offenbar in dieser Richtung tätig werden. Auch Graf Raimund von Toulouse hat lange an der Politik der Kooperation mit Byzanz festgehalten. Das war wohl das Resultat seiner ausführlichen Beratungen mit Papst Urban vor der Abreise. Würden die Kreuzfahrer Kleinasien tatsächlich für Byzanz zurückerobern, konnte Urban zumindest in kirchenpolitischen Fragen ein Entgegenkommen des Kaisers Alexios erwarten. Der Angriff Herzog Gottfrieds auf Konstantinopel minderte nun die Aussichten auf eine Annäherung.

Kaiser Alexios vor Christus. Griechische Miniatur 12. Jahrhundert.

IC XC

KAISER HEINRICH: UNGEBEUGT

Der Papst wollte ohne Zweifel bei seinem langen Aufenthalt in Frankreich die Basis für seine Reformpolitik erweitern. Neben Lambert von Arras gibt nur Fulcher von Chartres die in Clermont verhandelten Inhalte wieder und damit die politischen Absichten des Papstes. Fulcher zitiert nicht nur die Dekrete über Ämterkauf, Gewalt gegen den Klerus, Straßenraub und die Kriege der Feudalherren. Sein Bericht über das Konzil enthält auch eine ausführliche Verurteilung des »Usurpators« Guibert (Papst Clemens III.) und damit der Partei des Kaisers Heinrich.

Fulcher von Chartres

Der Teufel... bot gegen ihn (Urban) einen Gegner namens Guibert auf... unterstützt durch die Frechheit des bairischen Kaisers (Heinrich IV.)... Dieser (Guibert) hatte sich... das apostolische Amt widerrechtlich angeeignet... Deshalb standen Rom zwei Päpste vor, die meisten aber wußten nicht, wem sie gehorchen sollten... Es verwundert nicht, daß die ganze Welt in Unruhe und Verwirrung gestürzt wurde... In allen Teilen Europas wurden... Friede, Güte und Glauben niedergebeugt, in und außerhalb der Kirche, durch Hohe und Niedere. Es war notwendig, daß sie zur Beseitigung dieser Übel die ständig unter sich geführten Kämpfe gegen die Heiden richteten – vom Papst zu diesem Beginnen ermahnt.

Nach Fulcher sollte der Aufruf also zur Beseitigung der genannten Übel dienen. Die römische Kirche demonstriert, daß sie für die ganze Christenheit handelt. Papst Urban verordnet den Feudalherren und der Kirche ein gemeinsames Kriegsziel. Die Partei von Heinrich und Clemens würde abseits stehen, entlarvt als Spalter der nunmehr von außen bedrohten Christenheit. Als ihr oberster Herr und Hirte erweist sich damit eindeutig Papst Urban II. Fulcher unterstellt dem Papst also ein hohes Niveau politischen Handelns. Es liegen keine Auskünfte vor, die seiner Interpretation widersprechen. Urbans Plan, wie ihn Fulcher darstellt, hatte Format, auch wenn er nicht aufging. Kaiser Heinrich machte keine Anstalten, sich zu unterwerfen.

Ob der Kreuzzug in der Politik Urbans auch nach dem Aufbruch der Kreuzheere eine wichtige Rolle spielte, ist unklar. Eine Stellungnahme des Papstes zum Verlauf der Kreuzfahrt liegt nicht vor. In den Berichten über die nächsten Konzilien kommt das Thema Kreuzzug praktisch nicht mehr vor. Vielleicht war Urban darüber enttäuscht, daß sich die Feudalherren doch nicht der Führung der Kirche unterworfen hatten. Die Kreuzfahrer waren in Rom nichteinmal gegen die Anhänger des Kaisers vorgegangen. Zudem war der Verlauf der Kreuzfahrt schleppend und wechselhaft. Ein Scheitern wäre für Papst Urban fatal gewesen: Er hatte schließlich im Namen Gottes zur Kreuzfahrt aufgerufen. Offenbar wollte sich der Papst mit Erklärungen zurückhalten, solange der Ausgang der Unternehmung ungewiß war.

Heinrich IV. verjagt Papst Gregor aus Rom. 12. Jahrhundert.

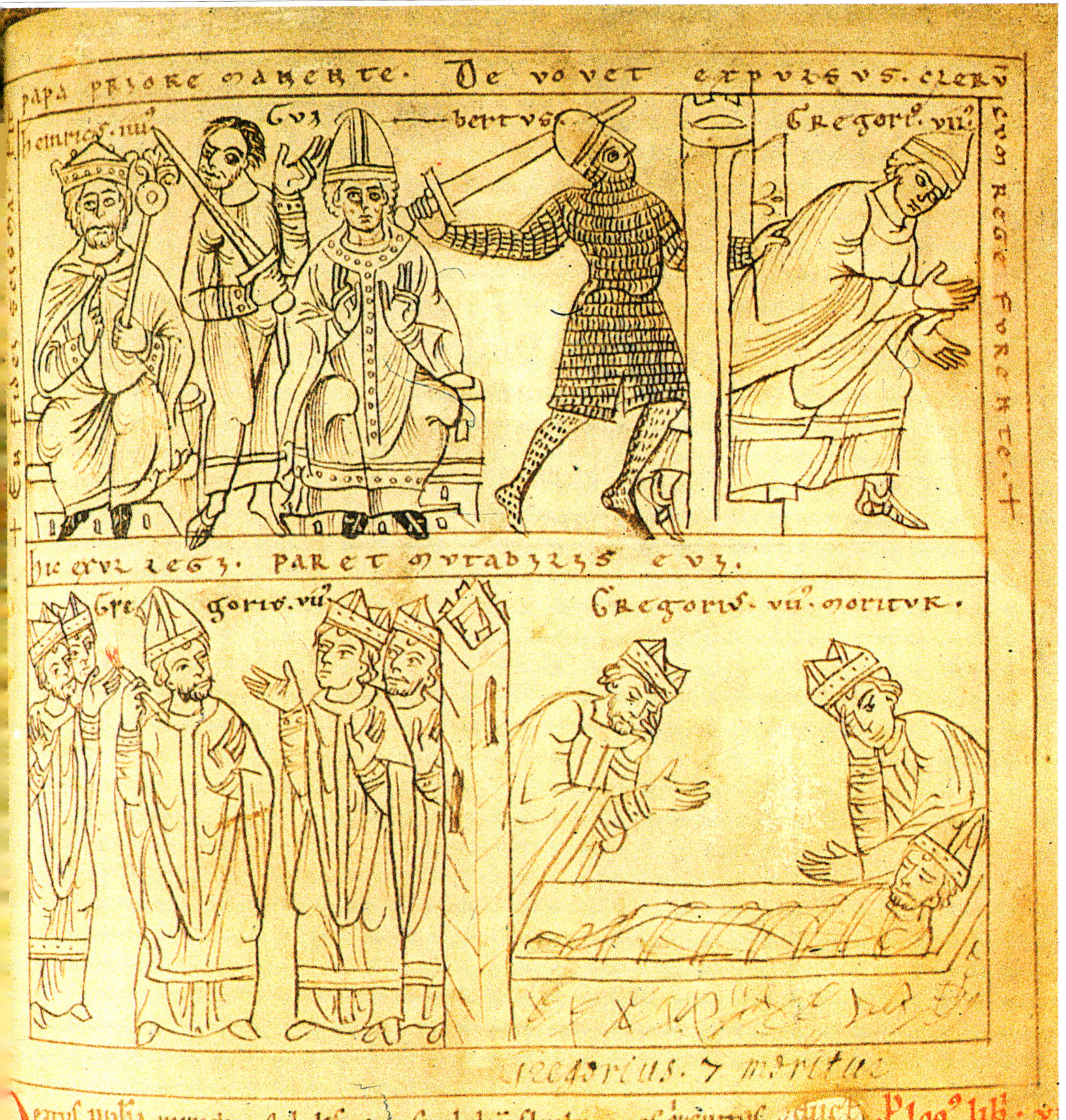

FRIEDEN DEN CHRISTEN

DAS SCHEITERN EINER SCHÖNEN IDEE

Urbans Plan war es offensichtlich, das Treiben kriegs- und beutelüsterner Feudalherren einzudämmen, indem er ihnen auswärtige Aufgaben zuwies. Nach Fulcher hatte das herrschende Ausmaß von Unfrieden und Unrecht den Papst sehr beunruhigt.

Fulcher von Chartres

(Dekret des Papstes zum Gottesfrieden in Clermont)

Wer einen Bischof gefangennimmt, soll als Gesetzloser behandelt werden. Wer Mönche, Kleriker, Nonnen oder deren Diener gefangennimmt oder ausraubt, oder auch Pilger und Kaufleute, soll in Bann geschlagen werden. Räuber, Brandstifter und deren Komplizen sollen aus der Kirchengemeinschaft verbannt und in Bann geschlagen werden... Wie ihr gesehen habt, Geliebte, ist durch derlei Unregelmäßigkeit, die genannt wurde, die Welt schon längst in Verwirrung geraten. Es wurde uns berichtet, daß an manchen Orten eurer Kirchenprovinzen, vielleicht durch die Schwäche eurer Rechtssprechung, kaum einer gefahrlos auf den Wegen zu gehen wagt, ohne daß er bei Tage oder bei Nacht von Räubern und Wegelagerern mit Gewalt oder List zu Hause oder draußen ausgeraubt würde. Deshalb ist der so genannte Gottesfrieden, der schon längst von den heiligen Vätern beschlossen wurde, wiederherzustellen, was ich mahnend fordere, damit ein jeder von euch ihn in seinem Bistum fest einzuhalten befiehlt. Wenn ihn einer aus Begehrlichkeit oder Hochmut freiwillig bricht, soll er durch Gottes Macht und die Strafbestimmungen der auf diesem Konzil gefaßten Beschlüsse in Bann getan werden.

(Aus dem Aufruf des Papstes)

Gegen die Ungläubigen, sagt er (der Herr), sollen jetzt diejenigen in den Kampf ziehen..., die gewöhnlich ihre Privatfehden verbrecherisch gegen Christen ausdehnten...

Schon die Angriffe auf die jüdischen Gemeinden und die römisch-christlichen Ungarn machten deutlich, daß die Kreuzzugsidee keinen inneren Frieden stiftete. Auch die Abwesenheit von mehreren tausend Berufskriegern hat die Gewalttätigkeit im Abendland nicht abklingen lassen.

Christliche Feudalherren bei der Austragung ihrer Fehden. Miniaturen um 1325.

CHRONISTEN

Wilhelm von Tyrus

Wurde um 1130 in Palästina geboren, studierte zwanzig Jahre lang die freien Künste, Theologie und Rechte in Frankreich und Italien. Nach seiner Rückkehr machte er schnell Karriere, wurde Kanzler des Königreichs Jerusalem und Erzbischof von Tyrus. Um 1170 begann er mit seiner Geschichte der Kreuzfahrerstaaten. Der gelehrteste aller lateinischen Chronisten der Kreuzzüge übergeht staatsmännisch einige düstere Kapitel der Staatsgründung. Wilhelm von Tyrus benutzt wie Albert von Aachen überlieferte und verschollene Quellen. Zusätzlich standen ihm Urkunden aus den Archiven des Kreuzfahrerstaates zur Verfügung. Er hat auch eine Geschichte des Morgenlandes geschrieben, die nicht überliefert ist. Seine Haltung gegenüber Muslims und ihrer Religion resultiert aus Kenntnissen und ist moderater als die seiner Kollegen.

Ibn al-Qalanisi

Wurde um 1070 geboren, war also beim Eintreffen der Kreuzfahrer schon erwachsen. Er schreibt aber nicht wie ein Augenzeuge, sondern wie ein Sammler von Nachrichten. Als Beamter in Damaskus kannte er die Archive und den diplomatischen Briefverkehr. Sein Werk wird von anderen Chronisten als Quelle benutzt.

Kamal ad-Din

Schrieb in der ersten Hälfte des 13. Jahrhunderts »Die Sahne der Geschichte Aleppos« und benutzte dabei auch verschollene Quellen.

Ibn al-Atir

Ist der bedeutendste muslimische Historiker der hier behandelten Epoche, lebte von 1160 bis 1233 und schrieb mehrere historische Werke. Zuweilen legt er die Quellen zum Vorteil der Dynastie der Zengiden aus, die den Kampf gegen die Kreuzfahrer vorantrieb.

Die arabischen Chronisten betrachten die Kreuzfahrer ebenso undifferenziert wie die Chronisten der Kreuzzüge die Muslims. (Ungläubige, Polytheisten, Abkömmlinge des Satans. Muslims werfen den Christen spöttisch vor, sie hätten eine göttliche Familie gegründet.) Respkkt zollen beide Seiten hin und wieder den kriegerischen Qualifikationen berühmter Feinde.

NIKAIA – DIE MACHT DES WORTES

Der Feldzug wird nun im Grunde von Byzanz finanziert. Die Kreuzheere erhalten in ihren kleinasiatischen Lagern weiter Zuwendungen aus der kaiserlichen Kasse und kaufen damit auf den Märkten ein. Listig bemerkt Albert von Aachen, daß auf Grund staatlicher Monopole dabei ein Teil des Geldes wieder zum Kaiser zurückfließt:

„Im ganzen Reich durfte nur der Kaiser mit Wein, Öl, Getreide und anderen Lebensmitteln handeln. Und so hatte des Kaisers Schatzkammer immer Überfluß an Geld, und keine Schenkung konnte sie leeren."

Ende April verlassen als erste die Lothringer und Rheinländer unter Gottfried von Bouillon das Lager. Das nächste Ziel ist die traditionsreiche Stadt Nikaia, die nur wenige Tagesreisen von Konstantinopel entfernt am Rand eines großen Süßwassersees liegt. In Nikaia kulminierte auf einem berühmten Konzil im Jahr 325 der Streit zwischen arianischen und orthodoxen Christen um jenes berühmte Jota, das die griechischen Bezeichnungen für »wesensgleich« und »wesensähnlich« unterscheidet. Auf diesem Konzil setzte Kaiser Konstantin das Glaubensbekenntnis durch, nach dem Gottvater und Gottessohn wesensgleich sind, konnte aber den Streit damit nicht beenden. Es ging dabei nicht nur um theologische Differenzen, sondern auch um die Besetzung von Bischofssitzen. Die Botschaft des Friedensfürsten hatte das Handeln der Parteien immer weniger bestimmt. Bei den Auseinandersetzungen war es häufig zu schweren Gewalttätigkeiten gekommen, im Namen der jeweils richtigen Auslegung der heiligen Texte. Aber es war noch ein weiter Weg, und es bedurfte noch scharfsinniger Deutungen der Botschaft, bis ein Papst zum Krieg aufrufen konnte. Aus dem Streit um das Wesen Jesu waren im Orient mehrere konkurrierende Kirchen hervorgegangen.

Nikaia war im Jahr 1078 kampflos mit einer türkischen Garnison belegt worden. Die Zivilbevölkerung bestand weiterhin aus griechischen Christen, die ihre Steuern nun an die türkische Verwaltung zahlten.

ES WIRD ERNST

Anfang Mai 1097 erreicht das Aufgebot Gottfrieds von Bouillon Nikaia. Nachdem die anderen Heeresteile und das byzantinische Kontingent eingetroffen sind, wird die Stadt eingeschlossen. Die türkische Garnison verteidigt sich erbittert, denn Nikaia ist die Hauptstadt des Seldschukensultans Kilidsch Arslan. Die Garnison in Nikaia kämpft ohne ihren Sultan. Er hatte nach seinem leichten Sieg über die Pilgerarmee die neue Bedrohung unterschätzt und führt im Osten Krieg gegen seine türkischen Rivalen. Als der Sultan von der Belagerung hört, eilt er mit seinen Truppen nach Nikaia.

DER LEGAT HEBT DIE MORAL DER TRUPPE

Die Kreuzfahrer stellen sich zur Schlacht, nachdem ihnen geistlicher Zuspruch von Seiten des päpstlichen Legaten zuteil geworden war. Albert von Aachen notiert:

„Mitten im Schrecken dieses wütenden Kampfes hielt der Bischof von Le Puy an die ins Gefecht eilenden Scharen die folgende tröstliche Ansprache:

»Du gottgeweihtes Volk. Alles hast du Gott zuliebe verlassen, Reichtümer und Äcker, Weinberge und Burgen. Und nun ist das ewige Leben dem bereitgestellt, dem es vergönnt ist, die Krone des Martertodes zu erringen. Greift ohne Verzagen die Feinde an, die Widersacher des lebendigen Gottes. Denn heute werdet ihr mit Gottes Gnade den Sieg erringen.«"

Den Wortlaut der bischöflichen Ermunterung dürfte der Chronist erfunden haben. Das Amt des Feldpredigers aber wurde tatsächlich in der Praxis der Kreuzzüge ausgeformt. Nach Albert von Aachen ist die geistige Aufrüstung der Truppe erfolgreich. Beim Sieg über die leichte Kavallerie der Türken gibt allerdings die schwere Panzerung der christlichen Streiter den Ausschlag. Albert von Aachen:

„Durch diese Worte angefeuert... fliegen sie auf raschen Pferden mit verhängten Zügeln mitten in die Feinde, durchbohren sie mit der Lanze, werfen sie von den Pferden ab und rufen immer wieder mit mannhaften Worten des Trostes und mahnender Stimme den Gefährten zu, die Feinde niederzumachen. Da wurde im Schlachtgetümmel ein gewaltiges Krachen der Lanzen und das Klirren von Schwertern auf den Helmen gehört. Das Türkenheer wurde von diesen tapferen und jungen Helden und ihren Gefährten zu einem riesigen Trümmerhaufen geschlagen. Und da das christliche Volk nach Gottes gnädigem Willen diesen Sieg errungen hatte, flohen Kilidsch Arslan und die Seinen in die Berge zurück."

Beide Seiten beklagen Tote und Verletzte. Der Sultan hinterläßt in Nikaia den Staatsschatz und seine Familie. Die nomadische Herkunft erleichtert den Entschluß zum Rückzug. Der seldschukische Staat besteht auch ohne Schatz und Städte weiter, unterwegs in den Weiten Anatoliens.

PSYCHOLOGISCHE KRIEGSFÜHRUNG

Die in Nikaia zurückbleibende türkische Garnison wird zum Objekt psychologischer Kriegsführung. Ein Augenzeuge, der Autor der Gesta Francorum, beschreibt, was mit den versprengten Türken geschah:

„Wie sie die Berge herunterkamen, wurden sie von unseren Männern enthauptet. Sie warfen die Köpfe der Erschlagenen mit Schleudern in die Stadt, um Schrecken unter der türkischen Garnison zu verbreiten."

Die Garnison ist durch ihre frühere Begegnung mit dem Pilgerheer einiges gewöhnt und bleibt standhaft. Auch die christliche Bevölkerung kann sich ausmalen, was bei einer Plünderung auf sie zukommt. Die Belagerten werden über den Nikaia-See weiter mit Nachschub versorgt. Die Türken verhandeln heimlich mit Gesandten des byzantinischen Kaisers: Ihm würden sie die Stadt übergeben. Die Belagerung zieht sich hin. Das byzantinische Kontingent verfügt über Steinschleudern, die aber gegen die byzantinischen Mauern wenig ausrichten. Albert von Aachen schildert den Einsatz einer hölzernen Ramme:

„Als nun die Türken sahen, wie die Mauern durch den ständigen Stoß des Widders erschüttert ins Wanken gerieten und wie der Turm von Haken gepackt und durchlöchert wurde, schütteten sie Fett, Öl und Pech mit Werg und brennenden Fackeln vermischt von den Mauern herunter, wodurch der hölzerne Bau des Widders und sein Flechtwerk aus Reisig in Brand gerieten und völlig in Flammen aufgingen. Andere töteten sehr viele Pilger durch Pfeil und hölzerne Bogen; wieder andere verletzten sie draußen vor den Mauern und Türmen durch Steinwürfe und bedrängten sie hart."

Raimund von Toulouse und der päpstliche Legat Adhémar lassen einen Turm untergraben, der am Abend einstürzt. Der Autor der Gesta:

„Es war schon dunkel und unsere Leute konnten nicht mehr mit den Verteidigern kämpfen. In der Nacht standen die Türken hastig auf und bauten die Mauer wieder auf, so daß sie dort unüberwindlich war."

Belagerung von Nikaia. Kreuzfahrer schleudern die Köpfe getöteter Türken in die Stadt. Miniatur 13. Jahrhundert.

desurvient si hautement en prendre leur
pruimier fet que toutes les autres genz
les en doutassent:-

DE la cite de nique sachiez que le fu
soiz le neschie de nicomede. Mes l'em
pereres costentins la fist oster del pooir a cel

SIEG OHNE BEUTE

Als im Juni 1097 eine kleine byzantinische Flotte eintrifft, ergibt sich die türkische Garnison den kaiserlichen Truppen. Alexios hatte diesen Plan von Anfang an verfolgt, um eine Brandschatzung der christlichen Bevölkerung zu verhindern. Die Byzantiner nehmen die türkischen Verteidiger gefangen und besetzen die Mauern. Als die Kreuzfahrer zum Sturmangriff ansetzen, flattern auf den Türmen die byzantinischen Standarten. Die Kreuzfahrer vor der Stadt müssen die neue Sachlage akzeptieren. Sie hatten ja geschworen, keinen byzantinischen Besitz an sich zu nehmen. Der Chronist Raimund von Aguilers beklagt die entgangene Beute, die der Kaiser versprochen habe:

„Nachdem Alexios im Besitz Nikaias war, handelte er so undankbar, daß er als Verräter geschmäht werden wird, solange er lebt."

Nach Fulcher von Chartres entschädigt der Kaiser die Fürsten durch reiche Geschenke, die niederen Ränge durch Kupfermünzen. Auch der Autor der Gesta Francorum teilt mit, der Kaiser habe reiche Almosen verteilt, beklagt sich aber über die milde Behandlung, die den Türken zuteil wird:

„Der Kaiser war gleichermaßen ein Tor und ein Knecht, ließ sie unversehrt abziehen und unter Bewachung nach Konstantinopel bringen. Dort nahm er sie in Obhut, damit diese die Kreuzfahrer weiter beleidigen und behindern konnten."

Die lateinischen Chronisten bezichtigen häufig die Griechen und ihren Kaiser des Verrats. Anna Comnena hält ihrerseits die Lateiner für habgierig und ungehobelt; sie nennt sie abschätzig »Kelten«. Die Pilger wollen wenigstens die Stadt besichtigen. Anna Comnena notiert:

„Sie verlangten vom neuen Statthalter Zutritt zur Stadt, um in den Kirchen beten zu können. Der Beamte kannte ihre Art und ließ sie nicht zusammen, sondern nur in Gruppen zu zehn die Stadt betreten."

Anna Comnena sieht in den Türken barbarische Feinde. Sie hat keinen Grund, ihnen zivilisiertes Handeln nachzusagen. Daher ist ihre Nachricht von Gewicht, daß es in Nikaia unversehrte Kirchen gab. Die lateinischen Chronisten machen keine Mitteilung über den Zustand der Kirchen. Nach den Behauptungen der Kreuzzugspropaganda hätten sie entweiht sein müssen.

AUFBRUCH ZU NEUEN SIEGEN

Eine Woche nach dem Fall Nikaias zieht das Heer weiter. Der Autor der Gesta berichtet:

„Nachdem sich die Stadt ergeben hatte, befahl der Kaiser, reichlich Almosen an die armen Pilger zu verteilen. Einen Tag, nachdem wir die Stadt verlassen hatten, kamen wir an eine Brücke. Dort blieben wir zwei Tage lang."

Die Kreuzfahrer benutzen byzantinische Straßen. Geführt werden sie von einem kaiserlichen Truppenkontingent unter dem Feldherren Tatikios. Nach Anna Comnena hat es die Aufgabe:

„...den Kreuzfahrern in allen Fällen zu helfen und sie gegen Gefahren zu schützen und die Städte in Besitz zu nehmen, die erobert werden würden, wenn Gott es gefällt."

Zwei Tage lang erholen sich die Kreuzfahrer. Der Weg, der vor ihnen liegt, ist gefährlich und mühsam. Ganze Landstriche sind nicht mehr besiedelt, und die Kreuzfahrer finden keine Märkte mehr vor. Um sich besser versorgen zu können, marschieren die Heere getrennt. Im Juni erreichen die Normannen unter Bohemund die verlassene Stadt Dorylaion (Eskisehir, Türkei). Kaum haben sie in einem Tal vor der Stadt das Lager errichtet, da greifen überlegene Kavalleriekräfte des Sultans Arslan an. Die Lage scheint hoffnungslos.

DER BEITRAG DER FRAUEN

Der Autor der Gesta Francorum beschreibt den Angriff:

„Die Türken schossen aus erstaunlicher Entfernung mit Pfeilen auf uns. Wir hatten keine Aussichten, ihnen zu widerstehen oder der Wucht des Angriffs so vieler Feinde standhalten zu können. Die Frauen im Lager waren an diesem Tag eine große Hilfe für uns, denn sie brachten unseren Kämpfern Wasser zum Trinken und ermunterten die Streiter und Verteidiger."

Allein Albert von Aachen berichtet von einem Gemetzel und ganz anders gearteten Aktivitäten der Frauen:

„Die Türken mit ihrem Fürsten Kilidsch Arslan gewinnen die Oberhand, dringen kühn in das Lager ein, kämpfen mit Pfeilen und Hornbogen und töten die Pilger zu Fuß, Mädchen, Frauen, Kinder und Greise; kein Alter verschonen sie. Durch dieses grausame Morden geraten die zarten und vornehmen Frauen in Angst und Entsetzen, sie eilen, um sich festlich zu schmücken und bieten sich den Türken an, ob diese, vielleicht in Liebe zu den edlen Frauen entflammt, sich gnädig stimmen lassen..."

DER BEITRAG DER GEISTLICHKEIT

Alle Quellen berichten von der drohenden Niederlage der Normannen. Besonders für Fulcher von Chartres entsteht an dieser Stelle ein Problem: Er hatte ja betont, daß die Unternehmung im Auftrag Gottes erfolgt sei. Ein Mißlingen war damit eigentlich ausgeschlossen. Seine Erklärung für die trotzdem erlittene Unbill wird für die Chronisten zur Standardformel bei der Erforschung christlicher Niederlagen:

„Wir waren eingepfercht wie Schafe, furchtsam und zitternd, von allen Seiten vom Feind eingeschlossen... Es war uns bewußt, daß dies wegen unserer Sünden geschah. Einige von uns waren vom Luxus beschmutzt, Geiz und andere Laster hatten andere verdorben. Ein großes Lärmen erhob sich zum Himmel, das nicht nur von unseren Männern, Frauen und Kindern kam, sondern auch von den Heiden, die über uns herfielen. Wir hatten keine Hoffnung mehr, mit dem Leben davon zu kommen. Wir bekannten, daß wir Sünder waren... und baten demütig Gott um Gnade. Der Bischof von Le Puy, unser Herr, vier weitere Bischöfe und viele Priester waren dabei, alle in Weiß gekleidet. Sie baten Gott demütig, er möge die Macht der Feinde zerstören..."

Bohemund hat, auf die Kraft der irdischen Waffen setzend, einen Boten an die anderen Abteilungen geschickt. Vor der völligen Niederlage der Normannen treffen die Lothringer und Franzosen ein. Der Autor der Gesta überliefert die Tagesparole:

„Steht fest zusammen, vertraut in Christus und den Sieg des Heiligen Kreuzes. Heute wird euch, wenn Gott es gefällt, große Beute zuteil."

Es entwickelt sich eine regelrechte Schlacht, die sich über mehrere Stunden hinzieht. Den massiven Attacken der schwer gepanzerten Ritter ist die türkische Reiterei nicht gewachsen. Auf der Flucht müssen die Türken sogar ihr Lager zurücklassen. Albert von Aachen zählt dreitausend gefallene Feinde. Der Autor der Gesta berichtet:

„Wir verfolgten sie und töteten sie den ganzen Tag, und wir machten große Beute, Gold, Silber, Pferde, Esel, Kamele, Ochsen, Schafe und viele andere Sachen, die wir nicht kannten."

Im Falle christlicher Siege berichten die Chronisten häufig von der Einmischung himmlischer Streiter. Raimund von Aguilers hat eine Vorliebe für solche Visionsberichte, die im Lager der Kreuzfahrer die Runde machten. Er notiert:

„Obwohl wir es selbst nicht gesehen haben, erzählten einige von einem bemerkenswerten Wunder. Zwei ansehnliche Ritter in blitzender Rüstung ritten unseren Soldaten voran und schienen unverwundbar gegenüber den Lanzen der Türken. Sie bedrohten die Feinde, so daß diese nicht kämpfen konnten. Wir erfuhren das von bekehrten Türken, die nun in unseren Reihen kämpfen. Wir sahen selbst auf unserem Marsch zwei Tage lang tote Reiter und Pferde."

Christlicher Ritter, der einen Türken zerteilt. Miniatur 13. Jahrhundert.

Die muslimischen Reiter waren leichter gepanzert als die Kreuzritter und ihre Schwerter waren kleiner. Dafür waren sie zusätzlich mit Pfeil und Bogen bewaffnet und schossen auch beim Reiten. Frühe persische Miniatur, im 16. Jahrhundert kopiert.

DIE WAHREN KRIEGER

Nach Auskunft der Chronisten haben in dieser Schlacht beide Seiten Respekt voreinander entwickelt. Fulcher von Chartres:

„Die Türken heulten wie Wölfe und schossen wie rasend Wolken von Pfeilen auf uns. Wir waren fassungslos. Angesichts des Todes und weil viele verwundet waren, wendeten wir uns zur Flucht. Das ist erklärlich, weil uns diese Kampfweise unbekannt war."

Der Autor der Gesta spricht voller Bewunderung vom Mut und der Kampfkraft der Türken und erinnert sich offenbar an die Legende, nach der die Franken von den Trojanern abstammen:

„Es wird gesagt, sie seien von der gleichen Herkunft wie die Franken, und nur die Franken und sie würden als Ritter geboren... Aber Gott gefällt es, daß ihre Männer nie so gut sein werden wie unsere."

Die Chronisten verwenden nun immer häufiger die Bezeichnung »Franken« für alle Kreuzfahrer. Auch die muslimischen Chronisten bezeichnen die Kreuzfahrer pauschal als »El Freng«.

اول بود یکپاره بر میمنه افتاد و یکپاره بر میسره و دیگر پاره بر قلب افتاد و این
از این بران و از آن برین می افتاد جمله هزیمت شدند هر سنگی هزار سوار بیفکند قوله تعالی
بنی اسرائیل بتعجب فرو ماندند و گفت یا قوم جالوت را

BESCHWERLICHE REISE

Kilidsch Arslan ist nach der zweiten Begegnung mit den christlichen Panzerreitern entmutigt und zieht sich ins Hinterland zurück. Nach zwei Tagen Rast bricht das Kreuzheer wieder auf. Das Frohlocken über den Sieg der christlichen Waffen und die Beute im Lager der Türken hält nicht lange an. Der Autor der Gesta beschreibt den Weitermarsch durch gebirgiges Gelände:

„Wir verfolgten die Türken durch ein Gebiet, das wüst, wasserlos und unbewohnbar war. Wir kamen knapp mit dem Leben davon, denn wir litten sehr unter Hunger und Durst...wir verloren fast alle Pferde, so daß viele Ritter als Fußsoldaten weiterziehen mußten..."

Nun wird endgültig klar, daß die Kreuzfahrt auch für ritterliche Herren und die sie begleitenden Damen alles andere als ein galantes Abenteuer ist. Albert von Aachen:

„Während eines Samstages war der Mangel an Wasser sehr groß geworden... weshalb, wie Augenzeugen erzählen, ungefähr fünfhundert Pilger beiderlei Geschlechts ihre Seele aushauchten, erdrückt von der Angst des Verdurstens... Es gab viele schwangere Frauen, denen die Kehle heiß war... In der Sonnenglut und Hitze der ausgebrannten Landschaft trockneten ihnen alle Adern ihres Leibes aus. Jetzt gebaren sie auf freiem Feld vor aller Leute Augen und ließen die Leibesfrucht am Boden liegen. Andere der Armen wälzten sich neben den Neugeborenen mitten auf der Straße und entblößten in ihrer schlimmen Not des Durstes schamvergessen ihre geheimen Körperteile."

Doch schließlich erblickten sie die fruchtbare Hochebene im Inneren Anatoliens. Der Autor der Gesta:

„Wir kamen endlich in ein fruchtbares Land, gefüllt mit wohlschmeckenden Speisen und vielen Vorräten."

Bald stellen sich wieder Hunger und Durst ein. Das byzantinische Reich hatte die Straßenbrunnen unterhalten, doch nun waren viele Brunnenlöcher eingestürzt oder durch Tierkadaver verseucht. Es war angewandt worden, was später die Taktik der verbrannten Erde genannt wurde. Der Autor der Gesta registriert die Beraubung christlicher Gotteshäuser, die für die Prediger des Kreuzzuges eigentlich längst in Schutt und Asche lagen:

„Die Türken...raubten in den Städten die Kirchen und Häuser aus, nahmen Pferde, Esel, Maultiere, Gold und Silber mit und was sie noch fanden. Sie raubten auch kleine Kinder und verbrannten und zerstörten alles, was für uns nützlich und hilfreich gewesen wäre, als sie sich bei unserer Annäherung in großem Schrecken zur Flucht wandten. Wir kamen nur knapp mit dem Leben davon, denn wir litten an Hunger und Durst..."

Fulcher von Chartres:

„Es war zum Lachen oder auch zum Weinen, weil viele ihre Lasttiere verloren hatten... Sie beluden Schafe, Geißen, Schweine und Hunde mit ihrer Habe. Wir sahen, wie sich die Rücken der kleinen Tiere durchbogen. Zuweilen benutzten gewappnete Ritter Ochsen als Reittiere..."

Erst als sie im August 1097 in Ikonion (Konya, Türkei) ankommen, verbessert sich die Lage der Kreuzfahrer. Die Umgebung der Stadt ist reich an Quellen. Über die Stadt selbst wird von den Chronisten nichts gesagt – vermutlich hatten die Türken sie aufgegeben. Ikonion sollte nie mehr dauerhaft von Christen zurückerobert werden. Nach dem Durchzug der Kreuzfahrer wird es wieder von den Türken besetzt. Mitte August beginnt der Weitermarsch. Der Autor der Gesta:

„Die Hauptarmee, die von Raimund, dem hervorragenden Bohemund, Gottfried und anderen geführt wurde, kam nun auf armenisches Gebiet. Sie dursteten und fieberten nach dem Blut der Türken."

Der christliche Tatendrang trifft momentan keine geeigneten Objekte mehr an. Die Türken haben einsichtig den organisierten Widerstand eingestellt. Im September marschiert das Kreuzheer in Armenien ein. Die türkische Garnison in der Stadt Kaisareia zieht sich geordnet zurück. Die armenischen Christen sehen in den Kreuzfahrern ihre Befreier, öffnen die Tore und versorgen sie.

DIE MEHRUNG DES REICHTUMS UND DAS SCHWINDEN DER EINTRACHT

Bisher haben die Kreuzfahrer die eroberten Städte an den byzantinischen General zurückgegeben. In Heraklea verläßt nun ein Trupp unter Gottfrieds Bruder Balduin das Heer, um Eroberungen zu machen. Ein normannisches Aufgebot unter Tankred will nicht zurückstehen und zieht gleichfalls los. Ihre Ziele sind die reichen Städte im Süden. Die Normannen haben die Nase vorn und können die Stadt Tarsus an sich bringen. Tankred wird von den christlichen Bewohnern zum Regenten erhoben. Da taucht Balduin mit überlegenen Kräften auf, zwingt Tankred zum Abzug und nimmt die Stadt selbst in Besitz. Als kurz darauf eine normannische Nachhut erscheint, läßt Balduin die Stadttore schließen. In der Nacht machen die Türken dreihundert Normannen vor der Stadt nieder. Balduin wird für ihren Tod verantwortlich gemacht. Er bleibt in Tarsus, der enteignete Tankred zieht weiter nach Adana. Als er mit seinen Normannen dort eintrifft, streiten sich gerade armenische und türkische Truppen um die Stadt. Auch Kreuzfahrer mischen schon mit: Ein burgundischer Adliger namens Welf hat die Zitadelle besetzt. Als Tankred auftaucht, ziehen die Türken ab. Welf nimmt die Stadt in Besitz, und Tankred hat erneut das Nachsehen.

Tankred zieht weiter nach Mamistra (Misis, Türkei). Balduin, der auch schon wieder unterwegs ist, trifft kurz darauf ebenfalls dort ein. Tankred legt sich mit dem Aufgebot Balduins an, um die toten Normannen von Tarsus zu rächen. Es entwickelt sich ein blutiges Gefecht, in dem Balduins Mannen die Oberhand behalten. Die Gefolgschaft ist auf beiden Seiten über den innerchristlichen Krieg aufgebracht und zwingt die Kontrahenten, sich zu versöhnen, und zum Hauptheer zurückzukehren. In den Zitadellen mehrerer Städte bleiben Besatzungen zurück.

Die Inbesitznahme vormals byzantinischer Städte verstößt eindeutig gegen die eidlichen Versicherungen gegenüber Kaiser Alexios. Den Weitermarsch des Hauptheeres beschreibt der Autor der Gesta:

„Wir überquerten ein verwünschtes Gebirge. Es war so hoch, daß auf dem engen Pfad niemand wagte, den anderen zu überholen. Die Pferde stürzten in den Abgrund und ein Lasttier zog das andere mit hinab. Die Ritter standen traurig herum, wrangen voller Kummer und Schmerz ihre Hände und wußten nichts mit sich und ihrer Rüstung anzufangen. Sie boten ihre Schilde und wertvollen Brustpanzer für ein paar Denare (Silberstücke) oder jedes Angebot zum Kauf an. Wer keinen Käufer fand, warf seine Waffen weg und ging zu Fuß weiter."

BALDUIN WIRD SESSHAFT

Im Oktober lagert das Kreuzheer vor der Stadt Marasch. Die Armenier liefern Futter und Lebensmittel. Von hier aus bricht Balduin mit ein paar hundert Rittern nach Osten auf. Anfang Februar kommt Balduin mit nur acht Rittern in Edessa (Urfa, Türkei) an. Die anderen waren als Besatzung in den unterwegs eroberten Burgen zurückgeblieben. Edessa befindet sich in der Hand armenischer Christen. Thoros, der Herr der Stadt, ist formal ein byzantinischer Beamter, handelt aber längst eigenmächtig. Balduin wird begeistert empfangen. Thoros nimmt ihn an Sohnes statt an und setzt ihn als Mitregenten ein. Balduin ist ein gemachter Mann.

Die armenischen Christen hatten ihre eigene Kirche. Die byzantinischen Statthalter und den orthodoxen Klerus hatten sie als fremde Herren empfunden. Im März erheben sich die Armenier gegen Thoros und bringen ihn um. Ob Balduin an dem Aufstand beteiligt war, ist unsicher. Er ist jedenfalls der Nutznießer und ernennt sich zum Grafen von Edessa. Der erste lateinische Kreuzfahrerstaat auf byzantinischem Territorium ist gegründet. Die lateinischen Ritter lassen Burgen ausbauen und schützen die Armenier gegen türkische Angriffe. Sehr schnell übernehmen sie aber auch die Verwaltung und werden Landbesitzer. Nun treiben nicht mehr byzantinische Beamte die Steuern ein, sondern lateinische Feudalherren. Ein erneuter Aufstand der Armenier wird blutig niedergeschlagen. Armenische Quellen beklagen die Härte und Habgier der neuen Machthaber.

UNAUFHALTSAMER VORMARSCH

Das Hauptheer zieht von Marasch nach Süden und überschreitet die Grenze zur türkischen Regentschaft von Antiochia (Antakya, Türkei). Ein Trupp unter Robert von Flandern macht einen Abstecher nach Artha und wird von den christlichen Bewohnern freundlich empfangen: Sie hatten angesichts der neuen Lage gerade die türkische Garnison niedergemetzelt. Ähnlich ergeht es den türkischen Besatzungen in anderen christlichen Städten. Im Oktober erreicht die Spitze des Kreuzheeres den Orontes kurz vor Antiochia. Der Übergang ist befestigt und wird von einer türkischen Garnison verteidigt. Albert von Aachen berichet:

„So kam es ... zum schweren Kampf, in dem die einen über die Brücke vordringen wollten, die anderen aber den Übergang verwehrten... Menschen und Pferde werden auf beiden Seiten in großer Zahl getroffen."

Auch der Versuch, den Fluß zu durchschwimmen, scheitert. Als der Mut der Streiter zu sinken droht, ergreift nach Albert von Aachen der päpstliche Legat wieder das Wort:

„Erhebt euch gegen diese bissigen Hunde. Denn seht, heute wird Gott für euch kämpfen."

Albert beschreibt die Wirkung der Feldpredigt:

„Sie bildeten aus den Schilden ein Schutzdach... und dringen gegen die Brücke vor. Mit Lanzen stoßen sie die Feinde von der Brücke. Andere durchschwimmen mit ihren Pferden den Fluß... Siegreich kehren die Christen von der Verfolgung und vom blutigen Morden der Feinde zurück."

Der Autor der Gesta:

„Die Barbaren flohen in Panik und ließen viele Tote zurück. Und unsere Männer, die sie durch Gottes Gnade besiegten, machten große Beute, Pferde, Kamele, Esel und Maultiere, beladen mit Korn und Wein."

DIE NEUE VERSUCHUNG: ANTIOCHIA

Mitte Oktober sehen die Kreuzfahrer Antiochia, das einmal im römischen Reich die drittgrößte Stadt gewesen war. Der Apostel Petrus hatte hier das erste Bistum der Christenheit gegründet. Die Stadt hatte bessere Tage gesehen, aber sie konnte noch immer Begehrlichkeit erwecken. Die Paläste, Kirchen, Märkte und Häuser zwischen den Mauern erstreckten sich über mehrere Quadratkilometer. Die Türken hatten wenige Jahre vorher kampflos die byzantinische Herrschaft abgelöst. Der arabische Chronist Ibn al-Atir berichtet aus dem Jahr 1085:

„Die Bewohner von Antiochia hatten an Suleiman (Sultan von Ikonion) geschrieben... und ihm die Übergabe der Stadt angeboten. Suleiman kam in die Stadt und nahm sie in Besitz, tötete einen großen Teil der Bevölkerung und brachte eine große Geldsumme an sich."

Die byzantinische Chronistin Anna Comnena macht dagegen keine Mitteilung über ein Blutbad. Als die Kreuzfahrer eintreffen, leben noch viele Christen in der Stadt. Die Muslims in Antiochia sind überwiegend Soldaten und Flüchtlinge. Der Chronist Ibn al-Atir teilt mit, die christlichen Männer hätten die Stadt verlassen müssen, als sich das Kreuzheer der Stadt näherte. Der Autor der Gesta legt diesen Sachverhalt so aus:

„Die Armenier und Syrier, die in der Stadt lebten, kamen heraus und gaben vor, auf der Flucht zu sein. Sie waren täglich in unserem Lager, aber ihre Frauen und Kinder waren in der Stadt. Diese Männer horchten uns aus und meldeten den Belagerten alles, was wir erzählten."

Der Autor der Gesta teilt an anderer Stelle mit, christliche Männer seien von den Türken gezwungen worden, bei der Verteidigung Antiochias mitzuwirken.

Die römisch-byzantinischen Mauern Antiochias wurden von vierhundert Türmen gesichert und galten als unüberwindlich. Die wenigen vorhandenen Reste sind noch heute beeindruckend. Die Kreuzfahrer finden eine erbittert kämpfende türkische Garnison vor, die über große Lebensmittelvorräte verfügt.

IM GLAUBEN NICHT GEEINT

Die türkischen Machthaber sehen sich nicht als Verteidiger des Islam, sondern ihrer Besitztümer, die ja auch in erster Linie bedroht sind. Der Regent von Antiochia, Yaghi-Siyan, hatte seine muslimischen Nachbarn um Beistand ersucht. Da er kurz vorher gegen seinen Oberherrn, Ridwan von Aleppo (Syrien) rebelliert hatte, konnte er von dort keine Hilfe erwarten. Die Herren von Damaskus (Syrien), Homs (Syrien) und Mosul (Irak) waren zur Unterstützung bereit, sahen sich aber zur Vorsicht genötigt: Die rivalisierenden Sultane und Atabegs (Statthalter) könnten einen Feldzug zur Durchsetzung eigener Interessen nutzen. Duqaq von Damaskus hatte kurz vorher vergeblich die Stadt Aleppo belagert. Kerbogha von Mosul zeigt ein lebhaftes Interesse an Aleppo und Antiochia. Aber die türkischen Regenten müssen Kosten und Nutzen abwägen. Die türkischen Soldaten waren Berufskrieger und wurden von ihrem Auftraggeber entlohnt. Ein Feldzug war also kostspielig. Da die Umstände unsicher sind, ist kein Regent bereit, sofort Beistand zu leisten.

Die Grenzwacht oder der Kampf gegen Ungläubige gilt im Islam als religiös verdienstvoll. Aber ohne irdische Entlohnung konnte kein muslimischer Herrscher ein Heer aufstellen und unterhalten. Gelegentlich schlossen sich den Truppen fromme Muslims als Kriegsfreiwillige an, die aus Sorge um ihr Seelenheil zur Waffe griffen. Der heilige Kampf, der Dschihad, ist eine private Angelegenheit und kann nicht von einer Institution ausgerufen werden. Dschihad ist das ständige Ringen um ein gottgefälliges Leben, das auch mit der Waffe erfolgen kann. Wenn Geistliche oder Machthaber zum Dschihad gegen Ungläubige auffordern, ist das nur eine Erinnerung an eine ohnehin bestehende Pflicht. An diese Pflicht dürfte Yaghi-Siyan bei seinen muslimischen Nachbarn appelliert haben. Ibn al-Qalanisi:

„Yaghi-Siyan schickte seinen Sohn zu al-Malik Duqaq in Damaskus... und in andere Städte und Distrikte, und bat um Hilfe und Unterstützung und forderte sie auf, zum Dschihad herbeizueilen, während er Antiochia befestigte und die Christen aus der Stadt wies."

Die Aufforderung zum Dschihad hat die übliche Wirkung moralischer Appelle in der Politik. So sieht sich Yaghi-Siyan unversehens allein als Vorposten des Islams.

DIE BELAGERUNG ZIEHT SICH HIN

Der Herr über Antiochia verfügt über kriegserprobte Truppen und genügend Kriegsmaterial. Es entwickelt sich ein Belagerungskrieg. Bei zahlreichen Ausfällen der türkischen Garnison erleiden beide Seiten Verluste. Raimund von Aguilers beschreibt das Schicksal fliehender Kreuzfahrer:

„Die Türken jagten sie schnell und gnadenlos, metzelten die Lebenden nieder und beraubten die Toten. Unsere Männer waren so ehrlos, ihre Waffen wegzuwerfen und ohne Scham wegzurennen... So zwang Gott ehebrechende und plündernde Pilger zur Reue..."

Der Rat der Anführer beauftragt Tankred solche Ausfälle zu verhindern und zahlt ihm dafür einen Monatslohn von vierzig Mark. Nach Albert von Aachen läßt im christlichen Lager nun die Wachsamkeit nach:

„Manche vertrieben sich die Zeit mit Würfelspiel. Da geschah es eines Tages, daß Adalbero, Kleriker und Archidiakon von Metz... sich mit einer Frau von vornehmster Abstammung und großer Schönheit in einem mit Obstbäumen und Kräutern bepflanzten Garten ergötzte. Als die beiden ins Würfelspiel vertieft waren, schlichen die Türken heimlich aus dem Tor... und überfallen plötzlich den Archidiakon, wie er mit jener Dame spielt. Dem Archidiakon schneiden sie den Kopf ab... Die Dame ergreifen sie lebendig und unverwundet, schleppen sie in die Stadt und quälen sie schonungslos und unmenschlich in ihrer maßlosen Wollust in ehebrecherischem Umgang. Und schließlich führen sie die Geschändete und verbrecherisch von so vielen schamlos Mißhandelte auf die Mauer und enthaupten sie dort. Danach legten sie ihren Kopf mit dem des Archidiakons auf eine ihrer kleinen Wurfmaschinen und schleudern beide Köpfe über die Mauern mitten in die Felder hinein... So kam es Tag für Tag am Morgen, Mittag und Abend zu blutigen Zusammenstößen, Überfällen und Angriffen, und täglich hörte man im Lager Klagen und Weinen über die Erschlagenen... Bei dieser beständigen Kurzweil des Krieges und in heftigen Angriffen verging eine längere Zeit. Da begannen allmählich beim Volk Gottes die Lebensmittel knapper zu werden, denn die Städte und Landstriche der Umgebung waren durch den Verbrauch eines so großen Heeres völlig erschöpft. So wurde der Hunger täglich größer und viele Pilger starben, vor allem aus dem niederen Volk."

Ein Truppenkontingent unter Robert von Flandern und Bohemund unternimmt einen Feldzug, um die Versorgungslage zu verbessern. Bei Albara (Syrien) werden die Kreuzfahrer Ende Dezember 1097 von einer türkischen Armee angegriffen. Duqaq von Damaskus hatte sich nun entschlossen, den Verlust der Stadt Antiochia zu verhindern. Die zufällige Begegnung beider Heere endet beinahe mit einer Niederlage der Christen. Im letzten Moment kann Bohemund mit seinen Reserven die Vernichtung des Hauptkorps verhindern. Die Verluste sind auf beiden Seiten hoch. Duqaq bricht den Feldzug ab, und die Kreuzfahrer kehren ohne Beute nach Antiochia zurück.

MASSNAHMEN ZUR EINDÄMMUNG DES UNKEUSCHEN LEBENSWANDELS

Albert von Aachen erklärt, warum das gottgewollte Unternehmen sich erneut in mißlicher Lage befindet.

„Da überdachten die christlichen Fürsten die Niederlage Bohemunds und die Vernichtung seiner Leute, die Pest des Hungers und die Plage der Sterblichkeit im Volke und alle sagten, dies geschehe wegen der Menge ihrer Sünden. Daher hielten sie Rat mit den Bischöfen und dem Klerus und bestimmten, daß alle Ungerechtigkeit und Sünde im Heer ausgetilgt werden müsse, daß niemand in Gewicht und Maß, im Wechseln von Gold und Silber noch bei einem Tausch oder Geschäft seinen christlichen Bruder betrügen dürfe, und daß niemand einen Diebstahl wagen, und keiner sich durch Unzucht oder Ehebruch beflecken dürfe. Wer aber dieses Gebot übertrete und dabei ertappt werde, den sollen die grausamsten Strafen treffen. So solle das Volk Gottes von Schmutz und Sünde gereinigt werden. Sehr viele aber vergingen sich gegen diese Bestimmungen und wurden streng von den bestellten Richtern bestraft. Die einen wurden in Fesseln gelegt, die anderen mit Ruten geschlagen, andere geschoren und gebrandmarkt, zur Besserung des ganzen Heeres. Darunter wurden auch ein Mann und eine Frau beim Ehebruch ertappt. Man zog sie vor dem ganzen Heer nackt aus und band ihnen die Hände auf den Rücken. Sie wurden von Geißlern mit Ruten blutig gepeitscht und so ums ganze Lager herumgetrieben, damit jeder ihre grausamen Qualen sehe und sich so von sündigem Verbrechen abschrecken lasse."

Fulcher von Chartres analysiert die Zustände im Lager ähnlich:

„Wir glaubten, das Unglück sei wegen der Sünden über die Franken gekommen, und daß sie daher die Stadt so lange nicht einnehmen konnten. Luxus, Geiz, Stolz und Raub hatte sie wahrlich verunreinigt. Die Franken berieten sich und vertrieben die Frauen aus dem Heerlager, sowohl die verheirateten als auch die unverheirateten, damit sie nicht beschmutzt und verkommen durch ihr zügelloses Leben dem Herrn mißfallen. Diese Frauen suchten Schutz in benachbarten Städten."

Im Lager vor Antiochia. Geistliche beim Gebet. Frauen werden aus dem Lager entfernt, Bohemund läßt zur Abschreckung gefangene Spione foltern. Miniatur um 1490.

KLAGEN ÜBER DAS WESEN DES MARKTES

Die Maßnahmen zur Eindämmung von Diebstahl, Betrug und Fleischeslust führten zu keiner Verbesserung der Lage. Der Autor der Gesta:

„Die Last eines Esels kostete einhundertzwanzig Denare. Viele unserer Leute starben, weil sie keine Mittel hatten, um so hohe Preise zu bezahlen."

Albert von Aachen:

„Im Volk wurde die Hungersnot größer und schlimmer, und es begann im niederen Volk ein ganz unglaubliches Sterben, welches das Heer immer mehr schwächte. Das war kein Wunder, denn ein kleines Stückchen Brot, das man früher für einen Denar nach der Währung von Lucca kaufen konnte, kostete jetzt den Notleidenden zwei Solidi (Goldstücke)."

Dafür konnte man kurz vorher noch ein fünftel Rind kaufen. Der Markt war wenig brüderlich und barmherzig. Der päpstliche Legat Adhémar von Le Puy ordnet ein dreitägiges Fasten an, was aber angesichts der Versorgungslage kein großes Opfer bedeutet. Gelegentlich treffen Schiffe von der byzantinischen Insel Zypern im nahegelegen Hafen St. Simeon ein. Die Lebensmittel, die sie mitbringen, reichen zur Versorgung des Heeres nicht aus. Raimund von Aguilers:

„Die Hungersnot trieb die Preise in die Höhe. Zwei Solidi reichten nicht aus, um die Tagesration Brot für eine Person zu kaufen. Die Armen wie die Reichen, die ihre Habe retten wollten, verließen die Belagerung... Bohemund drohte, abzureisen... er sagte, daß er nur über begrenzte Mittel verfüge, sein persönlicher Besitz reiche für eine sich hinziehende Belagerung nicht aus. Später erfuhren wir, daß er diese Bemerkungen machte, weil der Ehrgeiz ihn antrieb, Antiochia zu begehren."

DIE KONSTRUKTION EINES VERRATS

Ende Februar verläßt Tatikios, der Anführer des byzantinischen Kontingents, das Lager der Kreuzfahrer. Nach Anna Comnena hat Bohemund den Bevollmächtigten des Kaisers Alexios geradezu vertrieben. Bohemund soll zu Tatikios gesagt haben:

„Ich will dir ein Geheimnis verraten, weil ich mich um dich sorge... den Grafen ist zu Ohren gekommen, daß der Sultan seine Leute... auf Bitten des Kaisers gegen uns entsandt hat. Die Grafen glauben diese Geschichte und verschwören sich, um dich zu töten."

Anna Comnena nennt als weiteren Grund für die Abreise des Byzantiners, er habe sich um den Nachschub für das Belagerungsheer kümmern wollen. Der Autor der Gesta hält diese Begründung für eine Lüge:

„Unterdessen hörte unser Feind Tatikios, eine türkische Armee habe uns angegriffen und gab zu, er habe Angst... So erzählte er uns allerlei Lügen und sagte:

»Meine Herren und ehrenwerte Ritter, sie sehen, wir sind in großer Not und von keiner Seite erreichen uns Verstärkungen. Lassen sie mich nach Hause zurückkehren. Ich sichere ihnen zu, sofort Schiffe zu schicken, beladen mit Getreide, Gerste, Fleisch, Mehl, Käse und alle Güter, welche wir benötigen... Ich schwöre, alles getreu zu besorgen...« Er hinterließ seine ganze Habe im Lager. Aber er ist ein Lügner, und er wird es immer bleiben."

Auch Raimund von Aguilers nennt Tatikios einen Lügner. Obwohl nach der Abreise des Byzantiners Versorgungsschiffe aus Zypern eintreffen, bezichtigen die lateinischen Chronisten Tatikios und Kaiser Alexios des Verrats. Dieser Vorwurf erfolgt offensichtlich im Hinblick auf die bevorstehende Einnahme von Antiochia. Der Chronist Raimund sieht diesen Zusammenhang:

„Alle Fürsten, mit Ausnahme des Grafen (Raimund von Toulouse) boten Bohemund Antiochia an, falls es erobert werden sollte."

Dieser Beschluß wurde erst durch die Abreise des Bevollmächtigten möglich. Wäre er geblieben, hätte er die eroberte Stadt für Byzanz übernommen. Von nun an wird mit der These vom Verrat die Besitznahme byzantinischer Territorien gerechtfertigt.

DIE RITTER CHRISTI AUF ESELN

Inzwischen hat sich Yaghi-Siyan wieder seinem Oberherrn, Ridwan von Aleppo, unterstellt. Der Regent zieht mit einem Heer nach Antiochia, um die Belagerer zu vertreiben. Im Zelt des päpstlichen Legaten beraten die Anführer Gegenmaßnahmen und beschließen einen Überraschungsangriff auf das türkische Entsatzheer. Bei der Heerschau werden aber nur noch siebenhundert Berittene gezählt. Während der monatelangen Belagerung waren viele Pferde den türkischen Pfeilen erlegen, an Futtermangel gestorben oder im Fleischtopf gelandet. Albert von Aachen:

„Die meisten Ritter hatten keine Pferde mehr und die wenigsten Pferde taugten zum Kampf. Daher ritten manche auf Zugtieren, andere auf Eseln und Maultieren, wie es die Not verlangte."

Der Legat Adhémar von Le Puy hält die Feldpredigt. Er ermahnt die Streiter, wegen ihrer Liebe zu Christus in den Tod zu gehen. Raimund von Aguilers beschreibt die Moral der Truppe:

„... die Ritter sangen so fröhlich Kriegslieder, als würden sie in der bevorstehenden Schlacht ein Spiel sehen."

Erneut sind die türkischen Reiter dem ungestümen Angriff der Kreuzfahrer nicht gewachsen und wenden sich zur Flucht. Der Autor der Gesta:

„Unsere Männer verfolgten sie bis an die Brücke über den Orontes und machten sie nieder... So wurden an diesem Tag durch den Willen Gottes unsere Feinde besiegt. Wir erbeuteten viele Pferde und andere Dinge, die wir so dringend brauchten."

Raimund von Aguilers ergänzt:

„Wir brachten die Köpfe der Erschlagenen mit in das Lager und steckten sie auf Pfähle, als grausigen Hinweis auf das Schicksal der türkischen Verbündeten und den Jammer, den die Belagerten erleiden würden."

DIPLOMATISCHES ZWISCHENSPIEL

Inzwischen war im Lager der Kreuzfahrer eine ägyptische Delegation eingetroffen. Nach Albert von Aachen hat sie nicht nur verhandelt:

„An dieser Schlacht nahmen auch die Gesandten des Königs von Babylon (Kairo) teil. Auch sie brachten an ihren Sätteln abgeschnittene Türkenköpfe mit ins Lager."

Der ägyptische Wesir al-Afdal und Kaiser Alexios unterhalten gute Beziehungen, da sie beide von türkischen Dynastien bedroht werden. Der Wesir nimmt an, die Kreuzfahrer stünden im Dienst von Byzanz und bietet ihnen einen Pakt gegen die Türken an. Albert von Aachen zitiert die Botschaft des Wesirs:

„Der König von Babylon hat sich über eure Ankunft und über eure bisherigen Erfolge gefreut... die Türken, ein fremdes Volk und mir und meinem Reich feindlich, sind häufig in mein Land eingefallen und haben mir die Stadt Jerusalem weggenommen, die meiner Herrschaft untersteht. Jetzt habe ich sie vor eurer Ankunft mit eigenen Kräften zurückgewonnen und die Türken hinausgeworfen. Bündnis und Freundschaft will ich mit euch schließen. Dem Christenvolk will ich die Heilige Stadt, den Turm Davids und den Zionsberg zurückgeben."

Über die Reaktion der christlichen Anführer gibt Albert keine Auskunft. Die Gesandten bleiben mehrere Wochen vor Antiochia. Laut Raimund werden sie bei ihrer Rückkehr von einer Delegation der Kreuzfahrer begleitet, die einen Freundschaftsvertrag mit Ägypten aushandeln soll.

ERBITTERTE KÄMPFE

In St. Simeon landet im März 1098 eine englische Flotte, die in Zypern Belagerungsmaschinen zugeladen hatte. Raimund von Toulouse und Bohemund eilen mit ihren Gefolgsleuten in die Hafenstadt, weil jeder einen möglichst großen Anteil des Kriegsgeräts an sich bringen will. Die Belagerten nutzen die Aufspaltung der christlichen Streitkräfte: Eine Abteilung greift die Transporttrupps an, eine zweite das Lager der Kreuzfahrer. Die Türken gewinnen an beiden Fronten die Oberhand. Erst im letzten Moment können die Kreuzfahrer ihre Kräfte vereinen und die Türken zum Rückzug in die Stadt zwingen. So kann der Autor der Gesta wieder einen Sieg melden:

„Wer nicht lebend über die Brücke kam..., erlitt den ewigen Tod bei dem Teufel und seinen Engeln... das Wasser des Flusses schien rot zu zu strömen vom Blut der Türken. Der Lärm und die Schreie unserer Männer und der Feinde hallte vom Himmel wider. Der Schauer der Geschosse und Pfeile bedeckte den Himmel und verbarg das Tageslicht. Die Christinnen in der Stadt kamen an die Fenster und auf die Mauern und als sie das erbärmliche Schicksal der Türken sahen, klatschten sie heimlich Beifall... Zwölf Emire der türkischen Armee erlitten den Tod an Leib und Seele, zusammen mit fünfzehnhundert ihrer tapfersten und entschlossensten Soldaten... So wurden unsere Feinde durch die Macht Gottes und des Heiligen Grabes geschlagen... Am nächsten Tag kamen die Türken aus der Stadt, sammelten die stinkenden Leichen... und begruben sie bei der Moschee hinter der Brücke... zusammen mit Kleidern, Goldstücken, Pfeilen und Bogen. Als unsere Leute bemerkten, daß die Türken ihre Toten begraben hatten, eilten sie zu dieser Kapelle des Teufels, zerrten die Toten heraus und zerstörten die Gräber. Sie warfen die Kadaver in einen Graben und brachten die Köpfe zu unseren Zelten, so daß sie die Anzahl genau zählen konnten... Als die Türken das sahen, waren sie sehr traurig und zu Tode bekümmert, sie jammerten den ganzen Tag und heulten und weinten nur noch. Am dritten Tag kamen wir zufrieden zusammen... und bauten eine Festung aus den Grabsteinen der Türken. Als die Festung fertig war, bedrängten wir von allen Seiten den Feind, dessen Stolz gebrochen war. In Sicherheit konnten wir nun gehen, wohin wir wollten, zu dem Tor und in die Berge, unseren Herrn Gott lobend und preisend, dem Ehre und Ruhm gebührt bis an das Ende der Zeiten. Amen."

Die Eroberung Antiochias rückt in greifbare Nähe. Bohemund ruft die Anführer zusammen, um die Besitzfrage zu regeln. Der Autor der Gesta berichtet über die Versammlung:

„Bohemund sagte...: »Wenn einer von uns... die Stadt erobert oder durch andere Mittel zum Fall bringt, durch sich oder andere, stimmen wir überein, sie ihm zu übergeben.« Die anderen Anführer lehnten ab und sagten: »Diese Stadt soll keinem verliehen werden, sondern wir wollen sie teilen, so wie wir die Mühen teilen...« Als Bohemund das hörte, sah er wenig erfreut aus und ging sofort weg."

SPÄTE ALLIANZ

Die Belagerten sind nun von jedem Nachschub abgeschnitten, die Versorgung der Belagerer verbessert sich. Wenn keine Hilfe von außen kommt, muß die Garnison in absehbarer Zeit kapitulieren. Und Hilfe naht tatsächlich. Der muslimische Chronist Ibn al-Atir:

„Kerbogha (von Mosul) sammelte Truppen und zog nach Syrien. Mit ihm vereinigten sich die Streitkräfte Syriens, Türken und Araber. Nur Aleppo war nicht dabei... Als die Franken das hörten, befiel sie Furcht."

Das vereinigte Aufgebot unter Kerbogha erreicht Ende Mai Edessa, den ersten Kreuzfahrerstaat. Statt so schnell wie möglich nach Antiochia zu marschieren, läßt Kerbogha Edessa belagern. Balduin und seine Ritter können die Stadt halten. Der Weitermarsch der Muslims verzögert sich um drei Wochen.

BOHEMUND IN DER ZWICKMÜHLE

Kaiser Alexios ist ebenfalls mit einem Heer nach Antiochia unterwegs. Bohemund befindet sich in einem Dilemma: Kommt das byzantinische Heer vor Kerbogha an, wird sich Yaghi-Siyan dem Kaiser ergeben, und die Stadt fällt zurück an Byzanz. Kommt Kerbogha vor dem Kaiser an, und befindet sich Antiochia dann noch in türkischer Hand, geraten die Kreuzfahrer zwischen zwei Fronten. Vier Aufgaben müssen aus seiner Sicht in der richtigen Reihenfolge gelöst werden:

Er muß die Besitzfrage in seinem Sinn regeln. Er muß einen entscheidenden Beitrag zur Eroberung der Stadt leisten. Kerboghas Allianz muß besiegt werden. Und schließlich muß Kaiser Alexios am Weitermarsch auf Antiochia gehindert werden.

Die Mehrheit der Kreuzfahrer dürfte die Ränkespiele ihrer Oberen kaum durchschaut haben und hätte die Byzantiner sicher freudig begrüßt. Die Stimmung im Lager der Christen ist nämlich alles andere als rosig. Die türkische Garnison in Antiochia leistet weiter Widerstand und das türkische Entsatzheer kann jeden Tag eintreffen. Viele Kreuzfahrer halten die Situation für aussichtslos und begeben sich auf den Heimweg.

ABSETZBEWEGUNG MIT FOLGEN

Auch Stephan von Blois und einige andere Vertreter des Hochadels kehren der Unternehmung den Rücken. Unterwegs lösen sie Bohemunds viertes Problem – ob bewußt oder nicht, ist unbekannt. Die Fahnenflüchtigen treffen nämlich Mitte Juni in Philomelium (in der Nähe von Konya, Türkei) mit Kaiser Alexios zusammen. Der Autor der Gesta:

„Als er (Stephan) den Kaiser bei Philomelium traf, bat er ihn um eine Unterredung und sagte: »Ich sage dir wahrlich, Antiochia ist genommen, aber die Zitadelle ist nicht gefallen, und unsere Männer sind eng eingeschlossen. Ich glaube, sie sind jetzt schon von den Türken getötet worden. Mache dich daher so schnell wie möglich auf den Rückweg...»"

Die byzantinische Chronistin Anna Comnena bestätigt das Eintreffen der Flüchtlinge im Lager des Kaisers:

„Sie versicherten ihm (dem Kaiser), daß die Kelten sich in größter Not befänden. Sie bestätigten eidlich, daß der Zusammenbruch vollständig wäre."

Nach Anna befiehlt der Kaiser den Rückzug, nachdem ihm der Aufmarsch weiterer türkischer Streitkräfte gemeldet worden war.

BOHEMUND LÖST EIN WEITERES PROBLEM...

Der Autor der Gesta berichtet von der nächsten Versammlung der Anführer:

„Kurz darauf erreichte uns die Nachricht von der anrückenden Armee... Die Anführer kamen zusammen und hielten Rat und sagten: »Wenn Bohemund diese Stadt einnehmen kann, durch sich oder andere, werden wir sie freudig übergeben. Wenn der Kaiser uns zu Hilfe kommt und seinen Verpflichtungen nachkommt, die er versprochen und beeidigt hat, werden wir ihm die Stadt zurückgeben, wie es rechtens ist. Andernfalls soll Bohemund in der Stadt die Macht haben.«"

Anna Comnena gibt die Vereinbarung ganz ähnlich wieder. Nach Raimund von Aguilers stimmte allein Graf Raimund von Toulouse gegen die Übergabe der Stadt an Bohemund.

...UND DAS NÄCHSTE

Bohemund führt über Boten Verhandlungen mit einem Wachturmkommandanten namens Firuz und kann ihn schließlich zum Verrat überreden. Am 3. Juni 1098 ist es soweit. Vor Morgengrauen erfolgt der Angriff bei dem Turm, den Firuz beaufsichtigt. Der Autor der Gesta schreibt:

„Im Morgengrauen näherten sie sich dem Turm, den Firuz in dieser Nacht bewachte. Bohemund stieg ab und sagte zu seinen Männern: »Geht mit Zuversicht und glücklicher Eintracht und erklimmt auf der Leiter Antiochia, denn wenn Gott es gefällt, ist es sogleich unter unserer Herrschaft.« Die Männer kamen zu der Leiter, die schon angebracht war... Und fast sechzig von ihnen stiegen hinauf und besetzten die Türme, die Firuz bewachte. Aber als Firuz sah, daß so wenige Männer oben waren, fürchtete er, sie könnten in die Hände der Türken fallen und rief: »Mikró Francos echomé« Das heißt: Wir haben wenige Franken."

Der Autor der Gesta läßt den Verräter also griechisch sprechen, obwohl er ihn als türkischen Emir bezeichnet. Firuz hatte wohl Gründe für seinen Frontwechsel. Der Chronist Kamal ad-Din teilt mit, Firuz sei von Yaghi-Siyan gefoltert worden. Kamal ad-Din berichtet kenntnisreich über die Verhandlungen der christlichen Anführer und das Vorgehen Bohemunds und fährt fort:

„Als Bohemund zu diesem Turm kam, benachrichtigte er Ez-zerrad, der einen Strick herabließ, an dem die Franken die Mauer erklommen. Die ersten halfen den folgenden nach."

Der Autor der Gesta schildert den weiteren Verlauf der Ereignisse:

„Ermutigt und frohgemut kamen alle zur Leiter. Als die im Turm sie sahen, riefen sie fröhlich: »Gottes Wille«, und wir riefen die gleichen Worte zurück. Eine erstaunliche Anzahl von Männern kletterte nun hoch und eilte zu den anderen Türmen. Wen sie auch antrafen, machten sie nieder, darunter auch den Bruder von Firuz. Inzwischen brach die Leiter, auf der die Männer hochkletterten, und wir stürzten in tiefe Verzweiflung und Trauer. Aber... nicht weit von uns zur Linken befand sich ein Tor. Es war geschlossen, und einige von uns wußten nicht, wo es war, denn es war noch dunkel. Wir fühlten und suchten mit den Händen und fanden es. Wir rannten hin, brachen es auf und drangen ein. Jetzt ertönte ein ungewöhnliches Lärmen von vielen in der ganzen Stadt. Bohemund verlor keine Zeit und ließ sein glorreiches Banner auf einen Berg bringen. Die Menschen in der Stadt begannen sogleich zu schreien. Als die Männer draußen in den Zelten im Morgengrauen den überwältigenden Lärm hörten, eilten sie hinaus und sahen die Banner Bohemunds auf dem Berg. Sie rannten so schnell sie konnten, drangen durch die Tore ein und töteten alle Türken und Sarazenen, außer denen, die in die Zitadelle fliehen konnten... Dies geschah am 3. Juni, an einem Donnerstag. Alle Straßen der Stadt lagen voller Leichen. Man konnte es vor Gestank kaum aushalten. Niemand konnte in den engen Gassen der Stadt laufen, außer über die Kadaver der Toten."

ENTSEELTE CHRISTEN

Albert von Aachen berichtet:

„Durch die Häuser, über die Plätze und Gassen der Stadt verfolgen sie die einzeln herumirrenden Türken und machen sie mit dem Schwert nieder. Kein Alter und Geschlecht der heidnischen Bevölkerung wird geschont, bis die Erde mit dem Blut und den Leichen der Erschlagenen bedeckt ist. Darunter mischen sich auch die Leichen erschlagener und entseelter Christen, Franzosen wie Griechen, Syrer und Armenier. Kein Wunder, denn kaum war es hell geworden, vielfach lag noch Finsternis über der Erde, und keiner wußte, wen er schonen und wen er treffen sollte. Denn in der Todesangst suchten viele Türken und Sarazenen die Pilger durch christliche Worte und Zeichen zu täuschen und so verloren viele beim allgemeinen Morden ihr Leben."

Raimund von Aguilers zieht die Bilanz:

„Wir werden nicht über das Ausmaß der Beute berichten. Aber was du dir auch vorstellst, du mußt etwas dazurechnen. Wir können die Zahl der abgeschlachteten Türken und Sarazenen nicht schätzen, und es wäre quälend, über die neuen und vielfältigen Todesarten zu berichten."

Die Zitadelle kann von den Türken gehalten werden. Yaghi-Siyan ist aus der Stadt geflohen. Einheimische Christen enthaupten ihn und präsentieren Bohemund den Kopf.

Die Kreuzfahrer stürmen Antiochia. Die Bewohner werden niedergemetzelt. Miniatur um 1490.

DER JUBEL BLEIBT AUS

Den Kreuzfahrern bleibt wenig Zeit, um die Toten aus der Stadt zu entfernen. Das türkische Heer unter Kerbogha ist bis Antiochia vorgerückt. Vier Tage später beginnt die Belagerung der Kreuzfahrer in Antiochia. Kerbogha verfügt über frische Truppen. Die Kampfkraft der Kreuzfahrer nimmt ständig ab. Viele machen sich in der Nacht über Strickleitern davon. In der Stadt waren zwar Gewürze, aber kaum Lebensmittel gefunden worden. Der Hunger wütet ärger als je zuvor. Albert von Aachen:

„Selbst steinhartes und faul gewordenes Leder, das drei oder sechs Jahre lang in den Häusern gelegen hatte, und das sie nun fanden, feuchteten sie an, machten es im heißen Wasser weich und verzehrten es. Ebenso aßen sie den frischen Kot und Mist des Viehs, den sie mit Pfeffer, Kümmel und anderen Spezereien zubereiteten. So erdrückend war die Hungersnot... für ein einziges Hühnerei, so man eins finden konnte, zahlte man sechs Denare nach der Währung von Lucca, für zehn Bohnen einen Denar. Das arme und niedrige Volk war gezwungen, das lederne Schuhzeug zu verschlingen... So erkrankten viele und tägliche Todesfälle schwächten das Heer... Herzog Gottfried aber, wie solche erzählen, die dabei gewesen, zahlte fünfzehn Mark in Silber für das Fleisch eines elenden Kamels. Für eine Ziege, so wird ganz sicher berichtet, gab sein Küchenmeister Baldrich dem Verkäufer drei Mark."

Dies ist, nebenbei gesagt, eine der äußerst seltenen namentlichen Erwähnungen eines Kochs im Zusammenhang mit kriegerischen Unternehmungen. Bertolt Brecht hat auf den Mangel solcher Würdigungen in der Historiographie hingewiesen. (Cäsar schlug die Gallier. Hatte er nicht wenigstens einen Koch bei sich?). Den Marxisten hätten sicher auch die Schärfe und die Parteilichkeit verwundert, mit der Raimund von Aguilers den freien Markt beobachtete:

„Was soll ich über den Brotpreis berichten, wenn der Hunger blieb, auch nachdem man für fünf Solidi Brot gegessen hatte. Für die, die reich an Gold, Silber und Kleidern waren, war es weder unüblich noch beschwerlich, solche übersteigerten Preise zu bezahlen. Die Preise waren also wegen der unchristlichen Sündhaftigkeit der Ritter so hoch."

Der Autor der Gesta sieht andere Gründe für den ausbleibenden Beistand Gottes und der Heiligen. Er läßt Christus in einer Erscheinung zu einem Priester sagen:

„Ihr befriedigt eure niedrigen Lüste sowohl mit christlichen, als auch mit heidnischen Frauen, daß es zum Himmel stinkt."

DIE HERVORBRINGUNG EINES WUNDERS

Es gelingt den Türken, die Stadt völlig einzuschließen. Hunger und Krankheit lichten die Reihen der christlichen Fußsoldaten. Viele Ritter haben ihre Pferde verzehrt und ihre Waffen verkauft. Nur ein Wunder kann noch helfen. Und Verwunderliches geschieht tatsächlich. Ein einfacher Mann namens Peter Bartholomäus gräbt in der Kathedrale einen länglichen Gegenstand aus und behauptet, es handle sich um die Heilige Lanze der Kreuzigung Christi. Den Hinweis habe er, so bedeutet der Finder, vom Heiligen Andreas persönlich erhalten. Der päpstliche Legat, Adhémar von Le Puy zweifelt an der Echtheit der Reliquie, die auch in Konstantinopel gezeigt wurde. Die Umstände der Ausgrabung sind auch merkwürdig genug. Raimund von Aguilers: schildert sie:

„An diesem Tag sammelten zwölf Männer und Peter Bartholomäus geeignete Werkzeuge und begannen in der Kirche des Apostels Peter zu graben, nachdem alle anderen Christen hinausgehen mußten. Der Bischof von Orange, Raimund von Aguilers, der Autor dieses Werkes, Raimund von Toulouse... und andere gehörten zu den zwölf Männern."

Der muslimische Chronist Ibn al-Atir bemerkt in der rationalistischen Tradition der Araber:

„Er hatte an der Stelle vorher eine Lanze vergraben und die Spuren beseitigt. Nun gebot er ihnen, drei Tage zu fasten... sie begannen zu graben und fanden die Lanze, wie er es vorhergesagt hatte. Dann rief er ihnen zu: »Freut euch über den sicheren Sieg.«"

DIE ENTSCHEIDUNG

Die Masse der Pilger sieht in dem Fund das erwartete Zeichen Gottes und faßt wieder Mut. Die Anführer beschließen, die offene Feldschlacht zu suchen. Der Autor der Gesta:

„Nach drei Tagen Fasten und Prozessionen von einer Kirche zur anderen, bekannten unsere Männer ihre Sünden und empfingen die Absolution... Dann stellten wir uns in sechs Schlachtreihen auf."

Der Autor der Gesta nennt die Anführer jeder Schlachtreihe und zählt auch den päpstlichen Legaten dazu:

„In der vierten war der Bischof von Le Puy, der die Lanze des Erlösers trug und mit ihm seine eigenen Leute und die von Raimund von Toulouse."

Der päpstliche Legat Adhémar von Le Puy war schon vor Nikaia und bei anderen Schlachten als militärischer Anführer tätig geworden. Er verfügte über eigene Truppen und einen Bannerträger. Vor Antiochia führt der Legat das gesamte Aufgebot der Südfranzosen an, denn Raimund von Toulouse ist erkrankt und soll mit zweihundert Mann die türkische Garnison in der Zitadelle an einem Ausbruch hindern. Der Autor der Gesta beschreibt die Maßnahmen zur psychologischen Stützung der Streiter:

„Unsere Bischöfe, Priester, Kleriker und Mönche legten ihre heiligen Gewänder an und gingen mit uns hinaus, trugen Kreuze, beteten und beschworen Gott, uns zu retten und zu behüten und uns vor allen Übeln zu bewahren. Andere standen über den Toren, hielten Kreuze in den Händen, machten das Zeichen des Kreuzes und segneten uns."

Der 28. Juni 1098 wird zum Tag der Entscheidung. Kerbogha läßt die Formierung der Kreuzfahrer nicht stören und begeht damit einen schweren Fehler. Halb verhungert, auf wenigen hundert abgemagerten Pferden, greifen die Ritter an. Der Autor der Gesta:

„Wir riefen den wahren und lebendigen Gott an und ritten gegen sie, nahmen die Schlacht auf im Namen von Jesus Christus und des Heiligen Grabes, und mit Gottes Hilfe besiegten wir sie."

Der muslimische Chronist Ibn al-Atir:

„Die Muslims wandten sich sogleich zu Flucht, wegen der Geringschätzung und dem Hochmut, mit dem Kerbogha sie behandelt hatte... Ihre Niederlage war vollkommen, ohne daß nur einer sein Schwert oder Lanze benutzt, oder einen Pfeil abgeschossen hätte... nur eine Gruppe von Kämpfern für den Glauben wehrte sich aus Verlangen nach dem Tod als Blutzeugen."

Nach den Berichten der lateinischen Chronisten haben am Beginn der Schlacht mehrere türkische Abteilungen Widerstand geleistet, bevor sich das Heer zur Flucht wandte. Der Sieg über die weit überlegenen türkischen Streitkräfte war nicht nur eine Folge der mangelnden Einigkeit ihrer Anführer. Der andere Grund ist offensichtlich psychologischer Natur: Für die Christen ging es um Sieg oder Tod. Die türkischen Emire und Soldaten waren nur ein paar Tagesreisen von ihren Frauen und Kindern entfernt. Für die Christen lag die Heimat am anderen Ende der Welt. Sie gewannen die Schlacht, weil sie nichts mehr zu verlieren hatten als Hunger und Verzweiflung.

Ausgrabung in der Kathedrale. Miniatur um 1490.

VOM UMGANG MIT LANZEN

Albert von Aachen hebt wie üblich die Waffentaten des Herzogs Gottfried von Bouillon hervor, erwähnt aber auch die des päpstlichen Legaten:

„Ihm (Kerbogha) widerstand der Bischof von Le Puy mit der ganzen Schar von Provenzalen mutig von Angesicht zu Angesicht und wandte gegen ihn die Lanze des Herrn... Der heiligmäßige Bischof verfolgte ihn mit seiner ganzen Schar, nicht lange allerdings, wegen des Mangels an Pferden und der Müdigkeit des Fußvolkes."

Wenn Alberts Mitteilung zutrifft, handelte der Bischof jenem Dekret von Clermont zuwider, nach dem Klerikern das Führen von Waffen verboten war. Bei der Bekämpfung der »Heiden« sah sich der Stellvertreter des Papstes also nicht an den Beschluß des Konzils gebunden.

Die Köpfe der „Feinde Gottes" Miniatur um 1350.

Die Beute im Lager Kerboghas ist beträchtlich. Neben Geld, Nahrungsmitteln und Pferden finden sie nach Albert auch Teufelswerk:

„Unzählige Bücher fanden sie im Lager der Heiden, in denen die gotteslästerlichen religiösen Vorschriften der Sarazenen und Türken und der anderen Völkerschaften aufgezeichnet waren und die gottlosen Lieder der Zauberer und Vogeldeuter mit fluchwürdigen Schriftzeichen... Auch Weiber und zarte, vielfach noch saugende Kinder fanden sie in großer Anzahl im Lager; viele davon machten sie nieder, andere wurden von Pferdehufen zerstampft, und ihre jämmerlich zerfetzten Leichen füllten die Felder, im Stich gelassen von den fliehenden Heiden."

Fulcher von Chartres konstatiert, daß sich die Christen beim Sturm auf das Lager nicht zu unkeuschen Handlungen hinreißen ließen:

„Was die Frauen in den Zelten des Feindes betrifft, so taten die Franken ihnen nichts Schlimmes an, sondern stießen Lanzen in ihre Bäuche."

DIE BEFREIER RICHTEN SICH EIN

Die türkische Garnison in der Zitadelle hat die Niederlage des Entsatzheeres beobachtet. Der Kommandeur weigert sich, die Zitadelle an Raimund von Toulouse auszuliefern, da er offenbar eine Vereinbarung mit Bohemund getroffen hatte. Als Bohemund auftaucht, ergeben sich die Türken gegen freies Geleit. Bohemund besetzt die wichtigsten Türme der Zitadelle. Acht Monate lang hatten die Kreuzfahrer die Stadt belagert, drei Wochen lang waren sie selbst belagert worden. Nun können sich die Sieger in Antiochia einrichten. Fulcher von Chartres bemerkt ausdrücklich, alle Kirchen seien unversehrt gewesen. Die Augenzeugen Raimund von Aguilers und der Autor der Gesta erwähnen die Kirchen, aber keine Beschädigungen. Nach Albert von Aachen war das Innere der St.-Peter-Basilika kurz vorher verwüstet worden. Vor dem Eintreffen der Kreuzfahrer waren die Kirchen also in christlicher Obhut. Die Türken hatten eigene Moscheen eingerichtet, eine davon, laut Raimund, vor der Kathedrale. Nach Albert befand sich der orthodoxe Patriarch während der Belagerung in türkischer Haft. Die Kreuzfahrer setzen ihn wieder in sein Amt ein.In der Werbung für die Kreuzfahrt war von besudelten Kirchen und unterdrückten Mitchristen des Ostens die Rede gewesen. Aufgebrochen waren sie zur Befreiung ihrer Brüder vom Joch der Heiden. Jetzt sahen sie, daß die Kirchen wenig oder gar nicht beschädigt waren, und wie diese Christen in friedlicher Koexistenz unter der Herrschaft der »Feinde Gottes« gelebt hatten. Nun wird von manchen wieder der Anschluß der Ostkirchen erwogen, den weiland Papst Gregor schon ins Auge gefaßt hatte. Nach Albert wurden für die Kathedrale auch lateinische Priester bestellt. Fulcher von Chartres zitiert einen Brief, den die Anführer an Papst Urban II. geschrieben haben sollen. Darin wird der Sieg gemeldet und der Papst gebeten, sich an die Spitze des Kreuzzuges zu stellen. Der Chronist zitiert weiter:

„Wir haben die Türken und Heiden unterworfen; aber die Häretiker, Griechen, Armenier, Syrer und Jakobiten konnten wir nicht überwinden... zerstöre mit deiner Autorität und unserer Kraft alle Häresien."

Der Tenor des Schreibens signalisiert eine neue Haltung gegenüber den nunmehr befreiten christlichen Brüdern. Der päpstliche Legat hält aber an der Kooperation mit Byzanz fest, sonst wäre der griechisch–orthodoxe Patriarch kaum wieder eingesetzt worden. Aber Adhémar von Le Puy stirbt als eine Epidemie in Antiochia ausbricht. Nun kann Bohemund offen die Stadt für sich fordern, obwohl er damit den Eid bricht, den er Kaiser Alexios geleistet hatte. Der Rechtsgrund ist dürftig: Alexios habe seine Zusage nicht eingehalten, den Kreuzfahrern Beistand zu leisten. Warum Alexios den Feldzug abbrach, wird von Bohemund nicht berücksichtigt. Er ist ja Nutznießer dieses Umstandes.

BOHEMUND MACHT SEINE AUSLAGEN GELTEND

Warum aber soll Bohemund Herr über die Stadt werden, und kein anderer? Bohemunds Argument ist verblüffend einfach: Die hohen Ausgaben für die Belagerung hätten ihn am härtesten getroffen. Die Entscheidung wird zunächst verschoben, noch immer droht die Ankunft des byzantinischen Kaisers. Wegen der ungeklärten Lage und der sommerlichen Hitze ist an die Fortsetzung der Wallfahrt nach Jerusalem nicht zu denken. Bohemund nutzt die Zeit und verdrängt gewaltsam die Gefolgsleute der anderen Anführer aus der Zitadelle. Nur Raimund von Toulouse verteidigt seine Positionen in der Stadt. Bohemund handelt, als sei er schon im Besitz der Stadt. Er übereignet den Genuesen einen Markt, eine Kirche und dreißig Häuser. Die Italiener hatten sich bei der Belagerung nicht um Jesu Willen nützlich gemacht.

PROBLEME DER LATEINISIERUNG UND IHRE ÜBERWINDUNG

Wegen der Hitze und der hohen Sterblichkeit verbringen einige Anführer den Sommer in der Umgebung. Ab September sind die klimatischen Bedingungen für die Weiterreise nach Jerusalem gegeben und in den niederen Rängen entsteht Unruhe wegen der Verzögerung. Raimund von Aguilers beschreibt die Stimmung:

„Der interne Streit bekümmerte unsere Führer und unterhöhlte die Freundschaft, so daß nur wenige den Streit mit Kameraden und Dienern vermieden. In der Abwesenheit eines Richters machte sich jeder selbst sein Gesetz... Schwelgend im Nichtstun und Überfluß verschoben die Pilger gegen Gottes Befehl die Weiterreise bis November."

Die Südfranzosen unter Raimund von Toulouse erobern die nahegelegene Stadt Albara. Sie wird ausschließlich vom Muslims bewohnt. Einige überleben, weil die Kreuzfahrer gelegentlich den materiellen Wert der sogenannten Heiden erkennen und sie versklaven. In der Moschee wird eine Kirche eingerichtet, als Bischof von Albara wird ein lateinischer Kleriker eingesetzt. Peter Bartholomäus, der Entdecker der Lanze, verbreitet eine neue Botschaft, die er vom Heiligen Andreas empfangen haben will. Darin wird die Absetzung des griechischen Patriarchen von Antiochia gefordert. Raimund von Aguilers zitiert die Botschaft:

„Haltet eine Beratung über einen Patriarchen nach eurem Gesetz ab..."

Die Aufmerksamkeit richtet sich aber zunächst wieder auf die Frage, wer der weltliche Oberherr Antiochias werden soll. Die Fürsten treffen sich mehrfach in der Kathedrale. Raimund erinnert an den Eid gegenüber Alexios und will Bohemund die Stadt auf keinen Fall überlassen. Raimund von Aguilers:

„Die Fürsten wurden so heftig, daß sie beinahe zu den Waffen gegriffen hätten... So wurde die Reise, ihre Vorbereitung und die Unterstützung der Armen verschoben... das Volk murrte zuerst heimlich, dann öffentlich.: »Die sich das Gold des Kaisers und das Steueraufkommen Antiochias angeeignet haben, mögen es behalten. Aber wir, die wir unsere Heimat um Christi willen verlassen haben, laßt uns den Marsch nach Jerusalem mit ihm als Anführer wieder aufnehmen. Mögen die neuen Besitzer von Antiochia so elend sterben wie unlängst die vorherigen Bewohner. Wenn der Streit um Antiochia anhält, laßt uns die Mauern niederreißen... oder wir sollten heimkehren, bevor Hunger und Mattheit uns erschöpfen.« Bedrängt von diesen und anderen Ansichten schlossen Raimund und Bohemund einen Frieden im Streit. Ein Termin für die Fortsetzung der Kreuzfahrt wurde angesetzt."

Jeder behält, was er besetzt hält: Bohemund dreiviertel der Stadt, Raimund den Palast und das Brückentor. Am 23. November 1098 brechen Robert von Flandern und Graf Raimund von Toulouse mit ihren Abteilungen nach Süden auf. Seit ihrer Ankunft vor Antiochia ist mehr als ein Jahr vergangen. Gottfried von Bouillon besucht seinen Bruder Balduin in Edessa. Albert von Aachen schildert den letzten Akt der Lateinisierung Antiochias:

„Bohemund, an dessen Herz der grimmige Neid und Zorn wider den Grafen (von Toulouse) nagte, hielt nach der Abreise von Gottfried und während der Abwesenheit Raimunds die günstige Gelegenheit für gekommen. Durch Hornsignale rief er seine Leute zusammen, griff mit großer Gewalt den Turm über der Orontes-Brücke an, bedrängte die Ritter Raimunds, die darin zurückgeblieben waren, mit Waffen und Pfeilen und vertrieb sie aus Burg und Stadt. So behielt er allein die Herrschaft über Antiochia."

Bohemund regiert nun nach feudalem Recht als oberster Lehnsherr der Stadt. Antiochia wird das zweite lateinische Fürstentum auf byzantinischem Gebiet. Rund zwanzig Jahre nach dem ersten Angriff auf Byzanz hat Bohemund durch einen Eidbruch die zweitgrößte Stadt des Kaiserreichs an sich gebracht. Der Preis ist hoch: Er wird bis zu seinem Tod gegen Byzanz Krieg führen müssen. Kaiser Alexios hat durch die Kreuzfahrer einen Teil Kleinasiens zurückgewonnen, einen anderen Teil an sie verloren. Im Verlauf des Jahres 1098 müßte Papst Urban von der Ankunft des Kreuzheeres vor Antiochia erfahren haben. Über seine Reaktion liegt kein Bericht vor. Der päpstliche Legat und Graf Raimund von Toulouse hatten sich an Urbans Politik der Kooperation mit Byzanz gehalten. Von Kaiser Alexios ist aber nach der Annexion Antiochias kein kirchenpolitisches Entgegenkommen zu erwarten. Die Beziehungen zwischen Lateinern und Byzantinern sind schlechter geworden. Ende 1098, als die ersten Abteilungen nach Jerusalem aufbrechen, ist der Kreuzzug kein Unternehmen der Kirche mehr.

Die Prediger hatten dazu aufgerufen, die heiligen Stätten zu befreien. Die Chronisten betonen, vor allem die Unbemittelten wären noch vom frommen Eifer bewegt worden, die Wallfahrt zu vollenden. Aber das eigentliche Ziel ist längst die Eroberung und Aneignung fremden Eigentums. Professor Joshua Prawer von der Hebräischen Universität Jerusalem ist einer der bedeutendsten Gelehrten auf dem Gebiet der Kreuzzüge. Seine Forschungen gelten besonders der Auswirkung der Kreuzzüge auf Palästina. Prof. Prawer spricht in seinem Buch »Die Welt der Kreuzfahrer« von einem ideologischen Bankrott des ersten Kreuzzuges. In einem Fernsehinterview sagte der Historiker:

„Am Anfang begleitete die Kreuzfahrer eine Art messianischer Elan. Das zeigen die häufigen Wunder, die immer eine Begleiterscheinung messianischer Bewegungen sind. Das bleibt zwei Jahre so, bis 1098. Man kann eine Regel aufstellen, nach der keine messianische Anspannung länger als zwei Jahre anhält, so wie reine Ideologie keine Strapazen überlebt. In der zweiten Hälfte des Jahres 1098, als die Kreuzfahrer in Nordsyrien waren, eroberten sie Antiochia. Es zeigte sich, daß es sehr einfach war, in Syrien Fuß zu fassen. Da war das Heilige Grab in gewisser Weise vergessen. Ich würde sagen, daß die Ideale ausgetauscht wurden: Also laßt uns das Land nehmen und hier siedeln. Der Fluß Orontes wurde zum Jordan. Und die kleinen arabischen Städte wurden zum Ersatz für Jerusalem. In diesem Augenblick gibt es eine Revolte bei den Massen. Sie drohen den Kreuzrittern, Antiochia und die anderen Städte anzuzünden, um sie zu zwingen, weiter nach Jerusalem zu ziehen. Es läßt sich auf das Neue Testament zurückführen: Die Reinheit der Religion wird von den Ärmsten bewahrt, durch die Habenichtse. Als ich vom Bankrott sprach, meinte ich, daß der frühe messianische Elan, das Ziel, in Nordsyrien verloren gegangen war. Der Elan erwachte später erneut, ging also nicht ganz verloren, als sie die Stadt Jerusalem eroberten."

Das christliche Kleinasien war erst zwei Jahrzehnte vor dem Kreuzzug von den Türken besetzt worden. Papst Urban II. hatte Wert auf die Feststellung gelegt, daß die Vertreibung der Türken von christlichem Eigentum rechtmäßig sei. Nun bedrohen die Kreuzfahrer aber muslimische Staaten, die seit mehr als vierhundert Jahren existierten.

NACHRICHTEN ZUR AUSGANGSLAGE

BYZANZ IN DER KRISE

602 n. Chr. Konstantinopel

Kaiser Phokas versucht vergeblich, politische Probleme gewaltsam zu lösen. Gegen jakobitische und nestorianische Kirchenführer setzt er Militär in Marsch. Es gibt Tote. Der Glaubenskrieg um die Lehre des Arius war zwar abgeklungen, aber die Gräben waren längst nicht zugeschüttet. Die orthodoxe Kirche benutzte den Staatsapparat, um abweichende Strömungen zu disziplinieren und denunzierte sie mit der Billigung Roms pauschal als »Häretiker«. Die Kirchenoberen hatten offenbar vergessen, welch mobilisierende Wirkung staatliche Verfolgung haben kann. So blühten die abweichenden Kirchen weiter auf. Die Lehre des Nestorius betonte die Menschlichkeit von Christus und wurde 431 als Häresie verurteilt. Die Nestorianer waren in Armenien und Nordsyrien und missionierten in Persien und weiter bis nach China. Die Lehre des Eutyches überschritt die Kompromißlinie der Orthodoxie in der anderen Richtung: Seine Lehre verringert den menschlichen Anteil im Wesen Jesu und betont seine göttliche Natur. Die Verurteilung als Häresie erfolgte 451. Die Anhängerschaft nahm zu. Die Monophysiten (eine Natur) in Syrien werden später Jakobiten genannt, die in Ägypten Kopten. Orthodoxe Christen hießen Melkiten, Männer des Kaisers, und wurden in den meisten Städten Syriens und Ägyptens als fremde Herren angesehen.

614. Jerusalem

Persische Truppen richten in Jerusalem unter den Christen ein Blutbad an, legen Feuer und zerstören die Kirchen. Der byzantinisch-persische Krieg dauert fast zwanzig Jahre und belastet die Finanzen des oströmischen Reiches. 629 kann Kaiser Heraklios die an die Perser verlorenen Provinzen zurückgewinnen.

DIE ARABISCHE LANDNAHME

630. Jerusalem

Kaiser Heraklios bringt die Kreuzreliquie, die die Perser erobert hatten, feierlich nach Jerusalem zurück. Die Kirchen werden wieder aufgebaut. Da die Juden anfänglich die Perser unterstützt hatten, ordnet der Kaiser die Zwangstaufe der Juden an. Ein Versuch, die Ostkirchen zu vereinen, bewirkt das Gegenteil: Die christlichen Strömungen driften weiter auseinander. Die jüdisch-christliche Bevölkerung Palästinas ist mehrfach gespalten.

GROSSE WIRKUNGEN KLARER WORTE

632. Arabien

Mohammed stirbt als Herr über ein islamisches Reich. Er hinterläßt den Koran, der klare Anweisungen für religiöse Übungen, zur Lebensführung und zur Förderung der allgemeinen Wohlfahrt enthält. Der strenge Monotheismus und die Vereinfachung der vorgefundenen religiösen Traditionen des Orients gaben dem Islam eine große Anziehungskraft. Die Christen waren wegen vieler Fragen verunsichert: War Jesus mehr Gott oder mehr Mensch? War Krieg erlaubt oder verboten? War Reichtum gottgefällig oder Sünde? Der Koran (für Muslims die Worte Allahs) bestimmt:

„Wir gaben Jesus, dem Sohn der Maria die heiligen Zeichen und stärkten ihn mit dem Heiligen Geist."

Also Jesus ist Prophet, aber eindeutig Mensch.

„Bekämpft in Allahs Pfad, wer euch bekämpft, doch übertretet nicht...greifen sie euch an, so schlagt sie tot, das ist der Lohn der Ungläubigen... lassen sie aber ab, so ist Allah verzeihend und barmherzig."

Zur Verteidigung sind Krieg und die Tötung von Menschen also eindeutig erlaubt.

„Allah hat das Verkaufen erlaubt, aber den Wucher verwehrt."

Für Muslims, welche die geforderten Spenden an die Armen leisten, ist Reichtum kein Makel.

Während sich die Christenheit also in Macht- und Glaubenskämpfen zerstritten hatte, sind sich die Muslims noch einig im Glauben. Die arabischen Reiter erhalten keinen Sold, sondern erwerben das Anrecht auf eine Pension und werden an der Beute beteiligt. Das Heer des byzantinischen Reiches ist ein reines Söldnerheer, und die Staatskasse ist leer. In dieser Situation treten die Nachfolger Mohammeds zur Eroberung Palästinas an.

634. Gaza (Palästina)

Die Reiterheere unter Abu Bakr, dem ersten Kalifen (Nachfolger Mohammeds), haben Gaza erobert. Die Araber beginnen ihren Angriff meist als Beutezug (arabisch: Razzia) und folgen damit mehr ihren kriegerischen Traditionen als dem Drang zur Missionierung. Der Koran bestimmt zwar:

„Bekämpft sie, bis die Verführung aufgehört hat, und der Glaube an Allah da ist."

Das kann als Aufforderung zur gewaltsamen Ausbreitung des Islam ausgelegt werden. Allerdings heißt es an anderer Stelle auch:

„Es gibt keine Gewalt im Glauben."

Jerusalem, Felsenmoschee.

Tatsächlich wird in erster Linie nicht der Islam ausgebreitet, sondern die Herrschaft der Muslims. Die Nachfolger Mohammeds legen Garnisonen in die eroberten Städte und übernehmen als Kriegerkaste die Regierungsgewalt. Die Verwaltung und die Steuereinziehung überlassen sie zunächst den Einheimischen. Das Gerüst des byzantinischen Staates bleibt erhalten. Die Truppen werden nun zunehmend durch Landbesitz oder Sold entlohnt.

635. Damaskus

Kalif Omar, der Nachfolger Abu Bakrs, geistiger und weltlicher Führer des expandierenden arabischen Reiches, erobert Damaskus.

636. See Genezareth

Kaiser Heraklios entsendet zwei Armeen, um die Araber zurückzudrängen. In der entscheidenden Schlacht sind die Christen zahlenmäßig überlegen, aber es kommt zu Desertionen. Am See Genezareth werden die vereinten byzantinischen Heere von den Arabern völlig aufgerieben. Kaiser Heraklios hatte kein Geld mehr für Soldaten. Er kehrt nach Konstantinopel zurück und überläßt damit Palästina und Syrien den Arabern. Nur wenige Städte leisten noch Widerstand. Viele nichtorthodoxe Christen und Juden ziehen die arabische Herrschaft der byzantinischen vor und kollaborieren mit den Invasoren.

638. Jerusalem

Die Belagerung Jerusalems dauert ein Jahr lang. Dann übergibt der Oberherr der Stadt, Patriarch Sophronios, Jerusalem dem Kalifen Omar. Bei einem gemeinsamen Stadtrundgang besichtigen sie auch die Grabeskirche. Als die Gebetsstunde naht, rollt der Kalif seinen Teppich außerhalb der Kirche aus. Er will damit verhindern, daß hier ein islamisches Heiligtum entsteht. Das mag eine Legende sein, aber ihr Kern ist zutreffend. Juden und Christen werden in der islamischen Gemeinschaft geschützt, weil sie an die Propheten glauben. Als Untertanen des arabischen Kommandanten, zahlen sie eine Kopfsteuer. Juden und Christen müssen sich durch ihre Kleidung zu erkennen geben und dürfen keine Waffen tragen; Schmähungen des Islam werden mit Strafe bedroht. Aber sie behalten ihr Eigentum, können in gewissen Grenzen ihre Religion ausüben, eigene Richter einsetzen und staatliche Ämter einnehmen. Diese tolerante Haltung entspricht islamischem Recht und ist vernünftig: Die arabische Kriegerkaste wird so Herr über intakte Gemeinschaften mit ihren wirtschaftlichen Möglichkeiten. Jerusalem ist auch eine heilige Stadt des Islam. Der Überlieferung nach war Mohammed beim Tempel Salomons zum Himmel aufgestiegen. Hier wird als Reiseziel für islamische Pilger die Felsenmoschee gebaut – unter Anleitung byzantinischer Architekten.

639. Ägypten

Nachdem Syrien, Palästina und Persien in arabischer Hand sind, beginnt der Angriff auf Ägypten. Die Kopten haben wenig Grund, den Byzantinern bei der Verteidigung beizustehen. 645 ist Ägypten eine arabische Provinz. Viele Kopten treten zum Islam über. Die Araber sehen das mit gemischten Gefühlen und verleihen den Konvertiten nicht alle Rechte. Die Oberschicht besteht nur aus Arabern. Über den Rang entscheidet die einstige Nähe zu Mohammed oder zu einem seiner engen Gefährten.

661. Damaskus

Die arabische Herrscherdynastie der Omaijaden verlegt den Sitz des Kalifats nach Damaskus. Syrien und Palästina erleben eine Hochblüte. Die sich entwickelnde arabische Hochkultur nimmt die griechisch-römische Kultur in sich auf – und trägt so zu ihrer Bewahrung bei.

667. Kleinasien.

Arabische Angriffe auf Byzanz scheitern, aber im Osten werden Kabul und Samarkand erobert. Der Kalif in Damaskus ist der Herr über ein Weltreich. Nicht religiöser Fanatismus begründet die Erfolge der Araber im 7. Jahrhundert, sondern die einigende Wirkung ihrer rationalistischen Weltanschauung. Mohammed hatte sich bemüht, eine Religion zu stiften, die der Mechanik der Spaltung und Alterung widerstehen würde. Aber gegen jene fortwirkende Tendenz, die weltanschauliche Bewegungen in befeindete Parteien aufspaltet, war auch der Islam nicht gefeit.

DIE ERSTE SPALTUNG

680 n. Chr. Kerbela

Sunniten unter Kalif Jazid I. schlagen eine schiitische Armee. Der erste Glaubensstreit im Islam wurde wie üblich durch einen Streit um Herrschaftsansprüche hervorgerufen. Nach dem Tod Mohammeds hatte eine Partei dessen Weggefährten Abu Bakr zum Kalifen erhoben. Eine zweite Partei setzte auf Ali, einen Vetter und Schwiegersohn Mohammeds. Die Anhänger von Abu Bakr nannten sich Sunniten. (Die Sunna ist die Sammlung der mündlich überlieferten Sprüche Mohammeds). Die Anhänger Alis nannten sich Schiiten (Parteigänger). Die theologischen Differenzen zwischen Sunniten und Schiiten bleiben eine Begleiterscheinung ihrer Kämpfe um die Macht im islamischen Großreich.

ERFOLGE UND NIEDERLAGEN

700 n. Chr. Nordafrika

Die ehemaligen römischen Provinzen Nordafrikas befinden sich unter arabischer Herrschaft.

711 n. Chr. Spanien

Ein paar tausend islamisierte Berber unternehmen eine Razzia in das westgotische Spanien. Die Westgoten sind vom Arianismus zum römischen Ritus übergetreten, wenn auch nicht alle freiwillig. Sie verlieren die erste Schlacht auf Grund mangelnder Einigkeit. Eine arabische Armee setzt nach und unterwirft innerhalb von zwei Jahren ganz Spanien. Ein weiteres Vordringen über die Pyrenäen wird von den Franken verhindert.

721 n. Chr. Südfrankreich

Vor Toulouse (721) und bei Tours und Poitiers (732) müssen arabische Heere auf Beutezügen gegen fränkische Christen schwere Niederlagen hinnehmen. Die Militanz und das Geschick auf dem Schlachtfeld ist nicht vom Glauben abhängig. Beide Seiten verfügen über gleichwertige kriegerische Traditionen.

750 n. Chr. Bagdad

In einem Bürgerkrieg siegt die Dynastie der Abbasiden und verlegt den Sitz des Kalifats nach Bagdad. Die abgelösten Omaijaden werden grausam verfolgt. Während der Auseinandersetzungen kommt es zur Unterdrückung christlicher Gemeinden. Die sunnitischen Abbasiden öffnen sich der persischen Kultur und sind in Glaubensfragen strenger als ihre Vorgänger. Aber die Lage der Christen bleibt im wesentlichen unverändert.

973 n. Chr. Ägypten

In Kairo gründet die Dynastie der Fatimiden ein schiitisches Kalifat, in erklärter Feindschaft zu den abbasidischen Kalifen in Bagdad. Die Fatimiden machen Palästina mit Jerusalem zu einer Provinz Ägyptens. Die Abbasiden in Bagdad befinden sich im Niedergang. Byzantinische Truppen erobern Antiochia zurück und dringen bis Palästina vor. Sie müssen den Feldzug abbrechen, bevor sie Jerusalem erreicht haben.

1004 n. Chr. Jerusalem

Unter der Herrschaft des fatimidischen Kalifen Hakim werden Kirchen beschlagnahmt und zerstört; im Jahr 1009 sogar die Grabeskirche. Viele Christen nehmen den Islam an, um den Verfolgungen zu entgehen, die bis 1016 anhalten.

1027 n. Chr. Jerusalem

Ein Vertrag zwischen dem Nachfolger Hakims und Byzanz regelt den Wiederaufbau der Grabeskirche. Die Lage der Christen in Palästina verbessert sich bedeutend. Alle Bewohner der Stadt profitieren von den anwachsenden Pilgerströmen.

1071 n. Chr. Jerusalem.

Der türkische Truppenführer Atsiz besetzt kampflos Jerusalem. In Bagdad haben türkische Sultane die Macht übernommen. Der abbasidische Kalif dient nur noch zur Legitimation ihrer Herrschaft. Aber Bagdad erhebt nach wie vor einen Rechtsanspruch auf die Gebiete, die rund vierhundert Jahre vorher unter den ersten Kalifen erobert worden waren – also auch auf Jerusalem.

1096 n. Chr. Damaskus

Ridwan von Aleppo läßt die Residenz seines Bruders Duqaq belagern. Große große Teile der Provinz werden verwüstet.

1097/98 n. Chr. Antiochia

Die Streitkräfte der türkischen Machthaber im Norden werden durch das Auftauchen der Kreuzfahrer gebunden und erleiden Verluste.

1098 n. Chr. Bagdad

Die Söhne des Sultans Malik führen seit mehren Jahren Krieg um die Nachfolge.

1098 n. Chr. Jerusalem

Die Fatimiden nutzen die Schwäche der türkischen Rivalen. Unter Wesir Al-Afdal beschießen ägyptische Truppen vierzig Tage lang die Mauern der Stadt. Schließlich kapituliert die türkische Garnison und zieht nach Damaskus ab. Die Verträge zwischen Byzanz und den Fatimiden über den freien Zugang nach Jerusalem und die Rechte der Christen haben jetzt wieder Gültigkeit. Ein großer Teil der Stadt gehört den Christen und wird vom orthodoxen Klerus verwaltet. Gesandtschaften der Ägypter suchen das Lager der Kreuzfahrer auf, um sie darüber zu informieren. Aber die christlichen Fürsten lassen sich durch rechtliche Erwägungen und Angebote der Ägypter nicht beirren. Sie sehen sich als Christi Soldaten, nicht als seine Diplomaten.

Jerusalem mit Felsenmoschee und al-Aqsa-Moschee.

Jerusalem. Miniatur um 1450.

MARSCHZIEL: JERUSALEM

Nach einem Jahr Belagerungskrieg haben sich die Reihen der Kreuzfahrer stark gelichtet. Aber die Sehnsucht der Überlebenden nach den heiligen Stätten in Jerusalem läßt schon beim Anblick der nächsten Beute wieder nach. Am 27. November 1098 beginnen die Kreuzfahrer unter Raimund von Toulouse und Robert von Flandern mit der Belagerung der Stadt Maarrat an-Numan in Syrien. Die Bewohner von Maarrat haben von der Vorgehensweise der Kreuzfahrer in Antiochia erfahren und wehren sich verzweifelt. Bohemund ist inzwischen ebenfalls aufgetaucht und greift mit seinen Normannen in die Kämpfe ein. Die Kreuzfahrer werden erneut von Hunger heimgesucht; viele verlassen das Lager. Im Schutz eines hölzernen Belagerungsturms gelingt es den Südfranzosen, eine Mauer zu unterminieren. Ein kleiner Trupp dringt abends in die Stadt ein und beginnt mit der Plünderung. Bohemund sieht seine Interessen gefährdet und läßt den Bewohnern verkünden, er werde ihr Leben schonen. Der Autor der Gesta:

„Bohemund entsandte einen Dolmetscher zu den Anführern der Sarazenen und ließ ihnen ausrichten, sie sollten mit ihren Frauen, Kindern und ihrer Habe in einem... Palast Zuflucht suchen. Unsere Männer drangen in die Stadt ein und jeder nahm seinen Anteil der Beute an sich... und töteten jeden, den sie antrafen, ob Mann oder Frau... Bohemund nahm denen, die er in den Palast befohlen hatte, ihre Habe ab, Gold, Silber und andere Wertsachen. Einige ließ er töten, andere als Sklaven nach Antiochia bringen, um sie zu verkaufen... die Franken blieben einen Monat und vier Tage... sie waren durch den langen Aufenthalt sehr hungrig... sie schnitten die Körper der Toten auf, weil sie in den Därmen Goldstücke zu finden pflegten, andere schnitten das Fleisch der Toten zu Streifen und kochten es als Nahrung."

Der Bericht Kamal ad-Dins:

„Einige Bewohner flüchteten in wehrhafte Häuser und boten die Kapitulation an. Die Franken willigten ein und verlangten eine Steuer für jedes Haus, dann drangen sie mit Gewalt ein und verbrachten die Nacht... am nächsten Tag fielen sie über sie her, mit dem Schwert in der Hand... es kamen in Maarrat zwanzigtausend Menschen um, Männer, Frauen und Kinder... es entkamen nur wenige... Die Franken folterten viele zu Tode und nahmen ihnen ihre Habe ab..."

Im Bericht von Raimund von Aguilers werden die Folterungen bestätigt:

„Manchen war ihr Leben nicht mehr viel wert, und sie litten durch das lange Hungern an Selbstverachtung. Diese fürchteten sich nicht, im Dunkel der Nacht die Sarazenen anzugreifen. Auf diese Weise eroberten die Armen Beute und Häuser in der Stadt. Als die Soldaten am Morgen in die Stadt eindrangen, gingen sie leer aus. Die Sarazenen aber schlossen sich in unterirdischen Gewölben ein... Die Unsrigen räucherten die Höhlen mit Feuer und Schwefel aus. Und weil sie dort nicht viel Beute fanden, bedrängten sie die Sarazenen, die sie ergreifen konnten, wegen der Beute bis zum Tod."

Die Südfranzosen hatten die Bresche geschlagen, Bohemund aber den größten Anteil der Beute gewonnen. Die Feindschaft zwischen Normannen und Südfranzosen wächst. Raimund fordert die Besitzrechte an der Stadt, aber Bohemund verweigert die Zustimmung. Er will seine Truppen erst abziehen, wenn Raimund von Toulouse seine Liegenschaften in Antiochia zum Tausch anbietet. Schließlich kündigt Raimund seinen Aufbruch nach Jerusalem an, worauf Bohemund nach Antiochia zurückkehrt. Aber Graf Raimund verzögert den Abmarsch, weil er Bohemund Antiochia nicht überlassen will. Er ruft die Anführer zu einer Konferenz außerhalb von Maarrat zusammen. Der Graf bietet große Summen für seine Ernennung zum Anführer. Eine Einigung kommt aber nicht zustande.

AUFSTAND DER ARMEN

In der Zwischenzeit haben die niederen Ränge in Maarrat ihrem Wunsch zur Weiterreise Nachdruck verliehen und mit der Demontage der Mauern begonnen. Raimund von Aguilers:

„Auf die Nachricht, Graf Raimund wolle in Maarrat eine Besatzung von Rittern und Fußsoldaten hinterlassen, sagten die Armen: »Das ist es also, Streit in Antiochia, Streit in Maarrat. Soll denn an jedem Fleck, den Gott uns gibt, das Gezänk der Fürsten ausbrechen und die Armee Gottes geschwächt werden?... Kommt, laßt uns die Mauern niederreißen.« Daraufhin erhoben sich selbst die Kranken und Schwachen von ihren Lagern und humpelten auf Stöcken zu den Mauern. Und solche Steine, die kaum drei oder vier Paar Ochsen ziehen konnten, warf ein Hungerleider weit weg."

DER RUF NIMMT SCHADEN

Der als Besitzer der Stadt vorgesehene Bischof von Albara und einige Unterführer des Grafen Raimund versuchen vergeblich, die Pilger von ihrem Vorhaben abzuhalten. Die Mißstimmung der Pilger hat offensichtlich Gründe. Der Chronist Raimund notiert:

„Nun herrschte so großer Hunger im Heer, daß das Volk gierig die stinkenden Leichen der Sarazenen verspeiste, die sie zwei Wochen vorher... in die Sümpfe geworfen hatten. Dieses Geschehen erschreckte viele von unserem Volk und auch Fremde. Daher kehrten viele der Unsrigen um, weil sie am Zuge ohne Verstärkung aus dem Volk der Franken verzweifelten. Die Türken und Sarazenen sagten ganz im Gegenteil: »Wer aber könnte dieses Volk aufhalten, das so fest entschlossen und grausam ist, daß es sich ein Jahr lang nicht durch Hunger, Schwert und andere Gefahren von der Belagerung Antiochias abhalten ließ, und das nun sogar Menschenfleisch ißt?« Diese und andere grausame Geschichten erzählten sich die Heiden über uns. Tatsächlich hatte uns Gott zum Schrecken aller Völker gemacht, wir aber merkten es nicht."

Graf Raimund ist über das Zerstörungswerk der Pilger entsetzt. Ohne Mauern ist die Stadt von geringem Wert. Er gibt den Befehl zum Aufbruch. Raimund von Aguilers:

„Nachdem... die Stadt angezündet worden war, marschierten sie weiter. Doch der Graf ging mit seinen Geistlichen und dem Bischof von Albara ohne Schuhe, und sie riefen Gottes Gnade und den Schutz der Heiligen an. Tankred folgte uns mit vierzig Soldaten und mit viel Fußvolk. Nachdem das die Könige aus jenem Land gehört hatten, entsandten sie arabische Adlige mit Bittgesuchen und vielen Geschenken zu den Grafen, und versprachen ihnen nun und in Zukunft tributpflichtig zu sein, und Verpflegung umsonst zu senden und sie zum Verkauf anzubieten."

ERNEUTER AUFENTHALT

Auf dem Weg nach Tortosa werden die syrischen Städte Hama und Shaizar gegen Geld und Verpflegung geschont. Die fatimidische Besatzung von Tortosa macht sich davon, und Raimund von Toulouse läßt die Stadt besetzen. Aber der Weitermarsch nach Jerusalem verzögert sich erneut. Raimund von Toulouse hat sich auf die Eroberung des nahen Arqa versteift. Während der Belagerung von Arqa stoßen auch die Truppen Gottfrieds wieder zum Kreuzzugsheer. Nach Raimund von Aguilers werden die Kreuzfahrer von den Byzantinern auf der Insel Zypern mit Lebensmitteln versorgt. Den Transport übernehmen Schiffe aus Genua und England, die in Tortosa landen. Botschafter des Kaisers Alexios treffen im Lager ein und führen Klage über die Annektierung Antiochias und empfehlen, mit der Weiterreise zu warten, bis der Kaiser eingetroffen sei. Raimund von Toulouse stimmt zu, aber die Mehrheit lehnt den Plan ab und dringt auf die sofortige Weiterreise. Aus Kairo treffen Botschafter der Fatimiden ein und bieten den Kreuzfahrern in Gruppen von zwei- bis dreihundert freien Zugang nach Jerusalem an. Erneut lehnen die Anführer einen Vertrag mit den Ägyptern ab. Sie wollen Jerusalem in ihren Besitz bringen. Die Eroberung von Arqa gelingt ihnen indessen nicht. Nach drei Monaten Belagerung sind sie wieder unterwegs. Tripolis kauft sich mit einem hohem Lösegeld frei. Aber es kommen nicht alle in den Genuß des Geldsegens. Raimund von Aguilers:

„Manche aus der Abteilung des Grafen zeigten ihre edlen Pferde und Reichtümer... Die anderen aber zeigten ihre Armut. Da erging die Anweisung, daß das Volk den Zehnten der Beute...wegen der vielen Armen und Kranken im Heer abgeben solle. Es wurde verfügt, daß sie den vierten Teil ihren Priestern geben sollten, deren Messen sie beiwohnten. Ein weiteres Viertel sollten die Bischöfe erhalten. Die beiden anderen Viertel sollten Peter dem Einsiedler übergeben werden, den sie zum Führer der Armen aus Klerus und Volk gemacht hatten. Und so erhielt er zwei Teile, nämlich einen für den Klerus und den anderen für die aus dem Volk."

Die Anführer sorgen für die Auffüllung ihrer Kassen. Raimund notiert:

„Deshalb schickte jeder unserer Anführer Boten mit Briefen an die Städte der Sarazenen und behauptete, der Anführer des ganzen Heeres zu sein. So haben damals unsere Anführer gehandelt."

Tankred stand mit seiner Truppe im Dienst des Grafen Raimund von Toulouse, und er hatte dafür fünftausend Goldstücke kassiert. Das hindert Tankred nicht, in das Lager des Herzogs Gottfried überzuwechseln. Der Chronist Raimund:

„Deshalb wurde viel Streit ausgefochten, und am Ende verließ Tankred bösartig den Grafen."

Am 19. Mai 1099 erreicht das Kreuzzugsheer die fatimidische Grenze am Hundefluß auf dem Weg nach Beirut. Die Ägypter haben am Grenzfluß keine Truppen stationiert. Die Herrscher in Kairo hatten auf einen Vertrag mit den Kreuzfahrern gesetzt und es unterlassen, ein Heer zu mobilisieren. Der Statthalter von Beirut versorgt das Kreuzzugsheer, das am 20. Mai 1099 Sidon erreicht. Die Besatzung greift die Kreuzfahrer an, muß sich aber hinter die Mauern zurückziehen. Ohne weitere Kampfhandlungen erreicht das Heer Anfang Juni die rein muslimische Stadt Ramla (Israel). Alle Einwohner sind geflohen. Ein normannischer Priester wird zum lateinischen Bischof von Ramla ernannt. Ritter, Kleriker und Pilger sind in Jubelstimmung. Die heiligen Stätten sind nur noch eine Tagesreise entfernt. Die meisten sind nun drei Jahre unterwegs, manche vier. Zehntausende haben die Wallfahrt nicht überlebt, Tausende sind zur Verwaltung ihrer Neuerwerbungen unterwegs seßhaft geworden.

LETZTE UMWEGE

Am Abend des 7. Juni 1099 schlagen die Kreuzfahrer ihr Lager bei Jerusalem auf. In der Nacht ziehen viele Kreuzfahrer los, um sich Besitz in der Umgebung anzueignen. Der Chronist Raimund billigt diese Taten nicht:

„Jeder wollte dem anderen zuvorkommen, aus Ehrgeiz, Burgen und Dörfer zu besetzen.Es gab nämlich unter uns folgenden Brauch: Wenn jemand als erster zu einer Burg oder einem Dorf kam, und ein Zeichen mit einer Wache setzte, so durften diese von keinem anderen mehr angetastet werden."

la saincte Cite de ihrslm. par les
premiers pelerins avisiez. Des
quelz estoient les principaulx
Godefroy duc de lorraine. Robert
duc de normendie. Raymond
conte de Thoulouse. Robert
conte de flandres. et Tancret
nepveu Buimond. Et com
bien que en la principale armee
de cestui voyage se trouvassent
ou siege de Nicque. Cent.
Mil. hommes a cheual. et vi.c.
Mil. apie tous portans armes
sans les femmes. enfans. et vieil
les gens non armes. Toutesfois
en cestui jour que la saincte Cite
fut assiegee non tout le temps
que dura le siege. les xpiens
ne se trouuerent en tout tant
hommes que femmes que. xx.
Mil deffensables. Desquelz
navoit encores que. xv.c. a che

Nach Albert von Aachen gab es auch frommere Taten:

„Zu Herzog Gottfried kam eine Botschaft der christlichen Einwohner der Stadt Bethlehem und vor allem jener anderen Christen, die beim Herannahen des christlichen Heeres unter Todesdrohungen aus Jerusalem vertrieben worden waren, weil die Sarazenen sie für Verräter hielten. Diese Christen flehten Gottfried an, er möge im Namen unseres Herrn Jesu Christi den Marsch beschleunigen und ihnen unverzüglich Hilfe bringen... Der Herzog... wählte noch in der gleichen Nacht ungefähr hundert gepanzerte Ritter... und schickte sie nach Bethlehem voraus... Die christlichen Bürger... zogen ihnen mit Hymnen und Lobgesängen und unter Austeilung des heiligen Wassers entgegen, nahmen freudig die christlichen Ritter auf und küßten ihnen Augen und Hände..."

Da die Christen in Bethlehem nicht bedroht sind, kehren die Ritter zum Heer zurück. Alberts Bericht über die Ausweisung der Christen ist glaubwürdig. Diese Maßnahme des ägyptischen Statthalters erleichtert die Verteidigung Jerusalems und wird sich für die Ausgewiesenen als segensreich erweisen. Die Frage ist allerdings, ob alle Christen die Stadt verlassen hatten.

Lager der Kreuzfahrer vor Jerusalem. Frauen holen Wasser. Männer sammeln Pfeile. Bau der Belagerungsgeräte. Miniatur um 1490.

DAS IRDISCHE JERUSALEM

Am nächsten Tag gewahren die Pilger das Ziel ihrer Wallfahrt. Über Jerusalem schweben zwar nicht die Engel des Herrn und die Pforten zum Paradies erweisen sich als irdische Festungstürme. Und doch ist die Freude groß. Albert von Aachen:

„Laut erschallen Hymnen und Lobgesänge und alle weinen vor Freude."

Sie haben Jerusalem erreicht. Das Land, in dem Milch und Honig fließen, war ihnen von Predigern versprochen worden. Bisher hatten sie die meiste Zeit gehungert. Mehr als hunderttausend Pilger waren aufgebrochen, weniger als zwanzigtausend sehen nun den Ort der Verheißung vor sich liegen. Aber die heiligen Stätten befinden sich hinter riesigen Mauern. Iftikhar, der Statthalter der Fatimiden, hat die Anweisung, die Stadt zu verteidigen. Albert von Aachen sieht darin einen Vertragsbruch:

„Der König von Babylon (Kairo) hatte nämlich das Bündnis gebrochen, das seine Gesandten mit den Fürsten zu Antiochia geschlossen hatten. Und keinen anderen Grund hatte er dazu, als daß Graf Raimund die Stadt Tortosa genommen und mehrere Tage lang die Burg Arqa belagert hatte."

Die Lateiner halten die Eroberung einer muslimischen Stadt durch Christen für etwas Selbstverständliches. Folgerichtig sieht Albert es als ein Unrecht an, wenn Muslims ihr Eigentum verteidigen. Der Chronist beschreibt den Beginn der Belagerung:

„Den Herzog Gottfried, weil er stark im Rat und an Kräften mächtig war, stellten sie mit seinen kriegswilden und ungestümen Deutschen an die Stelle gegenüber dem Davidsturm auf... und sie beschließen, daß bei ihm Tankred, Graf Raimund und zwei Bischöfe aus Italien mit ihrem Gefolge... Stellung nehmen sollten. Dann ordneten sie Robert von Flandern, den hochbetagten Hugo von St. Paul und ihre Leute ab, die Stadtmauer dort belagert zu halten, wo im steilen Abfall sich die Felder erstrecken..."

Graf Raimund von Toulouse besichtigt die Umgebung von Jerusalem. Der Chronist Raimund von Aguilers:

„Als der Graf zum Berg Zion kam und die Kirche sah und von den Wundern Gottes hörte, da sprach er zu den Fürsten und den anderen: »Wenn wir diese heiligen Gaben Gottes im Stich lassen würden, und die Sarazenen würden sie erobern, was würde mit uns geschehen? Was wäre, wenn sie sie zerstören und besudeln, weil wir uns untereinander so hassen...?« Gegen den Willen der Fürsten verlegte der Graf sein Lager auf den Berg Zion."

Bemerkenswert ist die Logik des Grafen, beziehungsweise die des Chronisten. Nach den Aussagen der Kreuzpredigt hätte die Kirche längst entweiht sein müssen. Nun, da die Kirche nicht beschädigt ist, will der Graf sie vor den Folgen der Kreuzfahrt schützen. Dem Chronisten geht es darum, eine fromme Tat seines Grafen zu schildern. Der Widerspruch zum Besudelungsvorwurf interessiert ihn nicht. Auch die anderen Chronisten versuchen nicht, die Behauptungen der Propaganda zu belegen. Das Feindbild war in Europa fixiert worden, um für die Kreuzfahrt zu werben. Die Kreuzfahrer hatten nun schon viele unbeschädigte Kirchen vorgefunden, und die Chronisten berichten ohne jedes Erstaunen darüber. Sie brauchen keine Rechtfertigung mehr, um Jerusalem zu erobern. Raimund fährt mit seinem Bericht fort:

„Am nächsten Tag... erzählte ein Einsiedler auf dem Ölberg den Fürsten: »Der Herr wird euch Jerusalem geben, wenn ihr es morgen bis zur neunten Stunde stürmt.« Die Christen antworteten: »Wir haben keine Belagerungsmaschinen.« Daraufhin sagte der Einsiedler: »Gott ist so allmächtig, daß ihr die Mauern ohne Leitern erklimmen könnt, wenn er es wünscht.« So stürmten sie am nächsten Morgen bis zur dritten Stunde mit den Belagerungsgeräten, die sie in der Nacht behelfsmäßig hergestellt hatten."

Der erste Angriff der Kreuzfahrer wird blutig zurückgeschlagen und das Frohlocken verfliegt. Der Chronist Raimund schätzt die Anzahl der Verteidiger auf sechzigtausend. Das ist sicher übertrieben. In Jerusalem hielten sich insgesamt vielleicht fünfzigtausend Menschen auf. Dem ägyptischen Kommandanten standen wahrscheinlich weniger als fünftausend ausgebildete Krieger zur Verfügung. Die Garnison bestand aus Arabern und Sudanesen. Nach Raimund konnten die Kreuzfahrer zwölf- bis dreizehnhundert Ritter aufbieten, dazu zwölftausend Männer die »körperlich geeignet« waren. Die ägyptische Garnison ist mit Wasser und Lebensmitteln gut versorgt. Die alten römischen Mauern waren von den Byzantinern, Arabern und Ägyptern erhalten und ergänzt worden. Die osmanischen Mauern, die heute die Altstadt von Jerusalems umgeben, folgen dem damaligen Verlauf.

ERNEUTE MÜHSAL

Die Kreuzfahrer sehen sich gezwungen, Belagerungsmaschinen zu bauen. Dabei sind ihnen Schiffsleute aus Genua behilflich, die im nahen Jaffa gelandet waren, aber ihre Schiffe verloren hatten. Das Holz muß über große Entfernungen herantransportiert werden. Die Ägypter hatten alles Brauchbare aus der Umgebung entfernt. Albert von Aachen:

„Eiligst machten sich die Handwerker an die Arbeit, die Maschinen, Wurfgeschütze und Widder herzustellen, die einen mit Axt und Beil, die anderen mit Bohrern, bis nach vier Wochen das ganze Werk, Sturmmaschine, Widder und Wurfgeschütze bis auf den Nagel vollendet war... Dann wurden Jünglinge und Greise, Knaben, Mädchen und Weiber aufgefordert, nach dem Tal von Bethlehem zu laufen und von dort auf Maultieren und Eseln oder auf eigenen Schultern Gesträuch und Buschwerk herbeizuschleppen. Als dreifaches Geflecht geknüpft, sollte es den ganzen Bau umkleiden, um die sarazenischen Geschosse abzuwehren... Es wurde mit Leder... bedeckt, damit die Maschine weniger leicht durch feindliches Zündwerk in Brand gesteckt werden konnte."

Über die irdische Entlohnung der Mühsal informiert Raimund von Aguilers:

„Nur die Handwerker, die durch öffentliche Sammlungen bezahlt wurden, und die Männer von Graf Raimund, die aus dessen Schatz ihren Lohn erhielten, arbeiteten für Geld."

An einen schnellen Sieg denkt im christlichen Lager niemand mehr. Täglich kommt es zu Gefechten. Der Chronist Guibert von Nogent schildert, wie sich die Kinder in den Kampfpausen die Zeit vertrieben haben sollen:

„Diejenigen, die dabei waren, berichten..., daß Scharen von Kindern kamen, die einen aus der Stadt, die anderen aus der Mitte der Unsrigen und dem Lager ihrer Eltern, die einander angriffen, und auf die gleiche Art kämpften, wie die Erwachsenen... Auch wenn die Eltern einiger von ihnen tot waren, hatten die Kinder trotzdem ihren Weg fortgesetzt und sich an die Anstrengungen, das Elend und die Entbehrungen gewöhnt. Sie zeigten sich den erwachsenen Männern in keiner Weise unterlegen. Sie bildeten ein Männerbataillion und gaben sich Fürsten, die sie untereinander gewählt hatten... Diese junge und einzigartige Mannschaft hänselte oft die Kinder aus der Stadt, jeder bewaffnet mit langen Rohrhalmen anstelle der Lanzen. Jeder hatte aus Weidenruten ein Schild geflochten, und jeder trug, je nach seinen Kräften kleine Pfeile und Bogen. Diese Kinder und die aus der Stadt, rückten vor und trafen sich mitten auf der Ebene, während die Eltern auf beiden Seiten zuschauten... Man sah, wie sie einander reizten, schreiend vorstürzten und sich oft blutige Schläge versetzten, ohne daß aber jemals eine Todesgefahr bestand."

In den überlieferten Texten der Augenzeugen werden diese Kindergefechte nicht erwähnt. Sicher wurden solche Geschichten erzählt und dabei ausgeschmückt. Im Lager der Kreuzfahrer fehlt es vor allem an Wasser. Albert von Aachen:

„Belagert aber wurde die Heilige Stadt, die von den Söhnen der Unzucht überfallen und ihren rechtmäßigen Kindern verweigert worden war, im Monat Juni, der seiner Hitze und Sonnenglut wegen für ganz unerträglich gilt... Es fehlen nicht nur größere Flüsse, sondern auch kleine, frische Quellen... Unter dieser stechenden Sonnenglut, unter der ganz unbeschreiblichen Trockenheit hat das christliche Volk während dieser Belagerung schwer gelitten. Wenn einzelne Brüder einzeln ausgeschickt wurden, um Wasser zu holen, so kamen sie manchmal unversehrt und mit Quellwasser zurück; manchmal aber blieben sie auch mit abgeschlagenen Köpfen im heidnischen Hinterhalt liegen. Und das Wasser in Ziegenschläuchen... war oft trüb und schmutzig geworden und voll schlüpfriger Blutegel. Gleichwohl zahlte man zwei Kupfermünzen für einen Schluck dieses Wassers, soviel der Mund aus dem engen Loch des Lederschlauchs fassen konnte, und war das Wasser auch alt und faul und aus schmutzigen Pfützen oder alten Brunnengruben geschöpft. Sehr viele vom gemeinen Volk, die der unerträgliche Durst quälte, waren froh über dieses Wasser und schluckten schmutzige Würmer und Wassertiere mit hinunter, bis ihnen Gurgel und Bauch anschwollen und sie daran starben."

DIE VERTEILUNG DES WASSERS

Raimund von Aguilers beschreibt die Kämpfe um die einzige stadtnahe Quelle:

„Die Quelle von Siloam, am Fuß des Berges Zion, fließt nur jeden dritten Tag... Der Durst zwang viele, sich in die Quelle zu werfen. Viele Lasttiere und Vieh gingen im Gedränge unter. Die Starken schoben und stießen sich todbringend durch das Becken, das mit toten Tieren verstopft war und gefüllt mit kämpfenden Menschen, zu der Stelle, an der das Wasser aus dem Felsen fließt... Die Schwachen lagen ausgestreckt bei der Quelle, und ihre aufgerissenen Münder waren sprachlos wegen der trokkenen Zungen. Mit ausgestreckten Händen baten sie die Glücklicheren um Wasser... fünf Silbermünzen reichten nicht aus, um eine Tagesration Wasser zu kaufen."

Die fällige sozialkritische Anmerkung macht Albert von Aachen:

„Der Adel und wer sonst das Geld dafür besaß, hatte stets großen Überfluß an Trauben und Wein; die armen, von allen Mitteln entblößten Pilger hatten sogar an Wasser, wie ihr gehört habt, großen Mangel."

DIE VERTEILUNG DER STADT

Im Lager gibt es Streit um die Besitzrechte an der Stadt. Raimund von Aguilers:

„Wir hielten Versammlung ab, weil die Anführer schlecht miteinander auskamen. Man sprach über Tankred, weil er Bethlehem besetzt hatte und über der Geburtskirche, die Gemeineigentum ist, seine Fahne aufgezogen hatte. Besprochen wurde auch, daß einer der Fürsten zum König gewählt werden sollte, der die Stadt regieren solle... wenn Gott sie uns gegeben haben würde... Auf diese Punkte antworteten die Bischöfe und Kleriker: »Es ist falsch einen König zu wählen, wo der Herr litt und gekrönt wurde... Es sei aber einer Anwalt (Vogt, Schutzherr), der über Jerusalem wacht und die Abgaben und Steuern unter den Beschützern der Stadt verteilt.« Wegen dieser und anderer Gründe wurde die Wahl verschoben... auch anderes brachten wir nicht voran... nur die Mühe und die Beschwernisse verdoppelten sich an manchen Tagen für das Volk."

VISIONEN UND UMZÜGE

Wenn sich das Kreuzheer in kritischen Situationen befindet, geben die Chronisten häufig Berichte über Visionen wieder, die im Lager der Kreuzfahrer verbreitet wurden. Besonders Raimund von Aguilers nutzt dabei die Gelegenheit, seine eigenen moralischen Vorstellungen mitzuteilen. Auf der anderen Seite hat die Verbreitung der Berichte über Visionen offenbar die Funktion gehabt, für die Vorhaben der jeweiligen Parteien Stimmung zu machen. In der Regel geben in den Visionen Heilige oder andere Autoritäten den Kreuzfahrern Befehle. Raimund von Aguilers schildert eine Vision, in der der verstorbene Legat Adhémar von Le Puy den Kreuzfahrern solche Anweisungen gibt:

„Ihr seid aus fernen Gegenden gekommen, um den Gott und Herrn der Heerscharen anzubeten. Reinigt euch nun von euren Befleckungen und wendet euch ab von euren bösen Taten... Lauft mit nackten Füßen um die Stadt Jerusalem, ruft den Herrn an und fastet. Wenn ihr das tut und die Stadt bis zum neunten Tage mannhaft belagert, wird sie fallen. Andernfalls wird euch alles Übel, das ihr schon erlitten habt, von Gott vervielfacht."

Albert von Aachen meldet den Vollzug:

„Am Freitag zogen alle Christen in feierlicher Prozession rings um die Stadt, gingen dann zum Ölberg hinauf... Und dort hielten Peter der Einsiedler und Arnulf... aus Flandern eine Predigt zum Volk und tilgten allen Zwist, der aus verschiedenen Ursachen zwischen den Pilgern ausgebrochen war. Auch der Streit, der seit langer Zeit zwischen Graf Raimund und Tankred des Soldes wegen bestand,... wurde auf geistliche Mahnung hin freundlich und in Liebe beigelegt..."

Nachdem die innere Harmonie wieder hergestellt ist, nimmt der äußere Feind ein schreckliches Aussehen an. Albert von Aachen:

„Und während dabei die Kleriker... in Andacht und Frömmigkeit die Reliquien der Heiligen trugen, wurden mehrere würdige Laien von den Pfeilen der Sarazenen getroffen, die von der Stadtmauer aus die Vorbeiziehenden beobachteten. Es war nämlich diese Kirche auf dem Berge Zion nur einen Pfeilschuß weit von der Stadt entfernt. Dort an jener Stelle richteten die Sarazenen auch, um die Christen zum Zorn zu reizen, Kreuze auf, die sie dann bespien. Sie scheuten sich auch nicht, vor aller Augen auf sie zu urinieren."

DER STURM BEGINNT

Als die Belagerungsmaschinen fertiggestellt sind, beginnt der Angriff. Albert von Aachen:

„Um den Zusammenbruch und die Zerstörung der Mauern zu beschleunigen, wurde der Widder herbeigeschleppt, eine Maschine von schrecklichem Gewicht und Bau, mit Flechtwerk und Reisig bedeckt. Und der, von vielen Männern mit unbeschreiblicher Kraft und Gewalt angetrieben, zertrümmert den Vorwall und die äußeren, der Stadtmauer vorgelagerten Mauerwerke mitsamt dem um die Stadt geführten Wall in einem einzigen Augenblick und läßt sie unter der schweren Wucht des von den arbeitenden Männern geführten Stoßes zusammenbrechen..."

Die Muslims verteidigen sich mit chemischen Waffen. Albert von Aachen:

„... um der drohenden Gefahr zu wehren, setzten sie mit brennendem Schwefel, Pech und Wachs den Widder, der den Mauern schon allzu nahe stand, in Brand, damit er nicht weiter mit seiner eisernen Stirn die Mauer zertrümmern und die Bresche erweitern könne. Da schreit das Volk Gottes plötzlich erregt mit Lärm nach Wasser und von allen Seiten, aus den Zelten und Hütten, schleppten sie Wasser herbei und endlich gelingt es, das Feuer am Bau des Widders zu löschen."

Kreuzfahrer belagern eine Stadt. Miniatur 14. Jahrhundert.

EIN CHRISTLICHES VERSPRECHEN

Der ägyptische Kommandant hatte in Kairo Unterstützung angefordert. Den Kreuzfahrern gelingt es, zwei Boten aus Ägypten abzufangen. Albert schildert ihre Behandlung:

„Einer von beiden wurde durch einen unbändigen Jüngling mit der Lanze durchbohrt und hauchte alsbald seine Seele aus. Der andere wurde lebendig und heil vor die christlichen Fürsten geführt, damit sie durch Drohungen und das Versprechen, ihn am Leben zu lassen, die Botschaft des Königs von ihm erpressen konnten... Der Mann, der sehr um sein Leben fürchtete, offenbarte ihnen die Botschaft des Königs von Babylon,... daß er beschlossen habe, in vierzehn Tagen mit großer Heeresmacht nach Jerusalem zu kommen,... um die Franken zu vernichten. Und nachdem er dies und anderes enthüllt, wurde der Mann den Soldaten zurückgegeben. Und die legten ihn mit gebundenen Händen und Füßen auf eine Schleudermaschine, um ihn so nach einer ersten und zweiten Anspannung über die Mauern zu schleudern. Aber sein allzu großes Gewicht belastete den Riemen zu sehr, und so schleuderte sie den Ärmsten nicht sehr weit. Er fiel alsbald nahe der Mauer auf hartem Steingeröll nieder und brach Genick und und Beine und soll im Augenblick schon tot gewesen sein."

Ein Versprechen, das einem Muslim gegeben wird, muß nicht gehalten werden. Diese Rechtsfigur werden die Kreuzfahrer noch weiter entwickeln.

SCHWERE ARTILLERIE UND FLAMMENWERFER

Die Verteidiger wehren sich in Erwartung eines Entsatzheeres erbittert. Albert von Aachen:

„Als nun aber die Einwohner der Stadt und die Soldaten des Königs von Babylon sahen, daß... die Christen immer kühner die Stadt bestürmten und daß hier und dort ihre Sturmmaschinen der Stadt allzu sehr zu schaffen machten, richteten auch sie vierzehn große Schleudermaschinen auf, die ununterbrochen in großer Gewalt und Wucht Steine wider die christlichen Maschinen schleuderten, um sie durch häufige Würfe zu erschüttern und zu zerstören und unter ihren Trümmern auch ihre Besatzung zu vernichten. Von diesen vierzehn Schleudermaschinen waren neun gegen die Sturmmaschine des Grafen Raimund aufgestellt, bedient von einer unzähligen Schar von Kriegern und Städtern. Und durch ihre unablässigen und ganz unerträglich starken Würfe ward schließlich die Maschine schwer erschüttert und beschädigt und ihre ganzes Gefüge aufgelöst. Ja ihre ganze Besatzung, hart bedrängt und ganz bestürzt durch das drohende Verderben, vermochte kaum der Todesgefahr zu entrinnen."

Technologisch waren die Verteidiger den Kreuzfahrern überlegen. Der Belagerungskrieg hatte im Orient das Niveau der Antike bewahrt. Aber die Kreuzfahrer waren eifrige Schüler. Albert von Aachen über den Einsatz des griechischen Feuers und die Gegenmaßnahmen der Belagerer:

„Sie schleppten nämlich jetzt eine ungeheure und unermeßlich schwere Menge von Holzstämmen herbei, die sie mit eisernen Klammern und Haken zusammenhielten. Und zwischen diesen Klammern stopften sie Werg, das mit Pech, Wachs und Öl und allen anderen Arten von brennbaren Stoffen vermischt und durchfettet war. Und mitten um diesen riesigen Holzklotz wickelten sie eine schwere eiserne Kette, damit er nicht von den Pilgern mit ihren eisernen Haken gepackt und weggezogen werden könne..."

Sodann setzen die Muslims ihre Waffe in Brand. Albert von Aachen:

„Und auf Leitern, mit Lanzen und allen Werkzeugen ließen sie nun die große Holzmasse, die so stark brannte, daß kein Wasser sie mehr löschen konnte, mit einem plötzlichen Stoß auf den Platz zwischen Mauer und Maschine fallen. So sollten durch die fürchterliche Feuerglut bald die Pfosten und Balken, auf denen die ganze Maschine ruhte, in Brand geraten und der ganze Bau über seiner Besatzung zusammenstürzen... Aber von christlichen Einwohnern hatten die Pilger von der ganzen Sache erfahren und wußten, daß dies Feuer durch kein Wasser, sondern nur durch einen Strom von Essig gelöscht werden könne. Und darum hatten sie in der Maschine in Schläuchen Essig bereit gestellt und schütteten und gossen diesen nun über den brennenden Holzklotz aus. Und so erlosch die gewaltige Feuersbrunst und vermochte der Maschine nicht weiter zu schaden... Jetzt liefen dort viele Pilger zusammen, griffen nach der Kette und nun begann mit aller Kraft ein großes Ringen, indem die einen von draußen, die anderen von drinnen an der Kette zogen. Aber mit Gottes Hilfe überwog die Kraft der Christen und so entrissen sie den Sarazenen die Kette und sie blieb in ihren Händen."

*Belagerungskrieg.
Miniatur
14. Jahrhundert.*

Raimund von Aguilers über die letzten Vorbereitungen im Abschnitt des Grafen Raimund:

„Graf Raimund ließ seine Armee und den Belagerungsturm von Süden gegen die Mauer vorrücken. Unsere Anführer berieten, wie sie den Graben füllen könnten. Sie kündeten an, daß jeder eine Silbermünze erhalten solle, der drei Steine zur Füllung des Grabens herbeibringen würde. In drei Tagen und Nächten war der Graben gefüllt. Dann wurde der Turm vorgerückt. Die Verteidiger kämpften mit verwunderlichem Mut und warfen mit Steinen und Feuer."

Al-Aqsa-Moschee

Gemetzel in der al-Aqsa-Moschee. Miniatur 14. Jahrhundert.

In der Nacht zum 14. Juli beginnt der Sturmangriff. Raimund von Aguilers beschreibt die letzten Vorbereitungen:

„Was soll ich mehr sagen? Alle brachten Opfer und erflehten mit reichen Almosen Gottes Gnade, daß er sein Volk am Ziel nicht verlassen solle..."

Wilhelm von Tyrus beschreibt die Stimmung:

„Alle waren entschlossen, entweder ihr Leben für Christus zu lassen oder der Stadt wieder die christliche Freiheit zu geben. Auch Greise, Kranke und Junge, die keine Waffen führen konnten, waren von frommer Kampfeslust entbrannt. Ja sogar die Weiber vergaßen ihr Geschlecht und ihre Gebrechlichkeit und wagten es, mehr als ihre Kräfte vermochten, sich männlichen Arbeiten zu unterziehen und die Waffen zu ergreifen."

Der Autor der Gesta meldet den Sieg:

„Am Freitag... griffen wir die Stadt von allen Seiten an, konnten aber nichts erreichen, so daß wir erstaunt und furchtsam waren. Aber als die Stunde kam, in der unser Herr es auf sich nahm, für uns die Marter am Kreuz zu erleiden, kämpften unsere Männer tapfer auf dem Belagerungsturm, geführt von Herzog Gottfried und seinem Bruder Eustachius. In diesem Augenblick gelang es einem unserer Ritter, der Laetholdus genannt wurde, auf die Mauer zu steigen."

Raimund von Aguilers:

„...sie begannen furchtlos und unerschrocken in die Stadt Jerusalem einzudringen. Unter den ersten, die eingedrungen waren, vergossen Tankred und Gottfried an diesem Tag eine unglaubliche Menge von Blut. Nach ihnen kamen die anderen und die Sarazenen hatten es zu erdulden."

Albert von Aachen:

„Dies sieht das ganze Volk, und mit unbeschreiblichem Geschrei rufen die Fürsten, die Stadt sei genommen. Von allen Seiten werden Leitern an die Mauern gelegt und alles eilt, um sie zu ersteigen und in die Stadt einzudringen."

Der Autor der Gesta:

„Als der Graf (Raimund) hörte, daß die Franken in der Stadt waren, sagte er zu seinen Männern: »Warum seit ihr so langsam. Seht, die anderen Franken sind schon in der Stadt.« Dann ergab sich der Emir, der den Turm Davids besetzt hielt, dem Grafen und öffnete ihm das Tor, an dem die Pilger gewöhnlich ihre Steuer zahlen mußten. Unsere Männer betraten die Stadt und schlugen die Sarazenen bis zum Tempel Salomons (Moschee) tot, wo diese Zuflucht suchten und den ganzen Tag lang erbittert gegen unsere Männer kämpften, so daß der ganze Tempel von ihrem Blute schwamm."

Raimund von Aguilers:

„Wir kamen zum Tempel Salomons, wo sie ihren Ritus und ihre Gesänge pflegten. Was aber geschah dort? Wenn ich die Wahrheit sage, wird man mir nicht glauben. Es mag genügen, daß sie im Tempel Salomons und im Vorhof bis zu den Knien und den Zügeln ihrer Pferde im Blut ritten. Wahrlich ein gerechtes Gericht, daß der Ort das Blut derjenigen empfing, deren Gotteslästerung er solange erdulden mußte."

Albert von Aachen:

„Inzwischen laufen einige Pilger zu den Stadttoren, schieben die eisernen Riegel und Torbalken zurück und lassen das ganze Volk zu ihrer Hilfe in die Stadt ein. Und da soll an einem Tor ein ganz unglaubliches Drücken und fürchterliches Drängen der Einstürmenden gewesen sein. Pferde wurden durch das entsetzliche Menschengewühl scheu gemacht und fielen mit weit geöffnetem Maul und schweißgebadet mehrere Pilger mit den Zähnen an. Ungefähr sechzehn Männer wurden dort durch die Hufe der Pferde und Maultiere und durch die Füße der Menschen zertreten und hauchten ihren Lebensatem aus. Auch durch die Bresche, die der Widder geschlagen hatte, drangen mehrere Tausend Männer und Weiber in die Stadt ein. Sie scharten sich alle zusammen und liefen mit großem Geschrei zu dem Palast, brachten ihren vorausgeeilten Brüdern Hilfe und metzelten im ganzen weiten Hause die Sarazenen in grausamen Morden nieder. So ungeheuer viel Blut wurde dort vergossen, daß ganze Bäche über die Fliesen der königlichen Halle rannen und die Pilger bis zu den Knöcheln im roten Blut wateten."

BLUT UND WASSER: BESCHREIBUNG DES SCHAUPLATZES

An dieser spannenden Stelle unterbricht Albert die Erzählung und fängt ein neues Kapitel an. Es heißt: »Vom Brunnen im königlichen Palast.« Pilger und Kreuzzugschronisten hatten das Jerusalem unter muslimischer Herrschaft beschrieben. Albert lagen zweifellos solche Berichte vor. Bei dem »königlichen Palast« handelte es sich um den Gebäudekomplex um die Felsenmoschee und die Al-Aqsa-Moschee. Dazu gehörte auch eine große Zisterne, aus der das Wasser für die religiösen Waschungen entnommen wurde. Albert siedelt das weitere Geschehen in einer authentischen Kulisse an:

„Vor den Toren dieses Palastes lag der königliche Brunnen, breit und tief ausgehöhlt wie ein See, von einem Dachgewölbe bedeckt, das überall auf Marmorsäulen ruhte. Zu diesem Brunnen liefen viele von den Sarazenen über die Stufen, die zum Wasserschöpfen herunterführten. Viele von diesen Sarazenen ertranken im Brunnenwasser, andere wurden noch auf den Stufen beim Heruntersteigen von den sie verfolgenden Christen erschlagen. In der kopflosen Flucht und im blinden Lauf aber fielen manche Christen wie Sarazenen durch die Öffnungen, die durch das Dachgewölbe hindurch wie Brunnenrinnen hinunterführten, ertranken im Wasser oder blieben auch mit zerbrochenem Genick und zerschmetterten Gliedern oder zerrissenen Eingeweiden tot am Boden liegen."

Albert verwebt die Beschreibung der Anlage mit dem Ablauf der Ereignisse. Nun hält er es für wichtig, dem Leser eine Mitteilung über die Herkunft des Wassers zu machen und gönnt ihm eine Pause, bevor er den Bericht über das Blutbad fortsetzt.

„Es wurde dieser Brunnen durch das Regenwasser gefüllt, das durch die Dachtraufen und Rinnen des königlichen Palastes und den Tempel des Herrn und von den Dächern vieler anderer Gebäude dort zusammenfloß. Und der Brunnen bot im ganzen Kreis des Jahres stets im Überfluß gesundes und frisches Wasser für alle, die in jener Gegend der Stadt wohnten."

Albert von Aachen:

„Nach dem fürchterlichen und blutigem Hinmorden der Sarazenen, von denen dort zehntausend erschlagen wurden, kehrten die Christen siegreich vom Palast zur Stadt zurück und machten nun viele Scharen von Heiden, die in ihrer Todesangst versprengt durch die Gassen irrten, mit dem Schwert nieder... Kein Alter und kein Geschlecht der Heiden wurde verschont."

Raimund von Aguilers:

„Als sich die Unsrigen schon der Mauern und Türme bemächtigt hatten, konnte man Wunderbares erblicken. Den einen wurden, was leichter war, die Köpfe abgeschlagen, andere wurden mit Pfeilschüssen gezwungen, von den Türmen zu springen. Wieder andere wurden lange mit Feuer gequält und verbrannt. Man sah Haufen von Köpfen, Händen und Füßen in den Häusern und Gassen. Überall liefen Menschen und Pferde auf den Leichen hin und her."

Fulcher von Chartres:

„Was soll ich sagen? Niemand wurde am Leben gelassen. Weder Frauen noch Kinder wurden verschont."

Wilhelm von Tyrus:

„Schauerlich war es anzusehen, wie überall Erschlagene umher lagen und Teile von menschlichen Gliedern, und wie der Boden mit vergossenem Blut ganz bedeckt war. Und nicht nur die verstümmelten Leichname und die abgeschnittenen Köpfe waren ein furchtbarer Anblick. Den größten Schauer mußte es erregen, daß die Sieger selbst vom Kopf bis zu den Füßen mit Blut bedeckt waren."

Raimund von Aguilers:

„Als die Stadt so mit Leichen und Blut erfüllt war, flohen einige zum Davidsturm und baten den Grafen Raimund um eidliche Sicherheit und übergaben ihm die Burg. Nach der Eroberung der Stadt war es der Mühe Lohn, die Andacht der Pilger vor dem Grab des Herrn zu sehen, wie sie klatschten, jubilierten, und dem Herrn ein neues Lied sangen. Ihre Seelen boten sich dem siegreichen und triumphierenden Gott mit Lobgebeten, die man mit Worten nicht ausdrücken kann."

Ibn al-Atir:

„In der al-Aqsa-Moschee töteten die Franken mehr als siebzigtausend Muslims, unter ihnen viele Imame, Religionsgelehrte, Fromme und Asketen, die ihr Land verlassen hatten, um an diesem geheiligten Ort zu beten."

GEREINIGT ZUR FEIER DES SIEGES

Wilhelm von Tyrus läßt die Kreuzfahrer nicht ganz ohne Vorbereitungen zur Siegesfeier schreiten, sondern erst für Ordnung sorgen:

„Wie nun die Stadt völlig unterjocht und die Bürger getötet waren, und auch der Tumult sich ein wenig gelegt hatte, traten die Fürsten zusammen, noch ehe sie die Waffen niedergelegt hatten. Sie verordneten, daß jeder Turm zur größeren Sicherheit mit Wachen besetzt werden sollte..."

Von der Verteilung der Häuser und Liegenschaften berichtet Wilhelm von Tyrus an anderer Stelle. Er fährt hier fort:

„Als endlich auf diese Weise in der Stadt die Ordnung hergestellt war, wuschen sie sich die Hände, zogen reine Kleider an und gingen dann mit demütigen und zerknirschten Herzen an den ehrwürdigen Orten umher... und küßten dieselben in größter Andacht. Bei der Kirche zum Leiden und der Auferstehung des Herrn kamen ihnen sodann das gläubige Volk der Stadt und der Klerus entgegen, die seit so vielen Jahren ein unverschuldetes Joch ertragen hatten, voll Dankes gegen ihren Erlöser, der ihnen die Freiheit geschenkt hatte. Mit Kreuzen und Bildern der Heiligen gingen alle in die genannte Kirche. Es war ein lieblicher Anblick, der das Herz mit frommer Lust erfüllte, das Volk in inbrünstiger Andacht die heiligen Orte betreten zu sehen. Mit welchem Jubel und mit welch geistiger Freude sie die Stätte küßten, wo der Herr gelitten hatte. Überall Tränen, überall Seufzer, aber nicht aus Angst und Betrübnis, sondern aus glühender Andacht, aus der höchsten Freude des inneren Menschen, Gott zum Opfer dargebracht. Sowohl in der Kirche als auch in der ganzen Stadt, erhob sich von dem Volk, das dem Herrn seinen Dank darbrachte, ein solches Getöse, daß es sich bis zu den Sternen zu erheben schien, daß man mit Recht sagen konnte: »Man singt mit Freuden vom Sieg in den Hütten der Gerechten.«"

Einen Monat später sprechen einige Flüchtlinge in Bagdad vor. Ibn al-Atir:

„In der Kanzlei des Kalifen gaben sie einen Bericht, der alle zum Weinen brachte und die Herzen bewegte. Am Freitag erflehten sie in der großen Moschee das göttliche Erbarmen. Sie waren in Tränen und die Zuhörer waren in Tränen, als sie das Unglück der Muslims schilderten. Die Männer getötet, die Frauen und Kinder gefangen, aller Habe beraubt..."

DAS MASSAKER: WER WAREN DIE OPFER?

Die lateinischen Augenzeugen (der Autor der Gesta und Raimund von Aguilers) bezeichnen die Opfer des Gemetzels durchweg als »Heiden« oder »Sarazenen«. Ebenso Albert von Aachen, dem weitere Augenzeugenberichte zur Verfügung standen und Fulcher von Chartres, der erst einige Monate später in Jerusalem eintraf. Man hat den Eindruck, daß die Kreuzfahrer ihre Opfer keiner ethnischen und religiösen Gruppe zuordnen konnten. Die byzantinische Chronistin Anna Comnena notiert dagegen zutreffend:

„Viele Sarazenen und Juden in der Stadt wurden abgeschlachtet."

Der arabische Chronist Ibn al-Qalanisi:

„Ein Teil der Bevölkerung floh zum Heiligtum, und eine große Menge wurde getötet. Die Juden versammelten sich in der Synagoge, und die Franken brannten sie über ihren Köpfen ab."

Nach Wilhelm von Tyrus waren vor der Ankunft der Kreuzfahrer nur die christlichen Männer im waffenfähigen Alter aus der Stadt gewiesen worden:

„Nachdem sie (die Muslims) dem (christlichen) Volke durch alle Arten von Foltern ihre Güter entrissen hatten, jagten sie bis auf die Alten und Kranken, die Frauen und die kleinen Kinder alle aus der Stadt, wo sie sich in kleinen Flecken verborgen hielten und täglich den Tod erwarteten."

Wilhelm von Tyrus nennt die Getöteten »Bürger«, also nicht »Heiden« oder »Sarazenen«.

„Wie nun die Stadt unterjocht und die Bürger getötet waren..."

Wilhelm von Tyrus arbeitete an seiner Chronik etwa siebzig Jahre später in Palästina. Ihm lagen neben den Berichten der Augenzeugen auch Quellen über die Geschichte Jerusalems vor. Dem hochrangigen Historiker war mit Sicherheit bewußt, daß in Jerusalem Juden gelebt hatten. Die Anwesenheit von Christen bekundet er selbst mehrere Kapitel vorher. Auch Juden und Christen waren rechtlich Bürger der Stadt. Wilhelm hat auf der Basis arabischer Quellen eine Geschichte des Orients geschrieben, die leider verschollen ist. Aber auch in seiner Geschichte des Kreuzzuges wird deutlich, daß er sich mit dem Islam und seiner Kultur beschäftigt hat. Er sieht in den Muslims Feinde, verurteilt sie aber nicht pauschal. Er vermeidet zum Beispiel für Muslims weitgehend die Bezeichnung »Heiden«. Die jüdisch-christlichen Elemente im Islam konnten ihm nicht entgangen sein. Er wußte auch, daß Juden und Christen in der islamischen Gemeinschaft Rechtspersonen waren. So bleibt der Chronist genau, aber sehr allgemein, wenn er die Opfer »Bürger« nennt.

WAR ES EIN BLUTRAUSCH?

Wilhelm von Tyrus schreibt als ein hoher Beamter des späteren Kreuzfahrerstaates. Er ist von der Rechtmäßigkeit des Kreuzzuges überzeugt. Er scheint aber das Vorgehen der Kreuzfahrer nicht zu billigen.

„Und unsere Fürsten kamen mit einer unermeßlichen Menge Volkes, das ohnehin mordlustig, nach dem Blut der Ungläubigen trachtete, auf verschiedenen Wegen unzählige niedermetzelnd, bis in die Mitte der Stadt..."

Wilhelm von Tyrus läßt anklingen, daß hier nicht in Einklang mit der überlieferten Botschaft Christi gehandelt wurde. Aber er verschweigt an dieser Stelle, was er vorher mitgeteilt hat: Daß sich auch Christen in der Stadt befunden haben müssen. Wilhelm von Tyrus übergeht, was ihm unerträglich erscheint oder er versucht, es zu erklären: Die Menge handelte in einer Art Blutrausch. Die zweite Erklärung: Die tumultuarischen Umstände.

„Die einen, welche dem Herzog und den Seinen entkommen waren und meinten, sie könnten dem Tod in die entgegengesetzte Richtung entfliehen,... fielen nun dort anderen in die Hände und kamen so aus den Strudeln der Charybdis (bei Messina) in die der Szylla (Seeungeheuer). Es wurden aber in der Stadt so viele Feinde erschlagen und so viel Blut vergossen, daß die Sieger selbst mit Schauder erfüllt sein mußten."

Das Massaker von Jerusalem gilt nicht nur den Muslims als eine herausragende Schandtat. Auch im christlichen Abendland wurde es immer wieder bedauert und kritisiert. Und es wurde im Sinn von Wilhelm von Tyrus erklärt: Die Kreuzfahrer metzelten nach den Strapazen der Reise im Blutrausch mehrere Stunden lang in einem vollständigen Chaos die Bevölkerung Jerusalems nieder. Träfe dies zu, wären die Kreuzfahrer von dem Vorwurf entlastet, sie hätten bewußt auch Christen niedergemetzelt. Professor Joshua Prawer von der Hebräischen Universität Jerusalem auf die Frage, ob die Kreuzfahrer überhaupt Muslims von Juden und Christen hätten unterscheiden können:

„Nein. Das war für Europäer fast unmöglich. Wer aus dem Westen kommt braucht sehr lange, um die verschiedenen Gruppen zu unterscheiden. Viele Christen, die Bärte trugen, wurden getötet, weil sie orientalisch

aussahen. Es sei denn, sie trugen christliche Symbole, etwa ein Kreuz. Aber es liegt auf der Hand, daß kein Christ es während der Belagerung gewagt hat, ein Kreuz zu tragen. So wurden möglicherweise einige Christen getötet, oder auch viele."

BLUTRAUSCH ODER SYSTEMATISCHE AUSROTTUNG?

In der ersten Phase haben Kreuzfahrer zweifellos im Blutrausch gemetzelt. Aber nicht nur und nicht alle. Der Autor der Gesta:

„Unsere Männer rannten danach (nach dem Sieg im Tempel) durch die ganze Stadt und brachten Gold und Silber, Pferde und Maultiere und Häuser mit all ihren Gütern an sich."

Fulcher von Chartres:

„Nach dem großen Gemetzel betraten sie die Häuser und ergriffen alles, was sie vorfanden. Es geschah so, daß jeder, der zuerst ein Haus betrat, ob er reich oder arm war, nicht von einem anderen Franken bedroht wurde. Er durfte das Haus oder den Palast, oder was er fand, besetzen und besitzen, als wäre es sein eigen. So einigten sie sich gegenseitig über ihr Recht auf Besitz. Auf diese Weise wurden viele arme Leute reich."

Der Autor der Gesta und Fulcher von Chartres tun so, als seien die Häuser menschenleer gewesen. Es liegt aber nahe, daß viele Einwohner in ihren Häusern geblieben waren. Das sieht auch Albert von Aachen so:

„Nach dem fürchterlichen und blutigen Hinmorden der Sarazenen, von denen dort (im Tempel) zehntausend erschlagen wurden, kehrten die Christen siegreich vom Palast zur Stadt zurück und machten nun viele Scharen von Heiden, die in ihrer Todesangst versprengt durch die Gassen irrten, mit dem Schwert nieder. Weiber, die in die befestigten Häuser und Paläste geflohen waren, durchbohrten sie mit dem Schwert. Kinder, noch saugend, rissen sie an den Füßen von der Brust der Mutter oder aus den Wiegen und warfen sie an die Wand und auf die Türschwellen und brachen ihnen das Genick. Andere machten sie mit den Waffen nieder, wieder andere töteten sie mit Steinen. Kein Alter und kein Geschlecht der Heiden wurde verschont. Wer zuerst in ein Haus oder einen Palast eindrang, behielt diesen in seinem Besitz, mit allem Gerät, mit Getreide, Gerste, Wein und Öl, Geld und Kleidern und allen Besitztümern. So wurden die Pilger Herren und Besitzer der ganzen Stadt."

Noch deutlicher schildert Wilhelm von Tyrus den Zusammenhang von Besitzergreifung und Tötung der Vorbesitzer.

„Der übrige Teil des Heeres (die nicht im Tempel beschäftigt waren) zerstreute sich in der Stadt und zog die, welche sich in Todesangst in engen Winkeln und versteckten Gassen verborgen hatten, wie das Vieh hervor und stieß sie nieder. In Abteilungen aufgeteilt drangen andere in die Häuser ein, wo sie die Hausherren mit Weibern und Kindern und dem ganzen Gesinde herausrissen und entweder mit dem Schwert durchbohrten oder von den Dächern herabstürzten, so daß sie mit gebrochenem Genick starben."

DESHALB...

Wilhelm von Tyrus beschreibt, welchem Zweck diese Tötungsakte dienten:

„Das Haus aber, das einer erbrach, nahm er sich mit allem, was darin war, für immer rechtlich in Besitz. Denn man war vor der Eroberung der Stadt miteinander übereingekommen, daß jeder seine Erwerbungen nach Eigentumsrecht ohne Widerspruch für immer besitzen solle, wenn die Stadt im Sturm genommen sei. Deshalb durchstreiften sie die Stadt sorgfältig und drängten sehr ungestüm auf die Ermordung der Bürger, erbrachen die Winkel der Stadt, auch die Verstecke und geheimsten Gelasse der Bürger, brachten ein Schild oder ein andere Waffe am Eingang an. Das sollte den Nahenden ein Zeichen sein, hierher nicht den Schritt zu wenden, sondern vorbeizugehen, weil der Ort schon von anderen besetzt sei."

Die Tötungen bei der Besitzergreifung sind nur schwerlich mit wahnhaften Zuständen zu erklären. Sowohl Albert von Aachen als auch Wilhelm von Tyrus beschreiben die Tötungen als zweckorientiertes Handeln. In den Häusern hatten die Opfer Gelegenheit, mit Hilfe des Kreuzzeichens ihre Religion kundzutun. Das hatten nach Albert schon die Christen in Antiochia vergeblich versucht:

„Darunter mischen sich auch die Leichen erschlagener und entseelter Christen... keiner wußte, wen er schonen und wen er treffen sollte. Denn in der Todesangst suchten viele Türken und Sarazenen die Pilger durch christliche Worte und Zeichen zu täuschen und so verloren viele beim allgemeinen Morden ihr Leben."

Nach dieser Logik hatten auch die Christen keine Chance, mit dem Leben davonzukommen. Die Kreuzfahrer müssen auch erkannt haben, daß ein ganzes Viertel Jerusalems in christlichem Besitz war. Hätten die Kreuzfahrer die Eigentumsrechte christlicher Vorbesitzer berücksichtigt, wäre das geschilderte Aneignungsverfahren nicht möglich gewesen. Von einer Versammlung der Fürsten und des Klerus, auf der über die zukünftige Form der Herrschaft über Jerusalem gestritten wurde, berichtet auch Raimund von Aguilers. Details über die Besitzverteilung erwähnt er nicht. Nur Wilhelm von Tyrus teilt mit, die Anführer hätten schon während der Belagerung beschlossen, sämtliche Häuser in Besitz zu nehmen. Aber diese Nachricht hat Gewicht, weil der Chronist die Besitzurkunden der Liegenschaften in Jerusalem kannte. Nach Albert von Aachen und Wilhelm von Tyrus haben die Kreuzfahrer also noch am Tag der Erstürmung auch kaltblütig getötet.

ALLE TOT, AM ERSTEN TAG?

Fulcher von Chartres sagt, niemand sei am Leben geblieben. Raimund von Aguilers läßt die Frage offen. Wilhelm von Tyrus bemerkt an anderer Stelle, einige seien aus Zufall am Leben geblieben. Der Autor der Gesta notiert, es sei zur Schonung von »Heiden« gekommen:

„Als die Heiden besiegt waren, nahmen unsere Männer im Tempel viele Gefangene, sowohl Männer als auch Frauen. Sie töteten, wen sie auswählten und schonten, wen sie auswählten. Auf dem Dach des Tempels drängten sich viele Heiden beiderlei Geschlechts, denen Tankred und Gaston von Beert ihre Fahnen gaben."

Das Übergeben der Fahnen kann nur bedeuten, daß die Gefangenen damit geschützt waren. Die Anführer hofften offensichtlich auf Lösegelder. Ihre Kassen waren nach der langen Reise leer. Einige hatten sich bei der Entlohnung ihrer Vasallen und der Handwerker verausgabt. Inmitten der allgemeinen Bereicherung mußten auch sie sich um die Auffüllung ihrer Kasse bemühen. Tankred kann aber die Lösegelder nicht gleich kassieren. Warum, erzählt Albert von Aachen:

„Da nun die Christen in die Stadt eingedrungen waren und mit allgemeinem Morden im Palast und in der Stadt wüteten und gierig die Schätze und Reichtümer der Sarazenen plünderten, lief Tankred gleich nach Betreten der Stadt eiligst zum Tempel des Herrn voraus, schob dort den Riegel zurück und raffte mit Hilfe seiner Gefolgschaft eine unvergleichliche Menge von Gold und Silber zusammen, riß das Gold von den Mauern, Säulen und Pfeilern herunter und schwitzte sich zwei Tage im Plündern des Schatzes ab, den die Sarazenen zum Schmuck ihres Tempels zusammengetragen hatten. Es heißt... zwei Sarazenen hätten dem Tankred diese Schätze verraten. Nach besagten zwei Tagen aber öffnete Tankred die Tore des Tempels, schleppte seine Schätze mit sich fort und teilte sie getreulich mit Herzog Gottfried, dessen Ritter er war. Es sollen kaum sechs Kamele oder Maultiere imstande gewesen sein, diese Schätze zu schleppen. So erzählen Leute, die damals die ganze Masse gesehen haben."

Die Eroberung Jerusalems. Miniatur um 1450.

Pour acom
plir et mener
afin la ma
tiere que iay
entreprinse
et continuee
iusques en
cest endroit
veuil commencer cest vi.e derre
nier livre, ouquel ie traitteray
du fait de mathathias. Apres q
dist saint iherosme lequel fut
prestre cardinal en son temps en
leglise de romme et sceust les
trois languages. Cest assavoir
lebrieu le grec et le latin. Par
quoy il fist la translation de la
sainte bible de la langue hebrieue

en parolle latine. Et pour ce que
apres que le roy alixandre fut du
siecle finé ainsi que devant avez
peu entendre se esmeurent ou peuple
pluseurs sedicions en actraiant
la loy nostre seigneur par les suc
cesseurs du roy alixandre encon
tre les hebrieux. De quoy en la
bible sont contenuz deux livres
Lesquieulx livres traittent de
deux choses. Lune si est de ba
tailles faittes par entre les ducs
des hebrieux et les gens de perse
Lautre de la bataille qui fut ent
les machabieux et les sabaciens
Apres contiennent en la partie
derreniere les nobles quilz firent
a lencontre du roy anthiocus po

KALTBLÜTIGE BESEITIGUNG

Raimund von Toulouse trifft mit der Besatzung der Zitadelle, dem Davidsturm, eine Abmachung und läßt sie gegen Zahlung eines Lösegeldes abziehen. Albert von Aachen ist von den Modalitäten dieser Bereicherung nicht begeistert:

„Da ließ sich der Graf Raimund durch seine Habsucht verführen und ließ die sarazenischen Soldaten, die in die Davidsburg geflohen waren und dort belagert worden waren, gegen eine ungeheure Summe Lösegeldes frei und unbehelligt abziehen. Alle ihre Waffen aber, ihre Rüstungen und was sie an Lebensmitteln besaßen, behielt er samt Burg in seinen Händen zurück."

Damit beendet Albert von Aachen den Bericht über Freitag, den 15. Juli 1099. Dann fährt er fort:

„Als dann der nächste Tag anbrach...waren einige Sarazenen, ungefähr dreihundert, die den Waffen der Pilger entronnen waren, in der Hoffnung, so ihr Leben zu retten, auf das Dach des hohen Palastes Salomons geflohen. Von dort flehten sie in ihrer Todesangst mit vielen Bitten um ihr Leben, ließen sich aber durch kein Versprechen bewegen, herabzusteigen, bis sie zum Zeichen des Schutzes das Banner Tankreds erhalten hatten. Aber das nützte den Ärmsten nichts. Denn viele Christen gerieten darüber in höchste Wut und Zorn und nicht einer von diesen Sarazenen ist lebend entkommen."

Albert meint also, die Täter hätten vermutet, daß Tankred die Gefangenen frei lassen würde. Der Autor der Gesta berichtet, die Tötung der Gefangenen auf dem Dach der Moschee sei am Tag nach der Siegesfeier in der Grabeskirche erfolgt:

„Am nächsten Morgen schlichen sie auf das Dach des Tempels und griffen die Sarazenen an, sowohl Männer als auch Frauen, und schlugen ihnen mit dem Schwert die Köpfe ab. Einige Sarazenen stürzten sich kopfüber vom Dach. Tankred war sehr zornig, als er das sah."

Die Tötungen auf dem Dach sind nicht mehr durch den Blutrausch zu erklären, sondern mit der kalkulierten Absicht, niemanden am Leben zu lassen.

WAS DER RAT DER FÜRSTEN BESCHLIESST

Der Autor der Gesta setzt seinen Bericht fort:

„Unsere Führer hielten Rat und befahlen, daß jeder Almosen geben solle und beten solle, daß Gott jemanden auswählen möge, wen er auch wünsche, um über die anderen zu herrschen und die Stadt zu regieren..."

Albert von Aachen berichtet von einem weiteren Punkt der Tagesordnung: Die Fürsten beschließen, alle noch lebenden Einwohner zu töten.

„Tankred... entbrannte in heftigem Zorn über das ihm angetane Unrecht (auf dem Tempeldach). Und nicht ohne Zwist und große Rache hätte seine Wut sich gelegt, wenn nicht der weise Rat und das kluge Zureden der Fürsten mit folgenden Worten seine Seele besänftigt hätte: »Heute ist die alte Stadt ihren eigenen Kindern wiedergegeben worden und aus der Hand des Königs von Babylon (Kairo) und vom Joch der Heiden befreit worden. Nun aber hüten wir uns wohl, daß wir sie nicht durch Habsucht und Trägheit oder Mitleid mit den Feinden wieder verlieren, indem wir die gefangenen und noch in der Stadt verbliebenen Heiden verschonen. Denn wenn wir etwa vom König von Babylon in schwerem Angriff belagert werden sollten, so würden wir bald von innen und außen bekämpft und besiegt und in ewige Verbannung und Knechtschaft weggeschleppt werden. Darum erscheint es uns als der erste und beste Rat, alle Sarazenen und Heiden, die jetzt noch gefangen gehalten sind, um vielleicht gegen Lösegeld freigelassen zu werden, unverzüglich mit dem Schwerte zu töten, damit wir nicht durch List und Betrug von ihnen Schaden nehmen.«"

Albert von Aachen beschreibt die Folgen dieser Beratung:

„Von der Hinschlachtung der übriggebliebenen Heiden: Dieser Beschluß wurde gefaßt und erging am dritten Tag nach der siegreichen Eroberung als Befehl von den Fürsten an das Volk hinaus. Und siehe, alle greifen zu den Waffen und werfen sich mit fürchterlichem Morden auf das ganze heidnische Volk, das noch übriggeblieben war; die einen schleppten sie aus den Kerkern und enthaupteten sie, die anderen, die sie vorher des Geldes wegen oder aus christlichem Mitleid verschont hatten, machen sie mitten in der Stadt, in den Gassen und auf den Plätzen nieder, wo sie sie gerade finden. Auch Mädchen, Weiber, vornehme Frauen, Schwangere und Müt-

ter mit ihren Kinder stoßen sie nieder oder werfen sie mit Steinen tot. Die Mädchen aber, die Weiber und Frauen fassen in ihrer Todesangst und vom Grauen des fürchterlichen Mordens geschüttelt, die Christen um ihr Leben flehend um den Leib, die wie besessen gegen jedes Geschlecht wüten und toben. Andere wälzen sich ihnen vor die Füße und alle flehen in jämmerlichem Weinen und Seufzen um Leben und Schonung. Fünfjährige, dreijährige Knaben, die den grausamen Tod ihrer Mütter und Väter mit ansehen mußten, verdoppeln die Klagen und das jämmerliche Geschrei. Aber umsonst rufen sie Mitleid und Erbarmen an: so sehr hat sich die Seele der Christen der Mordlust hingegeben, daß kein saugendes Knäblein oder Mädchen, kein einjähriges Kind selbst, lebend den Händen der Schlächter entrinnt."

Nach Albert wäre die Beseitigung aller Bewohner also auf einer Beratung beschlossen worden, die drei Tage nach der Eroberung stattgefunden hat.

GAB ES EINE BERATUNG?

Fulcher von Chartres und Raimund von Aguilers berichten nur von der Versammlung zur Wahl eines Königs, die eine Woche nach der Erstürmung einberufen wurde. Der Autor der Gesta, Albert von Aachen und Wilhelm von Tyrus berichten von einer früheren Versammlung zwischen der Erstürmung und der Wahl. Der Autor der Gesta erwähnt von dieser Versammlung nur Beschlüsse über die Verteilung der Almosen und die Beseitigung der Leichen. Nach Wilhelm von Tyrus geht es um Sicherung der Stadt:

„Noch ehe sie die Waffen niederlegten, traten die Fürsten zusammen und verordneten, daß jeder Turm zur größeren Sicherheit mit Waffen besetzt werde, auch daß an jedem Tor der Stadt ehrenhafte Männer als Pförtner aufgestellt werden sollten, bis durch allgemeine Übereinkunft einem die Sorge über die Stadt übertragen werde... Sie waren nämlich mit Recht vor den Feinden ringsumher auf der Hut und fürchteten von diesen einen plötzlichen Überfall."

Tagesordnung bei Albert von Aachen: Sicherheit der Stadt:

„... wenn wir etwa vom König von Babylon in schwerem Angriff belagert werden sollten, so würden wir bald von innen und außen bekämpft und besiegt und in ewige Verbannung und Knechtschaft weggeschleppt werden."

GAB ES EINEN BESCHLUSS?

Die Sicherung der Mauern und Tore gegen äußere Feinde (Wilhelm) und die Ausrottung möglicher innerer Feinde (Albert) sind zwei sich ergänzende Sicherheitsmaßnahmen. Warum jeder Chronist nur eine nennt, kann nur vermutet werden. Vielleicht war Albert die erste zu selbstverständlich, und Wilhelm die zweite zu unerbittlich.

Hat Albert von Aachen nur fabuliert? Das ist natürlich nicht auszuschließen. Aber warum sollte er das getan haben? Er stand dem Unternehmen etwas distanzierter gegenüber als die anderen Chronisten. Was er aus christlicher Sicht für eine Untat hält, nennt er beim Namen. Aber es ist schwer vorstellbar, daß er etwas erfindet, um der christlichen Sache zu schaden. Wir haben also keinen Grund, an seiner Darstellung und seinen Quellen zu zweifeln. Auch der arabische Chronist Ibn al-Atir berichtet, die Beseitigung der Bevölkerung hätte mehrere Tage gedauert:

„Die Einwohner wurden dem Schwert überliefert, und die Franken mordeten in der Stadt eine Woche lang."

GAB ES ÜBERLEBENDE?

Alle Chronisten melden, die Besatzung der Zitadelle hätte überlebt. Das Folgende gilt also nur für die übrigen Bewohner der Stadt.

Fulcher von Chartres: Es wurden alle bei einem einzigen Gemetzel getötet. Raimund von Aguilers: Großes Gemetzel, keine Angaben, ob alle getötet wurden, keine Angaben über Überlebende. Der Autor der Gesta: Gemetzel bei der Erstürmung. Tötung der Überlebenden auf dem Dach der Moschee am zweiten Tag. Überlebende Sarazenen haben die Leichen aus der Stadt gebracht. Wilhelm von Tyrus: Gemetzel bei der Erstürmung und der Besitznahme. Tötung der Bürger bis auf solche, die zufällig überlebt haben. Albert von Aachen: Gemetzel bei der Erstürmung und der Besitznahme. Tötung der Überlebenden am dritten Tag.

TOTALE AUSROTTUNG WEGEN TOTALER BESITZNAHME?

Nach Wilhelm von Tyrus hatten die Anführer schon vor der Erstürmung beschlossen, ganz Jerusalem solle in den Besitz der Kreuzfahrer übergehen. Dieser Beschluß bedeutet die Entrechtung aller Vorbesitzer, auch der christlichen, und liefert den Anlaß für ihre Tötung. Auch für Wilhelm geschah die Vernichtung der Bevölkerung offenbar planmäßig. Er schreibt über die Beseitigung der Leichen:

„Sie wiesen dieses Geschäft den Bürgern zu, die durch Zufall dem Tod entkommen und in Fesseln geschlagen worden waren."

Der begrifflich sehr genaue Wilhelm von Tyrus schreibt sicher nicht unbedacht »durch Zufall«. Damit unterstellt auch er den Kreuzfahrern ein planmäßiges Vorgehen beim Töten, ohne aber mitzuteilen, wer diesen Plan wann und wo gefaßt hat. Die These, die Kreuzfahrer hätten nach den erlittenen Strapazen nur im Wahnzustand gehandelt, in einer Art religiösem Blutrausch, läßt sich also nicht mit den Quellen belegen. Sie sprechen eher dafür, daß auch systematisch getötet wurde.

KEIN ERBARMEN?

Lägen uns die Berichte des Autors der Gesta und Alberts nicht vor, müßte man die Kreuzfahrer durchweg für erbarmungslose Killer halten. Der Autor der Gesta spricht von Schonungen, läßt aber die Gründe offen. Albert spricht dagegen ausdrücklich auch von christlichen Motiven:

„Die einen schleppten sie aus den Kerkern und enthaupteten sie, die anderen, die sie vorher des Geldes wegen oder aus christlichem Mitleid verschont hatten, machten sie nieder..."

Es lag ein Beschluß vor, die Stadt vollständig in Besitz zu nehmen. Während der Erstürmung wird wahllos alles niedergemetzelt, teilweise im Blutrausch. Während der Besitznahme der Häuser wird ein Teil der Bewohner planmäßig getötet, ein anderer Teil wird verschont, nach Albert auch aus Mitleid. Danach erfolgt ein Beschluß, die Überlebenden planmäßig zu töten. Ein Teil der Kreuzfahrer führt den Befehl aus. Es haben sich also nicht alle Kreuzfahrer am Massaker beteiligt.

KONTUREN DER ENDLÖSUNG

Albert von Aachen vermutet, daß die Muslims im Falle einer Rückeroberung nach Regeln verfahren würden, die im Krieg üblich waren:

„Denn wenn wir etwa vom König von Babylon in schwerem Angriff belagert werden sollten, so würden wir bald von innen und außen bekämpft und besiegt und in ewige Verbannung und Knechtschaft weggeschleppt werden."

Die Versklavung bedeutete eine ökonomische und rechtliche Degradierung, sie nützte Siegern und Besiegten. Die Eroberer wurden nicht zu Schlächtern, das wirtschaftliche Gefüge blieb erhalten, die Unterlegenen überlebten. Die Anführer der Kreuzfahrer kannten dieses Verfahren, aber sie wollten es nicht anwenden. Der systematische Teil des Massakers sollte die umstandslose Enteignung ermöglichen und die innere Sicherheit erhöhen. Der Beschluß zur Tötung der Überlebenden ist die kalt berechnete Konsequenz der totalen Besitzergreifung. Das Gewissen und die Hemmung, Menschen zu töten, wurden ausgeschaltet. Ein Teil der Kreuzfahrer behandelt die Bewohner Jerusalems als Störfaktor, den es zu beseitigen gilt. Spätere Heilsbringer haben für ihre Maßnahmen die Begriffe »Säuberung« und »Endlösung« eingeführt.

Bei den Kreuzfahrern wurde das Absenken der Hemmschwelle beim Töten durch die Propaganda bewirkt. Der Feind hatte die heiligen Stätte beschmutzt, war daher ein »Feind Gottes«. Dabei handelte es sich wie bei dem späteren »Volksschädling« nicht mehr um einen Menschen, sondern er war rechtlos, seelenlos, gottlos, unwert, also ein Unmensch, der spätere »Untermensch«. Die Gebote verlangen, Menschen zu schonen, Christus verlangt, die Feinde zu lieben. Aber Jerusalem war mit einem Produkt der Kreuzzugspredigt »verunreinigt«, eben den »Feinden Gottes«. Der Mechanismus der Entmenschlichung läßt keine Differenzierung zu. Das Feindbild wurde auf alle übertragen, die die Stadt bewohnten, auf alle, die anders aussahen, als die Kreuzfahrer. Die Eroberung von Jerusalem wurde von der abendländischen Geistlichkeit und der römischen Kirche gefeiert, das Massaker wurde verdrängt oder beschönigt. Kaum auszudenken, welches Leid vor allem Afrikanern, Indianern und Juden bei einer Abkehr von dieser Geisteshaltung erspart worden wäre.

DAS GEWISSEN: BERUHIGT

Tröstlich ist, daß der Mechanismus nicht bei allen funktionierte. Aber das Bild bestimmten jene, deren Gewissen nicht berührt war und die den Sieg als Triumph der Christenheit in der Grabeskirche feierten, die keineswegs besudelt war. Der Jubel galt wohl auch dem deutlich vermehrten Reichtum. Genau besehen, war nun für viele auch ein Verlust eingetreten. Das Konzil in Clermont hatte ausdrücklich bestimmt:

„Wer nur aus Frömmigkeit, und nicht zur Erlangung von Ehre oder Geld nach Jerusalem zieht, um die Kirche zu befreien, dem soll dies auf die ganze Buße angerechnet werden.“

Aber in der Kreuzpredigt war auch der irdische Reichtum des Orients angepriesen worden. Unter den Kreuzfahrern waren die meisten weniger bemittelt, und sie waren durch die reichsten Länder der damaligen Welt gezogen. Der Verzicht auf Bereicherung mußte also ein frommer Wunsch des Konzils bleiben. Die Hoffnung auf Vergebung der Sünden dürfte anfänglich für viele ein wichtiges Motiv für die Kreuzfahrt gewesen sein. Aber im Alltag der jahrelangen Strapazen war die Frage des Überlebens in den Vordergrund gerückt. Streng genommen hatten dabei viele Schuld auf sich geladen. Wer aber glaubte, Sünden begangen zu haben, konnte sich nach dem Besuch der Grabeskirche entlastet fühlen: Die Wallfahrt nach Jerusalem war ja damit vollendet. So frohlockten sie und mit ihnen die abendländische Christenheit: Ihr gehörte Jerusalem, die Hölle war überwunden.

Pilger vor der Grabeskirche. Bezahlung der Pilgersteuer. Miniatur um 1500.

GOTTFRIED IN DER GRABESKIRCHE

Albert von Aachen übergeht diesen Dank- und Jubelgottesdienst. Es ist ihm daran gelegen, das Bild Gottfrieds von Bouillon nicht zu beschädigen:

„Indessen... andere nur daran dachten, sich Häuser, Paläste und Schätze zu erraffen, und das ganze gemeine Volk zum Palaste Salomons lief und in wilder, grausamer Blutgier gegen die Sarazenen wütete, hielt sich Herzog Gottfried von allen Morden fern..."

Nach Albert besucht der Herzog die Grabeskirche in stiller Einsamkeit:

„Er ging zum Grabe unseres Herren Christus, des Sohnes des lebendigen Gottes und verharrte dort in Tränen, Gebet und frommer Lobpreisung, Gott Dank sagend, daß er ihn gewürdigt habe, zu sehen, was ihm stets seine höchste Sehnsucht gewesen war."

An dieser Stelle zeigt sich deutlich, daß Albert die Tatsache der Eroberung selbst begrüßt. Er schließt den Bericht über die Einnahme der Stadt:

„War ja doch im großen Siege Jerusalem, die Stadt des lebendigen Gottes und unsere Mutter ihren Kindern wiedergegeben worden."

DIE BESUDELTE GRABESKIRCHE

Die Kreuzzugspropaganda hatte unterstellt, während der Besetzung Jerusalems durch die Türken seien die heiligen Stätten verunreinigt worden. Robert der Mönch:

„Ihr solltet von der Tatsache bewegt sein, daß das Grab unsres Herrn des Erlösers sich in den Händen eines unreinen Volkes befindet, das die heiligen Stätten mißhandelt und gotteslästerlich beschmutzt."

Daß die Grabeskirche unbeschädigt war, räumt Albert von Aachen ausdrücklich ein:

„Die Türken... überließen den Christgläubigen einzig und allein die Kirche vom heiligen Grab, der Tribute wegen, die sie sich ständig von den Gläubigen dafür entrichten ließen, und genau auch das Kirchlein Sancta Maria von den Lateinern, das gleichfalls tributpflichtig war. Gegen die übrigen Kirchen der heiligen Stadt aber haben die Türken wie die Sarazenen in übergroßer Strenge ihre ganze Tyrannei geübt, indem sie allen christlichen Gottesdienst daraus vertrieben."

Allein Albert konstatiert, es seien nur zwei Kirchen im Besitz der Christen geblieben. Die anderen Chronisten gehen auf dieses Thema nicht näher ein, erwähnen aber keine beschädigte oder beschlagnahmte Kirche. Raimund von Aguilers bezeugt, die Kirche auf dem Zionsberg sei christlich geblieben. Er berichtet wie der Autor der Gesta über die Feier in der Grabeskirche, ohne eine Beschädigung zu erwähnen. Fulcher von Chartres erwähnt auch den Besuch anderer heiliger Stätten ohne Hinweis auf Beschädigungen:

„Voller Freude besuchten sie die heiligen Stätten, wie sie es so lange gewünscht hatten."

Er modifiziert die Behauptungen von den Besudelungen und Beschädigungen, in dem er von einer unsichtbaren Vergiftung durch den Aberglauben der Heiden spricht:

„Welch ein Tag, so lange herbeigesehnt. Oh Zeit, von allen Zeiten erinnerungswürdig. Tat vor allen Taten. Von allen Rechtgläubigen im Inneren war ja herbeigesehnt worden, daß der Ort... durch die an ihn Glaubenden nach dem Maß der ehemaligen Würde wiederhergestellt werde, durch die Reinigung von der Befleckung durch die heidnischen Bewohner, durch deren Aberglauben er solange vergiftet worden war."

DAS GELD DER CHRISTEN

Albert von Aachen erhebt gegen die Türken vor allem den Vorwurf, hohe Abgaben erhoben zu haben.

„Die Türken, die... die Stadt mit Gewalt überfallen hatten und lange Zeit besetzt hielten, trieben von den Sarazenen, den pilgernden Christen und den einheimischen Gläubigen schwere Tribute ein."

Wilhelm von Tyrus berichtet von hohen Steuern und Zöllen, von Störungen des Gottesdienstes und von der Androhung, die Kirchen zu zerstören. In erster Linie aber ging es um Geld. Wilhelm von Tyrus schreibt über eine Reise des orthodoxen Patriarchen von Jerusalem nach Zypern:

„Er war in Sorge um das Wohl der Stadt, das nur um einen hohen Preis erhalten werden konnte, zu Schiff nach Zypern gereist, um von den Gläubigen des Landes Almosen zu erbetteln. Damit sollten der Tribut und die außerordentlichen und alle Kräfte übersteigenden Abgaben bezahlt werden, so daß die Feinde... ihnen nicht ihre Kirchen niederreißen oder das Volk niedermachen würden, wie sie es in früheren Zeiten gewohnt waren."

DIE TÜRKISCHEN ZUSTÄNDE

Prof. Prawer auf die Frage, ob sich unter der türkischen Herrschaft die Situation für die christlichen Gemeinden oder für die Pilger dramatisch verschlechtert habe:

„Nein, überhaupt nicht. Tatsächlich wissen wir heute, daß es Gerüchte waren, die nach Europa drangen. Es entstand eine kritische Situation als die seldschukischen Türken das Land eroberten, in den Jahren 1071 – 73. Aber wir wissen, daß die Lage der christlichen Bevölkerung sogar besser war, als die Lage der muslimischen Bevölkerung. Die Muslims standen im Verdacht der politischen Gegnerschaft zu den Türken. Die Christen standen nicht in diesem Verdacht. In Wirklichkeit war also unter den seldschukischen Türken die Situation besser als vorher. Die Situation der Pilger mit den Kreuzzügen zu verbinden, ist eine alte Erfindung, die mit der Geschichte Peters des Einsiedlers zusammenhängt. Aber das hängt nicht zusammen, es hat nichts miteinander zu tun. Das ist wie heute. Wenn ein Tourist ins Ausland geht, fühlt er sich ständig von jedem betrogen und ist offensichtlich unwissend. Ich glaube, es gibt keine Verbindung. Historisch ist das nicht wahr."

Nach dem Massaker von Antiochia wußten die Muslims, daß sie von den Kreuzfahrern keine Schonung zu erwarten hatten. Die türkische Verwaltung hat sich aber nicht an den Christen in Jerusalem gerächt. Nach Albert von Aachen war die Grabeskirche unbeschädigt als die Ägypter 1098 nach der Vertreibung der Türken in die Stadt einzogen:

„Der König von Babylon (Kairo)... zog in Jerusalem ein und besuchte, wie es die heidnische Religion verlangt, in höchster Andacht und Demut den Tempel des Herrn (Moschee). Dann betrat er mit dem ganzen Gebaren der heidnischen Religion die Kirche vom Grab des Herrn, beschaute sie ganz friedfertig und suchte keinen Christen von seinem Glauben oder den Vorschriften seiner Religion abspenstig zu machen."

Auch nachdem die Ausrottung der Muslims von Maarrat bekannt geworden war und die Besetzung ägyptischer Gebiete begonnen hatte, kam der Statthalter von Jerusalem nicht auf die Idee, die Christen oder die heiligen Stätten als Faustpfand zu benutzen. Die Muslims verhielten sich einfach nicht so, wie sie sich nach dem Urteil der Kreuzfahrer eigentlich hätten verhalten müssen. Die christlichen Männer im waffenfähigen Alter wurden erst beim Nahen der Kreuzfahrer aus der Stadt gewiesen. Nach Albert von Aachen waren mindestens zwei Kirchen in christlicher Obhut. Den anderen Chronisten gab der Zustand der Kirchen keinerlei Anlaß zur Beanstandung.

DIE SÄUBERUNG

Nicht die heiligen Stätten waren zu reinigen, sondern die Stadt. Wilhelm von Tyrus:

„Nachdem man nun seine Gebete verrichtet hatte und die ehrwürdigen Orte in aller Andacht besucht waren, glaubten die Fürsten, es würde gut sein, wenn vor allem anderen die Stadt und hauptsächlich der Umkreis des Tempels gereinigt würde, damit die Leichen der Erschlagenen nicht die Luft verpesten würden. Sie wiesen dieses Geschäft den Bürgern zu, die durch Zufall dem Tod entkommen und in Fesseln geschlagen worden waren. Weil man aber sah, daß sie für die große Arbeit nicht ausreichten, gab man den Armen im Heere einen täglichen Sold, daß auch sie dabei helfen sollten, die Stadt zu reinigen. Hierauf kehrten die Fürsten in ihre Wohnungen zurück, die ihr Gesinde inzwischen für sie eingerichtet hatte."

Der Autor der Gesta beendet seinen Bericht über die Eroberung der Stadt:

„Es erging der Befehl, daß die Leichen der Sarazenen vor die Mauern der Stadt geworfen werden sollten. Der Gestank war fürchterlich, weil die ganze Stadt voller Toter war. So zerrten die überlebenden Sarazenen die toten vor die Stadttore und türmten sie zu Haufen so groß wie Häuser. Niemand hat je von einer solchen Abschlachtung von Heiden gehört, denn sie wurden auf Scheiterhaufen verbrannt, die so groß waren, wie Pyramiden. Gott allein weiß, wie viele es waren."

Es waren Zehntausende. Noch Monate später liegt der Leichengeruch über der Stadt. Die Moscheen werden für den christlichen Kult präpariert oder profanen Zwecken zugeführt. Die Kreuzfahrer verhalten sich nach dem Muster, das sie den Muslims vorgeworfen hatten. Sie konnten ihren Sieg in der unbeschädigten Grabeskirche feiern, kamen aber nicht auf die Idee, das zu honorieren. Die Entweihung der Felsenmoschee, des drittgrößten Heiligtums des Islam, wird in der Werbung für den heiligen Kampf gegen die Kreuzfahrer eine große Rolle spielen. Die islamischen Propagandisten konnten im Gegensatz zu ihren christlichen Kollegen die Wahrheit verkünden.

STREIT UM DEN BESITZ DER TOTEN

Nun liegen schwierige Aufgaben vor den Kreuzfahrern. Es gibt keine Verwaltung mehr, kein Handwerk, keine Märkte, keine Besitzrechte. Grundstücke, Kirchen und Häuser müssen verteilt werden, ordentlich, mit Brief und Siegel. Sie brauchen eine Regierung. Doch welcher Art sollte der Staat sein, den sie zu gründen gedachten? Vorher war der orthodoxe Patriarch geistlicher und weltlicher Oberherr des christlichen Viertels in Jerusalem gewesen. Der stand aber nicht im Wege, da er auf Zypern verstorben war. Der lateinische Klerus konnte nicht ohne Grund den Anspruch auf die Nachfolge erheben. Die Feudalherren aber hatten Mühe und Kosten nicht auf sich genommen, um das Errungene einem Kirchenstaat zu überlassen. Da es um viel ging, war die Harmonie stiftende Wirkung des Sieges schnell dahin. Raimund von Aguilers:

„Als so sechs oder sieben Tage vergangen waren, begannen die Führer am achten Tag feierlich zu verhandeln, um einen König zu wählen, der für alles Sorge tragen und die Abgaben eintreiben sollte... Und während man darüber verhandelte, versammelten sich einige aus der Geistlichkeit und sprachen zu den Fürsten:

»Wir loben Euch, daß ihr zur Wahl schreitet, aber ihr sollt sie rechtlich und nach der Ordnung durchführen. Aber wie die ewigen Angelegenheiten vor den weltlichen kommen, so wählt zuerst einen geistlichen Statthalter, danach erst einen König, der die anstehenden Regelungen in weltlicher Weise leite. Wenn es anders geschieht, so halten wir Eure Wahl für unwirksam.«

Als aber die Fürsten das hörten, waren sie über die Maßen erzürnt und beschleunigten die Wahl um so mehr."

Die Absicht der geistlichen Intervention liegt auf der Hand. Der kirchliche Oberherr Jerusalems würde den neuen König zu krönen haben und hätte ihn zu einem Lehnseid zwingen können. Damit waren die Feudalherren natürlich nicht einverstanden. Wilhelm von Tyrus übernimmt den Bericht von Raimund. Er fügt aber einen Satz ein:

„Einige aus dem Klerus scharten sich zusammen, aufgeblasene Menschen, denen nicht die Sache Jesu Christi am Herzen lag, sondern ihre eigene."

Raimund von Aguilers setzt seinen Bericht fort:

„Sie... ermunterten den Grafen von St. Gilles, die Königswürde zu übernehmen. Jener aber gestand, daß er vor dem Namen eines Königs in dieser Stadt zurückscheue, doch er biete den anderen seine Zustimmung, wenn sie das annähmen. Deshalb wählten sie zugleich den Herzog Gottfried (von Bouillon) und führten ihn zum Grab des Herrn."

Der Chronist könnte die fromme Zurückhaltung seines Grafen Raimund erfunden haben, um zu bemänteln, daß er keine Chancen hatte. Der Fortsetzung des Berichts des Chronisten Raimund läßt sich entnehmen, daß der Anhang des Grafen nicht sonderlich groß war:

„Danach aber forderte der Herzog die Burg Davids vom Grafen. Und jener suchte Ausflüchte, indem er sagte, er wolle sich bis Ostern in jener Gegend aufhalten, und in der Zeit wünsche er, daß er und die Seinen ehrenvoll behandelt würden. Doch der Herzog wollte auf alles lieber verzichten als auf den Turm. Und so nahmen die Streitigkeiten weiter zu. Die Grafen von Flandern und von der Normandie unterstützten den Herzog. Ebenso auch fast alle aus dem Land des Grafen Raimund, weil sie glaubten, er werde nach der Übergabe des Turms (in die Heimat) zurückkehren. Aber nicht nur die Provencalen wandten sich gegen ihren Herrn, den Grafen, sondern viele erfanden über ihn Übles, damit er nicht zum König gewählt werde."

Der Frontverlauf zwischen der streitenden Parteien hat den Chronisten offenbar verwirrt. Raimund von Aguilers gibt wohl auch Gerüchte wieder, die in Jerusalem umliefen. Aber daß es ziemlich zur Sache ging, darf man nach seiner Schilderung annehmen:

„Da ihm Verbündete und Freunde nicht halfen, fügte sich der Graf diesem Beschluß und übergab den Turm an den Bischof von Albara. Dieser aber übergab, ohne eine Entscheidung abzuwarten, den Turm dem Herzog (Gottfried). Als der Bischof daher Verräter genannt wurde, verteidigte er sich, er sei mit Gewalt dazu gezwungen worden. Aber ich habe in Wahrheit erfahren, daß viele Waffen in das Haus des Patriarchen gebracht worden seien, wo sich der Bischof in der Nähe der Grabeskirche aufhielt. Dieser sagte, ihm sei Gewalt angetan worden und beschuldigte mehrfach heimlich die Vertrauten des Grafen. Nach der Übergabe des Turmes entbrannte der Graf in großem Zorn gegen die Seinen und sagte, er sei entehrt und könne so nicht in jenem Land bleiben. Deshalb eilten wir von Jerusalem nach Jericho und kamen, nachdem wir Palmblätter aufgenommen hatten, zum Jordan..."

Nach Albert von Aachen verlief die Wahl Gottfrieds harmonisch, was wegen seiner Sympathie für den Herzog verständlich ist. Über den Titel Gottfrieds sind sich die Chronisten nicht einig. (Herr, Herrscher, Fürst oder weiter Herzog). Gelegentlich wird er als »Advokat des Heiligen Grabes« tituliert. De facto ist er König und es fehlt nur noch an einem Oberhaupt der Kirche.

nombre de clerz de lost. Lesqlz ayans requis estre oys sefforcerent remonstrer que les princes ne debuoient proceder a eslection de seigneur temporel de la Cite iusques a ce quon en eust esleu ung espirituel cest ung patriarche et que leslection du Roy en seroit plus seure et plus saincte. Combien que les princes ne furent gueres de semblant de leur contredire. Ainçois tenans et reputans leur esmeute a folie ilz procederent tousiours avant a leslection du Roy. Et aussi comme de puis fut dit celle esmeute des clercz avoit este faicte par la cautelle dun evesque dune Cite de Calabre appelle Matumne. et dun trant clerc de lost nomme ar

DIE NEUORDNUNG DER KIRCHE

Der verstorbene orthodoxe Patriarch Simeon konnte keine Einwände erheben, andere Vertreter byzantinischer Interessen waren nicht anwesend. Das orthodoxe Patriarchat konnte also unwidersprochen in ein lateinisches Patriarchat der römischen Kirche verwandelt werden. Die orthodoxen Würdenträger waren entweder noch nicht zurückgekehrt oder hielten es für klüger, die Sachlage hinzunehmen. Der Patriarch würde für die Seelsorge und Armenpflege zuständig sein, aber auch über eine beträchtliche Finanzmasse verfügen. Die Abgaben und Opfer der Pilger in der Grabeskirche bildeten die größte Einnahmequelle in Jerusalem. Dazu kam später der Kirchenzehnte und Einnahmen aus kirchlichem Landbesitz, der meist aus Schenkungen stammte. Auch Privilegien wie die Herstellung von Backwaren wurden dann mit dem Besitz der Grabeskirche verbunden. Nach Raimund gehört die heilige Stätte allerdings zunächst dem Herzog. Adel und Klerus können sich nicht über das Patriarchenamt und einen Kanditaten einigen. Da kein ranghoher Kleriker überlebt hatte, ließ die Partei Gottfrieds schließlich den wenig bekannten Arnulf als Verwalter des Patriarchats einsetzen. Das war kirchenrechtlich problematisch. Raimund, ein Gegner Arnulfs, notiert:

„Arnulf, ein Kaplan des Grafen der Normandie, wurde von einigen zum Patriarchen gewählt. Das war gegen den Willen der guten Kleriker, die einwandten, Arnulf sei nicht einmal Subdiakon und der Sohn eines Priesters. Er wurde auch beschuldigt, auf der Fahrt ein Schürzenjäger gewesen zu sein, soweit, daß man schmutzige Geschichten über ihn erzählte. Es ist nutzlos zu sagen, daß der ehrgeizige Arnulf die kanonischen Dekrete nicht einhielt... Er fuhr fort, von den Kirchenmännern, die am Grab des Herrn Altäre unterhielten, Abgaben zu erheben."

Albert von Aachen und der Autor der Gesta haben keine Einwände gegen Arnulf. Nach Albert wurde das Amt des Patriarchen nicht besetzt, da kein geeigneter Kandidat zur Verfügung stand:

Gottfried vor der Grabeskirche. Beratung der Anführer. Miniatur um 1490.

„Man verschob die Sache, bis man einen fände, der für das bischöfliche Amt geeignet wäre. Doch ernannten sie Arnulf von Zokes, einen Kleriker von ganz wunderbarer Klugheit und Beredsamkeit, zum Kanzler der heiligen Kirche von Jerusalem, zum Wächter der heiligen Reliquien und Verwalter der Almosen der Gläubigen."

ENTEIGNUNG NACH HEIMATLICHEN MUSTERN

In der unterschiedlichen Beurteilung der Chronisten spiegelt sich der Streit zwischen den Parteien des Grafen Raimund und des Herzogs Gottfried wieder. Nachdem das gemeinsame Hauptziel erreicht war, mußten Gruppeninteressen die Oberhand gewinnen. Die Kreuzfahrer konnten sich nur an die vertrauten Muster halten, die ihnen die abendländische Feudalgesellschaft vorgab. Die Konkurrenz zwischen lehnsrechtlichen und kirchenrechtlichen Besitzregelungen, zwischen Feudalherren und Kirchenherren hatten sie aus der Heimat mitgebracht. Auch der Klerus war gespalten. Viele Amtsträger der Kirche waren ihren Lehnsherren verpflichtet, weil sie (entgegen dem Kirchenrecht) von ihnen eingesetzt worden waren. Der Streit bei der Besitzverteilung war also unvermeidlich. Aber in einem Punkt waren sich alle einig: Den christlichen Vorbesitzern sollte nichts mehr gehören. In den Jahrhunderten der muslimischen Herrschaft hatte das griechisch-orthodoxe Konstantinopel das Patriarchat in Jerusalem verwaltet. Eine Vielzahl von Ostkirchen, wie die armenische, die jakobitische und die koptische Kirche waren ebenfalls in Jerusalem vertreten, zum Ärger der orthodoxen Kirche. Die muslimischen Herrscher tolerierten aber sämtliche christlichen Richtungen. In der Grabeskirche durften unter muslimischer Herrschaft auch die nichtorthodoxen Kirchen Altäre unterhalten. Als die ausgewiesenen Christen nach Jerusalem zurückkehren, treffen sie eine neue Situation an. Arnulf setzte mit Billigung Gottfrieds zwanzig Kanoniker ein und verbannte alle abweichenden Riten. Die orthodoxen Christen mußten die lateinische Kirchenverwaltung akzeptieren. Die finanziellen Verluste waren schmerzlich. Jerusalem galt als das heilbringendste Reiseziel der Christenheit. Der Pilger aber konnte der sündentilgenden Wirkung nur sicher sein, wenn er den Verwaltern der heiligen Stätten Spenden übergab.

DAS WAHRE KREUZ WECHSELT DIE BESITZER

Seit Kaisermutter Helena im vierten Jahrhundert den Ort des heiligen Grabes bestimmt hatte, war der Strom christlicher Pilger nicht abgerissen. Abgerissen waren auch nie die Klagen der Pilger über Preise, Wegzölle, Räuber und Betrügereien im Reliquienhandel. Es waren nicht die Ärmsten, die da klagten. Die weite Reise konnten sich nur Vermögende leisten. Nach der Erfüllung seiner Pflichten richtete mancher Pilger sein Augenmerk auf Gegenstände, die im Ruf standen, Wunder zu bewirken. Wer eine kostbare Reliquie mit nach Hause bringen konnte, war ein gemachter Mann. Es handelte sich um Körperteile, Nägel, Stoffreste und Holzpartikel, die mit Christus und den Aposteln in Zusammenhang gebracht wurden. Die angesehenste Reliquie, das Wahre Kreuz, lag zu Teilen in Konstantinopel, zu Teilen in Jerusalem. Vor ihrem Auszug hatten orthodoxe Kleriker die in Jerusalem befindlichen Teile der Reliquie versteckt. Das Fehlen der Kreuzreliquie mindert das Ansehen Jerusalems als Wallfahrtsort. Nach dem Arnulf die Verwaltung des Patriarchats übernommen hat, sucht er verzweifelt nach der Reliquie. Als die orthodoxen Kleriker nach Jerusalem zurückkehren, ist ihr gesamter Kirchenbesitz enteignet. Geblieben ist ihnen nur die Kreuzreliquie. Sie weigern sich, das Versteck preiszugeben. Erst nach Anwendung nicht näher beschriebener Zwangsmittel, verraten sie den Kreuzfahrern den Ort. Das Wahre Kreuz wird dem Kreuzfahrerstaat nicht nur als Gegenstand frommer Verehrung und Einnahmequelle dienen.

VERTREIBUNG DER VORBESITZER DAS KREUZ IM GEFECHTSFELD

Die Fatimiden in Kairo betrachten Palästina und Jerusalem weiterhin als ihren rechtmäßigen Besitz. Eine ägyptische Armee rückt im August 1099 bis Askalon vor. Der Chronist Ibn al-Atir:

„Nachdem die Nachrichten vom unglücklichen Schicksal der Bewohner der heiligen Stadt in Ägypten eingetroffen waren, sammelte der Emir al-Afdal Truppen, stattete sie aus, und setzte sie nach Askalon in Marsch. Dort angekommen, sandte er einen Boten zu den Franken, um sie wegen der grausamen Handlungsweise anzuklagen und Gegenmaßnahmen anzudrohen. Die Franken schickten den Boten mit einer Antwort zurück, setzten sich aber gleichzeitig in Marsch."

Gottfried hat alle verfügbaren Bewaffneten aufgeboten. Auch die Südfranzosen unter Raimund haben sich trotz der Streitigkeiten angeschlossen. Die Existenz des Kreuzfahrerstaates steht auf dem Spiel. Hinter Ramla hebt sich die Stimmung: Sie erbeuten die Herde der fatimidischen Armee. Die Anführer fürchten nun, das Augenmerk der Streiter könne sich allzusehr auf weitere Beute richten. Dem sucht Kirchenführer Arnulf mit einem Tagesbefehl entgegenzuwirken. Der Autor der Gesta:

„Bei Tagesanbruch sollen alle zur Schlacht bereit sein. Jeder, der sich vor dem Ende der Schlacht entfernt, um zu plündern, wird exkommuniziert. Nach dem Ende der Schlacht möge jedermann umkehren, um an sich zu nehmen, was Gott beschert."

Nach Albert wurde das vorzeitige Plündern mit der Entfernung von Nase und Ohren bedroht. Die Schlacht von Askalon beginnt am 12. August 1099 nach Sonnenaufgang. Dabei kommt das Wahre Kreuz zum ersten Mal zum Einsatz. Albert von Aachen:

„So wurde mit der Kreuzreliquie von der Hand Arnulfs... die ganze Menge der Christen gesegnet und geheiligt und so eilte alles eifrig und nimmt die Waffen auf, zieht die Panzer an, ordnet die Reihen und steckt die Fähnlein und Banner auf die Lanzen."

Der Autor der Gesta über die Schlacht und eintretende Wunder:

„Die Schlacht war schrecklich, aber Gottes Macht war mit uns, so daß der Sieg bald errungen war. Die Feinde Gottes waren verwirrt und blind. Obwohl die Augen offen waren, konnten sie die Streiter Gottes nicht sehen..., denn die Macht Gottes hatte sie in Schrecken versetzt."

Nach Ibn al-Atir wurden die Ägypter im Lager überrascht und konnten sich nicht rechtzeitig in Schlachtordnung aufstellen.

„Ein Teil der Ägypter wurde niedergemetzelt, die Waffen, die Reichtümer und alles, was im Lager war, fiel den Siegern in die Hände."

Albert von Aachen berichtet von erbitterten Kämpfen:

„Indem sie sich so auf beiden Seiten Auge in Auge gegenüberstehen, entbrennt die grausame Schlacht. Denn die Azopart, die nach ihrer Art kniend den Kampf zu beginnen pflegen, werden vorausgeschickt und kämpfen in der Mitte des Schlachtfeldes mit einem Hagel von Pfeilen gegen die Franken, wobei sie Trommeln und Trompeten erschallen lassen, um durch den fürchterlichen Lärm Pferde wie Ritter zu ängstigen und aus der Schlacht und aus dem Felde zu vertreiben. Es hatten diese Azopart, die ganz fürchterliche und garstige Leute sind, grimmige eiserne Geißeln, mit denen sie mit schweren Hieben durch Panzer und Schild hindurch zu peitschen, auch die Pferde vor die Stirn zu schlagen und durch alle Schlachtreihen der Gläubigen hindurch einen ganz schrecklichen Lärm zu machen wußten. Die Araber, Sarazenen und anderen Heiden aber rückten bald mit Lanzen, bald mit Pfeilen, mit Schleudern und jeder andern Art von Kriegswaffen zu vielen Tausenden heran und fochten wider die christlichen Reihen, den Kampf immer wieder erneuernd und durch den ganzen Tag hinziehend. Auf der anderen Seite aber stürmte die schwache Schar der Christen gegen die vielen und ungezählten Tausende der Feinde an, lieferte ihnen unablässig Gefechte und schwächte und vernichtete die feindlichen Reihen. Und als schließlich der Kampf immer ärger wurde und mit Gottes Hilfe die heidnischen Reihen aufgerieben waren, wandte sich das ganze Heer des Königs von Babylon zur Flucht und jagte vor dem Angesicht der dreinhauenden und verfolgenden Christen zersprengt über die Felder dem Meere zu."

Als ein Teil der Kreuzfahrer zu früh mit dem Plündern beginnt, gerät der Angriff ins Stocken. Die Anführer treiben die Plünderer zurück in die Schlacht. Raimund von Aguilers berichtet über ein weiteres Wunder:

„Das Wunder geschah, als die Tiere der erbeuteten Herde uns folgten, und ohne führende Hand standen, als wir standen, rannten, als wir rannten, marschierten, als wir marschierten."

Die Kreuzfahrer machen keine Gefangenen. Der Autor der Gesta:

„Einige kletterten in ihrer Angst auf die Bäume um sich zu verbergen, aber die Unseren töteten sie mit Pfeilen, Lanzen und Klingen."

Albert von Aachen:

„Ein großer Teil der Heiden... wandte sich der Küste zu und hoffte zu Schiff zu entkommen. Dort aber stieß ihnen Graf Raimund entgegen, hieb sie grausam nieder und verfolgte sie bis tief ins Meer hinein, wo dreitausend von ihnen den Tod des Ertrinkens fanden."

Ibn al-Qalanisi:

„Die ägyptische Armee wurde auf Askalon zurückgeworfen, al-Afdal suchte Zuflucht in der Stadt. Den Schwertern der Franken wurde die Meisterschaft über die Muslims gegeben. Der Tod wurde den Fußleuten zuteil, den Freiwilligen und dem Stadtvolk, etwa zehntausend Seelen. Das Lager wurde geplündert."

Anschließend teilt der Chronist mit, womit der Regent von Damaskus, Duqaq, in der Zwischenzeit beschäftigt war:

„Al-Malik Shams al-Muluk Duqaq, Sohn des Taj al-Dawala, brach mit seiner 'askar (stehende Reitertruppe) von Damaskus nach Diyar Bakr auf, um es einem Statthalter wegzunehmen, der die Stadt gewaltsam an sich gebracht hatte."

An eine gemeinsame Gegenoffensive der Muslims ist noch nicht zu denken. Das fatimidische Heer hat schwere Verluste erlitten. Größere Landstreitkräfte kann Kairo in den nächsten Monaten nicht ins Feld führen. Die Vorbesitzer Palästinas sind getötet, vertrieben oder entrechtet. Der Weg für den ersten christlich-abendländischen Kolonialstaat ist bereitet.

DIE CHRISTEN IN JERUSALEM UNTER MUSLIMISCHER HERRSCHAFT

Wilhelm von Tyrus hat die Geschichte Jerusalems an Hand von verschollenen Quellen und Urkunden erforscht. Obwohl er die Berechtigung der Eroberung der Stadt durch die Kreuzfahrer belegen will, bemüht er sich bei seiner Darstellung um Genauigkeit. Neben der gelegentlichen Unterdrükkung beklagt Wilhelm von Tyrus die hohen Steuern und Abgaben, welche die Christen zu zahlen hatten. Tatsächlich haben die arabischen Regenten ihre Steuerzahler erheblich zur Kasse gebeten – auch die muslimischen. Die neuen Herren hatten von Byzanz nicht nur die Münzen übernommen, sondern auch eine entfaltete Bürokratie. Die Ausgaben arabischer und türkischer Regenten für den persönlichen Luxus, Kultur, Wohlfahrt und Militär führten zu ständigen Steuererhöhungen und Geldentwertungen – auch das in der Tradition des byzantinischen Reiches. Die Christen der nichtorthodoxen Kirchen hatten schon unter byzantinischer Herrschaft hohe Steuern bezahlt. Unter den Arabern mußten nun auch diejenigen Steuern zahlen, die sie vorher eingetrieben hatten:

(Mitte)

Heraklios bringt die Kreuzreliquie zurück nach Jerusalem. Wiederaufbau der Grabeskirche. Miniatur 14. Jahrhundert.

Der orthodoxe Klerus und die byzantinischen Beamten. Die nichtorthodoxen Christen waren unter den Arabern bei der Ausübung ihrer Kulte freier als unter der Herrschaft der Orthodoxen. Wilhelm von Tyrus räumt ein, daß die Christen in Jerusalem überwiegend in Rechtssicherheit lebten und ihre religiösen Feste auch öffentlich feiern konnten. Allerdings erwähnt er diese Privilegien hauptsächlich dann, wenn er ihre Abschaffung durch tyrannische Regenten schildert. Der Chronist erzählt vom Krieg zwischen den Persern und Byzanz am Anfang des 7. Jahrhunderts und von der Verwüstung Jerusalems. Dann fährt er fort:

Wilhelm von Tyrus

Als die Araber in das Land kamen, fanden sie es seiner Bewohner entblößt und leicht zu erobern. In diesen Umständen fanden sie auch Jerusalem, die gottgeliebte Stadt. Sie verschonten ihre wenigen Einwohner, um sie unter harten Bedingungen steuerpflichtig zu machen. Sie durften ihren Bischof haben, ihre zerstörte Kirche wieder aufbauen und ihren christlichen Glauben frei bekennen... So kam nun die Heilige Stadt, unserer Sünden wegen, unter die Herrschaft der Ungläubigen. Sie mußte dieses Joch vierhundertneunzig Jahre lang ertragen, nicht ohne ständige Not, jedoch unter wechselnden Umständen. Mit den ständigen Veränderungen wechselten auch häufig ihre Herren. Je nachdem wie diese waren, hatte Jerusalem bald heitere, bald trübe Tage...

Als das Reich der Ägypter immer mächtiger wurde und sich bis Antiochia ausdehnte, kam auch die Heilige Stadt in ihre Gewalt und wurde nach gleichen Gesetzen wie die übrigen regiert. Unter dieser Herrschaft fing sie an, wie auch die Gefangenen oft leichtere Zeiten haben, sich von ihren Beängstigungen ein wenig zu erholen.

Zur Strafe der sündigen Menschen kam dann der Kalif Hakim an die Regierung. Dieser Mensch, der alle seine Vorgänger und Nachfolger an Bosheit weit übertraf, ist den Nachkommen, die von seinem Wahnsinn lesen, zur Fabel geworden. Er war in allen Arten der Gottlosigkeit und Schlechtigkeit so einzig, daß sein Gott und Menschen verhaßtes Leben ein eigenes Buch verlangte. Dieser ließ unter anderen schändlichen Taten auch die Kirche zur Auferstehung... vollständig zerstören. Von diesem Tage an verschlimmerte sich der Zustand der Stadt..., denn es wurde ein Übermaß von Tributen und Zöllen vom Volk verlangt, ganz gegen die Gewohnheit und die Privilegien, die sie von den früheren Kalifen erhalten hatten. Sie sollten nun auch die Festlichkeiten unterlassen, die sie unter den früheren Fürsten im Stillen oder öffentlich begangen hatten. Je festlicher der Tag war, desto mehr wurden sie in ihre Häuser eingesperrt und durften nicht öffentlich erscheinen. Auch zu Hause waren sie nicht sicher, sondern mußten sich gefallen lassen, daß man ihnen Kot und Steine hineinwarf und in ihre Häuser eindrang... Für ein unbedeutendes Wort, auf die nächste beste Beschuldigung hin, wurden sie ohne Untersuchung ihrer Habe beraubt und zu Tod und Martern geschleppt. Söhne und Töchter holte man aus den Häusern der Eltern und suchte sie bald mit Schlägen, bald mit Schmeicheleien und Versprechungen dazu zu bringen, ihrem Glauben abzuschwören, und wenn sie widerstanden, wurden sie an den Galgen gehängt.

Wer aber gerade Patriarch war, der mußte vor anderen Schmach und Unrecht leiden... Endlich erbarmte sich Gott über die verzweifelte Lage der Seinigen. Nachdem der genannte nichtswürdige Fürst aus der Welt genommen war, kehrte unter der Regierung seines Sohnes teilweise die Ruhe zurück. Dieser gab auf die Verwendung des Kaisers in Konstantinopel den Gläubigen Erlaubnis, die Kirche wieder aufzubauen. Als es diese erhalten hatte, wandte sich das Volk von Jerusalem, weil es nicht im Stande war, mit seinen Mitteln das Werk auszuführen, mit einer Gesandtschaft an den Nachfolger des genannten Kaisers... der gottgeliebte Kaiser ließ aus seiner eigenen Kasse die nötigen Baugelder reichen... So wurde die Kirche zur heiligen Auferstehung, die jetzt in Jerusalem steht, im Jahr 1048 erbaut... Sie hatten an ihr einen Trost gegen die tausend Gefahren die ihnen bevorstanden, denn neue Bedrückungen hörten darum nicht auf. Das gläubige Volk mußte sich fortwährend schlagen, anspeien, ins Gefängnis werfen lassen, kurz es mußte alle Arten von Peinigung erdulden... Das ging so Jahr für Jahr. Die Statthalter gaben vor, sie hätten einen königlichen Befehl in Händen: Er sollte die Kirchen zerstören, sobald die Christen Schwierigkeiten machten, ihren Tribut und ihre Zölle zu bezahlen. Jedoch befanden sich die Gläubigen unter der Herrschaft der Ägypter oder Perser immer noch in leidlichen Verhältnissen.

Als aber allmählich das Reich der Türken zu Kräften kam und seine Macht sich über das Gebiet der Ägypter und Perser verbreitete und die Heilige Stadt in seine Gewalt kam, da hatte das Volk in den achtunddreißig Jahren seiner Herrschaft solche Lasten zu tragen, daß ihnen das ägyptische und persische Joch dagegen leicht vorkam.

Wilhelm von Tyrus will nicht den Eindruck erwecken, Ausbeutung und Unterdrückung seien allein Merkmale türkischer Herrschaft. Er unterbricht die Erzählung der Geschichte Jerusalems und wendet sich den Verhältnissen im Abendland zu.

Wilhelm von Tyrus

Aber nicht nur im Morgenlande wurden die Gläubigen so von den Gottlosen unterdrückt, auch im Abendlande, ja fast in der ganzen Welt. Hauptsächlich unter denen, die sich Gläubige nannten, hatte der Glaube abgenommen und die Furcht vor dem Herrn war verschwunden. Die Gerechtigkeit lag danieder, und statt Recht und Billigkeit führte Gewalttätigkeit die Herrschaft. Hinterlist, Trug und Heimtücke hatten weiterhin alles in Besitz genommen. Die Rechtschaffenheit hatte überall als eine unnötige Eigenschaft der Bosheit Platz gemacht. Es schien in der Welt Abend geworden und die Wiederkunft des Herrn näher gekommen zu sein, denn die Liebe war in vielen Herzen erkaltet und kein Glaube war in der Welt zu finden. Alles war in Verwirrung und es sah aus, als ob die Welt in das alte Chaos zurückkehren wollte. Die größeren Fürsten, die ihre Untertanen zum Frieden hätten anhalten sollen, brachen selbst den Frieden, fingen über Kleinigkeiten Streit miteinander an, verheerten ganze Gegenden mit Brand und Verwüstung, raubten und plünderten da und dort und ließen ihren gottlosen Vasallen die Güter der Armen zur Beute. Es gab keine Sicherheit des Vermögens bei so vielen Nachstellungen. Wenn einer im Rufe stand, er besitze etwas, war es ein hinlänglicher Grund, daß man ihn in Kerker und Bande warf und seinen Leib aufs unwürdigste mißhandelte. Man verschonte die Güter der Kirchen und Klöster nicht. Die Privilegien, welche fromme Fürsten ausgestellt hatten, halfen den Besitzungen der Kirche nichts mehr, sie konnten sich ihre alte Freiheit, ihre frühere Würde nicht mehr erhalten. Ja, das Allerheiligste wurde erbrochen und was zu heiligem Gebrauch bestimmt war, mit Gewalt weggenommen. Die kirchenräuberische Hand unterschied nicht zwischen Heiligem und Profanem, die Bekleidungen der Altäre, die Gewänder der Priester, die Gefäße des Herrn dienten zur Beute. Aus dem Schoß des Hauses Gottes, aus dem innersten Heiligtum, aus den Vorhöfen der Basiliken riß man die Flüchtlinge zum Tode. Die Landstraßen hielten gottlose, bewaffnete Räuber besetzt, um den Wanderer zu überfallen, und weder Wallfahrer noch fromme Brüder wurden von ihnen verschont. Auch in den Städten und Flecken selbst herrschte solcher Unfug, Gassen und Plätze machten die Räuber für den Unschuldigen unsicher. Und je unschuldiger einer war, desto mehr Nachstellungen hatte er zu befürchten. Auch trieb man überall jede Art von Unzucht ungestraft als etwas Erlaubtes, ohne Scham. Und selbst vor Freunden und Verwandten war die heilige Ehe nicht gesichert. Der gottgefälligen Enthaltsamkeit gab man als einer unnützen Sache den Abschied. Sparsamkeit und Nüchternheit hatten keine Stätte wo Verschwendung, Trunkenheit und nächtliches Spiel vor dem Eingang Wache standen. Auch die Geistlichkeit führte kein besseres Leben als das Volk, es war wie es im Propheten heißt: »Wie das Volk, so auch der Priester.« Die Bischöfe waren nachlässig geworden, stumme Hunde die nicht zu bellen wagten und nach dem Ansehen der Personen handelten. Sie salbten ihre Häupter mit dem Öl des Sünders und verließen wie Söldlinge ihre Herde, wenn der Wolf kam.

Dann setzt Wilhelm von Tyrus die Erzählung über die Geschichte Jerusalems und die Verhältnisse unter türkischer Herrschaft fort:

Wilhelm von Tyrus

In dieser gefährlichen Zeit wollte eine Anzahl Griechen und Lateiner nach den geweihten Orten wallfahren. Nachdem sie ein feindliches Land und tausend Todesgefahren überwunden hatten, wurde ihnen der Eintritt in die Stadt versagt, wenn sie nicht am Tor den festgesetzten Tribut von einem Goldstück bezahlen konnten. Aber die Armen die auf der Wanderschaft alles verloren hatten... woher sollten sie nehmen, was ihnen als Tribut abgefordert wurde? Da lagen nun Tausende von ihnen nackt und verhungernd vor der Stadt und warteten darauf, sie betreten zu dürfen. Lebend wie tot waren sie den Bürgern der Stadt eine unerträgliche Last. Denn die Lebenden waren sie zu speisen bemüht, wie sie konnten, die Gestorbenen wollten sie begraben. Doch überstieg, was sie für ihre eigene Erhaltung zu tun hatten, ihre Kräfte schon weit... So drohte den Bürgern täglich Verderben und sie hatten weder zu Hause noch draußen Ruhe, und eine harte und unerträgliche Knechtschaft lastete auf ihnen, die schlimmer war als der schlimmste Tod... Kaum hatten sie mit unsäglicher Mühe ihre Kirchen hergestellt, so stürmten die Ungläubigen, wenn sie eben ihren Gottesdienst hielten, lärmend und tobend herein, setzten sich auf die Altäre (denn ihnen galt alles gleich), warfen die Kelche um, traten die heiligen Gefäße mit Füßen, zerschlugen die Marmorsteine, schmähten und mißhandelten die Kirchendiener. Auch den Herrn Patriarchen selbst behandelten sie als einen geringen und verworfenen Menschen und rissen ihn am Bart und an den Haaren von seinem eigenen Sitze auf den Boden. Oft schleppten sie ihn auch, wie einen gemeinen Sklaven, ohne alle Ursache ins Gefängnis, nur um dem Volke Schmerzen zu bereiten, weil sie wohl wußten, wie ihm das Leiden seines Vaters zu Herzen ging.

Die von Wilhelm Tyrus geschilderten Übergriffe sind sicher nicht aus der Luft gegriffen, wenn auch wahrscheinlich übertrieben. Neben den ihm zugänglichen griechischen und arabischen Quellen benutzte er auch Kreuzzugschroniken. Die darin enthaltene antitürkische Propaganda mag den Chronisten beeinflußt haben, jedoch die schlimmsten Greuelmärchen übernimmt er ebensowenig wie Albert von Aachen. Aber es muß in Rechnung gestellt werden, daß Wilhelm von Tyrus mit seiner Darstellung der Unterdrückung der Christen die Notwendigkeit einer Befreiung Jerusalems begründen will.

Nach dem Sinngehalt des Korans war es nicht erlaubt, den Gottesdienst der Juden oder Christen zu stören und ihre Gotteshäuser zu beschädigen. Aber auch unter der vom Islam geprägten Herrschaft wechselten Perioden der Rechtmäßigkeit und der Willkür einander ab. So kam es immer wieder zur Zerstörung oder Umwandlung christlicher Gotteshäuser. Dabei hätten die Muslims auch auf christliche Vorbilder hinweisen können: Bei ihren gelegentlichen Gegenoffensiven haben byzantinische Truppen mehrfach Moscheen entweiht. Solche Handlungen konnten sich Muslims und Christen also gegenseitig vorwerfen. Der Unterschied besteht allerdings darin, daß sie für Christen keine Rechtsverletzung bedeuteten.

Im Zusammenhang mit einer Untersuchung der Besitzverhältnisse in Jerusalem beschreibt Wilhelm von Tyrus sehr genau die Rechte der Christen unter ägyptischer Herrschaft.

Wilhelm von Tyrus

Übrigens ist es wahr, daß der Patriarch von Jerusalem bei der Ankunft der Lateiner und auch schon viel früher den vierten Teil der Stadt als Eigentum besessen hat. Auf welche Weise er zu diesem Besitz gekommen ist, wollen wir hier in Kürze mitteilen. Durch eifriges Nachforschen ist es uns gelungen, endlich dieser Sache auf den Grund zu kommen. Die alten Überlieferungen melden, daß die Stadt unter der Herrschaft der Ungläubigen niemals anhaltenden Frieden hatte. Sie wurde durch häufige Kriege und Belagerungen fortwährend beunruhigt, da die benachbarten Fürsten sie für sich gewinnen wollten. So kamen die Türme und Mauern durch Alter und Belagerungen in Verfall, und die Stadt stand den Feinden offen. In dieser Zeit zeichnete sich das Reich der Ägypter durch Macht, Reichtum und weltliche Klugheit vor allen Reichen des Morgens und Mittags aus... Der Kalif setzte Befehlshaber in den Städten ein... legte Zölle fest und machte sich das ganze Land zinspflichtig. Auch gebot er den Bürgern jeder Stadt, ihre Mauern wieder aufzubauen... Auf dieses Gesetz hin befahl der Statthalter von Jerusalem den Einwohnern, dem Erlaß nachzukommen und verteilte die Arbeit unter den Bürgern. Mehr aus Bosheit als nach richtiger Erwägung ihrer Kräfte wurde den armen Christen der vierte Teil jenes Baues angewiesen. Die Gläubigen waren aber durch eine

Unzahl von Abgaben, Zöllen und schmählichen Fronleistungen so verarmt, daß das Vermögen von allen kaum hinreichte, einen oder zwei der Türme auszubessern... Daher gingen sie zu dem Statthalter, und baten ihn unter Tränen, er möchte ihnen doch eine Last auflegen, die ihnen zu tragen möglich sei, denn dieser seien sie nicht gewachsen. Der Statthalter ließ sie aus seinem Angesicht entfernen, und sprach gegen sie schwere Drohungen aus... Endlich erhielten sie durch vielfache Vermittlung und durch Bestechung eine Frist, in welcher sie eine Gesandtschaft an den Herrn Kaiser von Konstantinopel schikken wollten, ihn um einen milden Beitrag für das vorgenannte Werk zu bitten... Dieser gewährte den Gläubigen die Bitten... und versprach liebreich so viel Geld, als sie zu dem aufgetragenen Werke brauchten. Er fügte jedoch die Bedingung hinzu, daß innerhalb des Umfangs der Mauer, die sie mit kaiserlichen Beiträgen errichteten, nur Christen wohnen dürften... Sie schickten also Gesandte an ihren ersten und höchsten Herrn, nämlich den Kalifen von Ägypten. Diese trugen ihm die genannte Bitte vor, und mit Gottes Hilfe erreichten sie, daß der Kalif ihrer Bitte entsprach und eine Urkunde mit Siegel und Unterschrift darüber ausstellte. Nachdem sie ihr Geschäft auf diese Art glücklich zu Ende gebracht hatten, kehrten sie in ihre Heimat zurück. Mit Gottes Beistand wurde jener Teil der Mauer, welchen sie zu bauen hatten, im Jahre 1063 nach der Menschwerdung des Herrn vollendet,... sechsunddreißig Jahre vor der Befreiung der Stadt. Bis dahin hatten die Sarazenen und die Gläubigen vermischt untereinander gelebt. Aber von nun an mußten die Sarazenen auf Befehl des Fürsten in andere Stadtteile ziehen und das genannte Viertel den Gläubigen ohne Widerspruch überlassen. Die Diener Christi scheinen dadurch in eine weit bessere Lage gekommen zu sein, denn aus dem Zusammenwohnen mit den Abkömmlingen des Teufels entstand häufig Streit und vielfacher Verdruß. Jetzt aber, da sie für sich wohnten, ohne das Unkraut unter sich zu haben, hatten sie weit mehr Ruhe. Wenn sie Klagen vorzubringen hatten, so brachten sie die Sache zur Entscheidung vor die Kirche und unterwarfen ihre Streitigkeiten untereinander dem Spruch des jeweiligen Herrn Patriarchen. Auf diese Art und von dieser Zeit an hatte der vierte Teil der Stadt keinen anderen Richter als den Patriarchen, und die Kirche betrachtete diesen Stadtteil deswegen zu jeder Zeit als ihr Eigentum.

Die lateinischen Chronisten betonen, Jerusalem sei befreit worden. Was kann »Freiheit« in der zur Rede stehenden Epoche bedeuten? Wirklich frei war selbstverständlich nur die herrschende Oberschicht. Für die Untertanen war der Alltag durch drei Größen bestimmt: Das Maß der Rechtssicherheit, die Höhe der Steuern und die Möglichkeit der Religionsausübung. Unter byzantinischer Herrschaft bestand in ruhigen Zeiten Rechtssicherheit für Juden und Christen. Die nichtorthodoxen Christen galten als Häretiker, ihre religiöse Freiheit war eingeschränkt. Als die Araber die Oberherrschaft übernahmen, wurde die Freiheit der byzantinischen Oberschicht wesentlich eingeschränkt, aber sie wurde nicht vollständig entmachtet. Vertragliche Abmachungen zwischen den arabischen Machthabern und dem Kaiser in Konstantinopel räumten der orthodoxen Verwaltung eine gewisse Autonomie ein. Für die nichtorthodoxen Christen verbesserte sich die Lage. Mit Ausnahme der Epochen der Tyrannei herrschte Rechtssicherheit für alle. Über Steuererhöhungen liegen Klagen vor, aber das Ausmaß ist nicht überprüfbar. Die türkischen Machthaber standen in keinem Vetragsverhältnis zu Byzanz. Unter ihrer Herrschaft ist die Verwaltungsautonomie des orthodoxen Klerus wahrscheinlich eingeschränkt worden. Die ägyptischen Fatimiden hatten nach der Vertreibung der türkischen Garnison den Kreuzfahrern mehrfach Vertragsangebote gemacht. Zumindest die früheren Rechte für die Christen in Jerusalem waren also wiederherstellbar.

Für die Juden und viele Christen in Jerusalem hätte die Eroberung der Stadt nur den erneuten Austausch der Oberschicht bedeutet, wenn sie sie überlebt hätten. Und für viele Christen, die sie außerhalb Jerusalems überlebten, bedeutete sie keine Befreiung.

DIE AUFWERTUNG DES KONZILS

Vor der Konsolidierung des Königreichs Jerusalem ist die Resonanz auf das Konzil von Clermont gering. Um das Jahr 1101 erwähnt Frutolf von Michelsberg das Konzil überhaupt nicht, und der Autor der Gesta Francorum sagt nur, der Papst habe in mehreren Orten Frankreichs zur Kreuzfahrt aufgerufen. Ekkehard von Aura hat von dem Konzil erfahren, kennt aber den Ort nicht.

Ekkehard von Aura

Bewegt riefen der Papst und die ganze römische Kirche ein allgemeines Konzil an der spanischen Grenze oder, wie einige sagen, in Paris ein.

Der Chronist Bernold von Konstanz widmet dem Konzil nur wenige Zeilen. Lambert von Arras hat die Dekrete von Clermont überliefert, erwähnt aber keinen Aufruf. Fulcher von Chartres schreibt den ersten Teil seiner Kreuzzugschronik zwischen 1101 und 1106 in Palästina auf. Er ist der erste, der mit dem Konzil von Clermont die Geschichte des Kreuzzuges beginnen läßt. Er meldet die Teilnahme von rund dreihundert Bischöfen und Äbten. Lambert von Arras gibt eine ähnliche Zahl an und erwähnt die Anwesenheit von Klerikern und Laien aus der Region und der Provinz. Nach Fulcher hat Urban vor dem Konzil, also in einer Kirche, mehrere Reden gehalten: eine davon als Aufruf zur Kreuzfahrt. Die Kreuznahme der Massen erfolgt bei Fulcher erst nach der Verbreitung des Aufrufs. Vom Jahr 1106 an beginnen Chronisten, die Bedeutung des Konzils zu vergrößern.

Robert der Mönch erhält von seinem Abt um das Jahr 1106 den Auftrag, die Gesta Francorum zu bearbeiten. Robert nennt das Motiv seines Vorgesetzten: Weil sie den Anfang der Geschichte in Clermont nicht enthalte. Robert macht sich ans Werk, weiß aber nichts über das Konzil zu berichten, obwohl er behauptet, dabei gewesen zu sein. Er vergrößert den Teilnehmerkreis.

Robert der Mönch

An diesem berühmten Konzil nahm eine große Anzahl von Bischöfen und Fürsten aus ganz Frankreich und Deutschland teil.

Auch die Form des Aufrufs ist dramatischer: Er findet bei Robert im Freien statt, weil die Menge in keinem Gebäude Platz gefunden habe. Die Papstrede, die Robert anschließend wiedergibt, ist wesentlich demagogischer als die Version Fulchers. Auch die Wirkung ist größer.

Robert der Mönch

Die Anwesenden waren so bewegt, daß sie alle wie mit einer Stimme riefen: »Gott will es, Gott will es.«

Spätere Quellen teilen auch mit, viele Anwesende hätten sich an Ort und Stelle die Kreuzzeichen angeheftet, was natürlich impliziert, sie hätten vorher von dem Aufruf gewußt. Die Version mit der spontanen Kreuznahme einer Volksmenge wird noch heute als die allgemein gültige verbreitet. Sie fügt sich in den Kontext, nach dem die Eroberung Jerusalems und die Bildung der Kreuzfahrerstaaten als größter Triumph der Christenheit gefeiert wird. Fulchers Version ist die früheste und sachlichste, sie nennt die Türkei als Marschziel. Nach Robert verfassen Guibert von Nogent (1109) und Baldrich von Dol (nach 1110) weitere Reden. Thematische Berührungspunkte mit Fulcher sind nur der Aufruf zur Kreuzfahrt, die Bedrohung durch die Türken und die himmlische Entlohnung. Zusätzliche Themen bei den späteren Chronisten: Die Greuel der Türken, die Not der Armen, die Verheißung irdischen Lohns und Jerusalem als das eigentliche Ziel der militärischen Wallfahrt. Keine Rede ähnelt im Wortlaut einer anderen. Robert, Guibert und Baldrich nehmen in ihre Redetexte Floskeln und Themen der allgemeinen Propaganda auf. Einige überlieferte Rundschreiben zeugen vom Stil dieser Propaganda. Die Herkunft dieser Briefe ist meist ungewiß, da zur Erhöhung der Wirkung falsche Absender angegeben werden (Päpste, Kaiser Alexios).

Angeblicher Brief des Kaisers Alexios an den Grafen von Flandern

Fürwahr beschneiden sie (die Türken) Knaben und Jünglinge der Christen über den Taufbecken der Christen und gießen das Blut der Beschneidung zur Verhöhnung von Christus in diese Taufbecken.

Robert der Mönch

Sie (die Türken) beschneiden die Christen und das Blut der Beschneidung gießen sie auf die Altäre und Taufbecken.

Der Hilferuf, der angeblich von Kaiser Alexios verfaßt sein soll, wird noch Jahrhunderte lang kopiert und von Chronisten benutzt. Auch Guibert von Nogent arbeitet eine leicht geänderte Fassung in seine Chronik ein. Dabei preist er die Schönheit der griechischen Frauen an: Ein Lockmittel, zu dem der Kaiser der Griechen ja wohl kaum gegriffen haben dürfte. Wegen dieser und anderer Ungereimtheiten halten die meisten Historiker Kaiser Alexios nicht für den Autor des Schreibens. Daß es zur Propaganda diente, zeigt die Verbreitung. Noch heute sind mehr als zwanzig Kopien des Schreibens aus dem 12. und 13. Jahrhundert erhalten. Es wird auch vielen Kopien der Chronik Roberts beigefügt. Manche Historiker und das breite Publikum haben Robert den Vorzug vor Fulcher gegeben. Roberts Kreuzzugschronik war eine Art Bestseller. Im 15. Jahrhundert liegen für die deutschen Laien auch Übersetzungen vor.

Robert der Mönch

Und das blüt der besnydunge daz gießent sie uff die elter... und die sie wollent schemelich doten, den durchgrabent sie den nabel... waz soll ich sagen von der bosen süntlichen notzogünge der fraüwen? is ist da von beßer geswigen dann geredt...

Da hat sich dann doch die Feder des Mönches Robert gesträubt. Aber die meisten Leser konnten die verschwiegenen Einzelheiten der »Notzucht« im beigefügten »Hilferuf des Kaisers« nachlesen.

Angeblicher Brief des Kaisers

Edele Frauen und deren geraubte Töchter schändeten sie (die Türken) sich einander abwechselnd ehebrecherisch wie Tiere. Andere stellen während der schändlichen Verführung der Jungfrauen vor deren Augen die Mütter auf und zwingen sie, gottlose und ausschweifende Lieder zu singen.

Die Papstreden und Briefzirkulare sind wichtige Dokumente über die Entwicklung der Kreuzzugspropaganda. Für Auskünfte über die tatsächlichen Ereignisse sind sie wenig geeignet, weil sie vor allem der Rechtfertigung und Werbung dienen. Die Kreuzfahrerstaaten benötigen finanziellen und personellen Nachschub. In der Praxis der Kreuzzüge wird die Kreuznahme zunehmend mit einem Gelübde verbunden. Die Ablösung des Eides kann durch eine geldliche Buße erfolgen. Der Kirche hat sich damit eine neue Finanzquelle erschlossen. Es gibt also nach der Eroberung Jerusalems hinreichende Gründe für eine Fortsetzung und Verschärfung der Propaganda. Die Papstreden der Chronisten und die Propagandabriefe konnten den Predigern als Vorlagen dienen.

Ritter unterwegs. Miniatur 14. Jahrhundert.

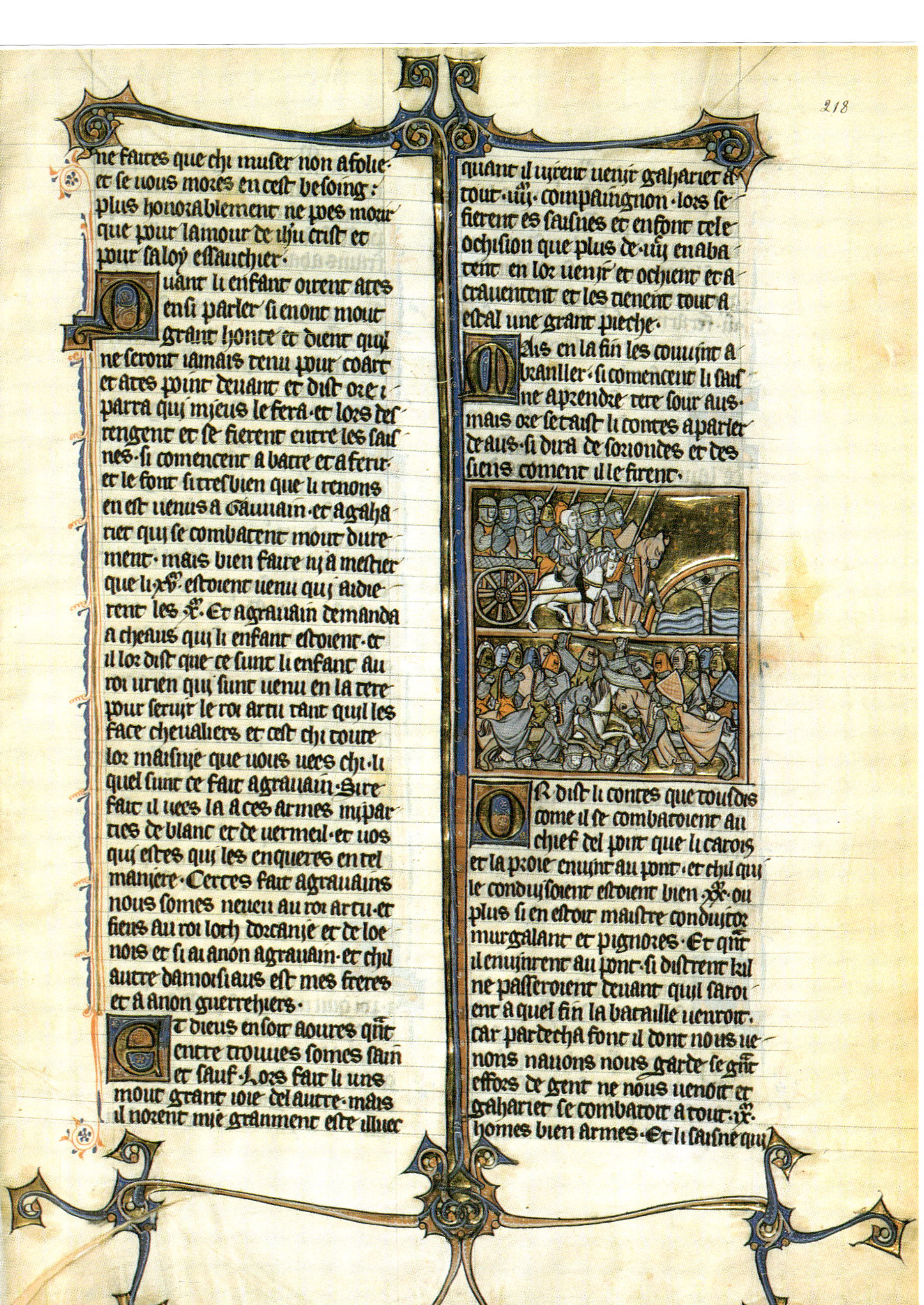
218

ne faites que chi muser non afolie.
et se vous mores en cest besoing:
plus honorablement ne poes morir
que pour lamour de ihu crist et
pour sa loy essauchier.
Quant li enfant oirent ales
ensi parler si enont mout
grant honte et dient quil
ne seront iamais tenu pour coart
et ales point devant et dist ore i
parra qui mieus le fera. et lors des
rengent et se fierent entre les sais
nes. si comencent a batre et a ferir
et le font si tresbien que li renons
en est venus a Gauvain. et a gaha
riet qui se combatent mout dure
ment. mais bien faire ni a mestier
que li .xv. estoient venu qui aidie
rent les .x. Et agravain demanda
a cheaus qui li enfant estoient. et
il lor dist que ce sunt li enfant au
roi urien qui sunt venu en la tere
pour servir le roi artu tant quil les
face chevaliers et cest chi toute
lor maisnie que vous vees chi. li
quel sunt ce fait agravain. Sire
fait il vees la a ces armes mi par
ties de blanc et de vermeil. et vos
qui estes qui les enqueres en tel
maniere. Certes fait agravains
nous somes neveu au roi artu. et
fiens au roi loth dorcanie et de loe
nois et si ai anon agravain. et chil
autre damoisiaus est mes freres
et a anon guerrehiers.
Et dieus en soit aoures quant
entre trouves somes sain
et sauf. Lors fait li uns
mout grant ioie del autre. mais
il norent mie granment este illuec

quant il virent venir gahariet a
tout .iiii. compaingnon. lors se
fierent es saisnes et en font tele
ochision que plus de .iiii. en aba
tent en lor venir et ochient et a
craventent et les tienent tout a
estal une grant pieche.
Mais en la fin les couvint a
tranller. si comencent li sais
ne a prendre tere sour aus.
mais ore se taist li contes a parler
de aus. si dira de soriondes et des
siens coment il le firent.

Or dist li contes que tousdis
come il se combatoient au
chief del pont que li carois
et la proie envinrent au pont. et chil qui
le conduisoient estoient bien .xx. ou
plus si en estoit maistre conduitor
murgalant et pignores. Et quant
il envinrent au pont. si distrent kil
ne passeroient devant quil saroi
ent a quel fin la bataille venroit.
car par decha sont il dont nous ne
nons navons nous garde se grant
effors de gent ne nous venoit et
gahariet se combatoit a tout .xx.
homes bien armes. Et li saisne qui

DAS GROSSE STERBEN:

DER KREUZZUG DES JAHRES 1101

Aus dem Kreuzfahrerlager vor Antiochia hatten mehrere prominente Kreuzfahrer Briefe in die Heimat entsandt. Neben Berichten über den Verlauf der Kreuzfahrt enthalten einige Schreiben die Aufforderung, weitere Truppen in Marsch zu setzen und alle zu exkommunizieren, die ihr Versprechen zur Kreuzfahrt noch nicht eingelöst hätten. Reaktionen sind nicht bekannt. Papst Urban II. starb im Jahr 1099, ohne von der Eroberung Jerusalems erfahren zu haben. Als die Nachrichten über den Erfolg der Kreuzfahrer in Europa eintreffen, wächst die Bereitschaft zu weiteren Waffentaten allerdings erheblich.

Wilhelm von Tyrus

Die abendländischen Fürsten vernahmen die großen und bewundernswürdigen Taten, die der Herr durch seine Knechte ausgeführt hatte, welche auf den Kreuzzug gegangen waren... Diese Kunde von dem Glück ihrer Brüder erfreute sie zwar sehr, aber es tat ihnen leid, daß sie bei diesen glücklichen Unternehmungen nicht zugegen gewesen waren. Darum beschlossen die Zurückgebliebenen, einen neuen Kreuzzug anzutreten.

Die anhaltende Kreuzzugspredigt und die Berichte von der reichen Beute veranlaßte Zehntausende, nach Albert von Aachen mehr als hunderttausend, Italiener, Franzosen und Deutsche das Kreuz zu nehmen. Darunter Hugo von Vermandois und Stephan von Blois, die den Kreuzzug vor Antiochia verlassen hatten und dafür öffentlich der Feigheit bezichtigt wurden. Adela, die Gattin des Herrn von Blois, soll die Flucht besonders bissig kommentiert haben. Weiterhin zogen von den höheren Herren ins Feld: Der Bischof von Mailand, drei französische Bischöfe und Graf Stephan von Burgund. Nach Albert von Aachen führte Konrad, der Stallmeister Heinrichs IV., zweitausend Deutsche nach Konstantinopel. Vom Zug der norditalienischen Pilger meldet der Chronist die üblichen Zwischfälle.

Albert von Aachen

Sie übertraten das Gebot des Kaisers und hörten nicht auf die Führer und Fürsten des Heeres, sondern plünderten überall ohne Maß und Vernunft und nahmen ohne Bezahlung den Bulgaren und den Griechen all ihre Habe weg, raubten ihr Vieh und Geflügel und verschlangen es... sogar in der heiligen Fastenzeit. Sie brachen auch in den genannten Orten und Städten selbst in die Kirchen des frommen Kaisers ein, voll Gier, die Dinge zu rauben, die man dort verborgen hatte.

Wilhelm von Tyrus

Sie glichen dem früheren Heer nicht an Glaubenseifer. Sie benutzten die gleiche Straße nach Konstantinopel, wo sie von dem Herrn Kaiser Alexios sehr ehrenvoll aufgenommen wurden und den Herrn Grafen Raimund von Toulouse trafen, der sich bei dem ersten Kreuzzuge so sehr zu seinem Ruhme ausgezeichnet hatte.

Für das nun folgende Debakel macht der Chronist mangelnden Glaubenseifer verantwortlich. Außerdem soll Kaiser Alexios das Unternehmen an die Türken verraten haben. Aus welchem Grund er dies getan haben soll, ist nicht erkennbar.

Wilhelm von Tyrus

Da also durch den Kaiser und die Seinigen die Ankunft der Unsern den Feinden kund geworden war, rufen diese aus dem ganzen Orient Streitkräfte herbei, um dem Heer... den Weg zu versperren. Die Unsern aber trennten sich voneinander, sei es mit Absicht oder durch Zufall, und zogen auf verschiedenen Wegen einher. Sie waren wie Sand, der nicht durch einen Mörtel verbunden war, kein Band der Liebe verknüpfte sie. Jene Zucht und Ordnung, welche das erste Heer beachtet hatte, war ihnen völlig fremd. Wie sie es verdient hatten, entstand ihnen ein mächtiger Feind. Sie fielen so gänzlich in die Hand ihrer Gegner, daß von ihnen an einem Tage mehr als fünfzigtausend beiderlei Geschlechts durch die Schärfe des Schwertes fielen. Die vom Himmel Geretteten suchten nackt und von allem, was man auf der Reise braucht, entblößt, ihre Zuflucht da und dort. Endlich kamen sie mehr durch Zufall als nach einem bestimmten Plan... in Antiochia an, nachdem sie den Herrn Hugo den Großen durch den Tod verloren hatten.

Einer der Gründe für die Niederlage war die von den Italienern erzwungene Entscheidung, nach Nordanatolien zu ziehen, um den dort inhaftierten Bohemund zu befreien. Die Gefechte hatten sich über mehrere Wochen hingezogen.

Bei der Entscheidungsschlacht standen die Kreuzfahrer einer Allianz türkischer Regenten gegenüber. Sie hatten aus ihren Fehlern im Jahr 1097 Konsequenzen gezogen. Albert von Aachen berichtet, wie sich die lateinischen Fürsten nach der Schlacht aus der Affäre zogen:

Albert von Aachen

Als sich Raimund zur Flucht gewandt hatte, und das Gerücht davon sich im Heer verbreitete, befiel alle eine solche Furcht, daß auch nicht ein einziger von den Fürsten zurückblieb, der nicht ganz verzweifelt auf Flucht gesonnen hätte. So liefen alle, Groß und Klein, Vornehme und Gemeine bis nach Sinope, einer Burg des Kaisers... Die Zelte und ihren ganzen Troß, ihr Fuhrwerk und ihre zarten und lieben Frauen ließen die Christen im Stich... Als die Türken davon hörten..., waren sie schon beim ersten Morgengrauen in den Zelten der Christen. Dort griffen sie die überaus vornehmen Frauen und trefflichen Damen, der Franzosen sowohl als der Lombarden, grausam an, raubten sie frech und hielten sie in Fesseln und schickten mehr als tausend zu fremden Völkern und in unbekannte Länder, als wäre es erbeutetes stummes Vieh... Die übrigen aber, die etwas vorgeschrittenen Alters waren, machten sie mit dem Schwert nieder.

Der nächste Trupp unter Wilhelm von Nevers war nach Süden abgebogen und mit seinem Aufgebot bis Heraklea vorgestoßen. Halb verdurstet werden die Kreuzfahrer vor der Stadt von einem türkischen Heer gestellt und niedergemetzelt. Nur wenige, darunter der Graf, entkommen nach Antiochia.

Der als Ahnherr der Troubadoure geltende Herzog Wilhelm IX. von Aquitanien hatte seine Truppen mit den Bayern unter ihrem Herzog Welf IV. vereinigt. Von Hunger und Durst gequält kommen sie ebenfalls nur bis Heraklea, wo sie von den Türken besiegt werden. Die Markgräfin Ida von Österreich und der Erzbischof von Salzburg geraten in Gefangenschaft und werden umgebracht. Wilhelm von Aquitanien und der Herzog von Bayern gehören zu den wenigen, die sich bis nach Antiochia durchschlagen können.

Auch der Chronist Ekkehard von Aura hat am Kreuzzug von 1101 teilgenommen.

Ekkehard von Aura

Es klingt unglaublich und denen, die es selbst erlebt haben, ist es noch in der Erinnerung schrecklich, wie groß in unserer deutschen Gruppe, der kleinsten von allen, die Verwirrung war. Man sah, wie der Vater vom Sohn, der Bruder vom Bruder, der Freund vom Freund im Leben bitterer getrennt wurden als der Tod sie scheidet. Man sah, wie der eine sich dem Land, der andere dem Meer anvertraute. Manche bezahlten für eine Fahrt zur See und verbrachten eine oder zwei Nächte auf dem Schiff, nahmen dann ihr Gepäck aber wieder an sich, sprangen unter großem Verlust wieder ans Ufer und kauften nun zu einem höheren Preis die Pferde zurück, die sie kurz vorher losgeschlagen hatten... Auch wir selbst wurden durch die gleiche Unentschlossenheit lange und schwer gequält. Aber da die göttliche Güte unser armseliges Geschick lenkte, vertrauten wir uns mit anderen dem Meer an und erreichten nach sechs Wochen den Hafen von Jaffa; gepriesen in allem sei Jesus Christus.

Graf Stepfan von Burgund und Graf Stephan von Blois fallen in der Schlacht von Ramla im Jahr 1102.

Wilhelm von Tyrus

In diesem Treffen fielen die beiden Grafen Stephan und andre Edle, deren Zahl und Namen wir nicht wissen. Für... den Herrn Grafen Stephan (von Blois) war es wohl ein Glück, daß er hier fiel, denn es ist sicher, daß ihm der Herr große Barmherzigkeit damit erwiesen hat, daß er ihm Gelegenheit gab, die alte Schmach, welche seit seiner Flucht von Antiochia auf ihm lastete, durch den schönsten Tod auszutilgen... Wir glauben nämlich, daß die, welche im Kampfe für den Namen Christi in den Reihen der Gläubigen und in christlichem Kriegsdienste fallen, nicht nur jede Schande wiedergutmachen, sondern sich damit auch die Vergebung ihrer Sünden und Vergehen verdienen.

Als die Nachrichten über den völligen Fehlschlag des Unternehmens und vom Tod zehntausender Kreuzfahrer sich verbreitet hatten, ließ die Jubelstimmung in Europa merklich nach. Dieser Kreuzzug wird von der christlichen Geschichtsschreibung nicht gezählt. Der Rang der Anführer und die Anzahl der in Anatolien verbliebenen Teilnehmer hätten eine Würdigung bei der Numerierung allerdings gerechtfertigt.

Abschlachtung wehrloser Muslims in Antiochia. Miniatur aus Akkon, um 1290.

KRITIK DER ZEITGENOSSEN AM KREUZZUG

Es gab offenbar Kritiker, die den ersten Kreuzzug aus christlicher Überzeugung ablehnten. Schriftliche Zeugnisse dieser Kritiker liegen allerdings nicht vor. Da der Kreuzzug vom Papst ausgerufen worden war, dürften ablehnende Traktate nicht den Gefallen der kirchlichen Behörden gefunden haben. Von der Existenz dieser Kritiker wissen wir durch Ekkehard von Aura.

EKKEHARD VON AURA

Die Menschen unseres Volkes besaßen zwar den Eifer für Gott, aber nicht nach der Weisheit Gottes, denn auf der Heerfahrt, die Christus zur Befreiung der Christen bestimmt hatte, hatten sie begonnen, statt dessen andere Christen zu verfolgen..; das ist der Grund dafür, daß einige einfältigere Brüder, die die Sache nicht durchschauten, Ärgernis nahmen, das ganze Kreuzzugsunternehmen voreilig verurteilten und es für eitel und vermessen erklärten.

Ekkehard, der das Unternehmen befürwortet, spricht hier von Klerikern, die es verurteilen. Ekkehard kommt nocheinmal auf diese Kritiker zurück.

Ekkehard von Aura

An dieser Stelle drängt das brennende Herz, über die Ursache dieser Heerfahrt, die nicht von Menschen, sondern von Gott angeordnet war, einiges dem soeben Geschriebenen hinzuzufügen, vor allem wegen der Anschuldigungen seitens einiger Törichter, ja Schamloser, die stets zufrieden mit dem alten Irrtum, dieses Neue, das einer alternden und beinahe zugrunde gehenden Welt dringend vonnöten ist, mit vermessenem Geschwätz zu tadeln sich herausnehmen.

Die zweifache Erwähnung der Kritiker läßt vermuten, daß Ekkehard sich genötigt sah, Überzeugungsarbeit zu leisten. Kriege im Namen Gottes waren offensichtlich für diese »einfältigen Brüder« nicht mit den Evangelien vereinbar.

Die Chronisten des Kreuzzuges bezweifelten nicht, daß der Kreuzzug Gottes Wille war. Daß bedeutete nicht unbedingt, daß sie alle Verfechter der Gewalt waren.

Fulcher von Chartres

(Nach der Schlacht von Ramla)

Oh Krieg, allen denen verhaßt, die das Unrecht verabscheuen, und schrecklich für jene, die ihn mitansehen müssen... Der menschliche Verstand empfindet Abscheu, wenn er dieses Elend wahrnimmt.

Albert von Aachen mißbilligt die Abschlachtung muslimischer Frauen und Kinder. Diese Auffassung hat sich nicht durchgesetzt. Mit der Entfaltung der Kreuzzüge wurde der Feind immer mehr zu einem totalen Feind, auch die Frauen und Kinder. Am Ende einer langen Geschichte stehen dann Namen wie Auschwitz, Rotterdam, Dresden oder Hiroschima. Dies sei gesagt wegen der leichtfertigen Übung, das Mittelalter »finster« zu nennen. Man vergleiche nur den mitfühlenden Ton Alberts mit der Kriegsberichterstattung aller Seiten in diesem Jahrhundert. Da wäre eher die Bezeichnung »zunehmende Verfinsterung« in Erwägung zu ziehen, das Zeitalter betreffend, das mit den Kreuzzügen begann.

DIE KREUZUGSIDEE WIRD UNIVERSELL

Papst Paschalis, der Nachfolger Urban II., wird ein eifriger Verfechter der Kreuzzugsidee und erweitert sogleich das Feld ihrer Nutzanwendung. Er verspricht dem Grafen Robert von Flandern die Vergebung der Sünden für die Bekämpfung der Partei Kaiser Heinrich IV.

Paschalis II.

An Robert, Graf von Flandern, daß er die Lütticher Schismatiker, Anhänger von Kaiser Heinrich, aus der Kirche austreibe.

Bischof Paschalis, Diener der Diener Gottes, sendet dem Grafen Robert von Flandern Heil und Apostolischen Segen.

Gesegnet sei der Herr, der Gott Israels, der die Stärke wirken läßt in dir, der du danach strebst, nachdem du aus Jerusalem in Syrien zurückgekehrt bist, im Bemühen um die gerechte Ritterschaft das Himmlische Jerusalem zu erreichen. Das ist die Pflicht des rechten Ritters, daß er die Feinde seines Königs dringend verfolge... Überall sollst du, so gut du kannst, Heinrich, das Haupt der Häretiker, und seine Begünstiger nach Kräften verfolgen. Niemals könntest du ein Gott wohlgefälligeres Opfer bringen, als wenn du den bekämpfst, der sich gegen Gott erhoben hat... Das befehlen wir dir und deinen Rittern zur Vergebung eurer Sünden und für die Freundschaft des Apostolischen Stuhles: auf daß du durch diese Mühen und Siege mit Gottes Hilfe zum Himmlischen Jerusalem gelangen mögest.

Die Gewährung von Kreuzzugsprivilegien bei innerchristlichen Kriegen wird bald Schule machen.

Mit Berichten über die Schlacht bei Askalon beenden Raimund von Aguilers und der Autor der Gesta ihre Chroniken. Die wichtigsten Zeugnisse über die christliche Landnahme stammen von Fulcher von Chartres, Albert von Aachen und Wilhelm von Tyrus.

EINE GANZ NORMALE FEHDE

Die Schlacht bei Askalon im Jahr 1099 war die vorläufig letzte gemeinsame Unternehmung der fränkischen Fürsten. Im Angesicht der nächsten Beuteobjekte stellt sich der Alltag ein. Vor ihnen liegt die reiche Hafenstadt Askalon. Der fatimidische Statthalter erwägt, die Stadt an Raimund von Toulouse zu übergeben. Der Graf gilt als zuverlässig, da er den Vertrag mit der Besatzung der Zitadelle von Jerusalem eingehalten hatte. Aber Gottfried von Bouillon lehnt jede Regelung ab, die ihn nicht selbst zum Besitzer der Stadt macht. Daraufhin zieht Graf Raimund mit seinen Truppen ab und Gottfried muß die Belagerung aufgeben. Askalon bleibt noch ein halbes Jahrhundert lang im Besitz der Ägypter. Als der Statthalter der Hafenstadt Arsuf ebenfalls Graf Raimund die Übergabe anbietet, kommt es zum offenen Streit zwischen den Anführern. Albert von Aachen:

„Gottfried kam nach Arsuf und belagerte die Stadt einen Tag lang in der Hoffnung, die Ägypter ließen sich irgendwie einschüchtern, die Stadt in seine Hand zu liefern. Aber infolge Raimunds Rat und Mahnung fand er auch diese, wie die von Askalon, störrisch und widerspenstig und zog deshalb traurigen Mutes wieder ab. Er gab seinen Gefährten den Befehl, den Raimund in seinem Lager anzugreifen und an seinem Haupte all die Unbill zu rächen, die er ihm angetan habe. Und sie zogen alsbald die Panzer an und pflanzten ihre Banner auf und waren voll Zorn bereit, in das Lager des Grafen einzudringen, und ebenso war auch Raimund, der gewarnt worden war, entschlossen, bewaffnet wider den Herzog in den Kampf zu ziehen. Doch Robert von Flandern und die andern erlauchten Herren kamen dazwischen und beschimpften die Ritter. Und nach langem Bemühen gelang es ihnen endlich, beide zu versöhnen und die Eintracht wieder herzustellen."

Die Eintracht führt nicht zu gemeinsamen Aktionen. Ohne die anderen kann Gottfried Arsuf nicht erobern. Er schließt mit dem Statthalter einen Friedensvertrag: Die Ägypter zahlen Tribut an die Kreuzfahrer und bleiben dafür unbehelligt. Der Ritter Gerhard von Avesnes bleibt in Arsuf um die Einhaltung des Vertrages zu überwachen. Die Kreuzfahrer unter dem Grafen von Flandern und dem Herzog der Normandie begeben sich auf die Heimreise. Graf Raimund, der nun völlig verbittert ist, begleitet sie mit seinen Gefolgsleuten nach Norden. Sie erreichen im September die byzantinische Stadt Laodicea (Latakia), die von Land und See von Kreuzfahrern belagert wird. Die Flotte kommt aus Pisa.

DIE EXPANSION DES OSTHANDELS

Vor allem die italienischen Seehandelsstädte unterhielten mit Ägypten lebhafte Handelsbeziehungen. Solange der Ausgang der Expedition völlig unsicher war, standen die Kaufleute ihr reserviert gegenüber. Eine Flotte aus Genua war rechtzeitig zur Eroberung Jerusalems eingetroffen. Nach der Eroberung Antiochias erkannten vor allem Pisa, Amalfi, Genua und Venedig die Bedeutung des Kreuzzuges für den Osthandel. Die Kaufleute betreiben nun die Gründung von Niederlassungen in Syrien und Palästina. Die meisten Hafenstädte sind aber noch in byzantinischer oder ägyptischer Hand. Ohne Seestreitkräfte ist ihre Belagerung wenig aussichtsreich. Das Eingreifen der Seehandelsstädte ist also im Interesse der Kreuzfahrerstaaten. Ebenso wichtig wäre eine enge Kooperation der Kreuzfahrer mit dem byzantinischen Reich. Aber in Europa waren mit den Meldungen über den Sieg in Antiochia auch Gerüchte über feindselige Akte des Kaisers Alexios verbreitet worden. Wirklich feindselig gegenüber Byzanz handeln weiter Bohemund und andere Lateiner.

Karte von Palästina. Miniatur um 1350.

KREUZFAHRER GEGEN BYZANZ

Daimbert, Erzbischof von Pisa, war Ende 1098 von Papst Urban II. beauftragt worden, nach Jerusalem zu reisen. Der Rat von Pisa stattet eine Flotte aus und stellt sie dem Erzbischof zur Verfügung. Als die Flotte die byzantinische Insel Korfu im Frühjahr 1099 anläuft, verhalten sich die Pisaner wie Piraten: Laut Anna Comnena werden die christlichen Bewohner der Insel ausgeplündert. Albert von Aachen erwähnt einen Überfall auf die ionische Insel Cephali. Ob Bischof Daimbert von Papst Urban II. zu dieser Handlungsweise ermuntert worden war, ist unbekannt. In Briefen, die Kreuzfahrer nach Europa geschickt hatten, waren die Byzantiner des Verrats beschuldigt worden. Ungeprüft stellten diese Beschuldigungen aber keinen Rechtsgrund für einen Angriff auf Byzanz dar. Während die pisanische Flotte weitersegelt und griechische Inseln plündert, mobilisiert Kaiser Alexios in Konstantinopel eine Flotte gegen die Angreifer. Im Sommer 1099 treffen die Pisaner und eine byzantinische Flotte vor Rhodos aufeinander. Die Byzantiner können ein pisanisches Schiff erobern, aber ein Sturm ermöglicht den Pisanern die Flucht.

DER PÄPSTLICHE BEAUFTRAGTE KOALIERT MIT BOHEMUND

Die Pisaner segeln weiter, aber nicht nach Jaffa, um die Streitkräfte Gottfrieds zu verstärken, sondern nach Laodicea. Die byzantinische Hafenstadt wird von den Truppen des Fürstentums Antiochia belagert. Für ihren Anführer, Bohemund, steht byzantinischer Besitz weiter zur Disposition der Kreuzfahrer. Nach seiner Ankunft vor Laodicea eignet sich Bischof Daimbert die Sichtweise Bohemunds an und läßt die Pisaner die Stadt von der Seeseite her angreifen. Im September stehen Graf Raimund und die auf dem Heimweg befindlichen Kreuzfahrer kurz vor Laodicea. Albert von Aachen:

„Während sie dort verweilten, wurde ihnen gemeldet, Bohemund habe, unersättlich in seiner Gier zu erwerben und zu raffen, Laodicea, Stadt und Wohnsitz orthodoxer Griechen, in langwährender Belagerung eingeschlossen. Und er habe zwei Türme, die am Meer gelegen die Stadt beherrschen... von der Seeseite aus mit Hilfe der Schiffe der Pisaner und Genuesen überfallen. Auch habe er diese erstürmt und ihre christliche Besatzung teils niedergemacht, teils geblendet und so aus diesen Türmen vertrieben. Die Pisaner und Genuesen aber sind dieses Unrechts wegen nur wenig zu schelten und anzuklagen; denn aus dem Munde Bohemunds ist ihnen die Sache ganz anders dargestellt worden, als sie in Wirklichkeit sich verhielt. Durch ihn getäuscht und mit falschen Angaben irregeführt... quälten die Kreuzfahrer in langem und heftigem Ansturm die Bürger, und schon hatten sie über den Vorwall der Mauern hinweg machtvoll eine Brücke geschlagen, um so einen leichten Zugang zu den Mauern zu haben und die bedrängte Stadt bald der Gewalt Bohemunds ausliefern zu können. Und es fehlte nicht viel und die Stadt wäre durch solche Künste genommen und die Bürger wären bestraft und alles zu Unrecht dem Bohemund unterworfen worden."

ALBERT ENTLASTET DEN BISCHOF

Vor allem Graf Raimund ist über den Angriff auf Laodicea empört. Er hatte die Stadt nach der Vertreibung der Türken vertragsgemäß an Byzanz übergeben. Bei einem Treffen zwischen Raimund und Daimbert betont der Bischof, er sei der christlichen Sache wegen angereist. Albert von Aachen schildert die Reaktion:

„Darauf wurde von den getreuen Pilgern dem würdigen Bischof folgendes erwidert: »Wenn ihr euch um des Glücks der Christen willen freut und froh seid über ihr Wohlergehen, warum habt ihr dann christlichen Bürgern von Laodicea zu Unrecht Gewalt angetan, habt ihnen ihre Türme weggenommen und ihre Besatzung

Kreuzfahrer und Kaufleute. Miniatur um 1350.

niedergemacht? Und warum haltet ihr noch immer diese Stadt umzingelt?« Da er dies hörte, entschuldigte sich der Bischof überaus freundlich und in aller Geduld seines Herzens und gestand, daß er und die Seinigen nur aus Unwissenheit gesündigt hätten. Er sagte: »Unschuldig sind wir an diesem Blute. Denn da wir blöde und ganz unbekannt mit euren Dingen zu Schiffe in diese Gegend gekommen waren, zog uns Bohemund von Antiochien aus entgegen und sagte uns, die Bürger von Latakia seien falsche Christen und versicherte uns, sie seien den christlichen Mitbrüdern immer feindselig gewesen und hätten die Pilger stets an die Türken und Sarazenen verraten... Wir aber haben seinen Worten und seinen Versicherungen geglaubt und haben diese Bürger für böse und höchst verbrecherisch gehalten und haben ihm unsere Macht und Hilfe zur Belagerung der Stadt und ihrer Einwohner geliehen. Wir haben dabei geglaubt, wir seien Gott gehorsam, wenn wir diese erschlügen.«"

Wer den Bischof beim Angriff auf die Mitchristen der ionischen Inseln beraten hat, teilt uns Albert indessen nicht mit.

SPÄTE REUE UND ABBRUCH DER BELAGERUNG

Nach Albert ist der Bischof einsichtig und sagt:

„Jetzt aber haben wir die Wahrheit aus eurem Mund gehört und wissen, daß nur aus Neid und Habsucht, nicht um Gottes willen, Bohemund diese Leute verfolgt und uns elend betrogen und verführt hat, Christen zu bekämpfen und zu vernichten. Und so wollen wir unverzüglich zu den Unsrigen zurückkehren und ihnen die ganze Sache offenbaren und sie von der Stadt und jedem Angriff fern halten.«"

Durch die Intervention Raimunds und seiner Begleiter wird Bohemund dazu gezwungen, die Belagerung aufzugeben. Robert von Flandern und Robert von der Normandie treten mit ihrer Gefolgschaft zu Schiff die Heimfahrt an. Raimund von Toulouse entschließt sich, zu bleiben. Albert von Aachen:

„Graf Raimund dagegen fürchtete, er könne die Städte Laodicea und Tortosa, die er mit so großer Mühe unterworfen hatte, wieder verlieren und blieb darum mit starkem Gefolge in Laodicea zurück."

Aber der Graf nimmt die Stadt nicht in Besitz. Bischof Daimbert begibt sich nach Antiochia und schließt mit Bohemund ein politisches Bündnis.

VOR ARSUF: EIN RITTER FLEHT UM ERBARMEN

Im Dezember 1099 behauptet Gottfried von Bouillon, der ägyptische Statthalter von Arsuf sei im Zahlungsverzug und greift die Hafenstadt an. In Arsuf befindet sich Gerhard von Avesnes, um die Tributzahlungen zu überwachen. Die Verteidiger binden den christlichen Ritter an das Stadttor, in der Hoffnung, die Kreuzfahrer würden den Beschuß einstellen. Albert von Aachen:

„Als nun dieser Gerhard hoch droben an der Spitze eines Mastbaumes angebunden schwebte, wandte er sich unter Tränen mit jämmerlicher Stimme an den Herzog: »Oh du erlauchter Herzog. Gedenke, daß ich nur auf deinen Befehl als Geisel und Verbannter in die Hände dieses barbarischen und gottlosen Volkes ausgeliefert worden bin. So bitte ich dich, daß du dich von Mitleid und menschlichem Erbarmen rühren läßt und nicht duldest, daß ich so gräßlichen und schweren Martertodes sterbe.« Ihm aber sagte der Herzog: »Keineswegs, Gerhard, du starker und trefflicher Ritter, kann ich mich deiner erbarmen und so viele Menschen abhalten, gerechte Rache an dieser Stadt zu nehmen. Und wärest du auch mein leiblicher Bruder wie Eustachius, ich könnte dich nicht retten, weil dann die Stadt unbestraft und unversehrt bliebe. Nun mußt du wohl sterben. Aber besser du stirbst allein, als daß unser Beschluß und Eid verletzt werde und diese Stadt den Pilgern immer weiter feindselig und gefährlich sei. Denn wenn du heute den irdischen Tod stirbst, so hast du droben im Himmel an der Seite Christi ein ewiges Leben."

Als Gerhard mit zehn christlichen Pfeilen gespickt ist, zeigen die Muslims Erbarmen und binden Gerhard los. Sie pflegen ihn gesund und lassen ihn später frei. Nach Albert werden die Verteidiger in ihrem Vorsatz gestärkt, auf keinen Fall in die Hände der Kreuzfahrer zu fallen:

„Da nun die Heiden sahen, wie jedes Mitleid in den Herzen der Christen erstorben war und wie sie den trefflichen Ritter mißachteten und verwundeten, da riefen sie schmähend mit schweren Flüchen dem Herzog und dem christlichen Volk zu: »Oh du gottloses grausames Volk, das du dich nicht deines Bruders und Mitchristen erbarmen willst, sondern vor seinen Augen und zu seinem Verderben nur viel wilder noch die Stadt angreifst.« Und dann leisten sie drin mit großen und kleinen Schleudern und mit Pfeilen grimmigen Widerstand."

Gottfried muß die Belagerung aufgeben. Seine Streitmacht reicht nicht aus. Er hat nur Kosten gehabt und eine Geldquelle verloren. Sein Herrschaftsgebiet beschränkt sich weiter auf Jerusalem und die Hafenstadt Jaffa.

KRIEG AM SEE GENEZARETH

Mit fünfundzwanzig Berittenen erobert der Normanne Tankred im des Herbst des Jahres 1099 Galiläa und sichert damit den Kreuzfahrerstaat nach Norden. Als die Panzerreiter vor Tiberias auftauchen, macht sich die Garnison davon. Die Christen in Tiberias sind hocherfreut, die Juden eher besorgt, weil sie das Gemetzel in Jerusalem vor Augen haben. Tankred kann sich nicht nur behaupten, sondern unternimmt sogar Beutezüge gegen seine muslimischen Nachbarn, die Duqaq, dem Regenten von Damaskus, unterstehen. Duqaq kann im Augenblick nichts gegen Tankred unternehmen. Er ist mit Kairo und seinen türkischen Nachbarn im Norden verfeindet. So bedarf es nur weniger Scharmützel, und Tankred, der ehemals landlose Adlige, wird ein begüterter Feudalherr in Galiläa. Zu seinem Besitz gehören die Orte, die durch das Wirken Jesu Berühmtheit erlangten. Folgt man der Bergpredigt, so sprach Jesus am See Genezareth von der Seligkeit der Armut und der Notwendigkeit des Friedens. Rund tausend Jahre lang hat die Kirche an der Auslegung der Botschaft gearbeitet: Nun haben Kreuzritter mit dem Ruf »Gott will es« das Gelände erobert.

DAIMBERT WIRD PATRIARCH

Bohemund von Antiochia und Balduin von Edessa haben wegen ihres plötzlichen Landgewinns versäumt, ihre Wallfahrt zu vollenden. Im Dezember führen sie ein großes Aufgebot in den Süden. Auch Bischof Daimbert und den Chronisten Fulcher drängt es zu den heiligen Stätten. Das Weihnachtsfest feiern alle zusammen in der Geburtskirche in Bethlehem: Bohemund, Herr über Antiochia, Balduin, Herr über Edessa, Tankred, Herr über Galiläa und Gottfried, Herr über

Jerusalem, feiern gemeinsam die Geburt Jesu. Dann werden die anstehenden Probleme in Angriff genommen. Gottfrieds bewaffnete Gefolgschaft besteht aus höchstens dreihundert Reitern und zweitausend Fußsoldaten, er braucht also dringend Verstärkung. Weitere Ritter kann Gottfried nur zum Bleiben veranlassen, wenn er ihnen ein Landlehen anbieten kann. Aber noch ist die rechtliche Grundlage des neuen Feudalstaates unvollständig: Es fehlt die kirchliche Weihe. Patriarchatsverwalter Arnulf war nicht einmal Bischof, er konnte also nicht stellvertretend für den römischen Stuhl handeln. Bohemund kann nun seinen politischen Partner Daimbert ins Spiel bringen. Der Bischof war aber offenbar von Urban II. nicht zum Legaten ernannt worden. Als solcher hätte er Gottfried und Bohemund als weltliche Herren über die eroberten Gebiete bestätigen können. Daher erheben Adel und Klerus Daimbert zum Patriarchen von Jerusalem. Albert von Aachen, der die Taten Daimberts vor Laodicea so eifrig entschuldigt hat, beurteilt den Pisaner von nun an sehr kritisch. Albert teilt mit, Daimbert habe als Beauftragter Roms ein wertvolles Geschenk des spanischen Königs Alfons VI. an Papst Urban unterschlagen. Über Daimberts Wahl zum Patriarchen notiert Albert von Aachen:

„Er erreichte dies mehr durch Bezahlung von Geld, als durch die Wahl der neuen Kirche."

Albert sieht in Daimbert einen Mann, dem es nur um Macht und Geld geht. Wilhelm von Tyrus billigt ihm zu, im Interesse der Kirche zu handeln. Fulcher von Chartres will offensichtlich das Ansehen des Kreuzfahrerstaates nicht beschädigen: Er übergeht den Konflikt zwischen Daimbert und den weltlichen Herren Jerusalems. Wilhelm von Tyrus kommentiert die Erhebung Daimberts zum Patriarchen:

„Als nun der genannte Mann Gottes den Patriarchenstuhl bestiegen hatte, nahmen sowohl Herr Gottfried sein Königtum als auch der Herr Fürst Bohemund sein Fürstentum in aller Demut vom Patriarchen zum Lehen... Hierauf wurden dem Herrn Patriarchen Besitzungen angewiesen, damit er sein Haus damit ehrenvoll unterhalten könne. Sie bestanden zum Teil aus denen, die schon zur der Zeit der Heiden, noch von der griechischen Herrschaft her, der griechische Patriarch besessen hatte, teils auch aus neu hinzugekommenen."

Weder Albert noch Fulcher erwähnen den hochpolitischen Akt der Lehnsnahme. Vielleicht hält Wilhelm es für wichtig, mit seiner Darstellung die rechtlichen Fundamente der Kreuzfahrerstaaten zu untermauern. Der griechische Patriarch hatte die alten römischen Rechtstitel verwaltet. Sie sind nun für Wilhelm auf den lateinischen Patriarchen übergegangen. Fulcher erwähnt nur die Wahl des Patriarchen:

„Der Herzog (Gottfried) und die anderen Hauptleute wählten den Herrn Daimbert zum Patriarchen in der Grabeskirche. Wir versorgten uns mit Vorräten und begaben uns an den Jordan. Einige aus den zuletzt angekommenen Armeen entschieden sich, in Jerusalem zu bleiben. Andere, die zuerst gekommen waren, zogen es vor, mit uns zu ziehen. Gottfried fuhr fort, die Ländereien Jerusalems mit fester Hand zu regieren."

AUFSCHWUNG...

Nachdem Bohemund und Balduin wieder abgereist sind, wird Gottfried diplomatisch aktiv. Er schließt mit den ägyptischen Küstenstädten Tributverträge. Albert von Aachen:

„Zwischen dem Herzog und dem Emir von Askalon begann allmählich die Freundschaft so innig zu werden, daß die Bürger von Askalon mit ihren Waren friedlich nach Jerusalem kamen, ebenso wie die christlichen Männer unbehelligt nach Askalon reisen konnten."

Der Kreuzfahrerstaat beginnt Formen anzunehmen. Die Verwaltung hatte die kleine Kanzlei Gottfrieds übernommen. Besonders dringlich war die Reparatur der Mauern Jerusalems, da ständig Angriffe der Ägypter drohten. Die Auslagen strapazierten die notorisch leere Staatskasse. Handwerk und Handel wurde vor allem durch einheimische Christen wieder belebt. Auch der Außenhandel kommt wieder in Gang. Albert von Aachen:

„Als dann die Stadt Jaffa wieder aufgebaut und befestigt worden war, brachten Kaufleute von allen Reichen und Inseln der Christen Lebensmittel dorthin und fuhren in den Hafen ein. Auch die ankommenden Pilger landeten dort in Sicherheit von allen Seiten und pflegten ihren Leib in gastlicher Ruhe."

Auch mit den Scheichs von Transjordanien schließt Gottfried Verträge. Ihren Karawanen wird freies Geleit zugesichert.

...UND KRISE

Aber im Inneren des Staatswesens stellt sich kein Friede ein. Wilhelm von Tyrus:

„Unterdessen entstand in Jerusalem durch die Bemühung einiger Böswilliger... ein Streit zwischen dem Herrn Patriarchen und dem Herrn Herzog. Der Patriarch forderte nämlich von ihm die heilige, Gott geweihte Stadt, mit der Burg, sowie ganz Jaffa. Nachdem der Streit eine Zeit lang gedauert hatte, gab der Herzog, weil er ein demütiger und milder Mann war, der vor Gottes Wort Achtung hatte... in Anwesenheit der Geistlichkeit und des ganzen Volkes, den vierten Teil von Jaffa an die Kirche zur heiligen Auferstehung ab. Am nächsten Osterfest übergab er auch die Stadt Jerusalem mit der Davidsburg und allem, was dazugehört... in die Hand des Patriarchen. Er stellte jedoch die Bedingung, daß er im Genuß der vorgenannten Städte bleiben sollte, bis Gott das Königreich durch die Eroberung von ein bis zwei Städten erweitern würde. Würde in der Zwischenzeit der Herzog ohne gesetzlichen Erben sterben, so sollte das Vorgenannte... dem Patriarchen anheimfallen. Was wir hier erzählen, ist uns von anderen berichtet worden, und es ist sogar aufgeschrieben. Wundern müssen wir uns aber, wie der Herr Patriarch dazu gekommen sein sollte, diesen Streit mit dem Herzog anzufangen. Wir haben nirgends gelesen oder von glaubwürdigen Männern gehört, daß dem Herrn Herzog das Königreich von den siegreichen Fürsten unter der Bedingung irgendeiner Abtretung oder jährlichen Leistung... übergeben worden sei."

Offenbar hat Wilhelm von Tyrus siebzig Jahre später widersprüchliche Urkunden gefunden. Dies könnte durch den verbreiteten Brauch entstanden sein, Besitzansprüche mit gefälschten Urkunden zu untermauern. Albert und Fulcher erwähnen diese Abtretung von Besitzrechten an den Patriarchen nicht. Daß Daimbert die von Wilhelm genannten Forderungen gestellt hat, bestätigt seine spätere Handlungsweise. Ob Gottfried der Abtretung zugestimmt hat, ist nicht mehr zu klären. Nach feudalem Recht war Daimberts Ansinnen unzumutbar.

GEMEINSAMES GEMETZEL UND STREIT NACH GOTTFRIEDS ABLEBEN

Als Gottfried erkrankt, glaubt der Patriarch, seinem Ziel nahe zu sein. Aber Gottfried erholt sich und verhandelt mit einer Delegation aus Venedig. Es wird beschlossen, die Hafenstadt Akkon anzugreifen. Die Venezianer verlangen für ihre Dienste ein Drittel der Stadt, dazu eine Straße und eine Kirche. Gottfried beauftragt seinen Cousin, den Grafen Werner von Gray, ihn auf dem Feldzug zu vertreten. Patriarch Daimbert schließt sich an, um seine Führungsrolle zu unterstreichen. Werner von Gray erkrankt unterwegs und kehrt nach Jerusalem zurück. Da Akkon stark befestigt ist, greifen die Venezianer und die Truppen Tankreds und Gottfrieds die Stadt Haifa an und erobern sie am 25. Juli. Muslims und Juden hatten sich erbittert verteidigt. Sie werden niedergemetzelt. Während die Sieger sich streiten, wer den Zugewinn besitzen soll, kommt aus Jerusalem die Nachricht vom Ableben Gottfrieds. Er war am 18. Juli 1100 seiner Krankheit erlegen. Fünf Tage lang bekunden die Einwohner ihre Trauer. Dann wird sein Leichnam in der Grabeskirche beigesetzt. Der Sarkophag hat die Zeitläufte nicht überdauert. Ein Modell befindet sich im Museum von Bouillon (Belgien). Die Inschrift lautet:

„Hier ruht Gottfried, der berühmte Graf von Bouillon. Er eroberte diese Land für den christlichen Kult. Daß seine Seele mit Christus regiere. Amen."

Der Wettlauf um die Nachfolge hat schon vor der Beisetzung begonnen.

EIN BOTE REIST NACH EDESSA

Werner von Gray weiß, daß die Nachfolge nicht im Geist der Nächstenliebe geregelt werden wird und läßt den Davidsturm von engen Gefolgsleuten Gottfrieds besetzen. Nach Beratungen mit Vorstehern der herzöglichen Verwaltung sendet Werner von Gray ein Schreiben nach Edessa: Der Adressat, Gottfrieds Bruder Balduin, soll die Nachfolge in Jerusalem antreten. In der Umgebung Gottfrieds war dieser Plan schon vorher gefaßt worden.

Kämpfe zwischen Kreuzfahrern und Muslims. Miniatur um 1350.

EIN ANDERER REIST NACH ANTIOCHIA

Patriarch Daimbert und Tankred sind alarmiert, als die Nachricht vom Tod Gottfrieds in Haifa eintrifft. Allein haben sie gegen die Gefolgschaft Gottfrieds keine Chancen. Albert von Aachen:

„Sie beschlossen in der Stadt Haifa eine Botschaft an Bohemund, den Onkel Tankreds nach Antiochia zu schicken. Er solle mit dem ganzen Heer nach Jerusalem kommen und das Reich in Besitz nehmen, ehe ein anderer Erbe Gottfrieds den Thron des Reichs besteige. Und es wurde diese Botschaft des Patriarchen und Tankreds sofort abgeschickt. Aber diese Botschaft geschah mit Hinterlist und wider den Eid, den der Patriarch und Tankred dem Herzog geschworen hatten. Danach sollte nach seinem Tod keinem anderen das Reich übergeben werden, als seinen Brüdern oder sonst jemand aus seinem Blut. Und darum zürnte Gott und der Träger der Botschaft, der Geheimschreiber des Patriarchen namens Morellus, fiel in Laodicea in die Hände des Grafen Raimund. Und so waren Brief und Botschaft umsonst und nutzlos und die ganze Treulosigkeit kam an den Tag."

Bohemund hatte inzwischen den Konflikt mit Byzanz verschärft, indem er den orthodoxen Patriarchen aus dem Amt verdrängt hatte. Der neue lateinische Patriarch wurde von den griechischen Christen natürlich nicht anerkannt. So gab es von nun an zwei Patriarchen von Antiochia, und der griechische lebte im Exil. Dies war vorläufig die letzte antibyzantinische Aktion des Fürsten Bohemund. Kurz darauf gerät er in türkische Gefangenschaft, und zwar nach Gottes Ratschluß, wie Albert bissig anmerkt.

BALDUIN MUSS SICH BEEILEN

Während Daimberts Bote also in Laodicea festgehalten wird, erreichen die Abgesandten Werners von Gray das lateinische Fürstentum Edessa. Fulcher von Chartres:

„Als Balduin erfuhr, daß die Bewohner Jerusalems von ihm erwarteten, als erblicher Fürst im Königreich die Nachfolge anzutreten, so trauerte er etwas über den Tod seines Bruders, aber er freute sich mehr über die Erbschaft. Nachdem Rat gehalten worden war, verlieh er seine Ländereien an einen gewissen Grafen Balduin (von Le Bourg), seinen Cousin. Er versammelte eine kleine Armee von etwa zweihundert Rittern und siebenhundert Fußsoldaten und begann seine Reise nach Jerusalem am 2. Oktober."

Balduin hat es eilig. In Jerusalem ziehen Tankred und Daimbert alle politischen Register, um in den Besitz der Zitadelle zu gelangen. Werner von Gray ist inzwischen verstorben, aber die Gefolgschaft Gottfrieds wankt nicht. Unterwegs müssen die Truppen Balduins mehrere schwere Gefechte gegen eine Armee aus Damaskus bestehen. Als feststeht, daß Balduins Vormarsch unaufhaltsam ist, zieht sich Daimbert in ein Kloster zurück. Tankred flieht nach Galiläa. Fulcher von Chartres, der im Gefolge Balduins gereist war, beschreibt die Ankunft in Jerusalem:

„Als wir uns der Stadt näherten, kamen alle aus der Stadt, um Balduin zu begrüßen, Kleriker wie Laien, Griechen und Syrer und trugen Kreuze und Kerzen. Sie geleiteten ihn in die Grabeskirche in großer Freude und in Ehren und priesen Gott mit frohen Stimmen."

BALDUIN HAT ES GESCHAFFT

Am 11. November 1101 nimmt Balduin den Titel eines Königs von Jerusalem an. Wilhelm von Tyrus beschreibt Balduin:

„Dieser Balduin war in seiner Jugend bestens in den freien Künsten unterrichtet worden und, wie man sagt, Geistlicher gewesen... Sodann vertauschte er aus unbekannten Gründen das geistliche Gewand mit den Waffen und wurde ein Kriegsmann... er soll von Gestalt sehr hoch und viel größer als sein Bruder gewesen sein... Bart und Haare waren dunkelbraun, die Gesichtsfarbe ziemlich weiß, die Nase gebogen, die Oberlippe stand ein wenig vor... Sein Gang war würdevoll, Haltung und Rede ernst... Um aber die Erbsünde und den ersten Fluch nicht zu verleugnen, war er, wie man sagt, sehr den fleischlichen Lüsten ergeben. Doch betrieb er alles, was er zur Befriedigung seines Hanges tat so vorsichtig, daß niemand ein Ärgernis daran nahm... er war geschickt im Führen der Waffen, ein gewandter Reiter, tätig und unverdrossen, so oft ihn die Geschäfte des Reichs in Anspruch nahmen."

Balduins erste Amtshandlung stellt seinen Realitätssinn unter Beweis. Albert von Aachen:

„Am vierten Tag nach seinem Einzug in Jerusalem rief er alle in der Stadt versammelten Christen, hohe und niedere, um sich und fragte sie nach dem Hausrat seines Bruders Gottfried, nach seiner Rüstung und seinem Geld und nach den Lehen, die ein jeder Ritter und Fürst von ihm erhalten habe. Und alle versicherten, dies sei ganz dazu verwandt worden, um seine Schulden zu bezahlen und Almosen an die Armen zu verteilen. Balduin nahm ihre Antworten mit Geduld entgegen... Jedem einzelnen übertrug er seine Lehen von neuem... und ließ sich von allen den Treueid schwören..."

Balduin findet also eine leere Staatskasse vor. Er ergreift sofort die Initiative und unternimmt einen Feldzug in den Süden, um Räuberbanden zu bekämpfen und arabische Siedlungen auszuplündern und zu verwüsten. Zurück in Jerusalem macht er sich an die Befriedung der innenpolitischen Fronten. Die Analyse der Lage führt Balduin und Daimbert zum selben Ergebnis: Man braucht einander. Daimbert kehrt auf den Stuhl des Patriarchen zurück. Viel Freude werden sie nicht aneinander haben. Zunächst feiern sie aber gemeinsam die Geburt des Friedensfürsten und einen Staatsakt. Weihnachten 1100 salbt und krönt der Patriarch Balduin in der Geburtskirche in Bethlehem. Damit ist das Königreich auch kirchenrechtlich sanktioniert. Der Preis für Balduin ist hoch: Daimbert verfügt wieder über die Einkünfte der Kirchen von Jerusalem.

DIE AUSBREITUNG DES KÖNIGREICHS

Die Einkünfte des Königs reichen zur Unterhaltung eines stehenden Heeres nicht aus. Balduin muß neue Eroberungen machen, um neue Lehen vergeben zu können. Seine Gefolgsleute sind verpflichtet, je nach Größe des Lehens Ritter und Fußtruppen zu stellen. Als eine Flotte aus Genua eintrifft, eröffnet Balduin im Mai 1101 die Offensive gegen die fatimidischen Küstenstädte. Er nimmt die Genuesen unter Vertrag und sichert ihnen ein Drittel der Beute und eine Marktstraße in jeder eroberten Stadt zu. Das erste Ziel der Kampagne ist Arsuf.

ARSUF: ES GEHT AUCH ANDERS...

Die Streitkräfte des Königreichs schließen die Stadt von der Landseite ein. Die Genuesen und Pisaner, die sich ebenfalls eingefunden haben, greifen von der Seeseite an. Nach drei Tagen bietet die ägyptische Garnison die Kapitulation an. Albert von Aachen:

„Nach dem Rat der Seinen verschonte der König die Männer und ließ sie mit allem, was sie auf der Schulter tragen konnten, friedlich aus der Stadt ziehen. Auch gab er ihnen bis zu der Stadt Askalon freies Geleit und Schutz vor jeder Gefahr."

CAESAREA: ...ABER SO GEHT ES AUCH

Die ägyptische Garnison in der nächsten Hafenstadt, Caesarea, ergibt sich nicht. Die Stadt wird vierzehn Tage lang belagert. Dann beginnt der Sturmangriff. Albert von Aachen:

„An diesem Tag trug der Herr Patriarch das Kreuz des Herrn zum Schutz und zur Verteidigung des katholischen Volkes voran, mit einem heiligen weißen Priestergewand als einem Panzer angetan."

Caesarea. In diesem Bereich stand wahrscheinlich die Moschee, in der das Gemetzel stattgefunden hat.

Balduin läßt offensichtlich demonstrieren, was jenen widerfährt, die eigensinnig ihren Besitz verteidigen wollen. Albert von Aachen:

„Sie... überstiegen auf Leitern die Mauern der starken Burg und richteten unter den Sarazenen ein schweres Blutbad an, machten die einen nieder und nahmen die anderen gefangen und plünderten eine große Menge von Gold, Silber und kostbaren Purpurstoffen."

Fulcher von Chartres:

„Es geschah, daß unsere Männer einen Sarazenen mit der Faust ins Genick schlugen, und zehn bis sechzehn Goldstücke aus seinem Mund geschleudert wurden. Die Frauen versteckten auch schamlos Goldstücke in sich in einer Art, die böse war, und es ist für mich noch schamvoller, es zu erzählen."

Wilhelm von Tyrus:

„Viele, die man sonst geschont hätte, zogen sich selbst das Verderben zu, weil sie Gold und kostbare Steine verschluckten, was die Unseren veranlaßte, sie zu zerschneiden, um so die Kostbarkeiten aus ihnen herauszuziehen...Es gab auf einem hochgelegenen Teil der Stadt... ein öffentliches Bethaus der Stadt. Weil dies der Ort war, in welchem sie gewöhnlich beteten, war beinahe das ganze Volk hierher geflohen und hoffte, hier Rettung zu finden. Die Unseren erbrachen aber das Haus, und sie richteten ein solches Blutbad an, daß ihre Füße im Blute der Erschlagenen wateten... Es wurden fast überall alle erwachsenen Bürger umgebracht, und kaum schonte man junge Mädchen und Knaben... Als nun alles Volk erschlagen war, und die Schwerter ruhten, trug man die ganze Beute... zusammen und gab vertragsgemäß den dritten Teil davon den Genuesen, die zwei übrigen blieben dem König und den Seinen... Man führte vor den Herrn König, als er auf dem Richterstuhl saß, den Statthalter, der in ihrer Sprache Emir heißt, und den obersten Richter, den sie Kadi nennen. Diesen beiden schenkte man das Leben, weil man hoffte, sie würden sich mit der Zeit loskaufen."

Fulcher schildert ein weiteres Beispiel einer am Nutzen orientierten Barmherzigkeit:

„Fast alle Männer wurden getötet. Aber sehr viele Frauen wurden verschont, weil man sie zur Bedienung der handbetriebenen Mühlen gebrauchen konnte. Die gefangenen Frauen, ob schön oder häßlich, kauften und verkauften sie untereinander. Und Männer ebenso..."

Nun verfügt das Königreich über drei Hafenstädte. Die Einkünfte des Staates aber bleiben kärglich. Nach jeder Eroberung muß der König Privilegien und Nutzungsrechte an alle Mitwirkenden verteilen. Vor allem die Seehandelsstädte nutzen die ihnen eingeräumten Kirchen, Stadtteile und Handelsrechte rigoros für ihre eigenen Zwecke. König Balduin, der die Söldner bezahlen muß, ist ständig in Geldnot. Nur langsam gelingt es ihm, das Königreich ökonomisch und militärisch zu stabilisieren.

SCHLACHT BEI RAMLA: ALLES ODER NICHTS

Der Landkrieg ist noch nicht entschieden. Der fatimidische Wesir in Kairo, Al-Afdal kann über die ökonomischen und militärischen Mittel einer Großmacht verfügen. Im Herbst 1101 rückt eine ägyptische Armee mit rund dreißigtausend Mann gegen Ramla vor. Balduin kann nur dreihundert Ritter und tausend Fußsoldaten aufbieten. Die Kreuzreliquie und eine Rede Balduins stärken nach Fulcher die Kampfmoral:

„Vorwärts, christliche Streiter, seid guten Mutes und fürchtet nichts. Verhaltet euch mannhaft und ihr werdet stark sein in der Schlacht. Ich beschwöre euch, kämpft für die Rettung eurer Seelen. Preist überall den Namen Christi, den diese Heruntergekommenen fortgesetzt schmähen und nicht an seine Geburt und Auferstehung glauben. Wen ihr erschlagen werdet, seid ihr unter den Gesegneten. Das Tor des himmlischen Königreichs steht euch schon offen. Wenn ihr als Sieger überlebt, wird euer Ruhm vor allen Christen erstrahlen. Wenn ihr allerdings zu fliehen wünscht, vergeßt nicht: Frankreich ist weit."

Balduin befiehlt einen Überraschungsangriff. Der Ausgang ist zunächst offen. Albert von Aachen notiert:

„Über vier Reihen der Unseren siegte der Stolz und die Tapferkeit der Heiden. Im Kampf wider die fünfte Reihe, in deren Mitte das heilige Holz des Kreuzes vor dem König und seinen Genossen einhergetragen wurde, begannen die Kräfte der Ungläubigen zu erlahmen und sie wurden niedergebeugt und zu Boden geworfen."

DIE SCHRECKEN DES KRIEGES

Die Ägypter wenden sich zur Flucht und hinterlassen Geräte und Wertsachen. Der Christen Freude über Sieg und Beute ist getrübt: Auch die Reihen der Kreuzfahrer haben sich gelichtet. Fulcher von Chartres ist erschüttert:

„Oh Krieg, allen denen verhaßt, die das Unrecht verabscheuen, und schrecklich für jene, die ihn mitansehen müssen... Ich habe den Kampf mit eigenen Augen gesehen und meine Aufmerksamkeit bald dorthin gelenkt und bald dahin und die Hiebe gefürchtet... Da ist nur Grausamkeit, Unheil, und nirgends ist Liebe. Mit schrecklichem Getöse hauen sie aufeinander ein: der eine wird niedergestoßen, der andere tödlich verwundet... Der menschliche Verstand empfindet Abscheu, wenn er dieses Elend wahrnimmt."

Der arabische Chronist Ibn al-Qalanisi schildert die Schlacht so:

„In diesem Jahr (1101) näherte sich eine große Armee unter dem Emir Sa'd al-Dawala und kam im Juli nach Askalon, um den heiligen Kampf zu führen. Dort blieb er bis September und rückte dann vor. Tausend Ritter und zehntausend Fußsoldaten marschierten gegen ihn. Als die beiden Armeen sich zur Schlacht trafen, wurden die rechten und linken Flügel der Muslims durchbrochen und auf der Flucht verfolgt. Aber der Kommandeur Sa'd al-Dawala hielt mit einer kleinen Abteilung seiner 'askar (Reitertruppe) in der Mitte stand. Die Franken unternahmen einen Angriff auf ihn und er bemühte sich, keinen Boden zu verlieren. Aber seine Bestimmung ließ ihn im Stich, sein Pferd strauchelte und er fiel herunter. Auf der Stelle gewann er den Preis der Märtyrerschaft. Gott soll ihm gnädig sein. Dann wendeten sich die Muslims gegen die Franken und forderten einander auf, seinen Verlust an ihnen zu rächen. Sie opferten ihr Leben bei ihrem Angriff und drängten sie auf Jaffa zurück, metzelten nieder, nahmen Gefangene und machten Beute. So ging das Treffen noch zu Gunsten der Muslims aus und nur wenige von ihnen wurden getötet."

DSCHIHAD

Die muslimischen Chronisten gestehen Niederlagen ebenso ungern ein wie ihre christlichen Kollegen. Wahrscheinlich waren die Verluste auf beiden Seiten hoch. Ibn al-Qalanisis Bemerkung über den heiligen Kampf (Dschihad) kann als Floskel angesehen werden. Den Ägyptern ging es um die Rückeroberung Palästinas.

Der Chronist erwähnt auch keine Beteiligung von Freiwilligen. Eine 'askar bestand aus gut ausgebildeten Reitern, die mit Bogen, Lanzen und Schwertern bewaffnet waren. In der 'askar dienten hauptsächlich Türken aus Zentralasien und Kriegssklaven, die als Kinder bei Feldzügen geraubt wurden. Diese Reitertruppe wurde aus der Staatskasse bezahlt. Es gab auch freie berittene Berufssoldaten, die sich für einzelne Feldzüge verdingten. Die Fußtruppen bildeten Bauern und Stadtbewohner, die zum Kriegsdienst ausgehoben wurden und gelegentlich Kriegsfreiwillige, die um das Heil ihrer Seele willen ins Feld zogen. Die regulären Truppen muslimischer Herrscher kämpften überwiegend gegen die regulären Truppen ihrer muslimischen Rivalen, auch nach der Gründung der Kreuzfahrerstaaten. Die ägyptischen Truppen in der Schlacht von Ramla waren also Berufskrieger, die auf Befehl kämpften. Als Muslims waren ihnen für den Tod auf dem Schlachtfeld die Freuden des Paradieses in Aussicht gestellt. Allerdings müssen die Motive, wie bei allen Handlungen eines Muslims, vor Allah bestehen können. Bei einem freiwilligen Einsatz gegen Nicht-Muslims sind äußerliche Bedingungen für eine seelische Entlohnung erfüllt. Aber allein der Gläubige weiß um die Reinheit seiner Beweggründe – und Gott. Im Islam gibt es keine Instanz, die seelische Konten verrechnet und verwaltet. Die Aufforderung zum Dschihad ist nicht mit der automatischen Zusicherung des Paradieses verbunden. Zum Dschihad ist der Muslim verpflichtet, solange er lebt. Der heilige Kampf soll nicht nur gegen äußere Feinde geführt werden, sondern auch gegen die Verführung zur Sünde. Da er ständig geboten ist, wirkten die Aufforderungen zum Dschihad nicht besonders mobilisierend. So hat sich beim Aufmarsch der Kreuzfahrer auch keine Kriegsbegeisterung bei den Muslims eingestellt. Die Regenten haben die Dschihad-Formel in ihren gegenseitigen Aufforderungen zur gemeinsamen Abwehr der fränkischen Eindringlinge benutzt, allerdings zunächst ohne Erfolg. Ibn al-Qalanisi bemerkt nach seinem Bericht über die Schlacht bei Ramla:

„In diesem Jahr gingen Berichte ein, nach denen bei den Völkern Persiens, Iraks und Syriens ständig Haß und Streit, Krieg und Unordnung, und Furcht voreinander herrschten, weil ihre Führer sie vernachlässigten und von der Aufgabe des Regierens durch Streit und gegenseitige Kriegsführung abgehalten wurden."

DIE PFRÜNDE DER KIRCHE

Bei Ramla hat das kleine Heer des Königreichs noch mehrere Schlachten gegen große Aufgebote der Fatimiden aus Kairo zu bestehen. Bei jeder Schlacht geht es für die Christen um alles oder nichts. Auf beiden Seiten sind die Verluste hoch. Manchmal besteht das Heer des Kreuzfahrerstaates aus kaum fünfhundert Mann. Der König braucht Geld für Soldaten und richtet sein Augenmerk auf die Kasse des Patriarchats. Seit der Krönung Balduins durch Daimbert hatten sich die Beziehungen zwischen beiden dramatisch verschlechtert.

ANKLAGE WEGEN VERSUCHTEN MORDES

Die Einzelheiten schildert nur Albert von Aachen, der die Partei Balduins ergreift. Der Chronist dürfte deshalb in Details übertrieben haben. Wilhelm von Tyrus und Fulcher von Chartres übergehen die Affäre. Als Politiker im Kreuzfahrerstaat haben sie keine Ursache, den peinlichen Streit darzustellen. Albert von Aachen berichtet:

„Nicht lange danach (nach der Krönung) stellte der König vor der ganzen Kirche von Jerusalem den Patriarchen zur Rede, der Untreue wegen, die er gemeinsam mit Tankred gegen ihn verübt habe, um das Reich dem würdigen Erben Gottfrieds zu entziehen und dem fremden Blute Bohemunds auszuliefern."

Balduin wendet sich an Papst Paschalis und bittet um Klärung der Angelegenheit. Als Legat reist Kardinal Moritz von Porto nach Jerusalem. Vor der Versammlung der Bischöfe, Äbte und Gläubigen klagt Balduin den Patriarchen des Mordversuchs und des Diebstahls an. Der Chronist:

„In Gegenwart des Legaten der heiligen römischen Kirche beschuldigte Balduin den anwesenden Patriarchen auf Grund des abgefangenen Briefes der Untreue, des Verrats am Königreich Jerusalem und des Mordes, weil nämlich Balduin auf der Fahrt von Edessa nach Jerusalem hätte erschlagen werden sollen... Der Patriarch konnte sich von diesen Vorwürfen nicht reinigen und vor allem nicht von dem gottesschänderischen Diebstahl am heiligen Holz des Kreuzes, von dem er Stücke abgeschnitten und verteilt hatte, und so ist er seines heiligen Amtes enthoben worden. Doch wurde ihm Aufschub gewährt, ob er vielleicht noch einen Weg der Entschuldigung finden würde."

Der erwähnte Brief war dem Boten abgenommen worden, den Daimbert an Bohemund entsandt hatte. Wilhelm von Tyrus gibt diesen Brief wieder. Ein Passus kann tatsächlich als Aufforderung zum Totschlag interpretiert werden:

„Ich (Daimbert) beschwöre dich (Bohemund) bei dem Gehorsam, den du dem heiligen Petrus schuldig bist, daß du, auf welche Art du kannst, notfalls auch mit Gewalt, seine Ankunft (in Jerusalem) verhinderst."

Daimbert drängt den König, die Anklage fallen zu lassen. Doch mit Worten ist es nicht getan. Albert von Aachen:

„Der Patriarch versprach Balduin ein Geschenk von dreihundert Dukaten ins Ohr. Da ließ sich der König bestechen und gab nun allen Bitten des Patriarchen nach, weil er nämlich von Geldnot sehr bedrängt war und gerade jetzt für die Bezahlung des Soldes seiner Ritter das Geld sehr nötig hatte."

GEISTLICHE TAFELFREUDEN

Der Legat stimmt der Transaktion zu, Daimbert kommt wieder zu Amt und Würden und über Ostern herrscht Eintracht. Die ständigen Angriffe der Ägypter belasten aber weiter den Staatshaushalt. Nur mit den letzten Reserven können Balduins Truppen die Oberhand behalten. Erneut fordert Balduin den Patriarchen auf, zum Unterhalt der Streitkräfte beizutragen. Daimbert sichert nur zweihundert Silbermark zu und bemerkt, mehr habe er nicht. Dem König wird zugetragen, in der Kasse des Patriarchen befänden sich wesentlich höhere Beträge. Weiter ist von üppigen Tafelfreuden und unmäßigem Weingenuß im Hause des Patriarchen die Rede, an denen auch der Kardinal aus Porto teilnehmen soll. Der König fordert den Patriarchen auf, vierzig Ritter zu besolden. Da er auf taube Ohren stößt, dringt Balduin mit seinen Vertrauten während eines Gelages beim Patriarchen ein und sagt nach Albert von Aachen:

„Ihr verbringt hier die Zeit mit Schmausereien, wir dagegen in Trübsal Tag und Nacht in Gefahren, um des Heils unserer Brüder willen. Ihr verbraucht die frommen Gaben der Gläubigen zu euren Lüsten und wollt nichts wissen von unserer Bedrängnis und Not.

Aber noch lebt der Herr. Und in Zukunft werdet ihr von den frommen Gaben der Gläubigen nichts mehr erhalten und werdet davon euren Bauch nicht mehr so üppig füllen können, wenn ihr nicht meine Ritter in Sold und Löhnung nehmt. Wer hat es denn euch gegeben, daß ihr die Opfer und Gaben der Gläubigen so frei und eigenmächtig vom Grab des Herrn nehmt, euch üppige Speisen daraus macht und der Not der Gläubigen nicht abhelft. Wir haben Jerusalem, die heilige Stadt und den ersehnten Ort des Grabes mit unserem Blut erkämpft und tragen zur Verteidigung der Heiligtümer die Last der Arbeit und des Kampfes auf unseren Schultern, und ihr wollt uns fern halten von den Gaben der Gläubigen. Fern sei es von mir, daß ich diese Schmach dulde und daß sich eure Hände weiter mit diesen Gaben füllen..."

Nach Albert antwortet der Patriarch:

„... Wer am Altar dient, der soll vom Altar leben. Oder erfrechst du dich, zur Söldnerin und Magd die heilige Kirche zu machen, die unser Herr Jesus Christus, der Sohn Gottes, durch sein heiliges Blut aus einer Magd zur freien Herrin gemacht und der Obhut der Apostel vertraut und hinterlassen hat?"

ANKLAGE WEGEN UNTERSCHLAGUNG

Die rhetorische Aufrechnung der Blutleistungen ist nicht geeignet, die Standpunkte zu versöhnen. Balduin droht, die Kirchenschätze gewaltsam an sich zu bringen. Kardinal Moritz handelt schließlich einen Kompromiß aus: Der Patriarch soll dreißg Ritter stellen. Albert:

„Aber bald war er (Daimbert) wieder ihrer überdrüssig geworden und schaffte eine unglaubliche Summe Geld beiseite."

Daimbert verliert Sitz und Amt endgültig, als der Vorwurf laut wird, er habe dem König eine Geldspende für das Krankenhaus unterschlagen. Daimbert muß die Stadt verlassen und reist über Jaffa nach Antiochia. Da Bohemund sich in türkischer Gefangenschaft befindet, hat Tankred die Regentschaft im Fürstentum Antiochia übernommen. Daimbert wird in alter Freundschaft mit einer reichen Kirche beschenkt. In Jerusalem werden Daimberts Kämmerer und Diener verhaftet und geben unter der Folter das Versteck der gehorteten Schätze preis. Es soll sich nach Albert um zwanzigtausend Goldstücke und eine Unmenge von Silber gehandelt haben.

Fürs erste sind die Finanzprobleme des Königs gelöst. Kardinal Moritz, der schon länger kränkelte, war den Turbulenzen in der Oberschicht Jerusalems nicht gewachsen: Er stirbt im Frühjahr 1102.

DAIMBERT KOMMT WIEDER

Im Herbst gerät das Königreich erneut in Bedrängnis. Tankred eilt mit Truppen aus Antiochia zur Hilfe und bringt den abgesetzten Daimbert gleich mit. Den militärischen Beistand muß Balduin honorieren, indem er Daimbert wieder zum Patriarchen ernennt. Nach der Ankunft des neuen römischen Legaten, Kardinal Robert von Paris, holt Balduin zum entscheidenden Schlag aus, und diesmal mit den Waffen der Kirche. Daimbert wird vor einem Konzil angeklagt. Alle Bischöfe Palästinas sind anwesend, dazu die Bischöfe von Tarsus und Mamistra. Albert meldet zusammen zweiundzwanzig Bischöfe und Erzbischöfe und mehrere Äbte, darunter acht aus Frankreich. Der Kardinal aus Paris führt den Vorsitz, die Bischöfe aus Piacenza (Italien) und Laon (Frankreich) assistieren ihm. Zeugen und Ankläger sind die Bischöfe von Caesarea, Bethlehem und Ramla und Arnulf, noch immer Erzdiakon und Kanzler des heiligen Grabes. Albert von Aachen notiert:

„Und alle beschuldigten ihn (Daimbert) schwer und heftig, die einen des Ämterkaufs, die anderen des Mordes an christlichen Griechen, den auf sein Anstiften hin die Genuesen auf der Insel Cephali (Ionische Insel) verübten, wieder andere des Verrats an König Balduin und wieder andere endlich der Unterschlagung von Geld und Gaben der Gläubigen."

DER STAAT BLEIBT WELTLICH

Die Versammlung bestand nicht nur aus Parteigängern Balduins. Die vorgelegten Beweise scheinen überzeugt zu haben: Daimbert wird abgesetzt und gebannt. Tankred verwendet sich erfolgreich für die Freilassung Daimberts und nimmt ihn mit nach Antiochia. Neuer Patriarch wird Ebermar, ein frommer alter Mann, von dem alle Parteien erwarten, daß er nicht stört.

DIE SCHLACHT VON HARRAN: DER NIMBUS SCHWINDET

Im Frühjahr 1103 war Bohemund aus türkischer Gefangenschaft entlassen worden. Das Lösegeld hatten der Graf von Edessa, Balduin, der Patriarch von Antiochia, ein armenischer Fürst und die italienische Verwandtschaft Bohemunds aufgebracht. Auch Kaiser Alexios hatte mitgeboten, um seinen Feind in die Hände zu bekommen. Aber die türkischen Machthaber hatten sich nicht rechtzeitig über die Verteilung des Lösegeldes einigen können. Tankred, der Verwalter des Fürstentums, hatte keinen Beitrag zur Befreiung seines Onkels geleistet. Die Streitkräfte der beiden nördlichen Kreuzfahrerstaaten nutzen die Bruderkriege der türkischen Nachbarn zu mehreren Offensiven. Mit der Beute werden die Gläubiger bezahlt, die das Lösegeld vorgeschossen hatten. Auch byzantinische Städte werden angegriffen und erobert. Die Expansion lateinischer Macht zwingt die Regenten von Mardin und Mosul, ihren Streit beizulegen. Ibn al-Qalanisi:

„Es kamen Nachrichten, daß die Emire Sukman Ortuq und Jikirmish, Herr vom Mosul, ihre Streitkräfte vereinigt und feierlich vereinbart hatten, den heiligen Kampf gegen die Franken, die Feinde Gottes, aufzunehmen."

Als ihre vereinten Streitkräfte gegen Edessa vorrücken, mobilisieren die Lateiner ihrerseits alle verfügbaren Truppen. Unter der Führung von Bohemund, Tankred, Balduin und des Herrn von Turbessel, Joscelin, versuchen die Christen die Festung Harran zu erobern, bevor die türkische Armee eintrifft. Auch Expatriarch Daimbert, der Patriarch von Antiochia und der Erzbischof von Edessa haben sich eingefunden. Die Garnison ist angesichts der Übermacht bereit, die Festung auszuliefern. Wilhelm von Tyrus:

„Sie kamen also aus der Stadt hervor und übergaben sich den Händen der Belagerer ohne irgendeine Bedingung. Nun erhob sich aber aus Neid ein Zwist unter den Fürsten, und da Herr Fürst Bohemund und Herr Graf Balduin mit einander stritten, wem von beiden die Stadt übergeben werden, und wessen Fahne in der Stadt aufgepflanzt werden sollte, so wurde die Besitznahme der übergebenen Stadt bis auf den anderen Morgen verschoben, während welcher Zeit sie sich noch weiter über diesen unnützen Handel besprechen wollten."

Muslims ergeben sich. Miniatur 14. Jahrhundert.

Als das türkische Heer am anderen Morgen anrückt, befinden sich die Kreuzfahrer also zwischen zwei Fronten. Wilhelm von Tyrus:

„Wie also unsere Fürsten sahen, daß sich die Feinde zum Treffen rüsten, stellten auch sie ihre Reihen und Scharen in Schlachtordnung, und die beiden Patriarchen suchten durch ihre Reden die Truppen zu ermutigen, aber alle ihre Worte und Ermahnungen fruchteten nichts, da sie von dem Beistand des Herrn verlassen waren. Sogleich beim ersten Angriff wurden die Feinde Meister über sie, sie kehrten schmählich den Feinden den Rücken, ließen das Lager und ihr Gepäck im Stich, und suchten sich durch ihre Flucht zu retten, allerdings vergeblich, denn die Feinde warfen die Bogen weg und griffen statt ihrer zu den Schwertern, mit welchen sie so auf sie einhieben, daß beinahe das ganze Heer vertilgt wurde. Hier wurde der Graf von Edessa und sein Verwandter, Herr Joscelin, gefangen genommen, und sodann in Banden weit in das feindliche Land hineingeschleppt. Herr Bohemund aber entkam mit Herrn Tankred und den beiden Patriarchen, und sie gelangten unversehrt auf Umwegen, die sie mit Fleiß einschlugen, nach Edessa...Weder früher noch später wurde, wie man liest, zur Zeit der Lateiner jemals in dem ganzen Morgenlande eine so unglückliche Schlacht geliefert, wo so viele tapfere Männer fielen, und unser Volk eine so schmähliche Flucht ergriff."

Die Niederlage bei Harran beraubt die beiden Kreuzfahrerstaaten eines großen Teils ihrer Streitkräfte. Nur die Uneinigkeit der türkischen Mächte verhindert die Beseitigung der lateinischen Herrschaft. Aber der Nimbus der Unbesiegbarkeit der Franken ist dahin. Ibn al-Qalanisi notiert:

„Gott gab den Muslims den Sieg über ihre Feinde, sie jagten sie in die Flucht, und machten viele nieder. Ihre Zahl war größer als zehntausend Reiter und Fußsoldaten, ohne Transportknechte und Lagergefolgschaft zu zählen. Bohemund und Tankred flohen mit einer kleinen Gefolgschaft. Dies war ein großer und beispielloser Sieg für die Muslims. Er entmutigte die Franken, verringerte ihre Anzahl, brach ihre Angriffskraft. Dagegen wurden die Herzen der Muslims gestärkt und ihr Eifer für den Sieg des Glaubens und den Krieg gegen die Ketzer wurde verschärft."

Joscelin und Balduin werden fünf Jahre in türkischer Gefangenschaft bleiben. Die Grafschaft Edessa ist führerlos und Tankred übernimmt ihre Verwaltung. Als eine türkische Prinzessin in fränkische Gefangenschaft gerät, bietet der Regent von Mosul fünfzehntausend Goldstücke oder den Grafen Balduin für ihre Freilassung. Bohemund und Tankred nehmen das Geld.

DIE LATEINER BEHAUPTEN SICH

Ridwan von Aleppo greift als nächster die geschwächten Kreuzfahrerstaaten des Nordens an. Als seine Truppen kurz vor Antiochia stehen, gerät das labile türkische Machtgefüge in die nächste Krise. Duqaq von Damaskus stirbt und Ridwan ist genötigt, sich in den Streit um die Nachfolge einzuschalten. Der nächste Angriff auf die Lateiner ist die Folge der antibyzantinischen Aktivitäten Bohemunds und Tankreds. Kaiser Alexios hat eine Armee in Marsch gesetzt, die im Sommer 1104 mühelos die Städte Tarsus, Adana und Mamistra zurückerobert. König Balduin und Graf Raimund von Toulouse, die gute Beziehungen zu Byzanz unterhalten, greifen nicht ein.

BOHEMUND UND DAIMBERT REISEN AB

Bohemund gewinnt die Einsicht, daß er so nicht weiterkommt. Er ernennt Tankred zum Verwalter des Fürstentums und tritt im Jahr 1105 mit Daimbert die Heimreise nach Italien an, um im Abendland Streiter für die Kreuzfahrerstaaten anzuwerben. Er läßt eine leere Kasse und nur wenige Bewaffnete zurück. Aber Tankred gelingt es, die Lage der Kreuzfahrerstaaten im Norden zu stabilisieren.

Bohemund greift noch einmal Byzanz an, wird von Kaiser Alexios geschlagen und stirbt in Apulien bei der Vorbereitung eines weiteren Angriffs. Daimbert erreicht tatsächlich bei Papst Paschalis seine Wiedereinsetzung als Patriarch von Jerusalem. Was den Papst bewogen hat, die Entscheidung eines Konzils zu kassieren, ist unklar. Vielleicht wollte er damit den Kreuzfahrerstaat rechtlich als ein Lehen der Kirche ausweisen. Daimbert hat keine Gelegenheit mehr, solche Ansprüche in Jerusalem anzumelden, da er auf der Rückreise nach Palästina stirbt.

AKKON 1104: DER EIFER DER AUSWÄRTIGEN

Die bisher eroberten Hafenstädte waren für die Entwicklung des Überseehandels des Königreichs Jerusalem schlecht geeignet. So ist Akkon das Ziel der nächsten Unternehmung. Pisaner und Genuesen greifen die Stadt mit Schiffen an, Balduins Heer von der Landseite. Die ägyptische Garnision verteidigt sich hartnäckig. Schließlich kommt es zu Verhandlungen. Balduin, die Pisaner und die Genuesen sichern den Bewohnern freien Abzug mit ihrer Habe zu. Als die Tore sich öffnen, werden die Italiener wortbrüchig. Albert von Aachen berichtet:

„Nun werden der König und sein Heer eingelassen. Der Fürst der Stadt und die anderen Einwohner zogen friedlich mit ihren Weibern und Kindern, mit ihrem Vieh und all ihrer Habe heraus. Als nun die Pisaner und Genuesen sahen, wie diese Leute mit all ihrem Hausgerät auszogen und ihre unermeßlichen Schätze mit sich schleppten, wurden sie von Geiz und Habsucht verblendet und vergaßen die Treue des Vertrags, den sie mit dem König geschlossen, und plötzlich brachen sie mitten in die Stadt ein, erschlugen die Bürger und raubten ihnen Gold, Silber, Purpurstoffe und andere Kostbarkeiten. Das fränkische Volk aber sah... wie die Pisaner durch die Stadt liefen, Bürger erschlugen und unglaubliche Schätze erbeuteten und wurde gleichfalls von der Flamme der Habsucht erfaßt. Die Franken... vergaßen ihren Eid und machten ungefähr viertausend Bürger mit dem Schwert nieder und raubten ihre Schätze, Kleider, Vieh und ihre unzähligen Reichtümer."

Für die Neuankömmlinge sind die Muslims rechtlos, so wie es in Europa gepredigt wurde. Balduin ist über den Vertragsbruch empört. Der Kreuzfahrerstaat muß sich an gewisse rechtliche Normen halten, wenn er überleben will. Aber Balduin kann sich mit den Pisanern und Genuesen nicht überwerfen, er braucht sie. Sie erhalten eigene Viertel, Märkte, Kirchen und Zollprivilegien für die Mitwirkung im Seekrieg. Akkon wurde der wichtigste Hafen der Kreuzfahrer. Friedlich sollte es hier selten zugehen. Die einzelnen Handelskolonien werden von Wehrmauern umgeben, denn der Konkurrenzkampf wurde gelegentlich auch mit der Waffe ausgetragen. Wenn etwa zwischen Genua und Venedig Krieg herrschte, kam es auch hier zu Gefechten. Gelegentlich wird die Kirche dem innerchristlichen Treiben erfolglos Einhalt gebieten.

DIE BÜNDNISSE BEGINNEN ZU WECHSELN

Trotz des Schismas zwischen den sunnitischen Damaszenern und den schiitischen Fatimiden in Kairo kommt es im Jahr 1105 zu einem kurzfristigen Bündnis. Der Regent in Damaskus ist inzwischen Toghtekin, der Atabeg des verstorbenen Duqaq. Irtash, ein Bruder Duqaqs, der sich um sein Erbe betrogen sieht, hatte das christliche Königreich um Beistand ersucht. Als Balduin seine Bereitschaft erklärt, sieht Toghtekin darin einen feindseligen Akt und entsendet Truppen zur Verstärkung einer ägyptischen Armee. Bei Ramla kommt es zur Schlacht, zu der Balduin alle verfügbaren Bewaffneten aufbietet.

Ibn al-Atir erwähnt ein türkisches Kontingent auf fränkischer Seite und die Anwesenheit von Duqaqs Bruder (Irtash). Albert von Aachen bestätigt die Teilnahme türkischer Krieger, nennt aber den Anführer Muhammad (Mohammed). Es könnte sich um eine Verwechslung von Namen handeln. Der Bundesgenosse von Irtash war nach Ibn al-Qalanisi der Regent von al-Rahba (am Euphrat) und hieß Mohammed und er dürfte der militärische Anführer der türkischen Abteilung gewesen sein.Gemeint hat Albert aber sicher Irtash, den Bruder von Duqaq. Alberts Quelle verwechselt also den Namen, kennt dafür aber das Verwandtschaftsverhältnis. Nach Ibn al-Atir hat Toghtekin die Mutter von Duqaq und Irtash geheiratet, war also, wie Albert zu berichten weiß, Irtashs Stiefvater:

„Auch befand sich in der Gefolgschaft des Königs ein gewisser junger türkischer Ritter, ein wackerer Mann namens Mohammed, wohlbewaffnet und von hundert türkischen Bogenschützen begleitet. Der war durch seinen habsüchtigen und tückischen Stiefvater vom väterlichen Erbe und aus dem Lande von Damaskus vertrieben worden und hatte nun mit dem König einen Vertrag geschlossen, daß er in jeder kriegerischen Hilfe ihm treu und willig dienen werde und daß er dafür des Königs Unterstützung im Kampf gegen Damaskus erhalten sollte."

NOCH EINMAL: ALLES ODER NICHTS

Bei der Schlacht steht noch einmal die Existenz des Kreuzfahrerstaates auf dem Spiel. Die verbündeten Streitkräfte aus Kairo und Damaskus sind überlegen. Albert von Aachen:

„Und nachdem so die Reihen vom König geordnet und vom Herrn Patriarchen mit dem Zeichen des heiligen Kreuzes gesegnet waren, erhoben sie Banner und Fahnen und stießen unablässig in Hörner und Trompeten und machten sich alle bereit. Nun... zogen die Heiden mit Waffen, Bannern und Pferden und dem unerträglichen Lärm ihrer Trompeten aus dem Lager heraus, in der großen Menge von vierzigtausend Mann, und eilten dem Feinde entgegen, nicht weniger bereit, die Schlacht zu schlagen... Und die Scharen der Gläubigen und der Ungläubigen lieferten sich eine grimmige Schlacht von der Frühe des Sonntags, der zu Ende August fiel, bis zur neunten Stunde. Da schwanden durch Gottes Gnade und Erbarmen den Sarazenen die Kräfte und sie ergriffen die Flucht vor den mordenden und verfolgenden Christen..."

Nach Albert wurden siebentausend Muslims erschlagen. Die Verluste der Christen gibt er mit hundert Toten an. Dies war der letzte Großangriff der Ägypter auf das Königreich. Die Eingliederung der Kreuzfahrerstaaten in das Machtgefüge im Nahen Osten hat begonnen. Zum Instrumentarium der Franken gesellt sich die Diplomatie. Bündnisse mit ihren muslimischen Nachbarn zeichnen sich ab, die Frage des Glaubens verliert an Bedeutung. Muslims und Christen fahren fort, sich gegenseitig als Ungläubige, als Abkömmlinge des Satans, Barbaren usw. zu beschimpfen, aber wenn es die Lage erfordert, schließen sie auch Bündnisse.

ABRUNDUNG IM NORDEN: DIE GRAFSCHAFT TRIPOLIS

Graf Raimund von Toulouse, der wohlhabendste unter den Fürsten, hatte nur die Stadt Tortosa (Tartus) für sich gewinnen können. Im Jahr 1103 macht er sich daran, sein Herrschaftsgebiet zu erweitern. Er stirbt während der Belagerung von Tripolis im Februar 1105. Sein ältester Sohn Bertrand, der ihn in Toulouse vertrat, erbt Raimunds Ansprüche im Osten, der jüngste Sohn, Alfonso-Jordan wird Herr über die Grafschaft Toulouse. 1108 bricht Bertrand mit einer eigenen Truppe von viertausend Mann in den Nahen Osten auf. In Tortosa erhebt inzwischen ein Cousin Raimunds Besitzansprüche und verbündet sich mit Tankred, dem Erzfeind des vestorbenen Grafen Raimund. Als ein innerfränkischer Waffengang droht, schaltet sich König Balduin ein. Bei einem Treffen aller fränkischen Fürsten werden die Besitzverhältnisse geregelt. Das noch nicht eroberte Tripolis wird Bertrand zugesprochen. Im Juli 1109 übergibt der Regent von Tripolis die Stadt an Balduin. Die Bewohner sollen, vertraglich gesichert, mit ihrer Habe abziehen können. Wieder halten sich die Neuankömmlinge nicht an die Abmachungen, plündern und richten ein Blutbad an. Die Truppen Balduins halten sich an den Übergabevertrag. Bertrand wird als Graf von Tripolis der Herr des vierten Kreuzfahrerstaates. Formal ist er Gefolgsmann des Königs von Jerusalem. Ein Jahr später nehmen die Franken Beirut im Sturm und metzeln die Bewohner nieder.

DIE NORMALISIERUNG MACHT FORTSCHRITTE

Im Jahr 1107 kommt Joscelin von Turbessel gegen Lösegeld frei, und kurz darauf, durch Joscelins Vermittlung, auch Balduin von Edessa. Tankred ist wenig entzückt: Nur unter Druck gibt er die Grafschaft Edessa an Balduin zurück. Aber es entwickelt sich eine erbitterte Feindschaft. Im Herbst 1108 ist es soweit: Die erste offene Feldschlacht zwischen Franken findet statt. Tankred führt mehr als tausend Mann ins Feld, Balduin und Joscelin können nur ein paar hundert aufbringen. Beide christliche Parteien bringen ihre muslimischen Verbündeten mit: Auf Tankreds Seite fechten die Truppen Ridwans von Aleppo, Balduin wird von der Gefolgschaft des Regenten Jawali unterstützt. Das unheilige Gefecht der unheiligen Allianzen gewinnen Tankred und Ridwan. Auf dem Schlachtfeld bleiben mehr als tausend tote Streiter zurück, Muslims und Christen die nun wahrlich nicht für ihren Glauben ihr Leben ließen. Die lateinischen Chronisten sehen den innerchristlichen Krieg als schädlich an, aber kommentieren nicht die Beteiligung von Muslims. Fulcher von Chartres:

„Als die Obersten des Landes den angerichteten Schaden bemerkten, hielten sie untereinander Rat und brachten die Gegner zur Einigung."

SIDON 1110: EINSICHT IN DIE NÜTZLICHKEIT ZIVILISIERTEN VERHALTENS

Bei der Eroberung der Stadt Sidon im Jahr 1110 kann Balduin sein Konzept durchsetzen. Die Übergabe der Stadt erfolgt ohne Massaker. Fulcher von Chartres:

„Als unsere Belagerungsmaschinen fertiggestellt waren, wurde der Feind innerhalb der Mauern so von Furcht befallen, daß die Garnison von Söldnern den König bat, in Sicherheit abziehen zu dürfen. Wenn es ihm gefalle, möge der König die Bauern in der Stadt behalten, da sie zur Bebauung des Landes nützlich seien. Darum ersuchten sie, und es wurde gewährt. Die angemieteten Söldner zogen ohne Bezahlung ab, die Bauern blieben unter den genannten Bedingungen."

Nach Ibn al-Atir kehrt Balduin kurz darauf nach Sidon zurück und erhebt bei seinen neuen Untertanen eine Sondersteuer von zwanzigtausend Goldstücken. Die Kreuzfahrer handeln nicht mehr im Geist der Kreuzzugsidee, sondern nach den Erfordernissen effektiver Ausübung von Herrschaft. Das Zusammenleben mit muslimischen Nachbarstaaten und Muslims in den fränkischen Territorien ist ohne bestimmte Formen von Rechtssicherheit nicht möglich.

KRIEG UND FRIEDEN

Schon 1108, nach einer schweren Niederlage fränkischer Truppen bei Tiberias, hatten Toghtekin und Balduin Frieden geschlossen. Ibn al-Atir:

„Danach kamen Toghtekin und Balduin überein, die Waffen für vier Jahre niederzulegen. Dieser Frieden kam durch die große Güte, die Gott für die Muslims hegte. Ohne ihn hätte der Streit der Muslims schlimme Folgen gehabt."

Nach Ibn al-Qalanisi wurde die Verteilung der Ländereien und Produkte im Grenzgebiet vertraglich geregelt. Plündern wurde ausdrücklich verboten, dafür erhielten die Franken Tributzahlungen.

„Die Franken hielten den Vertrag für eine kurze Zeit ein... und kehrten bald zur Gewohnheit des Plünderns und Verwüstens zurück."

So kommentiert Ibn al-Qalanisi, ohne zu sagen wann und wo das geschah. 1111 kommt es zu Spannungen zwischen Damaskus und Jerusalem, aber nicht zum Krieg. Dafür tritt Toghtekin einer Allianz gegen Christen in Nordsyrien bei. Der Sultan von Bagdad hatte ihn nach Ibn al-Qalanisi aufgefordert:

„Seinen Beistand zu leisten im heiligen Kampf und die Entschlossenheit zu stärken, das Land gegen das Volk der Vielgötterei und falscher Lehren zu schützen."

Dieser Feldzug gegen die Streitkräfte der Lateiner Nordsyriens gerät für die muslimische Allianz zu einem Fiasko. Die Rivalitäten der türkischen Regenten nehmen kriegsähnliche Ausmaße an. Ibn al-Qalanisi schildert einen Vorfall vor dem Eintreffen der Damaszener:

„Die Armeen zogen sich nach Aleppo zurück, wo sie vor der (türkischen) Stadt lagerten, die Gegend ausplünderten und größere Verwüstungen anrichteten als vorher die Franken."

Diese Bemerkung Ibn al-Qalanisis relativiert nun doch seine vorherige, das gewohnheitsmäßige Plündern der Franken betreffend. Um so mehr, als diese Gewohnheit hier von Muslims an Muslims exekutiert wurde. Atabeg Toghtekin zieht sich aus der Allianz zurück, weil er nach Ibn al-Qalanisi:

„...keine Entschlossenheit vorfand, den heiligen Kampf zu führen und das Land zu beschützen."

Die Teilnahme an Feldzügen in Nordsyrien war durch den Vertrag zwischen Toghtekin und Balduin wahrscheinlich nicht ausgeschlossen worden. Erst spät im Jahr 1111 wird der Friedensvertrag gebrochen – und zwar überwiegend von Toghtekin. Laut Ibn al-Qalanisi ersucht der ägyptische Statthalter von Tyrus Toghtekin um Beistand gegen Balduin und bietet ihm die Stadt dafür an. Togthekin verlegt eine Abteilung seiner Streitkräfte nach Tyrus. Daraufhin läßt Balduin die Stadt belagern. Ibnal-Qalanisi schildert die Reaktion Toghtekins:

„... Zahir al-Din (Toghtekin) marschierte los, nachdem er von der Belagerung von Tyrus erfahren hatte und schlug sein Lager in Banijas auf. Von hier entsandte er seine Abteilungen und Räuberbanden in die Gebiete der Franken und gab ihnen die Erlaubnis, zu plündern, zu töten, zu rauben, zu verwüsten und zu verbrennen. Damit sollten sie bedrängt werden, die Belagerung aufzugeben."

Den ersten Angriff auf das Gebiet eines Vertragspartners hat also eindeutig Togthekin befohlen. Die Belagerung von Tyrus muß Balduin nach mehreren Monaten aufgeben.

VERTRAGSBRUCH MIT FOLGEN

Balduin bricht den Frieden mit Damaskus im Jahr 1113. Ibn al-Qalanisi:

„Balduin fuhr fort, ständige Raubzüge im Distrikt al-Bathaniya, einer Provinz von Damaskus, zu unternehmen. Dadurch war die Straße unterbrochen, die Lieferung von Lebensmitteln ließ nach und die Preise stiegen. Zahir ad-Din Atabeg (Toghtekin) sandte mehrere Briefe an Sharaf al-Din Mawdud, den Herrn von Mosul, mit Berichten über diese Vorgänge in dieser Provinz. Er forderte ihn zum gemeinsamen Handeln auf, um den ungläubigen Feind zu vertreiben und die Verdienste des heiligen Kampfes zu erringen."

Mawdud wird durch eine Intrige am Hof von Bagdad zunächst daran gehindert, der Aufforderung nachzukommen. Im Frühjahr beteiligt er sich dann mit kurdischen und türkischen Truppen an einem Feldzug gegen das Königreich Jerusalem. Zusammen mit dem Aufgebot von Damaskus zwingen sie die Franken zur Schlacht. Ibn al-Qalanisi:

„Beide Seiten fochten Mann gegen Mann. Gott der Großherzige, er sei gepriesen, gab den Muslims nach drei Angriffen den Sieg. Bei dieser Schlacht wurden zweitausend Männer von Rang und bedeutende Krieger getötet. Die Muslims erbeuteten alle Zelte und die berühmte Kirche. Balduin entkam, nachdem er schon gefangen war und seine Waffen ergriffen worden waren. Die Tiere und die Habe der Fußsoldaten wurden erbeutet und eine große Zahl wurde im See ertränkt. Das Wasser war so mit Blut durchmischt, daß die Truppen für einige Tage abgehalten wurden, daraus zu trinken..."

Aber das Heer des Königreichs ist nicht vernichtet. Bei den nächsten Gefechten werden die Türken von arabischen Stämmen unterstützt. Ein endgültiger Sieg gelingt den verbündeten Muslims nicht. Ein Teil der Truppen Mawduds begibt sich nach Hause. Ibn al-Qalanisi:

„Als das Warten sich hinzog, wurden die Truppen von Mawdud unruhig, weil sie so weit von ihrer Heimat entfernt waren und ihre Rückkehr sich verzögerte..."

Ein Teil der türkischen Reitersoldaten wurde mit Ländereien für den Heeresdienst entlohnt. Sie zog es im Sommer auf ihre Besitztümer, um die Erträge ihrer Bauern einzutreiben. Dieses System der Entlohnung war eine Schwäche der muslimischen Kriegsführung und erzwang oft den Abbruch von Feldzügen. Auch im Jahr 1113 mußten sich die Verbündeten zurückziehen, ohne eine Entscheidung herbeigeführt zu haben. Mawdud wird ein Jahr später in Damaskus beim Besuch eines Gottesdienstes in der großen Moschee ermordet. Ibn al-Qalanisi merkt an, am Ende seines Lebens sei Mawdud ein frommer und mildtätiger Mann geworden, nachdem er in Mosul anfänglich als Tyrann geherrscht habe.

Die Feldzüge sind für beide Seiten kostspielig, und durch die Plünderungen verarmen immer wieder ganze Regionen. Einen permanenten Krieg können weder Muslims noch Franken durchhalten – auch keinen heiligen. Als Balduin mit dem Regenten von Tyrus einen Frieden schließt, notiert Ibn al-Qalanisi:

„Die Straßen wurden für Reisende, Kaufleute und Händler sicher, die von allen Seiten kamen."

Zwischen Damaskus und dem Königreich wird 1115 ein weiterer Friedensvertrag geschlossen. Die Kreuzfahrerstaaten haben sich in das System rivalisierender türkischer und arabischer Staaten erfolgreich eingefügt. Ein neues politisch-militärisches Gleichgewicht hat sich eingestellt. Die größte Gefahr für die Kreuzfahrerstaaten ist die gewaltsame Vereinigung der türkischen und arabischen Staaten durch einen muslimischen Machthaber. Jeder einzelne Nachbarregent der Kreuzfahrer wird durch eine solche Vereinigung selbst bedroht. Daher ergibt sich eine gewisse Ähnlichkeit der Interessen aller Beteiligten.

ABRUNDUNG

Im Süden (Jordanien) läßt Balduin 1115 die Grenzburg Montréal errichten. Damit kontrolliert das Königreich die Handelsstraße Mekka-Damaskus. In Friedenszeiten erhebt die Besatzung Zölle, im Krieg werden die Karawanen ausgeplündert. Ein Jahr später stößt ein Trupp unter Balduin bis ans Rote Meer vor, zum Golf von Akaba. Auch hier läßt Balduin eine Burg bauen, ebenso auf einer nahegelegenen Insel. Die Einheimischen mußten die Bauwerke errichten, den Stil bestimmten die Bauherren. So kommt es, daß der Reisende aus Mitteleuropa sich im Nahen Osten gelegentlich in seine Heimat versetzt fühlt.

DIE STRATEGISCHE LAGE

Die christliche Landnahme führte also zur Bildung von vier Kreuzfahrerstaaten: Das Fürstentum Antiochia, die Grafschaft Edessa, die Grafschaft Tripolis und das Königreich Jerusalem. An einigen Stellen betrug der Abstand zwischen dem Meer und den türkischen Territorien weniger als fünfzig Kilometer.

Die Grenzen des Königreichs Jerusalem und des Staates Israel (mit den besetzten Gebieten) sind fast identisch. Der Kreuzfahrerstaat war auf die ständige Unterstützung aus Europa angewiesen, so wie Israel auf seine Verbündeten angewiesen ist. Die Nachbarstaaten und die Muslims in Palästina sehen sich damals wie heute als die rechtmäßigen Besitzer des Landes. Die Parallelen zur heutigen Situation im Nahen Osten sind verblüffend.

Die Franken mußten ein aufwendiges Burgensystem schaffen, um im Krieg ihre Grenzen zu sichern. Die Burgen hatten weitgehend Sichtkontakt, konnten also mit Lichtsignalen Nachrichten austauschen. Die neuen Herren des Landes wohnten praktisch nur in diesen Burgen oder in befestigten Städten.

DIE FREMDEN WERDEN HEIMISCH

Die Eroberer lernten schnell die Errungenschaften der vorgefundenen Zivilisation zu schätzen. Sie lebten komfortabler als vorher in ihrer Heimat. Fulcher von Chartres:

„Wer vorher Abendländer war, wurde nun Orientale, wer Italiener oder Franke war, wurde Palästinenser. Ihr Besitz war schon erblich.. Einige nahmen Syrerinnen oder getaufte Sarazeninnen zur Frau. Sie eigneten sich Wörter der verschiedenen Sprachen an. Wer im Abendland arm war, den machte Gott in diesem Land reich, wer wenig Geld hatte, besaß unzählige Goldmünzen, wer nicht einmal einen Landsitz hatte, besaß durch Gottes Gnade eine Stadt."

GESETZT ÜBER VÖLKER UND REICHE

In der Kreuzpredigt war die Vernichtung der Muslims gefordert worden. Dieses Konzept spielt im Alltag der Kreuzfahrerstaaten keine Rolle mehr. Muslimische Bauern wurden nun Untertanen der Franken, konnten ihre Religion ausüben und ihre internen Angelegenheiten nach eigenem Recht regeln. Aber die Kreuzzugsidee wird nur teilweise revidiert. Die Vorstellung von der prinzipiellen Minderwertigkeit der Andersgläubigen bleibt erhalten. Prof. Joshua Prawer führte dazu aus:

„Die muslimische Bevölkerung, die vorher die Herrschaft ausübte, wurde die unterworfene Bevölkerung. Sie wurde sozial herabgestuft. Ich nehme an, daß die muslimische Elite, Elite im weiteren Sinn, verschwand: Die Amtsinhaber, die Regierungsbeamten, die Kommandeure von Militärstützpunkten und Garnisonen. Aber auch Gelehrte, geistige Führer, Kadis, Ulemas. Man findet kaum einen Kadi im Kreuzfahrerstaat, aber einige dürfte es gegeben haben. Es liegt hier eine vollkommene Degradierung durch die Tatsache der Eroberung vor. Und das ist das Merkwürdige. Die orientalischen Christen, die erwartet hatten, befreit zu werden, wurden nun rechtlich genau so behandelt, wie die unterworfene Bevölkerung. Das schloß ungefähr ein halbes Dutzend christlicher Kirchen ein. Die Kreuzfahrer hatten keine Ahnung, was es bedeutete, wenn sie von der östlichen Christenheit sprachen. Sie dachten, es sei ein Block. Jetzt fanden sie Griechisch-Orthodoxe, Nestorianer, Maroniten, Jakobiten, Kopten und andere. Und das gleiche galt merkwürdigerweise für die Juden.

Die Regel war, und es war eine strikte Regel, daß unterschiedliche Kleidung getragen werden mußte. Ich würde sagen, daß die Kreuzfahrer die ersten waren, die ein vollständiges Apartheidssystem einrichteten. Es besagte: Entweder ist man Europäer und Lateiner, also katholisch, oder man ist es nicht. Es gab eine Floskel in den Gesetzen des Kreuzfahrerstaates: »Die Völker, die nicht der Autorität Roms gehorchen.« Dies war eine große Gruppe. Nebenbei war Jerusalem sowohl für Muslims als auch für Juden eine verbotene Stadt. Keinem Muslim und keinem Juden war es in den nächsten hundert Jahren erlaubt, in Jerusalem zu leben. Woanders wurden alle gleich behandelt. Enttäuscht waren die einheimischen Christen. Sie nahmen an, sie würden befreit. In gewisser Weise wurden sie befreit, die Religionsausübung war frei. Aber die großen Kirchen wurden von den Lateinern übernommen. Die Grabeskirche und jede größere Kirche gehörte den Kreuzfahrern. Es gab eine Nivellierung der gesamten unterworfenen Bevölkerung, und eine Gleichschaltung. Jeder gehört zur gleichen Kategorie, ob er Muslim ist oder nicht. Dies ist wohl ein frühes Beispiel für ein Verhalten als Kolonialherren gegenüber einer unterworfenen Bevölkerung."

Die Kirche rechtfertigte die christliche Landnahme. Laut Fulcher von Chartres hatte das Konzil in Clermont beschlossen:

„Jede Stadt jenseits des Meeres, die der Herrschaft der Heiden entrisssen wird, soll für immer behalten werden."

Das christliche Abendland hat begonnen, sich die Erde untertan zu machen.

Vorige Seite: Kreuzfahrerburg Montréal (Jordanien).

Montréal.

VERNICHTUNG ODER BEKEHRUNG

NACHRICHTEN ZUR AUSGANGSLAGE

325 n. Chr. Nikaia

Ein Konzil in Nikaia soll den innerkirchlichen Streit schlichten. Abweichende Lehrmeinungen hatten zur Bildung von Parteien geführt, die sich heftige Kämpfe um Glaubensformeln und Bischofssitze liefern. Nachdem Kaiser Konstantin den christlichen Kult zugelassen hat, will er hier in Nikaia aus Gründen der Staatsraison den Kirchenstreit beenden. Die Auseinandersetzungen hatten mit einem philosophischen Problem begonnen: Wenn Gott ewig und unveränderlich ist, wie kann er dann Vater werden? Der Disput spaltet nicht nur die Kirche, sondern auch die Gläubigen. Auf einigen Konzilien war es zu Prügeleien gekommen, die mit regelrechten Straßenschlachten geendet hatten. Kaiser Konstantin setzt in Nikaia die Glaubensformel durch, nach der Christus mit Gott wesensgleich ist. Die Gegner dieser Auffassung, die Arianer, werden gleichzeitig als Abweichler, als Häretiker verurteilt. Die Anhänger des Arius werden gewaltsam daran gehindert, ihre Thesen vorzutragen. Der Kaiser sieht in der Kirche eine ordnende Stütze des Staates, die Kirche nimmt diese Rolle an. Damit werden abweichende Meinungen zu einer politischen Bedrohung. Das Konzil läßt die Schriften der Arianer verbrennen. Besitz und Lektüre waren nunmehr strafbar.

„Gemäß Dekret des Konzils befiehlt Kaiser Konstantin die Bücher der Arianer zu verbrennen." Gemälde im Vatikan.

CHRISTLICHER KRIEG

361. n. Chr. Alexandria, Ägypten

Die Arianer geben sich nicht geschlagen. Beim Kampf etwa um das reiche Patriarchat von Alexandria kam es mehrfach zu blutigen Straßenschlachten. Im Jahr 361 wird der arianische Bischof Georg von seinen orthodoxen Gegnern umgebracht. Es trifft keinen Pazifisten. Der Bischof hatte sich durch erhebliche Grausamkeit unbeliebt gemacht.

366. n. Chr. Rom

Mit Damasus und Ursinius gibt es zwei Anwärter auf den Stuhl des Bischofs. Ihre Anhänger bewaffnen sich und liefern sich mehrere Gefechte. Die Polizeikräfte können die Ordnung nicht herstellen und ziehen sich an den Stadtrand zurück. Damasus gewinnt den Bürgerkrieg und den Bischofssitz. In einer Kirche werden später über hundert Leichen gefunden.

404. n. Chr. Konstantinopel

Auch in der Hauptstadt führt der Streit um kirchliche Ämter zu Straßenkämpfen. Die Auseinandersetzungen werden um so heftiger, je mehr staatliche Macht mit diesen Ämtern verbunden ist. Die Hagia Sophia und andere öffentliche Gebäude werden angezündet.

412. n. Chr. Nordafrika

Die Sekte der Donatisten wird verfolgt, ihre Kirchen angezündet oder beschlagnahmt. Da den Abweichlern so nicht beizukommen ist, werden reguläre Truppen gegen sie eingesetzt. Für die christlichen römischen Soldaten gilt das fünfte Gebot im Feld nicht mehr. Der nordafrikanische Bischof Augustinus (der spätere Heilige) entwikkelt die These vom gerechten Krieg. Von nun an gelten Kriege, die zur Verteidigung, zur Wahrung des Friedens und zur Rückeroberung römischer Gebiete dienen als gottgefällig. Allerdings legt Augustinus fest, daß die Kriegsführung eine Sache der Fürsten sei.

1053. n. Chr. Civitate, Italien

Papst Leo IX. führt seine Truppen gegen christliche Normannen, die Süditalien erobert hatten. Bei Civitate kommt es zur Schlacht. Der Papst hatte zum heiligen Krieg aufgerufen, aber das nützt nichts. Die Normannen schlagen das päpstliche Heer und der Papst gerät in Gefangenschaft.

1063. n. Chr. Spanien

Allen Kriegern, die in Spanien gegen die Muslims kämpfen, verspricht im Jahr 1063 Papst Alexander II. die Vergebung der Sünden. Die Kirche ist an den Erfolgen der Spanienkämpfer beteiligt. Der Papst erhebt Besitzansprüche auf die ehemaligen römischen Provinzen der iberischen Halbinsel.

1074. n. Chr. Rom

Papst Gregor VII. faßt den Plan, persönlich einen Feldzug gegen die Türken anzuführen. Der Investiturstreit verhindert die Ausführung.

1095. n. Chr. Clermont

Papst Urban II. ruft im Jahr 1095 den ersten Kreuzzug aus. Ein Legat der Kirche wird zum Anführer ernannt.

990. n. Chr. Le Puy, Frankreich

Ein Konzil befaßt sich mit dem Treiben der kriegerischen Feudalherren. Der Bischof von Le Puy erklärt, ohne Frieden käme niemand zu Gott und fordert die Streitsüchtigen auf, Söhne des Friedens zu werden.

1016. n. Chr. Verdun sur le Doubs, Frankreich

Ein Konzil verbietet den Feudalherren, Bauern und Kleriker zum Kriegsdienst zu zwingen. Die räuberische Aneignung von Ernte und Vieh wird mit Strafe bedroht. Die Bischöfe skandieren begeistert: Frieden, Frieden, Frieden. Die Begeisterung teilt sich den Feudalherren nicht mit.

1031. n. Chr. Bourges

Der Bischof von Bourges hält ein Friedenskonzil. Er verpflichtet jeden Mann, der älter ist als fünfzehn Jahre, die Waffen gegen Friedensbrecher zu ergreifen. Bürger und Bauern ziehen gegen Friedensbrecher ins Feld, Kleriker führen sie an.

1038. n. Chr. Bengy

Die Friedensmiliz greift den Ort Bengy an, brandschatzt ihn und richtet ein Blutbad an.

1038. n. Chr. Chateauneuf sur Cher

Die weltlichen Herren fühlen sich durch diese Manifestation der Friedenssehnsucht bedroht und schlagen zurück. Unter Führung des Grafen Eudes de Déols greifen Berufssoldaten die Friedensmiliz bei Chateauneuf an. Die schlecht bewaffneten Bauern und Kleriker haben keine Chance. Sie werden niedergemetzelt. Allein sechshundert Kirchenmänner sollen den Tod gefunden haben.

1054. n. Chr. Narbonne

Ein Konzil erneuert den Erlaß über den Gottesfrieden. Wer von Freitag bis Sonntag oder an Feiertagen Krieg führt, muß mit der Exkommunikation rechnen. Diese Strafe droht auch allen, die Arme ausplündern oder sich am Besitz der Kirche bereichern.

1095. n. Chr. Clermont

Das Konzil bestätigt den Erlaß über den Gottesfrieden. Klerikern wird das Tragen von Waffen verboten.

1145. n. Chr. Rom

Die Senatspartei verlangt von Papst Lucius die Herausgabe aller weltlichen Besitzungen. An der Spitze eines eigenen Heeres setzt sich der Papst zur Wehr. Er unterliegt und stirbt kurz darauf an den Folgen eines Steinwurfs.

1142. n. Chr. Vitry en Perthois, Frankreich

Eine Armee unter dem französischen König Ludwig VII. dringt in die Stadt Vitry ein und bringt mehr als 1000 ihrer Bewohner um. Der König führt Krieg gegen Theobald, den Grafen der Champagne. Theobald war mit König Ludwig wegen der Besetzung des bischöflichen Stuhles von Bourges aneinandergeraten. Der Papst hatte den König in dieser Sache ohne Erfolg exkommuniziert. Weiterhin wehrt sich Graf Theobald gegen die vom Hof erwünschte Ehescheidung seiner Cousine. Wutentbrannt zieht König Ludwig gegen den Grafen in den Krieg, verwüstet die Champagne und belagert die Stadt Vitry. Nach heftigen Kämpfen dringen die Truppen des Königs in die Stadt ein. Sie lassen jeden über die Klinge springen, den sie antreffen und legen Feuer. Frauen, Kinder und Ältere fliehen in die Kirche. Der König soll ihr Flehen um Gnade gehört haben. Es ist vergeblich. Sie werden alle umgebracht. Das Massaker in der Kirche konnte in Frankreich nur einer bestrafen oder vergeben: Bernhard von Clairvaux, der Herr über eine mächtige Klosterorganisation und Berater des Papstes. Aber schlechte Nachrichten aus dem Nahen Osten verhindern eine Verurteilung wegen des Bruchs des Gottesfriedens.

„Im Tod des Heiden sucht der Christ seinen Ruhm, weil Christus verherrlicht wird..."

(Bernhard von Clairvaux)

EIN FAST NORMALER FEUDALSTAAT

Balduin regierte fast zwanzig Jahre lang das Königreich Jerusalem, er ist der eigentliche Gründer des Kreuzfahrerstaates. Durch die Eroberung und den Ausbau der Hafenstädte hatte sich die wirtschaftliche Situation stabilisiert, und die Verträge mit Damaskus hatten ein militärisches Gleichgewicht herbeigeführt. Für die Gesetzgebung diente das europäische Feudalrecht als Vorlage, es wurde aber den besonderen Bedingungen eines Kolonialstaates angepaßt. Die königliche Kanzlei teilte den Grundbesitz und die Rechte zur Abgabenerhebung unter den Feudalherren, der Kirche und den Handelskolonien auf. Schwierig blieb die Lage in Jerusalem selbst. Viele Kreuzfahrer hatten ihre Häuser verlassen und waren nach Europa heimgekehrt. Es ergeht ein Gesetz, das die Eigentumsrechte nach einem Jahr Abwesenheit erlöschen läßt. Trotzdem konnte Balduin im Jahr 1118 einen Feldzug gegen Ägypten unternehmen. Im Nildelta erkrankt er und stirbt auf dem Rückweg. Wie üblich gibt es mehrere Anwärter auf den Thron. Eine der streitenden Parteien schickt Gesandte nach Europa, die den Grafen Eustachius von Boulogne, einen Bruder Balduins, überreden, die Krone anzunehmen. Eine andere Gruppe nutzt die Abwesenheit der Delegation und wählt Balduin von Burg zum König. Balduin ist ebenfalls mit dem verstorbenen König verwandt und hat bei der Verwaltung der Grafschaft Edessa Erfahrungen sammeln können. In Apulien erfährt Eustachius, daß schon ein anderer zum König gewählt worden ist. Der wohlhabende Graf verspürt keine Neigung, sich in die Händel der Barone des Königreichs verwickeln zu lassen und zieht seine Bewerbung zurück.

Im Jahr 1119 nimmt der Druck auf die nordsyrischen Kreuzfahrerstaaten zu. Im Fürstentum Antiochia herrscht nach Tankreds Tod Roger vom Prinzipat. Der neue König, Balduin II. eilt mit den Truppen des Königreichs nach Norden, kommt aber zu spät. Il-Ghazi, der Regent von Aleppo, greift mit überlegenen Kräften das Aufgebot des Fürstentums Antiochia an und behält die Oberhand. Roger vom Prinzipat fällt in der Schlacht. Die Sieger metzeln alle Gefangenen nieder.

König Balduin II. trifft ein, bevor Il-Ghazi Antiochia erobern kann. Er übernimmt die Regentschaft von Antiochia für den unmündigen Sohn Bohemunds. Seine Position als König von Jerusalem ist nun gestärkt. Ende 1119 wird in Bethlehem die Krönung nachgeholt. Die Kirche ließ sich ihren Segen reich honorieren: Ein Jahr später setzt sie auf einem Konzil ihre ungeteilte Verfügung über den Kirchenzehnten durch und greift in die Gesetzgebung ein.

EROBERUNG OHNE KÖNIG

Zwei bedeutende Hafenstädte befinden sich noch in der Hand der Ägypter: Tyrus und Askalon. Der König wendet sich an Venedig, da eine Belagerung ohne Seestreitkräfte aussichtslos erscheint. Allerdings wird der König bei einer Reise nach Edessa im Jahr 1123 gefangengenommen. Als die Flotte aus Venedig eintrifft, nimmt der Vertreter des Königs die Kapitäne unter Vertrag. Durch das Los wird entschieden, die Stadt Tyrus anzugreifen. Um Ritter und Fußsoldaten zu bezahlen, leihen sich Adel und Kirche bei den Venezianern Geld. Als Sicherheit verpfänden sie Wertgegenstände aus der Grabeskirche. Die Land- und Seeblockade von Tyrus beginnt im Februar 1124. Die ägyptische Garnison kann die Stadt einige Monate lang halten, dann muß sie kapitulieren. Die Verteidiger und die muslimischen Bewohner können unbehelligt mit ihrer tragbaren Habe abziehen. Muslims, die in der Stadt bleiben wollen, wird Rechtssicherheit gewährt. Nach Wilhelm von Tyrus reagieren die besoldeten Truppen mit Verbitterung auf das Plünderungsverbot.

VENEDIG IM AUFSCHWUNG

Den größten Zugewinn haben die Venezianer zu verzeichnen. Ihr Anführer hatte dem Vertreter des Königs harte Bedingungen diktiert. Wilhelm von Tyrus zitiert die Vertragsklauseln. Die wichtigsten Privilegien lauten:

„In allen Städten... sollen die Venezianer eine Kirche, eine ganze Straße, einen Platz oder Badestube und einen Backofen, zu erblichem und immerwährendem Rechte und ohne Belastung besitzen... An der Badestube in Jerusalem sollen sie so viel Eigentumsrecht haben, wie der König selbst... Dazu sollen die Venezianer keinerlei Zoll... beim Ankommen, Anhalten, Verkaufen und Kaufen zahlen. Nur wenn sich auf den ankommenden und abfahrenden Schiffen Pilger befinden, sollen diese ein Drittel der Pilgersteuer an den König abführen... Alljährlich... sind an den Oberherrn der Venezianer zu Tyrus vom König dreihundert sarazenische Goldstücke vertragsgemäß zu bezahlen... “

Die venezianische Flotte erhöht unterwegs den Ertrag der Unternehmung. Fulcher von Chartres notiert:

„Auf ihrer Heimreise gingen die Venezianer gewaltsam gegen Inseln des (byzantinischen) Kaisers vor, an denen sie vorbeikamen, nämlich Rhodos, Methone (Halbinsel auf dem Peloponnes), Samos und Chios. Sie rissen die Mauern ein, entführten Knaben und Mädchen in elende Gefangenschaft und nahmen alle Arten von Geld an sich. Da wir diese Tatsache nicht ändern konnten, befiel unsere Herzen auf diese Nachricht hin tiefe Trauer und Mitleid.“

Schiff mit Bugklappe. Um 1350.

BALDUIN KOMMT FREI

Im Sommer 1124 verspricht König Balduin für seine Freilassung einige Burgen und Lösegeld. Unter den Geiseln, die er stellt, befindet sich auch seine vierjährige Tochter. Nach seiner Freilassung bricht er sofort die getroffenen Vereinbarungen, indem er Aleppo belagern läßt. Als der Regent von Mosul, al-Bursuqi, mit seinen Truppen anrückt, muß Balduin den Rückzug befehlen. Al-Bursuqi kann nun die Regentschaften von Mosul und Aleppo unter sich vereinen. Diese von Balduin verursachte Machtzusammenballung wird zu einer Bedrohung für die Kreuzfahrerstaaten. König Balduin sammelt alle verfügbaren Kräfte, die den Muslims unter al-Bursuqi im Mai 1125 eine vernichtende Niederlage beibringen. Mit der Beute kann Balduin die Geiseln auslösen.

Die Schlacht des Jahres 1126 findet zwischen den Damaszenern und den Truppen des Königreichs statt. Nach Anfangserfolgen muß Toghtekin den Rückzug nach Damaskus befehlen. Schwere Verluste hindern Balduin II. an der Verfolgung. Die jährlichen Schlachten und Raubzüge sind keine Besonderheit des Kreuzfahrerstaates. Die muslimischen Nachbarn pflegen einen ähnlichen Umgang untereinander. Der wirtschaftliche Ertrag der Kriegsführung ist meist geringer als die Kosten. Ein entscheidender Sieg ist äußerst selten, die Verwüstungen in der Landwirtschaft sind oft das einzige Ergebnis der Feldzüge. Die Versorgung mit Lebensmitteln bleibt ohnehin ein ständiges Problem für Jerusalem. Der König erläßt daher Abgaben für die Einfuhr von Waren. Wilhelm von Tyrus:

„Er gab auch den syrischen Christen, den Griechen und Armeniern und allen Leuten von solchen Nationen, selbst die Sarazenen nicht ausgenommen, die Erlaubnis, ohne eine Abgabe Weizen, Gerste und jede Art von Hülsenfürchten in die Heilige Stadt zu bringen...So sorgte er auch dafür, daß die Stadt mehr Einwohner bekam, was schon eine Hauptsorge seiner Vorgänger gewesen war."

Jeder Feldzug belastet auch die Staatskasse des Königreichs. Nur ein Teil der Krieger wird auf Grund von Lehnsverpflichtungen kostenlos gestellt. Die anderen erhalten Sold. Über stehende Heere verfügt das Königreich erst nach der Gründung der Militärorden.

DIE BARMHERZIGEN BRÜDER...

Im Jahr 1070 gründeten fromme Kaufleute aus Italien mit Erlaubnis des ägyptischen Statthalters eine Herberge für arme und kranke Pilger. Die Pfleger gehorchten zunächst den Regeln des Benediktinerordens. Nach der Eroberung von Jerusalems entstand daraus der »Orden der Ritter des Heiligen Johannes vom Hospital«. Es blieb nicht bei der Armen- und Krankenpflege. Der Johanniterorden wurde direkt dem Papst unterstellt und kam durch Schenkungen in den Besitz von Häusern und Landereien. Zu den Pflegern gesellten sich Ritter, die den Schutz der Pilger zwischen Jaffa und Jerusalem übernahmen.

...ERGREIFEN DIE WAFFEN...

1118 gründete der Ritter Hugo von Payens eine weitere Organisation mit dem Ziel, den Pilgern humanitären und bewaffneten Beistand zu leisten. Der König wies ihnen Unterkünfte bei der ehemaligen al-Aqsa-Moschee zu, die von den Kreuzfahrern »Tempel Salomons« genannt wurde. Daher trug der neue Orden den Namen »Arme Ritter Christi und des Tempels Salomons«. Sie gelobten Armut, Keuschheit, Gehorsam und die Verteidigung der Pilger. Auch der Templerorden weitete sich durch Schenkungen schnell aus, zuerst im Kreuzfahrerstaat und bald auch in Europa. Für beide Ritterorden wurden die ursprünglichen Ziele bald zweitrangig. Adlige Ritter übernahmen die Führung und stellten die schwer gepanzerte Reitertruppe. Kapläne, Fußsoldaten und Diener bildeten die unteren Ränge der Ordensbrüder. An der Spitze stand ein Großmeister, der dem Papst unterstellt war. Die Johanniter trugen weiße Kreuze auf Umhang und Rüstung, die Kreuze der Templer waren rot.

...UND WERDEN REICH

Die Einnahmen der Militärorden stammten aus frommen Stiftungen, Steuern und eigenen wirtschaftlichen Unternehmungen. Eine Überschneidung der Interessen konnte nicht ausbleiben. Geradezu symbolisch entwickelte sich später ein Konflikt zwischen den Orden in der Nähe von Akkon. Beide unterhielten Getreidemühlen am gleichen Wasserlauf. Als die Templer einen Damm errichteten, kam es zum Streit mit den Johannitern, in den sogar der Papst eingreifen mußte. Später entwickelten sich die Orden zu Großorganisationen, erhoben eigene Steuern, trieben Handel, unterhielten Flotten und diplomatische Beziehungen. Ihre Finanzkraft und ihre internationalen Verflechtungen verliehen ihnen im Verlauf der nächsten Jahrzehnte eine solche Macht, daß es zu Konflikten mit der Kirche und dem König kommen mußte. Wilhelm von Tyrus schreibt über die Orden:

„Die Besitzungen der genannten Brüder diesseits und jenseits des Meeres sind groß... Ihr Vermögen soll königlich sein... Lange Zeit blieben sie ihren guten Vorsätzen treu und übten ihren Beruf mit großer Klugheit, nachher aber legten sie ihre Demut ab, die die Hüterin aller Tugenden ist... auch den Kirchen wurden sie beschwerlich, indem sie ihnen den Zehnten entzogen und unbillige Eingriffe in den Kirchenbesitz vornahmen."

Für die Verteidigung des Kreuzfahrerstaates werdendie Militärorden unentbehrlich. Die Ritter stellen nicht nur ein stehendes Heer, sie lassen auch mächtige Burgen bauen und unterhalten. Den Muslims sind mit den Ordensrittern erbitterte Feinde erstanden.

Ein Ordensritter überwacht Bauarbeiten auf Rhodos. Miniatur 15. Jahrhundert.

TUMULTE IN BAGDAD

Während die Kreuzfahrerstaaten in Zeiten höchster Gefahr ihre Rivalitäten meistens zurückstellen und sich gegenseitig Beistand leisten, kommen gemeinsame Aktionen der muslimischen Machthaber selten zustande. In den von den arabischen Chronisten gemeldeten Briefwechseln zwischen den türkischen Machtzentren ist oft die Aufforderung enthalten, den heiligen Kampf aufzunehmen. Angesichts der Machtkämpfe, die die türkischen Dynastien untereinander austragen, klingen diese Appelle scheinheilig. Allerdings haben Geistliche und Poeten für einen verschärften Kampf gegen die »Ungläubigen« geworben und konnten gelegentlich die Bevölkerung der Städte mobilisieren. Im Februar 1111 reisen Theologen, Asketen und Kaufleute aus Aleppo nach Bagdad. Ibn al-Qalanisi schildert die Krawalle, die sie dort inszenieren:

„Sie sprachen in der Moschee des Sultans vor und baten um Beistand (für den Islam). Sie jagten den Prediger von der Kanzel, die sie in Stücke brachen. Sie schrien und weinten wegen des Unglücks, das dem Islam durch die Franken zugefügt worden sei, wegen der Abschlachtung der Männer und der Versklavung der Frauen und Kinder. Sie verhinderten den Gottesdienst, während die Vorsteher sie zu beruhigen versuchten. Sie versprachen ihnen im Namen des Sultans, Armeen zu entsenden und den Islam gegen die Franken und Ungläubigen zu verteidigen."

Ibn al-Atir beschreibt die Fortsetzung der Demonstrationen:

„Am Freitag begaben sich die Männer aus Aleppo zu der Moschee des Hofes und sogar bis zum Palast des Kalifats. Viele Leute aus der Stadt hatten sich ihnen angeschlossen. Der Wärter des Palastes konnte sie nicht am Eindringen hindern. Sie erzwangen den Zutritt, drangen in die Moschee ein, zerbrachen die Gitter vor dem Eingang zu dem Sitz des Kalifen und zerstörten die Kanzel."

Im gleichen Jahr drängt der Sultan von Bagdad den Regenten von Mosul, Mawdud, gegen die Franken aktiv zu werden. Eine Koalition türkischer Regenten unternimmt einen Feldzug, sie zerfällt aber bevor es zum Kampf kommt. Die einigende Wirkung des gemeinsamen Glaubens bleibt weiterhin aus. Im November 1126 wird Il-Bursuqi, der Regent von Mosul und Aleppo erdolcht. Sein Tod löst ein Problem der Kreuzfahrerstaaten und stürzt die türkischen Dynastien erneut in Nachfolgekämpfe. Der Einfluß des Hofs von Bagdad auf die syrische Politik nimmt weiter ab. Aber die Kreuzfahrerstaaten im Norden sind nicht in der Lage, die innertürkischen Wirren auszunutzen. Inwischen hatte der Sohn Bohemunds als Bohemund II. das Fürstentum Antiochia übernommen. Statt zusammen mit dem Grafen von Edessa, Joscelin, einen Feldzug gegen Aleppo zu unternehmen, entfacht Bohemund einen Krieg mit seinem christlichen Nachbarn. Joscelin plündert mit türkischen Söldnern im Fürstentum Antiochia. Balduin II. gelingt es schließlich, die Kontrahenten zu versöhnen.

DIE ASSASSINEN

Der Mord an Il-Bursuqi war wahrscheinlich von einem Anhänger der islamischen Sekte der »Assassinen« verübt worden. Ihren Namen »Mörder« verdanken die Mitglieder dieser Sekte ihrer Gewohnheit, politische Angelegenheiten mit Hilfe des Dolches zu regeln. Togthekin erlaubt der Sekte, sich in Damaskus zu betätigen. Als sich die sunnitische Bevölkerung über das Anwachsen der Assassinen empört, weist der Regent der Sekte die Stadt Banijas an der Grenze zum Königreich Jerusalem zu. Im Frühjahr 1128 stirbt Togthekin. Sein Nachfolger als Atabeg, Tay al-Mulk Buri, hetzt die Bewohner von Damaskus gegen die Assassinen auf. Sie werden niedergemetzelt. Der Anführer der Sekte in Banijas bittet Balduin II. um Beistand. Der König ist hocherfreut. Er hatte ohnehin vor, die erhofften Nachfolgewirren in Damaskus für einen Angriff zu nutzen. Der Großmeister der Templer war nach Europa gereist, um Ritter anzumustern.

BALDUIN SORGT VOR

Im Jahr 1127 war es an den Grenzen des Königreichs Jerusalem ruhig geblieben. Dafür bricht ein Jahr später der alte Konflikt mit der Kirche wieder aus. Der neue Patriarch von Jerusalem klagt den alten Anspruch auf die Hafenstadt Jaffa ein. Als der Patriarch kurz darauf nach kurzer Krankheit stirbt, geht das Gerücht um, es sei Gift im Spiel gewesen. König Balduin II. beginnt, sich um seine Nachfolge zu sorgen. Da es an einem männlichen Erben fehlt, bittet er den französischen König, einen Ehemann für seine Tochter Melisendis auszusuchen. Der König empfiehlt den Grafen Fulko von Anjou. Der Kandidat ist einverstanden und reist mit einigen Gefolgsleuten nach Palästina. Jerusalem feiert die Heirat im Mai 1129. Nun kann sich Balduin II. seinem Lieblingsprojekt zuwenden: der Eroberung von Damaskus. Inzwischen sind auch die Verstärkungen aus Europa eingetroffen. Im Herbst rückt die Armee des Königreichs nach Banijas vor, angeführt von Balduin II. und Fulko von Anjou. Da sich die türkischen Grenztruppen zurückgezogen haben, marschieren sie weiter in Richtung Damaskus. Al-Mulk Buri, der neue Atabeg, hat die Nachfolgewirren glänzend überstanden und erwartet mit seinen Truppen die Christen zehn Kilometer vor der Stadt. Balduin II. zögert mit dem Befehl zum Angriff. Tagelang liegen sich die beiden Armeen gegenüber. Ein Fouragetrupp, der vor allem aus Neuankömmlingen besteht, wird von der türkischen Kavallerie aufgerieben. Nun entschließt sich Balduin zum Angriff, aber ein heftiger Regen verwandelt den Untergrund plötzlich in Schlamm. Balduin gibt seinen Plan auf und ordnet den Rückzug an.

ZENGI – EIN VORKÄMPFER

So findet das entscheidende Ereignis im Norden statt. Mit der Unterstützung des Sultans in Bagdad und des Kalifen wird Imad ad-Din Zengi Atabeg von Mosul. Die Bürger von Aleppo sind der Wirren überdrüssig und tragen Zengi die Regentschaft an. Im Juni 1128 zieht Zengi in Aleppo ein. Der Vorgang ist in doppelter Hinsicht von Bedeutung: Es entsteht eine Großmacht und ihr Oberherr sieht sich als Vorkämpfer des Islam. Ibn al-Qalanisi notiert:

„Es traf die Nachricht ein, der Emir Imad ad-Din Atabeg Zengi sei mit seiner 'askar in Aleppo eingezogen, mit der Entschlossenheit, den heiligen Kampf (Dschihad) zu führen."

Die ersten Handlungen Zengis sind nach Auskunft des Chronisten allerdings nicht von der Idee islamischer Gemeinsamkeit bestimmt. Zengi fordert den Atabeg von Damaskus auf, für einen Feldzug gegen die Franken Truppen zu stellen. Als tatsächlich ein Kontingent aus Damaskus eintrifft, nimmt Zengi die Anführer gefangen und läßt sie erst nach der Zahlung eines Lösegeldes frei. Die Stadt Hama, die zu Damaskus gehört, bringt er in seinen Besitz. Zengi kann sich ungestört der Konsolidierung seiner Macht widmen, da Graf Joscelin von Edessa einen Waffenstillstand mit ihm geschlossen hat.

VERWIRRUNG IM NORDEN

Balduin II. unternimmt keinen Versuch, die Machtzusammenballung in Syrien zu verhindern. Er hat anderes zu tun. Im Februar 1130 fällt Bohemund II. von Antiochia bei einem Feldzug gegen seinen armenischen Nachbarn. Alice, die Ehefrau Bohemunds und Tochter Balduins, reißt die Regentschaft über Antiochia an sich. Es kommt zu Unruhen, weil die Ritterschaft des Fürstentums Alice nicht als rechtliche Nachfolgerin Bohemunds akzeptiert. Balduin eilt nach Norden, um die Verhältnisse zur ordnen. Alice fordert Zengi auf, Truppen zu ihrem Beistand zu entsenden. Der Bote wird von Balduins Aufgebot abgefangen und auf der Stelle aufgehängt. Alice läßt die Stadttore schließen als die Truppen ihres Vaters vor Antiochia eintreffen, aber einige ihrer Gegner öffnen sie wieder. Balduin bestraft den Verrat seiner Tochter, in dem er sie nach Laodicea verbannt. Er übernimmt ein zweites Mal die Regentschaft über Antiochia.

DIE ZWEITE GENERATION TRITT AN

Im Sommer 1131 erkrankt Balduin II. Am Totenbett versichern die Barone des Königreichs, Fulko von Anjou als Nachfolger anzuerkennen. Balduin legt das Mönchsgewand an und stirbt am 21. August. Joscelin von Edessa zieht sich eine schwere Verletzung zu und verabschiedet sich ebenfalls mit einer großen Geste: Er läßt sich in einer Sänfte in sein letztes Gefecht tragen. Als seine Gegner von der Anwesenheit des Grafen erfahren, räumen sie kampflos das Feld. Auf dem Rückweg nach Edessa erliegt er seiner Verletzung. Die beiden letzten großen Fürsten der ersten Generation der Kreuzfahrer sind tot.

Am 14. September 1131 werden Melisendis und Fulko in der Grabeskirche gekrönt. Ihr ein Jahr alter Sohn Balduin gilt aber als der eigentliche Erbe des Königreichs. König Fulko muß sogleich im Norden intervenieren, da dort sein Anspruch auf die Oberherrschaft über die Kreuzfahrerstaaten nicht anerkannt wird. Alice versucht erneut, die Regentschaft über Antiochia zu gewinnen. Fulko übernimmt sie selbst. Den ebenfalls rebellierenden Grafen von Tripolis zwingt Fulko mit Waffengewalt zum Einlenken. Im Königreich selbst regt sich ebenfalls Widerstand. Den revoltierenden Grafen von Jaffa versucht Fulko aus dem Weg zu schaffen, indem er ihn vor dem Kronrat des Hochverrats bezichtigt. In Jerusalem kursieren Gerüchte, der Graf sei mit Königin Melisendis intim geworden. Nachdem er auch noch den Beistand ägyptischer Truppen angefordert hatte, muß der Graf von Jaffa das Königreich verlassen. Er stirbt an einer schweren Verletzung im Exil. In Jerusalem munkelt man, die Wunde sei ihm bei einem Mordanschlag zugefügt worden, den der König veranlaßt habe.

Eine weitere Darstellung der inneren Zustände der Kreuzfahrerstaaten würde das Thema Kreuzzüge nur noch am Rand berühren. Die zweite Phase der Normalisierung tritt mit der Machtübernahme durch die zweite Adelsgeneration ein. Die Ränkespiele und Machtkämpfe an den Höfen der Kreuzfahrerstaaten entfalten sich zunehmend nach Mustern, die von der europäischen Feudalgesellschaft vorgeprägt sind.

ZENGI KANN SICH BEHAUPTEN

Zengi fordert weiter zum heiligen Kampf auf, bemüht sich jedoch vorrangig um die Herrschaft über Damaskus. Zwei Feldzüge in den Süden muß er aber ohne Erfolg abbrechen. Der Atabeg von Damaskus führt trotz der Bedrohung durch seine Glaubensbrüder seine Truppen im Jahr 1134 gegen das Königreich Jerusalem. Fulkos Aufgebot kann den Angriff zurückweisen. Drei Jahre später stehen byzantinische Truppen vor Antiochia. Kaiser Johannes II. läßt den von Fulko zum Regenten ernannten Raimund den Lehnseid schwören und verzichtet zunächst auf eine Besetzung der Stadt. Der Kaiser, Fulko und Raimund vereinbaren einen gemeinsamen Angriff auf Aleppo. Sie schließen einen Vertrag, der Raimund das zu erobernde Aleppo zuspricht und die Rückgabe von Antiochia an Byzanz vorsieht. Das Vorhaben scheitert an der mangelnden Beteiligung fränkischer Truppen. Damit hat das christliche Lager seine letzte Chance vertan, der Machtentfaltung Zengis Einhalt zu gebieten.

Kaiser Johannes zieht nun mit einer kleinen Begleitmannschaft in Antiochia ein. Um den Verlust der Stadt abzuwenden, mobilisiert Graf Joscelin II. von Edessa die lateinischen Einwohner gegen die Byzantiner. Der Kaiser muß die Stadt verlassen, da das byzantinische Heer zu spät eintrifft. Antiochia bleibt unter lateinischer Herrschaft, aber die Franken haben einen wichtigen Verbündeten verloren.

BÜNDNIS ZWISCHEN JERUSALEM UND DAMASKUS

Auch im Lager der Muslims führt der gemeinsame Glauben nicht zum gemeinsamen Handeln. Kaum ist der Bruch zwischen Byzanz und den Kreuzfahrerstaaten vollzogen, verschärft Zengi den Konflikt mit Damaskus. 1139 belagern nordsyrische Truppen die Stadt. Der Regent sieht als einzigen Ausweg ein Bündnis mit Jerusalem. Fulko und die Barone des Königreichs setzen sofort auf diese Karte. Das Bündnis stellt das Gleichgewicht der Kräfte wieder her, und Zengi muß die Belagerung aufheben. In den nächsten fünf Jahren verwickelt er sich in die Händel der Hofpolitik Bagdads. Das Königreich nutzt die Ruhepause zum Ausbau seines Burgensystems. Kaiser Johannes unternimmt 1143 einen erneuten Versuch, Antiochia zurückzugewinnen. Zwei Unfälle machen in diesem Jahr Geschichte. Der Kaiser von Byzanz verletzt sich im Norden bei der Jagd, der König von Jerusalem im Süden. Beide sterben an den Folgen. Antiochia bleibt lateinisch und in Jerusalem entstehen die üblichen Probleme um die Nachfolge. Der Sohn Balduins II. wird als Balduin III. zum König gekrönt, aber er ist erst dreizehn Jahre alt. Melisendis, seine Schwester und Witwe des Königs, übernimmt die Regentschaft.

ZENGI EROBERT EDESSA

Der Tod des Kaisers und die Führungsschwäche des Königreichs werden von Zengi genutzt. Joscelin von Edessa ist mit seinen Truppen unterwegs als Zengi die Stadt einkreist. Der Graf wagt es nicht, das Heer Zengis anzugreifen. Auch der Regent von Antiochia leistet keinen Beistand. Einen Monat lang können die Bürger Edessa gegen Zengi halten. Am Weihnachtsabend 1144 stürzen die Mauern der Stadt ein. Ibn al-Qalanisi beschreibt die Erstürmung:

„Die Muslims erzwangen den Eintritt in die Stadt, nachdem auf beiden Seite viele gefallen waren. So viele Franken und Armenier wurden getötet und verwundet, daß sie gezwungen waren, die Stadt zu verlassen. Die Muslims nahmen sie mit dem Schwert in Besitz. Die Truppen plünderten, metzelten, nahmen gefangen, vergewaltigten und raubten. Ihre Hände füllten sich mit solchen Mengen von Geld, Möbeln, Tieren, anderer Beute und Gefangenen, daß sie frohen Herzens waren und voller Jubel. Imad ad-Din Atabeg (Zengi) gab den Befehl, das Töten und Plündern einzustellen und das Zerstörte wiederaufzubauen... die Einwohner beruhigte er, indem er ihnen eine gute Behandlung und Gerechtigkeit versprach."

Nach Ibn-al-Atir behandelt Zengi die Besiegten noch großherziger:

„Den Truppen wurde befohlen, alle Gefangenen, Männer, Frauen und Kinder, seien zu ihren Häusern zurückzuführen. Was von ihnen erbeutet worden sei, sollte ihnen zurückgegeben werden."

Wilhelm von Tyrus schildert die Erstürmung aus christlicher Sicht:

„Als sich die Feinde nun Eingang verschafft hatten, stürzte das Heer von allen Seiten in die Stadt und machte ohne Rücksicht auf Alter, Stand oder Geschlecht alles, was ihnen begegnete nieder, so daß ihnen das Wort zu gelten schien: Witwen und Fremdlinge erwürgen sie und töten die Waisen... Die von den Bürgern, welche am klügsten oder am rüstigsten waren, flüchteten sich mit ihren Weibern und Kindern in die Burgen... Hier entstand aber an dem Eingang ein solches Gedränge..., daß viele jämmerlich erstickten. Unter diesen soll auch der verehrungswürdige Herr Erzbischof Hugo mit einigen seiner Kleriker umgekommen sein. Die, welche selbst dabei waren, versichern jedoch, daß der Bischof nicht ohne Schuld an dem Unglück gewesen sei. Dieser hatte nämlich eine unermeßliche Menge Geld angesammelt, aber anstatt es den Rittern auszubezahlen und der Stadt auf diese Art Hilfe zu leisten, wollte er lieber als ein Geizhals auf seinen Schätzen liegen.. Daher geschah es, daß er die Früchte seines Geizes erntete und seinen Tod mit dem gemeinen Volke fand, und wenn sich der Herr seiner nicht erbarmt, so ist er auch vor einem strengen Gericht in der anderen Welt nicht sicher."

Die Eroberung Edessas wird in der islamischen Welt als ein Triumph im Glaubenskrieg gefeiert. Zengi macht aber keine Anstalten, seine Offensive fortzusetzen. Zwei Jahre später belagert er das muslimische Damaskus. Dabei wird er im Schlaf von einem Diener ermordet. Zengis Ruhm gründet sich auf die Rückgewinnung Edessas für den Islam. Ibn al-Atir lobt Zengi auch, weil er für den wirtschaftlichen Aufschwung Mosuls gesorgt habe und fährt fort:

„Außerdem war Zengi sehr um die Ehre der Frauen besorgt, besonders um die seiner Krieger. Wenn man die Frauen nicht bewache, so pflegte er zu bemerken, gingen sie bei langen Feldzügen fremd. Er war der mutigste unter den Geschöpfen Gottes."

Edessa (Urfa). Zitadelle.

VERZÖGERTE REAKTIONEN IM ABENDLAND

Papst Eugenius III. empfängt die Nachricht vom Fall Edessas im Frühjahr 1145 in Viterbo als eine Delegation der Kreuzfahrerstaaten um den Beistand des Abendlandes nachsucht. Die Möglichkeiten des Papstes, sich selbst um einen neuen Kreuzzug zu kümmern, sind eingeschränkt. Republikanisch gesonnene Römer verweigern Eugenius den Zutritt zur Stadt. Eine Kreuzfahrt des deutschen Königs Konrad III. käme ihm nicht gelegen, da er dessen Beistand gegen die Anhänger Arnolds von Brescia in Rom benötigt. Im Dezember sendet Eugenius schließlich ein Schreiben an König Ludwig VII. von Frankreich. Darin fordert er die Franzosen zum Kreuzzug auf und stellt die Vergebung der Sünden in Aussicht. Der König reagiert sofort. Auf einem Hoftag in Bourges kündigt er eine französische Kreuzfahrt an. Zu seinen Motiven gehört wahrscheinlich der Wunsch, für das Massaker von Vitry Buße zu tun. Die französischen Feudalherren zeigen dagegen keinerlei Bereitschaft zu einer militärischen Unternehmung. Die Entscheidung wird bis zum nächsten Hoftag verschoben, der an Ostern 1146 in Vézélay stattfinden soll. Der König schaltet nun einen einflußreichen und wortgewaltigen Mönch ein: Bernhard von Clairvaux.

DER HONIGSÜSSE

Der adlige Bernhard von Fontaine war im Orden der Zisterzienser dank seiner vielseitigen Talente schnell aufgestiegen und gründete 1115 das Kloster Clairvaux. Als Abt von Clairvaux schuf er eine mächtige Organisation von Tochterklöstern. Seine geistige Autorität war so groß, daß sie zu einer realen Macht wurde. Bernhard von Clairvaux war einflußreicher als der Papst. Er sah sich als Reformer und wollte die weltlichen Aktivitäten der Kirche zurückdrängen. Die Feudalherren anzuhalten, im Sinne der Kirche das Richtige zu tun, schien ihm der einfachste Weg. Und was er für richtig hielt, konnte er überzeugend darlegen. Er gilt als einer der größten Prediger aller Zeiten und wurde gelegentlich der »Honigsüße« genannt. Bernhard von Clairvaux, der spätere Heilige, wird die treibende Kraft des zweiten Kreuzzuges.

Der Abt bestärkt den französischen König in seinen Absichten, stellt aber die Führungsrolle der Kirche sicher. Im März 1146 ergeht eine zweite päpstliche Kreuzzugsbulle. Die Privilegien für Kreuzfahrer werden darin festgelegt: Vergebung der Sünden, Schutz für Eigentum und Angehörige und ein Zinserlaß. Bernhard von Clairvaux erhält den Auftrag, den Kreuzzug zu predigen, und er tut dies mit Erfolg.

KREUZZUGSSTIMMUNG IN FRANKREICH

In Vézélay finden sich Ostern 1146 Tausende von Menschen ein: Hoher und niedriger Adel, Kleriker, Söldner und viele andere, die der himmlische Lohn lockte, oder die normalen Zugewinne im Krieg, oder beides. Es war doch noch Kreuzzugsstimmung aufgekommen. Die Predigten und schriftlichen Aufrufe des Abtes hatten gewirkt. Einige Aufrufe sind überliefert. Bernhard benutzt häufig Begriffe aus dem Wirtschaftsleben:

„Du tapferer Ritter, du Mann des Krieges, jetzt hast du eine Fehde ohne Gefahr, wo der Sieg Ruhm bringt und der Tod Gewinn. Bist du ein kluger Kaufmann, ein Mann des Erwerbs in dieser Welt, einen großen Handel sage ich dir an. Sieh zu, daß er dir nicht entgeht. Nimm das Kreuzeszeichen, und für alles, was du reuigen Herzens beichtest, wirst du auf gleiche Weise Ablaß erlangen. Das Holz selbst kostet wenig, wenn man es kauft. Wenn es demütig auf die Schultern genommen wird, ist es ohne Zweifel das Reich Gottes wert."

In Anlehnung an die Rede Urbans II. bei Fulcher von Chartres, ruft der Abt auch Kriminelle zur Kreuzfahrt auf. Bernhard von Clairvaux:

„Jetzt bewirken es unsere Sünden, daß dort die Feinde des Kreuzes ihr gottloses Haupt erhoben haben und mit der Schärfe des Schwertes das gesegnete Land verwüsten... Was tut ihr, tapfere Männer, was tut ihr, Diener des Kreuzes? Werdet ihr so das Heilige den Hunden und die Perlen den Säuen vorwerfen...? Wohl könnte der Allmächtige mehr als zwölf Legionen Engel senden...ich aber sage euch: Euer Gott versucht euch... Zieht in Erwägung, wieviel Kunst er dafür verwendet, euch zu retten... nicht euren Tod will er, sondern daß ihr euch bekehrt und lebt... Ist es denn nicht eine ausgesuchte und allein für Gott auffindbare Gelegenheit, daß der Allmächtige Mörder, Räuber, Ehebrecher, Meineidige und mit anderen Verbrechen Belastete in seinen Dienst ruft... Mißtraut nicht, Sünder, der Herr ist mit euch... Er müht

Ludwig nimmt das Kreuz in Anwesenheit des Abts von Clairvaux. Miniatur um 1490.

sich..., indem er seine Streiter durch Nachlaß ihrer Vergehen und ewige Herrlichkeit entlohnt... Selig nenne ich die Generation, die den Zeitpunkt derart reichlicher Vergebung ergreift und dieses wahrhafte Jubeljahr lebend angetroffen hat... Gürtet euch mannhaft und ergreift im Eifer für den christlichen Namen die glückbringenden Waffen..."

Bernhard von Clairvaux predigt auf freiem Feld vor der Stadt. Die Menge ist begeistert und so viele geloben die Kreuzfahrt, daß die vorbereiteten Stoffkreuze nicht ausreichen. Da auch bedeutende weltliche und kirchliche Fürsten das Kreuz nehmen, ist der französische Kreuzzug eine beschlossene Sache. Der König nimmt Anleihen zur Finanzierung des Feldzugs auf und verhandelt mit Byzanz über die Durchreise.

WERBUNG IN DEUTSCHLAND

Bernhard von Clairvaux will mehr: Ohne Absprache mit dem Papst versucht er nun in Frankfurt den deutschen König Konrad III. zum Kreuzzug zu bewegen. Aber der König winkt ab, er hat genug Probleme im Reich. Bernhard läßt nicht locker und predigt in mehreren deutschen Städten. Weihnachten 1146 trifft der Abt in Speyer mit Konrad zusammen. Im Dom von Speyer spricht Bernhard mit Hilfe eines Dolmetschers. Konrad ist tief bewegt und nimmt das Kreuz, viele Große des Reichs schließen sich an, darunter Friedrich von Schwaben, der spätere Kaiser Barbarossa.

VERNICHTUNG ODER BEKEHRUNG

Anläßlich eines Reichstags in Frankfurt kommt der Abt den Interessen sächsischer Fürsten entgegen. Er billigt einen Kreuzzug gegen die Slawen im Osten und gewährt den Teilnehmern das Privileg der Sündenvergebung:

„Wir verlangen auf den Rat des Herrn Königs und der Bischöfe und Fürsten hin, die in Frankfurt versammelt sind, daß die Heeresmacht der Christen gegen sie (die Slawen) bewaffnet werde und das Heilszeichen nehme, um jene Heiden völlig zu vernichten oder sicher zu bekehren. Wir verheißen ihnen dieselbe Sündenvergebung, wie jenen, die nach Jerusalem aufgebrochen sind...Wir untersagen auf jeden Fall, mit den Heiden auf irgendeine Weise ein Bündnis zu schließen, weder für Geld noch Tribute, bis mit Gottes Hilfe ihr religiöser Brauch oder ihr Volk vernichtet ist."

DER ABT SCHÜTZT DIE JUDEN

In Worms, Köln, Mainz, Speyer und anderen Städten greifen Kreuzfahrer und Bürger die jüdischen Gemeinden an. Wie beim ersten Kreuzzug hatten die Predigten über die Todfeinde der Christenheit die Massen aufgebracht. Da Muslims nicht zur Hand waren, richtete sich der Volkszorn wieder gegen die Juden. Aus Würzburg liegt der Bericht eines Annalisten vor:

„Alle eilen zu dem Ort, den einst die Füße Jesu berührten, heften sich vermessen das Zeichen des Kreuzes an, zwingen fast auf dem ganzen Marsch die angetroffenen Juden zur Taufe und töten die Widerstrebenden auf der Stelle... Ich will aber aus vielen ein Beispiel für ein Judenpogrom anführen, das in Würzburg stattfand, damit ich durch die Gewißheit dieses einen Beispiels den übrigen mehr Glaubwürdigkeit angedeihen lassen kann. Als im Februar die Kreuzfahrer in der Stadt zusammenströmten, wurde am 24. Februar der Leichnam eines in viele Teile zerschnittenen Menschen aufgefunden... Die verstreuten Teile des Körpers werden gesammelt, der Leichnam zum Krankenhaus in der Stadt gebracht und dort in der Vorhalle außerhalb der Kirche beigesetzt. Man ergreift das gleichsam als gerechte Gelegenheit gegen die Juden. Bürger wie Fremde dringen, ergriffen von plötzlicher Wut, in die Häuser der Juden ein, gehen auf sie los und töten Greise wie Jüngere, Frauen wie kleine Kinder ohne Unterschied, Aufschub oder Erbarmen. Wenige werden durch die Flucht gerettet, noch weniger werden in der Hoffnung auf Entkommen getauft. Weiterhin hieß es, seien beim Begräbnis des genannten Leichnams Zeichen geschehen, so daß man glaubte, Stumme sprächen, Blinde sähen, und Lahme gingen wieder. Die Kreuzfahrer verehrten jenen Menschen wie einen Märtyrer, trugen die Überreste seines Körpers herum und forderten, daß dieser kanonisiert werde. Der gottesfürchtige Bischof der Stadt, Siegfried, leistetet mit seinem Klerus ihrer Schroffheit, ja ihrem Irrtum, Widerstand. Da entfesselten sie ein derartige Verfolgung gegen Bischof und Klerus, daß sie, weil sie den Bischof steinigen wollten, ihn bis in den Schutz der Türme trieben."

Ein Zisterziensermönch namens Radulf hatte im Rheinland ohne Erlaubnis den Kreuzzug gepredigt. Bernhard von Clairvaux schickt ihn ins Kloster zurück und wendet sich gegen die Judenverfolgungen:

„Die Juden dürfen nicht verfolgt und getötet werden und nicht einmal verjagt... Sie sind in alle Himmelsrichtungen zerstreut worden, damit sie Zeugen unserer Erlösung sind, solange sie überall die gerechte Strafe für eine so große Untat erleiden."

Bernhard von Clairvaux hält also an der hergebrachten Schuldzuweisung fest. Aber seine Intervention rettete vielen Juden das Leben. Rheinische Juden ziehen vorsorglich mit ihrer Habe in eine Burg, die sie dem Bischof von Köln abgekauft haben.

DER AUFBRUCH DER DEUTSCHEN

Der Würzburger Annalist äußert sich über die Motive der Kreuzfahrer:

„Die einen gingen aus Neugier, um ferne Länder zu sehen, andere zwang die Not. Und die zuhause in schwieriger Lage waren, zogen nicht nur gegen die Feinde des Kreuzes Christi. Sie kämpften auch zur Erleichterung ihrer Armut bei günstiger Gelegenheit gegen Freunde, die auch Christen heißen...Andere, die von Schulden bedrängt wurden, oder die sich den Verpflichtungen gegenüber ihren Herren entziehen wollten, oder die ihre gerechten Strafen für ihre Untaten erwarteten, heuchelten Eifer für Gott und eilten doch nur, um so großer Bedrängnis zu entgehen."

Im Mai 1147 versammeln sich die deutschen Kreuzfahrer in Regensburg und brechen Ende des Monats auf. Die Bessergestellten fahren zu Schiff donauabwärts. Die Fürsten begegnen einander mit Argwohn, fast jeder hat Händel mit jedem. Ein einheitliches Kommando läßt sich nicht herstellen, so sehr sich König Konrad auch müht. Zunächst hält die Disziplin, zwischen zwanzig- und dreißigtausend Kreuzfahrer marschieren ohne Zwischenfälle durch Ungarn. Zwischen Belgrad und Philippopel, auf byzantinischem Gebiet, verliert König Konrad die Kontrolle, und es kommt zu ersten Plünderungen. Einzelne Haufen brandschatzen die Vorstädte von Philippopel. Konrad ist besorgt, weil die freundschaftlichen Beziehungen zwischen den Deutschen und Byzanz auf dem Spiel stehen. Konrads Schwägerin Berta von Sulzbach war mit dem byzantinischen Kaiser Manuel I. verheiratet worden.

DEUTSCHE UND GRIECHEN

Bischof Otto von Freising, der im deutschen Aufgebot reist, macht einige Notizen über den Verlauf des Kreuzzuges. Ausschreitungen der Deutschen verschweigt er seinen Lesern. Der Chronist des französischen Aufgebots, Odo von Deuil, hat kurz darauf Gelegenheit, den Schaden in Philippopel zu studieren. Er schildert auch den Ablauf der Ereignisse:

„Als dort die Deutschen in den Wirtshäusern saßen, setzte sich unglücklicherweise ein Gaukler dazu, obwohl er ihre Sprache nicht verstand, und begann zu trinken. Und nach langer Völlerei holte er eine Schlange hervor, die er verzaubert an der Brust trug... und trieb allerlei Spiele und Späße... Die Deutschen springen sogleich, als hätten sie ein Vorzeichen gesehen, wütend auf, ergreifen den Schauspieler und zerreißen ihn in Stücke... Sie behaupten, die Griechen hätten sie mit Gift töten wollen. Die Stadt gerät durch den Aufruhr in der Vorstadt in Verwirrung, und der Statthalter eilt mit einer Schar seiner Leute unbewaffnet nach draußen, um die Menge zu beruhigen. Das von Wein und Wahn verwirrte Auge der Deutschen sieht aber nicht nach Waffen, sondern auf den schnellen Lauf. Sie dringen auf jene ein, die Frieden stiften wollen... (Die Byzantiner)... fliehen in die Stadt, ergreifen ihre Bogen, und gehen erneut hinaus, und verwunden oder töten die, vor denen sie geflohen waren. Sie hören erst auf, nachdem alle aus der Vorstadt vertrieben sind. Dort, und insbesondere in den Herbergen, sind viele Deutsche getötet oder wegen ihres Geldes in Höhlen geworfen worden. Als sie aber Verstand und Waffen wiedererlangt hatten, kehrten die Deutschen zurück und brannten außerhalb der Mauern fast alles nieder, um ihre Ehre und den Mord an den anderen zu rächen."

Konrad entschuldigt sich und bestraft einige Schuldige.

DEUTSCHE UND FRANZOSEN

Im deutschen Heer reisten auch einige französische Kreuzfahrer, die den Abmarsch von König Ludwig nicht abgewartet hatten. Odo von Deuil beschreibt die Entwicklung der deutsch-französischen Beziehungen:

„Für unsere Leute aber waren die Deutschen untragbar... Man ging von beiden Seiten zum Markt; aber die Deutschen duldeten es nicht, daß die Franzosen etwas kauften, bevor sie selbst davon genug hatten. Darauf entstand Streit, ja sogar Geschrei... Schläge austeilend und einsteckend kehrten die Franzosen mit Lebensmitteln zurück. Weil die Deutschen viele waren, fanden sie den Hochmut der Franzosen schmählich, ergriffen die Waffen gegen sie und griffen sie wütend an; diese leisteten in gleicher Weise bewaffnet feindlichen Widerstand. Indem aber die Nacht schnell hereinbrach, beendete Gott das ruchlose Treiben."

KONRAD DROHT

Bei Adrianopel (Edirne, Türkei) wird ein deutscher Ritter von einheimischen Banditen umgebracht. Daraufhin unternimmt Herzog Friedrich von Schwaben einen Rachefeldzug. Seine Truppen stürmen das Kloster, bei dem das Verbrechen begangen worden war. Die Insassen werden nach Auskunft byzantinischer Quellen niedergemetzelt. Zwischen plündernden Deutschen und byzantinischen Polizeitruppen kommt es ständig zu Gefechten. Kaiser Manuel fordert Konrad auf, an Konstantinopel vorbeizumarschieren. Da Konrad ablehnt, läßt Kaiser Manuel reguläre Truppen aufmarschieren. Ein Unwetter entschärft zeitweise den Konflikt. Kurz vor Konstantinopel erleiden die Deutschen bei einer Überschwemmung schwere Verluste. Der Chronist Otto von Freising sieht darin einen Fingerzeig Gottes:

„In der Erwägung, daß dies eher eine göttliche Strafe als eine natürliche Überschwemmung war, waren wir nur noch mehr betäubt, jedoch rannten wir zu den starken Rossen, und jeder versuchte, so gut er konnte, über den Fluß zu kommen. Da sah man die einen schwimmen, die anderen sich an die Pferde klammern, wieder andere ließen sich an Stricken jämmerlich fortziehen, um der Gefahr zu entrinnen. Andere stürzten sich kopflos in die Fluten und versanken, weil sie sich unbedachterweise mit anderen umschlangen."

Mitte September 1147 erreicht das deutsche Heer Konstantinopel. Da die Plünderungen nicht aufhören, setzt Kaiser Manuel erneut Polizeitruppen in Marsch und läßt die Tore schließen. Es kommt zu einem lebhaften Briefwechsel. Konrad entschuldigt die Plünderungen mit der Zügellosigkeit seiner Truppen. Manuel antwortet höhnisch, er könne ja nach dieser Entschuldigung seinen Truppen ebenfalls freien Lauf lassen. Konrad fordert daraufhin wütend das kaiserliche Prunkschiff, um nach Kleinasien übersetzen zu können; im Falle der Weigerung werde er sonst im nächsten Jahr Konstantinopel angreifen. Als Manuel vorsorglich seine Truppen aufmarschieren läßt, fühlen sich die Deutschen provoziert und greifen sofort an. Sie holen sich blutige Köpfe. Schließlich lenken beide Seiten ein. Mitte September wird das Heer mit einfachen Frachtschiffen nach Kleinasien transportiert. Über die Ereignisse in Konstantinopel berichten nur byzantinischen Quellen.

DER MARSCH DER FRANZOSEN

Das französische Kreuzheer bricht ungefähr einen Monat später auf als das deutsche und erreicht Ende Juni 1147 den Rhein bei Worms. König Ludwig hat strenge Disziplinarverordnungen erlassen. Der französische Chronist Odo von Deuil beschreibt das Verhalten seiner Landsleute in Worms:

„Hier bemerkten wir den ersten dummen Hochmut unseres Volkes. Die Soldaten setzten nämlich über, und der Herr König beschloß, da die Ausdehnung der Wiesen hinreichend groß befunden wurde, den verehrungswürdigen Bischof von Lisieux, Arnulf, mit seinen Normannen und Engländern zu erwarten. Lebensmittel flossen uns über den Fluß von der Stadt zu, und es war ein beständiges Kommen und Gehen unserer Leute und der Einheimischen. Schließlich erhob sich Streit. Die Kreuzfahrer warfen die Seeleute in den Fluß. Als sie das sahen, liefen die Bürger zu den Waffen und nachdem einige verwundet worden waren, töteten sie einen Mann auf der Stelle. Die Kreuzfahrer gerieten durch dieses Verbrechen in Verwirrung, die Armen schrien nach dem (für die Bürger ebenso wie für manche der Unsrigen, nämlich die reichen Händler und Wechsler) verderbenbringenden Feuer. Aber die verständigen Leute auf beiden Seiten unterdrückten mit Gottes Willen beiderseits die Dummköpfe."

Am 29. Juni erreichen die Franzosen Regensburg, wo sie eine Gesandtschaft aus Konstantinopel erwartet. Kaiser Manuel verlangt von König Ludwig Garantien für die Rückgabe der zu erobernden Territorien. Ludwig verspricht lediglich, als Freund handeln zu wollen, läßt aber seine Barone den Lehnseid auf Kaiser Manuel schwören. Der Marsch durch Ungarn und den Balkan verläuft friedlich. Die Franzosen leiden Not, weil die Märkte leergekauft sind. Wo die Deutschen geplündert haben, bleiben die Einheimischen mißtrauisch. Auf byzantinischem Gebiet beginnen nun mittellose Franzosen zu plündern. Ludwig spricht harte Strafen aus und die byzantinischen Behörden reagieren behutsam. So werden größere Konflikte vermieden. Anfang Oktober treffen die Franzosen in Konstantinopel ein und König Ludwig wird von Kaiser Manuel freundlich empfangen.

KOALITION GEGEN BYZANZ?

Die Stimmung schlägt um, als die Franzosen von einem Waffenstillstand zwischen Manuel und dem Sultan von Ikonion (Konya) erfahren. Der Kaiser war zu diesem Vertrag genötigt worden, um einen Zweifrontenkrieg zu vermeiden: Roger von Sizilien hatte das byzantinische Reich in der Tradition seiner normannischen Vorfahren im Westen angegriffen. Der Bischof von Langres schlägt nun vor, mit Roger von Sizilien ein Bündnis zu schließen, um gemeinsam einen Angriff auf Konstantinopel zu unternehmen. König Ludwig lehnt ab, aber die Lage spitzt sich trotzdem zu. Odo von Deuil:

„Als also eines Tages ein Mann aus Flandern – würdig der Peitsche und des Feuers – die unermeßlichen Reichtümer sieht und von unmäßiger Begierde geblendet wird, ruft er: »Wie schön, wie schön« und raubt, was er begehrt und ermuntert ihm Gleichgesinnte in Bezug auf Kühnheit wie auf den Wert der Beute zum Verbrechen. Und da es überall törichte Leute gab – beim Tauschgeschäft gab es nämlich genausoviele Müßiggänger wie Dummköpfe – geraten alle ins Verderben, die Geld vor sich haben. Lärm und Wut wachsen, die Apsiden stürzen ein und Gold wird mit Füßen getreten und geraubt. In Todesfurcht fliehen die beraubten Wechsler."

Ludwig läßt den Übeltäter aufhängen und ordnet die Rückgabe der geraubten Wertsachen an. Manuel fordert erneut Garantien für die Rückgabe eroberter Gebiete. Da die Franzosen auf die Lieferung von Lebensmitteln angewiesen sind, gibt König Ludwig nach und sichert eidlich die Rückgabe zu. Im November setzt das französische Kreuzheer nach Kleinasien über.

DIE AUFLÖSUNG DES DEUTSCHEN HEERES

Kaiser Manuel hatte Konrad geraten, die zum Kampf ungeeigneten Kreuzfahrer in die Heimat zu entlassen. Aus unbekannten Gründen mißachtet der König diese Empfehlung. Die Deutschen marschieren im Oktober 1147 nach Nikaia, wo Konrad die Teilung des Heeres anordnet. Otto von Freising soll mit dem größten Teil der Nichtkämpfer entlang der kleinasiatischen Küste marschieren. Das Hauptheer folgt weiter der Marschroute, die von den Kreuzfahrern im Jahr 1097 eingeschlagen worden war. Sie betreten türkisches Gebiet, ohne sich ausreichend mit Proviant versorgt zu haben.

Von Hunger geschwächt kommen die Deutschen nur bis Dorylaion. Der Würzburger Annalist beschreibt den Angriff der Türken:

„Da plötzlich erhebt sich in der Stille der tiefsten Nacht Lärm im Lager. Die Geschosse der Bogenschützen zeigen an, daß eine gottlose Sarazenenschar da ist. Während jeder versucht, für sein Leben zu sorgen und sich in eilender Flucht dem Schwert, das seinem Halse droht, zu entziehen, ergießt sich plötzlich eine Menge Barbaren ins Lager der Christen und bringt die vor Mühsal kaum noch atmenden Glieder der Pilger bald mit Pfeilen, bald mit gezogenem Schwert zum Erschlaffen. Überall werden die Diener Christi von Götzendienern niedergehauen, und keiner konnte den Schlächtern widerstehen... Es war nichts zu hören außer dem aus tiefem Schmerz und mit Geschrei ausgestoßenem Stöhnen der Sterbenden. Von der Gegenseite kam nur der schreckliche Ruf: »An die Kehlen des fremden Volkes« der sich gegenseitig mit hundeartigem Geheul Ermunternden."

König Konrad kann die Schlachtreihen nicht mehr ordnen. Das Heer löst sich auf und die versprengten Abteilungen erleiden auf der Flucht schwere Verluste. Weniger als ein Fünftel der Deutschen kann sich bis Nikaia durchschlagen. Das Lager mit sämtlichen Wertsachen war in die Hände der Türken gefallen. Ein großer Teil der Überlebenden begibt sich auf den Heimweg. Anfang November treffen die Franzosen in Nikaia ein. Die beiden Könige beschließen, gemeinsam nach Süden vorzustoßen, um den weniger gefährlichen Weg entlang der Küste einzuschlagen. Die Deutschen unter Bischof Otto von Freising hatten inzwischen erfahren müssen, daß auch diese Route Gefahren barg. Der Würzburger Annalist beschreibt das Schicksal der Pilger:

„Dort gerieten sie in solches Elend, daß sie ausgedörrt von Hunger und Durst die Pferde, Kamele und Esel, die ihnen noch als Lasttiere verblieben waren, töteten und das Fleisch des Zugviehs zur Stillung ihres Hungers, das Blut zum Löschen des brennenden Durstes nicht ausreichten. Als schließlich fast alle dahinsiechten und auch viele durch Hunger, Durst, Krankheit und tägliche Mühe gestorben sind, da stürzen die Sarazenen... plötzlich gegen sie hervor, zerfleischen sie widerstandslos, zerstreuen sie und töten die Älteren. Die Jüngeren führen sie in Gefangenschaft, um sie mit erbarmungswürdiger Knechtschaft zu bedrücken."

Bischof Otto erreicht mit einem kleinen Rest der Abteilung die Küste und setzt die Reise zu Schiff fort. Er hat eine umfangreiche Chronik über diese Epoche verfaßt, sich aber geweigert, über seine Erlebnisse in Kleinasien zu berichten:

„Da allen bekannt ist, welchen Ausgang dieser Kreuzzug infolge unserer Sünden genommen hat, und da wir uns diesmal vorgenommen haben, keine Tragödie, sondern ein erfreuliches Geschichtswerk zu schreiben, mögen davon andere an anderer Stelle berichten."

Die französisch-deutsche Heeresgruppe erreicht unangefochten das Meer bei Ephesus. König Konrad erkrankt Ende des Jahres 1147 und begibt sich nach Konstantinopel. Kaiser Manuel kümmert sich persönlich um die Pflege des Patienten. König Konrad reist im März 1148 mit einem byzantinischen Geschwader nach Palästina. Für die Anwerbung neuer Truppen hat Manuel die Kriegskasse Konrads aufgefüllt.

DER LEIDENSWEG DER FRANZOSEN

König Ludwig kann in Ephesus nicht verhindern, daß die Kreuzfahrer byzantinische Bürger ausplündern. Boten aus Konstantinopel richten Ludwig aus, daß mit Gegenmaßnahmen der griechischen Bevölkerung gerechnet werden muß. Schließlich befiehlt Ludwig den Weitermarsch. Auf dem Weg nach Laodicea (bei Pamukkale) verbringen die Franzosen ein karges Weihnachtsfest. Die Lebensmittel werden bald knapp, und die Angriffe durch türkische Kavallerie häufen sich. Sie benutzen die Straße, auf der die deutschen Pilger unter Bischof Otto von Freising aufgerieben worden waren. Der Anblick der Leichen entsetzt besonders die adligen Damen, darunter König Ludwigs Frau, Eleonore von Aquitanien. Beim Abstieg zum Meer, erfolgt ein weiterer Angriff. Wilhelm von Tyrus:

„Diesmal kämpften die Feinde nicht bloß mit Pfeil und Bogen, sondern drangen mit den Schwertern auf die Fliehenden ein. Die Unseren aber wurden in einem Engpaß von den ermatteten Pferden und von ihrem vielfachen Gepäck behindert. Trotzdem kämpften sie einig und kühn für ihr Leben, ihre Freiheit und für ihre Genossen... Sie kämpften lange, ohne daß sich der Sieg auf die eine oder andere Seite neigte. Am Ende aber gewannen die Feinde unserer Sünden halber die Oberhand. Ein großer Teil der Unseren fiel im Kampf. Unzählige wurden gefangen, und von dem ganzen Heere blieb nur ein kleiner Teil übrig... Unterdessen rettet sich der König fast durch Zufall aus dieser Gefahr... An diesem Tage, der den Unseren so viel Unheil brachte, sank der hohe Ruhm der Franken, die Kraft, vor der bis dahin die Heiden gezittert hatten, wurde zunichte und zum Gespött der unreinen Völker, die Gott nicht kennen."

Betrübt notiert Odo von Deuil:

„Hier also starben die Söhne Frankreichs, bevor sie zum Manne reifen konnten."

Anfang Februar 1148 sammeln sich die Franzosen vor Attalia. Die Türken setzen ihre Angriffe fort und fügen ihnen erneut Verluste zu. Der byzantinische Statthalter hat gerade die Überlebenden des deutschen Pilgerzuges versorgen müssen. Wilhelm von Tyrus:

„Als der König von Frankreich hier mit den Seinigen ankam, führte das Zusammenströmen so vieler Menschen zu einem großen Mangel an Lebensmitteln. Was vom Heer noch übrig war, und vor allem die Armen, starben in Attalia beinahe an Hunger. Der König trennte sich vom Fußvolk und schiffte sich ein."

Da nur wenige byzantinische Schiffe zur Verfügung stehen, nimmt Ludwig nur seinen Haushalt und Adlige mit den verblieben Pferden mit an Bord. Die anderen müssen sich verlustreich auf dem Landweg nach Antiochia durchkämpfen.

SÜNDEN ODER VERRAT?

Wilhelm von Tyrus führt das Mißgeschick der Kreuzfahrer auch diesmal auf deren sündhaften Lebenswandel zurück. Odo von Deuil und andere Chronisten machen vor allem die Byzantiner für den Ausgang der Unternehmung verantwortlich. Die Hauptvorwürfe: Mangelnde Versorgung mit Lebensmitteln, Irreführung durch die byzantinischen Begleiter und verräterische Absprachen mit den Türken. Die byzantinischen

Chronisten bestreiten das. Tatsächlich handelten die Kreuzfahrer mehrfach gegen den Rat der Byzantiner. Die Statthalter in Kleinasien haben die großen Heere weitgehend unterstützt. Ob sie in der Lage gewesen wären, mehr Lebensmittel zu liefern, läßt sich an Hand der Quellen nicht beurteilen. Die Kreuzfahrer haben auf byzantinischem Territorium geplündert: Eine gewisse Zurückhaltung der Behörden ist also denkbar. Der Vorwurf, die Byzantiner würden mit den Türken gemeinsame Sache machen, war schon nach dem ersten Kreuzzug erhoben worden. Er ist auch beim zweiten Kreuzzug nicht glaubwürdig. Byzanz ist noch immer bemüht, die Türken wieder aus Kleinasien zu vertreiben. Der Waffenstillstand, den Kaiser Manuel mit dem Sultan von Ikonion geschlossen hatte, war ja eine Folge der normannischen Angriffe auf Byzanz. Während die Kreuzfahrer sich durch Kleinasien bewegen, erobert Roger von Sizilien mit seinen Normannen die byzantinische Insel Korfu und plündert die Städte Theben und Korinth.

KRISE IN ANTIOCHIA

König Ludwig landet mit seinem Gefolge in St.-Simeon und wird von Fürst Raimund von Antiochia, einem Onkel der Königin Eleonore, herzlich empfangen. Während sich die Damen erholen, beraten die Fürsten die nächsten Kriegsziele. Edessa, dessen Fall den zweiten Kreuzzug ausgelöst hatte, liegt inzwischen in Trümmern. Graf Joscelin hatte die Stadt im Handstreich zurückerobern können. Daraufhin war der neue Regent von Aleppo, Zengis Sohn Nur ad-Din, mit einem Heer ausgerückt und hatte die kleine Garnison unter Joscelin zur Flucht gezwungen. Nur ad-Din war sich bewußt, daß die Franken versuchen würden, Edessa zurückzuerobern. Um das Problem aus der Welt zu schaffen, hatte er die Mauern schleifen lassen. Da Nur ad-Din auch Antiochia bedroht, schlägt Fürst Raimund dem König einen Angriff auf Aleppo vor. Ludwig lehnt mit der Begründung ab, er wolle zunächst in Jerusalem seinen Verpflichtungen als Pilger nachkommen. Königin Eleonore ergreift die Partei ihres Onkels Raimund und erweckt damit die Eifersucht ihres Gatten. In Antiochia geht die Rede, die Beziehung zwischen Raimund und Eleonore sei nicht rein verwandtschaftlich. Wilhelm von Tyrus kann das Gerücht natürlich nicht bestätigen. Für ihn war allerdings geplant, was auf den Gassen schon getuschelt wurde:

„Er (Raimund) faßte nämlich den Vorsatz, entweder mit Gewalt oder mit List dem König die Frau wegzunehmen, welche ein leichtsinniges Weib war und in den Plan des Fürsten selbst einstimmte. Die Königin war ein unvorsichtiges Weib, wie es deutliche Proben früher und später zeigten. Sie war nicht auf ihre königliche Würde bedacht und nahm wenig Rücksicht auf ihre Frauenehre. Als dies dem König berichtet wurde, beriet er sich mit seinen Großen und beschleunigte seine Abreise. Um dem Fürsten zuvorzukommen und sein Leben zu retten, zog er heimlich mit den Seinigen aus Antiochia."

VERSAMMLUNG IN AKKON

Wie König Konrad, der mit seinen wichtigsten Gefolgsleuten im April 1147 in Akkon gelandet war, begibt sich König Ludwig zunächst nach Jerusalem. Königin Melisendis und König Balduin III. geben zum Empfang prunkvolle Feste. König Konrad wirbt mit dem Geld Kaiser Manuels Söldner an, um wieder über eigene Truppen verfügen zu können. Zur Lagebesprechung versammelt sich im Juni der Hochadel des Königreichs mit dem Hochadel des Abendlands (neben den Königen sieben Bischöfe, drei Herzöge und sechs Grafen) in Akkon. Zwei Ziele für einen Feldzug der vereinten Streitkräfte kamen in Frage: Aleppo oder Damaskus. In Aleppo regierte Nur ad-Din, der sich schon als entschiedener Gegner der Kreuzfahrerstaaten hervorgetan hatte. Nur ad-Din strebte wie sein Vater Zengi die Vereinigung von Aleppo und Damaskus zu einer syrischen Großmacht an. Langfristig bedeutete diese Strategie für das Königreich Jerusalem eine tödliche Bedrohung. Balduin II. hatte sie erkannt und mit Damaskus ein Bündnis geschlossen. Als Kriegsziel hat Damaskus allerdings Vorteile: Es war reicher, lag näher und schien militärisch schwächer zu sein als Aleppo. Für eine dritte Möglichkeit plädiert eine Minderheit: Die sofortige Heimkehr. Die Mehrheit greift nach dem Naheliegenden und beschließt den Angriff auf Damaskus. Im Sinn des Auftrags, den Bernhard von Clairvaux den Kreuzfahrern gegeben hatte, ist diese Entscheidung folgerichtig. Für die Missionierung mittels Schwert oder Taufbecken waren die Damaszener ebenso geeignet wie die Bewohner von Aleppo, und Bündnisse mit »Heiden« hatte der Abt sowieso verboten.

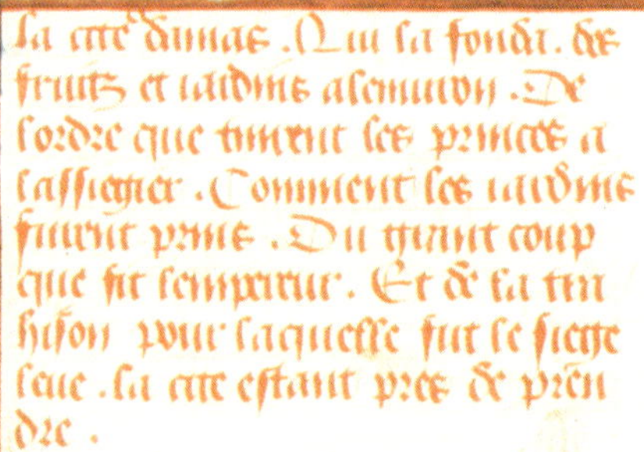

la cite de damas. Qui la fonda. des
fruitz et iardins a lenuiron. De
lordre que tindrent les princes a
lassieger. Comment les iardins
furent prins. Du grant coup
que fit lempereur. Et de la tra
hison pour laquelle fut le siege
leue. la cite estant pres de pren
dre.

. xlviii .

Damas est la plus
grant Cite de
la terre de la
mendre Surie
qui par autre nom est appel
lee. La phenice de liban et a
celle occasion dit le prophete
parlant de ceste Cite de damas
Chief de Surie. Lun des ser
uiteurs de abraham appelle da
mas la fonda et fut par ce

DAMASKUS WEHRT SICH

Am 24. Juli 1148 stehen die vereinten christlichen Streitkräfte vor Damaskus. Der Machthaber, Unur, hatte vorsorglich den Anmarsch der Kreuzfahrer nach Nordsyrien gemeldet und die gesamten Truppen der Region nach Damaskus befohlen. Den Christen gelingt es beim ersten Angriff, die Obstgärten vor der Stadt einzunehmen und bis zum Fluß vorzudringen. Die Kämpfe sind für beide Seiten verlustreich. Ibn al-Qalanisi notiert:

„Die Muslims stellten sich ihnen zur Schlacht: Rekruten, todesmutige Türken, Männer der Bürgerwehr, Freiwillige und Glaubensstreiter. Der Tod breitete sich unter ihnen aus. Die Ungläubigen behielten die Oberhand über die Muslims, denn sie waren ihnen an Zahl und Waffen überlegen."

Wilhelm von Tyrus:

„Alles Volk der Stadt hatte sich in die Obstpflanzungen begeben, und suchte unser Heer durch versteckte und offene Angriffe zurückzutreiben. Überdies waren innerhalb der Gartenmauern hohe Häuser, von wo aus die Besitzer der Gärten mit Pfeilen und anderen Geschossen ihr Eigentum schützten... Überall drohte Gefahr, und nirgends war man vor einem unvorhergesehenen Angriff sicher. Auch hinter den inneren Mauern standen Bewaffnete, die durch kleine Schießscharten... jeden durchbohrten, der des Weges kam. Es sollen auf diese Art an diesem Tag viele der Unseren elend umgekommen sein."

Die Belagerung von Damaskus. Die Schlacht am Fluß. Miniatur um 1490.

In den eroberten Plantagen fanden die Kreuzfahrer nicht genug Wasser. Wilhelm von Tyrus:

„Die Unseren eilten an das Flußufer, um den Durst zu löschen, den ihnen die Arbeit und der dichte Staub verursacht hatten. Als sie das Ufer von einer Menge von Feinden besetzt fanden,... versuchten sie mehrfach vergeblich zum Fluß vorzudringen. Während sich der König von Jerusalem mit den Seinigen damit abmühte, wurde... Konrad benachrichtigt. Dieser geriet in Zorn und drang mitten durch die Reihen des Königs von Frankreich mit seinen Fürsten zu dem Kampfplatz vor. Hier stiegen sie nun von den Pferden, wie dies die Art der Deutschen ist, wenn sie in große Not geraten und kämpften mit vorgehaltenen Schilden, Mann gegen Mann. Die Feinde, die vorher so tapfer widerstanden hatten, hielten diesen Angriff nicht aus... und flüchteten sich in die Stadt... Man sagte, er (Konrad) habe einem Gegner, der sich tapfer und mannhaft zur Wehr gesetzt hatte, mit einem Hieb den Kopf mit dem Hals und die linke Schulter mit dem Arm und einen Teil der Seite abgehauen, obwohl dieser eine Rüstung trug."

Die Christen hatten nach altem Brauch die Kreuzreliquie mit ins Feld geführt. In der Stadt stärkt die Bevölkerung ihr Selbstvertrauen ebenfalls an einem heiligen Gegenstand. Der Chronist Ibn al-Gauzi:

„Die ganze Bevölkerung, Männer, Frauen und Kinder, versammelte sich in der großen Moschee. Dort war der Koran des Kalifen Utman ausgestellt. Sie streuten Asche auf ihr Haupt, weinten und flehten. Und Gott erhörte ihre Gebete."

Aus der nahen Umgebung treffen täglich Verstärkungen in der Stadt ein. Nach Ibn al-Qalanisi wagten die Franken es nur noch selten, ihr Lager zu verlassen:

„Jeder der herauskam, wurde von einem Pfeilregen oder dem Stoß einer Lanze getroffen... die Damaszener töteten alle, die sie fangen konnten, und schleppten die Köpfe davon, um die Belohnung dafür zu fordern. Eine große Anzahl von Köpfen kam in die Stadt."

DIPLOMATISCHE AKTIVITÄTEN

Nach Ibn al-Atir hatte der Regent von Damaskus den Bruder Nur ad-Dins, Saif ad-Din, den Regenten von Mosul, um Beistand gebeten:

„Muin ad-Din (Unur) hatte eine Botschaft an Saif ad-Din Ghazi, den Sohn von Atabeg Zengi, geschickt und ihn gebeten, die Muslims zu unterstützen und den Feind von ihnen abzuwehren. Saif ad-Din sammelte seine Truppen und marschierte nach Syrien und nahm seinen Bruder Nur ad-Din aus Aleppo mit... Saif ad-Din schickte Boten zu Muin ad-Din (Unur) und ließ ihm sagen: »Ich verlange, daß meine Unterführer in die Stadt eingelassen werden, bevor ich den Kampf aufnehme...«"

Unur ist gewarnt. Die beiden Söhne Zengis würden jede Gelegenheit wahrnehmen, die Herrschaft über Damaskus an sich zu reißen. Im Notfall hätte der Regent sicher der nordsyrischen Armee die Tore geöffnet, auch um den Preis seiner Absetzung. Die Bevölkerung ist über den Vertragsbruch der Franken empört und sieht nun in den Nordsyrern verbündete Glaubensbrüder. Aber Unur zieht es natürlich vor, auf den rechtzeitigen Abzug der Christen hinzuwirken.

UNUR DROHT

Nach Ibn al-Atir sendet der Regent zwei Botschaften in das Lager der Christen. Eine ist an die Könige Ludwig und Konrad adressiert:

„Muin ad Din (Unur) schickte Boten zu den Franken, die aus dem Ausland gekommen waren, und ließ ihnen sagen: »Der König des Ostens (Saif ad-Din) ist jetzt hier. Wenn ihr abzieht, ist alles gut; wenn nicht, übergebe ich ihm die Stadt und ihr werdet es bereuen.«"

Die zweite Botschaft richtet sich nach Ibn al-Atir an die Barone der Kreuzfahrerstaaten:

„Auf der anderen Seite ließ er (Unur) den Franken Syriens ausrichten: »Aus welchem Grund helft ihr diesen Leuten gegen uns? Ihr wißt, daß sie euch das Küstenland wegnehmen, das in euren Händen ist, wenn sie Damaskus erobern. Wenn ich merke, daß ich aus Schwäche die Stadt nicht verteidigen kann, übergebe ich sie Saif ad-Din. Ihr wißt, wenn er Herr von Damaskus wird, könnt ihr euch neben ihm nicht länger in Syrien behaupten.« Sie willigten ein, sich vom König von Deutschland zu trennen... Die Franken von der Küste besprachen sich also mit dem König von Deutschland und machten ihm Furcht vor Saif ad-Din und seinem großen Heer und den Verstärkungen, die er erhielt. Die Franken Syriens sagten: »Vielleicht nimmt er (Saif ad-Din) die Stadt Damaskus ein und wir sind nicht mehr in der Lage, ihm zu widerstehen.« Sie hörten nicht auf, so auf ihn einzureden, bis der König von Damaskus abzog... Die deutschen Franken kehrten in ihr Land heim, das hinter Konstantinopel liegt, und Gott befreite die Gläubigen von ihrer Boshaftigkeit."

Kreuzritter unterwegs. Miniatur um 1490.

UNUR ZAHLT

Nach Wilhelm von Tyrus bietet der Regent von Damaskus einer nicht näher bestimmten Fraktion im Lager der Christen Geld an:

„Da kam ihnen (den Muslims)... der Gedanke, sich an die Habsucht der Unseren zu wenden, und da sie ihre Leiber nicht besiegen konnten, mit Geld einen Angriff auf ihre Seelen zu machen. Sie boten also all ihre Künste auf, und brachten einige Fürsten durch eine unermeßliche Geldsumme, die sie ihnen versprachen und auszahlten, dahin, daß diese die Rolle des Judas übernahmen, und die Belagerung aufzuheben suchten... Sie gingen in ihrer Frevelhaftigkeit so weit, daß sie die Könige und fremden Fürsten, die in ihre Treue und in ihren Eifer alles Vertrauen setzten, gottloserweise dazu überredeten, die Obstpflanzungen zu verlassen, und das Heer nach dem entgegengesetzten Teil der Stadt zu verlegen."

DUMMHEIT ODER KALKÜL?

Strategische Gründe für die Verlegung des Lagers in einen wasser- und pflanzenlosen Teil des Vorfeldes von Damaskus sind nicht auszumachen. Der Beschluß bedeutet das Ende der Unternehmung. Wilhelm von Tyrus:

„Es trat im Lager ein Mangel an Lebensmitteln ein. Sie hatten sich nur für wenige Tage versorgt, da man ihnen vor dem Aufbruch alle Hoffnungen auf eine baldige Eroberung der Stadt gemacht hatte... Die fremden Fürsten sahen, daß sie von denen, welchen sie sich völlig anvertraut hatten, betrogen waren und hier nichts mehr zustande bringen konnten. Daher beschlossen sie die Heimkehr... So wurden also Könige und Fürsten, wie sie seit Jahrhunderten nie beisammen gewesen waren, in Furcht und Bestürzung versetzt, und mußten unserer Sünden halber auf demselben Weg, den sie gekommen waren, unverrichteter Dinge wieder in das Königreich zurückkehren."

Ibn al-Qalanisi beschreibt den Rückzug:

„Die Muslims... folgten ihnen und beschossen sie mit Pfeilen. So töteten sie viele Männer, Pferde und andere Tiere in der Nachhut. Zwischen den Resten ihres Lagers und am Wegrand fand man unzählige Leichen der Erschlagenen und ihrer prächtigen Pferde. Die Kadaver stanken so sehr, daß die Vögel beinahe vom Himmel fielen."

ODER VERRAT?

Die Einzelheiten über die Entscheidungen im Lager der Kreuzfahrer bleiben im Dunkeln. Wilhelm von Tyrus:

„Wegen meiner Geschichtsschreibung... habe ich kluge Männer, die sich an diese Zeit noch gut erinnern konnten, oft und eingehend gefragt, was denn eigentlich die Veranlassung dieser unglücklichen Tat gewesen und von wem sie hauptsächlich ausgegangen sei. Ich habe darüber aber sehr Verschiedenes gehört. Manche waren der Meinung, der Graf von Flandern... habe den Anlaß gegeben. Vor Damaskus... soll dieser bei jedem der Könige umhergegangen sein, und sie dringend gebeten haben, ihm die Stadt nach der Eroberung zu überlassen, und es soll ihm dies auch zugesagt worden sein. Als dies einige Große unseres Königreichs hörten, waren sie, wie auch manche andere unwillig darüber... Von diesem Ärger also ließen sie sich zu einer solchen Freveltat verleiten, daß sie die Stadt lieber in der Gewalt der Feinde wissen, als dem genannten Fürsten zugestehen wollten.... Andere sagen, der Fürst von Antiochien habe... einige Fürsten des Heeres dazu bewogen, gegen... die Unternehmung des Königs zu wirken... Wieder andere sagen, die Schandtäter... seien von den Feinden mit unermeßlichem Geld gekauft worden. Diese führten noch als das größte Wunder an, daß alles dieses sündhaft erworbene Geld nachher für falsch befunden worden sei. Auch darüber, von wem diese Schändlichkeit begangen worden sei, waren die Ansichten sehr verschieden, und ich weiß darüber nichts Sicheres anzugeben."

König Konrad beschuldigt später in einem Brief die Barone des Königreichs des Verrats, nennt aber keine Namen. Mehrere abendländische Chronisten behaupten, der Templerorden habe den Abbruch der Belagerung herbeigeführt. Auch gegen König Balduin III. und den Patriarchen von Jerusalem werden Vorwürfe erhoben. Daß Geld eine Rolle spielte, wird in mehreren Quellen erwähnt. Ein muslimischer Chronist behauptet, König Balduin sei der Empfänger der gefälschten Münzen. Alle Quellen stimmen darin überein, daß eine Fraktion der Führungsschicht der Kreuzfahrerstaaten den Abbruch der Unternehmung betrieben hat. Wie sie sich zusammensetzte, bleibt unklar. Als Motive kommen Bestechung und die Furcht vor einem syrischen Großreich in Frage.

DIE KÖNIGE KEHREN HEIM

Am 18. September 1147 segelt Konrad mit seinem Gefolge von Akkon ab. König Ludwig bleibt noch einige Monate, weil er auf eine weitere Unternehmung hofft. Aber die Barone des Königreichs stellen für eine geplante Belagerung der Stadt Askalon keine Truppen zur Verfügung. Im Frühsommer 1149 tritt Ludwig mit seinem Gefolge die Heimreise an. Das sizilianische Geschwader wird unterwegs von byzantinischen Kriegsschiffen angegriffen. Die Byzantiner kapern ein Schiff, auf dem sich Ludwigs Wertsachen und einige französische Adlige befinden. Nach der Landung auf Sizilien erwägen König Roger und Ludwig einen Feldzug gegen Byzanz. Zurück in Frankreich weist Ludwig eigenes Verschulden von sich und schürt eifrig die antibyzantinische Stimmung. Die persönlich erlittene Schmach tilgt er mit Hilfe der Kirche. Wilhelm von Tyrus beschreibt die Scheidung Ludwigs von Eleonore und die Schließung der Ehe, aus der Richard Löwenherz hervorgehen wird:

„Als er in Frankreich ankam, ließ er sich der Kränkungen wegen, die er von seiner Gemahlin während seiner Reise...erfahren hatte, in Gegenwart der Bischöfe seines Königreichs unter dem Vorwand seiner zu nahen Verwandtschaft, feierlich scheiden. Der Herr Herzog Heinrich von der Normandie und Graf von Anjou heiratete sie kurz darauf."

NEUE PLÄNE

Bernhard von Clairvaux wird in Chartres zum Anführer eines neuen Kreuzzuges gewählt. Er fragt bei Papst Eugenius an, ob er diese Rolle übernehmen solle und befürwortet den Plan. Der Papst kann aus eigenen Interessen einem Feldzug gegen Byzanz nicht zustimmen. König Konrad hat bei einem Zwischenaufenthalt in Konstantinopel das Bündnis mit Kaiser Manuel erneuert. Bei einem Krieg mit Byzanz würde Konrad also im gegnerischen Lager stehen. Eugenius ist aber auf den Beistand des deutschen Königs gegen seine Widersacher in Rom angewiesen. Die Folgen eines großen europäischen Krieges sind schwer absehbar. Der Papst zögert daher, die Kreuzzugsprivilegien zu gewähren. Er will den Plan erst fördern, wenn die Aussicht auf Erfolg durch die Mitwirkung bedeutender Fürsten gesichert ist.

ERNÜCHTERUNG

Bernhards Redekünsten gelingt es nicht, die Furcht vor den sichtbar geworden Risiken auszuräumen. Die Hoffnungen, die der Abt von Clairvaux geweckt hatte, waren bitter enttäuscht worden. Zehntausende, die seinem Aufruf gefolgt waren, sind nicht mehr heimgekehrt. Die aufkommende Kritik bezeichnet ihr Opfer als sinnlos. Der Abt und andere Kleriker erklärten ständig, das Desaster sei durch die Sünden der Pilger verursacht worden. Dieses Argument ist für die Anwerbung neuer Pilger wenig tauglich. Welcher Gläubige konnte sich schon zutrauen, bei einer derartigen Unternehmung vor jeder Sünde gefeit zu sein. Die Kirche gestand ein, daß Gott den Kreuzfahrern seinen Segen entzogen habe. Wer garantierte dem Gläubigen, daß Gott im Wiederholungsfall nicht mit gleicher Strenge vorgehen würde? Auch irdische Erwägungen stehen einer Kreuznahme entgegen: Die Muslims hatten eine überzeugenden Kampfkraft an den Tag gelegt. Bernhard von Clairvaux bemüht sich diesmal vergeblich. In einem Brief führt er Klage über die mangelnde Bereitschaft der Fürsten. Als er 1153 stirbt, gibt es noch immer keine Stimmung für einen weiteren Kreuzzug. Sie wird sich auch in den nächsten Jahrzehnten nicht mehr einstellen.

BILANZ...

Der Autor der Kölner Königschronik dürfte die vorherrschende Meinung wiedergegeben haben:

„Das Land der Heiden füllte sich mit der Beute, und den Waffen, welche dem abendländischen Heer auf diesem Kreuzzug abgenommen wurden. Weil also alles, was auf diesem Zug geschah, von Trauer und Elend und von keinem Sieg zeugt, so ist es besser, davon zu schweigen, das Schamgefühl der Abendländer zu schonen und die Ereignisse nicht der Nachwelt zu überliefern."

Auch die politische Bilanz ist für die Christenheit verheerend. Die Beziehungen zwischen dem lateinischen Abendland, Byzanz und den Kreuzfahrerstaaten haben ihren Tiefpunkt erreicht. Rund fünfzig Jahre später werden Kreuzfahrer das byzantinische Reich als Weltmacht ausschalten. Für die Kreuzfahrerstaaten notiert Wilhelm von Tyrus:

„Von diesem Tag an verschlimmerte sich die Lage der Lateiner des Ostens ganz offensichtlich, denn unsere Feinde sahen, wie unsere Fürsten und großen Könige, welche die festen Stützen des christlichen Volkes zu sein schienen, ihre Mühe fruchtlos verschwendet hatten und wie ihr Ruhm versunken war."

Otto von Freising räumt den Mißerfolg ein, hält aber den allzu heftigen Kritikern den eingetretenen Gewinn entgegen:

„Wenn... unser Feldzug nicht gut war zur Ausweitung unserer Grenzen noch für die Wohlfahrt unseres Leibes, so war er dennoch gut für das Heil vieler Seelen."

Bernhard von Clairvaux war über die Kritik enttäuscht. Er rechtfertigt sich ausführlich gegenüber Papst Eugenius und weist dabei jede Schuld von sich:

„Wir eilten nicht dorthin wie ins Ungewisse, sondern auf deinen, ja durch dich auf Gottes Befehl."

... UND AUSBLICK

Bernhard von Clairvaux hat unter dem Eindruck der Katastrophe keinen Kreuzzug mehr in die Wege leiten können. Aber seine Parole für die Kreuzfahrer wird Bestand haben:

„Vollständige Ausrottung der Heiden oder sichere Bekehrung."

Bernhards Konzept von der Ausbreitung des Christentums wurde in die geistige Rüstkammer des Abendlandes aufgenommen. Die Kolonisatoren werden später die Bewohner ganzer Kontinente vor die Alternative »Tod oder Taufe« stellen. Bernhards Lobpreis christlicher Kriege steht am Ende einer langen Entwicklung, die von den Texten der Evangelien über Augustinus zu Bernhard von Clairvaux führte:

„Im Tod des Heiden sucht der Christ seinen Ruhm, weil Christus verherrlicht wird..."

Im Jahr 1174 wird Bernhard von Clairvaux heiliggesprochen.

...befördert sie ins Feuer der Hölle...

NUR AD-DIN AUF DEM VORMARSCH

Ende Juni 1149 eröffnet Nur ad-Din die Offensive gegen die Kreuzfahrerstaaten an zwei Fronten. Militärisch schlägt er im Jahr 1149 gegen das Fürstentum Antiochia los. Ende Juni besiegen seine Truppen das Aufgebot des Fürstentums. Raimund von Antiochia fällt in der Schlacht. Nur ad-Din läßt den Schädel des Fürsten präparieren und sendet ihn in einem Silberkästchen als Geschenk an den Kalifen in Bagdad. Nur ad-Din bricht die Belagerung von Antiochia ab, obwohl sich unter den Verteidigern nur noch wenige Berufssoldaten befinden. Ibn al-Qalanisi berichtet, Nur ad-Din habe von den Bewohnern Geschenke angenommen. Auch bei einem zweiten Anlauf verzichtet der Regent von Aleppo auf einen Sturmangriff. Wenig erhellend notiert Ibn al-Qalanisi:

„Es wurde notwendig, einen Waffenstillstand mit denen in Antiochia zu schließen."

Die zweite Front, die Nur ad-Din errichtet, ist für die Kreuzfahrerstaaten wesentlich gefährlicher. Entschiedener als seine Vorgänger setzt er auf die einigende Kraft des Glaubens. Als weltlicher Herrscher fördert er die sunnitische Geistlichkeit, finanziert den Bau von Schulen und Moscheen und unterstützt Poeten und Gelehrte. Mit modernen Begriffen ausgedrückt: Er verschafft sich ideologische Rückendeckung bei den Intellektuellen und setzt sie zur Propagierung seiner Ziele ein. In den Moscheen Aleppos läßt Nur ad-Din an die Pflicht zum heiligen Kampf gegen die Kreuzfahrer erinnern. Zum Kriegsziel wird die Vernichtung der Kreuzfahrerstaaten und die Rückeroberung der heiligen Stätten in Jerusalem erklärt. Aber Nur ad-Din selbst führt überwiegend Krieg gegen Muslims.

KÄMPFE UM DAMASKUS

Unur stirbt im Jahr 1149 in Damaskus nach einem reichlichen Mahl an Blähungen. Diese Todesursache häuft sich unter den nordsyrischen Herrschern. Ibn al-Qalanisi:

„Aus Mosul kam die Nachricht vom Tod des Emirs Saif ad-Din, Sohn des Imad al-Din Atabeg (Gottes Gnade sei mit ihm), an den Folgen einer langwierigen Kolik."

Mühelos erlangt Nur ad-Din die Oberherrschaft über die Regentschaft seines verstorbenen Bruders. In Damaskus bricht ein Streit um die Nachfolge aus, aber alle Beteiligten sind sich einig, die Stadt nicht an Nur ad-Din zu übergeben. Nur ad-Din fordert die neuen Machthaber in Damaskus auf, mit ihm den heiligen Kampf gegen die Franken aufzunehmen. Nach Ibn al-Qalanisi ist die Antwort ausweichend. Er fährt fort:

„Sie machten einen Vertrag mit den Franken, um gemeinsam gegen die Muslims vorzugehen."

Nur ad-Din zieht mit seinen Truppen nach Süden und belagert Damaskus. Ibn al-Qalanisi:

„Er hielt seine Truppen vom Plündern ab und nahm gegenüber den Bauern eine freundliche Haltung ein... Die Bevölkerung in Damaskus und allen Distrikten bot ihm fortwährend Gebete dar..."

Die Machthaber in Damaskus weigern sich, die Tore zu öffnen und am heiligen Kampf gegen die Franken teilzunehmen. Nur ad-Din läßt ihnen ausrichten:

„Das erregt das Mißfallen Gottes und jeden Muslims."

Ibn al-Qalanisi läßt die Machthaber in Damaskus antworten:

„Zwischen uns und euch gibt es nichts als das Schwert, und eine Abteilung der Franken ist unterwegs um euch zurückzuschlagen, wenn du weiter gegen uns vorgehst."

Damaskus. Miniatur 15. Jahrhundert

DAMASCHVS

MORALISCHE UND MILITÄRISCHE ZERMÜRBUNG

Offensichtlich gibt es in Damaskus Anhänger Nur ad-Dins, die mit Dschihad-Parolen eine Übergabe der Stadt an die Nordsyrer propagieren. Die Bevölkerung ist nach dem fränkischen Angriff auf Damaskus natürlich für solche Parolen empfänglich. Die Machthaber von Damaskus sehen sich gezwungen, Nur ad-Din entgegenzukommen. Sie erkennen feierlich seine Oberherrschaft an. Als Regent von Damaskus wird Mujir al-Din eingesetzt. Nur ad-Din beschenkt die Armen der Stadt und kehrt nach Aleppo zurück. Im Mai 1152 dringen Truppen aus Aleppo erneut in das Gebiet von Damaskus vor. Die 'askar von Damaskus muß sich zurückziehen. Nur ad-Din appelliert erneut an die religiösen Pflichten der Machthaber von Damaskus. Ibn al-Qalanisi zitiert den Appell und die Reaktion:

„»Ich verfolge nur die gute Sache der Muslims und will gegen die Franken Krieg führen und die Gefangenen befreien, die in ihrer Hand sind...« Die Antwort, die er erhielt, befriedigte ihn nicht und entsprach nicht seinen Zielen."

Es kommt zu einer Reihe von Gefechten, an denen sich auch Truppen des Königreichs Jerusalem beteiligen. Am Ende unterwerfen sich die Machthaber von Damaskus erneut der Oberherrschaft Nur ad-Dins. Aber Damaskus wird nicht besetzt. Ibn al-Qalanisi beschreibt die Reaktion der Bevölkerung auf die militärische Kooperation ihrer Stadtoberen mit den Franken:

„Alle gläubigen und rechtschaffenen Männer waren über diese Zustände bekümmert."

NUR AD-DIN GEWINNT DAMASKUS...

Nur ad-Dins Kampagne gegen Damaskus im Frühjahr 1154 verläuft zunächst ähnlich wie die vorangegangenen. In der Stadt herrscht Hunger, da Nur ad-Din die Nahrungsmitteltransporte unterbunden hat. Und diesmal läßt er den frommen Worten Taten folgen. Ibn al-Qalanisi:

„Nur ad-Din stellte seine Truppen auf und ließ sie am frühem Morgen zu einen heftigen Angriff vorrücken. Die 'askar von Damaskus stellte sich ihnen entgegen und der übliche Kampf entbrannte... Die Damaszener zogen sich hinter die Mauern zurück... auf den Mauern war keine lebende Seele, weder Truppen noch Städter, außer einer Handvoll Türken, deren Widerstand nicht zählte. Eine Jüdin ließ einem Fußsoldaten ein Seil herab. Dieser konnte unbemerkt daran die Mauer erklimmen und andere folgten ihm. Die Truppen Nur ad-Dins hißten eine Fahne und riefen: »Oh ihr Siegreichen.« Daraufhin stellen Bürger und Soldaten ihren Widerstand ein, da sie Nur ad-Din zugeneigt waren, der einen guten Ruf hatte und als gerecht galt. Die Tore wurden geöffnet... und die Truppen konnten in die Stadt eindringen. Dann zog Nur ad-Din mit seinen Unterführern in die Stadt ein, zur Freude des Volks, der Truppen und der 'askaris, die unter Hunger, den hohen Preisen und der Furcht vor den Franken gelitten hatten."

...UND SCHLIESST EINEN WAFFENSTILLSTAND

Nur ad-Din ist nun Herr über Mosul, Aleppo und Damaskus. Syrien ist wieder eine Großmacht. Den Machthabern von Damaskus hatte Nur ad-Din vorgeworfen, die Franken nicht als Feinde des Islam bekämpft zu haben. Nun schließt er selbst einen Waffenstillstand mit ihnen. Ibn al-Qalanisi:

„Im Mai 1155 wurden die Bedingungen für einen Waffenstillstand zwischen Nur ad-Din, dem Herrn von Damaskus, und dem König der Franken für den Zeitraum eines Jahres abgeschlossen."

Nur ad-Din hat gelernt, die Existenz der Kreuzfahrerstaaten für seine Interessen zu nutzen. Er wird mehrere Gelegenheiten für einen entscheidenden Schlag gegen das Königreich Jerusalem vorübergehen lassen.

Rainald von Chtillon verhaftet den Patriarchen und läßt ihn foltern. Miniatur 13. Jahrhundert.

ANTIOCHIA: DER PATRIARCH WIRD GEFOLTERT

Nur ad-Dins Kampagnen zur Eroberung von Damaskus haben den Kreuzfahrerstaaten eine Atempause verschafft. In Antiochia heiratet Raimunds Witwe einen zugereisten Ritter namens Rainald von Châtillon, der damit Fürst von Antiochia wird. Rainalds Neigung zu brachialen Aneignungsformen wird die Lateiner des Nahen Ostens mehrfach vor große Probleme stellen. Schon seine ersten Aktivitäten belegen seine Geisteshaltung. Er beschließt einen Angriff auf die byzantinische Insel Zypern. Da er kein Geld hat, um Schiffe anzumieten, erpreßt er den Patriarchen. Rainald macht sich die Tatsache zunutze, daß dem Kirchenmann ein lasterhafter Lebenswandel nachgesagt wird. Der Patriarch lehnt Rainalds Ansinnen ab. Wütend läßt Rainald ihn verhaften und foltern. Die Methode wird von Wilhelm von Tyrus überliefert:

„Der Fürst (Rainald) legte Hand an ihn und ließ ihn... in eine Burg abführen. Der bejahrte Nachfolger des Fürsten der Apostel, ein kränkelnder und schwächlicher Mann, mußte einen ganzen Tag lang in der stechenden Sonne ausharren. Sein Haupt war mit Honig bestrichen worden und niemand schützte ihn vor dem Brand der Sonne oder verscheuchte mitleidig die Fliegen."

König Balduin interveniert sofort. Rainald muß den Patriarchen aus der Haft entlassen und die erpreßten Gelder zurückgeben. Die Expedition nach Zypern findet trotzdem statt. Wilhelm von Tyrus notiert:

„Er (Rainald) zerstörte die festen Plätze und Städte, erbrach schamlos die Männer- und Frauenklöster und trieb mit den Nonnen und zarten Jungfrauen seinen Mutwillen... So durchschwärmten sie einige Tage lang das Land, ohne auf Widerstand zu treffen und nahmen weder auf Stand, Alter noch Geschlecht Rücksicht. Nachdem sie... eine unermeßliche Menge von Raubgütern und Beute zusammengeschleppt hatten, kehrten sie über das Meer nach Antiochia zurück."

Im Jahr 1160 wird Rainald von Châtillon von einer türkischen Patrouille beim Viehdiebstahl ertappt. Sechzehn Jahre Haft in Aleppo behindern bis auf weiteres seinen Tatendrang. Offenbar hat niemand den Versuch unternommen, ihn auszulösen.

BÜRGERKRIEG IM KÖNIGREICH

Im Jahr 1152 klagt König Balduin III. bei Königin Melisendis die Alleinherrschaft ein. Der Machtkampf zwischen Mutter und Sohn spaltet den Hochadel und den Klerus des Königreichs und führt zum Krieg. Am Ende gelingt es Balduin, Melisendis aus der Zitadelle von Jerusalem zu vertreiben. Balduin findet seine Mutter mit Ländereien und der Stadt Nablus ab. König Balduin III. ist in Palästina geboren, er meistert die Ränkespiele und Balanceakte, die das Überleben im Nahen Osten erfordert. Ein Jahr später belagern die Truppen des Königreichs die ägyptische Hafenstadt Askalon. Die Stadt ist der Vorposten Kairos in Palästina und hatte mehrere Belagerungen der Franken überstanden. Machtkämpfe und Palastintrigen in Kairo verhindern eine Unterstützung der Belagerten. Nach einem halben Jahr kapituliert die ägyptische Besatzung Askalons. Die Beute ist beträchtlich. Balduin kann seine notorisch leere Kasse auffüllen und Schulden bezahlen. Aber der König liebt einen aufwendigen Lebensstil. Im Jahr 1157 riskiert er aus Geldnot einen Konflikt mit Nur ad-Din.

FRIEDEN IM KRIEG

Erdbeben, Kriege und Teuerungen belasten die Ökonomie und die Staatsfinanzen in beiden Lagern. Daher werden immer wieder längere Perioden des Friedens und der Steuereintreibung vereinbart. Jahrzehntelang verlief die Grenze zwischen Damaskus und dem christlichen Königreich bei Banijas, nahe der heutigen syrisch-israelischen Grenze. Der Chronist Ibn Dschubair beschreibt die damalige Grenzsituation:

„Banijas ist eine kleine Stadt mit einer Burg an der muslimischen Verteidigungslinie... Hier befand sich die Grenze der Steuererhebung in Naturalien zwischen Franken und Muslims. Sie teilen das Getreide in gleiche Portionen. Die Tiere der Franken und Muslims weiden bunt durcheinander, ohne daß man etwas zu befürchten hatte."

Es gibt aber etwas zu befürchten. 1157 begeht Balduin an der Grenze zu Damaskus einen Viehdiebstahl. Die unritterliche Attacke hat schwerwiegende Folgen: Der Frieden ist gebrochen. Nur ad-Din sieht sich zu einem Feldzug gegen die Franken genötigt. Er ist mit der Einlösung seiner Dschihad-Parolen ohnehin im Verzug. Das Aufgebot aus Damaskus kann die Stadt Banijas im Sturm nehmen, aber die Besatzung der Zitadelle verteidigt sich erfolgreich. Das Entsatzheer des Königreichs wird von den syrischen Truppen geschlagen, aber Nur ad-Din nutzt diesen Sieg nicht aus. So übersteht das Königreich diese leichtfertig herbeigeführte Krise. Die nächste Gelegenheit für einen Angriff bietet sich Nur-ad-Din als Balduin im Jahr 1162 stirbt. Der Tod des Königs löst das übliche Gerangel um die Nachfolge aus. Nur ad-Din nutzt diese Situation der Schwäche nicht aus. Wilhelm von Tyrus unterstellt Nur ad-Din eine ritterliche Geste:

„Sogar die Feinde sollen über Balduins Tod getrauert haben. Man erzählt, einige hätten Nur ad-Din geraten, während der Leichenfeier einen Einfall in unser Land zu machen. Er soll ihnen geantwortet haben: »Wir müssen Mitleid haben mit ihrem gerechten Schmerz und sie schonen. Sie haben einen Fürsten verloren wie die Welt jetzt keinen anderen hat.«"

Als Nachfolger Balduins kam eigentlich nur dessen Bruder Amalrich in Frage. Aber der Patriarch und einige Barone erheben Einwände, weil Amalrich seine Cousine Agnes geheiratet hatte. Der Patriarch kann auf das kirchenrechtliche Verbot solcher Ehen hinweisen. Die plötzliche Feinfühligkeit der Barone in diesem Punkt ist allerdings nicht glaubwürdig. Wahrscheinlich wollen sie die Aushöhlung des ursprünglichen Wahlrechts nicht hinnehmen. Amalrich stimmt der sofortigen Scheidung zu. An der ehelichen Treue seiner Agnes waren in Jerusalem ohnehin Zweifel aufgekommen. Im Februar 1162 wird Amalrich zum König von Jerusalem gekrönt.

CHAOS IN ÄGYPTEN

Im Jahr 1160 hatte Kairo dem Königreich eine Tributzahlung zugesagt. Amalrich benutzt das Ausbleiben der Zahlungen zum Vorwand für einen militärischen Vorstoß nach Süden. Ägypten ist noch immer ein reiches Land mit einer hoch-entwickelten Warenproduktion. Mit Byzanz und dem Fernen Osten macht Kairo gute Geschäfte. Die europäischen Seehandelsstädte liefern sogar Kriegsmaterial nach Ägypten, obwohl Jerusalem und der Papst mit Strafen drohen. Aber in Kairo führen seit einigen Jahren politische Krisen zu einem wirtschaftlichen und militärischen Niedergang. Die ägyptischen Steuerbeamten gehen unerbittlich gegen die Bauern vor, um die Mittel für den aufwendigen Lebensstil der Herrscher in Kairo einzutreiben. Das führt zum Unmut gegen die fatimidischen Kalifen und zur Geldentwertung. Die Führungsschicht verwickelt sich ständig in Machtkämpfe und die Kalifen werden stufenweise von den Wesiren entmachtet. Die Palastintrigen werden häufig mit dem Dolch entschieden. Die Absetzung eines Wesirs namens Abbas löst ein Chaos aus. Abbas' Sohn, Nasr, ist eng mit dem Kalifen al-Zahir befreundet und man spricht von intimen Ausschweifungen. Da Abbas das ausnutzen könnte, plant Sohn Nasr präventiv einen Mordanschlag auf seine Vater. Am Ende siegt der Familiensinn und beide beschließen nun, den Kalifen zu ermorden. Ibn al-Atir:

„Nasr ging zum Kalifen und sagte ihm: »Ich wünsche, daß du ohne großen Anhang zu einem Fest kommst, daß ich in meinem Haus vorbereitet habe. Al-Zafir ging mit ihm und nahm nur ein paar Eunuchen mit. Als er das Haus betrat, wurde er mit seinen Begleitern von Nasr umgebracht."

Vater und Sohn beseitigen die Brüder des Kalifen, rauben den Palast aus und erheben einen unmündigen Sohn al-Zafirs zum neuen Kalifen. Die Witwen rufen den Gouverneur von Oberägypten zur Hilfe, worauf sich Abbas und Nasr in Richtung Palästina absetzen. Eine fränkische Patrouille wird ihrer habhaft, tötet Abbas und übergibt Nasr an die Templer. Der Hof in Kairo löst den Gefangenen aus und nimmt Rache. Vier Witwen des gemeuchelten Kalifen verstümmeln den Mörder eigenhändig und lassen ihn an einem Stadttor aufhängen. Der neue Wesir stirbt an den Folgen eines Attentats. Sein Nachfolger wird vom einem Provinzgouverneur namens Schawar abgesetzt und umgebracht. Acht Monate nach seinem Regierungsantritt putscht Schawars Kanzler Dirgam und reißt im August 1163 die Macht an sich. Schawar ist seit langem der erste Wesir, der seine Absetzung überlebt. Er kann fliehen und begibt sich nach Damaskus.

El Hakim-Moschee in Kairo.

ANGRIFFE AUF ÄGYPTEN: ZUERST DIE FRANKEN...

König Amalrich und Nur ad-Din setzen zu einem militärischen Wettlauf an. Wer zuerst Ägypten erobert, hat den Schlüssel zur Vorherrschaft im Nahen Osten in der Hand. Im September 1163 schlägt Amalrich als erster los und belagert mit den Truppen des Königreichs die Stadt Pelusium am Rand des Nildeltas. Nur ad-Din reagiert sofort und fällt mit einem Heer in die Grafschaft Tripolis ein. Ein byzantinisches Kontingent, ein Aufgebot des Fürstentums Antiochia und eine bewaffnete Pilgerschar aus Europa greifen überraschend das Lager der Syrer an und schlagen sie in die Flucht. In Kairo hat Wesir Dirgam alle verfügbaren Kräfte mobilisiert. Amalrich kann seine Position vor Pelusium nicht halten und ordnet den Rückzug an. Die Nachrichten über die Aktivitäten Nur ad-Dins im Norden hatten Amalrich ohnehin beunruhigt.

...DANN DIE SYRER

In Damaskus spricht Schawar bei Nur ad-Din vor und bittet um Beistand bei der Rückgewinnung seines Amtes. Nun hat der syrische Herrscher vor der islamischen Welt sogar einen Rechtsgrund für einen Einmarsch in Ägypten. Die alten Ziele, die Ausschaltung der schiitischen Kalifen und die Wiedervereinigung Syriens mit Ägypten, rücken in greifbare Nähe. Aber die Niederlage, die er gerade gegen die Franken erlitten hat, läßt ihn zögern. Auf dem Weg nach Kairo könnte es zu einem Zusammenstoß mit den Truppen des Königreichs kommen. Nur ad-Din schraubt den Preis hoch: Schawar muß die Kosten des Feldzuges übernehmen, Grenzgebiete abtreten, einen Tribut zusichern und die Oberherrschaft Nur ad-Dins über Ägypten anerkennen. Schawar sagt alles zu. Der kurdische Heerführer Schirkuh bricht mit einer syrischen Armee nach Ägypten auf. Saladin, ein Neffe des Generals, führt eine Abteilung an. Er ist siebenundzwanzig Jahre alt, zielstrebig und kriegserfahren. Da er keiner der herrschenden türkischen Familien angehört, wird ihm der Zugang zur politischen Macht nicht leicht gemacht werden. Der Feldzug nach Ägypten bedeutet eine Chance für den ehrgeizigen jungen Offizier.

Als der ägyptische Wesir über den Anmarsch der Syrer informiert wird, sendet er sofort ein Hilfeersuchen an König Amalrich. Aber Schirkuh und Saladin stehen vor Kairo, bevor das Königreich Jerusalem reagieren kann. Schawar wird wieder in sein Amt eingesetzt und Dirgam verliert mit seinem Amt auch das Leben. Der neue Wesir verweigert die vertraglich zugesicherten Zahlungen. Als es zum Krach kommt, ruft nun auch Schawar die Christen zu Hilfe. Amalrich läßt sich nicht lange bitten und rückt mit einem Heer in Ägypten ein. Aber der erste Schlagabtausch geht unentschieden aus. Amalrich und die Syrer schließen einen Vertrag und beide Heere verlassen Ägypten.

DIE ZWEITE RUNDE

Zwei Jahre später wird es ernst. Die Syrer unter Schirkuh und Saladin greifen erneut Ägypten an. Der Kalif in Bagdad hatte zum heiligen Kampf gegen die fatimidischen Häretiker aufgerufen. Der Ablauf bleibt der gleiche. Wesir Schawar ersucht bei Amalrich um Beistand und das Heer des Königreichs rückt in Ägypten ein. Syrer und Christen ziehen durch das Land und führen Krieg, aber keiner Seite gelingt ein entscheidender Sieg. Schließlich marschieren die Syrer nach Alexandria, der größten Hafenstadt Ägyptens. Unzufriedene Bürger öffnen Schirkuh und Saladin die Tore. Ägyptische und fränkische Truppen schließen Alexandria ein. Als sich Hunger einstellt, verläßt Schirkuh mit einem Teil seiner Truppen die Stadt. Saladin steht mit den restlichen Truppen auf verlorenem Posten und muß mit Amalrich verhandeln. Gegen freien Abzug garantieren die Syrer, Ägypten zu verlassen. Das könnte die Entscheidung sein: Amalrich nimmt das Angebot an und die Syrer können Alexandria in voller Bewaffnung verlassen. Saladin ist von den Baronen beeindruckt, mit einigen hat er offenbar Freundschaft geschlossen. Nach dem Abzug der Syrer ziehen die Franken nach Kairo, aber Schawar denkt nicht daran, ihnen die Stadt zu übergeben. Für einen Sturmangriff auf Kairo ist Amalrich nicht gerüstet und muß mit Schawar verhandeln. Der Wesir sagt eine hohe Tributzahlung zu und billigt die Stationierung einer kleinen fränkischen Garnison in Kairo. Dann zieht sich auch das fränkische Heer aus Ägypten zurück. Amalrich reorganisiert die Verteidigung des Königreichs, um bei zukünftigen Feldzügen die Grenzen sichern zu können. Er übergibt eine Reihe von Burgen und große Ländereien an die

Militärorden, die dafür eine ständige militärische Präsenz garantieren. Dann bereitet Amalrich den nächsten Angriff auf Ägypten vor. Er entsendet eine Delegation unter dem Bischof von Tyrus (dem späteren Chronisten), die mit dem byzantinischen Kaiser Manuel ein Bündnis gegen Ägypten aushandeln soll. Manuel sagt die Beteiligung byzantinischer Streitkräfte zu und verlangt als Gegenleistung die Hälfte der Beute. Als Wilhelm von Tyrus mit dieser Nachricht in Palästina eintrifft, ist das Heer des Königreichs schon unterwegs nach Ägypten.

DIE ENTSCHEIDENDE RUNDE

Im Sommer 1168 trifft ein Aufgebot von Rittern unter Graf Wilhelm von Nevers in Jerusalem ein. Die Zugereisten unterstützen die einheimischen Barone, die mit dem Feldzug gegen Ägypten nicht warten wollen, bis die Streitkräfte aus Byzanz eingetroffen sind.Es ist bekannt, daß Kaiser Manuel einen hohen Anteil der Beute für sich beansprucht. Auch der Großmeister der Johanniter spricht sich dafür aus, sofort loszuschlagen. Die Templer lehnen den Plan ab, weil er ihren regen Handel mit Ägypten gefährdet. König Amalrich plädiert dafür, auf die Byzantiner zu warten, wird aber überstimmt. Ende Oktober dringt das Heer des Königreichs mit den Rittern aus Frankreich bis an das Nildelta vor und beginnt mit der Belagerung der Stadt Bilbeis. Wesir Schawar ist über den Vertragsbruch entsetzt und läßt die Stadt verteidigen. Drei Tage später nehmen die Franken Bilbeis im Sturmangriff. Wilhelm von Tyrus berichtet:

„Nachdem die Mauer überwunden worden war, stürzten die Haufen ohne Ordnung in die Stadt, drangen in die Häuser ein, schleppten alle schmachvoll gefesselt heraus, die darin Zuflucht gesucht hatten und erschlugen alle, die rüstig und waffenfähig waren. Sie schonten nur wenige Greise und Kinder und auch auf das zarte Geschlecht nahmen sie keine Rücksicht. Alle kostbaren Güter der Bürger wurden ein Raub ihrer Feinde."

Kreuzritter greifen Ägypten an. Miniatur 13. Jahrhundert.

Auch die koptischen Christen fallen den Franken zum Opfer. Mit Verbündeten können die lateinischen Christen nunmehr in Ägypten nicht mehr rechnen. Amalrich benötigt einige Tage, um das Heer wieder zu ordnen, so daß Schawar sich auf die Verteidigung von Kairo vorbereiten kann. König Amalrichs Truppen gelingt es nicht, die Stadt im Handstreich zu nehmen. Wesir Schawar droht, Kairo eher anzuzünden, als es den Franken zu übergeben. Den Stadtteil Fustat läßt der Wesir in Flammen aufgehen, um die Ernsthaftigkeit seiner Absicht zu demonstrieren. Ibn al-Atir berichtet über Verhandlungen zwischen Schawar und König Amalrich:

„Schawar schlug Amalrich vor, Frieden zu schließen und sich mit einer Geldzahlung abzufinden, damit das Land nicht an Nur ad-Din falle. Der König stimmte zu und verlangte eine Million ägyptische Goldstücke... Schawar zahlte hunderttausend Goldstücke und forderte sie auf, in einiger Entfernung den Rest des Geldes zu erwarten... Schawar begann, das Geld für sie bei den Bewohnern von Kairo und Fustat einzutreiben. Er konnte aber nur wenig Geld sammeln, es waren weniger als fünftausend Goldstücke. Der Grund war, daß die Häuser von Fustat mit allen Gütern abgebrannt waren. Und was das Feuer verschont hatte, war geraubt worden... Die Bevölkerung war andererseits der Gnade der Militärs und ihrer Knechte ausgeliefert. Daher war es schwierig, das Geld aufzubringen."

Wesir Schawar hat wie üblich Nur ad-Din um Beistand ersucht, sieht aber der Ankunft mit Sorge entgegen. Die Lage der Franken verschlechtert sich Tag für Tag. Schließlich wird das Nahen der syrischen Armee mit achttausend Reitern gemeldet. Amalrich weiß, daß er keine Chance mehr hat und befiehlt den Rückzug. Ibn al-Atir:

„Über diese Nachricht war Nur ad-Din froh. Er befahl, daß in seinen Ländern die Musikinstrumente zum Zeichen der Freude geschlagen werden sollten und er schickte Boten in alle Richtungen, die das glückliche Ereignis melden sollten."

MACHTWECHSEL IN KAIRO

Anfang Januar 1169 ziehen Schirkuh und Saladin in Kairo ein und werden vom Kalifen freundlich empfangen. Saladin ist entschlossen, den Wesir zu beseitigen, aber Schirkuh hält ihn zurück. Nun handelt Saladin auf eigene Faust. Er schlägt Schawar vor, Schirkuh beim Besuch einer heiligen Stätte zu begleiten. Ibn al-Atir:

„Schawar sagte: »Suchen wir ihn auf.« Aber unterwegs rissen ihn Saladin und seine Begleiter vom Pferd und nahmen ihn gefangen... Als der Kalif... davon erfuhr, verlangte er von Schirkuh den Kopf von Schawar... Nun wurde Schawar getötet und sein Kopf wurde dem Kalifen übergeben..."

Schirkuh führt sich mit einer populären Maßnahme ein, indem er das Haus des Wesirs zur Plünderung freigibt. Inzwischen bringt der Kalif General Schirkuh zum Amtssitz des Wesirs. Nur ad-Dins Heerführer ist Wesir von Ägypten.

SALADIN IST AM ZIEL

Schirkuh stirbt im März 1169 an den Folgen eines reichlichen Mahles. Es ist die Stunde eines talentierten kurdischen Offiziers: Der Kalif ernennt Saladin zum Wesir von Ägypten. Saladin besetzt wichtige Ämter in Armee und Staat mit seinen Gefolgsleuten und schlägt eine Revolte blutig nieder. Ägypten wird eine syrische Provinz. Amalrich erkennt die Gefahr.

DAS ABENDLAND BLEIBT UNGERÜHRT

Eine Delegation aus dem Königreich spricht im Juli 1169 bei Papst Alexander III. in Rom vor. Mit einem Empfehlungsschreiben des Papstes reist die Delegation weiter nach Frankreich. König Ludwig VII. verköstigt die Delegation ein paar Monate in Frankreich. Der König weist sie auf seine Probleme mit König Heinrich II. von England hin. Die Delegation reist weiter nach England. Dort weist sie König Heinrich auf seine Probleme mit König Ludwig hin. Bei Kaiser Friedrich I. (Barbarossa) hätte das Schreiben des Papstes wenig genützt: Zwischen Kaiser und Kirche war der alte Konflikt ausgebrochen. Zwei Jahre lang bemühen sich die Delegierten vergeblich. Als in ihnen die Erkenntnis reift, daß das Abendland zu sehr mit seinen eigenen Problemen beschäftigt ist, kehren sie heim.

NUTZLOSE KOALITION

Der byzantinische Kaiser Manuel ist dagegen bereit, der syrisch–ägyptischen Machtzusammenballung entgegenzutreten. Er setzt sofort eine Flotte nach Akkon in Marsch. Der Angriff auf Ägypten verzögert sich um zwei Monate, da Amalrich zunächst frische Truppen ausheben muß. Erst im Oktober 1169 beginnt eine gemeinsame Operation gegen die ägyptische Hafenstadt Damiette. Saladin bleibt in Kairo, da er weitere Revolten befürchtet, läßt aber die Garnison von Damiette verstärken. Eine Kette über den Nilarm bei Damiette verhindert das Vordringen der byzantinischen Flotte. Der Proviant geht aus, weil die Byzantiner mit einer kurzen Kampagne gerechnet hatten. Mangelnde Einigkeit, Hunger und schlechtes Wetter zwingen die Christen im Dezember zum Rückzug. Saladins Position ist gefestigt.

DAS ENDE DER FATIMIDEN

Oberhaupt über Ägypten ist formal noch immer der schiitische Fatimidenkalif in Kairo, also in den Augen der sunnitischen Syrer ein Häretiker. Nur ad-Din läßt Saladin ausrichten, er möge Abhilfe schaffen oder er selbst würde dafür sorgen. Saladin zögert, da er sein Amt als Wesir dem fatimidischen Kalifen verdankt. Andererseits ist Nur ad-Din Saladins Dienstherr. Ein zugereister sunnitischer Geistlicher befreit Saladin aus dieser Zwickmühle. Der heilige Mann betritt am ersten Freitag des islamischen Jahres 567 (10. September 1171) die Kanzel der großen Moschee von Kairo und betet für den Kalifen in Bagdad. Dem kranken Kalifen wird dieser Umstand verschwiegen. Als der Kalif schließlich stirbt, verhindert Saladin die Erhebung eines Nachfolgers und läßt die fatimidischen Verwandten des Kalifen in ihre Paläste einsperren. Das Oberhaupt über Ägypten ist formal nun wieder der Kalif in Bagdad.

SALADIN SETZT SICH AB

Ein paar Tage nach dem Staatsstreich unternimmt Saladin einen Angriff auf die fränkische Festung Montréal (Jordanien), die die Handels- und Pilgerstraße von Damaskus nach Mekka bedroht. Die Burgherren erheben Zoll bei muslimischen Reisenden oder plündern sie im Kriegsfall aus. Folgerichtig ist die Festung Saladins erstes Ziel. Saladins Sieg über die Franken liegt greifbar nahe, als plötzlich sein Dienstherr Nur ad-Din mit einem Heer von Damaskus heranzieht. Saladin muß mit der Absetzung als Gouverneur von Ägypten rechnen und zieht es daher vor, den Kriegsschauplatz zu verlassen. Das ist in den Augen Nur ad-Dins Verrat. Der Zwist zwischen Saladin und Nur ad-Din bewahrt den Christen die Festung und der Kreuzfahrerstaat hat eine Verschnaufpause. Im Jahr 1173 verschärft sich der Konflikt zwischen Saladin und Nur ad-Din. Bei der Belagerung der Burg Krak (Jordanien, nördlich von Montréal) zieht sich Saladin erneut zurück als sich sein Oberherr nähert.

NUR AD-DIN STIRBT

Der empörte Nur ad-Din bereitet im Frühjahr 1174 in Damaskus einen Feldzug gegen Saladin vor. Bei einem Spazierritt philosophiert er über die Folgen des Ehrgeizes und die Unsicherheit des Lebens. Neun Tage später stirbt der Herrscher über Syrien und Ägypten. Nur ad-Din wird in der islamischen Welt gefeiert, weil er Ägypten wieder mit Syrien vereint hat. Sein ständig propagiertes Ziel, die Befreiung Jerusalems, hat er nicht erreicht. Er mußte sich von seinem Sekretär (und späteren Chronisten) Imad ad-Din sagen lassen:

„Jetzt, da du Ägypten und Syrien für den Ruhm des Islam gewonnen hast, mußt du Jerusalem von dem Schmutz des Kreuzes säubern."

Die Propagierung des heiligen Kampfes hatte in erster Linie die Muslims einigen sollen. Nur ad-Dins Hauptziel war ein islamisches Großreich. Seine Chronisten preisen ihn aber auch als fromm, als Förderer der Gelehrsamkeit und der allgemeinen Wohlfahrt. Mit Lösegeldern gefangener Kreuzfahrer ließ Nur ad-Din in Damaskus ein Krankenhaus bauen. Unter staatlicher Regie enthielt es Abteilungen für Chirurgie, innere Medizin und Geisteskrankheiten. Hier sollten die Patienten tatsächlich geheilt werden, während zur gleichen Zeit in christlichen Hospitälern der Akzent auf der religiösen Betreuung der Sterbenden lag. Das Nur ad-Din-Krankenhaus erlangte Weltruhm.

SALADIN ERGREIFT DIE MACHT

Nur ad-Dins Tod hat die Absetzung Saladins als Gouverneur von Ägypten verhindert. Nun gibt er sich mit diesem Amt nicht mehr zufrieden. Nur ad-Din hatte seinen elfjährigen Sohn as-Salih zum Erben bestellt. Saladin begibt sich Ende November 1174 nach Damaskus, um den letzten Willen seines Herrschers zu korrigieren. Die Bevölkerung empfängt ihn begeistert als Nachfolger Nur ad-Dins. Aber für die türkischen Dynastien ist der Kurde Saladin ein Usurpator und Emporkömmling. Nur ad-Dins Witwe war mit ihrem Sohn as-Salih nach Aleppo geflohen und betreibt mit Hilfe des Regenten der Stadt die Entmachtung des Gouverneurs von Ägypten. Im Dezember steht sein Heer vor Aleppo. Der Regent verweigert ihm im Namen der Erben Nur ad-Dins den Zutritt zur Stadt. Auf ein Hilfeersuchen der Belagerten greift ein fränkisches Kontingent in die Kämpfe ein. Saladin kann gegen die christlich-islamische Allianz nichts ausrichten und verschiebt die Eroberung Aleppos. Zum Dank für die gewährte Hilfeleistung entläßt der Regent von Aleppo Rainald von Châtillon aus der Haft. Saladin kündigt nun dem Erben Nur ad-Dins die Gefolgschaft und ernennt sich zum Oberherrn von Syrien und Ägypten. Der Kalif in Bagdad bestätigt seinen Titel und gewährt ihm das Recht, eigene Münzen zu prägen. Eine neue Herrscherdynastie wird für Jahrzehnte über Syrien und Ägypten bestimmen: Die Aiyubiden, so genannt nach Saladins Vater Aiyub. Wie sein Vorgänger spricht Saladin von der Notwendigkeit des heiligen Kampfes gegen die Ungläubigen, muß aber jahrelang gegen Muslims ins Feld ziehen, um Nordsyrien zu unterwerfen.

WECHSEL IN JERUSALEM

Kurz nach Nur ad-Din war auch König Amalrich gestorben. Nach internen Machtkämpfen hatte Graf Raimund von Tripolis die Regentschaft für Balduin, den unmündigen Sohn des verstorbenen Königs übernommen. Raimunds pragmatische Politik strebt einen Ausgleich mit den Nachbarn an, um die Existenz des Königreichs zu sichern. Dabei wird er von den alteingesessenen Baronen und dem Johanniterorden unterstützt. Neuankömmlinge aus Europa und die Templer sehen in den Kreuzfahrerstaaten Vorposten des Christentums und drängen auf eine aggressive Politik. Nach drei Jahren übernimmt Amalrichs Sohn, Balduin IV., die Regierung des Kreuzfahrerstaates. Der König ist erst sechzehn Jahre alt und an Lepra erkrankt. Im November 1177 dringt eine ägyptische Armee unter Saladin nach Ramla vor. Der junge König führt die Truppen des Königreichs in die Schlacht und verbucht gleich einen Sieg. Die ägyptische Armee wird aufgerieben und Saladin kann nur mit Mühe entkommen. Er hatte die Kampfkraft seiner Gegner unterschätzt. Besonders die Ritter der christlichen Militärorden hatten den Ägyptern schwer zugesetzt. Der überwiegend nüchtern denkende Saladin beginnt die Ordensritter zu hassen. Er zieht sich nach Kairo zurück, um die Basis seiner Macht auszubauen und neue Streitkräfte auszuheben.

EIN WAFFENSTILLSTAND...

Die nächste große Schlacht im Juni 1179 gewinnen Saladins Truppen. Der König und Graf Raimund von Tripolis können mit einer kleinen Abteilung entkommen. Das Aufgebot des Königreichs wird am Ufer des Jordans niedergemetzelt. Für die gefangenen Barone streicht Saladin beträchtliche Lösegelder ein. Doch er verzichtet wie sein Vorgänger Nur ad-Din in ähnlichen Situationen auf einen Vorstoß nach Jerusalem. Ein Jahr später schließen Balduin III. und Saladin einen Waffenstillstand.

...WIRD GEBROCHEN

Kurz nach seiner Freilassung war Rainald von Châtillon durch Heirat Besitzer der beiden jordanischen Festungen Kerak und Montréal an der Straße Damaskus-Mekka geworden. Der Waffenstillstand sieht vor, daß muslimische Karawanen ungehindert durch fränkische Territorien ziehen können. Im Sommer 1181 kann Rainald der Versuchung nicht länger widerstehen und plündert eine Karawane aus. Saladin fordert König Balduin auf, den Verlust zu ersetzen. Der König beurteilt die Rechtslage ähnlich wie Saladin, zahlt aber nicht. Das bedeutet Krieg. Saladin hat seine ägyptischen Positionen gefestigt. Die wichtigsten Ämter in Staat und Armee hatte er mit Vertrauten oder Verwandten besetzt. Große Gebiete in Afrika waren erobert worden und im

Norden gehört Aqaba wieder zu Ägypten. Da Balduin die Sühne für den Bruch des Waffenstillstands verweigert, zieht Saladin im Mai 1182 mit einer Armee nach Norden. Er scheint geahnt zu haben, daß er Kairo nie wiedersehen würde. Imad ad-Din berichtet:

„Am Tag vor Saladins Abreise fand am Abend in seiner Wohnung eine gesellige Zusammenkunft statt, bei der poetische Vorträge über den Abschied gehalten wurden."

Im Juli treffen die Streitkräfte des Königreichs südlich des Sees Genezareth auf die ägyptische Armee. Die Schlacht geht unentschieden aus und Saladin wendet sich wieder den nordsyrischen Angelegenheiten zu. Im Juni 1183 öffnet der Regent von Aleppo die Tore und Saladin kann die Stadt in Besitz nehmen. Er ist der unbestrittene Herr über Syrien und Ägypten. Für die Kreuzfahrerstaaten haben sich die Aussichten auf eine friedliche Koexistenz mit der benachbarten Großmacht inzwischen verschlechtert.

ANGRIFF AUF MEKKA

Als Saladin im Jahr 1182 nach Norden zieht, greift Rainald von Châtillon im Süden an. Seine Gefolgsleute transportieren Boote an das Rote Meer, erobern Eilat und belagern vergeblich eine Burg auf einer nahegelegenen Insel. Ein Teil der Flotte segelt ohne Rainald weiter, biegt in das Rote Meer ein und nähert sich plündernd den heiligen Städten Medina und Mekka. Saladins Stellvertreter in Kairo, sein Bruder al-Adil, ist bestürzt und setzt eine Flotte in Marsch. Der ägyptische Verband kann die Franken abfangen und besiegen. Rainald von Châtillon entkommt. Die islamische Welt hatte einen Moment lang den Atem angehalten. Die Gefangenen werden in Kairo unter reger Anteilnahme der Bevölkerung enthauptet. Nach dem Vorstoß auf Mekka schwört Saladin feierlich, an Rainald Rache zu nehmen. Imad ad-Din zitiert aus einem Briefwechsel zwischen Saladins Kanzlei und al-Adil. Der Stil zeugt vom verschärften Ton der Dschihad-Propaganda, mit der Saladin die Muslims zum gemeinsamen Kampf aufruft. Imad ad-Din:

„Ein vom 3. März 1183 datierter Brief meldete gute Nachrichten. »Der Admiral Lulu, flink wie ein Pfeil, verdient ob seines Verhaltens alles Lob, und wir gaben ihm ein rühmliches Zeugnis über seinen Anteil am Erfolg des heiligen Kampfes zu Wasser und zu Lande... Die Gefangenen überzeugten sich von dem, was der Islam ist; die Erde muß von ihnen gereinigt werden. Keiner kehrte zurück, um den Ungläubigen die Ohnmacht der Muslims zu verkünden. Wenn wir jetzt nicht mit Erfolg arbeiten, fehlt später vielleicht die Kraft dazu.« In einer anderen Korrespondenz an al-Adil heißt es: ...Nach den Schriften ist es nicht erlaubt, die Ungläubigen am Leben zu lassen... Gott nimmt keine Entschuldigung an in diesem Falle, noch gestattet seine Entscheidung, sie dem Schwerte zu entziehen. Daher ist der Wille, sie umzubringen, auch auszuführen... Ein so großes Unglück wie dieses ist den Muslims noch nicht begegnet; Gott wird uns mit seiner Huld beistehen.« Nach einem an al-Adil adressierten Brief soll kein Land der Erde den Ungläubigen gehören, vielmehr sollen sie von der See ins Feuer befördert werden: »Bleibt nur ein Bruchteil übrig, so gibt es Schwierigkeiten, daher bedarf es der Eile, um den Rest zu erobern«"

Diese Briefe aus der Kanzlei Saladins stehen den Aufrufen des Abts von Clairvaux in nichts mehr nach.

PROBLEME DER NACHFOLGE IM KÖNIGREICH

Für den schwer erkrankten Balduin III. hatte inwischen Guido von Lusignan die Regierungsgeschäfte übernommen. Er kam zu diesem Amt, weil er mit Sibylle, einer Schwester des Königs, die Ehe eingegangen war. Eine starke Fraktion der Barone hatte sich nur widerwillig mit diesem Arrangement abgefunden. Im September 1183 nähert sich Saladin mit einem großen Aufgebot aus Damaskus dem See Genezareth. Guido von Lusignan kann die gesamten Streitkräfte des Königreichs aufbieten, weigert sich aber, den Befehl zum Angriff zu geben. Raimund von Tripolis und die Barone der einflußreichen Familie der Ibelins raten ebenfalls ab, die überlegenen Truppen Saladins anzugreifen. Beide Armeen ziehen sich schließlich zurück, ohne daß es zu einer Schlacht gekommen war. Die Fraktion, die einen Angriff befürwortet hatte, bezichtigt Guido der Feigheit. Der kranke König setzt Guido ab, übernimmt wieder die Regierung und erklärt ein sechsjähriges Kind zu seinem Erben: Balduin, den Sohn aus Sibylles erster Ehe. Eine weitere Trauung, die für eine mögliche Nachfolge von Gewicht sein könnte, wird arrangiert: Humfred von Toron (17 Jahre alt) heiratet Isabella (11 Jahre alt), die Schwester Sibylles. Während die beiden in der Festung Kerak Hochzeit feiern, taucht Saladin mit seiner Armee auf. Aber die Mauern widerstehen den Steinschleudern und Saladin bricht die Belagerung ab als sich die Truppen des Königreichs nähern. Auf dem Sterbebett erklärt der König Anfang des Jahres 1185 seinen letzten Willen. Der kleine Balduin wird zum König gekrönt und Raimund von Tripolis übernimmt die Regentschaft. Im März stirbt Balduin IV.

EIN WAFFENSTILLSTAND...

Raimund von Tripolis schlägt Saladin einen Waffenstillstand für vier Jahre vor. Saladin willigt ein, weil im Norden die Einheit des Reichs gefährdet ist. Während sich das Königreich wirtschaftlich erholt, löst der Tod des jungen Erben Balduin die nächste politische Krise aus.

...WIE ER GENUTZT...

Sibylle läßt mit Hilfe der Templer die Stadttore von Jerusalem schließen. Der Regent Raimund von Tripolis versammelt in Nablus die Barone, die sich dem letzten Willen Balduins IV. verpflichtet fühlen. Sie können nicht verhindern, daß der Patriarch von Jerusalem Sybille zur Königin krönt. Sybille ist in Jerusalem durchaus beliebt, ihr Gatte Guido von Lusignan stößt aber auf allgemeine Ablehnung. Der Patriarch wagt es nicht, auch Guido zu krönen, stellt aber Sibylle frei, einem Mann ihrer Wahl die Krone aufzusetzen. Sibylle läßt ihren Gatten rufen und krönt ihn zum König. Raimund schlägt in Nablus vor, Humfred von Toron, den Mann Isabellas, zum König zu krönen. Das Königreich steht am Rand eines Bürgerkriegs. Die Lage entspannt sich erst, als der verschreckte Humfred nach Jerusalem flieht und sich Guido unterwirft. Raimund gibt auf, entbindet seine Gefolgsleute von ihrem Eid und zieht sich auf die Güter seiner Frau in Galiläa zurück.

...UND WIE ER GEBROCHEN WIRD

Rainald von Châtillon bricht Ende des Jahres 1186 den Waffenstillstand, indem er eine Karawane überfällt, die von Kairo nach Damaskus zieht. Imad ad-Din:

„Rainald, der Herr von Kerak, war einer der Schlimmsten, ein noch größerer Verräter als die anderen Franken. Durch einen Waffenstillstand hatte er um Ruhe ersucht, aber nur um sorglose Karawanen zu überfallen und nach seinem Raubnest zu verschleppen. Saladin setze einen Preis auf seinen Kopf und rüstete in Damaskus für den heiligen Kampf... Das nächste Jahr war das günstigste für den Islam, in dem Gott dem Monotheismus gegen den Glauben an die Trinität zum Sieg verhalf. Dies geschah durch ein Blutbad an den Ungläubigen und den Sieg der Dynastie Saladins."

Eine Chronik, die einem Angestellten des Barons Balian von Ibelin namens Ernoul zugeschrieben wird, bestätigt den Überfall:

„Ein Späher kam zum Grafen Rainald und berichtete ihm, eine große Karawane würde durch das Gebiet von Kerak von Kairo nach Damaskus ziehen. Der Fürst sammelte seine Leute... und ergriff die Karawane."

Rainald hatte die Begleitmannschaft der Karawane niedermetzeln lassen. Händler, Frauen und Kinder verschleppt er nach Kerak. Saladin fordert König Guido auf, für die Entlassung der Gefangenen und die Rückgabe der geraubten Güter zu sorgen. Guido drängt Rainald, den Wünschen Saladins nachzukommen, um den Waffenstillstand nicht zu gefährden. Da Rainald sich weigert, ist der Krieg unvermeidlich.

Karawane.
Arabische Miniatur
13. Jahrhundert.

وسكني ومسكني وحولي وحالي ومآلي ومالي ولا تلجئني لغيري ولا ٣٤
تسلط علي مغيرا واجعل لي من لدنك سلطانا نصيرا اللهم احرسني بعينك وعونك
واخصصني بأمنك ومنك وتولني باختبارك وخيرك ولا تكلني إلى كلاءة غيرك
وهب لي عافية غير عافية وارزقني رفاهية غير واهية واكفني مخاشي اللأواء

MÜHSAME EINIGUNG

Der Fürst von Antiochia schließt einen Separatfrieden mit Saladin und Raimund von Tripolis geht sogar ein Bündnis mit ihm ein. Guido zieht mit einem Aufgebot nach Tiberias am See Genezareth, um Raimund zur Unterwerfung zu zwingen. Balian von Ibelin kann im letzten Moment den Ausbruch der Feindseligkeiten verhindern. Kurz darauf reisen die beiden Großmeister der Orden, der Bischof von Tyrus und Balian von Ibelin nach Norden, um mit Raimund zu verhandeln. Zur gleichen Zeit dringt eine Armeeabteilung Saladins in Galiläa ein. Raimund hatte den Durchzug genehmigt und durch Boten die Delegation aus Jerusalem gewarnt. Der Großmeister der Templer reagiert nicht im Sinn der Botschaft. Er sammelt alle Templer in der Umgebung und greift mit ihnen die weit überlegenen Muslims bei Nazareth an. Nur wenige Ritter überleben die Attacke. Raimund von Tripolis kündigt schuldbewußt den Vertrag mit Saladin und unterwirft sich König Guido in Jerusalem. Auch der Fürst von Antiochia verspricht die Entsendung von Truppen.

DER AUFMARSCH

Die Einigung erfolgt im letzten Moment. Saladin hat an die zwölftausend Berittene nach Tiberias in Marsch gesetzt. König Guido hebt neben den Lehnspflichtigen alle waffenfähigen Männer des Königreichs aus. Bei Akkon versammeln sich zwölfhundert schwer gepanzerte Ritter, etwa viertausend leicht Berittene und zehntausend Fußsoldaten. Gegen den Rat von Raimund rückt das Heer am 2. Juli bis zu den Quellen von Sephoria vor. Es herrscht Hochsommer. Solange das Heer über genug Wasser verfügt, ist es auch bei mäßiger Taktik kaum entscheidend zu schlagen. Aber auf dem weiteren Weg bis zum See Genezareth gibt es keine Quellen mehr.

SALADIN EROBERT TIBERIAS

Am 1. Juli 1187 kann eine Abteilung Saladins die Mauern von Tiberias überwinden und die Stadt im Sturm nehmen. Die Bewohner werden niedergemetzelt oder versklavt. In der Zitadelle kann sich die fränkische Besatzung noch halten, angeführt von der Dame Eschiva, Gräfin von Tripolis und Fürstin von Galiläa. Eschiva schreibt an ihren Mann, den Grafen Raimund von Tripolis, im Lager bei Sephoria und bittet um Beistand. Das kommt den Absichten Saladins entgegen. Er muß die Christen von der günstigen Position an den Quellen weglocken. Der Bote Eschivas kommt durch. Die Nachricht von der Not der Gräfin Eschiva löst im Lager der Franken nicht nur ritterlichen Enthusiasmus aus. Raimund von Tripolis, rät dringend ab, die Quellen zu verlassen. Die Barone folgen der nüchternen Erwägung und beschließen zu bleiben. Ernoul berichtet, wie der König von dieser Erwägung abrückt:

„Als die Nacht einbrach, kam der Meister der Templer zum König und sagte zu ihm: »Herr, trauen sie dem Rat des Grafen nicht. Er ist ein Verräter und ihr wißt, daß er euch nicht liebt. Er will eure Schande und daß ihr das Königreich verliert.«"

Der Templer schlägt vor, gegen Saladins Armee vorzurücken, um einem Angriff zuvorzukommen. Die Begründung des Templers ist unsinnig: Saladin hätte in keinem Fall einen Marsch durch wasserlose Gebiete riskiert. Guido läßt sich dazu überreden und ordnet den Abmarsch nach Tiberias an.

DER VORMARSCH

Versehen mit der Reliquie des Wahren Kreuzes, aber ohne Wasservorräte bricht die Armee des Kreuzfahrerstaates am nächsten Morgen auf. Der Tag ist heiß, der Durst stellt sich schon nach wenigen Stunden ein. Die leichte Kavallerie Saladins beschießt sie von allen Seiten mit ganzen Wolken von Pfeilen. Am Nachmittag erreichen die Christen die Hörner von Hattin. Zwischen den Bergen flimmert das Blau des Sees Genezareth. Pferde, Reiter und Fußsoldaten sind erschöpft. Die Lage der Quellen im Tal kennen sie nicht. Der Zugang zum See Genezareth, der sie von ihren Qualen erlösen könnte, wird von starken Kräften Saladins blockiert. Bei einem Durchbruch der schweren Kavallerie müßten die Barone Tausende von Fußsoldaten in aussichtsloser Lage zurücklassen. Daher schlagen sie ihr Lager an den Hörnern von Hattin auf.

DAS PARADIES...

Saladin läßt brennbares Material vor dem Lager der Franken aufschichten. Imad ad-Din berichtet über die Vorbereitungen:

„Diese Nacht wachte der Sultan, um die Aufstellung der Bogenschützen bei jeder Abteilung zu besichtigen und für gefüllte Köcher zu sorgen. Vierhundert Traglasten Pfeile waren zur Stelle, und siebzig Kamele standen während der Schlacht bereit, so daß die Schützen, welche ihren Vorrat verbraucht hatten, ihn erneuern konnten."

Während die Christen der Durst quält, können die Muslims sich aus den naheliegenden Quellen versorgen. Im Lager Saladins herrscht Siegesgewißheit. Imad ad-Din:

„Diese Nacht besitzt mehr Kraft als tausend Monate, weil in ihr die Engel und der Geist herabgestiegen sind, und am Morgen der Erfolg gesichert war. Wir waren froh, denn wir waren wie die, zu denen Gott gesprochen hatte, und denen er neben dem Lohn in dieser Welt die ewigen Freuden des Paradieses zugesichert hat, das immerwährende Abpflücken der Früchte und das Trinken aus der klaren Quelle Selsebil.."

...UND DIE HÖLLE

Die Christen verbringen die Nacht weniger angenehm. Ein Chronist, der das Werk des Wilhelm von Tyrus fortgesetzt hat:

„In der Nacht befanden sich die Christen in großer Not. Im Heer war ein großes Leiden, weil weder Menschen noch Pferde zu trinken hatten. Die ganze Nacht verbrachten die Christen in Waffen... Am nächsten Tag hielten sie sich zum Kampf gerüstet... Die Sarazenen wollten aber nicht kämpfen, bevor die Hitze gekommen war... sie entzündeten ein Feuer ringsum, um die Qualen der Christen zu vergrößern..."

Der Chronist Ernoul:

„Als sich Feuer und Rauch ausbreiteten, kamen die Sarazenen von allen Seiten und schossen Pfeile durch den Rauch und töteten Menschen und Pferde. Der König rief Rainald und den Meister der Templer und holte ihren Rat ein. Sie rieten ihm, die Sarazenen anzugreifen."

Imad ad-Din:

„Als der Morgen anbrach, rückten die Bogenschützen aus, um ihre Pfeilspitzen im Feuer gegen die Männer der Hölle zu glühen, und da diese vor Durst gleich Hunden die Zungen herausstreckten und gegen das Wasser vorrückten, so empfing sie hier die Hölle mit ihren Funken. Allmählich während der Schlachtaufstellung war die Mittagshitze eingetreten... Ein quälender Durst in der Sonnenglut erschöpfte ihre Kräfte und gleichwohl hielten sie aus. Der Sultan ritt durch die Reihen, es war Samstag, der 4. Juli, das Vertrauen zu Gott weckend... Stroh war unter ihren Füßen, und einige Freiwillige warfen Feuer hinein, so daß die Feinde mit Pfeilen geröstet wurden. Sooft sie einen Angriff machten, wurden sie zurückgeworfen, und keine Ameise kroch mehr davon."

Einem kleinen Trupp unter dem Grafen von Tripolis gelingt der Durchbruch, weil die Muslims vor ihm ausweichen. Auch Balian von Ibelin kann sich durchschlagen. Für die anderen gibt es kein Entkommen. Imad ad-Din:

„Als die Franken von seinem Entweichen Kunde erhielten, suchten sie von ihrer Stellung aus mit Macht den Kampf fortzusetzen. Wir fielen über sie her, so wie Feuer unter Schilf fällt und gossen Eisenwasser hinzu, um den Brand zu löschen. Der Tod riß weite Lücken in ihre Reihen, so daß sie fliehend die Anhöhe von Hattin zu gewinnen suchten, um aus dem allgemeinen Verderben sich zu retten. Wie Gazellen erschossen wir sie und streckten sie tot nieder... Während sie westlich von Hattin die Zelte aufschlugen, schlugen wir ihnen die Köpfe ab. Das Hauen und Stechen dauerte fort, da sie ringsum von allen Seiten umzingelt waren, doch hofften sie noch das Beste und stiegen von den Pferden ab. Als ihnen aber das große Kreuz genommen wurde, da ahnten sie das Verderben, und es regnete nun Schläge auf sie."

DAS ENDE

Der König läßt das Zelt auf der Bergkuppel aufschlagen. Die Ritter versuchen verzweifelt, die nachdrängenden Muslims zurückzuhalten. Aber die mutigen Attacken der Franken scheitern an der Überzahl ihrer Feinde. Schließlich fällt der Bischof von Akkon, der die Kreuzreliquie trägt. Der Muslim Imad ad-Din weiß, was der Verlust der Reliquie für die Christen bedeutet:

„... Es ist dieses jenes Kreuz, welches sie aufstellten, und vor dem sie sich dann niederwarfen und niederknieten. Es ist nach ihrem Dafürhalten von demselben Holz, an welchem der von ihnen Angebetete gestorben ist. Sie hatten es mit rotem Gold überzogen und mit Perlen und Edelsteinen geschmückt... Dieses Kreuz hatten sie mitgenommen, da es sie stark machte im Kampfe... Sein Verlust wurde höher angeschlagen als die Gefangennahme des Königs. Gleich einem Gott erwiesen sie ihm Anbetung, ihre Stirnen neigten sich vor ihm in den Staub, und ihre Lippen sangen ihm Lob. Für dieses Kreuz waren sie zu jedem Opfer bereit... Als nun dieses große Kreuz in unsere Hände fiel, und sie dieses erfuhren, wollte keiner zurückbleiben, und dadurch gingen sie durchs Schwert oder die Gefangenschaft zu Grunde."

Als die Muslims die Bergkuppe erreichen, liegen die Ritter erschöpft am Boden. König Guido, die Großmeister der Orden, Rainald von Châtillon und viele Große des Königreichs geraten in Gefangenschaft. Imad ad-Din:

„Satan und seine Mannen waren Gefangene, und der Sultan (Saladin) war wieder König. Der Islam war durch diese Niederlage gekräftigt. Die Schlacht artete aus in ein Blutbad und in das Abführen von Kriegsgefangenen. Wer die Erschlagenen sah, rief aus: »Hier gibt es keine Gefangenen!« Wer die Menge der Gefangenen erblickte, sagte: »Hier gibt es keine Toten!«. Seit die Freng das Küstenland (Palästina) erobert hatten, war kein Tag für die Muslims so glänzend verlaufen, wie der von Hattin. Dank der Hilfe und Macht Gottes hatte keiner der früheren Herrscher einen so großen Sieg erfochten."

König Guido in Fesseln. Verlust der Kreuzrelique. Miniatur 14. Jahrhundert.

DAS SCHLACHTFELD

Imad ad-Din besichtigt das Schlachtfeld.

„Nur wenige Feinde hatten sich gerettet. Alle Räume waren mit Gefangenen angefüllt, die mit Stricken gebunden wurden. Die Toten lagen weithin über Berg und Tal zerstreut, der Leichengeruch verbreitete sich in der Umgebung Hattins. Ich hatte die Köpfe fliegen und die Augen sich verdrehen sehen. Ich sah sie da liegen, nackt oder in zerfetzten Kleidern, mit zerbrochenen Kreuzen, abgeschnittenen Köpfen, Füßen, Nasen und sonstigen Extremitäten, mit ausgestochenen Augen, aufgeschnittenen Leibern. Wie Steine unter Steinen lagen sie durcheinander – ein seltener Anblick! Als ich sie mit ihren Gesichtern den Staub küssen sah, da fiel mir das Wort Gottes ein: »Der Ungläubige ruft: O, wäre ich Staub!« Leider reichten die Zeltstricke nicht aus, um alle Gefangenen zu knebeln. Ich sah wie dreißig bis vierzig von ihnen, an einen Strick gebunden, durch einen Reiter eskortiert wurden... Der Ernst der Lage prägte sich auf den Gesichtern der Grafen und Ritter ab."

Am Abend des 4. Juli 1187 hat das Heer des Königreichs aufgehört, zu existieren. Fast alle waffengeübten Männer sind tot oder in Gefangenschaft.

SALADIN RÄCHT SICH AN RAINALD

Der Chronist Ernoul hat wahrscheinlich seinen Herrn, Balian von Ibelin begleitet. Er schreibt so, als sei er Augenzeuge gewesen:

„Als Saladin das Schlachtfeld verließ, hatte er große Freude an diesem großen Sieg. Er begab sich in seine Unterkunft und befahl, man solle ihm alle an diesem Tag gefangengenommenen christlichen Gefangenen vorführen... Als er sie alle vor sich vereinigt sah, sagte er dem König, was für eine große Freude er empfinde, und wie geehrt er sich fühle, solch reiche Gefangene wie den König von Jerusalem, den Tempelmeister und die andere Barone in seiner Haft zu haben. Sodann befahl er, man solle mit Wasser verdünnten Sirup in einem goldenen Becher bringen. Er kostete davon, forderte den König zum Trinken auf und sagte: »Nun trinkt beherzt!« Der König trank gierig und reichte den Becher an Prinz Rainald weiter. Prinz Rainald wollte nicht trinken. Als Saladin sah, daß der König den Kelch an Prinz Rainald weitergereicht hatte, war er über ihn verärgert und sagte zum Prinz Rainald: »Nun trinkt schon, denn ihr werdet nie wieder trinken.« Der Prinz erwiderte, er wolle um

Gottes willen von ihm nichts zu trinken oder zu essen bekommen. Saladin fragte Prinz Rainald: »Prinz Rainald, nach eurem Gesetz, wenn ihr mich in eurer Haft hättet, so wie ich euch, was würdet ihr mit mir tun? Der Prinz antwortete: »Mit Gottes Hilfe, ich würde euch den Kopf abschlagen.« Wegen dieser unverschämten Antwort wurde Saladin zornig und sagte zu ihm: »Du Schwein befindest dich in meiner Haft und wagst es, so frech zu antworten?« Er nahm ein Schwert in die Hand und bohrte es ihm in den Leib. Die Mamelucken, die vor ihm aufgestellt waren, stürzten sich auf ihn und schnitten ihm den Kopf ab. Saladin nahm etwas von seinem Blut und benetzte sich damit das Gesicht, um kundzutun, er habe an ihm Rache genommen. Sodann befahl er, man solle Rainalds Kopf nach Damaskus bringen und ihn über den Boden schleifen, um den Sarazenen zu zeigen, welche Rache er an dem Prinzen genommen hatte, der ihm so übel mitgespielt hatte."

Der Chronist Imad ad-Din beschreibt diese Szene so:

„Der Sultan hatte Platz genommen und ließ die wichtigsten Gefangenen vorbeiziehen. In ihren Fesseln schwankten sie wie Betrunkene... Prinz Rainald, der Herr von Kerak, verlor zuerst das Leben, weil der Sultan es geschworen hatte... Rainald saß neben dem König... Der Sultan hielt ihm seinen Verrat vor und fuhr ihn an: »Wie oft hast du geschworen und den Eid nicht gehalten, Verträge gemacht, und sie nicht befolgt und das Vertrauen mißbraucht?« Der Dolmetscher übersetzte Rainalds Antwort: »Dies ist die Sitte der Könige, ich bin nur allgemein betretenen Pfaden gefolgt.« Der König war von Durst erschöpft und neigte sich vor Angst gleich einem Betrunkenen hin und her, so daß Saladin ihn zu beruhigen suchte und ihm einen Trunk mit Schneewasser zur Erfrischung reichen ließ. Der König gab hierauf den Becher dem Prinzen, so als ob er schon Verzeihung erlangt hätte. Doch der Sultan sagte dem König rasch: »Du nimmst dadurch, daß du ihm zu trinken gibst, keine Verzeihung von mir, diese Bedeutung soll es nicht haben.« Dann ritt er davon und kam erst zurück, als die Zelte mit den Fahnen und Standarten aufgerichtet waren. Als er das Zelt betrat, fand er den Prinzen anwesend und ließ ihm den Kopf abschlagen."

ABSCHLACHTUNG DER ORDENSRITTER

Saladin schreitet zur unritterlichsten Tat seines Lebens. Imad ad-Din berichtet:

„Am Montag... befahl er, die Gefangenen der Templer und Johanniter vorzuführen und rief aus: »Ich will die Erde von diesen beiden schmutzigen Arten reinigen. Sie sollen nicht in der Gefangenschaft dienen, denn sie sind schlimmer als die Ungläubigen!« Dann ließ er einen jeden Templer und Johanniter vortreten und hinrichten. Die anderen Gefangenen erkannten, daß es keine Erlösung aus dieser verzweifelten Lage gäbe und daß sie sterben müßten. Als Saladin fünfzig goldene Denare für jeden Gefangenen festsetzte, brachte man sofort hundert zu ihm, die er enthaupten ließ. Von den Kriegsfreiwilligen durfte jeder einen töten. Sie streiften die Ärmel zurück, wenn sie das Schwert zogen. Der Sultan saß lächelnden Antlitzes da. Vor ihm befanden sich die Soldaten in Reih und Glied und die Emire in zwei Gliedern. Manche von ihnen lehnten es dankend ab oder entschuldigten sich. Andere freuten sich über das Blutbad. Ich sah sie lachen und hörte, wie sie sich über diese Blutarbeit unterhielten."

ÜBERANGEBOT IN DAMASKUS

Die übrigen Gefangenen werden verschont und nach Damaskus gebracht. Auf dem Markt sinken die Preise für Sklaven und Tiere dramatisch. Viele Krieger hatten mehrere Christen gefangen und versuchten sie nun loszuwerden. Der Chronist Ibn al-Kadisi:

„Der Preis für einen Gefangenen in Damaskus betrug drei Denare. Man verkaufte ganze Familien auf einmal. So wurde in meiner Gegenwart ein Mann, seine Frau und fünf Kinder für achtzig Denare verkauft. Das große Kreuz wurde umgekehrt in einem Gewölbe aufgehängt und dann... nach Damaskus gebracht. Täglich sah man abgeschlagene Köpfe der Freng, die so häufig wie die Melonen waren. An Vieh, Pferden und Maultieren war eine so große Beute angefallen, daß niemand Lust hatte, sie zu kaufen. Mir wurde berichtet, daß ein armer Soldat seinen Gefangenen für ein Paar Schuhe eintauschte, da er keine hatte... Der Soldat sagte dazu: »Dieser Fall sollte bekannt werden, da die Gefangenen so gering geachtet werden und es so viele gibt, daß einer den Preis von einem Paar Schuhen hat.«"

Von Damaskus aus verbreiten Kuriere die Nachricht von Saladins Sieg. Das Frohlocken herrscht diesmal im Lager der Muslims.

Nach der Abschlachtung der Ordensritter wendet sich Saladin der Rückeroberung Palästinas zu. Als erste ergibt sich die Gräfin Eschiva in der Zitadelle von Tiberias. Saladin läßt sie mit ihrem Haushalt nach Tripolis abziehen. Sein nächstes Ziel ist Akkon, die reichste Stadt des Königreichs. In der Stadt gibt es nicht mehr genug waffenfähige Männer, um die Mauern zu verteidigen. Der Kommandeur handelt mit Saladin die Übergabe der Stadt aus. Wer bereit ist, die üblichen Steuern zu zahlen, kann in der Stadt bleiben. Offenbar haben nur wenige Christen dieses Angebot angenommen. Am 10. Juli ziehen die fränkischen Bewohner mit ihrer tragbaren Habe aus der Stadt. Imad ad-Din:

„Saladin gewährte ihnen einige Tage Frist, um ihre Habe fortzubringen. Die Muslims drangen in die Stadt ein und bereicherten sich dadurch, daß jeder seine Lanze vor einem Haus in die Erde steckte und so sein Eigentum markierte. So erlangten sie Häuser, welche von ihren Besitzern ausgeräumt waren. Sämtliches Vermögen der Templer wies der Sultan einem Rechtsgelehrten zu. Vergrabene Wertsachen wurden an das Tageslicht befördert, die Magazine geöffnet und alle Plätze genau untersucht. Auch die übrigen Mamelucken und Soldaten, al-Afdal (der jüngste Sohn Saladins) und die sonstigen Beamten fahndeten nach verborgenen Schätzen."

Auch das Eigentum der Kirche wird beschlagnahmt. Imad ad-Din:

„Als wir in der Stadt waren, besichtigten wir die Kathedrale, entfernten den Schmutz, brachten die Kanzel in Ordnung und hielten den Freitagsgottesdienst. Der Imam Gamal ad-Din erhielt die Ernennung zum Prediger, zum Vorsitzenden des Gerichts, des Rechnungswesens und der geistlichen Güter in Akkon."

FREIER ABZUG STATT VERNICHTUNG

Bei der Eroberung Palästinas treffen die einzelnen Armeeabteilungen nur selten auf Widerstand. Die Restbesatzungen der Burgen sehen die Dinge realistisch und geben auf. Imad ad-Din beschreibt den typischen Ablauf:

„Die Belagerten verlangten freien Abzug, den wir ihnen nach einer Frist von fünf Tagen bewilligten, damit sie ihre Habe hinausbringen konnten. Vorher hatten sie einige Anführer als Geiseln gestellt. Der Sultan freute sich über die muslimischen Gefangenen, welche durch die Kapitulation ihre Freiheit erhielten, gab ihnen Kleider und entschädigte sie für die erlittenen Verluste, so daß sie zu Wohlstand kamen. Dieses Verfahren hielt er an allen eroberten Plätzen ein. Zwanzigtausend Muslims wurden in diesem Jahr befreit, während hunderttausend Ungläubige in Gefangenschaft gerieten. Von hier aus wurden die Gefangenen militärisch nach Tyrus eskortiert, wo ihre Auslieferung gegen Abgabe der Waffen, Tiere und Schätze am 27. Juli stattfand."

Saladins Verläßlichkeit erleichtert den Burgbesatzungen die Kapitulation. Der Sultan spart so Zeit und Geld und handelt sich den Ruf ritterlichen Verhaltens ein. Zwischen der Handlungsweise Saladins und den Vernichtungsparolen in den Rundschreiben seiner Kanzlei herrscht eine bemerkenswerte Diskrepanz. Setzen sich die Bewohner einer Stadt zur Wehr, wird das übliche Verfahren angewendet. Als der Kommandant von Jaffa Verhandlungen ablehnt, läßt Saladins Bruder die Stadt im Sturm nehmen und die Bewohner versklaven. Auch die Christen in Caesarea trauen der Stärke ihrer Mauern und kapitulieren nicht. Die Folge mangelnder Einsicht ist auch hier ein Exempel. Imad ad-Din:

„Sie nahmen Caesarea im Sturm, worauf Arsuf und Haifa freiwillig ihre Tore öffneten... Ein großer Teil der Bevölkerung von Sidon und Beirut waren Muslims und schöpften Mut beim Umschwung der Dinge. Der Koran wurde vorgelesen, die Glocken verstummten und ihre Gesetze wurden ungültig."

TYRUS BLEIBT FRÄNKISCH

Tyrus im Norden leistet Widerstand und Saladins Truppen gelingt es nicht, die Mauern zu überwinden. Imad ad-Din notiert verbittert:

„Tyrus ging vom Grafen von Tripolis an den Marquis (Graf Konrad von Montferrat) über. Die Stadt war der Sammelort der flüchtigen und versprengten Freng. Der Marquis, ihr Anführer, war einer der gottlosesten der Ungläubigen, ein Unglückssatan, böser als ein Wolf, gemeiner als ein Hund..."

Konrad von Montferrat hatte bei seiner Ankunft in Akkon feststellen müssen, daß die Stadt von Muslims besetzt war. Er war nach Tyrus weitergesegelt und hatte dort sofort die Verteidigung der Stadt organisiert, da sich Raimund von Tripolis abgesetzt hatte. Imad ad-Din:

„Wir dachten an Kuds (Jerusalem) und übersahen jene Vorgänge, so daß der Marquis Gräben und Verschanzungen um die Stadt ziehen konnte."

Saladin hatte als Ziel des heiligen Kampfes die Befreiung Jerusalems proklamiert. Er ist in Zugzwang und bricht die Belagerung ab, ohne Tyrus genommen zu haben. Das war wahrscheinlich der größte Fehler, der Saladin je unterlaufen ist.

KÖNIG GUIDO MACHT SICH NÜTZLICH

Saladin begibt sich nach Süden, aber immer noch nicht nach Jerusalem, sondern nach Askalon. Der Befehlshaber der Stadt weigert sich, die Stadt im Austausch für die Freilassung König Guidos zu übergeben. Saladin ordnet die Belagerung Askalons an. Imad ad-Din:

„Während die Beschießung der Stadt durch Kriegsmaschinen, die Zerstörung der Mauern und die anhaltende Berennung nicht ohne Eindruck auf die Bewohner blieben, hatte der gefangene König wiederholt brieflich mit der Besatzung verkehrt und ihr den eindringlichen Rat gegeben, sein Haupt zu erhalten, das ihr Kapital sei."

Die Bewohner schätzen dieses Kapital nicht sehr hoch ein und setzen die Verteidigung fort bis sie aussichtslos wird. Imad ad-Din:

„Die Befehlshaber kamen heraus und verhandelten mit dem Sultan wegen des freien Abzugs der Garnison mit all ihrem Eigentum, worauf Samstag, den 5. September die Festung kapitulierte. Der Sultan ... verlängerte seinen Aufenthalt, bis die festen Plätze der Templer ohne Schwertstreich die Tore geöffnet hatten. Der Templeroberst befand sich im Gefolge des Sultans, um ihm die Schlüssel zu einer Anzahl der unter ihm stehenden Burgen zu verschaffen und dafür die Freilassung zu erlangen."

Die Bewohner Askalons werden nach Alexandria eskortiert, von wo sie im nächsten Frühjahr nach Europa abreisen können.

KUDS: HEILIGE STADT

Am 20. September 1187 schließen die Truppen Saladins Jerusalem ein. Nach Ernoul bietet Saladin an, die Bevölkerung der Stadt zu schonen:

„Am Freitagmorgen belagerte er die Stadt vom Davidstor bis zum Stephanstor. Bevor er den Angriff befahl, forderte er die Leute in Jerusalem auf, ihm die Stadt zu übergeben... Und sie sollten wissen, daß...er sie sonst mit Gewalt angreifen würde..., denn dies habe er geschworen. Die Leute der Stadt ließen ihn wissen, er möge das Beste oder das Schlimmste veranlassen, aber sie würden ihm die Stadt niemals übergeben. So ließ Saladin seine Leute zu den Waffen eilen, um die Stadt einzunehmen."

Imad-ad Din leitet seinen Bericht über die Belagerung mit gehässigen Bemerkungen über christliche Bräuche ein. Sie zeigen, daß die Toleranz in der islamischen Gesellschaft rein formalrechtlicher Natur war. Die Muslims verachteten das Christentum genauso, wie die Christen den Islam. Imad ad-Din:

„Der Islam trat als Bewerber von Kuds (Jerusalem) auf und bot sein Blut als kostbare Mitgift... Balian, der große Patriarch und die Anführer der Templer und Johanniter befanden sich in der Stadt. In dem Tempel (Grabeskirche) waren verschiedenartige Bilder, wie die des Widders, des Esels, des Paradieses und der Hölle. Hier wurde angeblich der Messias gekreuzigt, das Opfer dargebracht, die Gottheit angebetet... Da stand das Kreuz, das Licht erschien und die Finsternis hörte auf. Alle diese Betrügereien führten sie auf den von ihnen Angebeteten zurück und sagten: »Am Grabe unseres Herrn wollen wir sterben«."

ERBITTERTE KÄMPFE

Saladin sieht sich einer stark befestigten Stadt gegenüber, doch unter den Verteidigern befinden sich nur wenige Berufskrieger. Balian von Ibelin hatte mit der Erlaubnis Saladins die Stadt betreten dürfen, um die Abreise seiner Familie zu organisieren. Nun bitten die Stadtoberen den erfahrenen Balian, die Verteidigung Jerusalems in die Hand zu nehmen. Der Patriarch bedeutet, der gegenüber Saladin geleistete Eid sei ungültig. Saladin macht keine Einwände und gewährt der Familie Ibelin freien Abzug. So übernimmt Balian von Ibelin das Kommando. Als erstes schlägt er ganze Scharen von jungen Männern zu Rittern. Unter seiner geschickten Führung kämpfen die Zivilisten mit dem Mut der Verzweifelten. Der Chronist Ibn al-Atir:

„Von beiden Seiten wurde der Kampf als eine Sache des Glaubens angesehen. Auch ohne Befehle ihrer Anführer fochten sie mit Hingabe. Jeder verteidigte ohne Furcht seinen Posten."

VERGEBLICHES FLEHEN

Den Verteidigern ist klar, daß die Stadt aus eigener Kraft nicht zu halten ist. Sie wenden sich an ihren Gott und bitten um die Vergebung ihrer Sünden. Ernoul berichtet:

„Jetzt sage ich euch, was die Damen von Jerusalem taten. Sie ließen Bottiche bringen, am Kalvarienberg aufstellen und mit kaltem Wasser füllen. Und sie tauchten ihre Kinder bis zum Kinn hinein, schnitten ihre Zöpfe ab und warfen sie weg. Mönche, Priester und Nonnen liefen alle ohne Schuhe und barfuß in Prozessionen über die Mauern... Der Herr verschloß sich jedoch den Gebeten und Seufzern, die man in der Stadt hörte. Denn der Unflat des Ehebruchs und der stinkenden Wollust und die Unzucht wider die Natur ließen die Gebete zu Gott nicht emporsteigen..."

Fränkische Truppen, die Beistand hätten leisten können, gibt es im Umkreis von Hunderten von Kilometern nicht mehr.

DER ANGRIFF

Ernoul beschreibt, wie die Lage für die Christen hoffnungslos wird:

„In der Nacht ließ er (Saladin) so viele Steinschleudern und Wurfmaschinen aufstellen, daß man am nächsten Tag elf davon vorfand, alle groß, und sie schleuderten Geschosse gegen die Stadtmauern. Als der Tag angebrochen war, ließ Saladin seine Leute bewaffnen. Den Schildträgern folgten die Bogenschützen, die ihre Pfeile wie Regen niederprasseln ließen. In der Stadt war kein Mann, der tapfer genug gewesen wäre, um nur einen Finger über den Stadtmauern zu zeigen. Die Mineure... unterhöhlten in zwei Tagen die Mauern... Als sie mit der Aushöhlung und der Abstützung fertig waren, zogen sie sich zurück und legten Feuer an, so daß die Mauer in den Graben sackte."

Imad ad-Din:

„Während unsere Reiter die feindlichen Reiter zurückschlugen, waren die Muslims bis an die Gräben herangerückt und hatten Breschen in die Mauer geschlagen, so daß die Belagerten durch ihre Anführer den Sultan um freien Abzug ersuchen ließen."

SALADIN ERINNERT AN DAS BLUTBAD VON 1099

Einige Anführer hatten Balian und dem Patriarchen vorgeschlagen, mit einem Ausbruchsversuch alles auf eine Karte zu setzen. Aber Balian zieht Verhandlungen vor, begibt sich zu Saladin und bittet um freien Abzug. Imad ad-Din:

„Saladin schlug die Bitte ab mit den Worten: »Ich will die Stadt so erobern, wie jene sie damals... von uns genommen haben. Die Männer werde ich töten, Frauen und Kinder wegfuhren...«"

TOTALER KRIEG

Diese Androhung entspricht dem Tenor der Propagandazirkulare aus der Kanzlei Saladins. Nach Ernoul antwortet Balian von Ibelin:

„» Wir geben nun die Hoffnung auf Rettung auf und erwarten keinen Frieden noch Gnade. Aber wir werden uns auf Tod und Leben verteidigen und unser Blut so teuer als möglich verkaufen. Keiner von uns wird verwundet sein, es sei denn, er habe zuvor zehn von euch verwundet. Die Häuser werden wir anzünden, die Türme zerstören und euch einen Schutthaufen zur Plünderung überlassen... Die Moschee über dem Felsen... lassen wir einstürzen... Fünftausend muslimische Gefangene in unserer Mitte werden wir vorher umbringen, Geld und Wertsachen werden wir vernichten, unsere Weiber und Kinder werden vorher sterben und kein Stein bleibt auf dem andern. Welcher Vorteil wird euch dann aus der Ruine erwachsen?«"

Solche totalen Handlungsweisen sind Saladin zuwider. Er verschiebt die Entscheidung. Der Bericht Ernouls weicht nur in Details von den Mitteilungen des muslimischen Chronisten ab:

Comment le roy guy rendant
escalonne fut delivre lui x.e
du siege de Jherusalem et co
ment elle fut rendue a salhadin
Et la grant debonnairete que
trouverent les xpiens aux
sarrazins dalexandrie. Lxii.
Salhadin congnoissant
quil avoit failly telle
fois a tyr mena son
armee par diverses
villes et citez et toutes se rendirent
a lui. Excepte escalonne laquelle
il assiega et toutesfois veant en
fin la force delle il fut content de
delivrer de prison lui x.e de ceulx quil
tenoit avec lui pour avoir telle cite

„Als er (Balian) bei Saladin war, unternahmen die Sarazenen einen Angriff auf die Stadt und trugen Leitern bis zu den Stadtmauern und lehnten sie gegen die Mauern... Als Saladin seine Leute und seine Banner auf den Stadtmauern sah, sagte er zu Balian: »Weshalb bietet ihr mir an, die Stadt zu übergeben und einen Zoll entrichten zu dürfen? Denn ihr seht doch sehr wohl, daß meine Leute und meine Banner auf den Stadtmauern sind. Es ist zu spät... Die Geistlichen nach dem Gesetz Mohammeds bedrängen mich und spornen mich an, ich soll kein Abkommen mit euch treffen, sondern Rache nehmen an denen, die in Jerusalem sind, und ihr Blut in den Straßen Jerusalems vergießen, wie Gottfried (von Bouillon) das Blut der Sarazenen vergossen hat.« Und in der Stunde, da sie so redeten, verlieh der Herr den Christen Kraft und Sieg und sie verjagten die Sarazenen von den Mauern... Nun war Saladin sehr beschämt und traurig und sagte zu Balian, er möge in die Stadt zurückkehren, er würde zur Stunde nichts mehr unternehmen. Aber am nächsten Morgen könne er mit ihm reden, und er würde gern hören, was er zu sagen habe. Und Balian bat ihn und sagte: »Herr, habt in Gottes Namen Mitleid mit den einen und den anderen. Denn die Leute in der Stadt verzweifeln an ihrem Leben, und sie werden sich eher alle bei der Verteidigung töten lassen, als daß sie durch Gewalt erobert werden. Es wird ein großes Gemetzel auf beiden Seiten geben, bevor ihr die Stadt mit Gewalt einnehmen könnt, wie ihr zu tun gedenkt.“

CHRISTLICH-MUSLIMISCHER SCHACHER

Ernoul berichtet über die nächste Verhandlungsrunde:

„Also kam Balian und bat um Gnade, er möge bei Gott ihnen gnädig sein. Und Saladin antwortete Balian: »Nun, aus Liebe zu Gott und zu euch, ich will euch sagen, was ich tun werde. Ich werde Gnade über euch walten lassen, und zwar so, daß ich meinem Schwur treu bleibe. Sie werden sich meiner Gnade ausliefern, als hätte ich sie mit Gewalt erobert. Ich werde ihnen ihr Hab und Gut lassen, damit sie damit nach Gutdünken verfahren können. Ihre Leiber aber werden in meiner Haft bleiben. Wer sich freikaufen kann oder will, den werde ich gegen ein angemessenes Lösegeld ziehen lassen.“

Prozession und Bittgottesdienst. Balian von Ibelin verhandelt mit Saladin. Miniatur um 1490.

Laut Ernoul verlangt Saladin zunächst für jeden Mann dreißig, für jede Frau zehn und für jedes Kind fünf Goldstücke. Nur eine Minderheit in Jerusalem kann solche Summen aufbringen. Die Orden verfügten aber noch über Geld, das König Heinrich II. von England als Sühne für den Mord an Thomas Becket überwiesen hatte. Ein Teil dieses Geldes war für die Anwerbung von Söldnern vor der Schlacht bei Hattin ausgegeben worden. Der Rest befindet sich noch immer in der Obhut der Johanniter. Es gibt noch viele Wohlhabende in Jerusalem und der Patriarch verfügt über den Kirchenschatz. Ernoul schildert, wie Balian versucht, das Lösegeld in Jerusalem aufzutreiben:

„Balian verabschiedete sich und kehrte in die Stadt zurück. Er ging zum Patriarchen und schickte nach allen Bürgern, um die Nachricht weiterzugeben. Als sie das hörten, waren sie sehr besorgt wegen der armen Leute in der Stadt. Sie berieten sich und sagten, es gäbe ein großes Vermögen des Königs von England im Hospital. Es wäre gut..., wenn sie dieses Vermögen bekämen, um einen Teil des geringen Volkes freizukaufen... Darauf kamen der Patriarch, die Bürger und Balian zusammen und ließen die Johanniter wissen, sie wollten den Schatz des Königs von England haben..., um das geringe Volk freizukaufen. Der Großmeister sagte, er werde sich darüber mit seinen Brüdern beraten. Die von der Stadt... warnten die Johanniter: Wenn sie das das Vermögen nicht herausgeben würden, und die Armen... so in Gefangenschaft gerieten, so würden es ihnen weder Gott noch die Christenheit verzeihen... Nun begab sich der Großmeister zum Patriarchen und zu den anderen und sagte ihnen, die Brüder aus dem Hause wären damit einverstanden, daß ihnen der Schatz des Königs von England überlassen werde, um die Armen freizukaufen. Alle baten sodann Balian, er möge sich zu Saladin begeben, um den bestmöglichen Preis zu vereinbaren.“

Nach Ernoul erklärt Balian bei der nächsten Verhandlung, in der Stadt könnten nur zwei von hundert Bürgern das Lösegeld aufbringen. Ernoul fährt fort:

„Da sagte Saladin, er würde zunächst um Gottes wegen und sodann seinetwegen ein angemessenes Lösegeld festsetzen, welches sie aufbringen könnten. So legten sie fest, daß für jeden Mann zehn, für jede Frau fünf und für jedes Kind ein Goldstück zu zahlen wäre... Und ihre bewegliche Habe dürften sie verkaufen oder verpfänden oder unangetastet mitnehmen...“

Nach Ernoul fragt Balian an, wie hoch der Pauschalpreis für siebentausend Gefangene wäre.

„Saladin sagte, das koste fünfzigtausend Goldstücke. Balian sagte zu ihm: »Gott, Herr, das ginge nicht.« Saladin und Balian feilschten solange miteinander, bis sie ein Geschäft über dreißigtausend Goldstücke für siebentausend Männer abgeschlossen hatten."

Imad ad-Din bestätigt im wesentlichen die Preise, die Ernoul mitteilt:

„Hierauf hielt der Sultan sofort Kriegsrat und das Interesse für die Kriegsgefangenen machte sich geltend, so daß man den freien Abzug gegen Entrichtung einer Kopfsteuer von zehn Goldstücken für einen Mann, fünf für eine Frau und zwei für jedes Kind bestimmte. Es wurde hinzugefügt, daß jeder über die Klinge springen würde, der das Lösegeld nicht innerhalb von vierzig Tagen bezahlt habe. Diese Bedingungen fanden die Billigung des Balian, des Patriarchen und der beiden Großmeister der Templer und Johanniter. Ersterer der Genannten deponierte sofort dreißigtausend Goldstücke als Lösegeld für Unbemittelte. Freitag, den 3. Oktober kapitulierte die Stadt bei einer Bevölkerung von über hunderttausend Seelen."

DIE SIEGESFEIER

Imad ad-Din berichtet, wie Saladin seinen größten Triumph feiert:

„An demselben Tage ließ Saladin in seinem Zelt außerhalb Kuds die Deputationen von Emiren, Richtern und Theologen zur Beglückwünschung antreten. Sein Blick verriet Mäßigkeit und Bescheidenheit inmitten des Glücks. Vorlesungen über den Koran wechselten mit dem Vortrag von Gedichten und Rezitationen sowie mit Danksagungen an Gott... Alles jauchzte auf vor Freude über die Einnahme einer durch Ibrahim und der Propheten Aufenthalt so denkwürdigen Stätte. Von allen Seiten pilgerten Muslims nach Kuds und setzten von hier die Wallfahrt nach Mekka fort."

DIE ABWICKLUNG

Die Eintreibung der Lösegelder verläuft nicht reibungslos. Imad ad-Din:

„Eine Kommission, an deren Spitze ein Emir stand, überwachte an den einzelnen Toren den Loskauf, konnte aber nicht verhindern, daß in mancher Weise die Bedingungen der Übergabe umgangen wurden. Einige ließen sich mittels Stricken über die Stadtmauer hinab oder wurden heimlich hinausgetragen. Andere erlangten die Freiheit durch Verkleidung, Bestechung oder Fürsprache. Al-Adil hatte dieses Verfahren mißbilligt, und so war eine gemischte Aufsichtsbehörde aus Ägyptern und Syrern eingesetzt worden, welche Bescheinigungen austeilte. Wer einen solchen Zettel am Tore vorzeigte, durfte frei ausgehen. Mir erzählte ein glaubwürdiger Mann, daß diese Kommission vielfach die eingenommenen Summen in ihre Taschen statt in den Staatsschatz steckte. Trotzdem erreichten die Lösegelder immer noch die ansehnliche Summe von fast hunderttausend Goldstücken."

DIE AUSLESE

Ernoul beschreibt, wie die Auswahl der siebentausend Minderbemittelten erfolgt:

„Sie ließen die Namen der armen Leute, die in jeder Straße wohnten, schriftlich festlegen. Je nachdem, ob sie mehr oder weniger ehrbar waren, wurden sie berücksichtigt, bis die Zahl Siebentausend erreicht war. So wurden die losgekauften Leute aus Jerusalem gebracht. Als sie abgezogen waren, schien es, als seien sie nur wenig an der Zahl. Daher berieten sich Balian und der Patriarch und schickten nach den Templern, den Johannitern und den Bürgern und sie forderten sie bei Gott auf, sie sollten eine Lösung finden für die armen Leute, die in Jerusalem verblieben waren. Sie zeigten sich behilflich, und die Templer und die Johanniter spendeten. Aber sie gaben nicht so viel, wie sie eigentlich sollten. Sie hatten überhaupt keine Angst, man würde sich mit Gewalt ihres Vermögens bemächtigen, hatten sie doch Saladins Zusicherung. Denn hätten sie gedacht, man würde ihnen Gewalt antun, so hätten sie mehr gegeben, als sie gaben."

DER AUSZUG

Imad-ad Din beschreibt, wie die ausgelösten Franken Jerusalem verlassen:

„Die Freng schickten sich nun an, ihre Häuser auszuräumen... und suchten sich ihrer Habe, Möbel, Vorräte zu niedrigen Preisen zu entäußern. Manche Gegenstände blieben gleichwohl zurück und fielen den neuen Eigentümern der Wohnungen zu. Die Hauptkirche, die Kumâme (Grabeskirche), war im Besitz kostbarer Teppiche, Vorhänge und seidener Gewebe, weil man hier das Grab Jesu verehrte, die überdies noch mit goldenen und silbernen Fäden in der verschiedensten Art durchwirkt waren. Der Patriarch nahm alles mit sich fort, so daß ich zu Saladin sagte: »Es wurde ihnen nur Sicherheit für die eigene Habe zugesagt, auf keinen Fall jedoch für diese Wertsachen. Das geht in die Tausende, was sie da eingepackt haben!« Saladin entgegnete: »Wenn wir das Mitnehmen dieser Dinge untersagen, so werden sie uns des Vertragsbruchs bezichtigen.«“

SALADINS GROSSMUT...

Das gesammelte Geld reicht bei weitem nicht aus, um alle Unbemittelten freizukaufen. Nach Ernoul läßt Saladin etwa zehntausend Christen ohne Bezahlung abziehen. Schließlich ordnet Saladin an, alle älteren Gefangenen freizulassen. Ernoul:

„Also befahl er (Saladin)... man solle in ganz Jerusalem verkünden, die armen Leute sollen die Stadt verlassen. Weiter befahl er... den Wärtern am Davidstor, sie sollten alle in Haft nehmen, die Geld für ihren Freikauf bei sich hätten. Die Wärter stellten die jungen Leute und die jungen Frauen zwischen zwei Mauern auf, und die Alten wurden aus der Stadt geschickt. Diese Durchsuchung der ausgewiesenen Leute dauerte von Sonnenuntergang bis Sonnenaufgang, und sie wurden sodann durch die Tür herausgelassen. Dies war das Almosen, das Saladin zahllosen armen Leuten gab.“

Saladin läßt Gefangene in Fesseln legen. Miniatur um 1350.

...WERDEN GRENZEN GESETZT

Ernoul meint, Saladin hätte noch mehr Arme freigelassen, wenn sich nicht folgernder Vorfall ereignet hätte:

„Ein Mann ging zusammen mit den anderen armen Leuten. Auf der Schulter trug er einen Krug, der an einem Stock befestigt war. Da waren Sarazenen, die waren sehr gläubig, nämlich Mönche, die man Asketen nennt. Sie verabscheuen unter sich den Wein, wie wir die Wollust. Einer dachte, dieser Krug sei voller Wein und sagte: »Diese Schweine dürfen keinen Wein mitnehmen. Deshalb hat Gott die Stadt von ihnen gesäubert.« Mit einem Stock, den er bei sich hatte, schlug er auf den Krug ein, zerschmetterte ihn, und das Vermögen, das sich darin befand, kullerte heraus. Die Sarazenen waren verblüfft und ließen Saladin wissen, die Christen würden sich mit ihrem Vermögen davonmachen und wollten die Armen nicht freikaufen."

DAS SCHICKSAL DER ZURÜCKGELASSENEN

Nach Ernoul zählte Saladin elftausend Christen, die in Jerusalem zurückgeblieben waren. Imad ad-Din berichtet, daß siebentausend Männer und achttausend Frauen und Kinder versklavt wurden. Mit blumigen Metaphern beschreibt der Chronist ausführlich die Vergewaltigung junger Christinnen:

„Wie viele behütete Frauen wurden entehrt, herrschende beherrscht, junge Mädchen geheiratet, wieviel Keusche mußten sich hingeben, wieviele Verborgene verloren ihre Scham, wieviele Ernste wurden verhöhnt, wieviele Freie genommen, wieviele Begehrliche erschöpft. Wieviele Anmutige wurden verführt, wieviele Jungfrauen entjungfert, Anmaßende geschändet, Rotlippige ausgesaugt, Braune hingestreckt, und Unbezähmbare gezähmt. Glühende entflammten sich an ihnen, Ledige befriedigten sich, Erregte verbrauchten ihre Glut."

DER SIEG WIRD AUSGEWERTET

Imad ad-Din war nach Jerusalem geeilt, weil er dort gebraucht wurde:

„Meine Anwesenheit war wegen der vielen Siegesdepeschen notwendig, welche die anderen Schreiber nicht nach dem Geschmack ihres Herrn (Saladin) aufgesetzt hatten. Ich ließ an diesem Tage siebzig Briefe abgeben, darunter ein Schreiben an den Diwan in Bagdad."

Der Chronist wird für seine Dienste entlohnt:

„Von ihnen blieben noch fünfzehntausend übrig, welche auf den Befehl des Sultans in den Städten als Gefangene untergebracht wurden. Mir fielen Weiber und Jünglinge als Beuteanteil zu..."

Die Rückeroberung der heiligen Stätten in Jerusalem löst in den islamischen Ländern Jubel aus. Saladin fördert seinen Ruhm durch Siegesmeldungen in alle Richtungen. Am Hof des Kalifen in Bagdad ist Saladins Stellung gefestigt. Der kurdische Emporkömmling hat nach der Wiedervereinigung Ägyptens mit Syrien auch noch das heiligste alle Werke verrichtet.

DIE RÜCKVERWANDLUNG

Als Zeichen des Triumphes wird das Kreuz vom Felsendom entfernt und im Inneren wieder eine Moschee eingerichtet. Ernoul:

„Saladin ließ den Tempel mit dem Rosenwasser reinigen, das aus Damaskus gebracht worden war, betrat den Tempel, betete Gott an und dankte ihm, daß er ihm Herrschaft über dieses Haus gegeben habe."

Imad ad-Din berichtet:

„Über der Sahra (heiliger Felsen) hatten die Freng eine Kirche errichtet und so den alten Plan verwischt. Durch eine Mauer war der Felsen unsichtbar geworden... An diese Stelle kam ihr Altar, gegen den sie unaufhörlich ihre Hände ausstreckten... Er war mit Bildern und Statuen geschmückt... der heilige Stein wurde auf den Befehl des Sultans wieder aufgedeckt und es war alles wieder wie in alter Zeit... Al-Adil brachte mit seinem Gefolge Lasten von Rosenöl und Gold zur Verteilung unter die Armen, fegte die Mauern, goß Öl auf, wusch die Wände

und zündete Wohlgerüche an... Am zweiten Freitag nach der Eroberung von Kuds begab sich der Sultan in die Moschee Aqsa, welche fürstlich geschmückt und mit andächtig Betenden gefüllt war. Mächtig begeisterte das beredte Wort des Kadi Muhi ad-Din Abu l'M'ali, der auch an den folgenden Freitagen die Predigt hielt. Das Thema der Reden... betraf die Hauptfrage des Tages, den heiligen Krieg, der mit Gottes Hilfe siegreich durchgefochten werden wird."

DIE RACHE FINDET NICHT STATT

Saladin läßt weiter den heiligen Kampf fordern, hält sich aber nicht an die Parolen der eigenen Propaganda. Der christliche Chronist teilt mit, was sich in den gleichen Gassen abspielt, in denen die Kreuzfahrer 88 Jahre vorher die Kreuzzugsidee systematisch an Muslims und Juden exekutiert hatten. Ernoul:

„Ich werde erzählen, wie Saladin die Stadt Jerusalem bewachen ließ, damit die Sarazenen den Christen in der Stadt nichts Übles antun konnten. In jeder Straße stellte er zwei Ritter und zehn Sergeanten auf, um die Stadt zu bewachen. Sie bewachten sie so gut, daß keine Übergriffe auf Christen bekannt wurden... Saladin ließ die Christen Tag und Nacht vom Heer beschützen, damit ihnen kein Übel angetan werde und die Übeltäter sich nicht anschleichen konnten."

Saladin sieht auch davon ab, die Schändung der islamischen Heiligtümer im Jahr 1099 mit gleicher Münze heimzuzahlen. Imad-ad-Din:

„Zu Anfang der Eroberung hatte Saladin den Christen den Besuch der Grabeskirche strengstens untersagt. Einige rieten, sie vollständig zu zerstören und der Erde gleich zu machen, damit diesen Wallfahrten ein Ende bereitet werde. Doch sprach sich eine größere Anzahl gegen die Zerstörung aus: »Die zum Kreuzesort und zum Grabe des von ihnen Angebeteten pilgern, blicken nicht auf die Gebäude. Darum wird diese Brut nicht aufhören zu pilgern, auch wenn die Erde in den Himmel erhoben wird. Auch hat... Kalif Omar am Anfang des Islams, als er Kuds eingenommen hat, sie hier wohnen und ihre Gebräuche ausüben lassen.«"

Viele orientalische Christen bleiben in Jerusalem. Imad ad-Din:

„Manche Christen zahlten neben dem Lösegeld noch einen Tribut und blieben in Kuds in aller Ruhe ansässig. Es wurden... vier Priester zum Dienst in der Kumâme (Grabeskirche) bestimmt, die von der Steuer befreit wurden... Tausende von Christen blieben in der Stadt und ihrer Umgebung und gingen friedlichen Beschäftigungen nach."

Für die Wiedereröffnung der Grabeskirche gab es auch außenpolitische Gründe. Der Kaiser in Konstantinopel hatte Saladin zu seinem Sieg gratuliert und um die Rückgabe der Grabeskirche gebeten. Nun zieht hier wieder die griechisch-orthodoxe Kirche die frommen Abgaben ein. Auch der Statthalter Saladins wird Nutznießer christlicher Pilgerschaft. Jerusalem ist wieder für Juden, Muslims und Christen zugänglich.

DER HEIMWEG

Die Lateiner, die Jerusalem verlassen, läßt Saladin zur Grenze eskortieren. Ernoul:

„Saladin befahl, sie in drei Gruppen einzuteilen. Die Templer sollten den einen Teil führen, die Johanniter den anderen, Balian und der Patriarch den dritten. Saladin... wies jeder Gruppe von ihnen fünfzig Ritter zu, um sie unversehrt in die Christenheit zu führen. Ich werde euch sagen, wie das vor sich ging: Fünfundzwanzig Ritter bildeten die Vorhut und fünfundzwanzig die Nachhut. Die Ritter der Vorhut legten sich am Tag nach dem Essen zur Ruhe... Abends stiegen sie in voller Ausrüstung zu Pferde und ritten die ganze Nacht um die Christen herum, damit sich keine Übeltäter hereinschleichen konnten. Sobald die Ritter der Nachhut einen Mann, eine Frau oder ein Kind sahen, die erschöpft waren, ließen sie ihre Schildknappen absitzen und zu Fuß laufen... Dieselben trugen die Kinder vor und hinter sich auf ihren Pferden."

NÄCHSTENLIEBE IM NORDEN

Nach Ernoul empfangen die Christen im Norden die Flüchtlinge wenig brüderlich. Tyrus und Tripolis sind mit Flüchtlingen überfüllt und schließen die Tore. Christliche Ritter eignen sich die Wertsachen der Flüchtlinge an. Ernoul:

„Die Leute von Nefin und Tripolis benahmen sich übler als die Sarazenen. Denn die Sarazenen führten sie in die Rettung, wie ihr es gehört habt, und spendeten ihnen große Mengen Proviant. Jene aber raubten sie aus und sperrten ihnen die Zuflucht."

Ein Teil der Flüchtlinge bleibt vor Tripolis, die anderen werden erst in Antiochia eingelassen.

*Alexandria.
Miniatur 15. Jahrhundert.*

NÄCHSTENLIEBE IM SÜDEN

Ernoul fährt fort:

„Die Leute aus Askalon... und ein Teil der Leute aus Jerusalem begaben sich nach Alexandria, wo sie im Land der Sarazenen besser empfangen wurden, als die anderen in Tripolis. Als sie im Lande Alexandria angekommen waren, wurden sie vom Amtmann sehr gut empfangen. Er ließ einen Schutzzaun um sie aufrichten und ließ sie Tag und Nacht den ganzen Winter lang bewachen. Nun sage ich euch, was die Sarazenen Tag für Tag taten. Ehrenwerte Männer der Stadt begaben sich nach draußen und schenkten den Christen große Mengen Brot, Wein und Geld. Die reichen Christen, die Goldstücke hatten, verwendeten sie aber zum Kauf von Waren, die sie auf die Schiffe luden. Damit erwarben sie sich dann zuhause ein großes Vermögen... Im Hafen von Alexandria überwinterten achtunddreißig Schiffe von Pisanern, Venezianern und Genuesern..., bei denen die Flüchtlinge im März Überfahrten buchten. Als sie sich eingeschifft hatten, begaben sich die Schiffskapitäne zum Amtmann von Alexandria, entrichteten die Gebühr, die sie schuldeten, und verlangten von ihm die Herausgabe ihrer Steuerruder... Da sagte der Amtmann: »Ich gebe euch die Steuerruder nur, wenn ihr die armen Leute an Bord nehmt.« Die Kapitäne sagten: »Wir nehmen sie nicht auf, denn sie haben keine Schiffspassage bezahlt, und wir haben keinen Proviant für sie.« Darauf sagte der Amtmann: »Was wollt ihr also tun?« Sie sagten: »Wir lassen sie hier.« Und der Amtmann fragte: »Wie wollt ihr euch davonmachen? Wollt ihr sie hier lassen, damit sie zu Sklaven der Sarazenen werden, und das Wort gebrochen wird, das Saladin ihnen gegeben hat? Das darf nicht sein. Ihr müßt sie mitnehmen. Ich sage euch, ich werde mehr tun, um das Wort des Sultans zu halten. Ich werde euch hinreichend Brot und Wasser geben, und ihr werdet sie auf eure Schiffe aufnehmen. Denn sonst bekommt ihr eure Steuerruder nicht zurück.« Die Kapitäne... waren nun bereit, sie an Bord zu nehmen. Der Emir, der weise war und Gott fürchtete, obwohl er Sarazene war, sagte zu den Kapitänen und zu den Matrosen der Schiffe: »Kommt nach vorn und schwört mir auf euer Evangelium, daß ihr sie wohlerhalten und getreu zur Christenheit in einen rettenden Hafen bringen werdet, und nicht an einen anderen Ort, weil ich euch gezwungen habe. Bringt sie dorthin, wo ihr auch die reichen Leute hinbringt... Und wenn mir jemals zu Ohren kommt, ihr habt ihnen Schimpf und Schande angetan, werde ich es den Kaufleuten aus eurem Land heimzahlen, die sich hierher wagen." Und so zogen jene Christen heil aus dem Land Ägypten davon, die in Alexandria überwintert hatten."

REAKTIONEN IM ABENDLAND

Mit den Flüchtlingen erreicht auch die Nachricht vom Fall Jerusalems Europa. Trauer und Entsetzen befällt das Abendland. Die Meldungen werden nicht in sachlicher Form verbreitet. Die Propaganda will glauben machen, daß Saladin Palästina mit Feuer und Schwert überziehe. Die Kreuzzugsidee und das Zerrbild vom barbarischen Heiden werden wieder belebt. Ein Kölner Chronist zitiert die Nachrichten aus Palästina:

„Sie badeten im Blute der unseren... Das heilige Grab ist geschlossen."

Der deutsche Kaiser und die Könige von England und Frankreich nehmen das Kreuz.

DIE BESIEGTEN WERDEN SICH NICHT EINIG

Im Herbst 1187 scheitert die Belagerungsarmee Saladins an den Befestigungswerken von Tyrus. Königin Sibylle ersucht Saladin mehrfach um die Freilassung König Guidos von Lusignan. Im Sommer 1187 entläßt Saladin den König und einige seiner Gefolgsleute. Sie schwören, nie mehr die Waffen gegen Saladin erheben zu wollen und garantieren ihre Abreise ins Abendland. Guido denkt nicht daran, sich an den Eid zu halten. Aber wohin soll er sich begeben? In Tyrus wird Konrad von Montferrat von einer Fraktion der Barone unterstützt, die dem König die Niederlage von Hattin anlasten. In Tyrus braucht Guido also gar nicht erst vorzusprechen. Ende 1187 war Raimund von Tripolis gestorben, ohne einen direkten Erben zu hinterlassen. Die Grafschaft fällt an Bohemund IV., den Fürsten von Antiochia. In Tripolis haben Königin Sibylle und die Gefolgsleute des Königs Zuflucht gefunden. Also begibt sich der König ohne Königreich ebenfalls nach Tripolis. Dort findet sich schnell ein Kleriker, der den Eid löst, den Guido vor Saladin geleistet hat. Mit einer kleinen Truppe begibt sich Guido nach Tyrus, wo er die Stadttore verschlossen findet. Konrad von Montferrat verweigert die Übergabe der Stadt, deren formaler Oberherr eigentlich der König ist. Als Rechtstitel führt Konrad an, er halte die Stadt im Namen der europäischen Kreuzfahrerfürsten.

VORMARSCH AUF AKKON

Im April 1189 erscheint König Guido erneut vor Tyrus und wiederholt seine Forderung. Konrad bleibt bei seiner Ablehnung. Eine Flotte aus Pisa und sizilianische Kreuzfahrer sind bereit, sich König Guido anzuschließen. Sie beginnen im August 1189 mit der Belagerung von Akkon. Was als Verzweiflungstat beginnt, erweist sich als erfolgreich. Saladin kann die Belagerung nicht verhindern, da er einen großen Teil seiner Truppen entlassen hat.

SALADINS SCHWÄCHE

Nur ad-Din und Saladin hatten mehrere Male gezögert, in Schwächeperioden des Königreichs einen Angriff auf Jerusalem zu unternehmen. Es stellt sich nun heraus, wie berechtigt diese Haltung war. Nach der Eroberung von Jerusalem fehlt der moralische Impuls, der von den Dschihad-Parolen ausgegangen war. Imad ad-Din notiert, warum Saladin nicht in der Lage war, Antiochia anzugreifen:

„Der Sultan hätte sich gern gegen Antiochia gewendet, wenn er nicht die Ermüdung des Heeres, namentlich der fremden Kontingente, eine gewisse Lauheit für den heiligen Kampf, sowie eine starke Sehnsucht nach der Heimat und nach der Ruhe in der Armee bemerkt hätte."

So war es Saladin nicht gelungen, die Kreuzfahrerstaaten vollständig zu zerschlagen. Viel war allerdings nicht übriggeblieben: Die Städte Antiochia, Tripolis, Tortosa und Tyrus. Die Johanniter hielten die Burgen Krak des Chevaliers und Margat. Und auf einer Landzunge vor Akkon hat sich eine fränkische Belagerungsarmee festgesetzt. Sie wird Saladin daran hindern, den größten Triumph der Epoche auszukosten.

HOFTAG CHRISTI

Am 27. März 1188, acht Monate nach der Schlacht bei Hattin, finden sich in Mainz fast alle deutschen geistlichen und weltlichen Fürsten von Rang mit ihren Vasallen ein. Die hohen Herren sind durch die Nachrichten aus Palästina beunruhigt. Kaiser Friedrich I. nennt die Versammlung »Hoftag Christi«. Ein Legat des Papstes fordert auf, im Namen Gottes in den Heidenkampf zu ziehen. Die Versammelten sind dazu bereit. Neben religiösen Motiven spielen politische Erwägungen eine Rolle. Saladins Machtzuwachs wird als Bedrohung empfunden. Der Staufer Friedrich Barbarossa ist über sechzig Jahre alt, aber er nimmt die Herausforderung an. Der Kaiser versteht sich als der von Gott eingesetzte Beschützer der Christenheit. Die Rückeroberung Jerusalems würde diese Rolle unter Beweis stellen. Einige Chronisten zitieren Briefe, nach denen Friedrich ein großmäuliges Ultimatum an Saladin gerichtet habe. Seinem Selbstverständnis hätte dies durchaus entsprochen. Aber die Briefe dienten wahrscheinlich nur der Ausschmückung der Berichte über den Kreuzzug Friedrichs.

Zwei große Ziele hatte Kaiser Friedrich vor allem mit der Reichsidee verbunden: Die vollständige Unterwerfung der reichen oberitalienischen Kommunen und die Wahrung der königlichen Rechte gegenüber dem römischen Stuhl bei der Investitur der Bischöfe. Zur Durchsetzung beider Ziele hatte der Kaiser ein erhebliches Ausmaß von Gewalt angewandt. Die Zerstörung von Mailand und Crema hatte seinem Ruf geschadet, aber die Kommunen Oberitaliens nicht zur Unterwerfung bewogen. Die Einsetzung eines eigenen Papstes hatte sich als untaugliches Mittel erwiesen. In der Schlacht von Legnano im Mai 1176 entging der Kaiser nur knapp einer Niederlage gegen die Städte. Am Ende der Kriege in Oberitalien steht ein Kompromiß: Der Kaiser behält die Oberhoheit, räumt aber weitgehend das Recht zur Selbstverwaltung ein. Auch in den Kriegen gegen die Koalitionen des Papstes blieb Friedrich glücklos. Nach einem Sieg Venedigs über die kaiserliche Flotte unterwirft sich Friedrich im Juli 1177 auf dem Markusplatz Papst Alexander III. In der Sache waren sich Papst und Kaiser entgegengekommen. Gegen seinen innenpolitischen Gegner, Heinrich den Löwen, kann sich Friedrich im Jahr 1180 durchsetzen.

EIN TAGHELLES FEST

Die Konsolidierung des Reichs ließ der Kaiser an Pfingsten 1184 auf den Wiesen vor Mainz feiern. Zehntausende kamen aus ganz Europa. Die zeitgenössischen Chronisten haben den Hoftag als das größte aller Feste in deutschen Landen in den hellsten Farben beschrieben. Gelage und Turniere zeugten von der Sinnenfreude der höfischen Gesellschaft. Sänger und Spielleute unterhielten die hohen Herren und Bürger. Das Fest war teuer, aber der Kaiser war gut bei Kasse. Friedrich hatte nicht nur das Reich vergrößert, sondern auch seinen Reichtum. Verlorenes Königsgut gewann er zurück, förderte Handel und Gewerbe und gründete Städte. In den neuen Burgen und Pfalzen setzte er Beamte ein, und keine lehnsrechtlichen Gefolgsleute. Er nutzte das Neue, auch wenn es ihm um die Wiederherstellung des alten Kaisertums ging. Zu dem Neuen gehört auch die höfische Dichtkunst, die sich vom Latein und der Kirche gelöst hat. Heldenepos und Minnesang formulieren einen ritterlichen Ehrenkodex: Nur der Kampf für höhere Ziele gilt den Sängern und Poeten als tugendhaft. Die Kreuzzugsidee hat diese Entwicklung beeinflußt. Die Einholung des heiligen Grals und die Eroberung Jerusalems verschmelzen bald zu einem mythischen Endziel.

DER KAISER NIMMT DAS KREUZ

Als Friedrich im März 1188 den Hoftag in Mainz einberuft, steht er im Zenit seines Kaisertums. Aber es fehlte noch die letzte große und diesmal kompromißlose Tat. Saladins Triumph fordert ihn heraus und gibt ihm die Gelegenheit. Er ist bereit, einen Kreuzzug zu unternehmen. Der Kölner Chronist:

„Der Kaiser stellte die Frage, ob er sofort das Kreuz nehmen solle oder erst später. Er wollte nämlich erst nach einem Jahr ausrücken. Da nun alle ihm zuriefen, er möge es nicht verschieben, empfing er das Kreuz von Bischof Gottfried von Würzburg unter dem äußersten Jubel, unter Lobsprüchen und Freudentränen. Vor ihm hatte sein Sohn, Herzog Friedrich von Schwaben, das Kreuz genommen."

Kaiser Friedrich I. als Kreuzfahrer. Miniatur 13. Jahrhundert.

Mit der Teilnahme am Kreuzzug war wie üblich die Vergebung von Sünden verbunden. Fast alle Anwesenden nehmen das Kreuz, darunter viele Bischöfe und Fürsten. Friedrich mag fromme Gründe gehabt haben, aber seine Kreuznahme ist auch politisch folgerichtig. Eine erneute Krönung in der wiedereroberten Grabeskirche würde seinem Herrschertum eine mythische Weihe verleihen. Niemand im Abendland hätte ihm danach den Kniefall verweigern können.

DIE VORBEREITUNGEN

Kaiser Friedrich entsendet Botschafter an den Kaiser in Konstantinopel und den Sultan von Ikonion (Konya), um den Heerzug durch den Balkan und durch Kleinasien anzukündigen. Durch Erlasse zur Wahrung des Landfriedens verhindert Friedrich die Verfolgung der Juden. Auf dem Reichstag in Nürnberg zu Anfang des Jahres 1189 nehmen die diplomatischen Vorbereitungen Gestalt an. Vor einer Gesandtschaft des byzantinischen Kaisers, Isaak II., schwören deutsche Fürsten, das byzantinische Reichsgebiet friedlich zu durchqueren. Dafür versprechen die Byzantiner, das Kreuzheer zu unterstützen. Eine Gesandtschaft des Sultans von Ikonion, Kilidsch Arslan II., sichert die Förderung des Unternehmens in Kleinasien zu. Der Kölner Chronist beschreibt die weiteren Vorbereitungen:

„Vor Weihnachten (1188) schrieb der Kaiser an die Herzöge, Grafen und sämtliche Fürsten im Reich, welche sich mit dem Kreuz bezeichnet hatten..., er werde am Tag des heiligen Georg (23. April) nach Regensburg kommen. Wer für Christus sei, möge sich zu diesem Zug gerüstet dort einfinden, um mit ihm gegen Saladin aufzubrechen. Von Weihnachten an bis Mitfasten bedeckten, gleich dem Sand am Meer und den Gestirnen am Himmel, unzählbare Scharen von Kreuzfahrern zu Fuß und zu Pferde alle königlichen Heerstraßen... Der Kaiser hielt einen glänzenden Hoftag in Regensburg... hier umgürtete er seine Lenden für die Pilgerschaft zur Ehre Gottes und übertrug die oberste Leitung des Staates an seinen Sohn, den König Heinrich. Sein Heer bestand aus dreißigtausend Mann, von denen fünfzehntausend erlesene Ritter waren."

Die Zahlen dürften, wie üblich, übertrieben sein. Wahrscheinlich war das Aufgebot nur halb so groß. Der Kaiser legt auf dem Reichstag in Regensburg den Abmarsch auf den 11. Mai fest. Die Heerschau enttäuscht den Kaiser: Einige Fürsten ziehen nun doch die Wahrung irdischer Interessen in der Heimat der Pilgerschaft vor. Der Kaiser sorgt sich um die Disziplin der Truppe. Nur waffenerprobte Teilnehmer sind zugelassen, und jeder muß genügend Geldmittel vorweisen, um sich für zwei Jahre versorgen zu können. Wer zuwiderhandelt, wird mit Strafe bedroht. Jeder Abteilung ist ein Richter zugeordnet, der über das Wohlverhalten der Mannschaften zu wachen hat. Am 11. Mai bricht das Heer von Regensburg auf. Der Kaiser und die Fürsten mit ihrem Hofstaat reisen zunächst zu Schiff. Das Hauptcorps benutzt die Straßen entlang der Donau. Es ist die gleiche Strecke, auf der die Burgunder im Nibelungenlied ihrem Untergang entgegenziehen.

HEITERE TAGE

Am 15. Mai wird das Heerlager vor Passau aufgeschlagen. Der Dichter des Nibelungenliedes, der in dieser Zeit in der Passauer Gegend lebte, hat dem Schauspiel wahrscheinlich beigewohnt. Seine Schilderung der Ankunft der Burgunder in Passau klingt so, als sei sie von diesem Ereignis inspiriert worden:

„Sie wurden wohl empfangen von Freunden auf den Wegen. Zu Passau in die Stadt konnt' man sie nicht legen. Sie mußten über's Wasser, da fanden sie ein Feld. Da wurden aufgeschlagen beide: Hütten und Gezelt."

Größe und Pracht des kaiserlichen Aufgebots und des Burgunderheers der Dichtung ähneln sich verblüffend. Viele Aufenthaltsorte entlang der Donau sind identisch.

Herzog Leopold V. von Österreich gibt nach der Ankunft der Kreuzfahrer am 22. Mai in Wien ein glanzvolles Fest. Der Kaiser entläßt schlecht ausgerüstete und mittellose Pilger. Ein Chronist, der das Heer begleitet hat, wird als »sogenannter Ansbert« bezeichnet, weil die Autorenschaft nicht geklärt ist. Er soll hier aber der Einfachheit halber »Ansbert« genannt werden. Ansbert notiert:

„Von der Stadt Wien aufgebrochen, betrat er (der Kaiser) mit dem Heer des Herrn am 25. Mai ungarisches Gebiet. Auf freiem Feld... in der Nähe der Stadt Preßburg steckten sie ein Lager ab und blieben dort vier Tage. Der Herr Kaiser war nicht müßig, sondern traf bald Anordnungen über den Weg der Kreuzfahrer, bald untersuchte er Rechtsfälle streitender Parteien. Dazu gehörten auch zwei, die vor ihm im Duell die Entscheidung suchten. Damit keiner zu Tode kam, trennte er in frommer Sanftmut und Barmherzigkeit den Streit und versöhnte sie miteinander."

Am 4. Juni kommt das Kreuzheer in Gran (Esztergom), der Residenz des ungarischen Königs Bela III. an. Bela empfängt den deutschen Kaiser mit großer Herzlichkeit. Sie tauschen Geschenke aus und verbringen zwei Tage gemeinsam bei der Jagd an der Donau. Die Ungarn beliefern das Heer ausreichend mit Nahrungsmitteln. Die höfische Gesellschaft auf Reisen ist noch einmal in Festtagsstimmung. Im Nibelungenlied endet hier am Hof Etzels die Heerfahrt der Burgunder mit einem düsteren Gemetzel. Das Lied endet mit den Versen:

„Ich kann euch nicht beschreiben, was weiter noch geschah, doch Rittersleut und Frauen beweinen sah man da, und auch viel edele Knechte, der lieben Freunde Tod. Hier hat die Mär eine Ende, das ist der Nibelungen Not."

Das klingt so, als hätte der Dichter den Ausgang der kaiserlichen Heerfahrt vor Augen gehabt.

ENTEIGNUNG DER BAUERN

Ende Juni lagert das Heer vor Belgrad. Beim ersten Kreuzzug hatten Pilger die Stadt eingeäschert. Diesmal geht es disziplinierter zu. Zwei Adlige aus dem Elsaß werden enthauptet, weil sie den Frieden gebrochen haben. Hinter Belgrad ist das Land nach Kriegen zwischen den Bulgaren und Byzanz ausgeplündert. Die ärmeren Kreuzfahrer beginnen zu hungern. Die Deutschen zwingen die Bauern, die Verstecke ihrer letzten Vorräte preiszugeben. Die Details werden von den Chronisten verschwiegen. Der Kölner Chronist sieht um so schärfer die eigene Unbill:

„Sie kamen auf das Gebiet der Bulgaren, die ihnen mit angeborener Tücke einen unerwartet feindlichen Empfang bereiteten. Sie setzten den Unseren hart mit Pfeilen und Wurfspießen zu und wüteten mit unmenschlicher Grausamkeit. So durchzogen sie Bulgarien in großer Not und Gefahr. Einem gefangenen Bürger aus Aachen durchbohrten sie mit einem Pfahl die Eingeweide. Daher wurden fünf von ihnen, die man gefangen hatte, schmählich erhängt."

Am 24. Juli kommt das Heer in Nisch an. Die Stadt hat durch Kriege mit Byzanz Schaden genommen. Aber die Serben haben vorgesorgt und bieten auf dem Markt genügend Nahrungsmittel an. Auch Byzantiner hatten zugesagt, Lebensmittel für die Kreuzfahrer bereitzuhalten. Aber sie treffen in Sofia keinen Byzantiner an und schon gar keinen Markt. Erzürnt läßt der Kaiser das Heer nach Philippopel weitermarschieren.

KRIEGSÄHNLICHER ZUSTAND

Der byzantinische Chronist Niketas Choniates ist bei der Ankunft der Deutschen gerade Statthalter in Philippopel. Er notiert:

„Es konnte kein Jahr vergehen, das nicht Unglück über den Staat gebracht hätte. Es schien, als ob Gott bestimmt hätte, daß unsere Tage nicht friedlich vergehen sollten. Als wären die kampflustigen Barbaren rings um uns her nicht schon Plage genug für uns, zog auch noch aus weiter Ferne ein Unglück ungestüm heran: Friedrich, König der Deutschen. Er schickte eine Gesandtschaft an Kaiser Isaak und bat ihn um die Erlaubnis, auf dem Zug nach Palästina mit seinem Heer durch byzantinisches Gebiet wie durch Freundesland ziehen zu dürfen. Er bat ferner, der Kaiser möge ihnen Lebensmittel zum Kauf bereitstellen und ihm seinen Entschluß durch eine Gegengesandtschaft mitteilen. Der Generalpostmeister Johannes Dukas wurde also zu Friedrich gesandt und erhielt die Versicherung, daß der König das byzantinische Gebiet ohne Kampf durchziehen und keiner Stadt, keinem Dorf, keiner Festung, keinem Bollwerk etwas zuleide tun werde. Dafür verpflichtete er sich dem König gegenüber, daß die Byzantiner ihm Lebensmittel und Futter für die Pferde in reicher Fülle bereitstellen würden, so daß sein Heer keinen Mangel leiden werde."

Niketas bezeichnet Friedrich als König, weil es für ihn nur einen Kaiser gibt, nämlich den byzantinischen. Der Chronist teilt weiter mit, Johannes Dukas und ein weiterer Beamter seien beauftragt worden, die Deutschen zu versorgen. Niketas fährt fort:

„Durch ihre Verständnislosigkeit für das Erfordernis der Stunde sowie durch ihre Schlaffheit – die beiden Männer sind mir lieb und teuer, aber ich muß der Wahrheit, die mir noch lieber und teurer ist, die Ehre geben – erbitterten sie den König gegen die Byzantiner und erregten bei Kaiser Isaak den Verdacht, Friedrich sei sein Feind. So wurden die Eide gebrochen, die Lebensmittellieferungen blieben aus und ich, der ich das hier schreibe, wurde in viele Unannehmlichkeiten verwickelt. Ich war nämlich zu dieser Zeit damit betraut, den Bezirk Philippopel zu verwalten und die Steuer zu erheben. Einmal kam vom Kaiser der Auftrag, die Stadtmauer auszubessern und einen Graben zu ziehen, was ich in dieser bedrängten und gefahrvollen Zeit auch sogleich durchführte. Kurz darauf wieder befahl mir ein kaiserliches Schreiben in scharfem Ton, die Mauern zu schleifen, damit sie dem König nicht als Unterschlupf dienen könnten. Der König unternahm nun Streifzüge, um sich zu holen, was er zum Leben brauchte. Kaiser Isaak ließ die Gesandten des Königs nicht zurückkehren."

Die Deutschen umgehen die von den Byzantinern errichteten Straßensperren und besetzen Philippopel. Die meisten Byzantiner haben die Stadt verlassen, aber Armenier versorgen die Deutschen, so gut sie können. Kaiser Isaak beantwortet die Beschwerdebriefe Friedrichs mit Beleidigungen und tituliert den Kaiser mit »König«. Niketas Choniates erläutert die Motive Isaaks:

„Das schrieb Isaak, weil ihn Schwindelpropheten zu der falschen Meinung verleiteten, der König habe nicht die Absicht, nach Palästina zu ziehen, sondern sein ganzes Streben richte sich nur auf die Kaiserstadt. Sie weissagten nämlich, der König werde ganz unbestreitbar durch das Xylokerkos-Tor in die Stadt einziehen und zuerst das Grauenvollste verüben, später aber nach dem gerechten Maß Gottes alles heimgezahlt bekommen. Von diesem Vorurteil besessen, ließ der Kaiser das Xylokerkos-Tor mit Ziegeln vermauern. Er trug auch oft selbst einen ganzen Arm voll frisch geschmiedeter Pfeile herum, die er, wie er sagte, schärfen wolle, um sie in die Herzen der Deutschen zu schießen... Mit diesem Gerede machte er sich aber nur lächerlich."

Da die Deutschen keine Märkte vorfinden, plündern sie weiter die Bauern in der Umgebung aus. Als das byzantinische Heer einschreitet, kommt es zu Gefechten und einer regelrechten Schlacht. Der byzantinische Kaiser Isaak hat seine Politik geändert: Er hofft, das Kreuzheer aufhalten zu können. Die innerchristlichen Begegnungen enden aber regelmäßig mit einem Sieg der deutschen Ritter. Die Beziehungen zwischen den beiden Kaisern verschlechtern sich ständig. Als die Ritter ein Kloster ausrauben, greift Friedrich ein: Die kirchlichen Wertsachen werden zurückgegeben. Die erbeuteten Lebensmittel reichen für den Weitermarsch nicht aus. Die Unternehmung gerät ins Stocken, ihr Glanz beginnt zu verblassen. Niketas Choniates begibt sich nach Konstantinopel, um zwischen den beiden Kaisern zu vermitteln.

ISAAK UND SALADIN

Kaiser Isaak befindet sich in einer Zwickmühle. Saladin hatte die Grabeskirche in Jerusalem der byzantinischen Kirche unterstellt. Dafür hat Isaak die Eröffnung einer Moschee in Konstantinopel erlaubt. Saladin hat inzwischen vom Anmarsch der Deutschen erfahren und drängt Byzanz, ein weiteres Vordringen der Kreuzfahrer zu verhindern. Isaak hat das auch zugesagt, weil er Repressalien gegen den orthodoxen Klerus in Jerusalem befürchten muß. Aber die Deutschen sind in Moment bedrohlicher. Als Geste der Besänftigung läßt Isaak die deutschen Gesandten abziehen. Doch die Beziehungen bleiben gespannt.

WINTERKRIEG

Kaiser Friedrich verlegt einen Teil des Heeres nach Adrianopel und läßt das Winterquartier einrichten. Da nach wie vor keine Lebensmittel aus Konstantinopel eintreffen, läßt Friedrich nun auch die weitere Umgebung ausplündern. Die Deutschen verhalten sich wie im Krieg: Sie bringen Tausende von Griechen um. Am schlimmsten ergeht es den Bewohnern von Dimotika (Didymoteichon, Griechenland), die eigensinnig die Herausgabe ihrer Vorräte verweigern. Der Kölner Chronist:

„Als sie sich weigerten, ließ der Herzog von Schwaben voller Zorn die Seinigen zu den Waffen greifen, unternahm in der neunten Stunde des Tages einen Sturm auf die Stadt und errang einen so schnellen Sieg, daß er gegen Abend nach der Eroberung der Stadt fast alle Einwohner getötet hatte... So groß war in der Stadt der Überfluß an Dingen, daß er dem Heer zehn Wochen zum Lebensunterhalt vollständig ausreichte. Viele Ritter jedoch schweiften weiter in Haufen umher und töteten alle, die sie fanden."

Nach Ansbert wurden in Dimotika Frauen und Kinder verschont:

„Nachdem sie das Stadttor tapfer erbrochen hatten, eroberten sie die Stadt machtvoll am 24. November, und wenn auch ziemlich viele durch Geschosse verwundet worden sind, so starben dort doch lediglich drei Ritter auf unserer Seite. Alle aber, auf die man in der Stadt stieß, außer den Kleinkindern und Frauen, wurden mit der Schärfe des Schwertes getötet; man zählte sie auf mehr als fünfzehnhundert."

FRIEDRICH BEDROHT KONSTANTINOPEL

Die Chronisten schildern mehrere rigorose Operationen der Deutschen während der Kreuzfahrt. Sie melden aber in keinem Fall die Anwesenheit des Kaisers, sondern betonen seine Ritterlichkeit und Vertragstreue. Als Kaiser Isaak auch im November nicht einlenkt, reift in Friedrich allerdings doch der Entschluß, Konstantinopel zu erobern. Der Kaiser weist die mit ihm verbündeten italienischen Städte an, den Angriff mit Kriegsschiffen zu unterstützen. Kaiser Isaak erkennt schnell die Gefahr und nimmt über Botschafter im Februar 1190 die Verhandlungen wieder auf. Der Vertrag wird vom Patriarchen von Konstantinopel unterzeichnet und in der Hagia Sophia öffentlich verlesen und fünfhundert byzantinische Bürger und Kleriker beschwören das Abkommen. Es regelt die Marschroute, die Anzahl der Transportschiffe, den Wechselkurs für Münzen, die Stellung von Geiseln und die Entschädigung für Inhaftierte. Friedrich hat sich auf der ganzen Linie durchgesetzt. Eine Delegation des Sultans Kilidsch Arslan, die sich seit ihrer Ankunft in Konstantinopel in Haft befand, wird nun entlassen. Der Sultan läßt ausrichten, die Deutschen könnten weiter mit seiner Unterstützung rechnen. Schlechte Nachrichten für Saladin.

BESCHWERLICHER MARSCH

Anfang März bricht das deutsche Heer in Adrianopel auf. Der Vertrag zwischen den Deutschen und Byzanz regelt eine Marschroute, die auf dem kürzesten Weg nach Kleinasien führt und Konstantinopel vermeidet. Bei schlechtem Wetter brauchen die Deutschen zwei Wochen, um die Dardanellen zu erreichen. Der Regen hat die Wege aufgeweicht und die schweren Karren bleiben stecken. Proviant, Waffen und Zelte werden auf Lasttiere verladen. Am 21. März erreichen die Kreuzfahrer die Dardanellen bei der Hafenstadt Gallipoli (Gelibolu).

DIE ÜBERFAHRT

Trotz des schlechten Wetters beginnt die byzantinische Flotte sogleich mit dem Transport des Kreuzheeres. Niketas Choniates:

„Hierauf wurde eine große Zahl von Pferdefähren nach Gallipoli gebracht. Denn man war auch übereingekommen, daß der König mit seinem gesamten Heer in bloß zwei Überfahrten übergesetzt werden solle. Der König fürchtete nämlich, wenn sein Heer in kleineren Gruppen übergesetzt würde, könnten die Byzantiner vertragsbrüchig werden und die jeweils kleinen Abteilungen überfallen. So kam er in nicht mehr als vier Tagen an das östliche Ufer."

Regen und Wind behindern die Verladung und zwingen einige Schiffe aus Venedig, bei Gallipoli zu ankern. Die Venezianer hatten Lebensmittel für den Markt in Konstantinopel geladen. Nun bestimmen die Kreuzfahrer die Preise und kaufen die Ladung auf. Während der Kaiser auf eine Besserung des Wetters wartet, findet sich eine Delegation aus Pisa ein und bietet ein Bündnis gegen Byzanz an. Friedrich läßt ausrichten, die Angelegenheit sei erledigt und er befände sich auf dem Weg nach Jerusalem.

VERARMUNG EINIGER PILGER

Friedrich hatte nach seinen Erfahrungen auf dem zweiten Kreuzzug eine rein militärische Operation geplant und die Unbewaffneten und Mittellosen wieder nach Hause geschickt. Unterwegs ist nun offenbar vielen Kreuzfahrern das Geld ausgegangen. Die Kölner Chronik vermerkt jedenfalls:

„Am Gründonnerstag und weitere sieben Tage setzte der Herzog von Schwaben mit dem ganzen Heer über. Am achten Tag überzeugte sich der Kaiser, daß man alle armen Pilger hinübergebracht hatte, bevor er das Schiff betrat. Als er endlich mit dem königlichen Schiff hinübergefahren war und zu den Seinen ans Land gestiegen war, sprach er voller Freude in Christo und zur Ermunterung des Heeres: »Brüder habt Mut und Zuversicht. Das ganze Land ist in euren Händen.«"

Friedrich läßt die Geiseln frei und befiehlt einige Tage später den Aufbruch in das Innere Kleinasiens. Kaiser Isaak hat die Versorgung der Deutschen zugesichert und landeskundige Führer gestellt. Auf dem ersten größeren Markt in Pegai (Biga) können sich die Kreuzfahrer ausreichend versorgen. Unterwegs legen sich griechische Räuber leichtfertig mit den Kreuzfahrern an und werden zu Dutzenden erschlagen. Das Land, das vor ihnen liegt, ist durch die türkisch-byzantinischen Kriege verwüstet. Jeder ist verpflichtet, Proviant für sieben Tage mitzuführen. Die Pilger, denen inzwischen das Geld ausgegangen ist, sehen kargen Zeiten entgegen.

EHERNE STANDBILDER

Am 21. April lagert das Heer vor der byzantinischen Stadt Philadelphia (Alasehir). Es kommt zu Reibereien. Die Griechen sind erregt, weil die Deutschen auf den Feldern die Saat niedertrampeln, die Deutschen hadern wegen der sprunghaft angestiegenen Preise. Einige Einkäufer werden nach einem heftigen Wortwechsel verhaftet. Im Heer wird sofort der Ruf laut, die Stadt im Sturm zu nehmen, und eine Abteilung rückt gegen ein Stadttor vor. Der Kommandant eilt erschrocken in das Lager der Deutschen und verspricht Genugtuung. Der Kaiser lenkt ein und befiehlt, den Angriff einzustellen. Einige Griechen waren von den deutschen Bogenschützen schon von den Mauern geschossen worden.

Als das Heer am nächsten Tag weiterzieht, kommt es zu einem Gefecht. Niketas Choniates:

„Als der König (Friedrich)... von Philadelphia aufbrach, überfielen die verwegenen Bewohner dieser Stadt, die sich hervortun wollten, räuberisch einen Teil seines Heeres und reizten ihn damit zum Kampf. Es ging ihnen aber nicht nach Wunsch. Als sie erkannten, daß sie gleichsam an eherne Standbilder und unverwundbare Giganten geraten waren, schauten sie nur noch, daß sie davonkamen."

Ende April kommt das Heer in Laodikeia (bei Denizli) an, der letzten größeren Stadt auf byzantinischem Gebiet. Die Griechen sind hilfsbereit, aber der Markt ist wegen der Grenzkriege spärlich. Die Deutschen können sich nur unzureichend mit Proviant versorgen. Insgesamt hatte Byzanz den Marsch der Deutschen doch gefördert und damit das Abkommen mit Saladin gebrochen.

SALADIN IST GEWARNT

Im Lager findet sich eine türkische Delegation des Sultans Kilidsch Arslan ein, um dem Heer sicheres Geleit zu bestätigen. Saladin, der die Belagerer vor Akkon noch nicht vertreiben konnte, muß nun ernsthaft mit dem Kreuzheer rechnen. Imad ad-Din zitiert Briefe aus der Kanzlei Saladins:

„Wo ist die Kraft der Muslims und wo der Eifer und die Hingebung der Gläubigen. Wir dürfen nicht überrascht sein von den Siegen der Ungläubigen und der Trägheit der Unseren. Niemand hört den Schrei um Hilfe. Seht auf die Freng, welchen Weg sie einschlagen, welche Opfer sie bringen, welche Hilfe sie erhalten, welches Geld sie verausgabt haben und welchen Beistand sie sich untereinander leisten. Kein König bleibt in ihrem Land und auf ihren Inseln zurück, ein jeder von ihren Großen und Mächtigen will für die Anhänger seines Glaubens eintreten... Bischöfe und Patriarchen kommen heraus mit ihren Kreuzen, die sie gegen das Unglück feien. Sie schreien, daß dieses Land ihnen gehöre und daß ihre Brüder in Jerusalem vom Islam ermordet worden seien. Sie sagen auch, daß es ein verdienstvolles Werk sei, Haus und Hof zu verlassen, um gegen den Islam zu ziehen. Und es bewirke die Vergebung der Sünden. Danach legten sie die Eisenrüstung an. Wer zu schwach ist, die Reise selbst zu machen, trägt nach Vermögen und Kraft dazu bei..."

Ibn al-Atir bemerkt:

„Der deutsche König zog heran; sein Volk, eine Art Franken, ist das stärkste und dem Mut nach das tapferste."

Saladins Kanzlei versendet mehrere Aufrufe zum heiligen Kampf. Der Sultan hofft, Kilidsch Arslan würde die Deutschen doch noch aufhalten.

ERSTE GEFECHTE

Da Gesandte Kilidsch Arslans sie nach Konya begleiten, erwarten die Kreuzfahrer dagegen eine Weiterreise ohne Zwischenfälle. Die Hoffnung trügt. Das Heer marschiert durch wasserarme Gebiete, die nur von nomadisierenden Turkmenen besiedelt werden. Ihre Reitertrupps greifen die Deutschen an und beschießen sie mit Pfeilen. Der Kaiser glaubt, Kilidsch Arslan breche den Vertrag. Die Gesandten des türkischen Sultans versichern aber, die Turkmenen handelten auf eigene Faust. Verhindern können die Turkmenen den Vormarsch der Deutschen nicht. Es kommt zu Gefechten, in denen die Deutschen unentwegt siegen. In einem Brief berichtet ein anonymer Kreuzfahrer:

„Wir zogen weiter und erlitten am 30. April durch Mangel an Wasser und Futter... einen unabsehbaren Verlust an Pferden... Bei uns waren die Gesandten des Sultans und seines Sohnes, die dem Herrn Kaiser große Geschenke gemacht und... sicheren Frieden zugesagt hatten. Trotzdem trafen wir auf eine große Menge Türken, die gegen uns in Schlachtordnung aufgestellt waren, um uns zu töten. Doch durch Gottes Gabe, mit ihm als Führer und Urheber und unter der Fahne des heiligen Kreuzes besiegten wir sie im Morgengrauen..."

Kurz vor der Stadt Sozopolis (Uluborlu) kommt es wieder zu Gefechten. Der Autor des Briefes:

„In dieser Gegend töteten wir bei einem engen Übergang... wieder eine große Menge Türken. Wir verspürten einen Mangel an Pferden, denn viele Pferde waren tot oder verwundet. Wegen der Kälte des Landes fanden wir kein Getreide und Gras... Da wir von den Gesandten des Sultans keinen Rat erhielten, bogen wir von der Heerstraße ab..."

DER HERZOG VERLIERT EINEN ZAHN

Auf dem Weg zur anatolischen Hochebene muß das Heer ein hohes Gebirge überwinden. Der Kölner Chronist:

„Als sie nun weiter vorrücken wollten, hatten die Türken... auf dem Weg nahe an den Bergen mit Steinen gefüllte Wagen aufgestellt und stürzten diese den Abhang hinab auf die Vorüberziehenden. Jedoch durch einen Wink Gottes... nahmen sie zwei Türken gefangen. Der eine wurde sofort getötet. Der andere versprach, ihr Führer zu sein, nachdem ihm Schonung zugesichert worden war. Er führte sie treulos über ein hohes Gebirge. Hier erlagen nicht nur viele Menschen sondern auch starke Pferde der Last des Gepäcks und der Hitze..."

Der Autor des Briefes beschreibt ein Gefecht beim Abstieg aus dem Gebirge:

„Das ständige Drängen der Türken mit Pfeilen, Schleudern und Steinen war so stark, daß unsere Leute voneinander getrennt wurden und sich in großer Not befanden. Der Herzog von Schwaben wurde verwundet. Ein oberer Zahn wurde völlig ausgeschlagen, und von einem unteren Zahn die Hälfte. Auch viele unserer Ritter wurden verwundet, aber nur einer getötet. Viele Saumtiere gingen zusammen mit viel Geld, Kleidern und Gefäßen verloren oder wurden getötet..."

OHNE WISSEN DES KAISERS

Ansbert berichtet über die Verluste der Türken:

„Dort fielen mehr als sechzig Mann von ihnen. Einige unserer Leute raubten auch Kamele, Schafe und Rinder in dieser Gebirgsregion. Am selben Tag kamen wir auf ebenes und bebautes Gebiet, wo ohne Wissen des Herrn Kaisers mehrere Türken mit ihren Frauen und Kindern niedergemetzelt worden sind."

Bei ihrem Weitermarsch auf der anatolischen Hochebene werden die Deutschen ständig angegriffen. Am 6. Mai fällt der Minnesänger Friedrich von Hausen bei der Verfolgung eines türkischen Reiters vom Pferd und bricht sich das Genick. Der Kölner Chronist:

„Hierüber entstand im Lager eine so große Trauer, daß sich nach dem Ende der Schlacht das Kriegsgeschrei in laute Klage verwandelte."

SECHSTAUSEND TOTE

Einen Tag später lagert das Heer vor der Stadt Philomelion (Aksehir). Inzwischen haben sich mehrere lokale Machthaber gegen die Deutschen verbündet. Der Autor des Briefes:

„Als die Türken gegen Abend unser Lager angriffen und schon aus einigen Quartieren Beute raubten, schlugen unsere Bewaffneten sie in die Flucht. Aus ihren Reihen fielen mehr als sechstausend Männer, darunter wurden dreihundertvierundsiebzig Edle aus der ganzen Türkei getötet. Von unseren Leuten kam niemand um, doch wurden viele Pferde getötet. Die Berge hallten wider vom Geschrei der Klagenden und nur die Nacht trennte uns voneinander. Doch begann bereits der Hunger unter uns die Oberhand zu gewinnen. Wein und Mehl waren ausgegangen, und mit anderen aß ich Pferdefleisch. Die Pferde kamen vor Hunger von Kräften, da wir weder Gras noch Saat fanden. Die Türken schnürten uns mit einem so großen Heer ein, daß niemand das Lager verlassen konnte. Wir aber töteten am Mittwoch vor Pfingsten (9. Mai) eine große Menge von ihnen."

In Philomelion finden die Deutschen weder Bewohner noch Lebensmittel vor. Die Stadt geht in Flammen auf.

WORTBRUCH

Der nächste größere Markt befindet sich mehrere Tagereisen entfernt in Ikonion (Konya). Dort residiert neben Sultan Kilidsch Arslan auch dessen Sohn Kutbeddin. Das Verhältnis zwischen Vater und Sohn ist gespannt. Der Sultan hatte den freien Durchzug zugesagt und Kutbeddin war offenbar damit einverstanden. Als sich das Kreuzheer aber nähert, ändert der jungen Sultan seine Haltung und setzt seine Truppen in Marsch. Die Kreuzfahrer müssen sich nun gegen zahlenmäßig überlegene Kräfte durchkämpfen. Während Hunger und Durst die Ritter schwächen, greift unablässig die leichte Kavallerie der Türken an. Der Chronist Ansbert:

„Der Hunger war schlimmer als jeder Feind. Er ließ den Preis für Ochsen und Kühe auf fünf Mark, zuweilen sogar auf neun Mark anwachsen. Ein kleines Brot wurde für eine Mark verkauft... Gewisse Leute, wenn auch sehr wenige, gingen plötzlich zu den Feinden über, aus Verzweiflung und auch vom Teufel umgarnt. Sie ließen dabei vom Vorhaben der heiligen Fahrt ab und gedachten nicht mehr – oh welch ein Schmerz! – der christlichen Religion. Einige Fußsoldaten waren von den Mühsalen ebenso wie von Hunger und Krankheit so erschöpft.., daß sie dem Heer nicht mehr folgen konnten. Sie beteten öffentlich das Glaubensbekenntnis... und warfen sich in großer geistiger Standhaftigkeit nach Art des Kreuzes auf den Boden und erwarteten im Namen des Herrn den nahen Tod. Als wir noch nicht weit entfernt waren, wurden sie von den uns verfolgenden Feinden enthauptet und wurden so zu Märtyrern Christi."

HELDENGESÄNGE

Am 13. Mai melden Späher den Anmarsch einer großen türkischen Armee. Zum Pfingstfest hält der Bischof von Würzburg eine flammende Predigt. Nach dem anonymen Autor der »Historia Peregrinorum« beendet der Bischof seine Rede mit den Worten:

„»Nach allen Übeln ist der Genuß der Wonnen um so süßer. Das Süße schmeckt dem besser, der vorher das Bittere gekostet hat. So wird das ersehnte Heil nach unseren Beschwerden alles verklären. Die Erinnerung daran wird euch vielleicht stärken.« Nach dieser Rede ermunterte der standhafte Kaiser alle und forderte sie zum Kampf auf. Sodann ließen sie nach alemannischer Sitte einen Kriegsgesang ertönen. Nach der Rückkehr zu den Zelten ließen sie sich an ärmlichen Tischen nieder und aßen kümmerlich, ohne satt zu werden."

Die meisten Kreuzfahrer begeben sich am nächsten Tag hungrig und zu Fuß in die Schlacht. Der Autor des Briefes:

„Nach dem heiligen Pfingstfest trafen wir auf Melek (Kutbeddin), den Sohn des großen Sultans, auf ein Heer in Schlachtordnung sowie auf eine große Menge Türken, etwa vierzigtausend Reiter. Wie Heuschrecken erfüllten sie die Erde. Gegen sie erhoben wir im Namen Christi vorne die siegreichen Adler und spürten keinen Hunger mehr oder das Fehlen der Verwundeten; obgleich wir kaum sechshundert zu Pferd waren, besiegten wir sie unter dem Zeichen des lebenspendenden Kreuzes und schlugen sie in die Flucht.

Melek, der Sohn des Sultans wurde vom Pferd gestürzt, seine vier liebsten Fürsten und viele andere wurden getötet. Etwas sehr Merkwürdiges ereignete sich. Wie schon früher hatte Ludwig von Helfenstein gesehen, wie der heilige Georg einigen unserer Schlachtreihen voranging und unserem Heer zur Hilfe kam. Das bekannte Ludwig bei der Heiligkeit seiner Pilgerschaft unter Eid vor dem Herrn Kaiser und dem Heer. Auch die Türken berichteten uns später, sie hätten einige Schlachtreihen mit weißen Gewändern auf weißen Pferden gesehen."

GEMETZEL IN IKONION

Am 17. Mai kommt das Heer vor Ikonion an. Im Gartenbezirk vor der Stadt finden die Kreuzfahrer genug Wasser, aber keine Lebensmittel. Allein die Vorräte in Ikonion können die Deutschen noch vor dem Verhungern bewahren. Daher befiehlt Friedrich den Angriff auf die Hauptstadt des Sultans. Der Kaiser will einen Teil der Truppen gegen das türkische Feldheer führen, während Friedrich von Schwaben mit dem anderen Teil die Stadt im Sturm nehmen soll. Ansbert berichtet, wie sich die Geistlichkeit auf die Schlacht vorbereitet:

„Die Bischöfe und viele Priester umgaben ihre Nacken zum Zeichen ihres Amtes mit der Stola, um sich dem höchsten Priester als Schlachtopfer anzubieten, weil sie begehrten mit der Stola der Unsterblichkeit bekleidet zu werden. Sie sprachen mit dem Apostel: »Wir wollen vernichtet werden und mit Christus zusammensein.«"

Kurz vor dem Angriff entlassen die Türken einen deutschen Gesandten aus der Haft. Wahrscheinlich wollte Kilidsch Arslan die Abmachungen erneuern. Er erscheint mit einem kleinen Aufgebot vor einem Stadttor, als wollte er im letzten Moment das Schlimmste verhindern. Aber es ist zu spät. Die Deutschen haben sich schon in Marsch gesetzt und der alte Sultan zieht sich in die Zitadelle zurück. Ansbert:

„Der... Herzog bezwang tapfer durch die Gnade Gottes mit seinen Truppen das erste Stadttor, das von einer Kriegerschar gehalten wurde... Er verfolgte alle, die er in der Stadt fand, bis zum Tor der stark befestigten Burg und durchbohrte sie mit seinem Schwert. Er nahm die Stadt und tötete ihre Einwohner. Nur die Schwäche der Ritter verhinderte die Eroberung der Burg. Die Ritter hatten nämlich fünfzehn Tage lang unter einer unglaublichen und unerhörten Hungersnot gelitten. Und während der oft genannte Herzog von Schwaben mit der Hilfe eines Engels des Herrn so in der Stadt triumphiert hatte, war der Heerhaufen des Kaisers außerhalb der Gärten der Stadt... von einer zahllosen Türkenschar umzingelt. Deren Stoßkraft war so stark, daß wir, die wir dort waren, den Tod unserem Nacken schon nahe sahen."

Der Autor des Briefes:

„Der Herr Kaiser... kämpfte auf dem Feld gegen andere Türken, und obwohl diese ungefähr zweihunderttausend Reiter waren, besiegte er sie durch die Kraft des Allerhöchsten und schlug sie in die Flucht."

Der Kölner Chronist:

„Der Herzog von Schwaben griff mit den ihm beigegebenen Leuten... sogleich die Stadt an und eroberte sie. Dabei tötete er ohne Erbarmen alle, die ihm in den Weg traten. Unterdessen leistete der Kaiser den Türken, welche ihn im Rücken hinterlistig angriffen, erfolgreichen Widerstand und tötete sehr viele. Als der Sultan den Untergang und die Vernichtung der Seinen sah, bat er den Kaiser um Gnade und gelobte, ihm Geleit zu geben..."

Der Autor des Briefes:

„Ikonion... gleicht an Größe der Stadt Köln. Wir blieben von Freitag bis Montag und es wurde viel Beute gemacht. Dann gab der Sultan, der sich mit seinen Leuten in die innere Burg zurückgezogen hatte, aus Angst vor dem Tod zwanzig Geiseln nach unserer Wahl. Wir haben sie noch heute als Gefangene, weil er die versprochene Treue nicht hielt."

FRIEDLICHER WEITERMARSCH

Kilidsch Arslan öffnet den Markt, stellt Geiseln und garantiert eine sichere Weiterreise. Die Deutschen können ausreichend Lebensmittel, Futter, Pferde und Esel einkaufen. Nach einer Woche erfolgt der Aufbruch. Das Heer marschiert auf dem kürzesten Weg nach Süden, um die Küstenstädte zu erreichen. Die Turkmenen der Region stellen die Feindseligkeiten ein, als Friedrich die Tötung der Geiseln androht.

ZEICHEN DES UNHEILS

Der Autor des Briefes:

„Am Freitag, dem 1. Juni... machten wir in Laranda (Karaman) Quartier. Zur Unzeit in der späten Nacht ereignete sich ein derartiges Erdbeben, daß wir dachten, die Schlachtreihen der Türken seien über uns hereingebrochen. Das war nach unserer Meinung ein Zeichen, daß sich mit unserem Herrn Kaiser etwas verändern würde."

Eigentlich besteht kein Anlaß zur Sorge. Sie nähern sich Gebieten, in denen sich armenische Christen behauptet haben. Ihr mächtigster Fürst, Leon II., unterhält gute Beziehungen zum römischen Stuhl und fühlt sich als Verbündeter des deutschen Kaisers. Am 7. Juni treffen armenische Adlige mit dem Kaiser zusammen und bieten ihm jede Unterstützung an. Sie dürften die Deutschen auf die Beschwerlichkeit des Abstiegs zum Meer hingewiesen haben. Er beginnt am 8. Juni. Es ist sehr heiß, einige ältere Bischöfe und Fürsten werden von ihren Knappen getragen. Immer wieder müssen die Ritter absitzen und ihren Pferden weiterhelfen. Das Heer löst sich in mehrere Abteilungen auf.

Seldschukische Kacheln. Konya. 13. Jahrhundert

TOD IM SALEPH

Der Autor des Briefes:

„Als wir weitermarschierten... zogen wir zum Saleph (Göksu). Dort stießen wir auf einen derartig rauhen und schwierigen Weg beim Übergang über die Berge, daß wir nur unter größtem Verlust der Habe am Sonntag... zum Saleph gelangten. Der Herr Kaiser überschritt auf einer Abkürzung in den Tälern der Berge ein reißendes Wasser, das ihn heil an das andere Ufer ließ. Nach den unendlichen und unerträglichen Strapazen... hielt er ein Mahl. Als er dann in diesem Wasser baden wollte, und es zur Erfrischung durchschwamm, versank er bei einem beklagenswerten Unfall durch Gottes verborgenen Ratschluß."

Auch der Kölner Chronist berichtet, der Kaiser sei beim Baden umgekommen:

„Der Kaiser war noch von der langen Anstrengung erhitzt und... stieg gegen den Willen aller in den Fluß, um sich abzukühlen. Und bald, auf Befehl dessen, der den Geist der Fürsten wegnimmt, fand er seinen Tod in den Fluten. Darüber müssen wir uns schmerzlich verwundern, weil dieser Fluß nicht sehr tief war. Die meisten bezeugten, man habe ihn auf einer Furt überschreiten können."

Nach Ansbert ist der Kaiser eher heldenhaft bei der Flußüberquerung ertrunken.

„Der Kaiser wollte die ungewöhnliche Hitze lindern und den Gebirgskamm umgehen. Daher wollte er den reißenden Fluß... durchschwimmen. Der Weise sagt: »Du sollst nicht gegen den Strom schwimmen.« Der Kaiser, in anderen Dingen so weise, war so unklug, sich mit der Kraft und der Strömung des Flusses zu messen. Obwohl jeder versuchte, ihn davon abzuhalten, ging er in das Wasser und tauchte in einem Strudel unter. Er, der so vielen Gefahren entronnen war, kam elend um."

Ein anonymer englischer Autor, liefert in seiner Chronik »Itinerarium Regis Ricardi« eine ähnliche Version:

„Aus dem Wunsch heraus, den Marsch früher aufzunehmen, beschließt er, den nahegelegenen Fluß zu durchqueren... Oh Meer, Erde, Himmel. Jener stets erhabene Lenker des römischen Reiches, durch den der Ruhm des alten Rom wieder erblühte... ach, er ging in den Wassern zugrunde. Wenn auch von allen Seiten seine Vertrauten herbeieilten, so löschte doch der plötzliche Tod das Flämmchen des greisen Lebens aus."

*Friedrich I. führt Ritter an.
Tod im Saleph. Miniatur um 1200.*

HERZSCHLAG BEIM BADEN?

Ob Kaiser Friedrich beim Baden einem Herzschlag erlag oder bei der Flußüberquerung ertrank, läßt sich nicht mit Sicherheit klären. Imad ad-Din vermischt beide Versionen:

„Der deutsche König wünschte sich, am Fluß zu baden, um den Schmutz zu entfernen, als ihn eine Krankheit ins Höllenfeuer stürzte. Es hieß auch, an einer Stelle hätten die Wogen seine Mannen fortgerissen. Der König wählte dann eine andere Furt, um den anderen voranzugehen. Hier wagte sich der König nicht ohne Besorgnis hinein, als eine Woge ihn fortriß. Er verletzte den Kopf an einem Baum. Man zog ihn noch atmend aus dem Wasser, und der Teufel brachte den deutschen Teufel mit Familie und Gepäck in die Hölle."

Saleph (Göksu).

Niketas Choniates spricht von Strudeln, was ebenfalls auf eine starke Strömung hinweist. Im Sommer macht der Göksu heute allerdings einen recht harmlosen Eindruck. Die Chronisten sprechen von anhaltender Hitze, also dürfte er nur wenig Wasser geführt haben. Eine Überquerung zu Pferd oder zu Fuß ist an vielen Stellen möglich, ohne schwimmen zu müssen, so wie es auch der Kölner Chronist beschreibt. Der Augenschein spricht für die Versionen des Kölner Chronisten und des anonymen Briefschreibers.

Wahrscheinlich ist der Kaiser also an einer Herzschwäche oder an einem Herzschlag beim Baden gestorben. Für den Todesort liefern das Gelände und die Chronisten einige Indizien. Der Historiker und Diplomat Ekkehard Eickhoff hat nach gründlichen Forschungen einen Flußabschnitt des Göksu als wahrscheinlichen Ort des Geschehens ausgemacht. An der vorbeiführenden Straße erinnert seit 1971 ein Gedenkstein an den Tod des deutschen Kaisers Friedrich Barbarossa.

DAS HEER LÖST SICH AUF

Das Heer war auf die Autorität und den Führungsstil Friedrichs zugeschnitten. Viele seiner Vasallen fühlten sich dem Kaiser mehr verpflichtet als der Kreuzzugsidee. Kaum ist der tote Kaiser aus dem Fluß geborgen, begeben sich die ersten Abteilungen auf den Heimweg. Die Stimmung der Kreuzfahrer spiegelt sich in den Klagen der Chronisten wider. Der Kölner Chronist hadert sogar ein wenig mit Gott:

„Gott, dessen mächtiger Hand niemand widerstehen kann..., tat wie es ihm beliebte. Gerecht zwar nach seinem unabänderlichen und unbeugsamen Ratschluß, doch nicht erbarmungsvoll, wenn dies zu sagen gestattet ist. Nicht erbarmungsvoll... wegen des Zustands der Kirche und der langwierigen Verheerung des Landes der Verheißung. An dieser Stelle des betrüblichen Berichts erlahmt unser Stil und verstummt unsere Rede, unfähig die Trauer und die Bedrängnis des in äußerste Gefahr gebrachten Pilgerheeres zu schildern... Nach dem Tod des Kaisers wählte das Heer seinen Sohn, den Herzog Friedrich von Schwaben, einen Mann von außerordentlicher Tatkraft und Klugheit, zum Oberfeldherrn."

Der Autor des Briefes:

„Überreste des Kaisers trugen wir mit der gebotenen Verehrung mit uns und gelangten bis zur berühmten Stadt Tarsus."

An der Küste stehen Schiffe zum Weitertransport bereit. Wer es sich leisten kann, setzt die Reise nach Palästina zu Schiff fort. Andere buchen die vorzeitige Heimfahrt. Der Rest des Heeres marschiert die Küste entlang. In Tarsus werden die leicht verweslichen Teile des Kaisers in der Kathedrale beigesetzt. In der Moschee, die später hier eingerichtet wurde, erinnert nichts an den deutschen Kaiser. Imad ad-Din beschreibt den Weitermarsch:

„In drei getrennten Abteilungen marschierten sie auf Antiochia zu. Die Krankheiten setzten ihnen dabei sehr zu. Die meisten gingen gestützt auf Stöcke, andere ritten auf Eseln ohne das Land zu kennen, durch das sie marschierten..."

Der Autor des Briefes meldet über den Marsch nach Antiochia:

„Doch endlich rückten wir nach Antiochia vor, wobei wir einen großen Verlust an unserer Habe erlitten und es sechs Wochen an Lebensmitteln mangelte, weil nichts Käufliches zu finden war."

ES WERDEN IMMER WENIGER

Die Kreuzfahrer erreichen Anfang Juli vollkommen entkräftet das lateinische Fürstentum Antiochia. Sie werden versorgt, aber das Mißgeschick bleibt ihnen treu. Als eine Seuche ausbricht, wütet sie natürlich besonders unter den geschwächten Deutschen. Die Gebeine des Kaisers werden in der St.-Peter-Kathedrale beigesetzt. Kirche und Grabmal haben die Zeitläufte nicht überdauert. Nach acht Wochen brechen die Überlebenden nach Süden auf. Nach Imad ad-Din werden die Deutschen unterwegs mehrfach angegriffen:

„Die Besatzung von Aleppo machte einen Ausfall auf den Straßen des Durchzugs und griff sie in den Sümpfen und Verstecken auf. Auf einen Mann kamen drei Gefangene und keiner erhielt Hilfe von seinen Begleitern. Durch diese Angriffe waren die Deutschen furchtsam geworden. Der Verkauf der Gefangenen erfolgte auf den Märkten zu billigsten Preisen... vor Akkon trafen von den Deutschen nur tausend Mann ein, die völlig erschöpft waren."

JUBEL IN AKKON

Im Feld unbesiegt und doch geschlagen kommen ein paar hundert Deutsche schließlich in Akkon an. Die hier belagerten Muslims hatten vom Tod des Kaisers gehört. Der anonyme englische Chronist schildert ihre Reaktion:

„Die belagerten Türken widersetzen sich... auf den Bollwerken der Stadt und bekämpfen die Angreifer, als – siehe – sich ein ungeheueres Geschrei erhebt. In der Stadt dröhnen die Stimmen jubelnder Leute und die Türken ersteigen die Türme und verhöhnen die an den Toren stehenden Christen heftig und rufen: » Was werdet ihr Elenden tun? Was erhofft ihr noch? Euer Kaiser, dessen Ankunft ihr erwartet, er ist ertrunken...« In der Stadt ließen sie die Trompeten schmettern, krächzten nach ihrer Sitte, lärmten mit ihren Trommeln und zeigten ihre Freude..."

Saladin ist hoch erfreut, daß nur ein kleiner Rest des deutschen Heeres vor Akkon eintrifft. Das Kräfteverhältnis ändert sich nur unwesentlich. Als vor Akkon im Januar 1191 auch noch der Herzog von Schwaben stirbt, bemerkt der Kölner Chronist:

„Wie groß im Herzen dieses Mannes die Ehrfurcht vor Gott gewesen war, kann jeder aus dem Folgenden erkennen: Auf dem Krankenbett wurde ihm von den Ärzten eröffnet, er könne geheilt werden, wenn er sich dem Liebesgenuß hingeben würde. Er antwortete, er wolle lieber sterben, als auf der Pilgerfahrt Gottes den Leib mit Wollust zu beflecken."

Aus der Betreuung der kranken deutschen Pilger vor Akkon ging der deutsche Ritterorden hervor. Mehr ist als Ergebnis der anfänglich so glanzvollen Unternehmung nicht zu melden. Der Kölner Chronist schließt seinen Bericht:

„Vereinsamt also und niedergebeugt und ohnmächtig wie Schafe, welche keinen Hirten mehr haben, trennten und zerstreuten sie sich voneinander und ein jeder machte sich auf den Weg in die Heimat, die Gesunden zuerst. So endete dieser Kreuzzug durch den Willen Gottes und seinen unerforschlichen Ratschluß, ohne den nichts Rechtes begonnen und ohne den nichts Heiliges vollführt wird, erfolglos und nichtig..."

Der Kreuzzug der Deutschen war überwiegend eine militärische Expedition und nur noch nebenher ein Pilgerfahrt. Folgerichtig war mit dem Tod des militärischen Führers der Kreuzzug beendet. Aber Saladin hat weiter Grund zu Sorge. Der englische König Richard und der französische König Philipp sind mit ihren Aufgeboten nach Akkon unterwegs.

TOD IN FRANKREICH

26. März 1199. Ein kleines Aufgebot von Rittern belagert die Burg Chalus im Herzen Frankreichs. Im Abendlicht nimmt ein Armbrustschütze einen Ritter im Vorfeld ins Visier. Der Ritter geht ungedeckt, sein Schild bleibt ungenutzt. Der Armbrustschütze löst die Sperre und trifft Richard Löwenherz, König von England und berühmtester Kreuzfahrer seiner Zeit. Die Umstände der Verletzung waren schon banal genug, nun stellt sich auch noch das Wundfieber ein. So stirbt kein Löwenherz. Richard läßt den Todesschützen an das Sterbebett holen und begnadigt ihn. Zur Größe verpflichtet, nimmt er Abschied mit einer großen Geste. Dem Todesschützen hat die Begnadigung nichts genützt: Er wurde doch noch umgebracht. Genützt hat die letzte große Geste des Richard Löwenherz allein dem Ruhm des Richard Löwenherz.

EHER FRANZOSE

Zur Welt kam Richard in England, vermutlich im Schloß Beaumont in Oxford, am 8. September 1157. Das Schloß ist verschwunden, aber an Richards ersten Auftritt erinnert eine Tafel am Straßenrand. In Richards Ahnentafel stammt nur Großmutter Matilde, die Tochter König Heinrichs I., aus England. Großvater Gottfried Plantagenet, der Ehemann Matildes, war ein Graf von Anjou. Aus dieser Ehe stammt Richards Vater, Heinrich von Anjou. Richards Mutter, Eleonore von Aquitanien, heiratete Heinrich von Anjou im Mai 1152. Ihre Ehe mit König Ludwig VII. war erst einige Wochen vorher von vier französische Bischöfen annulliert worden. Eleonore heiratet keinen armen Mann. Heinrich Plantagenet ist mit zweiundzwanzig Jahren schon Graf von Anjou und Herzog der Normandie. Eleonore bringt das reiche Herzogtum Aquitanien mit in die Ehe. Doch dabei bleibt es nicht. Als König Stephan von England stirbt, erkennt er Heinrich als Erben an. Im Dezember 1154 wird der junge Plantagenet als Heinrich II. zum König von England gekrönt. König Ludwig muß sich von dieser Machtzusammenballung bedroht fühlen. Um den Konflikt zu entschärfen, erkennt Heinrich den französischen König als Oberherren über die Normandie, Anjou und Aquitanien an. Aber diese Unterwerfung bleibt ein formaler Akt. Der Streit um den kontinentalen Besitz der Plantagenets wird sich über Jahrzehnte hinziehen und das Leben Richards überschatten.

AUSBILDUNG ZUM RITTER

Wie lange Richard in Beaumont blieb, ist nicht bekannt. Vater Heinrich war ständig unterwegs, er herrschte immerhin über England und halb Frankreich. Mutter Eleonore und die Amme dürften mit der Erziehung des Knaben Richard begonnen haben. Höfisches Benehmen und Singen lernte er wohl bei den Damen, lateinisch bei den Klerikern. Auch in der Dichtkunst war Richard geübt und er liebte den Kirchengesang. Die wichtigsten Fähigkeiten für das Leben eines Ritters erprobten adlige Jungmänner bei der Jagd und auf Turnieren, die oft das Ausmaß von Manövern annahmen und wegen Flurschäden und tödlicher Unfälle manchmal verboten wurden. Nach der Jagd wurden nicht die Geschichten der Heiligen erzählt, sondern die legendären Abenteuer der kriegerischen Vorfahren. Nicht christliche Moral leitete den Helden im Epos, sondern ritterliche Tugenden. In der Praxis hielt man sich allerdings selten daran.

KRIEG OHNE SCHLACHTEN

Im Jahr 1168 herrschte Krieg zwischen Heinrich und Ludwig. Die Söldnertrupps standen sich bei diesen Kriegen selten in Schlachtformation gegenüber. Adlige kamen gelegentlich auf Turnieren um, aber im realen Gefecht hielten sie meist den gebotenen Abstand. Die häufigste Kriegshandlung war die Belagerung von Burgen. Gefangene waren viel zu wertvoll, um sie zu töten. Adlige wurden gegen Lösegeld freigelassen und die Söldner schonten sich gegenseitig, weil sie dem gleichen Stand angehörten und oft miteinander befreundet waren. Eroberte Burgen wurden geschleift oder von Gefolgsleuten des Siegers übernommen. Wenn eine Burg den Belagerungsmaschinen standhielt, wurden die Bauern und Handwerker des Gegners ausgeplündert. Wer finanziell soweit geschwächt war, daß er keine Söldner mehr anmieten konnte, hatte den Krieg verloren. Da Heinrich reicher war als Ludwig, behielt er in der Regel die Oberhand. Im Friedensvertrag des Jahres 1169 wird Richards Verlobung mit Alice, einer Tochter Ludwigs, bestätigt. Das Mädchen wird der Obhut der englischen Krone übergeben.

VOM SINN DER EHE

Richard wird 1172 in Poitiers der Titel eines Herzogs von Aquitanien verliehen, er tritt also das Erbe seiner Mutter an. Wenn Eleonore in Poitiers Hof hielt, herrschte sicher Weltoffenheit. In Aquitanien blühte die Kunst der Troubadoure und Eleonore soll den Minnesang geschätzt haben. Über ihren realen Liebesaffairen liegen die Nebel des Tratsches und der Legende. Der Chronist Wilhelm von Newburgh merkt an, Eleonore habe in ihrer ersten Ehe unter der Keuschheit ihres Gatten gelitten:

„Eleonore nahm am meisten an der Lebensweise Ludwigs Anstoß und klagte, sie habe einen Mönch und keinen König geheiratet. Man sagt auch, daß sie noch während der Ehe... einer Heirat mit dem normannischen Herzog (Heinrich) zuneigte.“

Heinrich war alles andere als ein Mönch: Eleonore hat acht Kinder zur Welt gebracht. Richard muß allein mit drei männlichen Erben als Mitbewerbern rechnen: Mit Heinrich, der vor ihm geboren wurde, mit Gottfried und Johann. Heinrich sollte England und Anjou erben, Richard Aquitanien, die anderen den Rest. Der Plan enthält Zündstoff. Als König Heinrich dem erst fünfjährigen Johann drei bedeutende Festungen übereignet, ist alles klar: Der alte Heinrich will die Burgen selbst verwalten und so dem Zugriff des jungen Heinrich entziehen. Als Richard in Poitiers die Insignien der Herzöge von Aquitanien empfängt, wird er nur dem Namen nach Herzog. König Heinrich setzt seine Söhne nämlich nur symbolisch ein. Die reale Macht und das Steueraufkommen behält er für sich. Der junge Heinrich besteht darauf, einen Teil seines Erbes sofort zu übernehmen, aber Vater Heinrich winkt ab. Die Beziehungen zwischen König Heinrich und Eleonore waren nach der Geburt des achten Kindes (Johann) merklich abgekühlt. Ob die beiden sich je im heutigen Sinn »geliebt« haben, ist zweifelhaft. Was der König bei Frauen suchte, fand er offensichtlich bei seiner Konkubine Rosamund. Und Eleonore handelt nicht mehr als Königin von England, sondern als Herrin über Aquitanien.

Heinrich II., Richard Eleonore, Johann und der junge Heinrich. Miniatur um 1240.

ELEONORE REBELLIERT

Da Heinrich die Übergabe ihres Erbes an Richard verweigert, rebelliert Eleonore gegen ihren Gatten. Sie wirbt Söldner in ihrer Heimat an und schickt im Frühjahr 1173 Richard und Gottfried nach Paris. Auch den jungen Heinrich hält es nicht länger beim Vater. Der Chronist Robert von Torignei:

„Erzürnt zog sich Heinrich von seinem Vater zurück und gelangte nach Argenton. Von dort floh er zum König von Frankreich, ohne daß seine Diener, die der König für ihn abgestellt hatte, davon wußten."

Der Chronist zählt die Adligen auf, die die Partei des jungen Heinrich ergriffen hatten und fährt fort:

„Der König zerstörte bei all diesen die Häuser, Setzlinge und Wälder. Ebenso entfremdeten sich Königin Eleonore und ihre Söhne, Graf Richard von Aquitanien und Gottfried von der Bretagne."

Der französische König Ludwig ist über die Anwesenheit von drei Königssöhnen entzückt und hält erfreut einen Hoftag ab. Der Streit im englischen Königshaus stärkt seine Position. Feierlich schlägt er Richard zum Ritter.

HEINRICH VERHAFTET SEINE FRAU

Vater Heinrich läßt sich durch das Bündnis seiner Söhne mit König Ludwig nicht beeindrucken. Im November 1173 stößt er mit einem Söldnerheer bis Chinon vor und bedroht Aquitanien. Heinrich ist wesentlich reicher als seine Gegner, er kann mehr Söldner einstellen. Solche Fehden, auch unter Verwandten, waren nicht unüblich. Als Heinrich in Aquitanien eindringt, gelingt es ihm, Eleonore gefangenzunehmen. Richard, kaum sechzehn, versucht einen Gegenangriff auf La Rochelle. Die Verhaftung seiner Mutter Eleonore kann für Richard den Verlust Aquitaniens bedeuten. Die Bürger von La Rochelle zeigen indessen wenig Neigung zum Risiko: Sie schlagen sich auf die Seite des mächtigen Heinrich. Die Stadt lebt vom Weinexport nach England. Richard muß abziehen, der Krieg geht weiter.

SCHARMÜTZEL IN DER KIRCHE

Weil die Fehden der Feudalherren die allgemeine Wohlfahrt gefährdeten und dabei auch Kleriker und Kirchenschätze Schaden nahmen, hatte die Kirche solche Kriege verboten. Aber Heinrich und Richard verstoßen wie alle anderen ständig gegen das Gebot des Gottesfriedens. Auf einigen Miniaturen tragen Heinrich und Richard Kirchen in der Hand: Sie zeigen die Könige als Schutzherren der Kirche. Als besonders fromm galten sie den Zeitgenossen nicht. Richard hat die Messe gerne besucht, weil er den Gesang liebte. Im Frühjahr 1174 demonstrieren Vater und Sohn in Saintes eine sachliche Beziehung zur Kirche. Heinrichs Söldner kämpfen gegen die Gefolgsleute Richards, die in der Kirche Zuflucht gesucht hatten. Richard kann fliehen, hat aber keine Truppen mehr. Da König Ludwig und seine Brüder die Fronten gewechselt haben, muß Richard aufgeben. Im September 1174 unterwirft sich der Sohn dem Vater und bittet tränenreich um Vergebung. Heinrich verzeiht ihm, weil es die Staatsraison erfordert. Der Staat braucht Erben, und keine Gefangenen im Verlies. Heinrich beauftragt seinen Sohn, gegen rebellierende Barone vorzugehen.

ALICE IN ENGLAND

Im Jahr 1177 befindet sich Alice, die Tochter Ludwigs, fast acht Jahre lang im Gewahrsam des englischen Königs. Die Ehe zwischen Alice und Richard kommt nicht zustande, weil Heinrich große Gebiete um die Stadt Bourges als Mitgift fordert. Schließlich erreicht Ludwig, daß Papst Alexander III. König Heinrich mit dem Bann droht, falls die Heirat weiter verzögert würde. Im September 1177 halten die beiden Könige eine Friedenskonferenz in Nonancourt ab. Sie verhandeln erneut über strittige Besitzrechte, bekräftigen den Heiratsplan und schließen einen Waffenstillstand.

KREUZZUGSPLÄNE

Zuletzt kommen beide Könige überein, gemeinsam dem Königreich Jerusalem gegen Saladin beizustehen. Die Erklärung, eine Kreuzfahrt antreten zu wollen, dient aber nur der Imagepflege. Keiner der Beteiligten bereitet sich ernsthaft auf die Pilgerschaft vor. Heinrich erweitert seinen Besitz durch Landkauf ab und Richard übt sich weiter im Belagern von Burgen.

In Paris stirbt im Herbst 1180 Ludwig VII. Als Nachfolger wird Ludwigs Sohn als Philipp II. zum König von Frankreich gekrönt. Richards Geschick wird von nun an mit diesem Mann verbunden sein – gelegentlich als Freund, meistens als Feind. Sie werden erbittert um jeden Hektar Boden in Frankreich streiten, ohne eine einzige Schlacht zu schlagen. Richard wird auf gemeinsamer Kreuzfahrt der Erfolgreichere sein. Nach Richards Tod aber wird Philipp II. über Richards Bruder Johann triumphieren.

RICHARD – GRAUSAM UND LÜSTERN?

Bei einer Konferenz im Jahr 1182 in Grandmont beklagen sich aquitanische Adlige bei Heinrich über die Grausamkeit, mit der Richard bei der Niederwerfung von Rebellionen vorgeht. Einige Chronisten werfen ihm vor, er habe seine Untertanen unterdrückt und ungerechte Forderungen an sie gestellt. Der englische Chronist Roger von Hoveden zeichnet das düsterste Bild:

„Er entführte die Frauen, Töchter und Mägde seiner Untertanen mit Gewalt und machte sie zu seinen Konkubinen. Wenn er seine Lust mit ihnen gehabt hatte, gab er sie an seine Soldaten zur Erfreuung weiter."

Vater Heinrich scheint die Beschwerden über seinen Sohn nicht ernst genommen zu haben. Gemeinsam bekämpfen der König, Richard und der junge Heinrich eine Rebellion im Limousin. Aber die Einigkeit hält nicht an. Der junge Heinrich ist zwar formal der Haupterbe, verfügt aber immer noch nicht über eigene Territorien und Steuereinnahmen. Er erwägt eine Wallfahrt nach Jerusalem, versucht aber dann, seine irdischen Ziele durch ein Bündnis mit den Rebellen im Limousin zu erreichen. Bei Aix an der Vienne führt Richard seine Truppen 1183 gegen die Verbündeten seines Bruders Heinrich und behält die Oberhand. Die gefangenen Söldner läßt er in der Vienne ertränken. Das grausame Vorgehen sollte wohl als Warnung verstanden werden. Richards Sinn für symbolische Akte entwickelt sich. Das Gefecht an der Vienne ist Richards einzige Begegnung in Frankreich, die einer Schlacht nahe kommt.

FAMILIENKRISE

König Heinrich eilt mit Verstärkungen herbei, um die Rebellion seines Sohnes Heinrich zu beenden. Auf der anderen Seite entsendet König Philipp Truppen zur Unterstützung der Rebellen. Damit ist der Waffenstillstand gebrochen und von der Kreuzfahrt gegen Saladin ist keine Rede mehr. Der junge Heinrich, der sich durch Kirchenplünderungen mit Geld versorgt hatte, beginnt gerade die Oberhand über Vater und Bruder zu gewinnen, als er im Juni 1184 plötzlich stirbt. Die Rebellion bricht zusammen und die Erbfolge hat sich für Richard scheinbar vereinfacht. König Heinrich ist bereit, Richard zum Haupterben zu erklären, verlangt aber dafür Aquitanien für Bruder Johann. Empört begibt sich Richard nach Aquitanien, das ihm wichtiger ist als die Anwartschaft auf die englische Krone. Johann und Gottfried hausen daraufhin mit ihren Söldnern im Süden, und Richard fällt im Gegenzug in die Bretagne ein. König Heinrich ruft erschrocken seine Söhne nach England, um den Streit zu beenden. Er entläßt Eleonore aus der Haft und zwingt Richard, Aquitanien an Eleonore zurückzugeben. Heinrich erneuert im Frühjahr 1186 bei einem Treffen mit König Philipp die Abmachungen, die er mit König Ludwig im Jahr 1183 getroffen hatte. Richards Position als Erbe ist gestärkt, der Verlierer Gottfried begibt sich nach Paris. Bei einem Turnier im August 1186 gerät er unter die Hufe eines Streitrosses und stirbt an den Folgen.

ALICE NOCH IMMER IN ENGLAND

Im Frühjahr 1187 fordert König Philipp die Herausgabe nordfranzösischer Territorien und die Erfüllung des Heiratsversprechens. Philipps Schwester Alice befindet sich seit fast zwanzig Jahren in Heinrichs Obhut. Gerüchte besagen, der König hätte sie entjungfert. Im Juni 1187 stehen sich vor Châteauroux zwei große Armeen gegenüber. Heinrich und Richard auf der einen Seite, König Philipp auf der anderen. Es geht nicht um Alice, sondern wie immer um Burgen und Äcker. Auch die Schlacht von Châteauroux findet nicht statt. Das Risiko ist beiden Seiten zu hoch, man verhandelt und schließt, wie schon so oft, einen Waffenstillstand.

Ein päpstlicher Legat ist auch dabei und erinnert Heinrich an sein altes Versprechen, einen Kreuzzug zu unternehmen. Saladin bedränge die Christen in Palästina, läßt der Papst ausrichten, und die Feudalherren sollten lieber Heiden bekämpfen, statt in Europa Ländereien zu verwüsten.

SCHÜSSEL UND BETT

Nach der Konferenz begibt sich Richard mit Philipp nach Paris. Warum, bleibt ein Rätsel. Der Chronist Roger von Hoveden:

„Nach diesem Frieden blieb Richard gegen den Willen seines Vaters beim König von Frankreich. Der König ehrte ihn so, daß sie an manchen Tagen aus der selben Schüssel aßen und sie in den Nächten das Bett nicht trennte. Wegen dieser heftigen Zuneigung, die zwischen ihnen zu bestehen schien, war der König von England sehr erstaunt... Er schickte mehrfach Boten nach Frankreich, um seinen Sohn Richard zurückzurufen. Dieser schützte Friedfertigkeit vor.., zog aber nach Chinon und nahm gegen den Willen der Wächter den größten Teil der Schätze seines Vater weg."

Richard benutzt das Geld, um seine Burgen in Aquitanien zu befestigen. Aber plötzlich unterwirft sich Richard aus ebenfalls nicht erkennbaren Gründen wieder seinem Vater. Roger von Hoveden:

„Aber es kam durch Gottes Erbarmen, daß Richard nicht auf die Ratschläge schlechter Leute hörte und wieder zu seinem Vater zurückkehrte. Er wurde wieder sein Lehnsmann und schwor vor vielen Leuten, Klerikern wie Laien, auf die heiligen Evangelien die Treue..."

RICHARD NIMMT DAS KREUZ

Etwa zur gleichen Zeit wird das Heer des Königreichs Jerusalem bei Hattin vernichtet. Als die Nachrichten im Herbst 1187 eintreffen, gelobt Richard in der Kathedrale von Tours die Kreuzfahrt. Sein Sinn für Symbolik zeigt sich erneut: Er ist von den großen Fürsten der erste, der das Kreuz nimmt. Ende 1188 bricht Philipp den Waffenstillstand und belagert die Festung Gisors, die als Mitgift für Alice gedacht war. Philipp sieht nach Richards Kreuznahme keine Chance mehr für die Ehe und fordert Gisors zurück. Wieder kommt es nicht zum Kampf.

Bei den Verhandlungen zwischen Heinrich und Philipp steht plötzlich Jerusalem im Vordergrund. Der Bischof von Tyrus war angereist und hält eine bewegende Predigt. Beide Könige nehmen das Kreuz. Sie handeln unter dem Druck der öffentlichen Meinung. Der Fall Jerusalems hatte die Kreuzzugspropaganda wiederbelebt.

MEILENSTEIN DER GELDSCHÖPFUNG

In Le Mans zieht Heinrich Ende Januar 1189 finanzielle Konsequenzen aus der Kreuzzugsstimmung. Mit dem Edikt von Le Mans wird der Saladin–Zehnte eingeführt. Steuerpflichtig ist jeder, der nicht am Kreuzzug teilnimmt. Roger von Hoveden zitiert das Edikt von Le Mans:

„Nachdem König Heinrich das Kreuz genommen hatte..., ging er nach Le Mans, wo er in einer Versammlung anordnete:

(I.) Jeder gibt in diesem Jahr den Zehnten seiner Abgaben und beweglichen Habe zur Unterstützung des Königreichs Jerusalem. Dabei sind ausgenommen: Waffen, Pferde und Kleider der Ritter; Pferde, Bücher, Kleider und Mäntel aller Art der Kleriker; Edelsteine bei Klerikern wie Laien. Dabei wird die Exkommunikation... über jeden ausgesprochen, der den festgesetzten Zehnten nicht gegeben hat.

(II.) Dieses Geld soll in den einzelnen Pfarreien in Anwesenheit des Pfarrpriesters, des Archipresbyters, eines Templers, eines Johanniters, eines Dienstmanns des Königs, eines Geistlichen des Königs, eines Dienstmanns des Barons, eines Geistlichen des Barons sowie eines Geistlichen des Bischofs gesammelt werden. Wenn einer nach dem Wissen dieser Leute weniger gegeben hat, als er sollte, so sollen aus der Pfarrei vier oder sechs Männer rechtmäßig gewählt werden, die unter Eid den Betrag nennen sollen...

(III.) Geistliche und Ritter, die das Kreuz genommen haben, sollen nichts von diesem Zehnten geben..."

Roger von Hoveden zitiert auch den Erlaß des Papstes:

„(I).Es ist vom Herrn Papst bestimmt worden, daß jeder Kleriker und Laie, der das Kreuz genommen hat, von allen Sünden, die er bereut und bekannt hat, frei und gelöst ist, kraft der Autorität Gottes und der seligen Apostel Petrus und Paulus."

Die Bestimmungen über die Abgabe des Zehnten im Erlaß des Papstes entsprechen den Bestimmungen des Edikts von König Heinrich. Roger von Hoveden zitiert weiter:

„(IV). Bürger und Bauern, die ohne Erlaubnis ihres Herrn das Kreuz genommen haben, sollen trotzdem den Zehnten zahlen.

(V). Auch wurde angeordnet, daß keiner übermäßig Eide leistet, keiner Würfelspiele treibt, keiner nach dem nächsten Osterfest Pelze, Zobel oder Scharlachstoffe benutzt, keiner eine Frau auf die Pilgerfahrt mitnimmt, außer vielleicht einer Wäscherin zu Fuß, die über jeden Verdacht erhaben ist, und daß keiner zerschnittene oder zerrissene Kleider tragen soll."

Die päpstlichen Bestimmungen regeln weiter den Zinserlaß für Kreuzfahrer und die Verteilung des Vermögens von Kreuzfahrern, die unterwegs sterben sollten. Das Edikt von Le Mans ist ein Meilenstein christlicher Finanzpolitik. Die abgeschöpften Gelder wurden nur zum Teil für Kreuzzüge ausgegeben.

VERBRANNTE ERDE

Die Könige denken noch nicht an den Aufbruch. Im Herbst 1188 marschieren Heinrich und Richard in Richtung Paris gegen Philipp. Wieder herrscht Krieg wegen strittiger Besitzrechte. Bei Pacy-sur-Eure kreuzt Richard mit dem besten Ritter Philipps die Waffen. Niemand kommt zu Schaden und beide bezichtigen sich hinterher gegenseitig, beim Kampf gemogelt zu haben. Rittergeschichten dieser Art liebten die Leute. Der Krieg wird aber nicht nach ritterlichen Regeln geführt. Heinrichs Söldner plündern auf dem Gebiet des französischen Königs. Der Chronist Roger von Hoveden beschreibt, wie das Feindesland behandelt wurde:

„Er (Heinrich) verwüstete die umliegende Gegend mit Feuer und Schwert und ließ Weinstöcke und Obstbäume ausreißen."

Schließlich bricht Heinrich den Feldzug ab. Die Beute ist beträchtlich, das Land verwüstet, der Krieg geht weiter. Das gemeinsame Kreuzzugsgelübde stiftet keinen Frieden.

RICHARD REBELLIERT

Im Oktober verhandeln Heinrich, Richard und Philipp in Châtillon-sur-Indre erneut über einen Frieden. Es kommt zum Streit zwischen Vater und Sohn. Heinrich weigert sich, Richard als Erben einzusetzen. Im Gegenzug huldigt Richard dem französischen König und erkennt dessen Oberherrschaft über den kontinentalen Besitz der Familie an. Der Krieg geht weiter. Richard kämpft nun an der Seite Philipps gegen seinen Vater. Mehrfach treffen sich die Kontrahenten zu Verhandlungen, aber selbst ein eigens angereister Legat des Papstes vermag keinen Frieden zu stiften. Im Juni befindet sich Heinrich auf der Flucht vor Richards Söldnern und gerät beinahe in Gefangenschaft. Im Juli ist es dann soweit. Bei den Verhandlungen Anfang Juli 1189 in Ballon muß Heinrich nachgeben. Richard soll die englische Krone erben und nach dem Kreuzzug doch noch Alice, die Schwester Philipps, heiraten. Der Beginn des Kreuzzuges von Richard und Philipp wird auf das Frühjahr 1190 festgelegt.

RICHARD, KÖNIG VON ENGLAND

Heinrich II. ist krank und stirbt im Juli 1189, ohne sich mit Richard versöhnt zu haben. Seine Leiche wird in der Abteikirche von Fontefraud beigesetzt. Richard besucht kurz darauf die Grabstätte ohne Anzeichen einer Bewegung. England verdankt Heinrich die Ursprünge der modernen Finanzverwaltung. Aber das ist kein Stoff für Legenden. Am 13. September 1189 wird Richard in Westminster Abbey zum englischen König gekrönt und gesalbt.

JUDENPOGROM

Die Londoner sind freudig erregt, die Kreuzzugsstimmung tut das Übrige. Während der Feier entsteht ein Tumult vor dem Palast, der in heftige Angriffe auf das jüdische Viertel mündet. Der Chronist Richard von Devizes:

„Am Tag der Krönung Richards... begannen sie in der Stadt London die Juden ihrem Vater, dem Teufel, zu opfern. Sie brauchten so lange, um dieses Mysterium zu feiern, daß der Holocaust am zweiten Tag mit Mühe vollbracht wurde. Die anderen Orte und Städte des Landes eiferten dem Glauben der Londoner nach und entsandten mit gleicher Hingabe ihre Blutsauger blutig zur Hölle. Ähnlich, wenn auch nicht überall gleich, tobte der Sturm gegen die Unbelehrbaren im ganzen Königreich. Nur Winchester schonte seine Würmer, die Bevölkerung war klug und vorsichtig und die Stadt handelte immer zivilisiert."

Die Besatzung des Towers, für Ruhe und Ordnung verantwortlich, greift nicht ein. Die Juden standen eigentlich unter dem Schutz des Königs. Richard ist empört, weil die Juden treue Steuerzahler sind. Warum er das Pogrom nicht verhindern konnte, ist nicht bekannt.

GANZ LONDON VERKAUFT?

Zur Finanzierung des Kreuzzuges verkauft Richard alles, was sich zu Geld machen läßt. Richard von Devizes:

„Alle, denen das Geld eine Last war, erleichterte der König äußerst bereitwillig und er vergab an jedermann, der ihm beliebte, Ämter und Besitz nach ihrer Wahl. Als der König eines Tages mit seinen Leuten scherzte, die bei ihm standen, versetzte er: »Wenn ich einen Käufer gefunden hätte, hätte ich sogar London verkauft.«"

Richard braucht das Geld vor allem für Schiffe, die er in allen Häfen requirieren läßt. Er zahlt einen Teil der Kaufsumme, den Rest muß ein reicher Beamter, Bürger oder Feudalherr aufbringen. Richard von Devizes schildert die Flotte:

„Das war die Reihenfolge und die Ausrüstung: Das erste Schiff hatte drei Extraruder, dreizehn Anker, dreißig Riemen, zwei Segel und drei Sätze Seile aller Art... Ein äußerst tüchtiger Kapitän wurde ernannt und vierzehn auserwählte Knechte wurden ihm unterstellt. Das Schiff war mit vierzig kostbaren Pferden beladen, die für den Kampf ausgebildet waren und Waffen für ebensoviele Ritter. Dazu kamen vierzig Fußsoldaten, fünfzehn Matrosen und Nahrung für ein Jahr für diese Anzahl von Männern und Pferden... Der Schatz des Königs, der außerordentlich groß war und unschätzbar, wurde auf die Schiffe verteilt."

DER AUFBRUCH

Die Verwaltung des Landes übergibt Richard dem Kanzler William Longchamp. Viele Engländer dürften aufgeatmet haben, als er schließlich abreiste. Immerhin hatte Richard in kurzer Zeit das Steueraufkommen mehrerer Jahre eingezogen. Philipp und Richard treffen sich im März 1190 in Nonancourt. Es ist klar, daß keiner ohne den anderen reisen würde. Man weiß, was man voneinander zu erwarten hat. Philipp und Richard beeiden mit ihren Baronen ausdrücklich, das Gebiet des anderen während der Kreuzfahrt nicht anzutasten sondern zu schützen. In den nächsten Monaten regelt Richard die Verwaltung des kontinentalen Familienbesitzes. Um die Südflanke zu sichern, wird eine Ehe mit Berengaria, der Tochter des Königs von Navarra ins Auge gefaßt. Richards Bruder Johann muß schwören, drei Jahre lang nicht nach England zu reisen. Im Sommer 1190 sind Richards Vorbereitungen für die Kreuzfahrt abgeschlossen. Am 2. Juli versammeln sich beide Heere vor Vèzelay. Der Augenzeuge und Chronist Ambroise reimt:

„Vor Vézelay, zwischen Bergen zwar, beherbergt Gott die eigene Schar. Im Weinberg und im Felde offen, schläft mancher Mutter Sohn und Hoffen. Und jeder legt in Gottes Hand, Frau und Kinder und sein Land. Versetzten auch die ganze Habe und kauften dafür Gottes Gnade."

REALPOLITIK

Von Vézelay war ein halbes Jahrhundert früher Philipps Vater, Ludwig VII. zum zweiten Kreuzzug aufgebrochen. Diesmal haben sich weniger Kreuzfahrer eingefunden, dafür ist der Anteil der Bewaffneten größer. Wie Friedrich Barbarossa planen auch Richard und Philipp eine Militärexpedition. Bernhard von Clairvaux hatte rund vierzig Jahre vorher ideelle Ziele gepredigt und himmlischen Lohn versprochen. Diesmal wirken viele Söldner mit, weil sie von den Königen bezahlt werden und Richard und Philipp bewegt nicht die Vorstellung, die Welt von »Heiden« zu befreien. Sie sind in Vézelay damit beschäftigt, alle Eroberungen und die erwartete Beute zu teilen. Der Chronist Ambroise:

„In Vézelay schworen die Könige beide, sich gegenseitig heilige Eide, daß sie zur Teilung alles bringen, was ein jeder würd' gewinnen."

Nachdem das Geschäftliche geregelt ist, brechen beide Heere getrennt nach Süden auf. Ambroise läßt die Zuschauer ausrufen:

„Oh Gott im Himmel, was ist los, woher sind all die Leute bloß? Was geht hier vor. Und wer gebar der jungen Männer große Schar."

KREUZFAHRER PLÜNDERN IN LISSABON

Richards Aufgebot kommt Ende Juli in Marseille an. Seine Flotte, nach Robert von Devizes mehr als hundert Schiffe, ist noch nicht eingetroffen. Die Kreuzfahrer waren in Lissabon aufgehalten worden. Mehrere hundert Mann hatten in der Stadt geplündert und Frauen geschändet, so daß sich der König von Portugal gezwungen sah, sie zu verhaften. Richard hat keine Lust, in Marseille zu warten und bricht in gemieteten Schiffen nach Messina auf. Er geht mehrfach an Land, da er Seereisen nicht mag. Im September erreicht Richard Messina auf Sizilien. Philipp, der sich in Genua einige Schiffe gemietet hatte, ist schon da und wohnt in einem Stadtpalast. Auch Richards Flotte ist inzwischen eingetroffen.

RICHARD HERRSCHT ÜBER SIZILIEN

Ambroise über Richards Ankunft:

„Und voller Schiffe war das Meer, Matrosen drauf, das ganze Heer, und kühne Streiter, Fahnen prächtig. Es kam ein König, groß und mächtig."

Richard läßt ein Lager vor der Stadt aufschlagen und führt sofort eine eigene Gerichtsbarkeit ein. Richard von Devizes:

„Der König von England ließ gleich am nächsten Tag zwei Galgen außerhalb des Lagers errichten, um Diebe und Plünderer aufzuhängen. Die von ihm bestimmten Richter schonten weder Geschlecht noch Alter. Gesetz und Strafe waren für alle gleich, ob sie Fremde waren oder Einheimische."

Richard kümmert sich um seine Verwandtschaft und um die Aufbesserung seiner Kasse. Im November 1189 war König Wilhelm II. von Sizilien gestorben. Die Witwe, die er hinterlassen hatte, ist Richards Schwester Johanna. Die Ehe zwischen Wilhelm und Johanna war kinderlos geblieben. Daher steht Konstanze, die Tante Wilhelms, in der Erbfolge vorn. Dieser Umstand ist von einiger Tragweite, da Konstanze mit Heinrich, dem ältesten Sohn Kaiser Friedrichs, verehelicht ist. Die Sizilianer waren von der Idee einer staufischen Fremdherrschaft wenig begeistert und hatten gemeinsam mit Papst Clemens III. einen entfernten Verwandten namens Tankred zum König erhoben. Richard verlangt von Tankred die Herausgabe von Wertsachen, die Wilhelm Heinrich II. vermacht hatte. Es handelte sich um einen vier Meter langen goldenen Tisch, ein großes Zelt aus Seide, goldene Becher und Platten und mehrere Schiffsladungen Getreide und Wein. Richard von Devizes:

„Der König von Sizilien mißachtete Richards Forderungen. Er übersandte ihm seine Schwester und gab ihr nur die Möbel ihres Schlafzimmers mit. Wegen ihrer königlichen Stellung gab er ihr aber eine Million kleiner Goldmünzen für ihre Auslagen."

Richard bleibt nicht untätig. Er erobert ein Kloster auf einer Insel vor Messina. Richard von Devizes nennt die griechisch sprechenden Einheimischen »Griffons«:

„Am nächsten Tag nahm der König eine stark befestigte Burg ein, die das »Kloster der Griffons« genannt wurde... und baute sie aus. Gnadenlos warf er mit verschiedenen Strafen die Griffons nieder, die sich zur Wehr setzten, und machte sie zum Gespött seiner Männer."

Die Lage ist angespannt. Einheimische Diebe stehlen im Lager, einige Kreuzfahrer bändeln mit einheimischen Frauen an. Ambroise:

„Die Pilger schwatzten mit den Weibern, doch ernsthaft wollten sie's nicht treiben."

Die Sizilianer dürften die Annäherung an ihre Frauen anders beurteilt haben. Streitpunkt sind auch die Preise, die wegen der hohen Nachfrage gestiegen sind. Es kommt zu Tumulten. Richard versammelt seinen Unterführer und hält eine flammende Rede. Richard von Devizes:

„»...Ich werde entweder sterben oder für die Beleidigungen, die auch eure sind, gerächt werden. Wenn ich hier abreise und noch lebe, wird Saladin mich nur als Sieger sehen. Wenn ihr flieht, werde ich, euer verlassener König, der Gefahr allein entgegensehen.« Der König hatte kaum seine Rede beendet, da lärmten seine tapferen Männer, weil sie glaubten, der König traue ihnen nicht. Sie versprachen ihm von Herzen, jeden seiner Befehle auszuführen, Berge abzutragen und Bronzemauern zu durchbrechen... Sie würden Sizilien für ihn im Schweiße ihres Angesichts unterwerfen. Wenn er es befehle, würden sie bis zu den Säulen des Herkules im Blut waten."

ANGRIFF AUF MESSINA

Nach weiteren Zwischenfällen führt Richard einen Angriff auf Messina an. Nach heftigen Kämpfen fällt die Stadt. Ambroise:

„Die Tat war schneller noch vollbracht, als der Priester Frühandacht. Ein Blutbad drohte in der Stadt, was Richard dann verhindert hat. Doch nun hob an, du kannst es glauben, ein großes Plündern und Berauben. Gut und Geld sie an sich nahmen und Mägde schön und edle Damen."

Richard läßt seine Fahnen über Messina aufziehen und nimmt Geiseln. Nachdem Tankred sie mit Gold ausgelöst hat, wird ein Waffenstillstand geschlossen. Das Wesentliche ist geregelt, aber Winterstürme verhindern die Weiterreise. Das Glücksspiel nimmt solche Ausmaße an, daß einfachen Soldaten und Matrosen das Würfeln verboten wird. Kleriker und Ritter dürfen zwanzig Schillinge am Tag verspielen. Die Kreuzfahrer verbringen ein halbes Jahr in Messina.

ALICE BLEIBT LEDIG

Im Frühjahr wird bekannt, daß Eleonore eine neue Braut für Richard nach Messina bringen wird: Berengaria, die Tochter des Königs von Navarra. Philipp ist empört, denn seine Schwester Alice wartet ja noch immer auf Richard.

Richard bringt vor, sein Vater Heinrich habe mit seiner Verlobten geschlafen und eine Ehe mit der entehrten Alice käme nicht in Frage. Philipp kann sich gegen diese Beleidigung nicht zu Wehr setzen. Er löst gegen Bargeld den Ehevertrag und segelt nach Palästina ab. Im April treffen Eleonore und Berengaria in Messina ein. Weil die Zeit drängt, wird die Hochzeit verschoben. Eleonore kehrt nach England zurück und Richards Flotte bricht nun ebenfalls nach Palästina auf. Berengaria reist mit.

RICHARD HERRSCHT ÜBER ZYPERN

Ein Sturm treibt die Flotte auseinander. Richard bleibt ein paar Tage auf Rhodos, um sich von der Seekrankheit zu erholen. Drei Schiffe werden nach Zypern abgetrieben. Zwei von ihnen stranden Ende April 1191 an der Südküste, das dritte, mit Johanna und Berengaria an Bord, ankert vor Limassol. Die einheimischen Griechen eignen sich die Wertsachen der gestrandeten Kreuzfahrer an und nehmen die Überlebenden gefangen. Eine Sitte, die übrigens auch in England herrschte. Es kommt zum Kampf, beide Seiten beklagen Verluste. Zypern gehörte zum byzantinischen Reich. Der Statthalter Isaak hatte aber die Macht illegal an sich gerissen. Dieser Umstand und die Gefangennahme der gestrandeten Kreuzfahrer kommen Richards Absicht entgegen, die Insel zu erobern. Ambroise sagt deutlich, warum Richard nicht direkt nach Palästina segelt:

„Doch Richard hatte einen anderen Plan. So ließ der Herr ihn gleich nach Zypern fahr'n."

Am 8. Mai nähert sich die englische Flotte der Küste bei Limassol. Zypern hat sich von dem Raubzug Rainalds von Châtillon wieder erholt und ist von großer strategischer Bedeutung für die Belagerer von Akkon. Richard verfügt über eine selten große und teure Streitmacht. Ein klarer Fall für das Recht des Stärkeren. Der Angriff erfolgte wahrscheinlich in Amathus, in der Nähe des heutigen Limassol. Da die Stadt an der Seeseite nicht befestigt ist, haben die Bewohner beim Nahen der Flotte am Strand Barrikaden errichtet. Richard von Devizes:

„Der König, in seiner Rüstung, sprang als erster vom Schiff und schlug den ersten Schwertstreich, aber bevor er den zweiten schlagen konnte, waren Dreitausend auf seiner Seite und schlugen sich mit ihm. Schnell hatten sie das Holz im Hafen weggeräumt. Die kräftigen Männer eilten nach oben in die Stadt und waren nicht sanfter als die Löwinnen, denen man das Junge weggenommen hat. Die Verteidiger kämpften tapfer gegen sie. Die Verwundeten fielen auf dieser Seite und auf jener. Die Schwerter auf beiden Seiten waren trunken vom Blut. Die Zyprioten wurden bezwungen, die Stadt und Burg wurden genommen. Die Sieger nahmen sich, was ihnen gefiel. Der Herr der Insel wurde gefangen und vor den König gebracht. Er bat um Verzeihung, die im gewährt wurde. Er huldigte dem König...“

RICHARD ERGREIFT PARTEI

Der Statthalter Isaak denkt nicht daran, Richard als Oberherrn der Insel zu akzeptieren. Kaum ist er frei, fordert er Richard auf, die Insel zu verlassen. Inzwischen treffen König Guido von Lusignan, der Fürst von Antiochia, Gesandte der Templer und einige mit Guido verbündete Barone in Zypern ein. König Philipp ist inzwischen vor Akkon eingetroffen und hat die Partei Konrads von Montferrant ergriffen. Die Delegation unter Guido hofft auf die Unterstützung des englischen Königs. Unter den Baronen befanden sich Verwandte von Richards Vasallen. Richard setzt also auf die Karte Guidos und befindet sich damit im Lager der Gegner König Philipps und Konrads. Die Verhältnisse pendeln sich nach heimatlichen Mustern ein.

RICHARD BENUTZT EINE LIST

Richard nutzt die Verstärkung durch die Ankömmlinge, um einen Feldzug gegen Isaak zu unternehmen. In mehreren Gefechten werden die Streitkräfte Isaaks niedergeworfen. Isaak ergibt sich, nachdem Richard ihm versprochen hat, ihn nicht in Eisen zu legen. Richard hält sein Wort: Isaak wird in silberne Ketten gelegt. In den Küstenstädten erhebt Richard sogleich eine Besitzsteuer von fünfzig Prozent. Auch der Ertrag für Richards Legende ist nicht schlecht: Seine Attacke am Strand und die List mit den silbernen Ketten machen bald die Runde. Richard heiratet auf Zypern. Die Ehe mit Berengaria war dynastisch gesehen nicht ertragreich: Sie blieb kinderlos. Richard verliert bald das Interesse an seiner Gattin.

RICHARD VERKAUFT EINE BYZANTINISCHE INSEL

Richard wird Zypern bald für hunderttausend Goldstücke an den Templerorden verkaufen. Vierzigtausend Goldstücke können die Templer anzahlen. Aber auch für den reichen Orden ist die Restsumme nicht leicht aufzubringen. Die Templer errichten Burgen und versuchen, das Geld aus der Bevölkerung zu pressen. Sie ersticken in Nikosia einen Aufstand in einem Blutbad. Die geldgierigen Barone mit dem lateinischen Ritus bleiben für die meisten griechisch-orthodoxen Einheimischen fremde Herren. Als es zu weiteren Aufständen kommt, wollen die Templer die Insel wieder loswerden. Nach einer schwierigen Finanztransaktion vergibt Richard Zypern dann an König Guido von Lusignan. Zypern bleibt rund dreihundert Jahre im Besitz europäischer Feudalherren. Der Chronist Neophytus von Zypern schreibt über Richard:

„Der Engländer plünderte das Land aus und segelte nach Jerusalem, dabei hinterließ er Vasallen, die weiter raubten und ihm die Beute nachsandten. Er erreichte nichts, der Sünder, der er war, gegen den Mitsünder Saladin, er erreichte nichts als den Verkauf von Zypern an die Lateiner... Groß war die Klage und unerträglich die Düsternis, die von Norden kam, wie es prophezeit war.“

HEIMISCHE VERHÄLTNISSE

Nachdem das Finanzielle geregelt ist, segelt Richards Flotte nach Tyrus. Als er am 6. Juni 1191 dort ankommt, verwehren ihm die Vasallen Konrads von Montferrat den Zutritt zu Stadt. Zwei Tage später ankert die englische Flotte bei der Landzunge vor Akkon, auf der sich die Belagerer eingegraben haben. König Philipp war mit fünf Schiffen schon im April eingetroffen. Das französische Kontingent hatte mit seinem schweren Belagerungsgerät an den Mauern Akkons erhebliche Schäden hervorgerufen. Philipp reklamiert die noch nicht eroberte Stadt für Konrad, obwohl die Belagerung von Akkon eine Initiative Guidos von Lusignan ist. Allerdings sind die rechtlichen Positionen Guidos nicht mehr die besten. Er war ja durch die Ehe mit Sybille in den Besitz des Königstitels gekommen. Sybille war aber im Herbst 1190 gestorben. Daraufhin hatte Konrad in einer Blitzaktion die Schwester Sybilles, Isabella geheiratet. Nun erhebt er Anspruch auf den Königstitel.

Zypern.
Ordensfestung Kolossi.

Kolossi.
Rittersaal

DOPPELTE BIGAMIE

Konrads Anspruch auf den Königstitel ist umstritten. Für viele ist Isabella noch immer mit Humfred von Toron verheiratet. Der Bischof von Pisa hatte die Ehe Isabellas nur geschieden, weil er sich Vorteile für Pisa versprach. Konrad ist schon an zwei Frauen ehelich gebunden. Die Angelegenheit ist kirchenrechtlich ein Skandal. Richard trifft vertraute Verhältnisse an.

RICHARD HERRSCHT VOR AKKON

Die Flotte Richards besteht noch aus fünfundzwanzig Schiffen. Nach den Angaben von Richard von Devizes könnten also tausend Fußsoldaten und tausend Ritter in Akkon angekommen sein. Mit dieser beträchtlichen Streitmacht kommt Richard das Amt des Oberbefehlshabers zu. Er verfügt auch über mehr Geld als der französische König, kann also mehr Soldaten bezahlen. Der Augenzeuge Ambroise reimt zur Ankunft Richards:

„Man hörte der Trompeten klang, Richard zu grüßen, den Ritter von Rang. Und all die große Christenschar war froh, daß er gekommen war. Die Türken in der Stadt beschlich, ein Schrecken, der war fürchterlich."

Die Ankunft der Flotte verschlechtert die Lage der muslimischen Garnison in Akkon beträchtlich. Schiffe aus Kairo hatten bis dahin Verstärkungen und Nachschub in die belagerte Stadt bringen können. Ein solches Versorgungsschiff aus Ägypten war von Richards Schiffen vor der Ankunft versenkt worden. Saladin ist besorgt. Seit Monaten greifen seine Truppen das Lager an, um der Garnison in der Stadt Hilfe zu leisten. Aber die Christen haben Erdwälle aufgeworfen, hinter denen sie alle Angriffe der Muslims abwehren. Im Lager der Kreuzfahrer geht der Streit um den Königstitel trotz der schweren Kämpfe weiter. Philipp fordert zu Recht die Hälfte der eroberten Insel Zypern. Richard lehnt ab. Die inneren und äußeren Frontlinien bleiben starr. Bei jedem Angriff der Kreuzfahrer auf die Stadt, läßt Saladin das Lager von der Landseite aus angreifen. Sein Prestige, das er mit der Eroberung Jerusalems in der islamischen Welt gewonnen hat, steht auf dem Spiel. Auch Richard ist in Prestigefragen empfindlich. Die Kämpfe sind erbittert.

WO SIND DIE MUSLIMS?

Saladin hat Schwierigkeiten, seine Streitkräfte zu verstärken. Imad ad-Din zitiert einen Brief aus seiner Kanzlei:

„Der Papst, Gott verfluche ihn, verbietet ihnen, was vorher erlaubt war, läßt sie ihre Vorräte bringen..., bekleidet sie mit Eisen und bestimmt, daß sie zu dienen haben, bis das Grab sie befreit... Der Islam hat es hier mit einem Volk zu tun, das den Tod liebt, das Land und Leute im Stich läßt, und seinem Fürsten und Priestern ergeben ist. Sie eifern dem von ihnen Angebeteten nach..."

Der fehlende Eifer der Muslims wird beklagt:

„Wo sind die Leute, welche die Pflicht des heiligen Kampfes kennen? Wo sind diejenigen, die sich von der Wahrheit leiten lassen? Wo sind die Muslims..? Weit gefehlt, es gibt keine wahren Muslims mehr..."

Saladins Aufrufe bleiben nicht ungehört. Ende Juni treffen in seinem Lager vor der Landzunge Verstärkungen ein. Aber die Angriffe auf die Verschanzungen der Kreuzfahrer scheitern. Ohne Nachschub wird in Akkon die Lage der Garnison aussichtslos.

AKKON KAPITULIERT

Der Statthalter muß verhandeln. Für die Schonung der Garnison bietet er schließlich zweihunderttausend Goldstücke, alle Güter in der Stadt, die Freilassung der Gefangenen und die Rückgabe des Wahren Kreuzes. Richard und Philipp garantieren für diesen ungewöhnlich hohen Preis die Schonung der Soldaten. Saladin akzeptiert den Vertrag, obwohl er gegen seinen Willen abgeschlossen wurde. Imad ad-Din beschreibt die Reaktion im Lager Saladins:

„Als wir das Banner der Freng über Akkon sahen, beschlich uns ein schmerzliches Gefühl. Der Schlag wurde tief empfunden, das Maß des Unglücks war voll. Es fehlte an Trost und die Hoffnung war weit weg."

Das Massaker in Akkon. Richard schaut zu. Miniatur um 1490.

Die Kreuzfahrer nehmen am 12. Juli 1191 die Stadt Akkon wieder in ihren Besitz. Die Bevölkerung kann abziehen, aber die Soldaten werden mit ihren Angehörigen inhaftiert. Herzog Leopold von Österreich pflanzt seine Standarte auf einem Turm auf, um seine Ansprüche geltend zu machen. Richard läßt die Fahne vom Turm holen und durch den Schmutz ziehen. Diese symbolische Handlung wird Folgen haben. Die Eroberung der reichen Hafenstadt verschärft auch die Frage, wer denn eigentlich König sei. Schließlich wird ein Kompromiß geschlossen. Guido soll bis zu seinem Ableben König sein, dann soll die Krone auf Konrad übergehen.

PHILIPP REIST AB

Philipp begibt sich zu Schiff. Er ist seit langem kränklich. Seinen Anteil an der Beute in Akkon hat er mit Konrad geteilt. Die Hälfte Zyperns, die ihm zusteht, rückt Richard nicht heraus. Richard versucht vergeblich, die Abreise Philipps zu verhindern, aus Sorge um seine Besitzungen in Frankreich. Philipp hinterläßt ein Truppenkontingent und tritt verbittert die Heimreise an. Richards Sorgen sind berechtigt. Zurück in Frankreich, bricht Philipp seinerseits den Vertrag und eignet sich strittige Gebiete an. So ist die Ausgangslage wieder erreicht: Es herrscht Krieg zwischen Philipp und Richard.

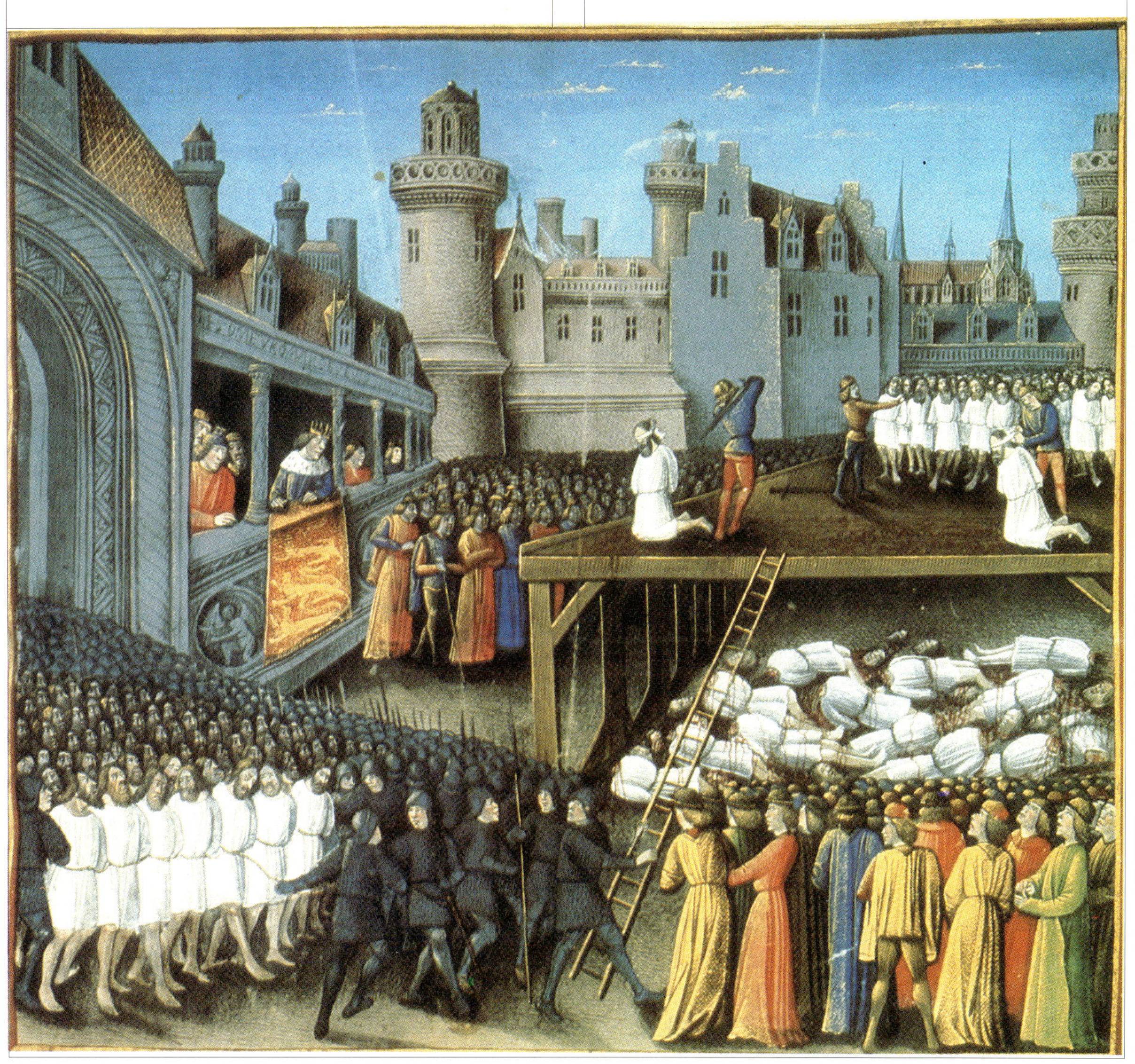

RICHARD, UNRITTERLICH

Richard erwartet in Akkon das Lösegeld für die gefangenen Muslims. Als Saladin die erste Rate und einen Teil der Gefangenen anbietet, fehlen offenbar einige wichtige Gefangene und die Kreuzreliquie. Am 20. August läßt Richard seine Geiseln vor den Augen der muslimischen Posten vor Akkon enthaupten. Nach Ambroise waren es zweitausendsiebenhundert Männer, Frauen und Kinder. Nach Imad ad-Din haben die Franken ihre Zusagen nicht eingehalten:

„Die Feinde rückten in die Stadt ein, hielten sich aber nicht an die Abmachungen. Sie hinderten unsere Soldaten am Hinausgehen, legten Hand an sie und ihr Eigentum und fesselten sie. Sodann verlangten sie Geld. Der Sultan (Saladin) ließ es zusammenbringen und bewahrte es in seinem Schatz auf. Das Kreuz der Kreuzigung wurde gebracht und die ausgehandelten Bedingungen erfüllt. Aber da zeigte sich ihre Treulosigkeit und Schlauheit."

Nähere Einzelheiten über den Vertragsbruch teilt der Chronist nicht mit. Er fügt aber einen Bericht über das Massaker hinzu:

„Wir sahen sie entblößt am Strand sterben. Es ist kein Zweifel, daß Gott sie mit reichen, seidenen Gewändern bekleidet und in die Wohnungen des ewigen Glücks geleitet hat. Über das gesammelte Geld verfügte der Sultan zugunsten seiner Leute, und ließ die Gefangenen an ihre Stellen zurückbringen. Das Kreuz der Kreuzigung ließ er an seinen Ort zurückbringen, aber nicht zur Verehrung, sondern zur Verunglimpfung."

Ambroise notiert voller Freude:

„Sie wurden alle abgeschlachtet, die nach der Christen Blut getrachtet. Die Rache konnten sie genießen. Der Schöpfer sei dafür gepriesen."

RITTER IN DER SONNE

Zwei Tage nach dem Massaker bricht ein Heer unter Richards Führung von Akkon nach Jerusalem auf. Die Kreuzfahrer marschieren an der Küste entlang und werden von der Flotte begleitet. Viele Ritter sind in Akkon geblieben, nach Ambroise des guten Weines und der schönen Frauen wegen. Von der Landseite greifen Saladins Reiter den Heerzug unablässig an. Richards Reihen lichten sich. Gefangene läßt Saladin hinrichten, um das Massaker von Akkon zu rächen. Ab Caesarea werden die Gefechte immer erbitterter und die sommerliche Hitze nimmt ständig zu. Die Ritter können wegen der ständigen Kavallerieangriffe ihre Rüstung nicht mehr ablegen. Richard erwägt Verhandlungen.

RICHARD WILL ALLES

Am 5. September trifft Richard Saladins Bruder al-Adil. Er fordert die Übergabe ganz Palästinas. Das ist ersichtlich zuviel, nämlich alles. Al-Adil bricht die Verhandlungen ab. Zwei Tage später sucht Saladin die Entscheidung in der Nähe von Arsuf. Die schwer gepanzerte Kavallerie der Kreuzfahrer gibt den Ausschlag. Saladin muß das Feld räumen. Die Verluste sind auf beiden Seiten gering. Richard hatte wieder in der vordersten Linie gekämpft und ist der Held des Tages. Aber er zögert, nach Jerusalem zu marschieren. Saladins Prestige ist zwar weiter gesunken, aber seine Armee ist intakt. Richard läßt die von Saladin zerstörte Hafenstadt Jaffa wieder befestigen, als Basis für einen Angriff auf Jerusalem. Aus Europa, Zypern und Akkon hat er schlechte Nachrichten. Überall sind seine Positionen bedroht. Er verhandelt wieder. Diesmal schlägt Richard vor, seine Schwester Johanna solle Saladins Bruder al-Adil heiraten und die Küstenstädte als Mitgift empfangen. Das Paar solle in Jerusalem residieren und die Stadt für Christen geöffnet werden. Richards Vorschlag war wahrscheinlich ernst gemeint. Al-Adil hat bei den Kreuzfahrern einen guten Ruf, aber Johanna ist von dieser Idee nicht entzückt. Richard entwickelt ständig neue Vorstellungen. Als nächstes schlägt er vor, al-Adil solle Christ werden. Höflich lehnt der Ehekandidat diese Variante ab. Richard bringt nun eine Nichte als mögliche Braut ins Spiel. Wie ernst Saladin diese kreativen Bemühungen des englischen Königs nahm, ist schwer zu beurteilen. Er benutzt die gewonnene Zeit, um die Befestigungen von Jerusalem zu verstärken. Richards Soldaten genießen das Leben in Jaffa. Aus Akkon sind inzwischen die Freudenmädchen eingetroffen.

VORSTOSS NACH JERUSALEM

Im Dezember führt Richard das Heer nach Latrun in das Landesinnere. Jerusalem ist nur noch eine Tagesreise entfernt. Es wird kalt und regnerisch. Der einheimische Adel rät von einer Belagerung Jerusalems ab, da die Truppen nicht ausreichen. Enttäuscht befiehlt Richard den Rückzug zum Meer.

KRIEG IN AKKON

Richard läßt die zerstörte Küstenstadt Askalon wieder aufbauen. Um die Moral der Truppe zu heben, legt er selbst Hand an. Aber die Aussicht, als Befreier Jerusalems in die Geschichte einzugehen, schwindet immer mehr. Die Kasse leert sich, aus Europa kommen Nachrichten über Philipps Vertragsbruch und in Akkon bekämpfen sich die Fraktionen. Richard eilt im Februar 1192 nach Akkon, um die Verhältnisse in seinem Sinn zu ordnen. Die alte Feindschaft zwischen Genua und Pisa ist wieder ausgebrochen. Die Pisaner kämpfen auf der Seite von Guido von Lusignan, die Genuesen unterstützen Konrad von Montferrat. Die einzelnen Quartiere der Orden, der Kirche und der Handelsherren sind wie Burgen befestigt, denn in der Kreuzfahrerstadt werden Konflikte häufig mit Gewalt ausgetragen. Richard führt einen Waffenstillstand herbei und kehrt nach Askalon zurück. Er muß erfahren, daß Rainald von Sidon und Balian von Ibelin in Jerusalem im Auftrag Konrads mit Saladin verhandeln. Bei der nächsten Verhandlung mit al-Adil sieht sich Richard zu realistischen Vorstellungen genötigt. Bei einem Waffenstillstand sollen den Christen alle eroberten Städte und der freie Zugang nach Jerusalem garantiert werden. Aus England trifft die Nachricht ein, daß Richards Bruder Johann nach der Macht greift. Als auch noch das französische Kontingent das Lager verläßt, beginnt Richard mit der Vorbereitung seiner Abreise. Bei einem Spitzengespräch des Hochadels im April 1192 stellt Richard fest, daß niemand seinen Kandidaten Guido von Lusignan unterstützt. Er willigt ein, daß Konrad König wird. Guido kauft mit Richards Unterstützung den Templern die Insel Zypern ab. Nun ist für alle gesorgt, die Verhältnisse aber beruhigen sich nicht. Konrad wird kurz darauf in Tyrus ermordet. Einer der Täter gibt an, er habe im Auftrag der Assassinen gehandelt. Es wird gemunkelt, Saladin oder Richard hätten das Attentat veranlaßt. Nun muß eine neue Ehe arrangiert werden, um das Königreich mit einem König zu versehen. Mit Richards Zustimmung wird Isabella mit Heinrich von der Champagne verheiratet.

LETZTE VERSUCHE

Richard unternimmt noch einen vergeblichen Vorstoß auf Jerusalem und Saladin scheitert bei dem Versuch, Jaffa zu erobern. Ende August 1192 wird deutlich, daß keine Seite in der Lage ist, eine Entscheidung zu erzwingen. Richard schließt mit Saladin einen Waffenstillstand über fünf Jahre. Die eroberten Küstenstädte bleiben im Besitz der Christen, nur Askalon muß niedergerissen werden. Pilgern wird der freie Zugang zu den heiligen Stätten in Jerusalem garantiert. Vor Saladins Gesandten müssen die Barone des Königreichs die Einhaltung des Vertrags beschwören.

BESCHWERLICHE HEIMREISE

Anfang Oktober 1192 tritt Richard von Akkon aus die Heimreise an. Sein Ziel, die Eroberung Jerusalems, hat er nicht erreicht. Daß ein Küstenstreifen Palästinas wieder in christlicher Hand ist, kann er sich als Verdienst anrechnen. Seine Heimreise verläuft abenteuerlich, aber wenig glücklich. Eine Landung in Südfrankreich oder Italien will Richard offenbar vermeiden. Die Winterstürme lassen eine möglichst kurze Seereise ratsam erscheinen. Richard verläßt auf Korfu sein Schiff, segelt mit gemieteten Booten an der dalamatinischen Küste entlang und landet schließlich mit wenigen Begleitern nahe bei Venedig. Von dort aus nimmt er den Landweg in Richtung Wien. Er befindet sich auf dem Gebiet Leopolds von Österreich, den er sich in Akkon zum Feind gemacht hat. Richard reist in der Verkleidung eines einfachen Pilgers. Die Berichte sind legendär gefärbt. Sein Talent als Mime reicht offenbar nicht aus, um einen Mann aus dem Volk zu spielen. In der Chronik »Itinerarium Regis Ricardi« wird beschrieben, wie Richard als König auftrat:

„Er saß auf einem Stuhl mit vielfarbigen goldenen Funken, die zwischen rotem Eisenocker hervorleuchteten, mit zwei kleinen Löwen im hinteren Teil... Die Füße des Königs zierten goldene Sporen. Er war mit einem Hemd aus rotem Samt bekleidet und trug einen Mantel mit Reihen von silberglänzenden Halbmonden und schimmernden Sonnenkreisen."

Richard wird Ende Dezember 1192 gefangengenommen, wahrscheinlich in einem Gasthaus bei Wien. Die Chronisten vermuten, Richard habe zuviel Geld ausgegeben. Die Schergen, die ihn dingfest machen, ahnen die Folgen nicht. Die Verhaftung verändert die Machtverhältnisse in Europa.

RICHARD IN HAFT

Leopold von Österreich läßt Richard auf die Burg Dürnstein bringen. Es steht schlecht um ihn. Richards Gegner hatten üble Nachrede in Europa verbreiten lassen: Richard habe Philipp verraten, mit Saladin paktiert und Konrad von Montferrat ermorden lassen. Leopold meldet dem Staufer Heinrich, inzwischen Kaiser Heinrich VI., den wertvollen Fang. Ein gewaltiges politisches Geschäft läuft an, während Richard in sein Gefängnis auf Dürnstein gebracht wird. Daß der treue Sänger Blondel Richard hier nach langer Suche gefunden habe, wird von den zeitgenössischen Chronisten nicht vermerkt. Diese Legende ist später entstanden. Im Februar 1193 nimmt Leopold Richard mit nach Regensburg, um mit Kaiser Heinrich VI. den Preis für die Übergabe zu verhandeln. Da Leopold befürchtet, die Kaiserlichen könnten sich Richards unentgeltlich bemächtigen, schickt er ihn zurück nach Dürnstein. Der Preis für den kostbaren Gefangenen wird auf hunderttausend Mark festgesetzt. Außerdem soll Richard mit fünfzig Schiffen und zweihundert Rittern Kaiser Heinrich bei der Eroberung Siziliens beistehen. Das war auch für einen König ziemlich viel. Im März hält Kaiser Heinrich in Speyer Gericht über Richard. Er wird angeklagt, durch den Vertrag mit Saladin das Königreich Jerusalem verraten zu haben. Weiterhin wird ihm unterstellt, er habe den Mord an Konrad von Montferrat angestiftet. Richard weist die Anschuldigungen zurück. Die Art und Weise, wie er das tut, beeindruckt den Kaiser. Heinrich VI. läßt die Anschuldigungen fallen, lobt Richards Taten und gibt ihm den Friedenskuß. Der Freispruch hat keineswegs Richards Entlassung zur Folge. Der Kaiser setzt das Lösegeld auf einhundertfünfzigtausend Mark fest. In England wird eine Einkommensteuer von fünfundzwanzig Prozent erhoben, um Richard loszukaufen. Richard, als Kreuzfahrer eigentlich unantastbar, bleibt weiter in Haft.

Der Papst hat inzwischen Leopold von Österreich exkommuniziert, aber das macht auf Richards Feinde wenig Eindruck. Sein mächtigster Feind, König Philipp von Frankreich, bietet Kaiser Heinrich die gleiche Summe für Richard oder hunderttausend Mark für die Verschiebung der Freilassung. Philipp hat sich mit Richards Bruder Johann verbündet. Sie sind dabei, sich die Besitzungen Richards anzueignen und wollen Zeit gewinnen. Richard wird im März auf die staufische Burg Trifels gebracht. Es ist noch kein Geld aus England eingetroffen. Richard soll im Gefängnis ein Gedicht geschrieben haben:

„Schwach sind die Worte, und die Zunge stockt dem Häftling, seinen Schmerz zu klagen. Doch mag dies Lied ihm Linderung verschaffen. Der Freunde hab' ich viel, doch schmal sind ihre Gaben. Die Schande soll sie treffen, wenn nicht ausgelöst ich hier zwei Winter bleibe."

ENGLAND ZAHLT

Doch die englischen Steuerzahler sind schon dabei, das Geld für seine Auslösung aufzubringen. Aus dem Gefängnis heraus wird Richard diplomatisch aktiv und vermittelt zwischen Heinrich VI. und dessen Erzfeind Heinrich dem Löwen. Schließlich lehnt Heinrich es ab, Richard an Philipp auszuliefern. Richards Schicksal hängt nur noch von den Fähigkeiten des englischen Fiskus ab. Mit seinen Bewachern soll Richard auf Burg Trifels eifrig gescherzt und getrunken haben, bis sie unter dem Tisch lagen. Nichts von dem, was einen Mann zum Manne macht, fehlt in seiner Legende.

Richard wird verhaftet. Richard vor Heinrich VI. Miniatur um 1200.

Illustris rex anglie a ierosolimis rediens
Rex anglie d' morte marchionis accusat' . quod abnegans
se ensina manu exclusaturum promittit.
Tandē ueniā petēs lib' absoluit'

RICHARD KOMMT FREI

Nach einem Fürstentag in Mainz im Februar ist es soweit. Zwei Drittel des Lösegeldes sind eingegangen und für den Rest stellt Richard Geiseln. Die Transaktion in Mainz sollte weltpolitische Folgen haben. Kaiser Heinrich VI. finanzierte mit dem Geld der englischen Steuerzahler die Eroberung Siziliens. Und so kam es, daß Heinrichs Sohn, Kaiser Friedrich II., später im Süden Italiens regieren konnte. Richard erkennt den Kaiser als seinen obersten Lehnsherren an und empfängt dafür England als Lehen. Diese Huldigung bleibt allerdings eine Formsache. Nach rund vierzehn Monaten Haft wird Richard entlassen und landet im März in Sandwich. Die Rebellion seines Bruders Johann war schon mit der Nachricht von Richards Freilassung zusammengebrochen. Kirche, Adel und Beamte hatten in der Mehrzahl Richard die Treue gehalten und gezahlt. In der Kathedrale von Canterbury dankt er Gott für seine Rückkehr. Das Osterfest nutzt Richard für eine politische Demonstration: Vor allen Fürsten zeigt er sich mit seiner Mutter in Westminster Abbey. Er trägt alle Insignien der Macht. Er ist wieder da, bleibt aber nicht lange.

RICHARD FÄNGT VON VORNE AN

Richard landet im Mai in Barfleur in Frankreich. Er wird von Söldnern begleitet und mustert weitere an. Englands Steuerzahler hatten noch einmal bluten müssen. Richard fängt an, wo er vor der Kreuzfahrt aufgehört hat: Er verteidigt den Familienbesitz gegen den König von Frankreich. Philipp hatte die Abwesenheit vertragswidrig genutzt, um in der Normandie vorzurücken und belagert Verneuil. Nachdem Richards Truppen die Belagerer vertrieben haben, erscheint Johann vor Richard, wirft sich auf den Boden und bittet um Verzeihung. Richard soll sie mit den Worten gewährt haben:

„Du warst ein Kind und bist in schlechte Gesellschaft geraten."

Der Krieg geht mit gelegentlichen Unterbrechungen weiter. Richard entläßt Alice bei einer Friedenskonferenz im August 1195 aus dem Gewahrsam der englischen Krone. Sechsundzwanzig Jahre nach ihrer Verlobung mit Richard kann Alice nun einen französischen Grafen heiraten. König Philipp unterstützt immer wieder Rebellionen gegen Richard im Süden Frankreichs. Bei einem Aufstand des Vizegrafen von Limoges belagern Richards Söldner im März 1199 die Burg Chalus. In der Burg sind nur vierzig Männer und Frauen. Am Abend will sich Richard noch einmal umsehen. Dabei trifft ihn ein Armbrustschütze namens Bertram in die Schulter. Kurz darauf erobern Richards Söldner die Burg und bringen die Besatzung um.

DIE LETZTE GROSSE GESTE

Nur der Schütze bleibt am Leben. Richards Verletzung ist tödlich. Wilhelm von Newburgh:

„Als der König die Hoffnung auf sein Überleben aufgab, übertrug er seinem Bruder Johann die Herrschaft über England und seine ganzen anderen Gebiete. Er veranlaßte, daß dem genannten Johann von den Anwesenden Treueide geleistet würden und befahl, daß ihm seine Burgen übertragen würden. Seinem Neffen Otto vermachte er drei Viertel seines Schatzes und sein Geschmeide und ordnete an, daß das vierte Viertel an seine Diener und die Armen übergeben würde. Als darauf der genannte Bertram vor den König gerufen wurde, sprach dieser zu ihm: »Was habe ich dir Übles getan, warum hast du mich getötet? Jener antwortete: »Du hast mit eigener Hand meinen Vater und meine zwei Brüder getötet und wolltest mich selbst umbringen. Nimm also an mir die Rache, die du dir ausgedacht hast. Es bereitet mir keine Sorge, sofern du nur stirbst, weil du der Welt soviel angetan hast.« Da befahl der König, ihn als freien Mann gehen zu lassen und ihm einhundert Schillinge in Silber zu geben. Aber der Vasall Mercadeus ergriff ihn ohne Wissen des Königs und hängte ihn nach dem Tod des Königs auf. Vorher hatte er ihm die Haut abziehen lassen... Über den Tod des Königs wurde gesagt: »In diesem Tod vernichtet die Ameise den Löwen. Oh Schmerz, bei einem solchen Leichenbegängnis verdunkelt sich die Welt."

Richard starb, weil er sich wieder einmal zu weit nach vorn begeben hatte. Sein ständiger Aufenthalt im Kampfgetümmel war staatsmännisch unklug, hat aber seine Legende dauerhaft gefördert. Seine Kreuzfahrt wurde in den Heldenepen besungen, politisch hat sie ihm nichts genützt. Richards Eingeweide wurden in Chalus bestattet, sein Herz in der Kathedrale von Rouen. Was sonst noch blieb, wurde neben seinem Vater in der Klosterkirche von Fontevrault bestattet, also in Frankreich. Keinen seiner großen Feinde hat Richard Löwenherz besiegt. Und doch ist der englische König, der fast nie in England war, einer der ganz Großen der Legende. Die symbolischen Gesten, sein mutiger Einsatz in der vordersten Linie waren nach dem Geschmack seiner Zeit. Einige Zeitgenossen haben Richard Grausamkeit und Geldgier vorgeworfen. Andere betonen seinen Sinn für Humor und Poesie. Seine Feldzüge und seine Freiheit haben seine Steuerzahler ermöglichen müssen. Den Beinamen Coeur de Lion, Löwenherz, verdankt Richard sich selbst und der Begegnung mit Saladin, die mit einem Unentschieden endete.

SALADIN

Saladin beschließt, nach der Abreise des englischen Königs eine Pilgerfahrt nach Mekka zu unternehmen. Er erwägt offenbar nicht, den Waffenstillstand zu brechen. Seine Truppen sind kriegsmüde und Jerusalem ist für den Islam zurückgewonnen. So kann der Rest des Königreichs Jerusalem, ein schmaler Küstenstreifen zwischen Jaffa und Tyrus, noch etwa hundert Jahre weiter bestehen. Auch die Stadt Antiochia mit ihrem Hafen bleibt fränkisch. Saladin muß seine Pilgerreise verschieben, um versäumte Verwaltungsangelegenheiten in Damaskus zu regeln. An den Winterabenden des Jahres 1193 lauscht er gelegentlich den philosophischen Debatten gelehrter Männer. Ende Februar erkrankt Saladin schwer. Imad ad-Din beschreibt den Abend des 1. März 1193:

„In der Nacht auf Sonntag traten wir in sein Zimmer als die Krankheit schon fortgeschritten war. Die Herzen verzagten, da wir das Unglück nahen sahen. So ging er aus der Wohnung der Vergänglichkeit ein in die Wohnung des Bleibens am Mittwochmorgen. Das Licht ging fort, und es wurde dunkel als seine Sonne erlosch. Doch der Feind frohlockte... Der verstorbene König hinterließ siebzehn Söhne und eine kleine Tochter, sowie ein segensreiches Andenken bei den Hinterbliebenen. In seinem Schatz befanden sich nur ein Denar und sechsunddreißig Dirham, weil er das Geld, so schnell wie es einging, wieder ausgab. Bat ihn jemand in der Not um Unterstützung, so hatte er ein freundliches Wort für ihn, und wenn augenblicklich kein Geld vorhanden war, so vertröstete er auf später, und er gab, selbst nach längerer Zeit, die versprochenen Gelder. Auf dem Wege Gottes wandelnd, scheute er keine Auslagen zur Bekämpfung der Feinde im heiligen Kampf, die er vernichten wollte, sowie zum Unterhalt der frommen Muslims... Der Sultan gefiel sich in einfacher Kleidung, wie Leinen, Baumwolle oder Wolle. Er liebte es, Kleidungsstücke als Geschenke zu verteilen. Wie er von Haß entflammt war gegen die Ungläubigen, so war sein Herz voll Liebe für die Muslims... Seinem Wesen nach war er sanftmütig, zu verzeihen bereit und sehr freigebig."

Richard Löwenherz, Sarkophag in Fontevrault.

DIE AUSROTTUNG DER KATHARER

Jagt sie aus den Zelten des Herrn...

CHRISTUS EROBERT IN FRANKREICH

Die Worte Languedoc oder Okzitanien bezeichnen mehr als eine Landschaft im Süden Frankreichs. Für die Bewohner der Region stehen sie auch für eine eigenständige, lebensfrohe Kultur. Raimund von Toulouse war von hier zum ersten Kreuzzug gegen den Islam aufgebrochen. Rund hundert Jahre später verwüsten Kreuzritter das Languedoc.

Peter von Vaux-de-Cernay hat die Kreuzzüge im Süden Frankreichs aus der Sicht der Initiatoren beobachtet. Der Chronist schildert den Einzug der Kreuzritter in Minerve am 12. Juli 1210:

„Das Kreuz wurde vorangetragen, es folgten die Banner des Grafen. Alle sangen das »Gott wir loben dich« und begaben sich zur Kirche. Christus hatte die Stadt erobert."

Was noch geschah, wird auf einem Schild auf dem Kirchplatz von Minerve mitgeteilt:

„Am 12. Juli 1210 starben hier einhundertachtzig Parfaits in den Flammen für den katharischen Glauben und die Unabhängigkeit Okzitaniens."

»Parfaits« (Vollkommene) hießen die Priester der häretischen Kirche der Katharer. Der Chronist beschreibt die näheren Umstände ihres Todes:

„Man errichtete einen großen Scheiterhaufen und warf sie alle hinein. In Wahrheit hatten die Unseren es nicht nötig, sie hineinzuwerfen. Sie stürzten sich selbst ins Feuer, so sehr beharrten sie auf dem Bösen."

Das Languedoc war ein reiches Land, Béziers war eine blühende Stadt. Am 22. Juli 1209 stürmt ein Kreuzzugsheer aus Nordfrankreich die Stadt Béziers nach kurzer Belagerung. Auch hier ist der Vorgang nicht in Vergessenheit geraten. Eine amtliche Tafel an der Kirche besagt:

„Die Bekreuzten haben 1209 hier die Bewohner von Béziers niedergemetzelt und die Kirche angezündet."

Gleich nebenan wird auf einer weiteren Tafel mitgeteilt:

„Nach dem Sieg der Barone aus dem Norden flüchteten die Bewohner von Béziers in die Kirchen, wo die Bekreuzten ein Blutbad unter ihnen anrichteten. Der 22. Juli blieb als Tag des großen Gemetzels in der Erinnerung bewahrt."

*Minerve,
Platz vor
der Kirche.*

ZORN UND TRAUER

Die Kreuzzüge, die in den ersten Jahrzehnten des 13. Jahrhunderts den Süden Frankreichs verwüsteten, sind im Languedoc nicht zu den historischen Akten gelegt worden. Ein Denkmal an der Autobahn bei Narbonne, komponiert aus massiven Zementtürmen, Kugeln und eisernen Ketten, drückt aus, was viele in der Region denken: Okzitanien wurde von den Baronen aus dem Norden seiner Freiheit beraubt. Und die okzitanischen Autonomisten meinen, die Ketten seien geblieben. Auf Steintafeln stehen die Namen der Städte und Burgen, in denen die Scheiterhaufen brannten. Sie lösen hier noch immer Trauer und Zorn aus: Béziers, Carcassonne, Minerve, Lavaur, Lastours, Marmande, Albi, Mirepoix, Montségur... Was hat diese Region so erbarmungslos heimgesucht? War es ein Eroberungskrieg. Ein Glaubenskrieg? Eine Ketzerverfolgung? Oder alles zusammen? Der Chronist der Kirche, der Augenzeuge Peter von Vaux-de-Cernay, hat das Ereignis benannt: Der Kreuzzug gegen die Albigenser. Schauplatz war die Grafschaft Toulouse, die formal zur französischen Krone gehörte. Den Königen aber fehlten die Machtmittel, um ihre Ansprüche im Süden durchzusetzen. Vor dem Kreuzzug war die Grafschaft reich und unabhängig. Auch die römische Kirche konnte ihre Macht im Languedoc nur begrenzt entfalten. In ganz Europa stellten im 12. Jahrhundert häretische Sekten das Monopol der römischen Kirche in Frage. Im Süden Frankreichs war es schon bedroht.

AUFRUHR IN LE MANS

Merkwürdiges geschieht im Jahre 1116 in der Stadt Le Mans. Der Bischof gibt einem Mönch namens Heinrich die Erlaubnis, die Fastenpredigt zu halten und begibt sich auf eine Reise. Der Mönch spricht offenbar in seiner Predigt aus, was viele ohnehin über die Kirche denken. Es kommt zu antikirchlichen Tumulten und der Bischof hat nach seiner Rückkehr alle Mühe, die Gläubigen zu beruhigen. Die Angestellten des Bischofs jagen den Aufrührer aus der Stadt.

DIE GEISTER, DIE SIE RIEFEN

Die Reformpäpste waren bemüht, das Schachern um Kirchenpfründen und den zur Schau getragenen Reichtum mancher Amtsträger einzudämmen. Sie beauftragten die Orden, die Einhaltung der Armuts- und Keuschheitsgebote zu predigen. Diese Botschaft wurde gern gehört, solange die Amtsträger der Kirche gemeint waren. Die Behörden erhoben den Kirchenzehnten und viele Priester forderten für die Erteilung der Sakramente Gegenleistungen. Den Gläubigen war nicht entgangen, das sie mit ihren Abgaben das Wohlleben in den Palästen der Kirchenfürsten finanzierten. Aber sie merkten auch bald, daß die schönen Reden über die Seligkeit der Armut und die Vorzüge der Enthaltsamkeit doch nur ihnen galten. In den Speise- und Bettkammern vieler Amtsträger blieb alles beim alten. So schärften die Forderungen der Reformer den Blick für die Mißstände in der Kirche, schafften sie aber nicht aus der Welt. Der aufkommende Unmut war durch das Wirken der offiziellen Kirche nicht mehr zu besänftigen. Die Kirche erlaubte daher einfachen Mönchen, die Betreuung der Gläubigen zu übernehmen. Dieser Schritt war erfolgreich, wenn auch nicht im Sinn der Amtskirche. Viele Mönche wetterten weiter gegen die Mißstände, und zwar glaubhaft, weil sie selbst arm waren.

ANGSTMACHENDE KIRCHE

Die Kirche schärfte das Sündenbewußtsein und drohte allen mit dem Fegefeuer und ewiger Verdammnis, die keine Buße taten. Die Bußstrafen der Kirchenbehörde entfremdeten die Gläubigen der Kirche. Die Mönche dagegen kamen der Sehnsucht nach persönlicher Seelsorge entgegen. Ein solches Vorgehen führt die Gläubigen oft nicht zurück in die Kirche, sondern zur Häresie. Der Kölner Chronist notiert zum Jahr 1163:

„In diesem Jahre kamen auch einige Häretiker von der Sekte derer, welche Katharer genannt werden, aus Flandern nach Köln. Sie fingen an, nahe bei der Stadt verborgen in einer Scheune zu wohnen. Da sie jedoch nicht einmal am Sonntag in die Kirche gingen, so wurden sie von den Anwohnern ergriffen und angezeigt. Sie wurden vor die katholische Kirche gestellt und lange über ihre Sekte ausgefragt. Aber sie ließen sich durch keine

beweiskräftigen Zeugnisse belehren, sondern beharrten hartnäckig auf ihrer Lehre. Daher wurden sie aus der Kirche ausgestoßen und den Händen der Laien übergeben. Diese führten sie am 5. August aus der Stadt und überlieferten sie dem Feuertod, vier Männer und ein Mädchen. Das Mädchen wäre durch das Mitleiden des Volkes fast gerettet worden, wenn sie nach dem Schreck über den Tod der anderen auf guten Rat gehört hätte. Doch plötzlich riß sie sich los und stürzte sich freiwillig in das Feuer und fand den Tod."

GUTE MENSCHEN

Besonders in Südfrankreich wurden viele Christen abtrünnig und bildeten eigene Gemeinden. Für die Häretiker der Grafschaft Toulouse macht der Chronist der Kirche zu unrecht den Namen »Albigenser« aktenkundig. Auch in Albi brannten die Scheiterhaufen, aber die Stadt war kein Zentrum der Abtrünnigen. Sie nannten sich selbst »bonshommes«, gute Menschen. Später bezeichnete man sie als »Katharer«, wahrscheinlich nach »katharoi«, die Reinen. Die Verfolger der Häresie im Languedoc haben die Selbstzeugnisse der Katharer vernichtet. Was über ihren Glauben bekannt ist, wurde weitgehend den Akten und Chroniken ihrer Gegner entnommen. Eine umfangreiche und zum Teil recht spekulative Literatur liegt vor.

FLUCH DER SCHÖPFUNG

Die folgende Skizze soll nur andeuten, wie stark dieser Glauben von der römischen Orthodoxie abwich. Für die Katharer hatte die Verdammnis mit der Schöpfung selbst begonnen, die irdische Welt war für sie das Werk des Satans. Daher bewegte die Androhung irdischen Feuers die Katharer nicht zum Einlenken, sowenig wie sie die Flammen des Fegefeuers und die ewige Verdammnis fürchteten. Da ihnen alles Irdische sündhaft war, lehnten die Katharer das Sündenbewußtsein und den Strafkatalog der Kirche ab. Sie verachteten die Sakramente, zahlten den Kirchenzehnten nicht und ließen Frauen zum Priesteramt zu. Die katharische Kirche war besitzlos und kostenlos. Ihre Rituale fanden in Wohnungen statt. Es war eine Untergrundkirche wie die urchristliche, und sie war ebenso schwer zu bekämpfen.

DIE KIRCHE EINE HURE

Über die Agitation der Katharer liegt der naturgemäß feindselige Bericht des Chronisten Peter von Vaux-de-Cernay vor:

„Sie alle, Glieder des Antichrists, Erstgeborene des Satans, schlechte Saat, Verbrecher, heuchlerische Lügner, Verführer schlichter Herzen, hatten mit dem Gift ihrer Perfidie fast die ganze Provinz Narbonne verseucht. Sie sagten, die römische Kirche gleiche einer Räuberhöhle und jener berüchtigten Hure, von welcher in der Offenbarung die Rede ist. Die Sakramente der Kirche hielten sie für nichtig und lehrten in der Öffentlichkeit, das Wasser der Taufe würde sich keineswegs vom fließenden Wasser unterscheiden und die Eucharistie keineswegs vom Brot für den profanen Gebrauch. Solche Gotteslästerung träufelten sie in die Ohren der Schlichten: Der Leib Christi wäre seit langem verfallen, auch wenn er die Größe der Alpen gehabt hätte. Firmung, letzte Ölung und Beichte hielten sie für frivole, ganz und gar nichtige Sachen. Die heilige Ehe, so lehrten sie, sei Hurerei und in diesem Stand könne keiner sein Heil erwirken, indem er Söhne und Töchter zeuge."

DIE ORDNUNG IST IN GEFAHR

Feudalherren und Kirche sehen in ganz Europa die bestehende Ordnung durch häretische Sekten gefährdet. Die weltlichen Behörden sind bereit, Häretiker zu verfolgen und nach ihrer Verurteilung hinzurichten. Der französische König Philipp läßt in Paris Häretiker öffentlich verbrennen. Auf einem Konzil in Tours im Jahr 1163 klagt Papst Alexander III. über die Zunahme der Häresie in der Grafschaft Toulouse. Aber im Süden Frankreichs lehnen viele Barone Zwangsmaßnahmen gegen die Katharer ab. Die Kirche versucht daher, mit Predigern und Disputen der Häresie beizukommen. Im Jahr 1165 sagen Vertreter der katharischen Kirche in Lombers vor einem Untersuchungsausschuß der Kirche aus. Die Anwesenheit des Vizegrafen von Carcassonne und anderer weltlicher Fürsten macht deutlich, daß es sich um ein hochpolitisches Verfahren handelt. Die Katharer erscheinen freiwillig, nachdem ihnen freies Geleit zugesichert worden war. Die untersuchenden Bischöfe mußten auf eidliche Aussagen verzichten. Sehr geschickt wiesen die Katharer bei allen Verhandlungen darauf hin, daß ihr Glaube jeden Schwur verbiete. Damit entfielen die Strafandrohungen für

Meineidige. Die Katharer bekennen ihren Glauben und vermeiden aber dabei sorgfältig, direkt gegen kirchenrechtliche Bestimmungen zu verstoßen. Am Ende beschuldigen die Vertreter der Orthodoxie die Katharer der Häresie, ohne sie nachgewiesen zu haben. Aber das Urteil ist richtig: Der Glaube der Katharer war nach kirchlichem Recht ohne Zweifel eine Häresie. Peter von Vaux-de-Cernay beschreibt die Organisationsform der katharischen Kirche:

Häretiker auf dem Scheiterhaufen. König Philipp ist anwesend. Miniatur 14. Jahrhundert.

„Man sollte auch wissen, daß unter diesen Häretikern einige »Vollkommene« oder »gute Menschen« genannt wurden, andere »Gläubige der Häretiker«. Die Parfaits trugen schwarze Gewänder. Diese Lügner sagten, sie würden in Keuschheit leben. Sie verweigerten jede Aufnahme von Fleisch, Eiern und Käse. Sie wollten als ehrliche Menschen gelten, logen aber ständig, wenn es um Gott ging. Sie sagten auch, man dürfe in keinem Fall einen Eid schwören. Die Gläubigen lebten in dieser Welt und versuchten gar nicht, den Lebenswandel der Parfaits anzustreben. Aber sie hofften, der Glaube jener Parfaits würde ihr Seelenheil erwirken. Auch wenn sie sich wegen des Lebenswandels uneins waren, in ihrem Glauben (wir sagen lieber: in ihrem Unglauben) waren sie sich eins. Diejenigen, die man »Gläubige der Häretiker« nannte, ergaben sich dem Wucher, dem Raub, dem Mord, dem Meineid und allen Heimtücken. Sie sündigten mit einer Selbstsicherheit und einer Wut, die umso

größer waren, da sie sich einbildeten, sie würden ihr Heil erwirken ohne Rückgabe des Diebesgutes, ohne Beichte und ohne Sühne. Sie mußten nur in der Stunde ihres Todes in der Lage sein, das Vaterunser zu beten... Die häretischen Parfaits hatten Amtspersonen, die sie »Diakone« und »Bischöfe« nannten. Deren Handauflegen war erforderlich, um für den Sterbenden das Heil zu erwirken. Tatsächlich legten sie jedem Sterbenden die Hände auf, auch wenn er noch so schuldig war, wenn er nur das Vaterunser beten konnte. Sie betrachteten ihn sodann als geheilt und mit ihren eigenen Worten als »consolé« (getröstet), so daß er ohne Buße, ohne jegliche Abbitte für seine Sünden gen Himmel flog. Uns ist folgende lächerliche Begebenheit zugetragen worden: Ein Gläubiger erhielt in der Stunde des Sterbens das Consolamentum, indem sein Meister ihm die Hände auflegte, konnte aber das Vaterunser nicht mehr beten und starb. Der Trostspendende aber wußte nicht, was nun der Fall war. Der Tote schien gerettet, denn ihm war das Handauflegen zuteil geworden, gleichzeitig aber schien er verdammt, weil er das Gebet des Herrn nicht mehr hatte sagen können."

Peter von Vaux-de-Cernay hat die Einzelheiten wahrscheinlich verzerrt wiedergegeben. Aber als sicher kann gelten: Die Gläubigen der katharischen Kirche konnten ihre Sünden ohne Angst begehen und der Zugang zum ewigen Leben war für sie umstandslos und kostenfrei. Die katharische Kirche erfreute sich eines großen Zulaufs, aber die Mehrheit im Languedoc blieb der römischen Kirche treu.

GEFÄHRLICHE TOLERANZ

In Saint-Felix, östlich von Toulouse, tagt 1167 ein überregionales Konzil der katharischen Kirche. In aller Öffentlichkeit werden Priester und Bischöfe geweiht, ohne daß eine Behörde einschreitet. Die weltlichen Herren des Languedoc tolerierten weitgehend die katharische Kirche. Einer der mächtigsten dieser Herren war Trencavel, Vizegraf von Carcassonne und Béziers. In Carcassonne findet 1204 ein Disput zwischen Katholiken und Katharern statt. Erneut werden die Katharer der Häresie schuldig gesprochen, aber nicht bestraft. Trencavel, der junge Vizegraf, ist zwar selbst kein Katharer, duldet aber einen katharischen Bischof. In den Augen der Kirche ist Carcassonne ein Bollwerk der Häresie, in den Augen der französischen Krone ist es ein Hort der Rebellion. Aber Rom und Paris sind weit. Der Süden Frankreichs wird vom König von Aragon und den Grafen von Toulouse und Carcassonne beherrscht. Sie führten gelegentlich Krieg untereinander, waren sich aber einig, den französischen König und den Papst aus ihren Händeln herauszuhalten. Trencavel nutzte seine Unabhängigkeit zur Entfaltung eines toleranten und lebensfrohen höfischen Stils. Sein höchster Beamter war, zum Mißfallen des Papstes, ein Jude. Und was die am Hof von Carcassonne geschätzten Troubadoure zum Besten gaben, entsprach längst nicht mehr der öffentlich gepredigten Moral der Kirche. Der Stil am Hofe von Carcassonne entsprang einer geistigen Haltung, die im ganzen Languedoc verbreitet war. Graf Raimund V. von Toulouse hatte allerdings mit staatsmännischem Weitblick erkannt, welche Gefahren ein Konflikt mit der römischen Kirche in sich barg. Er hatte schon im Jahr 1177 die Mönche des Klosters Cîteaux aufgefordert, die Häretiker zu missionieren. Das war wohl zu wenig. Der Chronist der Kirche notiert:

„Das arglistige Toulouse hat selten oder niemals etwas gegen die abscheuliche Pest der Häresie unternommen... die adligen Herren des Languedoc unterstützen fast alle die Häretiker..."

ROM WIRD AKTIV

Der Ton der Mitteilung läßt erkennen, daß es Anfang des 13. Jahrhunderts ernst wird. Die Zeit war reif für Maßnahmen gegen Toulouse. Vor fünfhundert Jahren hatte es den Arabern und Mauren getrotzt. Seit dem Niedergang des römischen Reiches hatte der Süden viele fremde Herren überlebt, z. B. die arianischen – also häretischen – Westgoten und die islamischen Mauren. Nun kündigen sich neue fremde Herren an. Diesmal im Namen des rechten Glaubens. In Rom wird 1198 ein neuer Papst gewählt. Er heißt Innozenz III. und läßt schnell erkennen, daß er mit der Häresie aufräumen will. 1203 wendet sich der Papst verstärkt den südfranzösischen Angelegenheiten zu und beauftragt Peter von Castelnau aus dem Zisterzienserkloster Fontfroide mit der Niederwerfung der Häresie. Der Legat versucht es zunächst mit Predigten bei den Häretikern und Zureden beim prassenden Klerus. Wie andere vor ihm ohne Erfolg. Als Hauptursache der Häresie macht der Legat Peter von Castelnau schließlich Raimund VI. von Toulouse aus. Er wirft ihm vor, die Häretiker zu fördern, statt sie zu verfolgen. Im Jahre 1207 exkommuniziert der Legat den Grafen von Toulouse.

MORD AN DER RHONE

Der exkommunizierte Graf trifft im Januar 1208 mit dem Legaten auf seinem Stammsitz in Saint-Gilles zusammen. Raimund erklärt sich bereit, die Häresie aktiv zu bekämpfen. Die Zugeständnisse reichen dem Legaten nicht aus. Der Graf bleibt aus der Kirche ausgeschlossen. Auf seiner Weiterreise wird der Legat am 14. Januar bei Arles ermordet. Peter von Vaux-de-Cernay zitiert einen Brief des Papstes an die Barone und die Bewohner mehrerer Provinzen des Südens. In diesem Brief wird der Mord so geschildert:

„Nachdem die Messe wie üblich zelebriert worden war, machten sich die tugendvollen Ritter Christi am nächsten Tage beim Morgengrauen daran, über den Fluß zu setzen. Da verletzte hinterrücks einer dieser Trabanten des Satans (Raimund) mit seinem Speer den Legaten Peter zwischen den Rippen, der auf Christus wie auf einen festen Fels gestützt, auf derartigen Verrat nicht gefaßt war. Treuherzig blickte er seinen Angreifer an und sagte eingedenk des Beispiels seines Herrn Jesus Christus und des seligen Stephans: »Möge Gott Dir verzeihen, wie ich dir verziehen habe«. Er wiederholte mehrmals die frommen, hingebungsvollen Worte, und dann ließ ihn die Hoffnung auf den Himmel den bohrenden Schmerz seiner Wunde vergessen. Während der Augenblick seines Hinscheidens nahte, fuhr er fort, mit seinen Gefährten Maßnahmen zur Förderung des Friedens und des Glaubens zu besprechen und entschlief nach mehreren Gebeten im Herrn."

VERURTEILUNG OHNE UNTERSUCHUNG

Der Mörder war ein Vasall des Grafen von Toulouse. Das muß nicht bedeuten, daß er im Auftrag seines Herrn handelte. Die vorsichtige Politik des Grafen läßt die Vermutung zu, daß er bei Verstand war. War er bei Verstand, kann er den Mord nicht veranlaßt haben. Die Ermordung eines Legaten des Papstes war vollkommen nutzlos und mußte fürchterliche Folgen haben. Zwei Monate nach dem Mord exkommuniziert Papst Innozenz III. erneut den Grafen und schreibt an die Barone des Nordens:

„Was nun den Grafen von Toulouse angeht, gegen welchen der Bannfluch geschleudert wurde wegen schwerer und zahlreicher Verfehlungen, so ergibt sich seine Verantwortung für die Ermordung des heiligen Mannes aus sicheren Verdachtsmomenten: Nicht nur, daß er öffentlich Todesdrohungen gegen ihn ausgestoßen und ihn in einen Hinterhalt gelockt hat. Er hat vielmehr, so hört man, seinen Mörder im vertrauten Kreise empfangen und ihm eine große Belohnung gegeben, von anderen Vermutungen ganz zu schweigen, die für uns klar belegt sind. Er werde aus diesem neuen Grund von obengenannten Erzbischöfen und Bischöfen öffentlich mit dem Bann belegt... Es sollen alle, die dem Grafen durch Treue- oder Bündnisschwur verbunden sind, kraft unserer apostolischen Autorität für aus dem Schwur entlassen erklärt werden. Es sei somit jedem Katholiken, vorbehaltlich der Rechte des ranghöheren Herrn, nicht nur gestattet, den Grafen in Person zu bekämpfen, sondern auch seine Güter zu besetzen und zu behalten, damit die Weisheit eines neuen Besitzers die Häresie in diesem Land vertilgen möge, mit welcher es durch die Schuld des Grafen bis zum heutigen Tage schändlich besudelt ist."

AUFRUF ZUM KREUZZUG

Der französische König hatte bisher gezögert, gegen den Grafen vorzugehen. Der Vorwurf, er habe die Häresie nicht bekämpft, war aus feudaler Sicht ein dürftiger Rechtsgrund. Jetzt wurde der Graf beschuldigt, einen päpstlichen Legaten ermordet zu haben. Die Untat an der Rhone, von einem Gefolgsmann des Grafen vielleicht nur aus Dummheit begangen, wird die Machtverhältnisse in Europa verändern. Der Papst fordert die Feudalherren im Norden und alle Gläubigen auf, die Häresie mit Gewalt zu bekämpfen und verspricht die Vergebung der Sünden:

„Voran, nun, Ritter Christi! Voran, tapfere Rekruten des christlichen Heeres! Möge der Aufschrei der heiligen Kirche euch mitreißen! Möge ein frommer Eifer euch entflammen, eine solche Beleidigung eures Gottes zu rächen!... Der Glaube, so sagt man, ist dahin, der Frieden tot, die häretische Pest und die kriegerische Wut sind zu neuen Kräften gekommen. Dem Boot der Kirche droht ein vollkommener Schiffbruch, falls ihm in diesem ungeheueren Sturm keine tatkräftige Hilfe zuteil wird. Wir bitten euch daher, unsere Mahnungen zu erhören, wir fordern euch mit Wohlwollen im Namen Christi auf und versprechen euch angesichts solchen Unheils Vergebung für eure Sünden, damit ihr unverzüglich Abhilfe schafft in der großen Gefahr."

DIE EINGEBUNG GOTTES

Papst Innozenz III. knüpft an die Tradition der Kreuzzugsaufrufe an: Die Häretiker sollen vernichtet und enteignet werden. In der Propaganda für den Kreuzzug gegen die Katharer wird die Häresie häufig als „Pest" bezeichnet. Etwas Schlimmeres als die Pest war nicht vorstellbar. Abtrünnige stellen für jede Glaubensgemeinschaft die größte Gefahr dar. Folgerichtig erklärt der Papst, die Vernichtung der Häretiker sei wichtiger als die Bekämpfung der Andersgläubigen. Der Papst befiehlt:

„Widmet euch der Vernichtung der Häresie mit allen Mitteln, die Gott euch eingeben wird. Seid gewissenhafter als bei den Sarazenen, denn sie sind gefährlicher. Bekämpft die Häretiker mit starker Hand und hoch erhobenem Arm. Wenn der Graf von Toulouse... der Kirche und Gott keine Genugtuung leistet, dann verjagt ihn und seine Mittäter aus den Zelten des Herrn. Nehmt ihm seine Ländereien weg, damit katholische Einwohner die vernichteten Häretiker ersetzen können..."

DER NEUE LEGAT

Der Chronist Wilhelm von Tudèle beschreibt eine Besprechung zwischen Arnold, dem Abt von Cîteaux und Papst Innozenz in Rom. Der Abt soll geäußert haben:

„...laßt in Frankreich und der ganzen Welt bis Konstantinopel den Ablaß verkünden. Wer das Kreuz nicht nimmt, soll nicht mehr das Recht haben, Wein zu trinken und am Tische zu essen... und wenn er stirbt anders begraben zu werden als ein Hund..."

Der Papst macht den Abt zum kirchlichen Anführer des Kreuzzuges mit den Worten:

„Schlagt den Weg nach Carcassonne und Toulouse ein... Du wirst die Armeen gegen das bösartige Volk führen, im Namen von Jesus Christus..."

DER KÖNIG STIMMT ZU

Mit der Exkommunizierung des Grafen und seiner Vasallen hatte der Papst die kirchenrechtlichen Voraussetzungen für einen Angriff auf das Languedoc geschaffen. Aber ohne die Mitwirkung des französischen Königs ist ein Kreuzzug gegen Toulouse und Carcassonne aussichtslos. In mehreren Schreiben hat der Papst den König aufgefordert, sich an die Spitze des Kreuzzuges zu stellen. Peter von Vaux-de-Cernay notiert:

„Der König erwiderte dem Boten des Herrn Papstes, er habe an seinen Flanken zwei gefährliche Löwen: Den angeblichen Kaiser Otto und Johann, König von England, die beide nach Kräften bemüht wären, das Königreich Frankreich zu zerstören und er weigere sich aus diesem Grund, Nordfrankreich zu verlassen."

In Villeneuve bei Paris trifft der König Anfang Mai 1209 mit dem Anführer des Kreuzzuges, dem Abt von Cîteaux, und einigen bedeutenden Fürsten zusammen. Der König lehnt es erneut ab, den Kreuzzug anzuführen, erlaubt aber seinen Vasallen, das Kreuz zu nehmen. Die Werbung für den Kreuzzug ist in vollem Gang. Peter von Vaux-de-Cernay:

„Um die katholischen Völker dazu zu bewegen, die Pest der Häresie auszurotten, hatte der Heilige Vater Zirkularbullen an alle Prälaten, Barone und Einwohner des Königreichs Frankreichs gesandt. Er forderte sie darin mit Nachdruck auf, gegen die Provinz Narbonne zu ziehen, um die Schmach des Gekreuzigten zu rächen und er ließ sie wissen, Gott und sein Stellvertreter würden allen die Vergebung der Sünden gewähren, die vom Eifer für den katholischen Glauben entflammt, die Waffen nehmen würden für dieses fromme Werk, sofern sie bereut und gebeichtet hätten. Was soll ich noch sagen? Der Nachlaß wurde in Nordfrankreich verkündet: Eine große Anzahl von Gläubigen nahm das Zeichen des Kreuzes."

RAIMUND UNTERWIRFT SICH

Die Lage ist für den Grafen von Toulouse bedrohlich geworden. Um einen Einmarsch in seine Gebiete zu verhindern, unterwirft er sich am 18. Juni 1209 vor der Kathedrale von Saint-Gilles der Kirche. Peter von Vaux-de-Cernay:

„In Anwesenheit der Legaten, der Bischöfe und Erzbischöfe, zwanzig an der Zahl, schwört der Graf auf die Hostie und die heiligen Reliquien, welche die Prälaten zahlreich und mit großer Ehrfurcht vor dem Portal ausstellen, in allem den Befehlen der heiligen römischen Kirche zu gehorchen. Dann legt der Legat seine Stola um den Hals des Grafen, holt ihn an der Stola heran, peitscht ihn mit Ruten und zieht ihn in die Kirche hinein... Wegen einer großen Menschenmenge kann der Graf die Kirche nicht auf dem Weg verlassen, den er beim Betreten benutzt hat. Er muß daher in die Krypta hinabsteigen und nackt am Grab des allerseligsten Märtyrers, des Bruders Peter von Castelnau vorbeigehen, dessen Mord er veranlaßt hatte."

DER KREUZZUG BEGINNT

Trotz der Unterwerfung des Grafen Raimund VI. wird der Kreuzzug nicht abgeblasen. Er richtet sich nunmehr gegen die Besitzungen Trencavels, des Vizegrafen von Carcassonne und Béziers. Raimund VI. hat inzwischen selbst das Kreuz genommen und marschiert gegen seinen eigenen Neffen.

Das Kreuzzugsheer sammelt sich im Juni in Lyon. An hohen Herren zählt Peter von Vaux-de-Cernay auf: Die Bischöfe von Sens, Autun, Clermont und Nevers, den Herzog von Burgund, die Grafen von Nevers, Saint Pol, Montfort, und Bar-sur-Seine. Zur Gefolgschaft der geistlichen und weltlichen Herren stoßen Tausende von Söldnern aus ganz Europa. Die Kreuzzugsprivilegien hatten gewirkt. Wer das Kreuz nahm, dem wurden die Schulden gestundet. Die Häretiker hatten ihre Besitzrechte verloren, also war Beute zu erwarten. Der Sündenerlaß war jedem zugesagt, der sich vierzig Tage lang am Kreuzzug beteiligte. Der Chronist Wilhelm von Tudèle berichtet von einer Abmachung der Kreuzfahrer:

„Die Barone Frankreichs und aus der Umgebung von Paris, die Kleriker und Laien, die Fürsten und Marquis, vereinbarten unter sich: Jeder befestigte Platz, vor dem die Armee erscheint und der sich nicht ergibt, soll im Sturm genommen werden, und die Bewohner sollen über die Klinge springen."

DAS MASSAKER VON BÉZIERS

Am 22. Juli 1209 steht das Heer vor Béziers. Neben hohen und niedrigen Klerikern, adligen Rittern, bezahlten und unbezahlten Söldnern haben sich auch verarmte Bauern eingefunden. Peter von Vaux-de-Cernay sieht im Lager seiner Feinde nur Verbrecher:

„Béziers war eine bewundernswerte Stadt, die aber ganz und gar vom Gift der Häresie verseucht war. Ihre Einwohner waren nicht nur Häretiker, sondern in höchstem Maße Räuber, Ungerechte, Ehebrecher, Schurken, von allen Sünden voll... Ein Beispiel ihrer Grausamkeit: Eines Nachts, beim Morgengrauen, begab sich ein Pfarrer dieser Stadt in die Kirche, um die Messe zu feiern. In den Händen trug er einen Kelch. Einige Bewohner von Béziers überfielen den Priester aus dem Hinterhalt, schlugen ihn mit aller Gewalt und verletzten ihn, indem sie ihm den Arm brachen. Sodann bemächtigten sie sich des Kelches und ließen darin ihr Wasser ab, unter Mißachtung des Leibes und des Blutes Christi."

Angesichts des massiven Aufgebots hatte der Vizegraf Trencavel mit einigen Juden und Katharern die Stadt verlassen. Peter von Vaux-de-Cernay schildert den Ablauf der Ereignisse:

„Als die Unseren vor Béziers angekommen waren, entsandten sie in diese Stadt den Bischof derselben, Meister Rainald von Montpellier, der... ihnen entgegengekommen war. Die Unseren erklärten: »Wir sind gekommen, die Häretiker zu verjagen. Wir fordern die katholischen Einwohner, so es welche gibt, auf, uns die Häretiker auszuliefern, deren Namen der ehrwürdige Bischof nennen wird, denn er kennt sie gut und hat sie namentlich verzeichnet. Ist dies nicht möglich, so sollen die Katholiken sich aus der Stadt begeben und die Häretiker hinter sich lassen, damit sie deren Schicksal nicht teilen und nicht mit ihnen sterben.« Nachdem der Bischof von Béziers als Sprecher der Kreuzritter diese Botschaft an die Bewohner überbracht hatte, verwarfen jene diese Bedingungen, lehnten sich gegen Gott auf, schlossen ein Bündnis mit dem Tod und zogen es vor, lieber als Häretiker zu sterben, denn als Christen zu leben."

Die kirchentreuen Bewohner von Béziers wollten wohl auf jeden Fall eine Besetzung ihrer Stadt vermeiden. Bei der Zusammensetzung des Kreuzheeres mußten sie mit Plünderungen rechnen. Die Stadt war befestigt und mit Vorräten versehen. Die Kreuzfahrer hatten mehr als zehntausend Menschen zu versorgen. Nach vierzig Tagen war die Auflösung des Kreuzheeres zu erwarten, weil dann die Sündenvergebung eintrat. Es gab also Gründe, das Angebot der Kreuzfahrer abzulehnen. Warum einige Bewohner von Béziers einen Ausfall wagten, bleibt allerdings unerfindlich. Peter von Vaux-de-Cernay:

„Einige wagten einen Ausbruch und beschossen die Unseren mit Pfeilen, bevor noch diese den geringsten Angriff unternommen hatten. Empört liefen die Troßknechte des Heeres, die man in der Sprache des gemeinen Volkes »ribauds« nennt, zu den Stadtmauern. Ohne Warnung und ohne vorherige Rücksprache mit den Adligen des Heeres nahmen sie (bewundernswerte Sache) die Stadt im Nu ein. Was soll ich hinzufügen? Sobald sie in die Stadt gedrungen waren, metzelten sie fast die gesamte Bevölkerung, groß und klein, nieder und legten die Stadt in Flammen. Béziers wurde am Festtag der heiligen Maria Magdalena eingenommen. O, höchste Gerechtigkeit der Vorsehung! Wie wir es zu Beginn dieses Werkes dargelegt haben, behaupteten die Häretiker, die heilige Maria Magdalena sei die Buhlerin Christi gewesen. Schlimmer noch: Gerade in der Kirche, die... der Heiligen gewidmet ist, hatten die Einwohner von Béziers einen Vizegrafen getötet und dem Bischof die Zähne ausgeschlagen. Diese widerlichen Hunde wurden also mit Fug und Recht... in der Kirche, die sie mit dem Blut ihres Vizegrafen und ihres Bischofes besudelt hatten, niedergemetzelt. Gerade in dieser Kirche... wurden am Tag der Einnahme der Stadt mehr als siebentausend von ihnen getötet."

Professor Michel Fournier, Historiker in Béziers, sagt zu den Anschuldigungen des Chronisten:

„Ich glaube, man kann wirklich denken, daß es eine nachträgliche Rechtfertigung ist. Nachdem man sie getötet hat, muß man den Mord rechtfertigen und sie als Böse oder Sünder bezeichnen. Die Wahrheit ist etwas subtiler. In der Sicht strenger Kleriker oder der Barone des Nordens waren die Bewohner von Béziers dem Lebensgenuß ergeben. Die Bewohner von Béziers verstanden sich gut mit den Juden und Katharern und Parfaits, ihren Priestern – bis zu dem Punkt, sie zu beschützen und sie ins Haus zu lassen, wie zum Beispiel der Vizegraf Trencavel. Wer Häretiker oder Ungläubige beschützte, war in den Augen dieser Leute selbst von der Häresie befallen. Die Sitten des Südens waren weniger streng, waren fröhlicher, es gab die Poesie, die Troubadoure, die höfische Minne, das bedeutete für die Leute aus dem Norden und strenge Kleriker eine Form der Lebensfreude, die sie nicht akzeptieren konnten."

Der Chronist Wilhelm von Tudèle hat wie Peter von Vaux-de-Cernay aus eigener Anschauung berichtet. Der literarisch gebildete Kleriker verdiente seinen Lebensunterhalt wahrscheinlich durch Vorlesen. Als treuer Katholik war Wilhelm von Tudèle für die Bekämpfung der Häresie, aber er bedauerte die Leiden der Unschuldigen. Der Chronist hat in Versen geschrieben und sein Chanson gilt als gute historische Quelle. Er schildert die Einnahme von Béziers:

„Im Handgemenge dringen sie ein in die Stadt. Gezwungen sind die Belagerten, Mauern und Wall zu verlassen. Frauen und Kinder nehmen sie mit sich. Sie eilen zur Kirche und läuten die Glocken. Niemand kann sie mehr schützen.

Auch wer in die Kirche geflüchtet, wurde getötet. Nicht das Kreuz rettet ihn, der Altar, der Gekreuzigte. Die Priester werden von tobenden Knechten getötet, die Frauen und Kinder. Niemand, glaub ich, entkam.

Die Knechte sind in die Häuser gedrungen und finden in Fülle wertvolle Güter. Als die Barone dies sehen, werden sie zornig und jagen die Knechte aus den Häusern wie Hunde.

Da sie selbst nun beraubt sind durch die Barone, schreien die Taugenichtse und Gauner »legt Feuer, legt Feuer« und tragen Fackeln zusammen genug, um Scheiterhaufen zu bilden.

Feuer ergreift die Stadt, der Schrecken breitet sich aus. Die Stadt verbrennt in ihrer Länge und Breite."

WIRKUNGSVOLLER GESANG

Am ersten August 1209 steht das Kreuzzugsheer vor Carcassonne. Trencavel, der Vizegraf, ist nach den Erfahrungen von Béziers fest entschlossen, die Stadt zu verteidigen. Die Zitadelle und die Vorstädte sind stark befestigt. Peter von Vaux-de-Cernay beschreibt die Kämpfe:

„Am dritten Tag begannen die Unseren mit dem Angriff auf die etwas schwächer befestigte Vorstadt. Bischöfe, Äbte und Priester sangen mit großer Hingebung zusammen das »Komm, heiliger Geist«... Daraufhin verließen die Feinde ihre Stellungen... zwei Tage später erfolgte der Angriff auf die zweite, stärker befestigte Vorstadt. Sie... verteidigten sich mit einem solchen Mut, daß die Unseren sich unter einem anhaltenden Hagel von Steinen aus dem Graben zurückziehen mußten.. Nun brachten die Bekreuzten Steinschleudern in Stellung, um die Mauern zu zerstören...“

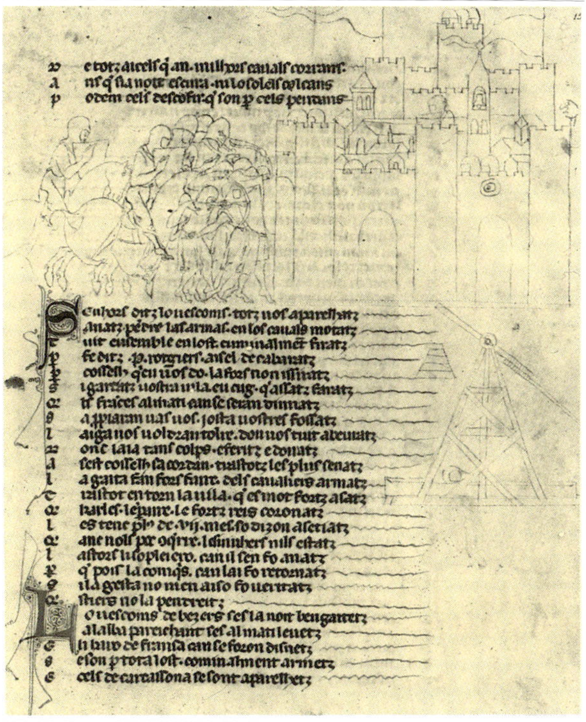

Das Chanson von Wilhelm von Tudèle, Kopie aus dem 13. Jahrhundert. Die Belagerung von Carcassonne.

BESITZWECHSEL

Schließlich fällt auch die zweite Vorstadt und geht in Flammen auf. Aber die Zitadelle hält. Die Barone fürchten, es könnte kommen wie in Béziers, wo der größte Teil der Beute ein Raub der Flammen wurde. Sie wollen verhandeln. Trencavel stimmt zu, durch Wassermangel und Krankheit gezwungen. Die Bedingungen sind hart: Trencavel wird gefangengesetzt und alle Einwohner müssen die Stadt verlassen. Außer Hemd und Hose dürfen sie nichts mitnehmen. Auch die Katharer dürfen abziehen. Die Barone haben andere Probleme. Eine ganze Stadt ist ihre Beute, sie muß verteilt werden. Wilhelm von Tudèle beschreibt, was nach dem Auszug der Bewohner geschieht.

„Nach Belieben dringen die Ritter ein in die Stadt. Die schöne Beute häufen sie auf. Sie teilen alles nach ihrem Willen.“

Die Freude währt nur kurz. Der Abt von Cîteaux tritt auf und sagt:

„Ich befehle allen, in Gottes Namen, daß ihr nicht das geringste nehmt aus der Stadt, oder ich schleudere über euch auf der Stelle den Bannfluch. Wir geben alles einem mächtigen Herrn, der das Land soll regieren wie Gott es gefällt.“

Der Vizegraf von Carcassonne wird in ein Turmverlies geworfen, wo er im Herbst unter dubiosen Umständen umkommen wird. Da er exkommuniziert ist, steht seine Vizegrafschaft nach kirchlichem Recht zur Disposition. Der Legat Arnold ist entschlossen, die eroberten Gebiete an zuverlässige Feudalherren zu vergeben. Die Barone aus dem Norden zögern, denn eine Enteignung durch den Kirchenbann greift in feudale Rechte ein und stellt für jeden Feudalherrn eine Bedrohung dar. Bei der Versammlung der Anführer des Kreuzzuges lehnen einige bedeutende Adlige die Übernahme der Vizegrafschaft ab, darunter die Herzöge von Burgund und Flandern. Ein kaum bekannter Baron namens Simon von Montfort hat keine Bedenken und läßt sich die Vizegrafschaft übereignen. Nach der Einsetzung des neuen Vizegrafen von Carcassonne löst sich das Kreuzzugsheer auf. Größere Beute steht nicht mehr aus und die vierzig Tage zur Erlangung der Sündenvergebung sind vergangen.

Nur wenige Ritter blieben bei Simon von Montfort. Mit Carcassonne hatte er einen leicht zu verteidigenden Stützpunkt erobert. Das Languedoc ist aber längst nicht besiegt.

DER KRIEG GEHT WEITER

Einige Städte wie Albi unterwerfen sich formal dem neuen Herrn von Carcassonne. Aber viele adlige Gefolgsleute Trencavels lassen sich durch den Kirchenbann nicht beeindrucken. Sie pochen weiter auf ihre feudalen Besitzrechte und verteidigen ihre Burgen. König Peter II. von Aragon, der Oberherr der Vizegrafschaft, akzeptiert Simon von Montfort nicht als Gefolgsmann. Der Baron aus dem Norden muß weiter Krieg führen, um Herr über die Vizegrafschaft zu werden. Viele Burgen wechseln mehrfach den Besitzer. Wenn Simon von Montfort seine Gegner militärisch nicht unterwerfen kann, hält er sich an deren Bauern. Peter von Vaux-de-Cernay:

„Nachdem er die Weinberge und Obstgärten von Foix verwüstet hatte, kehrte unser Graf (Simon) nach Carcassonne zurück."

DAUERKREUZZUG

Im Verlauf der Jahres 1210 werden die Streitkräfte Simons von Montfort durch Krieger aus dem Norden verstärkt. Die Chronisten nennen sie weiter »croisés«, also »Bekreuzte«. Es handelt sich nun also um eine Art Dauerkreuzzug. Dabei ist unklar, inwieweit die Kriegsteilnehmer in den Genuß von Kreuzzugsprivilegien kamen. Im Juni 1210 regt der Vizegraf von Narbonne einen gemeinsamen Angriff auf die Stadt Minerve an. Simon von Montfort und Arnold, Abt von Cîteaux und noch immer Legat des Papstes, lassen sich nicht lange drängen. Ende Juni beginnt die Belagerung der Stadt Minerve. Die Verteidiger wehren sich erbittert, müssen aber am Ende doch verhandeln. Simon von Montfort überläßt dem Legaten die Formulierung der Übergabebedingungen. Peter von Vaux-de-Cernay:

„Daraufhin war der Abt sehr bestürzt. Er wünschte lebhaft den Tod der Feinde Christi. Aber als Mönch und Priester wagte er es nicht, sie sterben zu lassen."

Die Mauern von Carcassonne.

Der Abt von Cîteaux ordnet an, alle Bewohner der Stadt seien zu verschonen, auch die Katharer, falls sie bereuen und zur Kirche zurückkehren würden. Als jemand befürchtet, die Katharer würden aus Angst nur zum Schein bereuen, sagt der Abt laut Peter von Vaux-de-Cernay:

„Fürchtet nichts, ich glaube, nur wenige werden sich bekehren lassen."

MORDLUST UND TODESBEREITSCHAFT

Der Abt schätzt die Todesbereitschaft seiner Feinde richtig ein. Nach der Übergabe der Stadt lehnten die Priester und Priesterinnen der katharischen Kirche es ab, ihrem Glauben abzuschwören. Der Abt von Vaux-de-Cernay (der Onkel des Chronisten) will mit den Katharern reden. Der Chronist:

„Aber sie unterbrachen ihn und riefen mit einer Stimme: »Warum haltet ihr uns eine Predigt? Wir wollen euren Glauben nicht, wir verleugnen die römische Kirche. Ihr bemüht euch vergeblich. Weder das Leben noch der Tod kann uns von unserem Glauben trennen.« Nach diesen Worten verließ der ehrwürdige Abt eilig das Haus und begab sich zu den Frauen, die sich in einem anderen Haus versammelt hatten, um das Wort an sie zu richten. Waren die Männer schon widerspenstig und verstockt, so fand er die Frauen noch widerspenstiger und verstockter vor. Unser Graf betrat kurz darauf die Stadt. Er begab sich zu dem Haus, in dem sich die Häretiker versammelt hatten. Er war ein guter Katholik und wollte, daß alle durch die Erkenntnis der Wahrheit gerettet würden. Er bot ihnen an, zum katholischen Glauben überzuwechseln. Aber es war vergeblich. Der Graf ließ sie vor die Stadt führen. Es waren mindestens einhundertvierzig Parfaits. Man errichtete einen großen Scheiterhaufen und warf sie alle hinein. In Wahrheit hatten die Unseren es nicht nötig, sie hineinzuwerfen. Sie stürzten sich selbst ins Feuer, so sehr beharrten sie auf dem Bösen."

DIE KOLONISIERUNG MACHT FORTSCHRITTE

Im September 1210 steht das Kreuzheer vor der Burg Puivert, im Vorland der Pyrenäen. Nach drei Tagen können die Belagerer in die Burg eindringen. Aber die Freude der Sieger währt nicht lange. Die Bewohner der Burg waren durch einen Geheimgang geflohen und hatten ihre Wertsachen mitgenommen. Puivert war ein beliebter Treffpunkt okzitanischer Poeten. Manche Burgherren schätzten die Kunst der Troubadoure und schützten die katharische Kirche. Damit waren sie für den Klerus selbst Häretiker. Als im Herbst nach einer Belagerung von drei Monaten die Festung Termes fällt, beginnt der Widerstand abzubröckeln. Viele Burgbesatzungen fliehen, wenn sich das Kreuzheer nähert. Bei einer Konferenz in Narbonne erkennt König Peter von Aragon Simon von Montfort als Vasallen an, verbietet aber eine Unterwerfung unter die französische Krone. Trotzdem führt Simon von Montfort Rechtsnormen ein, die im Norden Frankreichs gelten. Es wird deutlich, daß die Ausrottung der Häresie mit dem Anschluß der Vizegrafschaft an die französische Krone verbunden wird. Nach ihrer inneren Logik ist aber das eigentliche Ziel der Unternehmung die Grafschaft Toulouse. Aus der Sicht der Kirche ein Zentrum der Häresie, aus der Sicht der Barone die reichste Grafschaft des Südens. In Toulouse aber residiert seit seiner Versöhnung mit der Kirche völlig legal Graf Raimund VI.

KREUZZUG GEGEN TOULOUSE

Ein Konzil im Februar 1211 schafft Abhilfe. Dem Grafen von Toulouse wird vorgeworfen, nichts gegen die Häresie unternommen zu haben. Man stellt ihm unannehmbare Forderungen: Völlige Unterwerfung, Übergabe der befestigten Plätze und Verzicht auf eigene Steuern. Weiterhin soll er im Heiligen Land so lange unter den Tempelrittern dienen, bis ihm Rom die Rückkehr erlaubt. Graf Raimund von Toulouse lehnt ab und wird prompt wieder exkommuniziert. In ganz Frankreich war wieder der Kreuzzug gepredigt worden und mit den Verstärkungen aus dem Norden kann Simon von Montfort den Krieg wieder aufnehmen.

Im Mai 1211 wird die Stadt Lavaur erobert. Peter von Vaux-de-Cernay notiert, was mit den Unterlegenen geschah:

„Aimery und achtzig seiner Ritter wurden aus der Stadt geführt. Der edle Graf entschied, daß sie alle gehängt werden sollten. Sie wurden schneller getötet, als man es erzählen kann. Die Herrin von Lavaur, eine abgefeimte Ketzerin, wurde in einen Brunnen geworfen. Zuletzt verbrannten die Bekreuzten mit größter Freude eine Unzahl von Häretikern."

Vierhundert Katharer verbrannten in Lavaur. Peter von Vaux-de-Cernay notiert über das Schicksal der Katharer in der kurz darauf eroberten Burg Cassés:

„Die Bekreuzten ergriffen rund sechzig Häretiker und verbrannten sie mit großer Freude."

Aber der Häresie war im Languedoc mit Feuer und Schwert nicht beizukommen, solange die katharische Kirche in der Grafschaft Toulouse relativ unbehelligt wirken konnte. Im Juni 1211 beginnt die Belagerung von Toulouse. Simon von Montfort hat nicht genug Truppen, um die Stadt einzuschließen und muß nach mehreren Ausfällen der Stadtmilizen die Belagerung aufheben. Der Krieg um Burgen und Städte geht weiter und die Verwüstung der Grafschaft hält an. Auch Kreuzfahrer aus Deutschland sind daran beteiligt. Der Kölner Chronist notiert zum Jahr 1211:

„In diesem Jahr zog wieder eine Menge Edler aus dem Oberland mit einer unzähligen Schar aus Schwaben und Alemannien gegen die Katharer. Sie eroberten sehr viele Städte und Burgen und töteten eine große Anzahl dieser Häretiker durch Feuer und Strang."

Im September beginnt die Gegenoffensive des Grafen von Toulouse und des ebenfalls von den Kreuzfahrern bedrängten Grafen von Foix. Bei Castelnaudary behalten ihre Streitkräfte die Oberhand, aber Simon von Montfort kann die Flucht ergreifen. Im Winter wird in Frankreich und Deutschland ein neuer Kreuzzug gepredigt und im Frühjahr 1212 kann Simon von Montfort seine Reihen wieder auffüllen.

DER PAPST IST IRRITIERT

Ein Briefwechsel zwischen Papst Innozenz III. und König Peter von Aragon nötigt Simon von Montfort zur Vorsicht. Der Papst kritisiert das Vorgehen der Kreuzfahrer gegen kirchentreue

Adlige und erwägt, den Kreuzzug abzublasen. Im Verlauf des Jahres 1212 unternimmt das Kreuzheer keinen weiteren Angriff auf Toulouse, sondern beschränkt sich auf die Eroberung kleinerer Plätze. Im September muß sich die Stadt Moissac nach heftigen Kämpfen ergeben. Die Bewohner werden geschont, nachdem sie sich der neuen Herrschaft unterworfen haben. Dreihundert Gefolgsleute des Grafen von Toulouse, die die Stadt verteidigt hatten, werden umgebracht. Peter von Vaux-de-Cernay:

„Unsere Bekreuzten ergriffen sie und massakrierten sie mit Begeisterung."

Im Januar 1213 trifft Peter von Aragon mit seiner Gefolgschaft in Toulouse ein und wird begeistert empfangen. Auf einem Konzil in Lavaur verlangt der König eine Garantie für die bestehenden Besitzverhältnisse. Da Simon von Montfort ablehnt, erklärt sich der König zum Schutzherren der Grafschaft Toulouse.

DER PAPST IST WIEDER DABEI

Innozenz III. wendet im Juni 1213 seine Gunst wieder Simon von Montfort zu und fordert König Peter auf, nichts gegen die Kreuzfahrer zu unternehmen. Trotzdem mobilisiert der König seine Streitkräfte. Die verbündeten Truppen aus Aragon und dem Languedoc treffen im September 1213 bei Muret auf das Kreuzzugsheer. Trotz zahlenmäßiger Überlegenheit verliert das Aufgebot der Verbündeten. Peter II. fällt in der Schlacht. Kurz vorher hatte sich der König in Spanien bei einem großen Sieg über eine muslimische Armee bewährt und wurde als christlicher Held gerühmt. Es war bittere Ironie, daß er hier durch das Schwert eines Kreuzritters zu Tode kam. Mit der Niederlage bei Muret war die Chance für die Bildung eines unabhängigen okzitanisch-aragonesischen Reichs vertan.

TOULOUSE FÄLLT

Der Sieg bei Muret bringt Montfort noch nicht die Herrschaft über Toulouse, da sich Graf Raimund erneut der Kirche unterworfen hat. Aber Simon von Montfort läßt nicht locker. Im Januar 1215 setzt das Konzil von Montpellier Graf Raimund ab und ernennt Simon von Montfort zum Verwalter der Grafschaft. Ende Mai kann er in Toulouse einziehen, zusammen mit Ludwig, dem Sohn des französischen Königs, der damit sein Kreuzzugsgelübde erfüllt. Von irgendeinem Jubel der Bevölkerung ist bei dem Chronisten der Kirche nicht die Rede. Die Anwesenheit des Thronfolgers zeigt, daß die Krone auf Dauer in Toulouse herrschen will. Den Bewohnern wird befohlen, die Befestigungen abzureißen. Auf einem Konzil im November 1215 in Rom werden die südfranzösischen Angelegenheiten endgültig geregelt. Der abgesetzte Graf Raimund VI. von Toulouse ist anwesend, aber es nützt ihm nichts. Papst Innozenz III. verfügt, daß die eroberten Gebiete an Simon von Montfort fallen. Der Sohn von Graf Raimund, Raimund VII., darf nur die provenzalischen Besitzungen behalten.

DIE GEGENOFFENSIVE

Vier Monate später landen Raimund VI. und sein Sohn Raimund VII. in Marseille. Damit verstoßen sie gegen die Auflagen des Konzils, nach denen Raimund der VI. seine ehemaligen Besitzungen nie mehr betreten durfte. Ihre provenzalischen Untertanen jubeln, als seien der Papst und der König von Frankreich keine mächtigen Feinde. Mit der Landung in Marseille beginnt der Versuch Raimunds von Toulouse, seine feudalen Rechtstitel durchzusetzen. Das bedeutet: Der Krieg geht weiter. Viele kleine Adlige, die durch den Kreuzzug ihren Besitz verloren hatten, schließen sich den beiden Grafen an. Mit provenzalischen Truppen zieht der neunzehnjährige Raimund VII. gegen Beaucaire, das von Anhängern Montforts besetzt ist. Raimund VI. begibt sich nach Aragon, um ein Heer aufzustellen. Die Truppen des jungen Grafen belagern im Mai 1216 die Zitadelle von Beaucaire, bis Simon von Montfort mit Verstärkungen eintrifft. Keine Seite kann die andere besiegen. Simon von Montfort muß seinen Gegner am Ende sogar abziehen lassen. Er hat die Nachricht erhalten, daß Raimund VI. Toulouse zurückerobern will. In Toulouse liefern die Bewohner den Besatzern Straßenschlachten. Das Blatt scheint sich zu wenden.

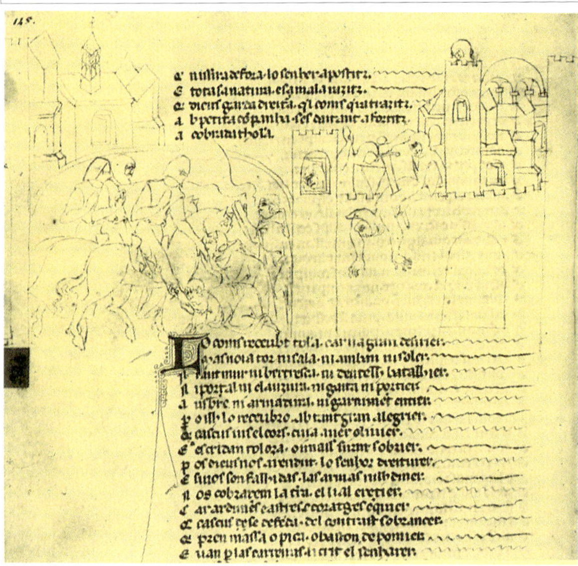

RAIMUND IN TOULOUSE

Am 13. September 1217 zieht Raimund VI. in Toulouse ein, während Montfort woanders Burgen erobert. Die Bevölkerung empfängt ihren Grafen wie einen Befreier. Gefangene Anhänger Simons von Montfort werden niedergemacht. Über die Ereignisse ab 1213 berichtet ein anonymer Fortsetzer des Chansons von Wilhelm von Tudèle. Der Chronist ergeift die Partei des Grafen von Toulouse. Er beschreibt den Einzug Raimunds VI.:

„Herbei eilen sie alle. Große und Kleine, Barone und Damen, Männer und Frauen. Sie knien vor ihm, und bedecken mit Küssen seine Kleider und Beine, seine Arme und Hände."

Die Bevölkerung erneuert in Erwartung eines Angriffs durch die Kreuzarmee in aller Eile die Befestigungen der Stadt. Die Kreuzfahrer können Toulouse nicht im Sturm nehmen. Monatelang halten die Truppen des Grafen und die Bewohner stand, obwohl Simon von Montfort Verstärkungen heranführen kann. Beiden Seiten geht es nicht um die Häretiker in der Stadt. Die Bevölkerung will keine fremden Herren, die Kreuzfahrer wollen die Stadt erobern.

Raimund VI. von Toulouse zieht in die Stadt ein.

MONTFORT EST MORT – MONTFORT IST TOT

Am 25. Juni 1218 begibt sich Simon von Montfort zu seinem verletzten Bruder Guido. Der Fortsetzer des Chansons:

„Während Guido wehklagte und sprechen wollte, brachten die in der Stadt eine Schleuder in Stellung, bedient von Frauen, Damen und Mädchen. Der Stein flog dahin wo er einschlagen sollte. Er traf Graf Montfort am Helm, der aus Stahl war. Das Hirn brach in Stücke, die Augen, die Zähne. Der Graf fiel zu Boden, tot, blutend und fahl."

Ein Haus wird geplündert. Miniatur 14. Jahrhundert.

Die treffsicheren Damen berauben die Kreuzfahrer ihres Anführers. Die Belagerung ist beendet. »Montfort ist tot, es lebe Toulouse« sollen die Bewohner gesungen haben. Und der Fortsetzer des Chansons berichtet:

„Die ganze Stadt, alle laufen zur Kirche, zünden Kerzen an in allen Leuchtern und rufen: »Gott ist barmherzig.«"

MASSAKER IN MARMANDE

Mit dem Tod von Montfort war zwar die Belagerung, nicht aber der Krieg beendet. Ein Jahr später bewegt sich ein neuer Kreuzzug nach Süden. Am 12. Juni 1219 stürmen zehntausend Bogenschützen und sechshundert Ritter die Stadt Marmande. Angeführt werden sie von Montforts Sohn, dem Thronfolger Ludwig und zwanzig Bischöfen. Papst Innozenz III. hatte den Kreuzfahrern aufgetragen, die Häresie mit allen Mitteln zu bekämpfen. Marmande wird zur Plünderung freigegeben, obwohl dort überwiegend kirchentreue Christen leben. Das Chanson beschreibt, wie die Stadt in Besitz genommen wird:

„Barone und Damen, die kleinen Kinder, Männer und Frauen, nackt und bloß, in Stücke geschlagen mit blutigen Schwertern. Rot glänzt der Boden, als sei Regen gefallen. Die Stadt versinkt in Feuer und Asche."

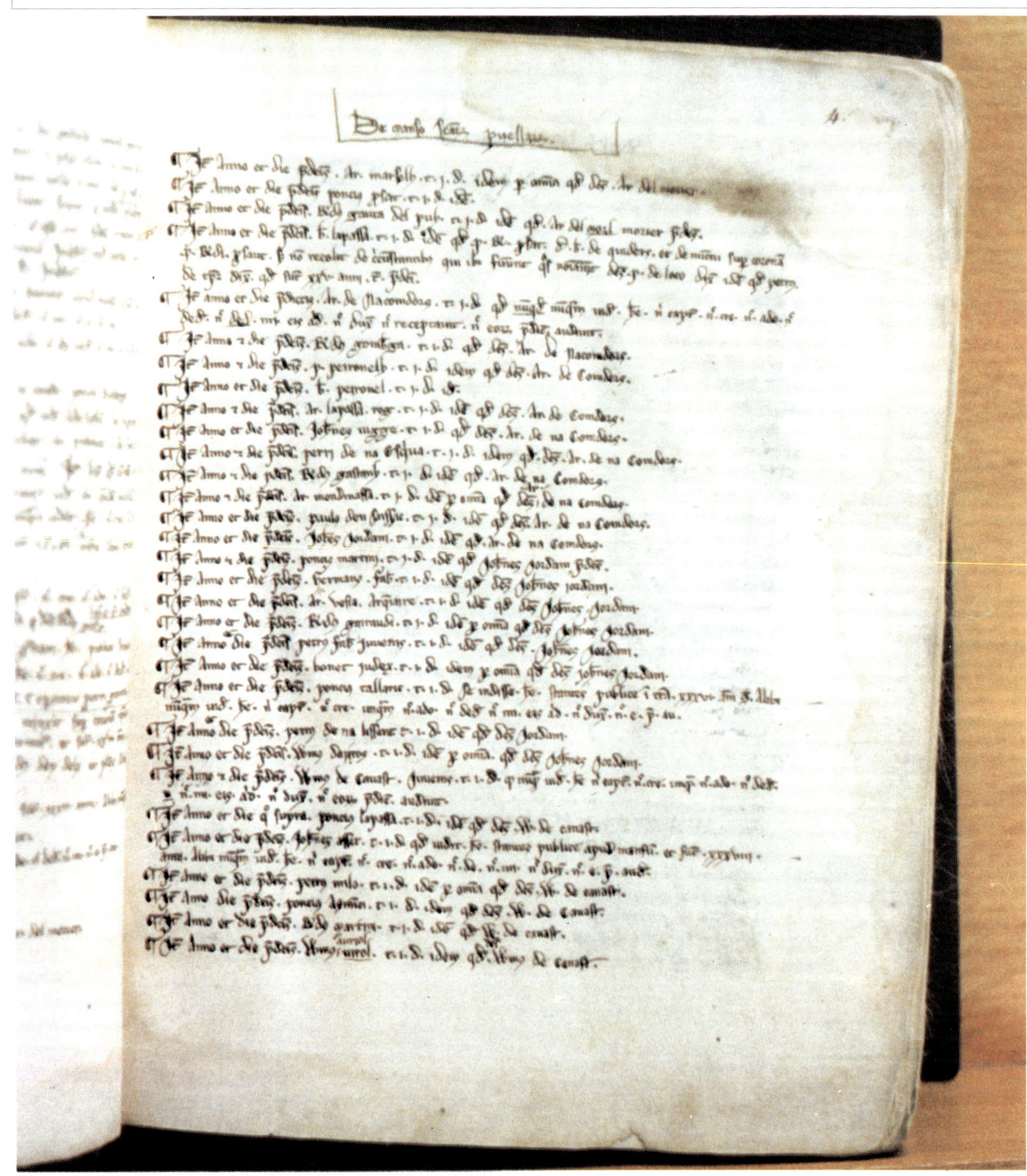

Das Massaker von Marmande bleibt nicht ungerächt. Raimund VII. gewinnt noch einmal die militärische Oberhand. Im vom Krieg gezeichneten Okzitanien wird der Traum von der Unabhängigkeit noch einmal geträumt. Aber im Jahr 1226 macht ein neuer Kreuzzug unter der Führung des neuen Königs Ludwig VIII. deutlich, daß Krone und Kirche nicht nachgeben würden. Toulouse blieb zwar in den Händen von Raimund VII., aber die Scheiterhaufen brennen wieder und das Land wird weiter verwüstet. Der König stirbt auf dem Rückweg vom Kreuzzug. Sein Sohn Ludwig IX., der spätere Heilige, ist noch unmündig. Die Statthalter der Krone setzten die Praxis der Zermürbungskriege fort.

DAS LANGUEDOC WIRD FRANZÖSISCH

Obwohl militärisch nicht geschlagen, gibt Raimund VII. auf. Die Verhandlungen werden 1229 in Meaux bei Paris abgeschlossen. Der Graf muß auf seine provenzalischen Besitzungen verzichten, Gebiete im Norden an die Krone abtreten und seine Burgen und die Mauern von Toulouse schleifen. Schließlich wird verfügt, daß Graf Raimund seine Tochter für eine Ehe mit einem Bruder des Königs zur Verfügung stellen muß. Damit wird die Grafschaft Toulouse nach Raimunds Tod endgültig an die Krone fallen. Der König ist am Ziel, die Kirche noch nicht. Kurz vor Ostern muß sich Raimund in Notre-Dame der Kirche unterwerfen. Die Zeremonie hatte schon sein Vater erlebt. Im Büßerhemd bekennt er die ihm vorgeworfenen Verbrechen. Dann vollzieht der Legat die Züchtigung mit der Rute. Das Volk von Paris jubelt.

Die kirchliche Gewalt. Protokoll der Inquisition. Stadtarchiv Toulouse.

Die weltliche Gewalt. Miniatur um 1325.

VOM KREUZZUG ZUR INQUISITION

Die Häresie aber war noch immer nicht ausgerottet. Die Priester der katharischen Kirche wirkten im Untergrund und konnten sich auf einige entlegenen Burgen am Rand der Pyrenäen stützen. Den Überresten der katharischen Kirche war mit Feuer und Schwert allein nicht beizukommen. Es bedurfte der Inquisition, um die Häresie vollständig zu vernichten. Anne Brenon, Leiterin des Archivs der Geschichte der Katharer, beschreibt die Aufgaben der Inquisition:

„Die Kreuzzüge hatten die Häresie nicht ausrotten können. Der Inquisition gelang es. Die Inquisition war die Reaktion der Kirche auf den Sieg der Waffen. In den Jahren 1230-1233 setzte die Kirche eine sehr wirksame Polizei für religiöse Angelegenheiten ein, eben die Inquisition. Sie wurde den Franziskaner- und Dominikanermönchen anvertraut. Durch ein sehr präzises und umfassendes Verfahren, mit Registraturen und Karteien, gelang es der Inquisition allmählich alle katharischen Parfaits aufzuspüren, die es in Okzitanien noch gab, sie zu verhaften und durch die weltlichen Behörden verbrennen zu lassen. Nach etwa fünfzig Jahren hatte die katharische Kirche fast alle ihre Priester verloren. In der gleichen Zeit hat die katholische Kirche Tausende von Mönchen im Land umherziehen lassen, mindere Brüder und Prediger, als Ersatz für die katharischen Parfaits. Sie sollten der katholische Bevölkerung eine unmittelbare Form der Religionsausübung ermöglichen."

In Fanjeaux, bei Carcassonne hat der heilige Dominikus eine Zeit lang gewirkt. Er vertraute auf die Kraft der Predigt und des Vorbilds. Er gehörte zu denen, die die Kirche von unten reformieren wollten. In dem Haus, in dem Dominikus arbeitete, ist ein kleines Museum eingerichtet worden. Hier erfährt man ungefragt, daß Dominikus nichts mit der Inquisition zu tun hatte. Sie wurde tatsächlich erst zehn Jahre nach seinem Tod eingeführt. Durch ihre Predigt von der Weltlichkeit der Kirche hatten die minderen Brüder zur Ausbreitung der Häresie beigetragen. Nun waren sie beauftragt, die Abtrünnigen aufzuspüren und zu verurteilen. Die Protokolle der Inquisition zeigen, daß die Verfahren streng nach kirchlichem Recht durchgeführt wurden. Das Geständnis unter Folter galt anfangs nicht als Beweismittel. Das Eigentum der Verurteilten fiel an das Tribunal, die Kirche und die Behörden. Das war ein Anreiz: Die Protokolle atmen den Geist der Denunziation. Der geringste Hinweis genügte, um ein Verfahren einzuleiten. In Okzitanien herrschte ab 1230 ein Klima der Angst und Intoleranz.

DER SCHLUSSAKT

Der letzte Aufstand in Okzitanien beginnt im Mai 1242 mit der Ermordung der Mitglieder eines Inquisitionstribunals in Avignonet, zwischen Toulouse und Carcassonne. Die Täter, einige Ritter aus der Katharerburg Montségur und Bürger der Stadt dringen am 28. Mai in den Burgturm ein, in dem das Inquisitionstribunal untergebracht ist. In der Schlafkammer metzeln sie die Inquisitoren und deren Diener nieder. Die Strafe für die Ermordung der zwölf Männer war fürchterlich. Die ganze Stadt wurde exkommuniziert. Und der Aufstand brach angesichts der militärischen Übermacht der Armee des französischen Königs Ludwig IX. zusammen. Der Schlußakt beginnt mit der Belagerung der Katharerfestung Montségur im Frühjahr 1243 durch eine überlegene französische Armee. Von Raimund VII. ist keine Hilfe mehr zu erwarten. Er hat sich nach dem Aufstand erneut der Krone und der Kirche unterworfen. Trotzdem halten die Belagerten monatelang stand. Sie verteidigen den letzten Stützpunkt der katharischen Kirche. Der Historiker Michel Roquebert ist gelegentlich in Montségur bei seinen Forschungen anzutreffen. Er schildert den letzten Akt der Vernichtung der katharischen Kirche:

„Hundert Bewaffnete haben die Burg zehn Monate lang gegen die Armee des heiligen Ludwig IX. gehalten. Anfang März 1244 haben sie sich ergeben. Die Inquisition, die sich bei den Soldaten des Königs befand, fragte wie üblich, ob unter den Parfaits jemand dabei sei, der abschwören wolle. Und wer nicht abschwören wolle, würde sofort dem Scheiterhaufen überantwortet. Nicht ein einziger hat abgeschworen. Sie verbrannten alle auf dem Scheiterhaufen. Es kommt noch besser. Zwanzig Personen, Ritter, Soldaten, Sergeanten, haben drei Tage vor der Verbrennung mit ihren Frauen das katharische Sakrament empfangen. Sie wußten, daß sie damit den Scheiterhaufen erleiden würden. So wurden zweihundertzehn katharische Gläubige verbrannt und die zwanzig, die freiwillig den anderen auf den Scheiterhaufen folgten."

Die Katharerburg. Montségur.

Gedenkstein vor der Burg Montségur.

Dort, wo der Scheiterhaufen vermutlich brannte, befindet sich heute ein Stein mit dem katharischen Kreuz. Zuweilen legen Touristen dort Blumen nieder. Die Sehnsucht nach einem unabhängigen Okzitanien und neokatharische Strömungen haben sich vermischt. Die Leidensstätten der Katharer sind als Reiseziel in Mode gekommen.

ANSCHLUSS VOLLENDET

Im Januar 1248 übereignet Graf Raimund VII. auf dem Sterbebett Toulouse an den Rat der Stadt. Die Geste hat allerdings nur eine symbolische Bedeutung. Am 23. Mai 1251 übernimmt Alfons von Poitiers, Bruder des Königs und Ehemann von Johanna von Toulouse, die Grafschaft. Die neue Administration schränkt die Rechte des Stadtrates ein, erhöht die Steuern und führt das Französisch des Nordens als Amtssprache ein. Im August 1271 stirbt das gräfliche Paar auf dem Rückweg von einem Kreuzzug nach Tunis und im Oktober wird Toulouse direkt der Krone unterstellt. Die Rechtsverordnungen der königlichen Beamten engen die traditionellen Freiheiten der Bürger weiter ein. Widerstand ist mit hohen Risiken verbunden. Eine Stadtchronik vermerkt lapidar:

„Vergessen wir nicht, daß die Inquisition zur gleichen Zeit in der Stadt mit der äußersten Härte zuschlug."

Kreuzzug und Inquisition haben sich als wirkungsvolle Instrumente der Kolonisierung erwiesen. Im Burghof von Villerouge-Thermenès endet im Jahr 1321 der letzte katharische Parfait auf dem Scheiterhaufen.

KREUZZUG OHNE KÖNIGE

Im September 1197 stirbt Kaiser Heinrich VI. in Sizilien bei der Vorbereitung eines Kreuzzuges. Friedrich, der spätere Kaiser Friedrich II., ist erst drei Jahre alt. In Deutschland beginnt daraufhin der Kampf zwischen Otto IV. und Heinrichs Bruder, Philipp von Schwaben, um die Königskrone. Der englische König Johann und der französische König sind mit ihren alten Konflikten beschäftigt. Kurz nach seinem Amtsantritt ruft Papst Innozenz III. im August 1198 zum Kreuzzug auf. Er wendet sich wie Urban II. nicht an die Könige, sondern direkt an den Klerus, den Adel und an die italienischen Seehandelsstädte. Der nächste Kreuzzug sollte wie der erste Kreuzzug ein Unternehmen der Kirche sein. Wie Urban II. demonstrierte Papst Innozenz damit seinen weltlichen Führungsanspruch. Aber wer war bereit, für die Kirche in den Kampf zu ziehen? Die letzten Kreuzzüge hatten die Könige bezahlt. Lehnspflichtige Ritter und Söldner waren als Berufskrieger ins Feld gezogen, und nicht als Glaubenskämpfer. Dieser Entwicklung will der neue Papst nun Einhalt gebieten.

KREUZFAHRT STATT REBELLION

In Europa hatten Prediger mit Erfolg den unteren Ständen über die Seligkeit der Armut und die Laster der Reichen gepredigt. Die Kirche mußte auf der Hut sein. Viele Zweifelnde wurden zwar wieder gläubig, aber sie wurden auch rebellisch. Die Lobpreisung der Armut förderte das Selbstbewußtsein der Armen und die Identifikation des einzelnen mit den Armen als einer sozialer Gruppe. Bei gelegentlichen Zusammenrottungen kam es zu Übergriffen auf den Besitz der angeprangerten Reichen. In Frankreich hatte ein Prediger namens Fulko von Neuilly gegen die materielle und sexuelle Begehrlichkeit gewettert. Der Chronist Gottfried von Villehardouin:

„Der Ruf des heiligen Manns war so verbreitet, daß er bis zu Papst Innozenz drang. Der Papst sandte eine Botschaft nach Frankreich und beauftragte den ehrwürdigen Mann, in seinem Namen den Kreuzzug zu predigen.“

Die Predigt von der Sündhaftigkeit eines ausschweifenden Lebenswandels wird nun mit einer Aufforderung zum Handeln verbunden: Buße tun durch die Teilnahme an einem Kreuzzug. Aber die von solchen Predigten in Bewegung gesetzten Armen kamen für eine Kreuzfahrt gar nicht in Frage. Nach den Mißerfolgen der Landexpeditionen dachte niemand mehr daran, die Pilgerscharen zu Fuß nach Jerusalem aufbrechen zu lassen. Eine Schiffspassage war aber für die meisten Zuhörer des Predigers Fulko von Neuilly unbezahlbar. Einige Jahre später enden Volkskreuzzüge (die sogenannten Kinderkreuzzüge) kläglich in Genua, weil dort keine Schiffe für den Transport der Kreuzfahrer zur Verfügung stehen. Vor allem die Kinder hatten geglaubt, das Meer würde sich vor ihnen auftun.

EIN HISTORISCHES TURNIER

Die vom Papst veranlaßte Kreuzzugspredigt bewegt zwar die Zuhörer, aber ein schlagkräftiges Kreuzheer findet sich nicht ein. Papst Innozenz stellt fest, daß es ohne Geld nicht geht und erhebt trotz einiger Proteste eine Sondersteuer auf kirchliche Einkommen. Bedeutende Summen gehen offenbar nicht ein, denn der Papst sieht davon ab, ein eigenes Kreuzheer aufzustellen. Der Kreuzzug, der als der vierte in die Geschichte eingehen wird, kommt aber doch noch in Gang. Der Chronist dieses Kreuzzuges, Gottfried von Villehardouin, Marschall der Champagne, war von Anfang an dabei. Er schildert das Zustandekommen eines historischen Treffens:

„Der Papst entsandte einen seiner Kardinäle, den Herrn Peter von Capua, der schon das Kreuz genommen hatte, um in seinem Namen die Vergebung so zu verkünden: Alle, die das Kreuz nehmen und ein Jahr lang im Dienst Gottes in der Armee bleiben, werden die Vergebung aller Sünden erlangen, die sie gebeichtet haben. Die Vergebung war so großzügig, daß die Herzen der Menschen tief bewegt waren und viele das Kreuz nahmen... Anfang Advent (1199) fand im Schloß Écry in der Champagne ein Turnier statt. Bei dieser Gelegenheit geschah es durch Gottes Gnade, daß Theobald, Graf der Champagne zusammen mit Ludwig von Blois das Kreuz nahmen... Mit diesen beiden großen französischen Baronen nahmen Simon von Montfort und Reinald von Montmirail das Kreuz. Es machte überall einen großen Eindruck, daß so große Herren das Kreuz genommen hatten.“

Mehrere Bischöfe und Grafen nehmen in den nächsten Monaten das Kreuz, darunter Graf Balduin von Flandern und Hennegau. Aber das Unternehmen kommt nur langsam in Gang. Gottfried von Villehardouin:

„Danach hielten die Barone in Soissons eine Konferenz ab, um den Termin des Aufbruchs und den Reiseweg zu festzulegen. Aber diesmal konnten sie sich nicht einigen, denn es schienen ihnen nicht genügend Leute das Kreuz genommen zu haben. Zwei Monate des Jahres (1201) waren verstrichen, da versammelten sie sich zu einer weiteren Konferenz in Compiègne. Dabei waren alle Grafen und Barone anwesend, die das Kreuz genommen hatten und viele verschiedene Ansichten wurden geäußert. Am Ende wurde beschlossen, die besten Gesandten, die sie finden könnten, auszuwählen. Mit allen Vollmachten versehen, sollten sie alles vorbereiten, als wären sie die Herren."

VERTRAG MIT VENEDIG

Zu den sechs Gesandten gehört auch Gottfried von Villehardouin. Sie reisen mit Blankovollmachten nach Venedig, um über die Anmietung von Schiffen zu verhandeln. Der Doge Heinrich von Dandolo empfängt sie freundlich und bittet um eine Woche Bedenkzeit. Dann macht er der Gesandtschaft folgenden Vorschlag:

„Wir werden Transportschiffe für viertausendfünfhundert Pferde und neuntausend Knappen und weitere Schiffe für die Versorgung von viertausendfünfhundert Rittern und zwanzigtausend Fußsoldaten bauen. Wir werden in diesen Vertrag den Proviant für die Mannschaft und das Futter für die Pferde für neun Monate einschließen. Das werden wir für euch tun und nicht weniger, wenn ihr für ein Pferd fünf Mark und für einen Mann zwei Mark bezahlt... Die Gesamtkosten betragen 85.000 Mark. Aber wir werden noch mehr tun. Wir werden aus Liebe zu Gott fünfzig Kriegsschiffe stellen, ohne daß es die Barone etwas kostet. Die Bedingung ist, daß während unseres Bündnisses das eroberte Land und das erbeutete Geld geteilt werden."

TRÄNEN IM DOM

Die Gesandtschaft beschließt, die Bedingungen anzunehmen. Bei einer Messe im Markusdom beten laut Gottfried von Villehardouin zehntausend Gläubige für das Gelingen der Kreuzfahrt. Der Chronist schildert, was dann geschieht:

„Die Gesandten knieten tränenüberströmt vor der versammelten Menge nieder. Der Doge und alle Anwesenden brachen in Tränen des Mitleids aus, streckten die Hände zum Himmel und schrien mit einer Stimme: »Wir stimmen zu, wir stimmen zu.« Es entstand ein Tumult und ein Lärmen, als würde die Welt einstürzen."

Am nächsten Tag werden die Verträge aufgesetzt. Das Reiseziel bleibt geheim. Der Chronist:

„Es wurde beschlossen, nach Kairo zu gehen, weil man von dort aus die Türken besser vernichten könne. Öffentlich wurde erklärt, es ginge nach Palästina."

Kreuzfahrer greifen Konstantinopel an. Miniatur um 1330.

Bei der Übergabe der Verträge fließen laut Gottfried von Villehardouin wieder die Tränen. Die Gesandten leihen sich fünftausend Mark in Silber, um die Anzahlung zu leisten und kehren nach Frankreich zurück. Kurz darauf stürzt der Tod des Grafen der Champagne die Unternehmung in die nächste Krise. Eine Delegation der Barone fragt den Herzog von Burgund, ob er die Führung übernehmen wolle. Der Herzog winkt ab, und nach ihm ebenso der Graf von Bar-le-Duc. Bei einem Treffen in Soissons im Juni 1201 einigen sich die Barone nach heftigen Debatten auf den nächsten Kandidaten, den Marquis Bonifaz von Montferrat. In der Kirche von Soissons bitten die Kreuzfahrer ihn, das Kreuz zu nehmen und ihr Anführer zu werden. Und wieder fließen die Tränen. Gottfried von Villehardouin:

„In Tränen fielen sie alle vor ihm nieder. Nun kniete auch er vor ihnen und sagte, er wäre dazu bereit... So übernahm er das Kommando und gleich darauf ging er in Begleitung des Bischofs von Soissons und des ehrwürdigen Herrn Fulko (der Prediger)... in die Kirche, wo sie ihm das Kreuz auf die Schulter hefteten."

GEFAHREN IN VENEDIG

Der Termin für die Abreise war auf den April 1202 festgelegt worden. Die Venezianer haben die Flotte ausgerüstet und müssen mit einiger Sorge feststellen, daß die Kreuzfahrer verspätet eintreffen. Vorsichtshalber weist der Doge ihnen Quartiere auf der Insel Niccolo di Lido an. Die Burgunder und Südfranzosen haben ihre Pläne geändert. Gottfried von Villehardouin:

„Sie vermieden es, nach Venedig zu kommen, wegen der Gefahren, die es dort gab und begaben sich nach Marseille. Sie wurden deswegen verurteilt. Ihr Verhalten führte später ein großes Unglück herbei... In Venedig trafen Nachrichten ein, daß viele Kreuzfahrer nach anderen Häfen unterwegs wären. Das bereitete den Baronen große Sorgen, weil sie so ihr Versprechen gegenüber den Venezianern nicht einhalten konnten und nicht zahlen konnten, was sie schuldig waren."

Bei den »Gefahren«, von denen Gottfried von Villehardouin spricht, dürfte es sich wohl um die Kassierer des Dogen gehandelt haben. Als einzelne Trupps auf dem Weg nach Apulien gesichtet werden, versuchen ausschwärmende Botschafter, sie davon abzuhalten. Der Graf Ludwig von Blois kann schließlich überredet werden, mit dem Hauptkorps zu reisen.

KASSENSTURZ

Die Kreuzfahrer hatten mit mehr als dreißigtausend Mann gerechnet, aber höchstens zehntausend finden sich tatsächlich in Venedig ein. Die Barone fangen an, das Geld für die Schiffspassage einzusammeln. Viele Pilger sind zahlungsunfähig, weil sie ihre Barschaft schon bei der Anreise verbraucht haben. Beim Kassensturz stellen die Anführer fest, daß weniger als die Hälfte der geforderten Summe eingegangen ist. Einige Idealisten machen den Vorschlag, die Vermögenden könnten ja von ihrem Geld etwas drauflegen. Gottfried von Villehardouin:

„Dieser Vorschlag stieß auf lebhaften Widerspruch bei der Mehrheit der Barone und der anderen Anwesenden. Sie sagte: »Wir haben für die Passage bezahlt, und wenn die Venezianer uns mitnehmen, sind wir bereit, wenn nicht, schlagen wir einen anderen Weg ein.“

Aber einige Anführer greifen ihr Vermögen an. Der Chronist:

„Ihr hättet sehen sollen, wieviel Gold- und Silbergeschirr in den Palast des Dogen getragen wurde... Aber es fehlten noch immer vierunddreißigtausend Mark."

Der Doge Dandolo ist bereit, die Schulden zu stunden. Die geforderte Gegenleistung ist delikat: Die Kreuzfahrer sollen die katholische Stadt Zara (Zadar, Jugoslawien) für Venedig erobern. Zara war rund fünfzehn Jahren vorher von Venedig abgefallen und untersteht jetzt dem König von Ungarn. Einige Kreuzfahrer erheben Bedenken, aber sie werden überstimmt. Im Markusdom nimmt der Doge Dandolo das Kreuz und läßt sich durch Zuruf der Menge zum Anführer des venezianischen Kontingents erheben. Dabei bricht die Versammlung in Tränen aus. Heinrich Dandolo ist zwar neunzig Jahre alt und blind, aber er ist den anderen Anführern in jedem Punkt überlegen. Als die Nachricht vom Tode des Predigers Fulko von Neuilly eintrifft, ist die Kreuzarmee laut Gottfried von Villehardouin tief bewegt. Aber die Stimmung hebt sich wieder, als ein deutsches Kontingent unter Bischof von Halberstadt, Berthold von Katzenellenbogen und Heinrich von Ulmen die Anzahl der zahlenden Passagiere erhöht.

KREUZFAHRER GEGEN KATHOLIKEN

Die Belagerung von Zara beginnt am 11. November 1202. Der Abt von Vaux-de-Cernay und Simon von Montfort sprechen sich gegen einen Angriff auf die christliche Stadt aus. Der Abt soll gesagt haben:

„Meine Herren, im Namen des Papstes von Rom verbiete ich den Angriff auf diese Stadt. Ihre Bewohner sind Christen und ihr tragt das Kreuz."

Die Republik Venedig pflegt ihre Geschäfte souverän abzuwickeln. Der Doge läßt sich nicht auf moralische Argumente ein, sondern fährt verärgert die Barone an:

„Ihr habt mir versprochen, bei der Eroberung der Stadt Beistand zu leisten, und ich fordere euch nun auf, euer Wort zu halten."

Der zweite lateinische Chronist des Kreuzzuges ist Robert von Clari, der als einfacher Ritter teilgenommen hat. Nach Robert haben die Bewohner von Zara sogar einen Schutzbrief des Papstes vorweisen können:

„Die Bewohner von Zara wußten sehr gut, daß die Venezianer sie haßten. Sie besorgten sich einen Brief aus Rom. Er besagte, daß jeder exkommuniziert werden sollte, der Krieg gegen Zara führen würde... Der Brief wurde dem Dogen und den Pilgern vorgelesen... Der Doge sagte nun, die Exkommunikation würde ihn auf keinen Fall daran hindern, an der Stadt Rache zu üben."

Nach drei Tagen kapitulieren die Bewohner von Zara. Die Stadt wird geplündert und je zur Hälfte zwischen den Kreuzfahrern und den Venezianern aufgeteilt. Aber es gibt Schwierigkeiten bei der Bestimmung der jeweiligen Hälften. Gottfried von Villehardouin:

„Bestimmte Franzosen und Venezianer kämpften Mann gegen Mann, und überall in der Stadt lief man zu den Waffen... Bald gab es kaum noch eine Straße, in der nicht die Schwerter und Lanzen, Pfeile und Bolzen krachten. Auf beiden Seiten wurden viele Leute getötet oder verwundet."

Die Gefechte ziehen sich über mehrere Stunden hin und nur mit Mühe können die Anführer die kämpfenden Parteien trennen. Gottfried von Villehardouin meint, das Heer sei nur knapp der Vernichtung entgangen. Die Kreuzfahrer bleiben den Winter über in Zara.

DER PAPST IST GNÄDIG

Papst Innozenz exkommuniziert das ganze Kreuzheer, weil es eine christliche Stadt erobert hatte. Die Venezianer reagieren gelassen, aber die Franzosen senden eine Delegation nach Rom. Robert von Clari:

„Sie entsandten den Bischof von Soissons und meinen Herrn, Robert von Boves, nach Rom. Der Papst gab ihnen Briefe, durch die alle Pilger und die Venezianer die Absolution erhielten."

Gottfried von Villehardouin:

„Die Gesandten... überbrachten dem Papst ihre Botschaft. Sie sagten zum Papst: »Die Barone flehen um Gnade wegen der Eroberung von Zara, denn sie handelten wie Menschen, die keine andere Wahl hatten, wegen des Fehlverhaltens derer, die zu anderen Häfen gingen, und weil sie das Heer anders nicht zusammenhalten konnten...« Der Papst sagte den Gesandten, daß er wohl wüßte, wie sie durch die Schuld anderer zu diesen Handlungen gezwungen worden waren und er habe Mitgefühl mit ihnen. Der Papst sandte eine Grußbotschaft an die Kreuzfahrer, in der er sie segnete und als seinen Söhnen die Absolution erteilte."

Während der Wintermonate verlassen viele Kreuzfahrer Zara an Bord von Handelsschiffen. Viele Pilger dürften erkannt haben, daß Jerusalem nicht das Ziel der Anführer war. Die einen versuchen, direkt nach Akkon zu reisen, die anderen kehren heim. Gottfried von Villehardouin wirft ihnen vor, sie hätten die gute Sache verraten. Dabei beschreibt er selbst, wie die Anführer die Fahnenflucht des gesamten Kreuzheeres vorbereiten.

DER KREUZZUG WIRD UMGELEITET

Ob der Doge Dandolo überhaupt einen Angriff auf Ägypten beabsichtigte, ist unklar. Die Republik erzielt beim Handel mit Kairo hohe Gewinne. Der Doge hat die Weiterreise verzögert und jetzt reichen die Vorräte in den Schiffen für eine

Landeoperation in Ägypten nicht mehr aus. Zur Auffrischung des Proviants für das ganze Heer bieten sich nur die Märkte von Konstantinopel an. Der Doge und die Mehrheit der Anführer haben nicht vor, dafür zu bezahlen. Ein Rechtsgrund für einen Angriff auf Byzanz ist auch schon vorbereitet. Ende des Jahres 1202 treffen in Zara Gesandte ein. Sie kommen im Auftrag von König Philipp von Schwaben und von Alexios IV. Angelos. Alexios ist der Sohn des gestürzten byzantinischen Kaisers Isaak II. Der gegenwärtige Kaiser in Konstantinopel, Alexios III., hatte seinen Bruder Isaak geblendet und in ein Gefängnis geworfen. Irene, die Gemahlin von König Philipp, ist die Tochter des entmachteten Isaaks. Die Gesandschaft schlägt vor, das Kreuzheer solle sich nach Konstantinopel begeben und Isaak wieder zu Amt und Würden verhelfen. Diese Option hatten nach Gottfried von Villehardouin einige Anführer des Kreuzheeres schon in Venedig ins Auge gefaßt.

DER PLAN IST NICHT NEU

Der junge Alexios hatte sich nach seiner Flucht aus Konstantinopel in Verona aufgehalten. Gottfried von Villehardouin:

„Alexios... traf viele Pilger und andere Leute, die auf dem Weg waren, sich dem Heer anzuschließen. Diejenigen, die ihm bei der Flucht geholfen hatten, und noch bei ihm waren sagten zu ihm: »Herr, ganz in unserer Nähe, in Venedig, befindet sich ein Heer, das aus Personen von hohem Stand und den tapfersten Rittern der Welt besteht, und die unterwegs nach Palästina sind. Erbittet ihr Mitgefühl für euch und euren Vater, die so ungerecht enterbt wurden...« Alexios erwiderte, er wolle den guten Ratschlag befolgen. So bestimmte er Boten und schickte sie zum Marquis von Montferrat, der das Heer kommandierte und zu den anderen Baronen. Als die Barone die Boten angehört hatten, waren sie sehr verwundert und sagten zu ihnen: »Wir verstehen gut was ihr gesagt habt. Unsere Boten werden mit Alexios König Philipp aufsuchen. Wenn Alexios uns bei der Wiedereroberung Palästinas hilft, werden wir ihm helfen, sein Land zurückzugewinnen. Denn wir wissen, daß es ihm und seinem Vater zu unrecht genommen wurde.« So wurden Boten nach Deutschland geschickt, sowohl zum Prinzen von Konstantinopel als auch zum König Philipp."

*Zadar (Zara),
Altstadt.*

Gottfried von Villehardouin war einer der Anführer der Kreuzfahrer und hat sicher an wichtigen Besprechungen teilgenommen. Es gibt also keinen Anlaß, an seinen Ausführungen zu zweifeln. Mit hoher Wahrscheinlichkeit wurde also Konstantinopel zumindest als Station des Kreuzzuges schon sehr früh in die Planung aufgenommen. Die Gesandten des jungen Alexios sind also nach Gottfried von Villehardouin Ende 1202 nicht zufällig nach Zara gereist. Der Chronist Robert von Clari bestätigt diese Annahme:

„Der Doge von Venedig bemerkte, daß die Pilger unruhig waren. Er sagte zu ihnen: »Griechenland ist ein sehr reiches Land, wo es alles im Überfluß gibt. Wenn wir eine angemessene Gelegenheit finden, um dorthin zu gehen und um in diesem Land ausreichend Proviant aufzunehmen, wäre das ein guter Ratschlag. Dann könnten wir weiter über das Meer fahren.« Der Marquis erhob sich und sagte: »Ich war im letzten Juli in Deutschland. Dort sah ich einen jungen Mann, der der Bruder der... Königin war. Dieser junge Mann war der Sohn des Kaisers Isaak von Konstantinopel, dem sein eigener Bruder das Reich durch Verrat weggenommen hatte. Wer auch immer diesen jungen Mann bei sich hat, kann einfach nach Konstantinopel gehen, um Proviant und andere Sachen zu erlangen, denn der junge Mann ist der rechtliche Erbe."

WAR ES EIN KOMPLOTT?

Es ist nicht belegt, daß König Philipp von Schwaben und der Doge von Venedig von Anfang an den Plan gefaßt hatten, Konstantinopel zu erobern. Diese These ist zwar aufgestellt worden, war aber nicht zu beweisen. Sehr gut belegt ist aber das frühe Interesse des Marquis von Montferrat, den jungen Alexios ins Spiel zu bringen. Der Doge von Venedig hat sich spätestens in Zara entschlossen, das Kreuzheer nach Konstantinopel zu führen. Venedig hatte durchaus Gründe, gegen Byzanz vorzugehen. Die venezianische Kolonie in Konstantinopel war mehrfach angegriffen worden. Als Botschafter war Heinrich Dandolo bei einem Tumult an den Augen verletzt worden. Aber es ist wenig wahrscheinlich, daß der kühle Stratege sich von persönlichen Ressentiments leiten ließ. Auch läßt keine seiner Handlungen erkennen, daß ihm das eigentliche Ziel der Kreuzfahrt am Herzen lag. Er handelte nach venezianischer Tradition strikt im Interesse Venedigs. Ein Komplott mit dem Ziel, in Byzanz eine lateinische Herrschaft zu errichten, ist also nicht belegt. Sicher ist, daß eine kleine Gruppe von Feudalherren und der Doge von Venedig den Kreuzzug ab Zara in eine Unternehmung gegen Byzanz verwandeln.

DAS ANGEBOT DES ALEXIOS

Die Gesandtschaft aus Deutschland fordert die Kreuzfahrer also Ende des Jahres 1202 in Zara auf, den Kaiserthron in Konstantinopel für den gestürzten Isaak zurückzugewinnen. Alexios läßt durch die Gesandten erklären, zu welchen Gegenleistungen er bereit sei. Nach Gottfried von Villehardouin läßt Alexios ausrichten:

„Wenn ihr ihn mit Gottes Billigung wieder in sein Erbe einsetzt, wird er das byzantinische Reich wieder der Autorität Roms unterstellen, von der es solange entfremdet war. Da er weiß, daß ihr euer ganzen Geld für diese Kreuzfahrt ausgegeben habt und arm seid, wird er euch zweihunderttausend Mark in Silber und Proviant für alle in der Armee geben. Er wird selbst mit euch nach Ägypten ziehen, mit zehntausend Mann... und er wird solange er lebt in Palästina fünfhundert Ritter unterhalten, die das Land verteidigen sollen."

Der byzantinische Chronist Niketas Choniates macht deutlich, was die Byzantiner von diesen Versprechungen halten mußten:

„Diese gewissenlosen und schlauen, geschäftstüchtigen Männer bearbeiteten Alexios, der seinem Alter und noch mehr seinem Verstande nach ein Kind war, und beschwatzten ihn, ihnen eidlich zuzusichern, was er unmöglich erfüllen konnte. Sie forderten ein Meer von Geld, und der kindische Kopf nickte dazu, sie forderten auch noch rhomäische (byzantinische) Waffenhilfe und fünfzig dreirudrige Schiffe zum Kampf gegen die Sarazenen, und was noch ärger und empörender ist: Abfall vom Glauben und Annahme der lateinischen Lehrmeinungen, Erneuerung der Vorrechte des Papstes und Abschaffung und Umgestaltung alten rhomäischen Herkommens, und auch dazu verpflichtete er sich."

Die Anführer ziehen sich zur Beratung zurück. Gottfried von Villehardouin:

„Es sprachen der Abt von Vaux-de-Cernay vom Orden der Zisterzienser und die Partei, die das Heer auflösen wollte. Sie sagten, sie wären nicht bereit, gegen Christen zu marschieren und daß sie dafür ihre Heimat nicht verlassen hätten, sondern nach Syrien ziehen wollten."

Die Befürworter bringen vor, daß Syrien nur über Griechenland zu erreichen sei. Es herrscht allgemeine Verwirrung, weil ein Teil der Zisterzienser dafür spricht, ein anderer Teil dagegen. Am Ende unterzeichnen der Doge von Venedig, der Marquis von Montferrat, der Graf von Flandern, der Graf von Blois, der Graf von Saint-Pol und neun weitere Adlige den Vertrag mit den Bevollmächtigten von Alexios.

ZARA WIRD ZERSTÖRT

Im April bricht das Kreuzheer auf. Gottfried von Villehardouin:

„Am Ostermontag waren alle Schiffe beladen und die Truppen lagerten in der Nähe des Hafens. Inzwischen zerstörten die Venezianer die Stadt mit ihren Mauern und Türmen."

Simon von Montfort, der Abt von Vaux-de-Cernay und einige andere Barone verlassen das Heer. Der größte Teil der Flotte bricht nach Korfu auf. Der Marquis und der Doge warten, bis Alexios eintrifft. Gottfried von Villehardouin:

„Bevor der Doge und der Marquis von Montferrat von Zara aufbrachen, kam Alexios, der Sohn des Kaisers Isaak von Konstantinopel, in der Stadt an. Der König Philipp von Deutschland hatte ihn geschickt."

Der Marquis von Montferrat ist ein Gefolgsmann des deutschen Königs. Gottfried von Villehardouin merkt an, der König habe Alexios der Obhut des Marquis übergeben. König Philipp hat demnach den Plan befürwortet, gewaltsam gegen Byzanz vorzugehen. Der Papst ist dagegen, aber als sein Brief in Zara eintrifft, sind der Doge und der Marquis mit ihrem Schützling Alexios ebenfalls nach Korfu aufgebrochen.

TRÄNEN AUF KORFU

Anfang Mai ankert die Flotte vor Korfu. Der Marquis paßt gut auf sein Faustpfand auf. Jedenfalls legt Gottfried von Villehardouin Wert auf die Feststellung, der Marquis habe sein Zelt direkt neben dem Zelt von Alexios aufgestellt. Einige Barone lehnen sich erneut gegen die Umlenkung des Kreuzzuges auf. Der Marquis von Montferrat und Balduin von Flandern begeben sich mit ihren Anhängern in das Lager der Abtrünnigen. Gottfried von Villehardouin:

„Der Marquis... und die Barone warfen sich vor die Füße der anderen Partei, weinten bitterlich und sagten: » Wir stehen nicht auf bevor ihr versprecht, euch nicht von uns zu trennen.« Als die anderen das hörten waren sie voller Mitleid und weinten sehr, als sie ihre Herren, ihre Eltern und ihre Freunde zu ihren Füßen liegen sahen."

Die Abtrünnigen erklären sich bereit, zum Heer zurückzukehren, nachdem ihnen für Ende September Schiffe für die Überfahrt nach Syrien zugesichert worden waren. Am 25. Mai stechen die Kreuzfahrer in See.

DIE GRÖSSTE STADT DER WELT

Einen Monat später ankert die Flotte im Marmarameer vor der St.-Stephans-Abtei, etwa zehn Kilometer von Konstantinopel entfernt. Bei einer Besprechung in der Kirche empfiehlt der Doge, sich auf den Inseln mit Proviant zu versorgen und das Festland zu meiden. Am nächsten Tag segelt die Flotte an den Seemauern von Konstantinopel vorbei. Gottfried von Villehardouin beschreibt das Erstaunen seiner Begleiter:

„Alle, die Konstantinopel noch nie gesehen hatten, starrten die Stadt an, weil sie nicht glauben konnten, daß es auf der Welt eine so reiche Stadt geben könne. Sie sahen die vielen Türme und hohen Mauern, welche die Stadt umgaben, die reichen Paläste und die hohen Kirchen... Diese Stadt war größer als alle anderen. Und wißt, daß keiner so beherzt war, daß er nicht am ganzen Leib gezittert hätte."

SIE KOMMEN ALS FEINDE

Ohne Verhandlungen oder Kriegserklärung beginnt der Angriff. Gottfried von Villehardouin:

„Die Flotte segelte so dicht an den Mauern und Türmen entlang, daß sie auf viele ihrer Schiffe schossen. Auf den Mauern und Türmen waren so viele Leute, als gäbe es auf der Welt keine anderen mehr."

In Chalcedon, auf der kleinasiatischen Seite des Bosporus beziehen die Anführer Quartier in einem kaiserlichen Palast. Auch die Mannschaften gehen an Land und verteilen sich entlang der Küste. Vornehm beschreibt Gottfried von Villehardouin die Plünderung der Umgebung:

„Die Franzosen blieben neun Tage lang. Wer etwas brauchte, nahm sich Lebensmittel, und so machten es alle im Heer."

Ein byzantinisches Aufgebot versucht die Plünderungen zu verhindern, wird aber in die Flucht geschlagen. Die byzantinische Armee besteht fast nur noch aus ausländischen Söldnern. Einigermaßen zuverlässig ist nur die Waräger-Garde, eine Elitetruppe, die aus Engländern und Dänen besteht. Eine offene Feldschlacht kann Kaiser Alexios III. nicht riskieren. Die byzantinischen Kriegsschiffe vermodernen hinter der Kette, die das Goldene Horn absperrt. Aber solange die Mauern intakt sind, haben die Byzantiner gute Chancen, die Stadt zu halten. Germanen, Araber und Slawen waren an diesen Mauern gescheitert.

ULTIMATUM

Durch einen Gesandten bietet Kaiser Alexios Geld und Proviant für die Weiterreise an. Damit wäre der offizielle Zweck des Umwegs über Konstantinopel erreicht gewesen. Aber die Anführer bestehen auf ihrer Maximalforderung: Alexios soll den Thron abtreten. Am nächsten Tag zeigen die Anführer den jungen Alexios an Bord eines Schiffes den Bewohnern von Konstantinopel. Aber kein einziger Byzantiner erklärt sich bereit, den jungen Mann als Kaiser anzuerkennen. Gottfried von Villehardouin vermutet, die Leute hätten aus Angst vor Kaiser Alexios geschwiegen. Tatsächlich war es längst offensichtlich, daß der junge Alexios gegen die Interessen der Stadt handelte. Robert von Clari sieht sich im Gegensatz zu Gottfried nicht verpflichtet, ständig die Handlungen der Kreuzfahrer zu rechtfertigen. Er notiert unvoreingenommen:

„Die in der Stadt antworteten, daß sie ihn (Alexios) auf keinen Fall als ihren Herrn anerkennen würden, und sie wüßten auch nicht, wer er überhaupt sei."

C O S TANTINOPOLI
PE RA

DER ERSTE ANGRIFF

Am nächsten Morgen versammeln sich die Anführer nach der Messe auf freiem Feld und teilen die Heeresgruppen ein. Der Tag für den Angriff wird festgelegt und die Bischöfe halten die übliche Feldpredigt. Am Morgen des 5. Juli 1203 setzt das Heer über den Bosporus und geht vor den Mauern von Galata an Land. Robert von Clari:

„Die Transportschiffe waren so gebaut, daß sie Klappen hatten, die leicht zu öffnen waren. Es wurden Brücken heruntergelassen und die Ritter konnten zu Pferd an Land gehen."

Konstantinopel mit seinen Land- und Seemauern liegt auf der anderen Seite des Goldenen Horns. Die Bucht ist durch eine Kette abgesperrt. Die Byzantiner hielten sie für unüberwindlich und hatten daher die Seemauern am Goldenen Horn vernachlässigt. Der erste Angriff richtet sich gegen den Turm, an dem die Sperrkette befestigt ist. Gottfried von Villehardouin:

„Unsere Barone erkannten, daß nur die Eroberung des Turms und die Zerstörung der Kette sie vor Tod und Mißhandlung bewahren konnten."

Niketas Choniates notiert:

„Die einen begannen vom Land her und die anderen vom Meer aus die Burg zu stürmen, an dem gewöhnlich eine schwere Eisenkette befestigt ist, wenn ein Angriff feindlicher Schiffe bevorsteht. Da mußte man mit ansehen, wie die einen von der rhomäischen Besatzung nach kurzer Gegenwehr davonliefen und andere erschlagen oder gefangen wurden... Bald darauf brach die Kette und die ganze feindliche Flotte strömte herein. Ein Teil unserer Schiffe wurde sofort erobert, die anderen liefen am Strand auf und wurden versenkt... Das Unglück war so vielfältig, daß niemand es ganz fassen konnte."

Gottfried von Villehardouin:

„So wurde die Festung von Galata genommen, und der Zugang zum Hafen von Konstantinopel mit Waffengewalt gewonnen. Unsere Truppen waren froh und lobten Gott, den Herrn. Die Bewohner der Stadt hingegen waren betrübt."

Konstantinopel. Miniatur 15. Jahrhundert.

DER ZWEITE ANGRIFF

Der Doge schlägt vor, als nächstes die niedrigen Seemauern am Goldenen Horn anzugreifen. Die Barone fürchten, die Venezianer könnten allein in die Stadt eindringen. Sie bereiten daher einen Angriff auf die Landmauern vor und schlagen ihr Lager in der Nähe des kaiserlichen Blachernenpalastes auf. Während die Venezianer ihre Schiffe für den Angriff rüsten, befestigen die Franzosen ihr Lager. Durch tägliche Ausfälle versuchen die Byzantiner, die Vorbereitungen zu stören. Aber bei den Gefechten behalten die Lateiner die Oberhand. Am 17. Juli greifen die Landtruppen die Mauern vor dem Kaiserpalast an. Die Kämpfe finden im Norden statt, wo die Landmauern auf das Goldene Horn stoßen. Gottfried von Villehardouin:

„Die Franzosen legten zwei Sturmleitern an einen Wehrturm dicht am Meer. Die Mauern hier waren von vielen Engländern und Dänen besetzt und der Angriff heftig und hart. Zwei Rittern und zwei Sergeanten gelang es, die Sturmleitern zu erklimmen und die Mauer zu besetzen. Etwa fünfzehn Männer kletterten hinterher und kämpften Mann gegen Mann mit Schwertern gegen Streitäxte. Die Verteidiger faßten Mut und trieben unsere Männer zurück, so daß sie zwei aus unserer Nation ergreifen konnten. Diese Gefangenen wurden vor Kaiser Alexios gebracht, der darüber hocherfreut war. Das war der Ausgang des Angriffs von Seiten der Franzosen. Viele wurden verwundet und verkrüppelt. Die Barone waren äußerst besorgt."

In der byzantinischen Armee waren nur die Waräger mit Streitäxten bewaffnet. Auch die Pisaner beteiligen sich an der Verteidigung der Stadt, da eine Eroberung Konstantinopels durch Venedig für Pisa nicht akzeptabel ist. Niketas Choniates:

„Der Kampf war schaurig und an allen Orten jammervoll... und die Lateiner hatten einen Zugang ins Innere der Stadt gewonnen, wenn sie auch von den Pisanern, die den Rhomäern beistanden, und den ausländischen Axtträgern aufs tapferste zurückgeschlagen wurden und die meisten von ihnen verwundet zurückweichen mußten."

Auch die Venezianer greifen in der Nähe des Kaiserpalastes an. Niketas Choniates:

„Die Lateiner in den Schiffen fuhren an die Mauern heran, ließen durch kleine Kähne die Anker der Schiffe aufs Festland werfen, erklommen die Leitern, stürzten sich auf die Rhomäer, die auf den Türmen standen, und schlugen sie leicht in die Flucht. Die Lateiner waren im Vorteil und schossen und schlugen von oben herab... Die Leitern der Schiffe ragten weit über die Stadtmauer hinaus, so hoch waren sie mit Seilen hinaufgezogen worden."

Gottfried von Villehardouin:

„Die Venezianer näherten sich dem Küstenstreifen, der vor den Mauern und Türmen lag. Man konnte sehen, wie ihre Schleudern Armbrüste und Bogen auf den Schiffen ihre Geschosse versendeten. Die Gegenwehr der Verteidiger war sehr heftig. Die Leitern auf den Schiffen kamen so nahe heran, daß die Lanzen und

Kreuzfahrer erobern Konstantinopel. Mosaik in Ravenna.

Schwerter aufeinanderprallten. Der Tumult war so groß, das es schien, als würden das Meer und die Erde einstürzen. Aber die Galeeren wagten es nicht, sich dem Land zu nähern... Der Doge von Venedig, der ein alter Mann war und nichts sehen konnte, stand in Waffen im Bug seiner Galeere hinter der Fahne von St. Markus. Er schrie seine Leute an, sie sollten ihn an Land setzen, oder er würde ihnen antun, was sie verdienten. Sie brachten die Galeere an Land und sprangen heraus..."

Die Verteidiger verlassen die Mauern und die Venezianer können fünfundzwanzig Türme besetzen. Der Doge meldet den Baronen, der Sieg sei errungen. Aber die Freude währt nicht lange. Gottfried von Villehardouin:

„Als Kaiser Alexios sah, daß die Venezianer sich so Zugang zur Stadt verschafft hatten, begann er ihnen seine Truppen in solchen Mengen entgegenzuführen, daß es ihnen unmöglich war, dem Feind zu widerstehen. Deshalb legten sie Feuer zwischen sich und den Griechen. Der Wind wehte von unseren Leuten weg und das Feuer war so groß, daß die Griechen unsere Leute nicht sehen konnten. Sie zogen sich in die Türme zurück, die sie erobert und besetzt hatten."

Niketas Choniates:

„Nachdem die Lateiner die Mauer erobert hatten, warfen sie Feuer in die Häuser, welche an die Mauer angebaut waren, und zerstreuten sich überallhin. Und es bot sich an jenem Tag ein jammervolles Schauspiel, das Ströme von Tränen hervorbrechen ließ. Denn alles, was zwischen dem Blachernen-Hügel und dem Euergeteskloster lag, ging in Flammen auf..."

Damit lagen etwa zwei Quadratkilometer der Stadt in Schutt und Asche. Kaiser Alexios läßt daraufhin seine Truppen gegen das Lager der Franzosen vorrücken. Robert von Clari:

„Die Damen und Mädchen im Palast begaben sich an die Fenster und Leute aus der Stadt, sowohl Damen wie auch Mädchen, waren auf die Mauern gestiegen und beobachten den Aufmarsch der Heere."

Der Doge steht vor einer bitteren Entscheidung. Wenn die Franzosen geschlagen werden, kann er die eroberten Stellungen nicht halten und das Unternehmen ist gescheitert. Daher befielt Heinrich Dandolo den Rückzug von den Mauern und läßt Truppen zur Unterstützung der Franzosen landen. Aber Kaiser Alexios vermeidet die offene Feldschlacht.

MACHTWECHSEL IN KONSTANTINOPEL

Die Lage der Lateiner hat sich verschlechtert. Der Proviant wird knapp und ein weiter Angriff nach dem gleichen Muster hat wenig Aussicht auf Erfolg. Aber Kaiser Alexios ist nicht der Mann, um diese Situation auszunutzen. In der Nacht nach dem Angriff macht er sich davon. Niketas Choniates:

„Alexios war der erbärmlichste von allen Menschen. Die Zartheit seiner Kinder erweichte sein Herz nicht, die Liebe seiner Gattin ließ ihn kalt, und das Schicksal der Stadt rührte ihn nicht..."

Der Verwalter des kaiserlichen Schatzes, die Leibwache und Anhänger des gestürzten Kaisers holen Isaak aus dem Gefängnis und rufen ihn zum Kaiser aus. Eine Gesandtschaft informiert die Lateiner über den Machtwechsel und bittet um die Übergabe des jungen Alexios. Die Anführer bestehen auf der Erfüllung aller Leistungen, die Alexios vertraglich zugesichert hatte. Isaak stimmt zu und Alexios wird zum Mitkaiser erhoben. Niketas Choniates berichtet voller Gram:

„Alle Bürger der Stadt strömten nun in den Palast, um Vater und Sohn zu sehen und beiden zu huldigen. Nach wenigen Tagen erschienen auch die Führer der Lateiner im Palast, nicht allein, sondern mit allen ihren Vornehmen. Stühle wurden aufgestellt und sie setzten sich an die Seite der Kaiser und wurden Wohltäter und Retter genannt... Nicht genug damit, sie wurden auch noch mit größter Freundlichkeit und Zuvorkommenheit bedient und üppig bewirtet."

DER LOHN DES UMWEGS

Isaak weist den Lateinern Quartiere auf der anderen Seite des Goldenen Horns zu. Er hat Mühe, die den Lateinern zugesagten Gelder aufzutreiben, da Alexios III. mit dem Staatsschatz geflohen war. Gottfried von Villehardouin:

„Er (Isaak) begann das Geld auszuzahlen, das er dem Heer schuldete. Es wurde unter den Truppen so aufgeteilt, daß jeder die Summe erhielt, die er für seine Passage in Venedig bezahlt hatte... Sie nahmen auf der anderen Seite des Hafens Quartier und lebten in Ruhe und Frieden mit einem großen Überfluß an Lebensmitteln. Ihr sollt wissen, daß viele unserer Leute Konstantinopel mit seinen reichen Palästen, seinen vielen hohen Kirchen und seinen großen Reichtümern besichtigten. Es ist nicht nötig, von den vielen Reliquien zu sprechen, denn es gab damals dort so viele wie in der übrigen Welt zusammen."

Gottfried von Villehardouin schreibt zutreffend »damals«, denn lange werden die Reliquien dort nicht mehr bleiben. Die Lateiner hatten unter anderem zweihunderttausend Mark und die Anerkennung der kirchlichen Autorität des römischen Stuhls gefordert. Die Regelung der religiösen Angelegenheiten scheint für die Anführer zweitrangig zu sein. Dafür drängen sie auf die Auszahlung des Geldes. Niketas Choniates:

„Es gibt kein geldgierigeres, gefräßigeres und verschwenderischeres Volk als sie. Da vergriff sich Isaak auch mit vermessener, ruchloser Hand an Unberührbarem, und deshalb, glaube ich, ging das Reich der Rhomäer vollends zugrunde und liegt nun zerschlagen da. Als ihm nämlich das Geld ausging, stürzte sich Isaak auf die Gotteshäuser. Die heiligen Ikonen Christi wurden mit Beilen von der Wand geschlagen und zu Boden geworfen, ihr Schmuck wurde schonungslos roh, wie es gerade ging, abgebrochen und eingeschmolzen, die verehrten, hochheiligen Geräte wurden ehrfurchtslos aus den Kirchen geschleppt, ins Feuer getan und wie gewöhnliches Silber und Gold den feindlichen Heeren gegeben."

ABFAHRT VERSCHOBEN

Am ersten August war mit der Kaiserkrönung auch der zweite Zweck des Umwegs erfüllt. Aber die Anführer denken nicht an den Aufbruch. Die Spannungen zwischen Byzantinern und Lateinern nehmen zu. Die Neuankömmlinge bringen für die verfeinerten Sitten ihrer Gastgeber wenig Verständnis auf. Betrunkene Kreuzfahrer provozieren ständig Zwischenfälle. Der junge Kaiser Alexios hat nur wenige Anhänger in der Stadt und sucht häufig die Anführer der Lateiner auf.

Niketas Choniates:

„Isaak klagte nicht ohne Grund und unberechtigt über seinen Sohn... Alexios ging mit wenigen Begleitern in die Zelte der Barbaren, soff mit ihnen und spielte mit ihnen ganze Tage lang Würfel. Seine Spielgenossen nahmen ihm die Krone vom Haupt – sie war aus Gold zusammengesetzt und mit Edelsteinen übersät – und setzten sie sich selbst auf und hängten dafür Alexios einen grobwollenen lateinischen Mantel um die Schultern."

Gottfried von Villehardouin:

„Der neue Kaiser besuchte die Barone oft, und erwies ihnen große Ehren, so weit er konnte... Eines Tages sagte er (Alexios)... Euer Bündnis mit den Venezianern dauert nur bis September, und ihr werdet bald aufbrechen. In diesem kurzen Zeitraum kann ich den Vertrag nicht erfüllen. Die Griechen hassen mich euertwegen. Wenn ihr mich verlaßt, verliere ich mein Land und mein Leben... Wenn ihr bis März bleibt, werde ich die Flotte von September an für ein Jahr in meinem Dienst behalten und den Venezianern den Unterhalt bezahlen und euch bis Ostern mit dem Nötigen versorgen... Dann kann ich meinen Vertrag einhalten, denn dann kann ich euch mit dem Geld bezahlen, das aus meinen Ländern eingeht..."

Der Vorschlag, die Weiterreise erneut zu verzögern, löst bei den Kreuzfahrern, die sich noch als solche verstehen, Empörung aus. Gottfried von Villehardouin:

„Die Partei, die auf Korfu Zwietracht gesät hatte, erinnerte die anderen an ihre Eide und sagten: »Gebt uns die Schiffe, wie ihr es geschworen habt, wir wollen nach Syrien aufbrechen.«"

Die Barone um den Marquis von Montferrat erinnern an den kommenden Winter (es ist August) und das ausstehende Geld. Gottfried von Villehardouin merkt klagend an, diese Argumente hätten nicht alle Kreuzfahrer überzeugt und unterstellt den Dissidenten, sie wollten das Heer auflösen. Der Doge muß nicht überredet werden: Die Barone und Venedig verlängern ihren Vertrag um ein Jahr und verschieben die Abfahrt auf Ostern 1204. Aber man bleibt nicht untätig. Niketas Choniates:

„Der junge Alexios zog in Thrakien umher und unterwarf die Städte, man könnte auch sagen, er hielt Nachlese und nahm ihnen das Letzte. Denn das lateinische Heer, das mit ihm ausgezogen war, wollte nur immer die Hände in die goldenen Flüsse strecken und schöpfen, wie einer, den beißender Durst quält, konnten sie beim Goldtrinken nie genug bekommen."

KONSTANTINOPEL BRENNT

Kaiser Isaak entzieht den Pisanern Privilegien, die daraufhin prompt das Lager wechseln. Venezianer und Pisaner greifen die muslimische Kolonie in Konstantinopel an, um sie zu plündern. Die Muslims verteidigen sich und werden dabei von Byzantinern unterstützt. Die Plünderer wenden sich zur Flucht. Niketas Choniates:

„Sie zerstreuten sich auf sehr viele, weit auseinanderliegende Plätze und zündeten die Häuser an. Und der Brand schlug höher empor, als sie gedacht hatten. Die ganze Nacht und den folgenden Tag bis zum Abend griff das Feuer um sich und verzehrte alles. Es war ein Anblick, wie ihn die Welt noch nicht gesehen hat. Das läßt sich mit Worten nicht ausdrücken... An vielen Stellen teilte sich das Feuer und lief auseinander, vereinigte sich dann wieder und wälzte sich wie ein einziger glühender Strom daher. Hallen stürzten ein, die Herrlichkeit der Marktplätze sank in sich zusammen, mächtige Säulen zerfielen, als wären sie Brennholz... Glutstücke dieses brausenden, unwiderstehlichen Brandes rissen sich los, flogen durch die Luft und setzten weit entfernte Häuser in Flammen. Hinweggeschleudert über weite Strecken, zogen sie wie Sternschnuppen am Himmel ihre Bahn."

Nach Gottfried von Villehardouin grämt das Feuer auch die lateinischen Beobachter:

„Die Barone des Heeres auf der anderen Seite des Hafens jammerten sehr, und viele hatten großes Mitleid als sie sahen, wie die hohen Kirchen und die prächtigen Paläste in Schutt und Asche fielen und die großen Marktstraßen in Flammen aufgingen. Und sie konnten nichts daran ändern. Das Feuer verbreitete sich vom Hafen über die am dichtesten bewohnten Stadtteile bis zum Meer auf der anderen Seite in der Nähe der Basilika St. Sophia. Es dauerte zwei Tage und zwei Nächte lang, ohne daß es gelöscht werden konnte. Die Feuerfront bewegte sich brennend über zwei Kilometer der Fläche. Den Schaden, den verbrannten Besitz und Reichtum, kann niemand ermessen. Auch nicht, wieviele Männer, Frauen und Kinder verbrannten."

KRIEGSZUSTAND

Nachdem ungefähr ein Drittel von Konstantinopel zerstört ist, verlassen die Lateiner die Stadt. Ein Gesandtschaft der Barone wird von den beiden Kaisern abgewiesen. Die Lateiner stellen den Kriegszustand her und plündern die Landgüter und Paläste in der Umgebung aus. Bei allen Gefechten unterliegen die byzantinischen Truppen. Ein Versuch, die venezianische Flotte mit brennenden Schiffen zu vernichten, scheitert. Niketas Choniates:

„Nur einer besaß den Mut, die Lateiner zu bekriegen: Alexios Dukas, dem seine Altersgenossen den Beinamen Murtzuphlos gegeben hatten... Aber er tat es nur, um sich listig das Wohlwollen des Volkes zu sichern... Er stieß mit den Feinden zusammen und bewies eine außerordentliche Tüchtigkeit und Tapferkeit. Da auf Befehl des Kaisers keiner der rhomäischen Heerführer ihm zur Hilfe kam, wäre er beinah gefangen worden... Eine mit Bogen bewaffnete Schar aus der Jungmannschaft der Stadt kam jedoch hinzu und half ihm nach Kräften."

STAATSSTREICH

Die Byzantiner sind nun ihrer Kaiser endgültig überdrüssig und zwingen den Senat und die Priesterschaft über einen Nachfolger zu beraten. Die Versammlung in der Hagia Sophia verläuft stürmisch. Niketas Choniates:

„Die Menge suchte inzwischen eifrig nach einem Herrscher und nannte aus dem Stegreif bald diesen, bald jenen aus den Häusern der Vornehmen. Schließlich verwarfen sie alle und dachten an gemeine Volksführer und Volksverführer aus ihrer Mitte, ja sie packten auch einige aus unserer Schar bei der Hand und suchten sie mit vorgehaltenem Schwert zu überreden, die Krone anzunehmen... Oh, kann es etwas Dümmeres und Lächerlicheres geben als die Torheit dieser Versammlung?"

Nach drei Tagen wird ein wenig bekannter junger Mann namens Nikolaus Kanabos gegen seinen Willen zum Kaiser erhoben. Alexios will daraufhin die Lateiner erneut um Beistand bitten. Auf diese Gelegenheit hat Dukas Murtzuphlos gewartet und verschwört sich mit den Axtträgern der kaiserlichen Leibwache und dem Verwalter des Staatsschatzes. Alexios und Kanabos werden eingekerkert.

Am 5. Februar zeigt sich Dukas Murtzuphlos mit den Insignien des Kaisers. Isaak ist inzwischen gestorben, aber der eingekerkerte Alexios stellt ein Problem dar: Er hat die Weihen eines Kaiser empfangen, und es gibt kein Verfahren, ihn wieder zu einem normalen Sterblichen zu machen. Welche Bedrohung ein inhaftierter Kaiser für den Staat darstellt, war gerade am Beispiel des Kaisers Isaak deutlich geworden. So wird Alexios das Opfer einer Praxis, die in Konstantinopel zur Verhinderung von Staatskrisen und Bürgerkriegen diente. Niketas Choniates:

„Zweimal bot Dukas Kaiser Alexios einen Becher mit tödlichem Gift. Da aber der Jüngling dem Gift widerstand, weil er heimlich Gegenmittel einnahm, zerriß Dukas ihm den Lebensfaden durch Erwürgen."

Niketas Choniates wurde von Dukas seines Amtes enthoben und er macht keinen Hehl daraus, daß er den Usurpator haßt. Aber der Chronist bezeichnet den Tötungsakt nicht als Mord.

ENTEIGNUNGSURTEIL

Die Lateiner befinden dagegen auf Mord und beschließen die Enteignung aller Byzantiner. Gottfried von Villehardouin:

„Die Barone der Armee und der Doge von Venedig hielten Rat mit den Bischöfen und dem Klerus. Die Kleriker und diejenigen, die vom Papst mit Vollmachten ausgestattet waren, erklärten den Baronen und Pilgern: »Wer einen solchen Mord begeht, hat nicht das Recht, Land zu besitzen. Die zugestimmt haben, sind Komplizen des Mörders. Weiterhin haben sie sich der Autorität Roms entzogen. Daher sagen wir euch, daß der Krieg legal und gerecht ist. Wenn ihr den festen Willen habt, das Land zu erobern und es der Autorität Roms zu unterwerfen, werdet ihr die Vergebung erlangen, die der Papst gewährt hat, wenn ihr dabei sterbt und bereut.« Wißt, daß dies den Baronen und Pilgern sehr behagte."

Die Beute.
Quadriga aus Konstantinopel auf dem Markusdom in Venedig.

KREUZPREDIGT

Mit der Gewährung der Sündenvergebung wird die Operation gegen das christliche Byzanz ein richtiger Kreuzzug. Dazu gehört auch eine richtige Kreuzpredigt. Robert von Clari berichtet von mehreren Feldmessen:

„Dann predigten die Bischöfe (der Bischof von Soissons, der Bischof von Troyes, der Bischof von Halberstadt...) im ganzen Heer und sie erklärten den Pilgern: »Der Krieg ist rechtmäßig, denn alle Griechen sind Verräter und Mörder, und sie sind treulos, weil sie ihren rechtlichen Herrn ermordet haben, und sie sind schlimmer als die Juden... Allen wird im Namen Gottes und des Papstes vergeben, die die Griechen angreifen... Habt keine Angst, die Griechen anzugreifen, denn sie sind die Feinde Gottes."

Um während der so geheiligten Kriegshandlungen jede Befleckung zu vermeiden, werden die Dirnen des Lagers verwiesen. Robert von Clari:

„Es wurde befohlen, alle leichten Frauen zu suchen und vom Heer zu entfernen. Sie wurden alle in ein Schiff gebracht und weit weg geschickt..."

VERTEILUNG DER BEUTE

Bevor der Hauptangriff erfolgt, regeln die Barone und der Doge die Verteilung der Beute. Gottfried von Villehardouin:

„Die vom Heer hielten Rat, wie man vorgehen sollte. Es wurde viel in diesem und jenem Sinn gesprochen. Am Ende wurde beschlossen: Wenn Gott es gewährt, daß sie gewaltsam in die Stadt eindringen würden, soll die ganze Beute auf einem Platz gesammelt werden und gerecht unter allen geteilt werden."

Robert von Clari berichtet über die Vereinbarungen und Ermahnungen der Anführer:

„Wenn der Kaiser ein Franzose sein sollte, sollte der Patriarch ein Venezianer sein... Alle vom Heer wurden gezwungen, auf die heiligen Reliquien zu schwören, daß sie die Beute an Gold, Silber und neuen Kleidern... zur gerechten Teilung abliefern würden. Sie sollten den Frauen keine Gewalt antun und sie nicht ihrer Kleider berauben. Wer sich dessen schuldig machen sollte, würde mit dem Tod bestraft. Und sie mußten auf die heiligen Reliquien schwören, keine Hand an Mönche, Kleriker oder Priester zu legen, außer zur Selbstverteidigung, und in keine Kirche oder Münster einzudringen."

Sechs Venezianer und sechs Franzosen sollen nach der Besetzung der Stadt den neuen Kaiser wählen. Der Kaiser soll ein Viertel des Reichs und der Beute und die Paläste von Bukoleon und Blachernen erhalten. Der Rest soll unter den Franzosen und Venezianern verteilt werden. Von einer Weiterfahrt nach Palästina ist keine Rede mehr. Gottfried von Villehardouin:

„Ende März des nächsten Jahres kann jeder hingehen, wo er will."

Auch die Byzantiner bereiten sich vor. Kaiser Dukas hat den festen Willen, die Stadt zu verteidigen. Niketas Choniates:

„Er ließ die Mauern entlang des Meeres durch Balken erhöhen, mauerte die Landtore zu und entflammte durch sein Beispiel wieder den Mut des Heeres. Oft hing er sich selbst das Schwert um, bewaffnete seine Hand mit einer ehernen Keule und unterband bald Streifzüge der Feinde, griff einzeln zur Beschaffung von Lebensmitteln ausziehende Lateiner an und ließ sich nie bitten, sondern kämpfte selbst mit eigener Hand mit. Deshalb liebte ihn das Volk."

DER KREUZZUG IST AM ZIEL

Am 9. April des Jahres 1204 überquert die venezianischen Flotte das Goldene Horn. Den Pionieren gelingt es, einige Belagerungsmaschinen unter den Mauern aufzustellen. Aber diesmal sind die Verteidiger besser vorbereitet. Ihre Steinschleudern richten auf den Schiffen schwere Schäden an. Auch die Belagerungsmaschinen der Venezianer werden zerstört. Am Nachmittag muß der Doge den Befehl zum Rückzug geben. Am Samstag und Sonntag reparieren die Venezianer die Schäden an ihren Kriegsgeräten. Je zwei Schiffe werden zusammengebunden, damit die doppelte Anzahl von Kämpfern an einer Stelle landen kann. Am Montag rückt die Flotte wieder gegen die Seemauern vor. Gottfried von Villehardouin:

„Zwei zusammengebundene Schiffe namens »Pilger« und »Paradies« näherten sich einem Turm... Gott und der Wind führte sie heran und die Leiter des »Pilger« legte sich auf den Turm. Sofort drangen ein Venizianer und ein Franzose namens Andrieu d'Urboise ein und andere folgten ihnen. Die Verteidiger wurden mutlos und flohen."

Die Lateiner können mehrere Tore öffnen und in die Stadt eindringen. Kaiser Dukas flieht in den Palast von Bukoleon. Gottfried von Villehardouin:

„Ihr hättet sehen können, wie die Griechen niedergemetzelt wurden, wie Pferde, Paraderosse, Maultiere und andere Reichtümer genommen wurden. Es gab so viele Tote und Verletzte, daß man sie nicht zählen konnte. Ein großer Teil der griechischen Edlen floh durch das Tor von Blachernen. Es war schon Abend und das Heer war müde vom Kämpfen und Abschlachten... Sie beschlossen, in der Nähe der eroberten Türme und Mauern zu übernachten. Sie glaubten nicht, die Stadt mit ihren großen Kirchen und großen Palästen und ihren Bewohnern in einem Monat überwinden zu können... In dieser Nacht legten mir unbekannte Leute, die einen Angriff der Griechen fürchteten, Feuer zwischen sich und die Griechen. Das Feuer breitete sich stark aus und brannte die ganze Nacht und am nächsten Tag bis zum Abend.“

Der Kaiser, das Militär und viele Wohlhabende verlassen in dieser Nacht die Stadt. Niketas Choniates bleibt in Konstantinopel und erlebt den Einzug der Kreuzfahrer:

„Die Feinde merkten zu ihrer Überraschung, daß ihnen niemand mehr entgegentrat... Sie konnten gehen, wohin sie wollten, nehmen, was sie wollten... Da sahen sie auf einmal die Einwohnerschaft der Stadt mit Kreuzen und den zu verehrenden Ikonen Christi, wie man sie bei feierliche Umzügen mitführt, heranziehen. Aber der rührende Anblick rührte nicht ihre Seele, in ihren harten Gesichtern zuckte kein weicher Zug auf, das unerwartete Bild, das sich ihren Augen bot, ließ nicht ihren haßerfüllten, grimmigen Blick zu Milde zerfließen, sondern sie begannen gefühllos zu plündern, zuerst die Pferde, dann die Habe und das Geld der Bürger und sogar das, was Gott geweiht war. Alle hatten sie Schwerter in den Händen, einige hatten auch ringsum gepanzerte Schlachtrosse... Was soll ich erzählen von dem, was diese blutbesudelten Männer sich anmaßten. Welche Schändung, als sie die verehrten Ikonen zu Boden schleuderten, als sie die Reliquien derer, die für Christus gelitten, auf abscheuliche Orte warfen. Was man sonst nur schaudernd hört, mußte man sehen: Das göttliche Blut, ausgegossen auf der Erde, den Leib Christi, gestreut in den Staub... Die Freveltaten, die sie in der Großen Kirche verübten, sind kaum zu glauben. Der Altartisch, aus lauter edlen, im Feuer aneinandergefügten Stoffen, ein einziger, vielfarbiger Gipfel der Schönheit... wurde von den Plünderern zerstückt und verteilt, desgleichen auch der ganze Kirchenschatz, der ungeheuer groß und unendlich prachtvoll war.“

SCHWIERIGE TEILUNG DER BEUTE

Die Anführer ziehen nun in die Paläste ein und beschlagnahmen die vorgefundenen Schätze. Gottfried von Villehardouin:

„Die anderen Leute verteilten sich in der Stadt und gewannen sehr viel. Die Beute war so groß, daß niemand sie schätzen konnte: Gold, Silber, Geschirr, Edelsteine, Satin und Seide, Pelzmäntel und die prächtigsten Reichtümer, die man sich vorstellen konnte... Jeder nahm sich die Wohnung, die er er wollte, es gab genug davon.“

Niketas Choniates:

„Das Unheil kam über jedes Haupt. In den Gassen war Weinen und Jammern, die Straßen erfüllte Klagen und Geheul, aus den Kirchen tönte Wehgeschrei, Männer seufzten, Frauen schrien, überall wurden Leute verschleppt, versklavt, gezerrt, aus den Armen ihrer Lieben gerissen. Die Vornehmen schlichen bar allen Glanzes umher, ehrwürdige Greise saßen kläglich in einem Winkel, die Reichen standen mittellos da. So war es auf den Plätzen, so in den engen Gassen, so war es in den Kirchen, so in den Schlupfwinkeln. Kein Ort blieb undurchstöbert, kein Platz gewährte den Zufluchtsuchenden Schutz, alles war voll von allen Greueln... Bei keinem einzigen Rhomäer ließen sie Milde walten. Sie nahmen allen alles, Geld und Gut, Haus und Kleider und ließen die rechtmäßigen Besitzer nichts mehr benützen.“

Die Anführer befehlen, die Beute abzuliefern und in drei Kirchen zu sammeln. Gottfried von Villehardouin wundert sich, daß viele ihren plötzlichen Zugewinn für sich behalten:

„Oh Gott, wie treu sie sich bis zu diesem Augenblick verhalten hatten und Gott der Herr hatte ihnen bei allen Angelegenheiten gezeigt, daß er sie belohnte und über alle Völker erhob. Aber wie oft erleiden die Guten Schaden durch die Bösen. Die Beute wurde eingesammelt, aber es wurde nicht alles zusammengetragen. Viele hielten etwas zurück, obwohl die Exkommunikation durch den Papst drohte.“

Robert von Clari schildert die Vorgänge aus der Sicht eines einfachen Soldaten:

„Von den reichen Männern nahm jeder Edelsteine oder Gold oder goldene Seidenstoffe oder was ihm gefiel und nahm es mit sich. Auf diese Weise begannen sie den Schatz zu stehlen, so daß davon weder etwas unter der Allgemeinheit des Heers verteilt wurde, noch unter den armen Rittern oder Waffenträgern, die zum Gewinn der Beute beigetragen hatten. Ausgenommen war gewöhnliches Silber wie die Silberkannen, die die Frauen zu den Bädern trugen.“

Nach Gottfried von Villehardouin kommen zunächst einhundertfünfzigtausend Silbermark zusammen. Ein Drittel erhalten die Venezianer, der Rest wurde so verteilt:

„Ein berittener Sergeant erhielt soviel wie zwei Sergeanten zu Fuß, ein Ritter soviel wie zwei berittene Sergeanten. Niemand erhielt einen größeren Anteil, welchen Rang oder Verdienst er auch hatte... Wer des Diebstahls überführt wurde, wurde streng bestraft und viele von ihnen wurden gehängt.“

Den Gesamtwert der eingesammelten und verteilten Beute gibt Gottfried von Villehardouin mit vierhunderttausend Silbermark an.

DER AUFTRITT DES HERRENMENSCHEN

Niketas Choniates kann mit Hilfe eines venezianischen Kaufmanns fliehen. Seine Beobachtungen über das Auftreten der Kreuzfahrer taugen nicht als Vorlage für Lobreden auf das christliche Abendland.

„Viele unserer Freunde und Angehörigen und eine Menge anderer Leute liefen zusammen, als sie uns sahen. So zogen wir unseres Weges, nicht anders als ein Zug von Ameisen. Die Feinde, die uns begegneten, waren nicht mehr vollständig gerüstet, aber jeder hatte an der Flanke des Pferdes ein langes Schwert herabhängen und Dolche in seinem Gürtel stecken. Einige waren mit Beute beladen, andere untersuchten die vorüberkommenden Rhomäer, ob sie unter ihrem zerschlissenen Hemd nicht ein wertvolles Gewand trügen oder Silber und Gold in ihren Taschen versteckt hätten, andere starrten die schönen Frauen unverwandt mit begehrlichen Blicken an, als wollten sie diese sogleich rauben und mißbrauchen. Da wir für die Frauen zitterten, nahmen wir sie in unsere Mitte und bildeten gleichsam einen Zaun um sie. Den jüngeren befahlen wir, ihr Gesicht mit dem Schmutz der Straße zu beschmieren und die Glut ihrer Wangen, die sie früher durch Schminke zu erhöhen pflegten, zum Verlöschen zu bringen... Die Feinde schwelgten und praßten und ließen sich zügellos gehen, besonders bei allem, was unsittlich ist und verspotteten rhomäische Einrichtungen. Sie zogen sich purpurgesäumte Gewänder an, bloß um diese lächerlich zu machen... Andere liefen mit Schreibfedern und Tintenfässern herum und kritzelten ihre Unterschrift auf allerlei Papiere, um uns als Schreiberlinge zu verhöhnen. Viele setzten die von ihnen vergewaltigten Frauen auf ihr Pferd, darunter auch manche vornehme Frau, die in ihrem langen Gewand, entblößten Hauptes, die Haare zu einem Knoten im Nacken zusammengerafft, umhergeschleppt wurde, während ihre Frauenhaube mit dem dichten, weißen Haar über den Schädel des Pferdes gestülpt war. Den ganzen Tag schwärmten die Eroberer umher, tranken ungemischten Wein und fraßen... Ja, das waren die verständigen, weisen Männer, wofür sie sich hielten, die wahrheitsliebenden, treu die Eide bewahrenden Hasser alles Schlechten, das waren die Männer, die so viel frommer waren als wir elenden Griechen, so viel gerechter und genauer im Befolgen der Gebote Christi, das waren die Männer, die, was noch schwerer wiegt, das Kreuz auf ihren Schultern trugen, die oft auf dieses Kreuz und die Heilige Schrift den falschen Eid geschworen hatten, sie würden Christenländer ohne Blutvergießen durchziehen, nicht nach links abweichen, nicht nach rechts abbiegen, weil sie nur gegen die Sarazenen ihre Hand gewaffnet hätten und ihr Schwert nur mit dem Blut der Zerstörer Jerusalems färben wollten. Das waren die Männer, die gelobt hatten, keine Frau zu berühren, solange sie das Kreuz auf ihren Schultern trügen, weil sie als Gott geweihte Schar im Dienst des Allerhöchsten zögen! Ja, als Schwätzer, als Verfertiger leerer Worte erwiesen sie sich in Wahrheit! Sie wollten Rache für das Heilige Grab nehmen und wüteten offen gegen Christus! Im Namen des Kreuzes stürzten sie ruchlos das Kreuz und schauderten nicht davor zurück, wegen einer Handvoll Gold und Silber das gleiche Zeichen, das sie auf der Schulter trugen, mit den Füßen zu zertreten... So sind nicht die Muslims. Ja, diese benahmen sich geradezu menschenfreundlich und milde gegen die Landsleute dieser Lateiner als sie Jerusalem einnahmen. Sie fielen nicht brünstig wiehernd über lateinische Frauen her, sie machten nicht Christi leeres Grab zu einem Massengrab.., sondern gewährten allen Lateinern den Abzug und bestimmten für jeden Mann nur ein geringes Lösegeld und ließen alles übrige den Besitzern, auch wenn dies zahlreich war wie der Sand am Meer. So verfuhren Feinde Christi mit den christlichen Lateinern.“

DIE LATEINISIERUNG

Die Einsetzung eines lateinischen Kaisers verläuft nicht harmonisch. Mehrere Tage lang können sich die Wahlmänner nicht einigen. Die Anhänger des Marquis von Montferrat versuchen, für ihren Kandidaten Stimmung zu machen, aber die Venezianer verhindern seine Wahl. Am 16. Mai 1204 wird Balduin von Flandern zum ersten Kaiser des lateinischen Kaiserreichs von Konstantinopel gekrönt. Er ist zwar formal der oberste Lehnsherr, aber laut Vorvertrag erhält er nur ein Viertel des Reiches. Den Rest teilen sich die anderen Barone und Venedig je zur Hälfte. Der Marquis von Montferrat erhebt Anspruch auf Thessaloniki, aber der neue Kaiser Balduin nimmt es selbst in Besitz. Kaum gegründet, erlebt das Reich seine erste Feudalfehde: Die Truppen des Marquis belagern die Vasallen des Kaisers in Adrianopel. Heinrich Dandolo legt den Streit bei und der Marquis kann sich doch noch die reiche Stadt Thessaloniki mit Thessalien und Makedonien aneignen. Mehrere hundert Lehen werden an adlige Kreuzfahrer vergeben. Im byzantinischen Teil Kleinasiens und auf dem Peloponnes müssen sich die Barone ihre neuen Herrschaften erst noch erobern. Venedig bringt als Seemacht vor allem Inseln im Ionischen Meer und im griechischen Archipel an sich, sowie Hafenstädte an der Küste der Adria und des Peloponnes und schließlich Kreta. Venedig übernimmt auch das Patriarchat von Konstantinopel mit seinen Pfründen, aber die griechische Bevölkerung bleibt ihrem Glauben treu.

TRANSFER DER BEUTE

Venezianer, Barone, Ritter, Soldaten und Kleriker schleppen neben dem Bargeld Unmengen von heiligen und profanen Kunstwerken ab. Die reichhaltigste Beutesammlung ist im Markusdom in Venedig zu besichtigen. Auch deutsche Kirchenschätze werden bedacht. Die Kölner Königschronik meldet:

„1208. In demselben Jahre am 11. April erhielten wir die Reliquien vom Haupt des heiligen Pantaleon, unsres Patrons, die mit unzähligen anderen Reliquien durch Heinrich von Ulmen aus Konstantinopel herbeigebracht und von ihm durch den Abt Albert von Laach an uns übersandt worden waren. Sie wurden jetzt unter der größten Andacht der ganzen Geistlichkeit und des Volkes in Empfang genommen und mit anderen sehr kostbaren Reliquien in einem silbernen und vergoldeten Haupt niedergelegt."

Die Beute. Kelch aus Konstantinopel, ausgestellt im Markusdom.

Das schönste Mitbringsel des Heinrich von Ulmen, eine reich verzierte Kreuzlade, ist in der Schatzkammer des Limburger Domes ausgestellt. Robert von Clari zählt einige der erbeuteten Reliquien auf:

„Zwei Stücke des Wahren Kreuzes so dick wie Männerarme und sechs Fuß lang. Die Lanze, mit der unser Herr in die Seite gestochen wurde. Die zwei Nägel, die mitten durch seine Hände und Füße geschlagen wurden. Der größte Teil seines Blutes in einer Kristallphiole. Der Kittel, der ihm genommen wurde, als er zum Kalvarienberg geführt wurde. Die gesegnete Krone, mit der er gekrönt wurde... Das Gewand der Maria, der Kopf meines Herrn, Johannes des Täufers und so viele kostbare Reliquien, daß ich sie niemals beschreiben könnte..."

Die Kölner Königschronik beschreibt das Teilungsverfahren:

„Als die Stadt erobert wurde, fand man unschätzbare Reichtümer, die kostbarsten und unvergleichlichsten Edelsteine und einen Teil vom Kreuz des Herrn... Die anwesenden Bischöfe zerschnitten es und verteilten es neben anderen höchst kostbaren Reliquien unter den vornehmsten Edlen. Nach deren Rückkehr in die Heimat haben sie die Teile dann in den Kirchen und Klöstern verbreitet."

Die Beute: Schatzkammer des Markusdoms.

PROPAGANDA ZUR BEGRÜNDUNG

Seit dem ersten Kreuzzug waren die Byzantiner immer wieder beschuldigt worden, durch Bündnisse mit Muslims das Scheitern der Kreuzzüge verursacht zu haben. Nach der Eroberung von Konstantinopel verschärft sich die antibyzantinische Propaganda. Die Kölner Königschronik zitiert ein Schreiben des lateinischen Kaisers Balduin an den Erzbischof von Köln. Es enthält eine Passage, in der unzutreffende Behauptungen über die griechisch-orthodoxe Kirche aufgestellt werden:

„Denn diese ist es, die nach der abscheulichen Sitte der Heiden unter wechselseitigem Zutrinken des Blutes als Zeichen für brüderliche Gemeinschaft es öfters gewagt hat, mit den Ungläubigen todbringende Freundschaften zu schließen und diesen Feinden... Waffen Schiffe und Lebensmittel verschafft hat... Diese ist es, die Christus nur durch Gemälde zu ehren gelernt hatte und bei gottlosen Religionsgebräuchen, welche sie mit Verachtung des Ansehens der heiligen Schriften sich zurecht gemacht hatte, häufig sogar das Wasser der heilbringenden Taufe durch wiederholte Vornahme derselben zu verschütten wagte. Diese ist es, die alle Lateiner nicht des Namens von Menschen würdigte, sondern von Hunden, deren Blut zu vergießen die Laienmönche fast als Verdienst anrechneten... Um dieser und ähnlicher wahnwitzigen Dinge willen... hat die göttliche Gerechtigkeit durch unsre Hand die Menschen, welche Gott hassen und sich selbst lieben, mit verdienter Strafe getroffen und ausgetrieben. Uns hat sie dagegen ein Land gegeben, welches im Überfluß versehen ist mit allen Gütern, gesegnet mit Getreide, Wein und Öl, sehr ergiebig an Früchten, geschmückt mit Wäldern, Gewässern und Weiden, geräumig zum Wohnen und von gemäßigtem Klima, wie der Erdkreis kein ähnliches Land enthält..."

GÖTTLICHE GERECHTIGKEIT

Balduin von Flandern, der Autor des Schreibens, gerät 1205 bei einer Schlacht gegen die Bulgaren in Gefangenschaft und taucht nicht mehr auf. Das lateinische Kaiserreich hat nicht lange Bestand. 1125 werden Thessaloniki und fast alle Besitzungen in Kleinasien wieder von byzantinischen Kaisern beherrscht. Bald darauf besteht das Reich trotz seines pompösen Namens praktisch nur noch aus der Stadt Konstantinopel und ist trotz des Verkaufs der Reliquien völlig verarmt. Verstärkungen bleiben aus, obwohl Papst Gregor IX. die Kreuzzugsprivilegien für die Unterstützung des Kaiserreichs gewährt. Der byzantinische Kaiser in Nikaia, Michael VIII., beendet mit Hilfe der Genuesen die lateinische Herrschaft in Konstantinopel im Juli 1261. Aber die Stadt hat ihren Glanz und ihre Größe verloren. Die Lateiner haben die Schäden der von ihnen verursachten Feuersbrünste nicht behoben. Viele Gebäude verrotten, weil die letzten Kaiser die Bleidächer verkauft haben. Ganze Stadtteile sind unbewohnt und zwischen den Trümmern weidet das Vieh. Handel und Wirtschaft können sich nicht wieder erholen. Die Mauern sind noch intakt, aber Byzanz kann nicht genug Söldner bezahlen, um sie vollständig besetzen.

DAS REICH ZERFÄLLT

Byzanz hatte über Jahrhunderte das weitere Vordringen der Türken verhindert. Nun ist es dazu nicht mehr in der Lage. 1329 erobern die osmanischen Türken die Stadt Nikaia und ein paar Jahre später stehen sie am Bosporus. 1356 setzt ein osmanisches Heer über die Dardanellen und beginnt mit der Eroberung Thraziens. Die Hilfe aus dem Westen bleibt spärlich und die üblichen inneren Krisen schwächen Byzanz weiter. 1452 bringen die Osmanen auf einer Festung bei Konstantinopel drei riesige Kanonen in Stellung. Sultan Mehmed II. besichtigt im August die Mauern der Stadt. Ende November wird ein Schiff aus Venedig mit einer einzigen Kanonenkugel versenkt. Venedig und Genua sind nun ernsthaft besorgt, schicken aber keine Flotte. Die Republiken müssen ihre vielfältigen Eroberungen beschützen und treiben Handel mit den Osmanen. Die Byzantiner sind bereit, einer vom römischen Stuhl diktierten Kirchenvereinigung zuzustimmen.

DIE TÜRKEN IN KONSTANTINOPEL

Papst Nikolaus V. müht sich vergeblich, den europäischen Adel zur Intervention zu bewegen und er finanziert selbst zweihundert Bogenschützen, die auch in Konstantinopel eintreffen. Nachdem erkennbar ist, daß Sultan Mehmed ein Belagerungsheer aufstellt, entsendet Venedig einige Schiffe. Anfang April 1453 beginnt die Belagerung. Die großen Kanonen der Osmanen richteten schwere Schäden an der Landmauer an. Sultan Mehmed sichert den Bewohnern der Stadt Leben und Eigentum zu, wenn sie bedingungslos kapitulieren würden. Die Verteidiger lehnen das Angebot ab. Die Griechen und die Italiener der Handelskolonien kämpfen hinter den Mauern und auf der See verzweifelt gegen die zahlenmäßig überlegenen Streitkräfte der Osmanen. Am 29. Mai 1453 erfolgt vor dem Morgengrauen der Hauptangriff gegen die Landmauern. Die ersten Angriffswellen können von den Verteidigern abgewiesen werden. Sie kämpfen stundenlang auf den Wällen, während die Türken ständig frische Truppen in die Schlacht werfen können. Schließlich gelingt es den Elitetruppen des Sultans, den Janitscharen, in die Stadt einzudringen. Da sich die Verteidiger nicht ergeben hatten, gibt Sultan Mehmed Konstantinopel zur Plünderung frei. Auf den Straßen, in den Häusern und Kirchen werden in den ersten Stunden Tausende von Christen niedergemetzelt und versklavt. Sultan Mehmed zieht einige Stunden später in die Stadt ein und läßt das Gemetzel einstellen. Die Hagia Sophia wird in eine Moschee verwandelt. Das oströmisch-byzantinische Reich existiert nicht mehr. Im Jahr 1529 stehen die Türken vor Wien und das osmanische Reich erstreckt sich von Ägypten bis Ungarn. Es ist ungefähr so groß, wie das byzantinische Reich vor dem ersten Kreuzzug.

VERJAGT DAS VERBRECHERISCHE VOLK ...

Papst Urban II. hatte im Jahr 1095 nach Fulcher von Chartres beim Aufruf zum ersten Kreuzzug in Clermont gesagt:

„...verjagt dieses verbrecherische Volk rechtzeitig von unseren Ländern und steht den Christen bei..."

Das war mißlungen.

Im 13. Jahrhundert wird praktisch jeder Feldzug, der den Interessen der Kirche dient, als Kreuzzug geführt. Mehrere Landeoperationen weltlicher Herren in Nordafrika sollen offiziell noch immer der Rückeroberung Jerusalems dienen. Die Kolonisierung im Osten durch den Deutschen Ritterorden beginnt als Kreuzzug. Für die Beteiligung an Feldzügen gegen aufständische Bauern werden die Kreuzzugsprivilegien gewährt.

Die Kreuzzugsidee entwickelt sich zum wichtigsten politischen Instrument der Kirche und der mit ihr verbündeten weltlichen Herren. Für die Verfolgung der häretischen Sekten und Juden, für päpstliche Feldzüge gegen die Staufer und für die Erschließung neuer Geldquellen wird als eigentliches Ziel die Befreiung der heiligen Stätten ausgewiesen. Die Lenker der katholischen Christenheit entwickeln aus der Kreuzzugsidee eine folgenreiche Utopie: Die Welt ist erst dann wirklich gut und von allem Bösen befreit, wenn sie ausschließlich von rechtgläubigen Katholiken bewohnt sein wird. Beim Kreuzzug gegen die Katharer hatte Papst Innozenz III. die Parole ausgegeben:

"Nehmt dem Grafen von Toulouse die Ländereien weg, damit katholische Einwohner die vernichteten Häretiker ersetzen können..."

Europa schickt sich an, die Welt zu erobern und von allen »Feinden Gottes« zu säubern. Es geht um die Welt, also Ländereien, aber die Rede ist weiter von der Befreiung Jerusalems. Dieser Brauch wird Schule machen. Alle Menschheitsbeglücker verkünden von nun an weiter ihre hohen Ideale, auch wenn sie sich längst profanen Zielen wie Macht und Privilegien zugewendet haben.

KINDERKREUZZÜGE?

Die Kirche ruft auch nach dem Kreuzzug gegen Byzanz weiter zur Befreiung der heiligen Stätten in Jerusalem auf. Der Appell richtet sich nicht an Kaiser und Könige, sondern an das Volk. Die dritte Fortsetzung der Kölner Königschronik meldet zum Jahr 1212:

"In diesem Jahr bezeichneten sich aus ganz Frankreich und Deutschland Knaben verschiedenen Alters und Standes mit dem Kreuz und erklärten, es sei ihnen von Gott aufgetragen zur Unterstützung des heiligen Landes nach Jerusalem zu ziehen. Nach ihrem Beispiel nahm eine Menge Jünglinge und Frauen des Kreuz und verlangte, mit ihnen zu ziehen. Auch einige schlechte Menschen mischten sich unter sie, und was jene mit sich genommen hatten und was sie täglich von den Gläubigen empfingen, unterschlugen diese heimlich und in nichtswürdiger Weise und machten sich mit dem gesammelten Geld heimlich davon. Einer von diesen wurde in Köln ergriffen und seines Lebens durch den Strang beraubt. Von jenen aber gingen viele in Wäldern und Einöden durch Hitze, Hunger und Durst zu Grunde. Andere wurden sobald sie die Alpen überschritten hatten und Italien betraten von den Lombarden beraubt und zurückgejagt und kehrten mit Schande heim."

Die Bezeichnung »Kinderkreuzzüge« hat dazu geführt, daß dieser schwärmerische Pilgerzug heute als besonders schrecklich angesehen wird. Dabei ist zu bedenken, daß ein achtjähriger Junge im Jahr 1212 sicher genau so »erwachsen« war, wie ein siebzehnjähriger Oberschüler, der 1916 für Gott, Kaiser und Vaterland vor Verdun verblutete. Eine »unbeschwerte« Kindheit und Jugend gibt es erst seit der Abschaffung der Kinderarbeit in den industrialisierten Ländern. In der zweiten Fortsetzung der Kölner Königschronik wird betont, daß einige »Kinder« vor ihrem Aufbruch gearbeitet hätten:

"Um Ostern und Pfingsten haben aus Deutschland und Frankreich ohne irgend einen Antrieb oder eine Predigt, man weiß nicht von welchem Geist getrieben, viele tausend Knaben von sechs Jahren bis zum Mannesalter, gegen den Willen ihrer Eltern, Verwandten und Freunde... das Kreuz genommen. Einige verließen die Pflüge oder Wagen, welche sie führten, andere das Vieh, welches sie hüteten, oder was sie sonst unter den Händen hatten und liefen plötzlich einer dem anderen nach. So begannen sie zu zwanzig, fünfzig oder hundert mit aufgerichteten Bannern nach Jerusalem zu ziehen."

In den folgenden Jahrzehnten füllen die Chronisten die knappen Meldungen der Augenzeugen mit legendären Stoffen auf. Der Chronist Alberich von Troisfontaines berichtet zum Beispiel in seiner Kompilation ausführlich über einen französischen Kinderkreuzzug: Ein junger Schafhirte namens Stephan zieht in der Umgebung von

Paris von Dorf zu Dorf und fordert mit dem Ruf: »Herr Gott, erhöhe die Christenheit« andere auf, ihm zu folgen. Schließlich ziehen dreißigtausend junge Pilger nach Marseille. Zwei Kaufleute erklären sich bereit, sie unentgeltlich nach Palästina zu bringen. Zwei der sieben Schiffe mit den jungen Pilgern an Bord versinken bei Sardinien, die anderen landen in Bugia (Algerien) und Alexandria. Die Fracht wird auf den muslimischen Sklavenmärkten angeboten. Der Kalif soll allein vierhundert Priester gekauft haben.

Dana C. Munro hat an Hand zahlreicher Stadtchroniken, die in der Regel von Augenzeugen verfaßt worden sind, den Hintergrund der legendären Darstellungen aufgedeckt. Demnach zogen im Jahr 1212 in Nordfrankreich Prozessionen durch Dörfer und Städte, die von einem Hirten namens Stephan angeführt wurden. Jungen und Mädchen, aber auch Erwachsene, trugen Fahnen und Kerzen, schwangen Kreuze und Weihrauchfässer und riefen: »Herr Gott, erhöhe die Christenheit, Herr Gott, gib uns das Wahre Kreuz zurück.« Papst Innozenz hatte solche Bittgänge für die Befreiung Jerusalems angeordnet. Die Teilnehmer haben sich wahrscheinlich nicht als Kreuzfahrer verstanden, jedenfalls ist von einem Gelübde keine Rede. Die junge Gefolgschaft des Hirten Stephan wurde schließlich von den Behörden zur Heimkehr gezwungen. Für einen Pilgerzug von Paris nach Marseille hat Dana C. Munro in Stadtchroniken keinen Beleg gefunden. Der französische Kinderkreuzzug ist offensichtlich eine Legende.

Die Berichte der Kölner Chronik über einen deutschen Pilgerzug werden dagegen auch von italienischen Quellen belegt. Die Teilnehmer haben sich als Kreuzfahrer betrachtet. Die zweite Fortsetzung der Kölner Chronik:

"Sie wurden nun von vielen gefragt, auf wessen Rat... sie sich auf den Weg begeben hätten, zumal vor wenigen Jahren viele Könige, sehr viele Fürsten und unzählige Volksscharen mit starker Hand dorthin gekommen, aber ohne Erfolg heimgekehrt wären. Sie... sagten ihnen auch, daß sie in ihrem kindlichen Alter noch nicht die Kraft hätten, etwas auszurichten, und daß deshalb diese Sache töricht und ohne Überlegung unternommen wäre. Sie antworteten kurz, daß sie darin dem göttlichen Willen gehorchten und deshalb mit willigem und freudigem Geiste alles ertragen wollten, was Gott über sie verhängen werde."

Es handelte sich um einen Volkskreuzzug mit relativ vielen jungen Teilnehmern. Ihr Anführer war ein Junge unbestimmten Alters aus Köln, der Nikolaus hieß. Als Teilnehmer melden die Quellen Jungen und Mädchen, Erwachsene und sogar Frauen mit Säuglingen. Im August 1212 kam der Zug in Genua an. Eine Quelle spricht von siebentausend Pilgern, andere sprechen von einer großen Anzahl. Der Chronist Sicardus behauptet, sie hätten geglaubt, das Meer würde sich vor ihnen öffnen und sie könnten das Heilige Land zu Fuß erreichen. Niemand dachte daran, den Pilgern Schiffe zur Verfügung zu stellen. Die Nachrichten über ihr Schicksal sind ungenau und widersprüchlich. Die zweite Fortsetzung der Kölner Chronik meldet:

"So zogen sie eine Strecke Wegs vorwärts, einige kehrten in Mainz, andere in Piacenza andere in Rom um, andere aber kamen nach Marseille. Ob diese übergesetzt sind oder nicht, und was ihr Ende gewesen sei, das hält man für ungewiß. Es steht nur fest, daß von vielen Tausenden, die ausgezogen waren, nur wenige heimgekehrt sind."

In den Annalen von Stade ist eine Reaktion von Papst Innozenz vermerkt. Er soll geäußert haben:

"Diese Knaben beschämen uns. Sie ziehen aus, um das Heilige Land zu erobern, während wir schlafen."

DAS PERSÖNLICHE UND DAS ALLGEMEINE HEIL

Auf dem Laterankonzil im November 1215 bereitet Papst Innozenz einen Kreuzzug unter der Führung der Kirche vor. Eine Reihe von Dekreten regelt die Geldabschöpfung. Die Geistlichkeit muß fünf Prozent ihres Einkommens abführen. Das Konzil verspricht allen den vollständigen Ablaß, die einen Kreuzfahrer auf ihre Kosten entsenden. Damit sind die kirchenrechtlichen Fundamente für den blühenden Ablaßhandel gelegt, der die Reformation auslöst. Der nächste Schritt wird die Ablösung eines Kreuzzugsgelübdes durch eine Zahlung an die Kirche sein. Eine Behörde regelt die Organisation von Kreuzpredigten und Prozessionen, die Aufstellung von Opferstöcken und die Erhebung von Kreuzzugssteuern. Weltliche Herren, die das Kreuzzugsgelübde abgelegt hatten, durften bald ebenfalls Kreuzzugssteuern erheben. Ob Papst Innozenz III. tatsächlich geplant hat, ein Massenaufgebot eifernder Pilger mit Schiffen in dem Nahen Osten zu verfrachten, ist nicht erkennbar. Die Kreuzpredigt nützt der Kirche in jedem Fall, da sie die Gläubigen an die Kirche bindet und ihre Opferbereitschaft fördert. Die individuelle Sehnsucht nach dem Heil der Seele wird mit dem kollektiven Ziel der Rückeroberung des Heiligen Grabes verknüpft. Es kommt nicht mehr darauf an, selbst nach Jerusalem zu pilgern. Wer einen finanziellen Beitrag zu einem Kreuzzug liefert, wird Teilhaber an kollektiven Heil der Christenheit, das mit der Eroberung Jerusalems eintreten würde. Die Kirche erzeugte eine permanente Kreuzzugsstimmung und behauptete, alles und jedes diene schließlich dem Kreuzzug. Bei neueren Beispielen für derartige Stimmungen und Begründungen geht es um die Sache der Revolution, des Vaterlands, des Volks, des Kommunismus, der Freiheit. Es beginnt das Zeitalter, in dem die Massen mit Hilfe einer Weltanschauung bewegt und gelenkt werden. Die Kirche liefert der europäischen Gesellschaft ein ideelles Motiv für ihre reale Expansion. Dieser Mechanismus konnte aber nur funktionieren, solange Jerusalem nicht wirklich erobert wurde.

ÄGYPTEN ODER JERUSALEM?

Das Konzil in Rom hatte verfügt, die Kreuzfahrer sollten sich Juni 1217 in Brindisi und Messina einfinden. Im Sommer 1216 stirbt Papst Innozenz. Sein Nachfolger, Honorius III., ließ die Kreuzpredigt und Gelderhebung fortsetzen. In Europa beten die Gläubigen bei Gottesdiensten und auf Prozessionen weiter für die Befreiung des Heiligen Grabes, aber als einige Kreuzfahrertrupps zum angesetzten Termin in Italien eintreffen, finden sie keine Schiffe vor. Offenbar denkt niemand daran, das eingesammelte Geld für die Anmietung von Schiffen auszugeben. Im September kann ein kleines Aufgebot unter Leopold von Österreich von Spalato (Split, Jugoslawien) aus mit einem Schiff in See stechen. König Andreas von Ungarn muß noch zwei Wochen in Spalato warten, bis er zwei Schiffe auftreiben kann. König Hugo von Zypern setzt ebenfalls mit seinen Truppen nach Palästina über. In Akkon regiert inzwischen König Johann von Brienne. Er unternimmt nach der Ankunft der zugereisten Kreuzfahrer mit dem Aufgebot des Königreichs mehrere kleine Raubzüge, ohne daß es zu einer Schlacht kommt. Österreicher, Ungarn, das Aufgebot aus Zypern und die Ordensritter operieren eigenwillig je nach ihrer Interessenlage. Die Zugereisten sammeln eifrig Reliquien ein, aber ein Angriff auf Jerusalem findet nicht statt. Im Januar 1218 begeben sich Hugo von Zypern und König Andreas auf die Heimreise.

PELAGIUS VERSPIELT JERUSALEM

Im April des Jahres 1218 treffen friesische und niederrheinische Kreuzfahrer mit einer Flotte in Akkon ein. Nun ist es möglich, einer Anregung des Laterankonzils zu folgen und Ägypten anzugreifen. Im Mai beginnt die Belagerung von Damiette, der zweitgrößten Hafenstadt Ägyptens. Ein Kölner Kleriker namens Oliver kombiniert zwei Schiffe zu einer schwimmenden Festung, mit deren Hilfe die Hafensperre überwunden werden kann. (Diese Erfindung hat der Kölner in seiner »Historia Damiatina« selbst gewürdigt.) Al-Kamil (einer der Söhne Saladins) verwaltet unter der Oberhoheit von al-Adil (der Bruder Saladins) die Provinz Ägypten. Kurz nach dem Erfolg der Kreuzfahrer stirbt al-Adil und al-Kamil tritt seine Nachfolge an. Seine Brüder verwalten die syrischen Gebiete der Aiyubiden und verhalten sich während der Belagerung Damiettes loyal. Die Ägypter können die Kreuzfahrer nicht vertreiben, aber die Garnison von Damiette hält stand. Das Lager der Kreuzfahrer spaltet sich in zwei Parteien. Der päpstliche Legat Pelagius beansprucht im Geist des Laterankonzils die Oberleitung, Johann von Brienne, die Barone des Kreuzfahrerstaates und die Friesen lehnen sich dagegen auf. Im Frühjahr 1219 bietet al-Kamil den Kreuzfahrern einen langjährigen Waffenstillstand, ganz Palästina mit Jerusalem und eine bedeutende Geldsumme gegen den Abzug aus Ägypten an. Auf Betreiben des Legaten wird dieses großzügige Angebot abgelehnt. Im Herbst erweitert al-Kamil sein Angebot um das Wahre Kreuz. Johann von Brienne will es annehmen, aber der päpstliche Legat kann mit Hilfe der Ritterorden und der Vertreter der italienischen Seehandelsstädte die Fortsetzung der Belagerung durchsetzen. Von nun an herrschte die Doktrin, daß Jerusalem erst nach der Eroberung Ägyptens eingenommen werden sollte. Diese Reihenfolge erscheint vielen plausibel, denn Ägypten ist ein reiches Land mit zwei großen Hafenstädten, während das verarmte Jerusalem keine materiellen Werte mehr zu bieten hat und schwer zu verteidigen wäre.

Inzwischen ist auch der Franziskaner Franz von Assisi eingetroffen. Der heilige Mann sucht das Lager der Ägypter auf und erläutert al-Kamil die Vorzüge der christlichen Lehre. Aber der Muslim bleibt standhaft im Glauben. Die ausgehungerte Bevölkerung von Damiette muß sich im November ergeben und wird versklavt. Nach der Verteilung der Beute beginnt das übliche Gerangel um die Besitzrechte an der Stadt. Da der Legat alle Eroberungen für die Kirche reklamiert, reist Johann von Brienne zurück in sein Königreich, das praktisch nur noch aus Akkon und Tyrus besteht. Pelagius hat Mühe, die bewaffneten Händel der zerstrittenen Fraktionen einzudämmen. Ohne Verstärkungen ist an eine Fortsetzung des Feldzugs nicht zu denken. Die Hoffnungen richten sich auf Friedrich II., der 1220 bei seiner Krönung zum Kaiser das Kreuz genommen hatte. Friedrich verschiebt seine Abreise, schickt aber fünfhundert Ritter auf seine Kosten nach Damiette. Auf Drängen von Papst Honorius begibt sich im Juli 1221 auch Johann von Brienne wieder nach Damiette. Al-Kamil erneuert sein Angebot, aber die Verhandlungen scheitern, weil der Legat zusätzlich Gebiete fordert, die Ägypten mit Syrien verbinden. Gegen den Willen von König Johann marschiert das Kreuzheer am 17. Juli am Nil entlang auf Kairo zu und bezieht einige Tage später bei Mansura ein befestigtes Lager. Mitte August können die vereinten aiyubidischen Streitkräfte die Kreuzfahrer einschließen. Die Ägypter durchstoßen die Flußdeiche und das Wasser des Nils überschwemmt die Umgebung des Lagers. Ein Durchbruchsversuch der Kreuzfahrer bleibt im Schlamm stecken. Der Legat Pelagius kapituliert und bietet die Räumung von Damiette gegen den freien Abzug der Kreuzfahrer an. Al-Kamil willigt ein und beide Parteien schließen einen Waffenstillstand über acht Jahre. Im September befindet sich Damiette wieder in ägyptischer Hand. Pelagius und seine Gefolgschaft hatten die Rückgewinnung Jerusalems verspielt. Der Angriff auf Ägypten weckte in Ägypten starke antichristliche Ressentiments. Erzürnte Muslims plünderten die Häuser vieler Christen und einige Kirchen wurden geschlossen.

KAISER FRIEDRICH II.
EIN GEBANNTER
GEWINNT DIE HEILIGE STADT

Während der Krönungszeremonie in Rom am 22. November 1120, nach der Verlesung scharfer Strafandrohungen gegen Häretiker, hatte Kaiser Friedrich II. das Kreuz genommen. Das nächste Unternehmen zur Rückeroberung von Jerusalems ist eng mit dem Kampf um die Vormacht in Italien verbunden. Nachdem Kaiser Friedrich das Königreich Sizilien durch eine zentralistische Verwaltung gestärkt hatte, sieht sich das Papsttum von Norden und Süden bedroht. Der politische Konflikt wird über weite Strecken über die Frage ausgetragen, ob der Kaiser einen Kreuzzug unternimmt oder nicht. Nachdem die Nachricht von der Niederlage in Ägypten eingetroffen war, will Papst Honorius durch einen Kreuzzug des Kaisers sein beschädigtes Ansehen aufbessern. Im Vertrag von San Germano erklärt sich Friedrich bereit, im August 1227 aufzubrechen. Bei Nichterfüllung des Vertrags droht dem Kaiser eine hohe Geldstrafe und der Kirchenbann. Im Herbst 1225 erwirbt Friedrich II. durch einen Ehevertrag den Titel des Königs von Jerusalem. Johann von Brienne ist nur durch Heirat König von Jerusalem, die legitime Erbin des Königreichs ist seine Tochter Yolanthe. Am 9. November 1225 heiratet Friedrich das vierzehnjährige Mädchen in der Kathedrale von Brindisi. Die Eheschließung ist für den Kaiser ein rein politischer Akt. Die Hochzeitsnacht soll er mit einer Cousine seiner Frau verbracht haben. Der Meister des Deutschen Ritterordens, Hermann von Salza, hatte im Namen des Kaisers Johann von Brienne zugesagt, er könne König bleiben. Friedrich bricht das Versprechen und läßt sich in Foggia zum König von Jerusalem krönen.

Im August 1227 versammelt sich ein deutsches Kreuzheer in Brindisi. Die Transportflotte segelt ab, obwohl eine Malariaepidemie ausgebrochen war. Kaiser Friedrich erkrankt und geht wieder an Land, um sich auszukurieren. Unter dem Kommando des Patriarchen von Jerusalem segelt die Flotte ohne den Kaiser nach Akkon. Papst Honorius hätte dieses Vorgehen wahrscheinlich als naheliegend angesehen, aber war im März gestorben. Sein Nachfolger, Papst Gregor IX., ist fest entschlossen, der Machtentfaltung des Kaisers mit allen Mitteln entgegenzutreten. Gregor hält die Krankheit für einen Vorwand und exkommuniziert den Kaiser ohne Zögern.

Die nächste Wende der päpstlichen Politik zeigt, daß Jerusalem nur noch eine Spielfigur im Machtkampf darstellt. Der Papst verbietet dem Kaiser, die Kreuzfahrt ohne Absolution anzutreten. Die Kirche hatte Jerusalem verklärt, ein Kaiser, der es erobern würde, hätte seinen Anspruch auf die Weltherrschaft damit gerechtfertigt. Das gedenkt Friedrich nun zu nutzen und folgt im Juni 1228 seinem Heer nach Akkon. Papst Honorius ist zutiefst erschrocken und schleudert einen zweiten Bannfluch hinter dem Kaiser her. Diesmal wird Friedrich exkommuniziert, weil er sich auf den Kreuzzug begeben hat. In Akkon wird der Kaiser begeistert empfangen, aber die Templer, die Johanniter, der Patriarch und der Klerus verweigern dem Kaiser jede Unterstützung. Die Streitkräfte des Kaisers und des Deutschen Ritterordens reichen nicht aus, um Jerusalem mit militärischen Mitteln zu erobern. Friedrich verhandelt einige Monate lang mit al-Kamil, der gerade in einen inneraiyubidischen Krieg um Damaskus verwickelt ist. Im Februar 1229 ist der Kaiser am Ziel: Jerusalem, Jaffa, Nazareth, Bethlehem und ein Teil Galiläas gehören wieder zum Königreich Jerusalem.

Die Befreiung Jerusalems war jahrzehntelang gepredigt worden. Die Gläubigen hatten dafür demonstriert, gebetet und bezahlt. Nun ist der ersehnte Tag da, aber der Klerus des Königreichs bricht nicht in Jubel aus. Patriarch Gerald verbietet sämtliche Gottesdienste in Jerusalem, um Kaiser Friedrich an einer kirchlichen Feier seines Triumphs zu hindern.

In Süditalien ziehen inzwischen päpstliche Truppen gegen die Gefolgsleute des Kaisers. Nach kirchlichem Recht war das Eigentum von Kreuzfahrern eigentlich geschützt, aber als Gebannter war Friedrich rechtlos. Er muß die päpstlichen Eindringlinge nach seiner Rückkehr mit Waffengewalt vertreiben.

Nun tritt ein, was der Papst befürchtet hatte: Das Bild des Kaiser nimmt messianische Züge an, der Befreier Jerusalems wird als Endkaiser verherrlicht. Honorius sieht sich im Mai 1230 gezwungen, den Bann aufzuheben. Diese Runde war an den Kaiser gegangen, weil er das Jerusalem-Monopol der Kirche mit einem einfachen Mittel gebrochen hatte: Durch die Rückgewinnung Jerusalems. Im Verlauf der weiteren Machtkämpfe zwischen Rom und Friedrich II. wird mehrfach der Kreuzzug gegen den den Kaiser gepredigt.

KREUZZÜGE GEGEN DIE PREUSSEN

Die Intervention Kaiser Friedrichs im Nahen Osten hatte die Position des Deutschen Ritterordens dort wider Erwarten nicht verbessert. Der Orden wendet sich nun verstärkt der Kolonisierung des Ostens zu und deklariert sein Vorgehen als Heidenkampf. Papst Gregor ruft die Ordensritter zur Bekämpfung der Preußen auf und ordnet im Herbst 1230 die Kreuzpredigt an. Der Ritterorden kann mit Hilfe der Kreuzzugsprivilegien für seine Expansion immer wieder Verstärkungen rekrutieren und Siedler gewinnen.

KREUZZÜGE GEGEN DIE STEDINGER

Der Bischof von Bremen, Gerhard II., läßt im Jahr 1229 ein Ritterheer gegen die Stedinger Bauern ziehen, um den Kirchenzehnten einzutreiben. Ende Dezember schlagen die Bauern die bischöflichen Steuereintreiber in die Flucht. 1231 erklärt Bischof Gerhard die Aufständischen zu Häretikern, und auf dem Reichstag in Ravenna verschärft Kaiser Friedrich II. ein Jahr später die Strafen, die denen drohen, die zu Häretikern gestempelt werden. Im Juni 1233 gewährt Papst Gregor IX. die Kreuzzugsprivilegien für die Bekämpfung der Stedinger Bauern. Die Aussicht auf Beute und Ablaß wirkt, aber das erste Kreuzheer können die Stedinger im Juli 1233 schlagen. Das Kreuz wird weiter gepredigt und ein zweites Heer stellt die Bauern am 27. Mai 1234 bei Altenesch und metzelt sie nach heftiger Gegenwehr nieder. Die Kreuzfahrer ziehen nach ihrem Sieg plündernd durch die Dörfer der Stedinger.

JERUSALEM FÄLLT ENDGÜLTIG

Eine marodierende türkische Söldnertruppe plündert im Jahr 1244 im Gebiet von Damaskus und stürmt dann überraschend Jerusalem. Mehrere tausend Christen werden niedergemetzelt und die Grabeskirche geht in Flammen auf. Ein Jahr später vernichten ägyptische Truppen bei Gaza das Heer des Königreichs und die Aiyubiden übernehmen wieder die Herrschaft in Jerusalem. In Europa ruft der abermalige Verlust der heiligen Stätten keine besondere Erregung hervor. Den politischen Mächten ging es nicht um das wirkliche Jerusalem und für die Gläubigen war schwer erkennbar, wodurch sich eine christliche Herrschaft in Jerusalem von einer islamischen unterschied.

KÖNIG LUDWIG LANDET IN ÄGYPTEN

Im Jahr 1244 beginnt der französische König Ludwig IX. (der spätere Heilige) mit den Vorbereitungen für einen Kreuzzug. Er erhebt jahrelang Sondersteuern, wobei er nun auch die durch Kreuzzüge eroberte Grafschaft Toulouse ausnehmen kann. Im August 1248 sticht die französische Flotte mit mehr als zehntausend Söldnern und Lehnspflichtigen von Aigues-Mortes aus in See und überwintert auf Zypern. Der Angriff gilt Ägypten und den Franzosen gelingt es, im Juni 1249 Damiette kampflos einzunehmen. König Ludwig beginnt sofort, eroberte Gebiete als Lehen zu verteilen. Die Kolonisierung Ägyptens scheitert allerdings, weil sich die Vorgänge des Jahres 1221 wiederholen. Das französische Expeditionskorps gerät mit König Ludwig im April 1250 bei Mansura in Gefangenschaft. Noch heute präsentieren die Ägypter in Mansura voller Stolz das Haus, in dem der große europäische Herrscher einsaß. Ludwig muß fast zwei jährliche Steueraufkommen als Lösegeld bezahlen und Damiette räumen. Der König läßt nach seiner Freilassung die Befestigungen von Akkon, Jaffa und Caesarea ausbauen. 1254 geht ihm das Geld aus und er kehrt nach Frankreich zurück. Zwei Jahre später führen Genua und Venedig in Akkon wegen einiger Häuser Krieg gegeneinander. Pisaner, ein Teil der Barone, Templer und deutsche Ordensritter kämpfen auf der Seite Venedigs, der andere Teil der Barone und die Johanniter verbünden sich mit Genua. 1258 verlieren die Genuesen eine Seeschlacht vor Akkon und und die Venezianer erringen zeitweilig die Vorherrschaft in der Stadt. Aber der Krieg bricht immer wieder aus und wird erst durch eine Intervention Ludwigs im Jahr 1270 beendet. Von Jerusalem ist keine Rede mehr.

DER GEGENANGRIFF

In Kairo erhebt sich im Jahr 1250 die mameluckische Leibgarde und beendet die Herrschaft der Aiyubiden. Die Mameluckensultane können bald darauf im Süden Palästinas und Ägyptens ihre Macht konsolidieren. Im Jahr 1260 besiegt das Heer der Mamelucken die Mongolen in Galiläa und bewahrt damit den letzten großen islamischen Staat und den Kreuzfahrerstaat vor der Vernichtung. Bei dieser Schlacht, die den Vormarsch der Mongolen beendete, bewährt sich der mameluckische General Baibars. Die fränkischen Christen waren von den Mongolen ebenso bedroht wie die Muslims, hatten sich aber neutral verhalten. Kurz nach der Schlacht ermordet Baibars den Sultan und ergreift die Macht. Als sich im Jahr 1263 die Ritterorden weigern, gefangene muslimische Handwerker auszutauschen, dringt die ägyptische Armee in fränkische Gebiete ein. Der durch den Bürgerkrieg geschwächte Kreuzfahrerstaat kann keinen organisierten Widerstand leisten. Baibars läßt Nazareth im Sturm nehmen und die Geburtskriche zerstören. Im Februar 1265 ergibt sich die Besatzung der Zitadelle von Caesarea und kann abziehen. Arsuf wird von den Johannitern erbittert verteidigt, muß aber Ende April ebenfalls kapitulieren. Baibars bricht sein Versprechen und versklavt die Besiegten. Die eroberten Städte werden mit ihren Befestigungen niedergerissen, da der Sultan eine Wiederbesetzung durch die Franken verhindern will. Im Juli 1266 erobern die mameluckischen Truppen die Templerfestung Safed. Baibars läßt die gefangenen Ordensritter enthaupten und kann nun ganz Galiläa besetzen. Die erwachsenen Christen in den kleineren Siedlungen werden in der Regel niedergemetzelt und die Kinder werden versklavt. Im März 1268 fällt Jaffa und wird zerstört. Am 18. Mai stürmen die Truppen des Sultans Antiochia, richten auf den Straßen ein Blutbad an und versklaven alle Christen, die sie in den Häusern und der Zitadelle gefangennehmen.

ERNÜCHTERUNG

Die Kampagnen der Mamelucken hatten in Europa Unruhe ausgelöst, aber nur wenige kleinere Kontingente waren nach Akkon aufgebrochen. Im Sommer 1270 sticht König Ludwig IX. von Frankreich mit einem Kreuzheer in See, landet aber in Nordafrika, um die Stadt Tunis zu belagern. Der König stirbt im Lager an Erschöpfung und die Unternehmung wird abgebrochen. Inwieweit die Eroberung von Tunis den Christen im Nahen Osten genützt hätte, ist schwer erkennbar. Die Kirche wirbt vergeblich für einen Kreuzzug. Die Verwendung der Kreuzzugssteuern und Ablaßgelder für andere Zwecke ist inzwischen auffällig geworden und die militärischen Fähigkeiten der mameluckischen Truppen wirken ernüchternd.

DAS ENDE

Sultan Baibars hatte sich durch mehrere Waffenstillstandsverträge mit den verbliebenen fränkischen Stützpunkten den Rücken frei gehalten, um gegen die Mongolen vorgehen zu können. Seine Nachfolger eröffnen 1287 die nächste Offensive gegen die Franken. Sie erobern Laodicea und ein Jahr später Tripolis. Im April 1291 schließt ein riesiges mameluckisches Heer die immer noch reiche und gut befestigte Stadt Akkon ein. Die Belagerungsmaschinen haben am 15. Mai die Mauern sturmreif geschossen. Im Hafen spielen sich dramatische Szenen ab, da die Schiffe nur einen kleinen Teil der Bevölkerung aufnehmen können. Am 18. Mai dringen die mameluckischen Truppen in die Stadt ein, metzeln die Christen zum Teil nieder und führen den Rest in die Sklaverei.

Die verbliebenen Städte und Festungen werden kampflos geräumt. Die Mamelucken lassen sämtliche Küstenstädte schleifen. Die Kreuzfahrerstaaten in Syrien und Palästina existieren nicht mehr.

Die Kreuzzugspropaganda in Europa belebt immer wieder die Hoffnung auf eine Rückgewinnung des Heiligen Landes. Der Ablaß für Kreuzzüge wird weiter für viele Zwecke gewährt: Für die Abwehr der osmanischen Türken, für die Kolonisierung des europäischen Ostens und im Jahr 1412 sogar bei innerkirchlichen Machtkämpfen. Der europäische Christ zieht nicht mehr für profane Ziele ins Feld. Wo er kämpft, kämpft er für eine gute Sache, für das Heil seiner Seele, für den einzigen wahren Glauben und eine Welt, die nur von Rechtgläubigen bewohnt wird. Da die Muslims im Osten sich der Weltmission militärisch erfolgreich widersetzen, wendet sich die westliche Christenheit schwächeren Gegnern zu.

GRANADA UND DIE BESEITIGUNG DES UNGLAUBENS

Für die Feldzüge der christlichen spanischen Teilreiche zur Eroberung des muslimischen Südens waren im 13. Jahrhundert mehrfach die Kreuzzugsprivilegien gewährt worden. König Ferdinand III. konnte im Jahr 1236 mit der Einnahme von Cordoba die Reconquista praktisch abschließen. Im Südosten bestand allein das muslimische Teilreich Granada weiter.

Im Jahr 1481 drängt die spanische Geistlichkeit auf die vollständige Beseitigung des Unglaubens in Spanien. Der Anlaß für die Vollendung der Reconquista ist ein von Granada verschuldeter Grenzzwischenfall. Dieser Rechtsgrund ist für die Kirche nicht nötig, da die Päpste sich als oberste Lehnsherren Spaniens sehen. Abu Abdallah Muhammed, von den Christen Boabdil genannt, übergibt am 2. Januar 1492 Granada den katholischen Königen und Eheleuten Isabella von Kastilien und Ferdinand von Aragon. Die stärkeren Kanonen der Christen hatten den Krieg entschieden. Im Übergabevertrag werden den Muslims Besitz und freie Religionsausübung garantiert. Die Juden können nur drei Monate lang unbehelligt in ihren Vierteln leben. Mit dem Alhambra-Edikt vom 31. März werden zwanzigtausend Juden allein aus Granada vertrieben. Ein großer Teil siedelt sich in Thessaloniki an. Ihre Nachkommen werden während der deutschen Besetzung im 2. Weltkrieg nach Polen deportiert und als »Volksfeinde« vernichtet. Juden, die in Spanien bleiben wollen, müssen sich taufen lassen. Auch als Conversos werden sie benachteiligt und verfolgt. Erst 1968 wird das Alhambra-Edikt förmlich aufgehoben.

Das Alhambra-Edikt bestimmt, daß alle Juden innerhalb von drei Monaten Spanien verlassen müssen. Ihre bewegliche Habe dürfen sie mitnehmen, ausgenommen Gold, Silber und Geld. Vertragswidrig wird 1499 die Zwangstaufe für Muslims angeordnet. Getaufte Muslims werden Moriscos genannt, und sind wie die Conversos keine gleichberechtigten Bürger. Mit den Zwangstaufen entsteht das Problem, ob die Betroffenen ihre Bekehrung wirklich ernst meinen. Folgerichtig tritt die Inquisition auf den Plan. Tausende verbrennen auf den Scheiterhaufen.

KOLUMBUS AUF KREUZFAHRT

Der Fall Granadas wurde als ein großer Sieg der Christenheit gefeiert. Als die Kreuzfahne über der Alhambra aufgezogen wurde, und das »Te Deum Laudamus« erklang, befand sich ein noch unbekannter Mann in der Menge: Christoph Kolumbus. Ein paar Tage später hielt er den Vertrag über seine Übersee-Expedition in der Hand. Das Geschwader unter Admiral Kolumbus segelte Anfang August 1491 ab, als auch der Massenexodus der Juden begann. Seinen Auftraggebern hatte Kolumbus neben einem neuen Seeweg nach Indien vor allem zwei Dinge versprochen: Gold und die Ausbreitung des Christentums. Er hatte auch den Plan entwickelt, den neuen Seeweg für einen Kreuzzug zur Befreiung Jerusalems zu benutzen. Kolumbus wollte nicht beweisen, daß die Erde eine Kugel sei. Das war unter Fachleuten längst nicht mehr strittig. Er handelte nicht als Entdecker, sondern als Eroberer. Wer Gold und Land nicht freiwillig hergab, wer sich nicht taufen ließ, bekam es mit den christlichen Feuerwaffen zu tun. Ganze Völker und Kulturen wurden vernichtet und der Papst vergab die in Amerika eroberten Gebiete als Lehen. Die Fortsetzung der christlichen Landnahme erhielt den Namen, den sie verdiente: Conquista, Eroberung. Einen Tag nach seiner Ankunft notiert Christoph Kolumbus:

„Ich beachtete alles mit größter Aufmerksamkeit und trachtete herauszubekommen, ob in dieser Gegend Gold vorkomme."

Etwa einen Monat später drückt Kolumbus den Wunsch aus, die vorgefundenen Völker zu bekehren und fährt fort:

„...Nicht anders wie jene Völker vernichtet worden sind, die sich nicht zur Dreieinigkeit von Vater, Sohn und Heiligem Geist bekennen wollten."

Kolumbus geht an Land. Die Errichtung des Kreuzes symbolisiert die Besitznahme. Stich von Theodor de Bry. 1594.

Nach dem zweiten Kreuzzug lebte die Kritik an der Idee und der Praxis der Kreuzzüge wieder auf. Am schärfsten äußert sich der anonyme Annalist aus Würzburg.

Annales Herbipolenses

Gott hat zugelassen, daß die westliche Kirche heimgesucht wurde, hervorgerufen durch ihre Sünden. Es gelangten nämlich gewisse Pseudopropheten, Söhne des Teufels und Zeugen des Antichristen, in den Westen, um mit eitlen Worten die Christen zu verführen. Mit lügenhafter Predigt veranlaßten sie das ganze Menschengeschlecht, zur Befreiung Jerusalems gegen die Sarazenen zu ziehen. Ihre Predigt nahm derart gewaltig überhand, daß fast alle Einwohner der Gegenden in gelobter Eintracht sich wie zum allgemeinen Untergang freiwillig anboten, und daß nicht nur Leute aus dem Volk, sondern auch Könige, Herzöge, Markgrafen und die übrigen Mächtigen dieser Welt, weil sie glaubten, Gott einen Dienst zu leisten, und - in diesem Irrtum mit ihnen verbunden - Bischöfe, Erzbischöfe, Äbte, sowie die übrigen Kirchendiener und Vorsteher heftig danach verlangten, sich in eine ungeheure Gefahr für Leib und Seele zu stürzen.

Die deutschen Chronisten des zweiten Kreuzzuges können das Versagen der deutschen Waffen nicht verwinden und machen nur spärliche Mitteilungen. Otto von Freising, der am Kreuzzug teilgenommen hatte, mußte sich zuhause auch noch Kritik anhören.

Otto von Freising

Da nun aber einige kleingläubige Brüder der Kirche verärgert sich wundern und verwundert sich ärgern über die Mühsal unserer Heerfahrt, weil sie nach einem so großartigen und guten Anfang einen so kläglichen und schlimmen Ausgang genommen hat, muß ich ihnen antworten.

Der Bischof holt nun sehr weit aus: Er unterscheidet das absolut Gute, also Gott, das durch Gottes Gnade gewordene Gute und das (nur) nützliche Gute. Er fährt fort:

Das geht auch aus dem Gebrauch der heiligen Schrift hervor. Zum Beispiel wenn wir sagen: Es war nicht gut für die Juden oder Judas, Christus zu verraten und zu kreuzigen, obwohl es für uns gut war. Wie in der menschlichen Philosophie der Besitz weißer Zähne nicht das Schwarzsein des Äthiopiers aufhebt, so läßt in der heiligen Schrift die böse Tat der Juden zu, daß Christi Leiden für die Gesamtheit gut war. Daraus ergibt sich durch Analogieschluß aus diesem Grund für unseren Feldzug: Wenn er nicht gut war zur Erweiterung der Grenzen oder für das leibliche Wohl, so war er doch gut für das Heil vieler Seelen, allerdings in dem Sinn, daß man unter gut nicht das dem Gewordenen Verliehene versteht, sondern immer nur das Nützliche..."

Der Teilnehmer Otto von Freising mußte sich nun auch noch von Bernhard von Clairvaux sagen lassen, der schlechte Ausgang sei durch die Sünden der Kreuzfahrer verursacht worden. Otto von Freising widerspricht nicht, aber seine Zustimmung klingt ironisch:

Otto von Freising

Wenn wir nun aber sagen, jener heilige Abt (von Clairvaux) sei vom Geist Gottes angehaucht worden, uns aufzurufen, wir aber hätten wegen unseres Hochmuts und unserer Zügellosigkeit die heilsamen Gebote nicht beachtet und daher verdientermaßen Verluste an Sachen und Personen erlitten, so würde das gleichwohl den Vernunfterwägungen und den Beispielen aus der alten Zeit nicht widersprechen. Freilich ist der Geist der Propheten nicht immer bei den Propheten.

Die verbreitete Auffassung, dem Kreuzzug habe der Segen Gottes gefehlt, hat Bernhard von Clairvaux tief getroffen.

Bernhard von Clairvaux

(an Papst Eugenius)

... Wir sind in eine schwere Zeit geraten, da der Herr, herausgefordert durch unsere Sünden, gewissermaßen vor der Zeit den Erdkreis gerichtet zu haben schien, zwar gerecht, aber uneingedenk seines Erbarmens. Er schonte sein Volk nicht und nicht seinen Namen. Sagt man nicht bei den Heiden: Wo ist denn deren Gott? Kein Wunder. Die Söhne der Kirche, und die, die zum Christentum gerechnet werden, liegen niedergestreckt in der Wüste, durch Schwert oder Hunger getötet. Streit ist unter den Fürsten ausgebrochen, und der Herr ließ sie in unwegsamen Gebieten irren, Elend und Unglück liegen auf ihren Wegen, Trauer und Verwirrung herrschen in den Palästen der Könige. Wie verworren ist der Weg der Künder des Friedens, des Guten. Wir versprachen Frieden, und es gibt keinen. Wir versprachen Gutes, und siehe, es herrscht Verwirrung. Als ob wir in diesem Werk Leichtfertigkeit oder Verwegenheit gezeigt hätten. Wir

eilten dort nicht hin wie ins Ungewisse, sondern auf Deinen, ja durch Dich auf Gottes Befehl... Weshalb haben wir unsere Seelen gedemütigt, und er hat es nicht gewußt? Denn mit diesen Dingen ist seine Wut nicht abgewendet worden, sondern seine Hand ist noch ausgestreckt. Wie geduldig hört er indessen noch auf gotteslästerliche Stimmen und die gottlosen Ägypter. Weil er sie schlau herauslocken will, um sie in der Wüste zu töten? Und wer kennt nicht Gottes Urteile als gerecht? Dieser Richterspruch aber ist ein solcher Abgrund, daß jener wohl glücklich zu nennen ist, der darin nicht verstrickt ist. Und wie wagt es dennoch die menschliche Leichtfertigkeit, etwas zu tadeln, was sie überhaupt nicht begreifen kann...

Der englische Theologe und Jurist Radulfus Niger hat um 1188 eine Schrift verfaßt, in der er Argumente gegen Kreuzzüge vorbringt. Sie weichen stark von der herrschenden Lehrmeinung ab, wurden aber von seinen Vorgesetzten noch nicht als häretisch eingestuft.

Radulfus Niger

Über die gerechte Strafe Palästinas: Durch die Geduld oder das Urteil Gottes zog sich Palästina die Strafe für die eigene Schuld zu, und zwar wohl verdientermaßen. Welches andere Volk war denn so verwöhnt? Ich schweige über andere allgemeine wie vereinzelte Laster, die sie zu Antiochia und Jerusalem öffentlich trieben. Jedenfalls sah ich den Patriarchen von Jerusalem wegen Hilfeleistung ins Abendland kommen mit viel Gepränge an silbernem und goldenem Hausrat, dessen Schaustellung wegen des Geklirrs ekelhaft anzuhören war. Ich sog auch mehrmals den Rauch von Spezereien ein, wovon die Kleider stanken und das ganze Gehirn erschüttert wurde... Kein Patriarch des Abendlandes hat einen ähnlichen Prunk besessen. Wenn wir die übrigen Lustbarkeiten des Landes... danach einschätzen, können wir vermuten, daß es dort viel gegeben hat, was Gott Grund zur Erbitterung gegeben haben könnte.

Über Flüchtlinge und Verbrecher als Bewohner Palästinas: Es werden auch Belege herangezogen, daß insbesondere Verbrecher, die in ihrem Vaterland geächtet oder vor anderen Strafen geflohen waren, gewöhnlich nach Palästina hinübergeflohen sind. Jenes Land schuf sich jedenfalls aus solchen Subjekten ein Volk, jenes Land, in dem man auch freizügiger Verfehlungen beging, da ja die Verbrechen aller Länder in ihm zusammenflossen.

Daß die Sarazenen nicht hingeschlachtet, sondern zurückgedrängt werden sollen: Sind die Sarazenen hinzumorden? Etwa weil ihnen der Herr Palästina gegeben hätte oder ihnen zum Besitze ließ? Jener hat gesagt: Ich will nicht den Tod des Sünders. Sie sind Menschen von derselben natürlichen Beschaffenheit wie wir. Sie müssen auf jeden Fall von unserem Land zurückgeworfen werden, weil alle Rechte es erlauben, Gewalt mit Gewalt zu vergelten, gleichwohl aber mit der Mäßigung der gerechten Verteidigung, damit nicht das Heilmittel das Maß überschreitet. Jedenfalls müssen sie mit dem Schwerte des Wortes Gottes geschlagen werden, so daß sie freiwillig und ohne Zwang zum Glauben kommen, da ja der Herr Frondienst und erzwungene Dienste haßt. Wer immer also den Glauben mit Gewalt zu verbreiten sucht, verläßt die Lehren des Glaubens.

Vom Papst darf nur erfolgen, was die Vernunft zuläßt: Der Herr Papst, der Stellvertreter Gottes auf Erden, rät Klerikern wie Laien den Kreuzzug an und gewährt den Kreuzfahrern die Vergebung all ihrer Sünden. Ich wage es nicht, über seine Urteilskraft zu diskutieren. Das eine glaube ich jedoch, daß auch dem Stellvertreter Gottes nur das erlaubt ist, was der Standpunkt der Billigkeit oder Gerechtigkeit erfordert. Gott nimmt nämlich den Dienst der Sünder nicht an, bevor sie nicht ihre Sünden nach Ableistung der Buße und einer angemessene Genugtuung abgelegt haben. Und das Vergießen jeglichen Blutes, geschweige denn von Menschen, ist wohl keine angemessene Genugtuung, und die Pilgerfahrt verhilft oder genügt nicht bei beliebigen Sünden zur Genugtuung.

Die frühe Kritik an den Kreuzzügen war wirkungslos, und die römische Kirche brauchte lange, um sich dem Standpunkt des Radulfus Niger anzunähern. Abendländische Patrioten blieben dabei, die Kreuzzüge als Beispiele selbstloser Waffentaten zu feiern. Waffensegnungen und Feldpredigten verleihen auch noch den Kriegen des Maschinenzeitalters die höheren Weihen. Auf den Schlachtfeldern und in den Gräben des ersten Weltkrieges verbluteten ganze Jahrgänge für Gott und ihr jeweiliges Vaterland. (Das hat man ihnen jedenfalls erzählt.) Danach glaubten manche Zeitgenossen, Kriege im Namen hoher Ideale seien nicht mehr denkbar. Die Propagandaschlachten der folgenden heißen und kalten Kriege zeigten, daß dies ein Irrtum war.

Hier sind die Guten, da sind die Bösen. Das einfache Weltbild der Kreuzzugsidee ist so zählebig, weil es so gut funktioniert.

ÜBER DIESES BUCH UND ANDERE

Das Verzeichnis der Einzeldarstellungen im thematischen Umfeld der Kreuzzüge füllt selbst ein Buch:

Mayer, Hans Eberhard:
Bibliographie zur Geschichte der Kreuzzüge,
Stuttgart 1960.

Gesamtdarstellungen sind wegen der Fülle des Stoffes selten versucht worden. Als Standardwerke der Fachliteratur gelten:

Runciman, Steven: A History of the Crusades,
3 Bände.
Cambridge 1954.

Mayer, Hans Eberhard:
Geschichte der Kreuzzüge,
Stuttgart 1965.

Im Buch erwähnte Sekundärliteratur:

Munro, Dana C.: The Children's Crusade.
In: American Historical Review, Band XIX.

Prawer, Joshua: Die Welt der Kreuzfahrer,
Wiesbaden 1974.

Eickhoff, Ekkehard:
Friedrich Barbarossa im Orient,
Tübingen 1977.

Die Fachliteratur ist weitgehend für die Zunft verfaßt. Die Historiker teilen ihre Schlußfolgerungen mit, die sie mit Hilfe ihres Kontextwissens aus den oft widersprüchlichen Quellen ziehen. Der Student wird mit Fußnoten auf die Quellen hingewiesen, wobei Lateinkenntnisse vorausgesetzt werden. Auf diese Weise wird der größte Teil der Augenzeugenberichte der Öffentlichkeit vorenthalten. Durch das Überspringen der Quellen geht auch die Nähe zum Ereignis verloren.

Das vorliegende Buch ist über weite Strecken anders verfaßt. Bei den herausragenden Ereignissen werden die Quellen im Text zitiert, das heißt, die Augenzeugen übernehmen selbst die Erzählung. Wo die Berichte widersprüchlich sind kann sich der Leser in die Lage des Historikers versetzen: Er hat die Möglichkeit, sich selbst ein Urteil zu bilden. Der Autor hat sich den Stoff mit den Methoden der Historiker erarbeitet, aber stellt ihn so dar, wie er es als Journalist gelernt hat: Er nähert sich dem Geschehen so weit wie möglich und läßt möglichst viele Augenzeugen zu Wort kommen. Den Journalisten geht es ja oft wie den Kriminalisten und Historikern: Sie kommen zu spät zum Ort der Handlung und sie können nur noch die Spuren untersuchen und die Augenzeugen befragen. Der Kriminalist ermittelt für den Staatsanwalt, der Historiker für die Wissenschaft und der Journalist sieht sich als Anwalt der Öffentlichkeit. So werden in diesem Buch Texte und Bilder versammelt, die bisher nur vereinzelt veröffentlicht wurden, zum Teil nur auf lateinisch vorliegen oder schwer auffindbar sind, wenn man die Namen der Übersetzer nicht kennt.

Alle benutzten Quellen können in jeder Universitätsbibliothek eingesehen oder über Fernausleihe bestellt werden. Der Autor bedankt sich an dieser Stelle für die geduldige und freundliche Behandlung, die ihm in der Frankfurter Universitätsbibliothek zuteil wurde. Die wichtigste lateinische Quellensammlung enthält unter anderen die Chroniken von Albert von Aachen, Robert dem Mönch, Fulcher von Chartres, Raimund von Aguilers, Guibert von Nogent, Wilhelm von Tyrus und die Gesta Francorum:

Recueil des Historiens des Croisades (R. H. C.).
Académie des Inscriptions et Belles Lettres.
Historiens Occidentaux, 5 Bände.
Paris, 1844–1895.

Ibn Al-Atir, Kamal ad-Din und andere arabische Chronisten mit französischer Übersetzung
in R. C. H., Historiens Orientaux, 5 Bände.
Paris, 1872–1906.

Die folgenden Quellensammlungen und Quellen sind soweit wie möglich in der Reihenfolge angeordnet, in der sie benutzt werden.

DEUTSCH

ALBERT VON AACHEN
Hefele, Herman: Albert von Aachen – Geschichte des ersten Kreuzzugs, Jena 1923.

ROBERT DER MÖNCH
Haupt, Barbara: Historia Hierosolymitana, Wiesbaden 1972.

FRUTOLF UND EKKEHARD
Schmale, Franz-Josef und Schmale-Ott, Irene: Frutolfs und Ekkehards Chroniken und die Anonyme Kaiserchronik, Darmstadt 1972.

WILHELM VON TYRUS
Kausler, E. u. R.: Geschichte der Kreuzzüge und des Königreichs Jerusalem, Stuttgart 1840.

IBN AL-ATIR, IMAD AD-DIN
Gabrieli, Francesco: Die Kreuzzüge aus arabischer Sicht, München 1975.

IMAD AD-DIN, IBN AL-KADISI
Übersetzung einer Kompilation des arabischen Chronisten Abu Sama:

E. P. Goergens: Arabische Quellenbeiträge zur Geschichte der Kreuzzüge. Band I. Zur Geschichte Salah ad-Dins, Berlin 1879. Nachdruck Hildesheim 1975.

OTTO VON FREISING
Schmidt, Adolf u. Schmale, Franz-Josef: Die Taten Friedrichs oder richtiger Cronica, Darmstadt 1986.

KREUZZUGSBRIEF
Schmale, Franz-Josef: Italische Quellen über die Taten Kaiser Friedrichs I. in Italien und der Brief über den Kreuzzug Kaiser Friedrichs I., Darmstadt 1986.

NIKETAS CHONIATES
Grabler, Franz: Abenteurer auf dem Kaiserthron, Graz 1958.

Grabler, Franz: Die Kreuzfahrer erobern Konstantinopel, Graz 1958.

Hefele, Carl Joseph von: Conziliengeschichte, Freiburg 1886.

Platner, Karl: Die Kölner Königschronik, Leipzig 1896.

ENGLISCH

GESTA FRANCORUM
Hill, Rosalind: The Deeds of the Franks and the other Pilgrims to Jerusalem, London 1962.

RAIMUND VON AGUILERS
Hill, John Hugh und Hill, Laurita L.: Historia Francorum qui ceperunt Iherusalem, Philadelphia 1968.

FULCHER VON CHARTRES
Ryan, Frances Rita: A History of the Expedition to Jerusalem, 1095-1127, Tennessee 1969.

SOLOMON BAR SIMSON
Eidelberg, Shlomo: The Jews and the Crusaders; the Hebrew Chronicles of the First and Second Crusades, Wisconsin 1977.

ANNA COMNENA
Sewter, E. R. A.: The Alexiad of Anna Comnena, Middlesex 1969.

IBN AL-QUALANISI
Gibb, H. A. R.: The Damascus Chronicle of the Crusades, London 1932.

RICHARD VON DEVIZES
Appleby, John T.: The Chronicle of Richard of Devizes of the Time of King Richard the First, London 1963.

AMBROISE
Hubert, Merton Jerome und La Monte, Lohn L.: The Crusade of Richard Lion-Heart, New York 1941.

ROBERT VON CLARI
Stone, Edward Noble: Three old French Chronicles of the Crusades. The History of them that took Constantinopel, Seattle 1939.

GOTTFRIED VON VILLEHARDOUIN
Shaw, M. R. B.: Chronicles of the Crusades, New York 1963.

Brundage, James A.: The Crusades, a Documentary Survey, Milwaukee 1962.

FRANZÖSISCH

Kamal ad-Din
Röhricht, Reinhold: Beiträge zur Geschichte der Kreuzzüge, Berlin 1874.
Neudruck Aalen 1967.

Ernoul
Morgan, Margaret Ruth: La Continuation de Guillaume de Tyr (1181-1197),
Paris 1982.

Pierre von Vaux-de-Cernay
Guébin, Pascal und Maisonneuve, Henri: Histoire Albigeoise,
Paris 1951.

Wilhelm von Tudèle
Martin-Chabot, Eugène: La Chanson de la Croisade Albigeoise,
Paris 1976.

LATEINISCH

Fulcher von Chartres
Hagenmeyer, Heinrich: Fulcheri Carnotensis – Historia Hierosolymitana, Heidelberg 1913.
(Mit ausführlichen Erläuterungen.)

Odo von Deuil
Waquet, Henri: Eudes de Deuil – La Croisade de Louis VII,
Paris 1949.

Bernhard von Clairvaux
Leclercq J. und Rochais H. M.: Sancti Bernardi opera,
Rom 1974-77.

Würzburger Annalen
Pertz, G. H.: Annales Herbipolenses, in: Monumenta Germaniae Historica. Scriptores XVI. Hannover 1859.

Roger von Hoveden
Stubbs William: Chronica – Magistri Rogeri de Houedene,
London 1868.

Ansbert
Chroust, Anton: Historia de expeditione Friderici imperatoris, Berlin 1928.
(Der sogenannte Ansbert.)

Radulfus Niger
Schmugge, Ludwig: Radulfus Niger – De re militari et triplici via peregrinationis ierosolimitane,
Berlin 1976.

Hagenmeyer, Heinrich: Die Kreuzzugsbriefe aus den Jahren 1088 – 1100,
Innsbruck 1901.

INHALTSVERZEICHNIS

Bildnachweis

Bayerische Staatsbibliothek,
München:
3

British Libary,
London:
11, 12, 28, 30, 31, 32, 34, 35, 37,
38, 46, 71, 78, 113, 115, 121,
147, 149, 153, 160, 174, 199,
212, 243, 277, 279

Bibliothèque Nationale,
Paris:
4, 8, 14, 16, 19, 24, 26, 27, 33,
36, 54, 61, 65, 75, 79, 85, 91,
93, 94, 103, 106, 111, 125, 130,
134, 140, 141, 144, 176, 183,
190, 192, 197, 203, 209, 218,
221, 224, 255, 265, 271, 276,
Schutzumschlag

Bodleian Libary,
Oxford:
32, 283

Burgerbibliothek,
Bern:
238, 259

Staats- und Universitäts-
bibliothek,
Hamburg:
41

Kloster Monte Cassino:
29

Universitätsbibliothek
Jena:
68

Biblioteca Apostolica
Vaticana,
Rom:
67, 170, 227, 290

Fotos: Autor

Dieses Buch entstand in enger Verbindung mit der gleichnamigen Fernsehserie des Hessischen Rundfunks, die der Autor in den Jahren 1984–88 recherchiert und realisiert hat. Das Buch ergänzt die Fernsehfilme und enthält zusätzliche historische Dokumente.

Redakteur der Fernsehserie:
Wolfgang Vogel

1. Auflage

© 1988
C. Bertelsmann Verlag
GmbH, München
Redaktionelle
Mitarbeit:
Christa Milger
Satz:
Fotosatz Grieß
Druck:
Appl, Wemding
Reproduktionen:
Hemerich & Petry
Gestaltung:
Günther Kieser
Lektorat:
Klaus Podak
Vor-/Nachsatz:
© Kartographisches Institut
Bertelsmann, Gütersloh
Printed in Germany
ISBN 3-570-07356-4

Nordsee
London
Brügge
Köln
Rhein
Rouen
Mainz
Speyer
Ludwig VII.
Paris
Metz
Regensburg
Elbe
Loire
Tours
Richard Löwenherz (Flotte)
Pontarlier
Clermont
Drau
Bordeaux
Mailand
Aquileja
Turin
Venedig
Raimun
Rhône
Toulouse
Genua
Rich.
Aigues Mortes
Marseille
Robert v. Flandern
Porto
Duero
Ebro
Pisa
Löwenherz
Zara
Spala
Korsika
Barcelona
Tajo
Toledo
Lissabon
Rom
Guadiana
M. Casino
Valencia
Ludwig IX.
Philipp II. August
Silves
(Flotte)
Sardinien
Rich. Löwenherz
Balearen
Cagliari
Granada
Richard Löwenherz
MITTELLÄND
Messina
Tanger
Sizilien
Tunis
Kreuzzüge
1. Kreuzzug 1096–99
2. Kreuzzug 1147–49
Wendenkreuzzug 1147
3. Kreuzzug 1189–92
4. Kreuzzug 1202–04
5. Kreuzzug 1228/29
6. Kreuzzug 1248–54
7. Kreuzzug 1270
Lateinisches Kaiserreich
Kreuzfahrerstaaten
Edessa Namen der Kreuzfahrerstaaten
0 500 km
Tripolis